U0330882

南菁書院与近世学术

吴飞 主编

生活·讀書·新知 三联书店

图书在版编目（CIP）数据

南菁书院与近世学术 / 吴飞主编. —北京：生活 · 读书 · 新知三联书店，2019.7
ISBN 978 – 7 – 108 – 06479 – 0

Ⅰ. ①南…　Ⅱ. ①吴…　Ⅲ. ①书院 – 江阴 – 文集
Ⅳ. ① G649.299.533-53

中国版本图书馆 CIP 数据核字（2019）第 030338 号

责任编辑　钟　韵
装帧设计　薛　宇
责任印制　宋　家
出版发行　生活 · 讀書 · 新知 三联书店
（北京市东城区美术馆东街 22 号 100010）
网　　址　www.sdxjpc.com
经　　销　新华书店
排　　版　北京金舵手世纪图文设计有限公司
印　　刷　北京市松源印刷有限公司
版　　次　2019 年 7 月北京第 1 版
2019 年 7 月北京第 1 次印刷
开　　本　635 毫米 × 965 毫米　1/16　印张 37.5
字　　数　502 千字
印　　数　0,001 – 3,000 册
定　　价　89.00 元
（印装查询：01064002715；邮购查询：01084010542）

目　录

前 言

治清代学术史的学者大多认为，自乾嘉鼎盛时期之后，经学渐次衰落，先是汉宋兼采成为主流，到晚清，就以今文经学和新学为时尚所驱，乾嘉式的经学研究已经乏善可陈了。此说自然有很多历史的依据，但清代许多重要的经学著作，却是乾嘉之后才真正成书的。如胡竹村《仪礼正义》、黄元同《礼书通故》、孙仲容《周礼正义》，属于清代经学的最高成就之列，却均不在乾嘉时完成。而流行于晚清的汉宋兼采之风，却也并非对乾嘉汉学的反动，而是乾嘉经学的进一步发展。在这个意义上，我们或许可以不过多受到政治军事局势的影响，更充分地肯定晚清经学的成绩。此一阶段，定海黄氏父子的学术成就与南菁书院的教育影响，均不应被忽略。

光绪八年，黄漱兰于江阴创建南菁书院，兼奉郑君、朱子神主，高扬汉宋兼采的旗帜，其后王益吾、黄元同主政南菁，对南菁书院的学术风气带来了巨大的影响。元同之讲学、益吾之刻书，不仅成为晚清经学史与教育史上的大事，也成为连接清代与近代学术的重要桥梁。南菁书院不仅培养出张闻远、曹君直、曹叔彦、唐蔚芝、胡绥之这些重要学者，蒋竹庄、雷君曜这样的出版家，甚至还有吴稚晖、金松岑这样的革命家，在晚清民国的社会各界，都有举足轻重的影响。我们认为，既然黄元同是晚清最重要的经学大师，南菁书院的经学教育和《皇清经解续编》可以看作对清代经学的总结，重视南菁书院的经学研究，不仅对全面认识清代民国经学史和礼学史有重要意义，而且对于今日经学与礼学的研究，均会带来很大的启发。

为此，北京大学礼学研究中心与南菁高级中学精诚合作，历经四年，筹备“南菁书院与近世学术”研讨会。就在赵统先生《南菁书院志》出版之际，对南菁学术有兴趣的学者有了最基本的参考书，于2015年10月23日至24日在江苏省江阴市召开了这次研讨会。共有五十余位学者参加了这次研讨会，不仅包括严寿澂、虞万里、邓国光等学术前辈，而且还有许多尚在读书或刚刚毕业的学术新秀。会议期间，大家非常深入细致地讨论了南菁书院的各个方面，取得了巨大的成功。其后，大家根据会议上的讨论，认真修改了论文，我们从中精选出若干篇，编为此书。此书根据主题，依照书院总论、黄元同、王益吾、张闻远、曹君直、曹叔彦、唐蔚芝以及其他学人的顺序排列。我们希望，这本文集能够推动学术界对南菁书院和清代经学的进一步重视，并在更深的意义上继承南菁诸公的治学精神。相信，所有的参会者都应该记住了黄漱兰建院时写的那副名联：

东西汉，南北宋，儒林道学，集大成于二先生，宣圣室中人，吾党未容分两派；

十三经，廿四史，诸子百家，萃总目之万余种，文宗江上阁，斯楼应许附千秋。

编者

2016年10月

第一辑

文化转型中的南菁学术

人才作育与南菁书院学统

张　涛[1]

光绪二十七年*八月初二乙未，清政府鉴于“人才为庶政之本，作育人才，端在修明学术”，乃谕各地大小书院一律改为学堂。四个月后，长江之畔的江阴县城，时任江苏学政李殿林遵旨将治下开办近二十年的南菁书院改为高等学堂，并上奏南菁学子经史、政治、天算、格致之学门径已通，直接改习经学、史学、政学、艺学各门课程即可，无庸循序渐进，如风气未开之地一般。奉旨报可。一切看起来仿佛焕然一新，又似乎依然如故。

大学堂里的旧教习

改书院为学堂，原是受北京大学前身——京师大学堂设立的影响。京师大学堂初设，无论师生，均以出身于国学和旧式书院者为多，在传统学术相关科目如经学、史学之中尤其如此。所以学制虽变，而学术格局仍在。

后来在北大教授中国哲学史十六年，给顾颉刚、冯友兰等人从伏羲讲起的陈汉章，此时才入校就弟子列。陈氏回忆在大学堂读书的经历，曾有“太学诸经师多南菁书院弟子，讲经皆宗是书，称曰‘黄教

〔1〕 作者单位：上海社会科学院信息研究所。

* 鉴于本书涉及的时间范围较窄，为避免繁缛，除必要处，旧式纪年均不再标公历时间。——编者注

谕说’而不名”的说法。[1]这里提到的“黄教谕”是指黄以周，所说的“是书”，即黄氏名著《礼书通故》。黄氏不但是晚清礼学巨儒，而且是近世书院的代表人物之一，他在南菁书院任院长十五年之久，陶冶风气，培育出众多的学者闻人。

所谓“太学诸经师多南菁书院弟子”，据今人赵统搜集，大学堂时期在此任教的南菁书院弟子有章际治、刘可毅、杨模、顾栋臣、丁福保、汪荣宝、胡玉缙、孙雄、白作霖诸家，而京师大学堂改为北京大学之后，执掌教鞭的还有田其田、孟森、夏仁虎等南菁弟子；[2]此外，曾任北京大学法科及国学研究所教授的董康，也是南菁弟子。这份名单之中，不少人至今犹鼎鼎大名，即使是一些现在看来不甚熟悉的，在当时也是颇具声望的人物。如顾栋臣，字恒斋，号枚良，出于无锡顾氏一族，甚得两江总督端方礼遇。他是南菁书院光绪二十年的学生，后来与蔡元培等一道出任京师大学堂译学馆的国文教员。宣统元年起，清政府游美学务处每年组织庚子赔款留美预备生考试，顾栋臣都是判卷人。后来成为经济学家、西洋史教授的陈翰笙算是顾栋臣的小同乡，曾去投考，可惜英文和数学却不及格，只得落榜回家。多年后，陈翰笙却与顾氏的小女儿结为伉俪，只是顾氏已不及见了。据陈翰笙说，他的父亲陈濬（觉先、菊轩）也曾就读于南菁书院。[3]

京师大学堂讲台上的南菁弟子虽然出身于传统书院，却纷纷登上新式学校的讲台，并始终能在清末民初的教育领域乃至动荡的局势中占据一席之地，直接原因自然与新旧交替之际教学内容的相对延续有关，同时也提醒我们，像南菁这样的传统书院在培育人才方面的确有其独到之处。

---

〔1〕说见陈汉章，《礼书通故识语序》，载《陈汉章全集》第2册，浙江古籍出版社2014年，第41页。

〔2〕参见赵统，《南菁书院志》，上海书店出版社2015年。

〔3〕参见陈翰笙，《四个时代的我：陈翰笙回忆录》，中国文史出版社2012年，第2页；孙小礼，《我与北大往事三则》，载谢冕、胡的清编《老北大的故事》，江苏文艺出版社2012年，第20—21页。

南方之学，得其菁华

南菁书院是由江苏学政黄体芳在两江总督左宗棠的鼎力支持下于江阴创建的，时在光绪八年。先此，清政府平定太平天国运动，迎来“同治中兴”，迅速决定恢复文教，以抚平战乱带来的灾难，底定人心，全国各地迎来大规模发展书院的热潮。左宗棠就是当时最热衷于办书院、育人才的大员之一，他任陕甘总督时，即在西北地区兴建、修复书院几达四十所，及综制两江，下车伊始即赞助黄体芳筹办书院。

小城江阴，是江苏学政衙门所在地，一省学政在省城之外驻节，这种情况在清代是不多见的。唯其如此，南菁书院才能在这里落地生根，发扬光大。也因有书院之设，使得江阴愈益成为“文化枢轴”“彬彬为人文渊薮”。[1]书院八年九月奠基，九年六月建成，二年后学政黄体芳卸任，继任者为王先谦，后更有杨颐、溥良、瞿鸿禨等人。至于书院院长，则由张文虎、黄以周、缪荃孙、林颐山、华世芳、丁立钧等人陆续担任。除去上述黄以周被执教京师大学堂的南菁学人尊称为“黄教谕”的事迹外，南菁弟子对其他诸位师长的感激、崇敬也是溢于言表，并将这种心情与对学坛风气与文化氛围的理解判断结合起来，确认南菁书院在当时的地位有足多者。南菁书院能在同治以降的书院发展潮流中后来居上，成为晚清民初人才的渊薮，无疑是与总督、学政和书院各位师长的辛勤栽培分不开的。其详情非此短篇所能展开，请以最初两任学政为例，略述其作育人才与发展书院的事迹。

王先谦以国子监祭酒接任江苏学政，即发《劝学琐言》一本，劝勉江南士子以《尔雅》《说文》《文选》《水经注》四种撰为集注；复建南菁书局，发起编纂《皇清经解续编》和《南菁书院丛书》，收录众多清代学术著作，而其中颇有南菁师生著作入选，这应是王氏提携

---

〔1〕 柳诒徵，《江苏书院志初稿》，载《江苏省立国学图书馆第四年刊》，1931 年。

南菁之举，《续经解》至今犹有《南菁书院经解》的异称；又实行双院长制，令诸生闻道多途，学力日增。所刊诸书皆为治学要籍，风行域内，南菁书院遂迎来全盛时代。宣统三年七月，王先谦七十生辰，门人缪荃孙为之撰寿序，又云："江苏三岁，使车再周，文学之士，选拔殆尽。南菁书院初创，先生为集巨款，增学额，弦歌鼓舞，蒸蒸日上，至今礼学馆所共推、江苏通志局所首选，皆南菁之门人。呜呼，盛矣！"〔1〕

黄体芳虽然在书院的时间未满三年，但他作为创始人筚路蓝缕、经营书院的功绩并未为后人忘怀，有人甚至发出"海内树风节，莫如瑞安黄"的慨叹。〔2〕南菁弟子曹元弼对黄体芳的追忆，则褒扬得更为切实："先师瑞安黄公漱兰先生督学江苏，以经史实学、经济气节教士，建南菁书院于江阴，以造就人才。大江南北英儒瞻闻之士、鸿笔丽藻之客，蔚然并臻。"〔3〕其中"经史实学、经济气节"八字，确实点明了黄体芳培养人才的思想要旨，就在于兼采汉宋之学。黄体芳离开江阴之前，范当世代之作《南菁书院记》一文，解释书院名称的由来时说：

> 取朱子《子游祠堂记》所谓"南方之学，得其菁华"者，命之曰"南菁书院"，使来学者不忘其初；而祫祀汉儒郑君及朱子于后堂，使各学其性之所近而不限以一先生之言。礼致训诂词章兼通之儒以为之师，而征求各行省官刻书籍以度乎其中。于是既敕既周，檄下诸郡，各以其异等诸生四面来至，日有读书行事之记，月有通经博古之课，每岁一甄别而进退之，以至

---

〔1〕见王先谦，《葵园自定年谱》卷下"宣统三年辛亥七十岁"条，《清王葵园先生先谦自定年谱》，台北商务印书馆 1978 年，第 40 页 b。

〔2〕李详，《游南菁书院敬怀黄漱兰先生》，载《学制斋诗钞》卷一，《李审言文集》，江苏古籍出版社 1989 年，第 1172 页。

〔3〕曹元弼，《纯儒张闻远徵君传》，载张锡恭《茹荼轩续集》卷端，《清代诗文集汇编》第 786 册，第 143 页。

于今三年矣。[1]

此文经黄体芳修改后，勒石存于书院内，应该代表了黄氏本人的意见。南菁之意，最早见于《北史·儒林传》“南人简约，得其英华；北学深芜，穷其枝叶”一语，朱子《平江府常熟县学吴公祠记》引之，而谓子游敏于闻道，已开南方学统，黄体芳给书院命名之意在此，而无衡量南北学术异同之意在。曹元弼所说“经史实学”即与“训诂词章兼通之儒”相对应，而“经济气节”则观《书院记》下文“人才之兴，无非谓国家者”“充其本原，而强乎其不可变之道，以待无穷之变”可见。书院奉祀汉儒郑玄与宋儒朱子木主，黄体芳又撰藏书楼长联有谓：“东西汉，南北宋，儒林文苑集大成于二先生，宣圣室中人，吾党未容分两派；十三经，廿四史，诸子百家萃总目之万余种，文宗江上阁，斯楼应许附千秋。”其郑重申明的，仍是汉宋并重，读书与气节相砥砺。至于后人流传，将“文苑”二字讹为“道学”，似是无形中突出朱子所致，倒也与左宗棠《南菁书院题额跋尾》推重程朱暗合。而黄以周后来作《南菁书院讲学记》，以为子游独得圣人博文约礼之正传，郑朱两家又皆归于“礼”字，在院讲学特重《三礼》，遂将南菁学人引领至一新境界。

修书兼议礼，甘冒天下之大不韪

黄以周最精《三礼》，南菁不少弟子随之问业，《南菁讲舍文集》《南菁文钞二集》中诸生研礼之作颇多。有几位极得院长黄以周礼学之传，如张锡恭著《丧服郑氏学》，曹元忠著《礼议》，曹元弼著《礼经校释》《礼经学》，林颐山《经述》、钱同寿《待烹生文集》说礼之文亦精。

---

〔1〕 范当世，《范伯子诗文选集》，浙江古籍出版社 2006 年，第 269—271 页。

从前述缪荃孙所撰王先谦寿序中可以知道，南菁弟子不但在京师大学堂执掌教鞭，还有不少人进入到礼学馆等相关机构。光绪末年，清政府由礼部设立“礼学馆”，原意为赓续乾隆《大清通礼》之盛，略事修补，后乃将举凡国家、人民一切礼仪制度囊括进来，大加编订，欲通行全国，以为法则。林、张、曹、钱与同为南菁出身的胡玉缙、丁传靖率皆入馆。开设礼学馆是传统中国制礼的尾声，也是近代一系列国家制礼活动的序曲。连未入京的曹元弼，也备列顾问。可见缪荃孙说南菁门人为“礼学馆所共推”，洵非虚语。南菁学人群体投身修礼活动之中，庶几不负黄以周栽培之恩，也彰显出书院弟子承继古学、希图用世的文化立场。

本来，张锡恭是抱着“纂修之职，是修书而非议礼”的态度从事纂修的，但于礼所当议者，认为也不能无所事事，后来终于忍不住肩负起“息邪说、放淫辞之责”，认为“凡阳托宪政、阴背纲常以塞礼教之路者，礼馆当辞而辟之，纂修者之职也”。[1]曹元忠更深有感于当时“礼教陵夷，邪说蜂起，裂冠毁冕，拔本塞源，有岌岌不可终日之势”，认为“惟礼可以已之”，乃“正言力辨，援据古今，申明大义，以合乎天则民彝之正”。[2]胡玉缙还作有《辨郑注明堂位天子谓周公之谬》一篇，据叶景葵说系针对摄政王载沣而发。[3]礼学本是践履之学，诸人在研讨礼学的同时，绝不曾忘情时事，他们确实尽到了议礼之臣应尽的责任。汉末郑玄从学于马融，北宋杨时出程颢之门，遂有“道东”“道南”之说。而这些南菁弟子在京师礼学馆贡献所学，黄以周倘若在世，便可自慰“吾道北矣”了。

这一礼学馆本拟大张旗鼓，妥善完成制礼工作，然而开馆未久，

---

〔1〕张锡恭，《修礼刍议一》《修礼刍议三》，载《茹荼轩文集》卷二，《清代诗文集汇编》第786册，第15、19页。

〔2〕曹元弼，《诰受通议大夫内阁侍读学士君直从兄家传》，载曹元忠《笺经室遗集》卷端，《清代诗文集汇编》第790册，第436页。

〔3〕见叶景葵，《卷盦札记》，载顾廷龙编《叶景葵杂著》，上海古籍出版社1986年，第186页。

武昌革命爆发，清王朝倒台，礼学馆寿终正寝。《清史稿·礼志》记“德宗季叶，设礼学馆，博选耆儒，将有所缀述。……未及编订，而政变作矣”，[1]即综括出了礼学馆的短暂历程。近代中国国家制礼活动屡起屡踬，即导源于此。在激烈震荡的20世纪，古老的礼学日渐等同于“吃人的礼教”，礼学馆之所作所为显得那么不合时宜。难怪曹元忠会以“君子之所为，众人固不识也”自励，发出了“我礼学馆诸臣甘冒天下之大不韪”“何必为其匈匈而辍行耶”的呼声。[2]

辛亥以后，张、曹等人矢志偕隐，闭门绝世，做起了遗老。曾几何时，袁世凯又开礼制馆，像曹元弼就峻拒之而已。[3]正如吴飞评价南菁学人时所说，“南菁诸公虽然总希望能通经致用，却并未做好充分的准备”。[4]他们不是不想以礼学经世致用，只是他们有自己的坚守，黄体芳主张的“强乎其不可变之道，以待无穷之变”的姿态，在这些南菁弟子身上得到了充分体现。

而令人尤感兴味的是，在礼学馆的张、曹等人为礼教鼓与呼的同时，同是南菁书院弟子的汪荣宝与董康却参与了法律馆引进外国法律的活动。南菁花开两枝，足见清季五光十色的思想倾向不能不投影到书院之中。

三吴才薮

南菁书院所培养的人才以经学、礼学之士最为学者所称道，其实，南菁弟子在清末民初政、教、文、商甚至军事领域的作用均不可小觑。这无疑也与书院训练生徒的导向有密切关联。

---

〔1〕 赵尔巽，《礼志》，《清史稿》卷八二，中华书局1977年，第2484页。

〔2〕 曹元忠，《救护日月礼议下》，《礼议》卷下，《求恕斋丛书》本，第14页a—16页a。

〔3〕 王大隆，《吴县曹先生行状》，载卞孝萱、唐文权编《民国人物碑传集》，团结出版社1995年，第522—526页。

〔4〕 吴飞，《斯楼应许附千秋》，载《读书》2015年第8期。

就书院课艺而言，经学、古学自是主要内容，而数学、兵制、阵法乃至时务等题目亦在课士之列。发表在《南菁札记》与《南菁文钞三集》中的数学论著比比皆是。书院主讲算学的教师华世芳原是书院弟子，后任院长，他是近代数学大家华蘅芳之弟。崔朝庆创办《数学杂志》，他的弟子杨冰也堪称我国近代数学研究的先驱。前文提到的顾栋臣，不但在大学堂担任国文教习，还充任过法政学堂的算学教习，在游美学务处是数学卷的判卷人，可见其在数学方面也颇具造诣，他曾发起算学研究会，有《算草》《算学讲义》等著作。丹徒学子何国恂还有算学课艺刊登在《南洋七日报》上，此后便一直从事这方面的教学研究，曾翻译过日本原村龙太郎的《测量教科书》，并主编了《宁省师范学堂算学课艺初编》。

戊戌变法时期，南菁课艺发生了不小的变化，在《南菁文钞三集》中，可见《禁黄金出口议》《外国理财不主节流而主畅流论》《西国听讼用律师论》《问五口通商以来局凡几变》《论普法之战》《论美禁华工事》《论日本变法》等名目。据此已可窥见时代风气对书院课业与人才培养的影响。

改制以后的南菁书院，陆续启用了高等学堂、公立学校、私立学校、省立第九中学等名称，直到今天的江苏省南菁高级中学。而其作育人才的传统，历久弥新。南菁高中毕业的史学家王伊同说得好："南菁之名书院也，裁十六年耳。其后两变：曰学堂，曰学校。论品类，则有公立、私立之殊。论学制，又有三年、六年、文科、农科、文理科之别。然而南菁之名，固屹然不稍撼。"〔1〕我们翻看 20 世纪 30 年代的校刊《南菁学生》，内容丰富，涉及领域众多，很多篇目置于今日学术期刊中亦无愧色，如《中国农村经济的崩溃及其救济方法》《文艺与复兴中国民族及世界革命》《分子运动说》《我国矿产纲要》《文赋研究》《论多数的权威》等，很能体现南菁学子风貌。1931 年

〔1〕 王伊同，《南菁书院志序》，载赵统《南菁书院志》卷端，上海书店出版社 2014 年。

第6期还刊有一篇化学领域的译文《重要有机化合物之一瞥》，译者是1926年入理科班就读的陈国符，这时只有十六岁，后来他写出了享誉学界的《道藏源流考》。1935年，从前在黄以周门下“尤为高第弟子，若七十子之有颜、闵焉”[1]的唐文治为了对这些后学表示鼓励，给《南菁学生》题了四个大字：“三吴才薮。”

南菁书院随着时代的前进不断变迁，她的弟子们却垂垂老矣。题辞后六年，1941年元旦，唐文治组织时在上海的书院校友在绍耕庐举行了一次聚会。有十一人到会，年纪最长的唐文治七十二岁，最小的庄庆祥也已六十二岁，其余朱香晚、雷瑨、丁福保、蔡松如、吴增元、单镇、金松岑、钱崇威、蒋维乔率皆七旬上下，合计共七百六十岁了。

欲兼学堂书院两者之长

唐文治为南菁学子题辞时，正在主持一手创办的无锡国专，谋求在现代教育体制中继承育才传道的书院传统。而早在南菁书院改为学堂之际，沈曾植已对曾任院长、后改总教习的丁立钧表达了南菁书院本以经义自存、设学堂不必改书院的私见。[2]20世纪的历史洪流是废书院而兴学校，一些有识之士对此并不以为然。

光绪二十三年，梁启超因黄遵宪之介，就聘长沙时务学堂，在回复陈三立、熊希龄的信中，道出了他的办学主张：“超之意，欲兼学堂、书院两者之长，兼学西文者为内课，用学堂之法教之；专学中学、不学西文者为外课，用书院之法引之。”可知自那时起，即便是激进变法者也会承认，书院仍有其不可替代的功用，要与新式学

---

〔1〕 见孙雄，《清故翰林院编修章君琴若墓表（甲子）》，载《旧京文存》卷八，《近代中国史料丛刊初编》第547册，第9页a。

〔2〕 许全胜整理，《沈曾植与丁立钧书札》第4、22函，载《历史文献》第16辑，上海古籍出版社2012年，第137、147页。

堂并举，乃能收到育才造士之效。这一主张不知是否在湘中形成一种风气，到了1923年4月，青年毛泽东发起湖南自修大学，在《创立宣言》中就声称“书院和学校各有其可毁，也各有其可誉”。因此，他在船山学社创设的这所自修大学便要采古代书院与现代学校二者之长。

20世纪20年代，胡适有多篇文字或演讲牵涉书院问题，其中一篇《书院制史略》讲道：“书院之废，实在是吾中国一大不幸事。一千年来学者自动的研究精神，将不复现于今日了。”[1] 1924年，清华校长曹云祥筹建研究院，“特请胡适之代为设计，胡氏略仿昔日书院及英国大学制，为研究院绘一蓝图，其特点，如置导师数人（不称教授），常川住院，主讲国学重要科目，指导研究生专题研究，并共同治院；置特别讲师，讲授专门学科。后来研究院的规章，大致即本此蓝图”，[2] 仿佛在现代大学中辟出一块类似书院的“乐园”。

从书院到学堂，再到现代大学，名称既改，形式亦大变，而书院精神嗣有余响，并未轻易消散。人们甚至期望，书院真像学者所说的那样，“在‘改制’中获得了永生”。[3] 在对现代教育体制深切反思的今天，重提书院文化应该并不是一点道理都没有的。今日“南菁书院与近世学术研讨会”在江阴南菁高级中学美丽的新校区举办，我聆听着演讲者的高论，并拜读与会者的大作，耳边竟回响起《南菁学生》1946年复刊时音声琅琅的发刊词：

> 溯我南菁中学，……广厦宏开，人文荟萃，东南文化学术，斯实为之枢纽，为之源泉。历史所负之使命，既如是其重且钜，

---

〔1〕 以上引文未出注者，皆见陈谷嘉、邓洪波主编《中国书院史资料》，浙江教育出版社1998年。

〔2〕 蓝文徵，《清华大学国学研究院始末》，载马强才编《蓝文徵文存》，江苏人民出版社2012年，第266—267页。

〔3〕 邓洪波，《中国书院史》（增订版），武汉大学出版社2012年，第612页。

凡我教于斯、学于斯、弦歌讽诵于斯者，久当开拓心胸，旁搜远绍，人一己百，人十己千，发独得之奥秘，树率先之风声，方能追踪时代，丕扬文化，相期无负于古人……[1]

删节版刊载于2015年11月20日
《文汇报·文汇学人》第10—11版

〔1〕《发刊词》，载《南菁学生》复第1期，1946年。

胡适与南菁书院

赵　统[1]

一、胡适的书院研究

胡适是中国现代学术研究的“开山宗师”，在文学、哲学、史学诸多领域都有开拓性的研究。他于1923年12月10日在南京的东南大学所作的演讲《书院制史略》，[2]从形式上看好像不是一篇严谨的学术论文，实质上却是中国学人以现代科学方法来研究中国古代书院的开山之作。

胡适在演讲开头便说：“一千年以来，书院实在占教育上一个重要位置，国内的最高学府和思想渊源，惟书院是赖。盖书院为我国古时最高的教育机关。所可惜的，就是光绪变政，把一千年来书院制完全推翻，而以形式一律的学堂代替教育。要知我国书院的制度，足可以比外国的大学研究院。譬如南菁书院，它出版的书籍，等于外国博士所作的论文。书院之废，实在是吾中国一大不幸事。一千年来学者自动的研究精神，将不复现于今日了。”[3]胡适很惋惜书院制度的废除，认为中国的书院制度，可比得上外国的大学研究院，并举南菁书院为例。

---

〔1〕作者单位：江阴中学。

〔2〕胡颂平，《胡适之先生年谱长编初稿》第2册，误将该演讲置于民国十三年，可能胡颂平所据资料为《东方杂志》，该演讲后亦收入1924年2月10日《东方杂志》第二十一卷第3期。

〔3〕《书院制史略》，由陈启宇记录，见欧阳哲生编《胡适文集》第12册《胡适演讲集》卷四，北京大学出版社1998年，第449—453页。

胡适在演讲中提到了书院代表了时代精神，“古时书院常设神祠祀，带有宗教的色彩，其为一千年来民意之所寄托，所以能代表各时代的精神。如宋朝书院，多崇拜张载、周濂溪、邵康节、程颐、程颢诸人。至南宋时就崇拜朱子。明时学者又改崇阳明。清时偏重汉学，而书院之祠祀，不外供许慎、郑玄的神像。由此以观，一时代精神，即于一时代书院所崇祀者足以代表了。”不过，“书院的真正精神，惟自修与研究，书院里的学生，无一不有自由研究的态度，虽旧有山长，不过为学问上之顾问；至研究发明，仍视平时自修的程度如何。所以书院与今日教育界所倡导道尔顿制的精神相同。在清朝的时候，南菁、诂经、钟山、学海四书院的学者，往往不以题目甚小，即淡漠视之。所以限于一小题或一字义，竟终日孜孜，究其所以。参考书籍，不惮烦劳。其自修与研究的精神，实在令人佩服。”胡适提到了清代的四个书院，南菁居首。

胡适在演讲最后说道：“譬如南菁书院，其山长（黄以周）先生，常以八字告诫学生，即‘实事求是，莫作调人’。因为研究学问，遇困难处若以调人自居，则必不肯虚心研究，而近乎自暴自弃了。”“又如上海龙门书院，其屏壁即大书‘读书先要会疑，学者须于无疑中寻找疑处，方为有得’，即可知古时候学者的精神，惟在刻苦研究与自由思索了。其意以学问有成，在乎自修，不在乎外界压迫。这种精神，我恐今日学校中多轻视之。又当声明者，即书院并不拒绝科学，如清代书院的课程，亦有天文、算学、地理、历史，声、光、化、电等科学。[1] 尤以清代学者如戴震、王念孙等都精通算学为证。惜乎光绪变政，将一千年的书院制度完全推翻，而以在德国已行一百余年之学校代替此制，诩为自新，使一千年来学者自动的研究精神，将不复现于今日。吾以今日教育界提倡道尔顿制，注重自动的研究精神，与

〔1〕 按：胡适所说清代书院的课程亦有声、光、化、电等科学课程，可能仅指上海的格致书院。但该书院仅是特例，并无普遍意义。绝大多数的书院，天文、历算的课程或有，但声、光、化、电则难乎其难，因无力购置设备，且除洋人外，无从聘请教师也。

书院制不谋而合，不得不讲这书院制度的略史了。”胡适在这里又举江阴的南菁书院和上海的龙门书院为例。一个演讲，三处提到南菁，胡适对南菁可谓是情有独钟。

胡适研究书院的兴趣，以及他撰写的有关书院内容的文章，大概始于1920年前后。他有一份“书院的教育”残稿留存至今，内中说道：“这一千年来的中国教育史，可说是书院制度的沿革史。这是我深信而不疑的。二十年前的盲目的革新家不认得书院就是学堂，所以他们毁了书院来办他们所谓‘学堂’！他们不知道书院是中国一千年来逐渐演化出来的一种高等教育制度；他们忘了这一千年来造就人才，研究学问，代表时代思潮，抬高文化的唯一机关全在书院里。他们不知道他们所谓‘学堂’——那挂着黑板，排着一排一排的桌凳，先生指手画脚地讲授，学生目瞪口呆地听讲的‘学堂’，——乃是欧洲晚近才发明的救急方法，不过是一种‘灌注’的方便法门，而不是研究学问和造就人才的适当方法。他们不知道这一千年演进出来的书院制度，因为他注重自修而不注重讲授，因为他提倡自动的研究而不注重被动的注射，真有他独到的精神，可以培养成一种很有价值的教育制度。”[1]手稿内容与东南大学演讲的记录稿大同小异，很有可能就是那次演讲的底稿，流畅的白话文，比文白相间的记录稿更为通达。这份残存手稿未注明撰写年月，但从“二十年前”废除书院的这句话来推测，不会早于1918年。因胡适撰写此稿的二十年前，就是戊戌变法的那一年（1898），光绪帝发出上谕，将书院改学堂。

胡适直到晚年，还在继续搜集有关南菁书院的史料。1958年11月，他看到了赵椿年晚年所写的《覃研斋师友小记》，这篇文章曾于1941年3月发表于北平日据时期的刊物《中和月刊》上。胡适赶紧将有关内容抄了下来，说：“此《记》中记南菁书院最详，我摘记一点。”胡适搜集有关南菁书院的史料，当初并不全是为了作书院研究，

---

〔1〕 耿云志主编，《胡适遗稿及秘藏书信》第5册，黄山书社1994年，第476—478页。

而主要是为了研究《水经注》。他说："我搜访南菁书院的最初动机是要寻求一切有关慈溪林颐山的资料。"[1] 因为林颐山在《水经注》的研究上，很有见地。林颐山曾主讲过南菁书院的古学。

那么，胡适既然很赞赏书院的自主的研究精神，并又与不少南菁书院学人有过往来，对书院尤其是南菁书院的学生生活，所谓"活"的状态也颇多了解，为什么他只是在东南大学作了一个开拓性的演讲后，便再也没有发表过有关书院研究的专题性的文章呢？

这其中原因也许可在他给叶英的复信中，看出一些端倪来。这位叫叶英的，写了一篇文章，想登在《独立评论》上。文中认为现在的新式教育，不重视如何做人的教育，而科举时代是做人与做事兼顾的。胡适复信，称"你误信了科举时代的是做人与做事双方兼顾的。我毫不迟疑地对你说：中国的旧式教育既不能教人做事的能力，更不能教人做人的道德"。胡适又说"你说起书院时代的山长的责任，这更是误会。书院的山长，院中人每月只公见一二次而已，他的工作至多不过是看看书院课艺而已。有时候山长完全可以不到书院，只看看课艺"。胡适强调"新式教育虽然还很幼稚，究竟比旧式教育宽广得多，其中含有做人教育的成分比旧教育多得多了"。最后胡适说道："我对于你的重视做人教育，是同情的，但因为你误信旧教育的好处，有菲薄新教育的危险，也许还有点'复古'的潜意识，所以我写这信答你。"[2]

胡适早先之所以对书院的取消表示惋惜，只是因为书院有自主的研究精神。但是，旧式教育终究只能培养出那种"做人没道德，做事无能力"的旧式人物。现在如果还在一味赞扬书院教育，尽管本意也只不过是赞扬那自主的治学精神，但带来的后果则很严重，就有可能

---

〔1〕 胡颂平，《胡适之先生年谱长编初稿》第8册，台北联经出版事业公司1990年，第2928—2929页。

〔2〕《胡适致叶英》廿五，三，廿一，见社科院近代史研究所编，《胡适来往书信选》中册，中华书局1979年，第307—309页。

滑向复古，就很难接受西方的先进教育，这就与他当初提倡现代教育应有自主的研究精神的主张背道而驰了。所以胡适后来减退了对书院研究的热情，这恐怕亦是一个很重要的原因。

胡适提到的山长不负责任，对于一般书院来说，恐也是实情。但对南菁书院来说，不存在这个情况。自杨颐主政南菁起，南菁便实行双院长制，并规定院长必须常川住院（参见拙著《南菁书院志》）。胡适自己还将此南菁模式搬到了清华大学国学研究院。1924年，清华校长请胡适代为设计国学研究院的组织，“胡氏略仿昔日书院及英国大学制，为研究院绘一蓝图，其特点，为置导师数人，常川住院，主讲国学重要科目，制定研究生专题研究，并共同治院”。〔1〕与南菁的不同之处在于，导师人数略多一点，导师的治学方法也更科学一点。

二、胡适与南菁学人的交往〔2〕

胡适交友极广，友朋中南菁学人有不少，大都要比胡适年长一二十岁或二三十岁，算是“老辈”了。他们早先都在南菁书院接受过严格的学术训练和传统文化的熏陶，与胡适的交往中，既有中西文化的冲突，也有“国故”研究的交融。南菁书院院长黄以周“实事求是，莫作调人”的座右铭，吴稚晖终身服膺，胡适又对它作了阐释，似成了最可代表南菁学人治学精神的一顶冠冕。

吴稚晖，名敬恒，阳湖（今常州）人。吴稚晖与胡适交往甚多，也是最得胡适敬重的一位南菁学人。

光绪十五年，胡适的父母胡传与冯顺弟结婚；该年，吴稚晖进南菁书院。十七年，胡适出生；该年，吴稚晖中江南乡试举人，仍在南菁肄业，次年离开南菁。二十九年，吴稚晖因“《苏报》案”亡命英

---

〔1〕 胡颂平，《胡适之先生年谱长编初稿》第2册，台北联经出版事业公司1990年，第576页。

〔2〕 这些南菁学人的生平事略，不再介绍，可参见拙著《南菁书院志》之《学友录》，上海书店出版社2014年，第472—649页。

国，时胡适尚在安徽绩溪上庄老家读书。三十年，胡适到上海进梅溪学堂，吴稚晖在英国勤习英文。宣统二年，胡适赴美留学。1917年，胡适回国，任教北京大学。吴、胡两人初次见面，估计在1917年或1918年。

1918年，吴稚晖任教唐山路矿学校。吴于该年11月13日曾发信给胡适，邀请他于该月29日到该校讲演。信中称：

> ……这里许多学生做着代表，同我来商量，要叫我写信恳求先生，可否在本月二十九日到天津去演讲完了，顺便光降唐山，教训他们一回。因他们在唐山校内也成立了一个学术演讲会，先生的演讲，是计算中最先有的，也可以说，就是要为着要听先生等几个人的教训，所以立那个讲演会。[1]

胡适后赴唐山演讲，并住宿在学校，与吴稚晖有过一次长谈。胡适晚年回忆此事：

> 我同吴先生见面时很少。有一次——三十多年前，他在唐山路矿学校教书，邀我去讲演，那一天我住在教员宿舍里，同他联床，谈了好几个钟头。那是我同吴先生单独谈话最久的一次。后来在科学与玄学论战的后期，我有一次到上海，吴先生到我旅馆里来看我，我们谈到他的《一个新信仰的宇宙观及人生观》，他忽然发了一点“自叙”的兴趣，谈起他少年时，第一天进江阴的南菁书院，去拜见书院山长定海黄以周先生，看见

---

〔1〕 社科院近代史研究所编，《胡适来往书信选》下册，中华书局1979年，第454页。
按：编者将此信归于“年份不明”类。此信吴稚晖落款为“十三日”，无年月。据胡颂平编《胡适之先生年谱长编初稿》：“民国七年（1918）十一月二十二日，先生到天津南开大学演讲。”再结合此信内容，可断定吴稚晖写此信应在1918年11月13日。胡颂平将胡适赴唐山演讲事系于1918年12月，似误。

黄先生的墙壁上有他自己写的“实事求是，莫作调人”八个字。吴先生说，他初次看见这八个字，使他吃一惊。因为“实事求是”四个字是《汉书·河间献王传》里的话，读书的人都知道，都记得，但“实事求是”底下加上“莫作调人”四个字，这是黄以周先生最精警的话，古人从没有这样说过，所以使吴先生吃了一惊。吴先生说，他一生忘不了这八个字。

他老人家是南菁书院（当时全国最有名的学府）的高材生……[1]

自1918年至1927年的十年，胡适与吴稚晖关系很是友好，胡适屡次在日记中提到吴稚晖，且多有赞语。尤其是吴稚晖在1923年科学与玄学论战中，言辞激烈地抨击中国固有文化中的缺点，使得胡适顿生知己之感。1927年，胡适在上海东亚同文书院讲演《中国近三百年的四个思想家》，称：“顾炎武代表这时代的开山大师。颜元、戴震代表17—18世纪的发展。最后的一位，吴稚晖先生，代表现代中国思想的新发展。”[2]对吴可谓推崇备至。

然而，1928年6月15日，在大学委员会于南京大学院召开的会议上，因北京大学的改名与校长人选的问题，吴稚晖却跟胡适发生了激烈的争论，争论中竟直指胡适为“反革命”。胡适非常不快，其愤懑、失望的心情，在以后的日记和书信中屡有透露。[3]6月21日夜写给蔡元培的信中，说道：“暑夜独坐，静念十年来朋友聚散离合之迹，

---

〔1〕 胡适，《追念吴稚晖先生——实事求是，莫作调人》，见杨恺龄主编，《吴稚晖先生纪念集》，收录于沈云龙《近代中国史料丛刊续编》第13辑，台北文海出版社1986年。

〔2〕 欧阳哲生编，《胡适文集》第4册《胡适文存三集》卷二，北京大学出版社1998年，第65页。

〔3〕 近来有历史学者专门作文，论及并分析此事发生的背景、缘由与影响，如周质平《胡适与吴稚晖》（见周质平，《光焰不熄——胡适思想与现代中国》，九州出版社2012年），罗志田《知识分子与革命：北伐前后胡适政治态度之转变》（见耿云志编，《胡适评传》，上海古籍出版社1999年）。

悲哀之怀不能自已。”[1]

十年后，胡适赴美，1938年出任驻美大使，1942年卸任，仍留美从事学术研究。这时吴稚晖在重庆举行的国民党监察委员会的紧急会议上，提案说汪精卫投日叛国应开除党籍。两人相隔数万里，都在为抗战尽力。1943年初，胡适推荐吴稚晖担任美国国立人文科学研究所荣誉会员，后吴稚晖、胡适二人均当选。胡适在康奈尔大学作《当代中国思想》演讲时，仍把吴稚晖作为当代思想家的代表。

抗战胜利，胡适回国，出任北京大学校长，隐执学术界之牛耳。1948年，他被选举为中央研究院院士。隔年，胡适便写信给萨本栋、傅斯年，开出拟推名单，其中哲学组吴稚晖第一，胡适作简短的说明：“吴敬恒，他是现存的思想界老前辈，他的思想比一般哲学教授透辟得多，故我很盼望孟真、济之两兄能赞成把这位老将列入提出之内（参考我的《文存三集》，‘几百年来几个反理学的思想家’的‘吴敬恒’一章）。”[2]后两人均当选为中研院院士。

1948年，选举总统，蒋介石有意让胡适出马竞选，自己则出任握有实权的行政院长。然而遭到了国民党中常会的反对，赞成此案的仅有吴稚晖、罗家伦二人。

1953年10月31日，吴稚晖死于台北。远在美国的胡适，在该日日记中记下“吴敬恒先生稚晖今天死在台北，享年八十九岁。他大概生在一八六五年，同治四年”的话。并写了《追念吴稚晖先生》一文，叙述他们最后一面的情景：

> 我去年十一月二十日到台大医学院附属医院去问候他，那时他的病情减轻了一点，他一定不肯在病床上见我，一定要我在隔壁房里坐，他穿了衣服过来，还是那样高声健谈；我走时，

---

〔1〕耿云志、欧阳哲生编，《胡适书信集》上册，北京大学出版社1996年，第446—447页。

〔2〕《致萨本栋、傅斯年信》，见耿云志、欧阳哲生编，《胡适书信集》中册，北京大学出版社1996年，第1100—1102页。

他一定要送我到房门口，等我转了弯，他才回病室去。我们别后不满一年，他老人家就死了……一个特立独行的怪杰就离开我们了。

1954年3月，台湾“中国历史学会”成立，大会推举胡适任主席，胡适致辞中以“实事求是，莫作调人”八字赠全体会员。

胡适于1958年离开美国，到台湾定居，就任“中央研究院”院长。胡适在台湾的最后岁月，屡屡提起吴稚晖。1960年5月4日下午，胡适参加北大校友会举行的“五四纪念会”，他的演讲词中提起，过去三十年来，国民党中只有吴稚晖、蔡元培、蒋梦麟、刘大白等前进人物，帮助这个运动的推行。〔1〕

1962年1月14日，当他看到抗战前吴稚晖给蔡元培的一封信的剪报，便要秘书胡颂平复写几份。这封信的大意是反对故宫宝物南迁：

（故物）这种臭东西，迁他做什么呢？请先生指导我们……走上一条干燥无味的科学工艺路上去，至少学了苏俄做一个十五年计划，故物府君必康强无恙。否则，二百五的再让精神大哥来说痴话，一旦脱神，故物府君必寿终正寝。……哀启而已，则亦何益之有哉？

胡适又对其秘书说：“稚晖先生的文章也往往有不通的句子，标点很难点。那时幸亏有吴稚晖先生在着说话，现在就没有这样的一个人。”〔2〕四十天后，即1962年的2月24日，胡适逝世。

白作霖，字振民，通州人。白作霖可能是胡适最早与之有过交往

〔1〕胡颂平，《胡适之先生晚年谈话录》，台北联经出版事业公司1985年，第71页。
〔2〕胡颂平，《胡适之先生年谱长编初稿》第10册，台北联经出版事业公司1990年，第3859—3861页。

的南菁学人。

胡适少年时在上海进的第一个学堂是梅溪学堂，进的第二个学堂是澄衷学堂。胡适回忆，他 1905 年十五岁时，进澄衷学堂，“这时候的监督是章一山先生，总教是白振民先生。白先生和我二哥是同学，他见了我在梅溪作的文字，劝我进澄衷学堂。光绪乙巳年（1905）我就进了澄衷学堂。”白作霖是胡适二哥胡绍之在南洋公学的同学。胡适认为，自己虽在澄衷仅一年半，“但英文和算学的基础都是在这里打下的”，对白作霖管理学校的方法大加赞赏：“白振民先生自己虽不教书，却认得个个学生，时时叫学生去问话。因为考试的成绩都有很详细的记录，故每个学生的能力都容易知道。天资高的学生，可以越级升两班；中等的可以半年升一班；下等的不升班，不升班就等于降半年了。这种编制和管理，是很可以供现在办中学的人参考的。”

但不久，胡适就与校方发生了冲突：“有一次，为了班上一个同学被开除的事，我向白先生抗议无效，又写了一封长信去抗议。白先生悬牌责备我，记我大过一次。我虽知道白先生很爱护我，但我当时心里颇感觉不平，不愿继续在澄衷了。”〔1〕胡后来进了中国公学。白作霖不久也离开了澄衷，北上京师，曾充京师译学馆提调、内阁中书。入民国，任教育部佥事，转任视学。时胡适已在美国留学，还怀念澄衷对他的造就：“吾久处妇人社会，故十三岁出门，乃怯恇如妇人女子，见人辄面红耳赤，一揖而外，不敢出一言，有问则答一二言而已。吾入澄衷之第二年，已敢结会演说，是为投身社会之始。”〔2〕

丁福保，字仲祜，无锡人。南菁学人所编撰的书中，胡适最早读到的可能是丁福保编译的算学书《代数备旨》。胡适说他刚进澄衷学堂读书时，最喜欢数学，“我这时候对于数学最感兴趣，常常在宿舍

〔1〕《四十自述》，见欧阳哲生编《胡适文集》第 1 册，北京大学出版社 1998 年，第 69、74—75 页。

〔2〕曹伯言整理，《胡适日记全编》第 1 册《藏晖室日记》，安徽教育出版社 2001 年，第 285 页。

熄灯之后，起来演习算学问题”，“买了一部丁福保先生编的代数书，在一个夏天把初等代数习完了”。[1]

胡适归国后，与丁福保应有交往，只是踪迹难觅。丁福保曾笺注陶渊明的诗集，出版后，知道胡适爱读陶诗，还特地赠送一本与胡，附信称“曩者消夜乏术，尝取陶诗笺之，藉遣永昼”，并请胡适阅后郢正。[2]

孟森，字莼生，别号心史，阳湖人。胡、孟二人相识，不知始于何年。1928年12月，胡适的日记出现孟森的踪迹，该月日记夹有12月4日《民国日报》剪报一则，标题为“省政府处置愚斋义庄之方针”，内容大要是：

> 江苏省乃派孟心史前往检查，并提出处置方针。孟提出的处置方针是：将义庄所有财产择要暂时封存，改组董事会，明定管理章程，仍尊重原捐人之意，将基金用于慈善公益事业，决不收归省库或供其它事业之用。[3]

时胡适在上海任中国公学校长，与国民党关系紧张。孟森则被聘为江苏省政府主席钮永建（孟、钮是南菁书院、南洋公学的先后同学）的秘书。愚斋义庄为盛宣怀所置，盛死后，因义庄管理不善，起了风波。于是，孟森此时被派往上海处理愚斋义庄之事。孟森提出的“仍尊重原捐人之意”的处置方针，估计会得到正在高呼“人权与约法”的胡适的共鸣。

1931年，孟森应聘北京大学历史系教授兼主任，讲授明清史，胡适亦于同年应新任北大校长蒋梦麟之聘，出任文学院院长兼中文系主任。胡适重返北大，孟森初进北大，都在1931年。至抗战爆发，孟森于1938

〔1〕《四十自述》，见欧阳哲生编《胡适文集》第1册，北京大学出版社1998年，第69页。
〔2〕耿云志主编，《胡适遗稿及秘藏书信》第23册，黄山书社1994年，第295页。
〔3〕曹伯言整理，《胡适日记全编》第5册，安徽教育出版社2001年，第315页。

年逝世于北平，孟、胡两人在北大共事六七年，谈艺论学，最为相得。

当时，孟森每写一篇论文，总先请胡适提出意见，胡适则对孟森严谨的治学至为佩服。举一例以见其他：胡适在1934年6月4日的日记中，写道："孟心史先生送来《清世宗入承大统考》，要我提几个字。我一气读了，约两三万字。他用了不少新出材料，钩稽参互，证明雍正帝确有篡夺之行为；助成其事者，在外有年羹尧之牵掣允禵（十四子），在内有九门提督隆科多之掌握禁兵，而其事实不可掩，遂流传众口，至曾静一案发生时，雍正帝始知外间如许流言，故造作种种弥缝之法，愈弥缝而痕迹愈不可泯没。"胡适读毕，当日即写回信，连呼佩服："先生判此案，如老吏断狱，当可成为定谳。佩服，佩服。"〔1〕

胡适也常向孟森请教，如当他看到孟著《朱方旦》一文时，即去信："《心史丛刊》一集页十五，有云：'其缘饰以儒学，出入于九流者，厥惟程云庄之大成教，今其流派尚有存者，虽经黄厓杀戮之惨，崇奉之信徒曾不径绝。如毛庆蕃其人，固无人不知为大成教徒者也。'程绵庄之《青溪集》中屡提及程云庄之《易学》，我正想考研其书，但苦不得其线索。今读先生所论，似先生熟知此派之掌故，亟盼示以应参考诸书，使我得稍知此一派之内容，不胜感谢。"〔2〕

孟森曾与胡适讨论过戴震、赵一清校《水经注》的事，孟森认定是戴抄袭赵，胡素来钦佩孟的考证功夫，于是也下结论："我读心史两篇文字，觉得此案似是已定之罪案，东原作伪，似无可疑。古人说，吾爱吾师，吾尤爱真理。东原是绝顶聪明人，其治学成绩确有甚可佩服之处，其思想之透辟也是三百年中数一数二的巨人。但聪明人滥用其聪明……"〔3〕然而，当他在美国重起《水经注》研究时，才发现戴、赵二人根本不存在谁抄谁的问题，而是两人分别独立研究的结

〔1〕《致孟森（廿三，六，五夜）》，见耿云志、欧阳哲生编，《胡适书信集》中册，北京大学出版社1996年，第620页。
〔2〕《致孟森（廿五，六，廿三）》，同上书，第700—701页。
〔3〕《致魏建功（二十六，一，十九）》，同上书，第700—701、713—714页。

果。这时，胡适恨不能重起心史先生于地下，再续文字因缘也。

对于中国传统文化的认同，两人有明显的分歧。胡适曾作《论六经不够作领袖人才的来源——答孟心史先生》一文，内云：

> 尊经一点，我终深以为疑。儒家经典之中，除《论》《孟》及《礼记》之一部分外，皆系古史料而已，有何精义可作做人模范？我们在今日尽可挑出《论》《孟》诸书，或整理成新式读本，或译成今日语言，使今人与后人知道儒家典型的来源，这是我很赞成的。其他，《诗》则以文学眼光读之；《左传》与《书》与《仪礼》则以历史材料读之，皆宜与其他文学历史同等齐观，方可容易了解。我对于"经"的态度，大致如此，请教正。
>
> 先生问："中国之士大夫，若谓不出于六经，试问古来更有何物为制造之具？"此大问题，不容易有简单的解答。鄙意以为制造士大夫之具，往往因时代而不同，而六经则非其主要工具。……所以我说："一个时代有一个时代的士大夫，一个国家有一个国家的范型式的领袖人物。他们的高下优劣总都逃不出他们所受教育训练的势力，某种范型的训育自然产生某种范型的领袖。"……约略估计之，我们可以说，经学的影响不如史传，史传的影响又不如宗教，书本的教育又不如早年家庭的训育。[1]

胡适认为中国的士大夫绝非是由儒家经典培养出来的，六经根本培养不出领袖人才。因此，胡适有时会感觉到孟森等老辈都生活在过去的世界里。[2]

---

〔1〕 欧阳哲生编，《胡适文集》第5册《胡适文存四集》卷四，北京大学出版社1998年，第419—422页。

〔2〕 胡适1934年9月9日的日记："晚饭席上与董康、傅增湘、章钰、孟森诸老辈谈，甚感觉此辈人都是在过去世界里生活。"见曹伯言整理，《胡适日记全编》第6册，安徽教育出版社2001年，第410页。

胡适与孟森都是书生，却都有谈论政治的兴趣。所以两人的讨论，有时也不限于学术，时政问题也常常会引起争执。如“九一八”事变后，对于“国联”对东北的调查是否公正合理，两人的看法就很不一致。

孟森曾留学日本法政大学，辑译过很多法政著作。民初又担任过国会议员，有实际的操作经验。所以，胡适在 1933 年 6 月 14 日，请时任立法院长的孙科添聘孟森等三人为宪法顾问。[1]

孟森 1938 年病死于北平时，胡适已受命赴美，为国效劳去了。胡适晚年提起孟森，称他与王国维为“我最佩服的两位近代学者”。

方毅，字叔远，武进人。1921 年 7 月，胡适应商务印书馆编译所长高梦旦之邀，赴上海考察商务印书馆，结识馆中几位南菁学人。时方毅正继陆尔奎主持辞典部工作，为商务印书馆主要职员。胡适日记中多次提到他在商务与方毅的接触。7 月 25 日，“与方叔远、马涯民（瀛）两先生谈论他们现在编纂《大字典》的计划。方先生拟有《商榷书》”。胡适在日记中对方毅的计划有点微词：“他们开出的‘账’，只有书本子里的旧账，只有古典主义的老账，却没有现在最不可少的新账。”两个多月后，胡适写出的对于商务编译所的意见报告书中，于辞典部有如下建议：

> ……以上所说，毫无轻视陆、方等诸位先生研究的功力之意，我对于他们的研究功夫非常佩服。但我以为他们做的研究都是专门的高等学术，应属上文说的应提倡的一类著作物，不当属于字典、辞书的一类。……所以我说关于这一类的书，第一步是认明这类书的目的是应用的。[2]

---

〔1〕 曹伯言整理，《胡适日记全编》第 6 册，安徽教育出版社 2001 年，第 221 页。
〔2〕 胡适 1921 年 11 月 14 日日记，见曹伯言整理，《胡适日记全编》第 6 册，安徽教育出版社 2001 年，第 517—540 页。

胡适还劝方毅用标点符号，他在9月3日的日记中说："叔远发起一部《音韵学丛刊》，拟有书目一百多种。我劝他用标点符号，并分段。"

钮永建，字惕生，上海县人。胡适与钮永建相识不知始于何日。1958年6月16日，两人同乘机赴美，中途在冲绳岛闲谈，谈的便是南菁书院。胡适对此事有记载：

> 今年六月十六日，我搭飞机从台北起飞，上机始见钮永建先生夫妇。在冲绳岛停半点钟，客人都得下机走走。我和钮先生闲谈，劝他把南菁生活记下来。他说，有人说他知道江苏革命的事最多，也劝他记出来。我们回到飞机上，我用铅笔写小诗递给钮先生：
>
> 冲绳岛上话南菁，海浪天风不解听。
>
> 乞与人间留记录，当年侪辈剩先生。
>
> 钮先生今年八十九岁了。他在海外看见我摘记的南菁史料，我想他一定也会高兴的。[1]

当时胡适力劝钮永建将南菁生活记下来。然而，事与愿违，记录终未能留在人间。后来，唐德刚叙述此事，仍有余恸焉：

> 国民党元老钮永建先生也是当年南菁书院的学生。1960年夏，胡、钮二公同机飞美，途过冲绳岛休息，二人于海滩散步时，谈话的题材便是南菁书院。钮氏动人的故事使胡氏大感兴趣，所以胡公劝他到纽约时务必与哥伦比亚大学中国口述历史学部联络，好把这段学术史保留下来。胡公兴奋之余，并口占

〔1〕胡颂平，《胡适之先生年谱长编初稿》第7册，台北联经出版事业公司1990年，第2722—2723页

一绝，以赠惕老。诗云："冲绳岛上话南菁，海浪天风不解听。乞与人间留记录，当年侪辈剩先生。"

胡氏抵纽之后，曾把这首诗抄给我，并要我立刻与钮惕老联络，赶快把这段历史记录下来。笔者在胡公敦促之下，真于百忙中抽空往长岛，钮公的女儿李夫人家，数度拜访。钮氏这时虽已年逾九十，但是耳聪目明，步履如常人。他老人家对口述个人回忆亦至感兴趣。钮公是我国革命元老中自同盟会以后，无役不与的中坚领袖，他的故事是说不尽的，他也急于全盘托出。可恨笔者当时是哥大雇佣研究员，每日都有十小时以上的工作量。校方对我的工作时间不作适度的调整，我是无法抽出时间来访问惕老的。后来我想出一变通办法，由我于夜间抽空赶编一份简明的《淞江钮惕生先生年谱》，[1]把其中重要情节拟出大纲来，想请惕老的女儿抽空代为录音，好让我于周末抽空编校。但是钮小姐夫妇也是忙人，他们也抽不出空来做此额外工作。我们一拖再拖，钮老终于等不及而撒手人寰。胡适之先生要想为人间留下南菁书院的记录，竟以笔者忙乱而未能如愿，今日思之，真是仍有余恸。[2]

与胡适有过交往或相识的南菁学人还有很多，如李平书、沈恩孚、张一麐、陈懋治、汪荣宝、蒋维乔、储南强等，都是民国年间的名人。

〔1〕案：淞江误，应是松江，明清上海县属松江府。

〔2〕《胡适口述自传》，胡适英文口述稿，唐德刚译注。见欧阳哲生编，《胡适文集》第1册，北京大学出版社1998年版。

因缘际会：南菁书院中的常州学人群体

叶　舟[1]

南菁书院是晚清江南文化精英聚集的场所。胡适曾对南菁书院有极高评价，称其“所出版的书籍，等于外国博士所作的论文”。[2]南菁书院由江苏学政黄体芳在两江总督左宗棠大力支持下，于光绪八年在江阴创办，其本意是为了“专课通省经、古”。[3]黄体芳之后，王先谦继任江苏学政，他在南菁书院刊刻《续经解》，并刊刻《南菁书院丛书》，这两位学政和张文虎、黄以周、缪荃孙等历任山长将南菁书院建设成为东南学术重镇，也因此吸引了大批东南的优秀人才。清代江阴是常州府的属县，因此常州府的学子得地域之便，入南菁书院者甚多。据不完全统计，前后入南菁的仅武进、阳湖二县的学人便有数十人之多。这些人可以说是晚清江南学人群体的一个典型样本，对其研究有助于讨论晚清江南社会及学术之变迁。不过限于资料与篇幅等原因，本文仅选择其中一些主要的代表人物进行讨论。

一、家世与出身

以下以家族为单位，根据个人入南菁书院时间顺序排列先后。

---

〔1〕 作者单位：上海社会科学院历史研究所。

〔2〕 胡适，《书院制史略》，《胡适文集》第12册，北京大学出版社1998年，第449—453页。

〔3〕 左宗棠，《左宗棠全集·奏稿》卷六一《江阴创建南菁书院动拨盐票项下银两片》，上海书店1986年影印本。

（一）刘可毅、刘翰

刘可毅，原名毓麟，字葆真，光绪十八年会元，官翰林院编修，京师大学堂教习，后于八国联军攻占北京期间失踪。光绪十一年入南菁书院。刘翰，原名葆谷，又名懽，字淮生，光绪十九年举人。在光绪十一年年初公布的南菁第一批甄别试名单中，刘翰是唯一的常州人，他在经学和古学名单中均列一等。[1]

西关刘氏称其始祖为南宋学者刘子翚，至明代刘昂始迁至常州城大西关。在晚清以前从来没有取得过科举上太瞩目的成就，只是以耕读传家。刘翰的祖父刘养浩是著名的塾师，薛临正是他最得意的弟子。[2]薛临正本人也是晚清常州最著名的塾师之一，他是吕思勉父亲的老师，[3]与孟昭常、沈同芳、陆尔奎、庄鼎彝为光绪十七年的同榜举人。西关刘氏除了耕读之外，经商是家族的主要传统。刘养浩除次子刘遵谦读书外，“其余诸子将届成年，皆令弃书习贾”。儿子刘遵路便“经商清淮，往来扬镇间”。[4]弟弟刘正伦也是早年攻习举业，后以家计艰难，“不能卒读，遂充儒服贾，经营二十载，艰苦备尝，业日隆起”。[5]

到了刘养浩孙辈，西关刘氏开始迅速崛起，这一辈涌现出了刘可毅、刘翰、刘树屏、刘树森、刘垣等多位日后名噪一时的人物。刘遵路之子便是刘可毅，而刘遵敏五个儿子个个都异常出色。长子刘树屏，原名景琦，字葆良，光绪十六年进士，官至署徽宁池太广兵备道、芜湖关监督，曾任澄衷学堂监督、安徽大学堂总办。次子即刘翰。三子为刘树钧，原名葆忠，字寅生，上海富商。四子为刘

〔1〕《申报》，1885年3月15日。
〔2〕薛临正，《淡庵先生家传》，《毗陵西关刘氏宗谱》卷三，光绪二年五忠堂木活字本。
〔3〕吕思勉，《自述》，俞成基编《蒿庐问学记》，生活·读书·新知三联书店1996年，第218页。
〔4〕张惟骧，《清代毗陵名人小传稿》卷九，《近代中国史料丛刊续编》第13辑，台北文海出版社1971年。
〔5〕刘樾，《大父耐庵公行略》，《毗陵西关刘氏宗谱》卷三，光绪二年五忠堂木活字本。

树森，原名葆基，字柏生，上海富商。五子为刘垣，原名葆厚，字厚生，曾任大生纺织公司经理，民国后曾任农商部次长，长期协助张謇从事政治、实业活动。[1]刘氏兄弟兼具了读书和经商两种天分，刘翰与刘可毅、刘树屏继承了刘养浩的遗钵，少年时便被称作“三刘”，名噪乡里，刘可毅更是晚清时常州最著名的才子之一。而刘树钧、刘树森和刘垣则具有出色的经营之才。其中刘树森是清末民初常州在上海最有影响的富商之一，上海商学会的创始人，上海总商会的秘书，他在最鼎盛时期曾经拥有五家棉纺织厂和全国最大的造纸厂，更是著名愚园的主人，只是后来惨遭失败。刘垣曾回顾他和兄长创业的进程，称：“吾兄与予以孤寒无所凭藉之身，寄迹市廛，不自量力，奋臂鼓舌，思以工矿实业挽救国运，始若小有成就，卒乃后先溃败，不可收拾，坐视残余，事业随世变而消逝，可哀也已。”[2]

（二）赵椿年

赵椿年，字剑秋，一字春木，晚署坡邻老人，光绪二十四年进士，民国后任财政部次长、审计院副院长。他也是第一批进入南菁的常州人，据其《覃研斋师友小记》，[3]他于光绪十一年正月入南菁，直至光绪十五年离院。

赵椿年所在的西盖赵氏自称为宋魏王赵德昭之后，赵德昭第十一世孙赵孟堙为元高邮录事参军，泰定二年过武进政成乡倾盖亭，遂定居于此，并改倾盖为西盖（今武进横林赵家塘村），为西盖迁常一世祖。赵椿年的五世祖便是清代著名的学者、诗人赵翼，而民国著名学者、语言学家赵元任则是其侄。[4]

---

〔1〕刘垣编，《毗陵西关刘氏宗谱》，民国三十二年国光书局铅印本。
〔2〕刘垣，《刘柏生先生墓志铭》，民国三十年石印本。
〔3〕赵椿年，《覃研斋师友小记》，《中和月刊》1942 年第 3 期。
〔4〕《西盖赵氏族谱》，民国三十七年永思堂木活字本。

（三）方怡、方毅

方怡，字子顺，著有《韩庐劫余剩稿》。光绪十一年入南菁书院。

方毅，字叔远。民国后任商务印书馆辞典部副主任，协助陆尔奎主编《辞源》，陆尔奎离开商务印书馆后，他接任辞典部主任，担任《辞源续编》的主编。光绪二十四年入南菁书院。[1]

方氏一族先世为湖州德清人，明永乐年间，有先祖于北京任锦衣卫指挥使者，遂入籍顺天。清初方国栋任苏松常道，在任时将其子方辰与常州徐氏联姻，从此开始定居于常州，但仍未改籍贯，因此方氏一直是以大兴籍在京城读书入学。乾隆年间方联聚于乾隆五十一年中顺天乡试举人，后任甘肃知县。其子方履篯，字彦闻，一字术民，自署江左侨民，官知县。方履篯是嘉道时常州著名的骈文家和书法家，与李兆洛、董士锡等人齐名，他的女婿是张惠言的孙子。方履篯有三子，其中次子方骏谧有三子，即方恮，字子谨，一字退斋；方恒，字子永；方怡，字子顺，三人均有文名，尤长历史地理，有文集传世。方恮、方恒都是赵烈文的女婿，方怡则是邓廷桢的孙婿。方恒子即方毅，他也是三兄弟中唯一有后嗣的，因此方毅一人承继三房宗祧。[2]

（四）吴稚晖

吴稚晖，名朓，更后名敬恒，小字奇龄，字稚晖，遂以字行，是近代著名政治家、教育家、书法家。光绪十五年入南菁书院，入训字斋。光绪十八年五月，因江阴知县乘舆过孔庙未下轿，吴稚晖与同学田自芸等人以为其“非圣无法”，拦舆质询，知县拘田自芸入县衙，吴稚晖与其交涉，知县承认非法，以轿送其回书院，然山长黄以周不

---

〔1〕 赵统，《南菁书院历年学友录》，《南菁书院志》，上海书店出版社 2014 年，第 472—649 页。
〔2〕 方恒，《先兄子谨事状》，《双松室遗著》卷上，民国二十五年铅印本。

满其所为，令其离院。[1]

吴稚晖的出生地雪堰桥位于常州与无锡交界处，是阳湖县境东南诸水入湖之口，太湖鱼虾、马山果品及附近数十里内之米麦猪只，皆以此为集散地，所谓“吾邑东南新塘乡滨太湖，其市镇曰雪堰，贸居贾舶集焉”。[2]元末吴高益自苏州山塘徙居雪堰，是为雪堰吴氏始迁祖。雪堰吴氏并非豪门，在吴稚晖之前，整个清代只出现过顺治十四年举人吴俟一人。吴稚晖六岁丧母，早年随外祖母邹氏寓居外家无锡江尖，故其生平一向自称无锡人，与无锡士人的交往也更为亲密。其父吴有成是钱肆会计，“历司鲍氏、蒋氏会计者二年，无一钱之苟”。十三岁时，吴稚晖试作八股文，被塾师视为野狐禅，外祖母欲送其入钱肆学徒，而其父以为业钱业医皆非所惬，突然商诸所亲，送其至无锡龚氏就读，其费皆典质家屋，给之不少踌躇。[3]

（五）陆尔奎

陆尔奎，字浦生，号炜士，光绪十七年举人，曾任北洋学堂、南洋公学教习。后入商务印书馆，长期任辞典部主任，负责主编《辞源》。他于光绪十五年与吴稚晖同入南菁书院。

陆尔奎所在的下浦陆氏在明初由溧阳迁居常州无锡交界处的雪堰下浦村。下浦陆氏很早便已经是常州望族，九世祖陆荣曾经中万历三十二年进士，八世祖陆鸾翔便娶了常州庄氏万历三十八年进士庄起元的女儿。[4]清代著名学者陆耀遹、陆继辂叔侄也是其族人。陆尔奎高祖陆瑗是乾隆二十七年举人，堂兄陆尔熙是同治二年进士。陆尔奎的父亲陆开文曾任府经历这样的小官，其母史氏是道光十七

〔1〕杨恺龄，《吴稚晖先生敬恒年谱》，台北商务印书馆 1981 年。
〔2〕陆鼎翰，《洋移庙记》，《武阳志余》卷四之一《祠庙下》，《中国地方志集成江苏府县志辑》第 38 册，江苏古籍出版社 1990 年。
〔3〕吴稚晖，《曾大母承孺人传后识语》，《雪堰吴氏世谱》卷二六，民国二十二年让德堂木活字本。
〔4〕《下浦陆氏宗谱》，宣统元年善庆堂木活字本。

年举人史致泽的女儿。[1]下浦在雪堰镇，故陆尔奎与吴稚晖早年便已相知。

（六）蒋维乔、蒋维钟

蒋维乔，字竹庄，因主张“不主故常，而唯其是从之”而自号因是子，曾任江苏省教育厅长，中央大学校长，光华大学国文系主任等职。光绪二十一年五月，蒋维乔在江阴岁试中名列前茅，被学政调入南菁书院肆业。[2]蒋维钟，字岳庄，蒋维乔二兄，通天文历算之说，著有《曲线新说》，光绪二十四年入南菁书院。[3]

蒋氏是常州大姓，名人辈出，但蒋维乔却从不讳言他和那些蒋氏名人没什么关系，“吾家自五世以上无可考”。据他说，清初有蒋士元居武进西直厢陶家村，是为其高祖。蒋氏是常州城内最底层的市民阶层，蒋维乔的父亲蒋树德九岁入私塾，十二岁孤，遂“弃书习工”，“工作之暇，兼操杂役，夕执爨，晨饲猪，鸡鸣而兴，漏尽而息，劳苦不堪言状”，五年后“学成，以良工名”。中年以后，蒋树德“得友人之助，贷资本五百金，设肆于市，久之贸易乃日盛，复十余年，移居新屋”，因此致富。[4]蒋树德好读书，十九岁时遇太平天国战事，避乱靖江，“鬻薪贩甑以奉母，暇则取箧中残本《论语》读之，服膺其言至废寝食，乡人咸匿笑之，先生自若也”。所以蔡元培曾称赞他是中国勤工俭学的模范。[5]蒋树德对几个儿子的学业非常重视，据蒋维乔回忆，其“自幼与先兄维翰入学，每晚自塾归，先考必使讲诵日间所授书。塾中温四子书，则晚归温经书，塾中温经书，则晚归温四子书，如是循环以为常。四弟五弟则先考自课之”。蒋树德爱好广泛，

[1]《清代硃卷集成》，台北成文出版社 1992 年。
[2] 蒋维乔，《竹翁自订年谱》，上海图书馆藏稿本。
[3] 赵统，《南菁书院历年学友录》，《南菁书院志》，上海书店出版社 2014 年，第 472—649 页。
[4] 蒋维乔，《先考少颖府君事状》，《新安蒋氏宗谱》卷二，民国十年三径堂木活字本。
[5] 蔡元培，《少颖公墓表》，《新安蒋氏宗谱》卷二，民国十年三径堂木活字本。

“于研经之余尤喜美术、书画、音乐诸科，皆习焉。为篆隶，绘山水花鸟，歌昆曲，奏弦管诸乐器，罔勿精，以分授于诸子”，[1]这些爱好对他的几个儿子影响甚深，除了蒋维乔，另外几个儿子也均有成就，长子蒋维瀚继承他的家业，同时也是著名的艺术家，曾从著名画家黄山寿游，山水、人物、翎毛、花卉，到手即能，书法、昆曲、篆刻亦有成就。[2]

（七）孟森

孟森，字莼孙，号心史。孟森是著名立宪派领袖，也是近代明清史学的奠基人。孟森于光绪二十七年入南菁书院。[3]

孟森家族自称是孟子之后，第五十二代孙孟性在南宋德祐年间迁居常州，孟森本人则是孟子的第七十世孙。孟森生父孟文镳，字骏誉。孟文镳“少孤失学，弃书服贾”，育有三子，即孟森、孟昭常、孟鑫。孟文镳“自恨失学”，深以此为憾，因此对儿子必“督令向学，以弥此憾”，“自此节缩衣食，为供修脯之计”。孟文镳去世时，孟昭常仅十四岁，为维持家计，仍令孟森读书，而孟昭常“弃书而服贾”。后孟森入县学，得以授徒自给后，孟昭常“乃复有志于读书，因书服所，夜就兄读”。[4]此后孟氏兄弟便走向了读书成名之路。孟氏在孟森兄弟之前基本上没有产生过出众的文化精英，而孟氏兄弟却个个出类拔萃。孟昭常，字庸生，光绪十七年举人，曾和孟森留学日本，后当选为资政院民选议员，在清末政坛影响甚巨。民国后出任商部佥事、黑龙江实业厅长。孟鑫，字潮生，光绪二十年副贡，“天才绝异，更胜于其兄”，[5]后染疫卒，年仅二十一。其子孟宪承是著名的教育家，

---

〔1〕蒋维乔，《先考少颖府君事状》，《新安蒋氏宗谱》卷二，民国十年三径堂木活字本。
〔2〕孟森，《克庄君小传》，《新安蒋氏宗谱》卷二，民国十年三径堂木活字本。
〔3〕赵统，《南菁书院历年学友录》，《南菁书院志》，上海书店出版社 2014 年，第 472—649 页。
〔4〕孟森、孟昭常等，《先太夫人大事哀启》，孟昭常《沤风诗文钞》，民国八年铅印本。
〔5〕张惟骧，《清代毗陵名人小传稿》，《近代中国史料丛刊续编》第 13 辑，台北文海出版社 1971 年。

新中国成立后曾任华东师范大学校长。

二、新旧交替

（一）望族与新血

常州历来是名门望族聚居之地，明清两代常州的所有科举鼎甲都来自于名门望族，而文人学者中的最精英分子也同样如此。但在晚清，这一情况发生了一定的变化。随着工商业的发展，在清政府开始推行“新政”的背景下，一些有从商经验，处事相对较理性务实的中下市民群体得以适应时代的要求迅速崛起，进入政治文化的核心层。在江南，便出现了大量的这种新兴绅商家族。他们的共同点是之前家族有经商史，但只是中下层小本经营的小商贩，甚至是小学徒，虽然“诗礼传家”，却从未进入文化精英阶层。晚清时，他们抓住机遇，迅速崛起，家族在一二代之内出现多名精英，形成了全国性的影响。在常州南菁学人中，祖父或父亲辈是小商贩或者是小业主的便有刘可毅、刘翰、吴稚晖、顾成章、蒋维乔、蒋维钟、许国英、沈保枢、沈保善、孟森等人，此外来自于徽商小业主家族的则有吴翊寅、程骏遹，而刘可毅兄弟、蒋维乔兄弟、孟森兄弟、姚祖颐兄弟、唐演叔侄、沈保枢叔侄等均是一二代人之中出现多名精英的典型个案。蒋维乔曾经和李详称：“吾家别于他蒋，由高祖以上，不辨世系，老父以贫故，习工业，生维乔兄弟，厕名士夫间，皆老父余荫所及，非有重世显贵，列于膏粱著姓。”[1]这段话是新兴文化精英崛起的极佳注脚。他们以“孤寒无所凭藉之身”，经过努力，而终于跻身文化精英之列。

当然新兴家族的崛起并不等于名门望族就此式微。南菁常州学人中如庄蕴宽、赵椿年、陆尔奎、方毅等均是清代常州两个最著名的学术群体——毗陵七子与爱日草堂诸子的后人，亦可见名门望族文化传

---

〔1〕 李详，《武进蒋少颖先生传》，《李审言文集》，江苏古籍出版社1989年，第957页。

承的持久性。新兴家族崛起后，也迅速通过联姻等手段进入了以名门望族为中心的社会网络。新旧家族之间复杂的婚姻关系不仅促进了他们之间文化资本的传承与交换，而且组成了一个看似松散，实则严密的网络，借此不仅可以获得优于一般人的学习和交流管道，也保证了以后还会不断产生新的文化精英。在南菁常州学人中之间便存在着这种复杂的婚姻关系。如湖南衡阳人陈钟英娶了赵烈文的妹妹，生三子，其中次子是著名的《苏报》主编陈范，娶了庄蕴宽叔叔庄宝澍的女儿，三子陈滔娶了庄蕴宽的妹妹，陈钟英的女儿们则嫁给了赵宽的哥哥赵实和沈颐的父亲沈保衡，赵烈文的女儿们则分别嫁给了方恮和方恒，而方怡和赵宽均是邓廷桢的孙婿。方毅的弟弟方粹和谢钟英的儿子谢观分别娶了浙江按察使陈允颐的两个女儿，陈允颐的弟弟陈允豫则娶了赵椿年的姑姑。程炳熙娶了吕景端的妹妹，沈颐则是吕景端的女婿，庄蕴宽弟弟庄思诚的女儿则嫁给了吕景端的儿子。

此外，南菁常州学人中只有吴稚晖和奚绍声来自市镇，但所在的雪堰和焦溪分别位于常州与无锡、常州与江阴交界处，均为大镇，地位绝非寻常农村市镇可比。因此，城市在文化资源获取方面的优势到了近代不仅仍然没有改变，而且还有加剧的趋向。由此可见，不能对新的精英产生机制有过多的理想化描述。

（二）从旧学到新知

黄体芳设立南菁书院，本是因“慨士习之窳陋，虑时事之多艰，欲以镕经铸史之学，振兴后进，简迪英髦，俾各养成有体有用之材，以备国家作楫作舟之选”。[1]他自己也说：“今之事变，前代所未有。盖时务方兴而儒者左矣，要其所以不振，岂为攻乎夷狄者少哉？独少吾所谓儒人耳。诸生生长是邦，熟睹乎乱败之由，而务为返经以求其实，要知从古圣人拨乱世反正之道，不能独穷于今兹，而本朝圣人经

---

〔1〕《纪江苏学政瞿大宗师整饬南菁书院章程示谕书后》，《申报》1898年1月12日。

营之天下，事事足以万年，不能不归咎乎儒术焉。”[1]主讲南菁十五年之久的山长黄以周提到编选《黄菁讲舍文集》原则时说：“凡文之不关经传子史者黜不庸，论之不关世道人心者黜不庸，好以新奇之说苛刻之见自炫而有乖经史本文事实者黜不庸。”[2]由此均可见早年南菁书院的治学原则。日后黄以周开除吴稚晖出南菁，当与吴稚晖“好以新奇之说自炫”有关。继黄体芳之后任江苏学政的王先谦也基本继承了这一传统，据赵椿年回忆，王先谦“下车观风之试，发《劝学琐言》一本，以《尔雅》《说文》《文选》《水经注》四种分配各属为集注。……史学则拟令补注各史之志。道学则以朱子《近思录》、刘氏《人谱》二书为归。经济则以国朝掌故、经世文编及近日诸名臣章奏为主。其言诗文尤扼要，谓古文之学，姚惜抱富于理，梅伯言寓于辞，曾文正公气主驱迈，神自朴洁，学者当由三家，以求合《类纂》之绳墨。诗则当先读苏陆以充其才，次学孟黄以老其格，然后沈潜少陵以充其体，上溯《文选》以富其材，取昌黎之骨力，兼义山之典实”。[3]综上可知，南菁书院早年走的是以道学为旨归、以小学为入手、以经世致用为目标的传统经学之途，而入南菁的常州学子也大都奉行不悖。

值得注意的是，在整个清代学术演变潮流中，常州学术有其独特的发展轨迹，即使是在乾嘉考据学如日中天之际，常州学者虽然也受到考据训诂的影响，但却依然保持着其学术的独立性。当年卢文弨掌教龙城书院，讲训诂学，李兆洛便“意殊不屑”。[4]张舜徽曾言，常州学派“和宋元以来所讲的义理之学既不相同，与当时精究训诂名物的吴皖两派也迥然有别，而独立自成一派”，他认为，常州学术“主张

〔1〕 黄体芳，《南菁书院记》，转自赵统《南菁书院志》，上海书店出版社 2011 年，第 10 页。
〔2〕 黄以周，《南菁讲舍文集》序，《南菁讲舍文集》，光绪刻本。
〔3〕 赵椿年，《覃研斋师友小记》，《中和月刊》1942 年第 3 期。
〔4〕 蒋彤，《武进李申耆先生年谱》，北京图书馆藏珍本年谱丛刊第 131 册，北京图书馆出版社 1997 年。

用西汉宗尚‘微言大义’的今文经学去代替东汉专讲‘训诂名物’的古文经学，以为讲求微言大义，才能经世致用，可以救国家之急，这是常州学派所不同于吴皖的学术趋向”。[1]刘师培在其著名的《清儒得失论》中也称：“庄氏之甥有刘逢禄、宋翔凤，均治今文，自谓理炎汉之坠业，复博士之绪论，然宋氏以下，其说凌杂无绪，学失统纪，遂成支离。惟俪词韵语，则刻意求新，合文章经训于一途，以虚声相扇。”[2]这种评价虽然存门户之见，但“合文章经训于途”，却恰恰道破了常州学派之特色。因此，综观常州南菁学子，虽然他们取径各不相同，但其学术取向大都与常州学术固有的旨趣相类，如刘可毅“于经史大义，中外近情，循流讨源，贯彻首尾，旁及艺物稗乘，一名一物之微，大叩小叩，无不应者”；刘翰“所为诗古文，清微澹宕，悠然意远”；谢钟英工地理，“益博涉经史百家言，深究古今治乱兴亡之故，毅然欲有为于当世”；方恺“考据掌故，诗古文辞，与举子业并有心得，穷究世界政治艺术以自辅，尤潜研推算”；奚绍声“尝作文言‘经学存则道存’”，[3]而其中精研经学者，不仅屈指可数，成就也不甚高，与南菁书院整体的经学水平颇不相称，也正可见清代常州学术特色之一斑。

缪荃孙为刘可毅《刘太史集》作序时，曾称他和刘可毅均以为“当由旧学窥新学，不宜舍旧学而图新，亦不能弃新而守旧”[4]，这句话可以说是戊戌变法前常州南菁学子治学思路最真实的写照。然而随着时间的推移，新学不断传播，开始日益影响江南学子。1893年，蒋维乔从庄模处第一次看到江南制造局翻译的西学书籍，“庄师之大世兄伯寅有天才，喜算学及泰西输入之天文、地理、格致、制造等

---

〔1〕张舜徽，《清儒学记》，华中师范大学出版社2005年，第480、486页。

〔2〕刘师培，《清儒得失论》，《清儒得失论：刘师培论学杂稿》，人民大学出版社2004年，第296页。

〔3〕张惟骧，《清代毗陵名人小传稿》，《近代中国史料丛刊续编》第13辑，台北文海出版社1971年。

〔4〕缪荃孙，《刘太史集》序，刘可毅《刘太史集》卷首，宣统二年刻本。

书。余虽不获亲炙庄师，得与伯寅莫逆，共同研究算术及上海制造局翻译各书，思想为之一新”。但当时本地旧儒听说他们研究西学，目为怪物，痛诋不已。蒋维乔因此深感常州与上海交通需用帆船，极为不便，导致风气极为闭塞。〔1〕此前常州入南菁的学子只有方恰因家学而精通算术，而庄模、庄曾谧、沈保枢、沈保善、蒋维钟、严保诚入南菁后均以算术知名，这无疑是受到了新知识输入的影响。到了甲午后，清廷战败给国人造成了极大冲击，一些知识分子沉痛觉醒，危亡意识之下，创生各种思想潮流，推动了整个中国社会的变革。1896年，张鹤龄等在屠寄的支持下在常州设立经世学社，购上海江南制造局、格致书院、广学会等机构出版的翻译书籍，是为常州最早的新学机构，唐演首先加入经世学社，阅遍社中图书，并对《时务报》尤热衷。时“常州学社风起云涌，学子言论风生，几复三百年前东林、复社之旧”。〔2〕蒋维乔、许指严、方毅、严保诚均是当时的风云人物。而与此同时，南菁书院也开始发生了变化。

光绪二十三年，瞿鸿禨接任龙湛林出掌江苏学政，不久便开始整顿南菁。光绪二十四年六月，“以近来时事多艰，需才孔亟，爰设特课，分类命题。令江阴南菁书院肄业生及苏省胶庠学子皆得按题呈艺，以觇经济之才”，〔3〕并分内政、外交、理财、经武、格物诸门类。其中有《沿海舆地形势考》一题，蒋维乔“选作此题，竭一月之力，草成文字十余万言，向王君瀚卿处借得收小放大绘图器，用西法摹绘附图三十余幅”，“案发，取列第三名，批语中有云‘西法绘图，出于士林之手，乃海内所罕觏也’”。此王瀚卿客居英国十年，充使馆随员，能英语，兼通天文，当时回里教授英文，蒋维乔每晚往学。〔4〕瞿

〔1〕 蒋维乔，《竹翁自订年谱》，上海图书馆藏稿本。
〔2〕 谢荫昌，《演苍年史》，北京图书馆藏珍本年谱丛刊第198册，北京图书馆出版社1997年。
〔3〕《江阴南菁书院特课案》，《申报》1898年9月14日。
〔4〕 蒋维乔，《竹翁自订年谱》，上海图书馆藏稿本。

鸿禨还响应变法，于七月上奏朝廷，准备改南菁书院为高等学堂。[1]虽然此事最终因戊戌变法失败而未果，但是瞿鸿禨的举措已经开始影响南菁学子的治学取向，此后丁立钧出任山长，更推动了这一变化。其主持刊刻的《南菁文钞三集》所为文便“多指陈世务，辞气激容”，其中收入的蒋维乔《沿海形势今昔异宜论》、赵宽《俄人屯兵阿富汗论》等均已颇具现实意义。

光绪二十七年，时任江苏学政的李殿林上呈《南菁书院遵改学堂并拟章程》，将南菁书院改为江苏全省南菁高等学堂，在其奏章中，附有学堂所设的课件，除了传统的经学、史学外，还有政学（农学、商学、工学、矿学附）、艺学（体操附）。其中艺学包括算学、测绘学、格致学、译学等。此后丁立钧出任南菁学堂第一任总教习，开始推进西学。蒋维乔曾经回忆当时的情况：

> 当时朝野人士均抱中学为体、西学为用之见解，以为院中肄业各生，非举人，即秀才，皆成材之士，其学问如经史、诸子、舆地、政治、掌故，分别研究，早具专门资格，只须补习普通学已足，故所定课程，为理化、测绘、英文、日文、体操五门，以今观之，实幼稚可哂，然当时已觉太新。学生之笃旧者，犹反对主张，一致不上堂听讲，先生则锐意革新，主张上堂听讲，无形中分成新旧两派，先生（蒋自称）被推为新派领袖，襄助丁山长进行五门课程。同学或习一二门多至三门，先生则贪多务得，五门同时学习。[2]

蒋维乔文中所言旧派便是孟森，他当时“仍以顽固自负，阴结年长学生多人，反对上课，丁叔衡山长为之不悦，意欲去之。森闻之，

[1]《戊戌变法档案史料》，中华书局 1958 年，第 274—275 页。
[2] 蒋维乔，《因是先生自传》，《大众》1945 年第 27 期。

先辞职而出”。[1]孟森要到几年之后留日方才改变他对新学的看法，而蒋维乔当时已经钟情于新学。“迩时理化教习钟观光先生，讲解彻底，实验正确，最得同学信仰，且于授课之余，灌输国家思想，先生始恍然于民族革命意识，心醉其说，对于科举更加鄙视，立志不再应试。”[2]当时与蒋维乔志同道合、集中于钟观光身边的有严保诚，无锡人顾倬，常熟人徐念慈、丁祖荫等。与钟观光的相识改变了蒋维乔一生的命运，此后蒋维乔赴上海入商务印书馆、加入中国教育会均与此有关。

除了治学门径的转型以外，职业的改变也是这一阶段南菁学子的特点。在传统社会，文人的出路除了入仕便是做官，但是到了近代，上海的西式生活和高度发达的商业社会，改变了文人的从业选择，他们从庙堂走向民间，从官僚体系的依附者向以自由职业为主的近代知识分子转型，“入仕”已不再是他们实现人生理想和个体价值的唯一途径。日后南菁学子大都赴沪，南洋公学、商务印书馆、申报等新兴机构成为他们谋生的场所。如果说程炳熙这样的人，以南洋公学教师为业，“终其身未他就”[3]还有着传统文人掌教书院的影子的话，那么更多的人则将办报、编刊、译书、著述这些“末途”或“副业”，变成了作为近代知识分子身份标识的“正业”，蒋维乔、许指严、方毅、陆尔奎、孟森、姚祖泰、姚祖晋、谢钟英等均曾在商务印书馆任职，一生以办报、写小说为业的许指严曾自称“溺于雕虫小技，业残自掇，沾沾里乘野语之末”，但又因“以小说鸣于时”[4]而自豪，也足见世事变迁之一斑。

---

〔1〕 张惟骧，《清代毗陵名人小传稿》卷十，《近代中国史料丛刊续编》第13辑，台北文海出版社1971年。

〔2〕 蒋维乔，《因是先生自传》，《大众》1945年第27期。

〔3〕 张惟骧，《清代毗陵名人小传稿》卷十，《近代中国史料丛刊续编》第13辑，台北文海出版社1971年。

〔4〕 许国英，《王祖考益亭公、妣薛太孺人行状》，《牛塘许氏宗谱》卷八，民国九年铅印本。

三、结语

赵椿年曾回忆："南菁书院之规制，视学海诂经，尤为闳美。光绪十年以后，吾苏文献，几可取征于此。"[1]南菁书院的经历对在读的士子也产生了深远的影响。蒋维乔回忆初进南菁时，"入院谒师（黄以周），师年已六十余，道貌岸然，望之敬畏。凡入院肆业者，皆学有专长，余自愧浅陋，不敢不用功"。[2]吴稚晖后虽离开南菁书院，但以为黄以周书斋中自作之"实事求是，莫作调人"座右铭确系做人之基本准则，服膺甚深，终身奉行不悖。[3]南菁学子在学术上的成功与南菁的经历关系密不可分。此外，同学关系也使得这些士子彼此寻找身份的认同和感情的交流，促进群体的产生和聚集，日后江苏教育会、预备立宪公会、商务印书馆等一系列机构中"常州帮"的形成均可追溯至南菁时期的同学友情，并一直延续其终身。综上所述，南菁学子是近代文人精英群体的典型代表，其形成既有传统的血缘、地缘因素等不可磨灭的痕迹，又呈现着新时代的某些特点，他们是晚清中国思想、文化及社会变迁的一个缩影，因此对其研究颇具必要，本文仅是略作简述，尚有待诸方家指正。

---

〔1〕 蒋维乔，《竹翁自订年谱》，上海图书馆藏稿本。
〔2〕 同上。
〔3〕 杨恺龄，《吴稚晖先生敬恒年谱》，台北商务印书馆 1981 年。

第二辑

南菁师儒

礼学即理学
徽居学派的思想脉络

吴 飞[1]

近些年来，随着对清代学术研究的展开，以为清代“只有学术，没有思想”的论调已经逐渐被否定了。[2]而清代思想的一个焦点问题，就是理礼之辨。但究竟该如何看待理礼之辨，却还是一个亟待研究的领域。笔者认为，由黄薇香（式三）、黄元同（以周）及元同在南菁书院的诸弟子构成的儆居学派的思想史意义，就在于他们把对这个问题的讨论推向了一个新的高度。本文将在清代学术争论的语境下来审视黄氏父子的理礼之辨，以推进对儆居学派及清代思想史的研究。

一、清代学术中的理礼之辨

儒家思想离不开对人伦礼学的讨论。在汉代经学中，郑康成以《周官》统摄《三礼》，又以《三礼》之学为主干，构成了一个庞大的经学体系；程朱理学的学术用力点虽集中在性理问题上，但人伦孝悌仍然是他们所有学问的最终归依，朱子晚年倾力于《仪礼经传通解》，可见礼学在他体系中的重要地位；明代王学虽更集中地谈心性问题，但阳明同样处处不忘人伦孝悌之义。舍去对人伦问题的关心，中国思想史将是没有灵魂的。但自从宋明儒者依靠天理心性来谈人伦，他们就不得不面对一个重要的理论问题：天理与人伦究竟何者更根本？这

〔1〕 作者单位：北京大学哲学系、北京大学礼学研究中心。
〔2〕 可参考张寿安，《以礼代理：凌廷堪与清中叶儒学思想之转变》，河北教育出版社2001年。

就是理礼之辨的思想实质。

清初诸儒在反思明代王学之失时，不约而同地指向了这个问题。王船山、顾亭林、黄梨洲、颜习斋、李恕谷都多少有些这样的倾向。在顾亭林的影响下，清儒转向了考证训诂的汉学功夫，汉宋之争也由此而起。但在清代前期，汉宋之争似乎只是学问方法上的争论，即究竟是谈性理还是考文字的区别，虽然差别很大，却并非不能兼容。故汉学大师江慎修还能为宋学著作《近思录》作集释，两者完全可以并行不悖。直到戴东原，才将汉宋之争推向了义理层面。

戴氏的《原善》《孟子字义疏证》等书，为清代的汉学实践提供了理论上的支撑，使汉宋之争走向了一个新的时代。程易畴的《论学小记》、凌次仲的《复礼》三篇、焦里堂的《孟子正义》、许周生的《礼说》、阮芸台的《论语论仁说》《性命古训》等，形成一股强劲的思想潮流。面对这股潮流，宋学派有姚姬传、翁覃溪、方植之等人撰文批驳，夏韬甫与其弟夏仲子幼时亲聆凌次仲之论，及长归于程朱，均长篇累牍，反驳汉学不遗余力。又有张皋文之子张惟彦，其与方彦闻三书被当作理礼之辨的重要文献。惟彦论学虽略偏汉学，却颇能跳出门户之见辨析礼、理之义。他又有《原气》二篇，论调却很接近宋学一路。乾嘉之后，理礼之辨实为学术思想第一大问题。

以上诸公之书之文，皆值得另外专门研究，[1]此处仅尝试揭出争论中几个比较集中的问题，作为后文讨论的背景。

第一，治学之法，究竟是考据还是性理。汉宋之争的产生，首先在于学问路径之不同。汉学重考据，宋学言性理，这是最初的分歧所在，也是争论中常常提到的问题。戴东原更将此一问题明确阐释为："故训明则古经明，古经明则贤人之理义明，而我心之所同然者乃因

〔1〕 钱宾四先生在《近三百年学术史》中，对这些讨论颇有揭露，可惜宾四先生对汉学颇多偏见，未能深入汉宋之争的思想实质。张寿安先生《以礼代理》则对理礼之辨给出了非常清晰的脉络，笔者受益良多。

之而明。”[1]显然，这一说法更多是清初诸儒针对明人不读书的毛病而提倡的朴学之风，以此批评朱子，多少并不公允，因为朱子不仅精于训诂，而且很重读书，在许多文字训诂上且是尊郑的。因而，争论双方对此并无特别根本的分歧。汉学家多并不认为不需要讲求义理，而是认为不能仅有不读书的凿空之学，那样讲的性理就流于空疏怪诞了；宋学家批评说，“汉儒只能解其字义，考其篇章句读，其于道茫乎未闻也”。[2]夏仲子以为，汉学之失与明儒相差无几。争论的结果，大家多认为应该通过扎实的学问来探究更根本的义理，这在前引东原的那段话里已经可以清楚地看出来。在这个问题上，汉宋之间的融合是没有太大障碍的。所以，夏仲子的反驳主要集中于此，窃以为未得要领。而翁覃溪精于考据，却依然批评东原理说，说明考据与性理完全可以并行不悖，如江慎修就是这样的学问路径，但汉宋之争的实质，在学问方法之外，却有更深的理论根源。

第二，天理，究竟是“如有物焉，得于天而具于心”，还是“察之而几微必区以别之名”。自从戴东原提出这一问题，它就成为汉宋之争在理论上的真正焦点。宋儒论天理之处极多，程朱天理论均有相当丰富的内涵，不可一概而论。但其许多说法似有将天理当作单独之物的倾向。朱子有言：“且如万一山河大地都陷了，毕竟理却只在这里。”[3]早在清初，亭林、船山、习斋、恕谷等皆强调理当为条理，后惠定宇亦有相应的说法。东原最系统地表达了这一观点，批驳云：“理者，察之而几微必区以别之名也，是故谓之分理；在物之质，曰肌理，曰腠理，曰文理。得其分则有条而不紊，谓之条理。”东原特别强调，“非实物之外别有理义也”。[4]他以为，宋儒之所以将天理当

---

〔1〕 戴震，《题惠定宇先生授经图》，《戴东原集》卷十一；《戴氏杂录》，见《戴震全书》第6册，黄山书社2010年，第498页。

〔2〕 夏炯，《书戴氏遗书后》，《夏仲子集》卷三，咸丰五年当涂陈氏铅印本。

〔3〕 朱熹，《朱子语类第一》，《朱子全书》第14册，上海古籍出版社、安徽教育出版社2010年，第116页。

〔4〕 戴震，《孟子字义疏证》卷上“理”字条，乾隆微波榭丛书刻本。

作独立之物，是因为受到了释老“真宰”“真空”思想的影响。由于将天理当作独立之物，明人进一步将心之意见当作天理，因而导致以天理之名，强加一己之意见，而有“以理杀人”的著名说法。东原进一步说：“礼者，天地之条理也。”[1]此一分疏，是对宋儒最有力的批评。

方植之、翁覃溪、夏韬甫都意识到了这是双方争论的关节点，因而都有认真响应。方植之以为：“戴氏非能有老庄元解，不过欲坚与程朱立异，故其说惟取庄周言，寻其腠理而析之，节者有间等语，解理字为腠理，以辟程朱无欲为理之说，则亦仍不出训诂小学伎俩，不知言各有当，执一以解经，此汉学所以不通之膏肓锢疾。”[2]植之指斥东原之说出自庄子，却也未能申明天理之义理。相对而言，夏韬甫的反驳最精到，但他最后的结论却是：“如有物焉，乃老庄之说，加于得天具心之上，张冠李戴，不亦诬乎！”[3]其实，韬甫对理的理解与东原并无太大不同，他只是认为东原对程朱的批评是错误的，程朱并没有这一观点。翁覃溪通过对两条材料的理解来反驳东原。一处是《易》之“易简而天下之理得矣，天下之理得而成位乎其中矣”。他以为，此处之“理”当即性道统挈之谓，而非条理、腠理之谓。另一条是《乐记》中的“天理灭矣”一句，对人欲而言，则天理正是天之性。不过，翁氏也并未完全否定东原对条理的理解，他如此界定“理”字：“夫理者，彻上彻下之谓，性道统挈之理，即密察条析之理，无二义也。义理之理，即文理、肌理、腠理之理，无二义也。其见于事，治玉治骨角之理，即理官理狱之理，无二义也。事理之理即析理整理之理，无二义也。”[4]覃溪找到的这两条是对东原的最好回应，但他还是不能说东原全错，而只能说，东原从条理的角度理解“理”字，与宋儒从性道统挈的角度理解本没有实质的区别。

---

〔1〕 戴震，《孟子字义疏证》卷上“理”字条，乾隆微波榭丛书刻本。
〔2〕 方东树，《汉学商兑》卷中之上，光绪十三年吴县朱氏槐庐刻本。
〔3〕 夏炘，《与友人论〈孟子字义疏证〉书》，《述朱质疑》卷十，咸丰壬子景紫山房版。
〔4〕 翁方纲，《理说驳戴震作》，《复初斋集》卷七，《清代诗文集汇编》影印李彦章校刻本。

由此可见，东原对理的重新界说相当有力，宋学派的响应要么说东原对宋儒的理解是错误的，要么说条理之理与宋儒的理解本无二致，很少有人可以明确否定东原对理字的理解。正是因为东原在这一方面的攻击确实非常有力，汉学诸公多接受了他的理解。凌次仲作《复礼》三篇，则将东原之说发挥到极致，把理字彻底否定："圣人不求诸理而求诸礼，盖求诸理必至于师心，求诸礼始可以复性也。""后儒之学本出于释氏，故谓其言之弥近理而大乱真。"[1]今案，对理的理解是汉宋之间理论争论的症结所在。东原对理字的解释几乎已经立于不败之地，其实质是，作为事物条理之理，不能脱离事物而独立存在。但在凌次仲更极端的阐发之后，理礼之辨的问题进一步变成了在人伦日用的礼之外，是否需要一个理论的抽象？但其实这个问题还可以表述成：在具体的人伦之条理以外，天地作为一物，是否也有总体的条理？这个条理是否就是天理？如果存在这样的条理，它与人伦日用之礼是什么关系？宋学家批评汉学家的背后，实质上正是这个问题。张惟彦云："盖理者，事之条理，有所必然，凡事莫不各具其理。圣人制礼，必揆于事之所必然者，而后著以为经，使可举焉，则理者，儒者不可不知也，而非众人以下所能喻也。吾故曰：言礼即具理，理之充即是礼也。然则由礼之说，可为中人以下言之，由理之说，可为中人以上言之。"[2]此说比次仲之论更持平，以为理、礼不可分。而宋学家亦多有继承朱子之说，以为："礼者，天理之节文也。"[3]

第三，关于性善，有无天地之性与气质之性的两分。虽然天理问题是双方讨论的集矢所在，但在人性论上更可看出汉宋之间的水火不

---

〔1〕凌廷堪，《复礼下》，《礼经校释》书前，《凌廷堪全集》第1册，黄山书社2009年，第19页。

〔2〕张成孙，《答方彦闻书第三》，《端虚勉一斋文集》，北京大学图书馆藏钞本。

〔3〕朱熹，《朱子语类》卷六、卷二十五、卷三十六、卷四十一、卷四十二等处，分见《朱子全书》，第14册，上海古籍出版社、安徽教育出版社2010年，第239、880页；第15册，第1340、1452、1494页。

容。如前所述，宋学派对汉学派论“理”的反驳，多强调朱子并未忽视“密察”之理，或者密察之理已在朱子视野之下。但东原对理的理解，会得出关于人性的结论，即理既然不是外在于人伦日用的，就应该在人伦日用中去寻求，这样，宋儒关于天地之性与气质之性的区别就成问题了。自孟子言性善，荀子言性恶，扬子言性善恶混，韩子言性三品，都是对人性问题的不同回答。宋儒继承了前人的诸多思考，一方面接受了孟子的性善说，另一方面也要面对现实中的恶，因而有了天地之性与气质之性的分别。朱子言：“论天地之性，则专指理言；论气质之性，则以理与气杂而言之。”〔1〕二性之分与理气之说一脉相承，以为天地之性为全善之理，气质之性却有人欲存焉，故必穷天理、灭人欲。

东原既然重新厘定了理的定义，人性之说自然也要有相应的变化。他以为，理乃是“情之不爽失也”，〔2〕天理在人情之中，亦在人欲当中。“情得其平，是为好恶之节，是为依乎天理。”〔3〕“物，其欲；理，其则也。”〔4〕理并非外在于人情人欲，而是情、欲之正，因而“圣人治天下，体民之情，遂民之欲，而王道备”。〔5〕东原批评宋儒将理与欲对立的说法，认为那是荀子和释老之说的杂糅：“程子、朱子尊理而以为天与我，犹荀子尊礼义以为圣人与我也；谓理为形气所污坏，是圣人而下形气皆大不美，即荀子性恶之说也；而其所谓理别为凑泊附着之一物，犹老庄、释氏所谓真宰、真空之凑泊附着于形体也。理既完全自足，难于言学以明理，故不得不分理、气为二本，而咎形气。盖其说杂糅傅合而成，令学者眩惑其中。”〔6〕其后，孙渊如作

〔1〕 朱熹，《朱子语类》，卷四，《朱子全书》，第14册，上海古籍出版社、安徽教育出版社2010年，第196页。
〔2〕 戴震，《孟子字义疏证》卷上“理”字条，乾隆微波榭丛书刻本。
〔3〕 同上。
〔4〕 同上。
〔5〕 同上。
〔6〕 同上。

《原性》，梳理历代性论之说，以为：“故圣人贵实而恶虚，言有不言，无贵刚而贱柔，则儒家之异于道家，三代之学之异于宋学也。”[1]汉学家批评宋儒理气二分，天地之性与气质之性二分，不仅杂糅了释老之说，而且暗中引入了荀子的性恶之论，这一批评无疑是非常具有攻击力的。

对于这一攻击，宋学派也有一些反驳。方植之坚持二性之区分和对人欲的否定，他说：“苟不为之品节政刑，以义理教之，则私妄炽而骄奢淫泆、犯上作乱，争夺之祸起焉。圣人知其然，故养欲给求以遂其生，又继之治教政刑以节其性，司徒之命，修道之教，学校之设，所以明民者惟义理之用为急。”[2]植之所说，是直接道出了二性之分所面对的人性现实，也正是前人在性善之外必须处理恶的问题的症结所在。他还说：“若谓人皆无欲心，则记所称易慢之心、非僻之心、鄙诈之心，果何心也？试令夫人自扪其心，果皆仁而无欲乎？使人心皆仁而无欲，古今圣人为学与教又何忧乎有不仁也？惟夫人心本仁，而易堕于人欲之危，是以圣人既自精择而守之，以执其中，又推以为教于天下万世，千言万语，欲使同归于仁而已。”[3]方植之以现实中人欲的存在来反驳东原理在人情、人欲的说法，夏韬甫的反驳则将这一理解提升到一个更高的层次：“程朱之以理诠性善，与孔孟合无间，岂仅人之血气心知能进于善之谓乎？至于性从心从生，既生之于心，即不离乎气质，所以昏明强弱，纷纷不齐，告子及荀杨韩诸儒不得其说，是以各为之解。自程、张论性不论气不备之说出，而后拨云雾而见青天，张子气质之性君子有弗性焉者，即孟子‘性也有命焉，君子不谓之性’也。《疏证》独取先儒之不以为性者，而必辗转以申其说，不知已落佛氏之窠臼。”[4]相对而

〔1〕孙星衍，《原性》，《问字堂集》卷一，《清代诗文集汇编》影印四部丛刊《孙渊如先生全集》本。
〔2〕方东树，《汉学商兑》卷中之上，光绪十三年吴县朱氏槐庐刻本。
〔3〕同上。
〔4〕夏炘，《与友人论〈孟子字义疏证〉书》，《述朱质疑》卷十，咸丰壬子景紫山房版。

言，韬甫的这一响应不仅相当有力，而且点出了问题的实质，使双方的争论达到一个更高的层次。由于这个问题涉及两派相当实质的差异，宋学派对人性的辩驳比对天理的辩驳要更深入、更有力。

第四，功夫论，究竟是体认天理，还是读书习礼。由于对天理和人性的看法不同，汉、宋两派在功夫论上也有相当大的差异。东原批评宋儒区别天理与人欲，正如同释老之“内其神而外形体”。他说：“宋儒程子、朱子易老庄释氏之所私者而贵理，易彼之外形体者而咎气质。其所谓理，依然如有物焉宅于心，于是辨乎理欲之分，谓不出于理则出于欲，不出于欲则出于理，虽视人之饥寒号呼、男女哀怨，以至垂死冀生，无非人欲，空指一绝情欲之感者为天理之本然，存之于心。”[1]宋儒之所以把穷天理、灭人欲当作最重要的修养所在，根本上是因为他们把天理和人欲对立起来。其后的汉学家进一步阐发此义。阮芸台于《论语论仁论》中释“克己复礼为仁”，以为宋儒将“克”解为“胜”，将“己”解为私欲，“克己”就成为灭人欲的意思。但芸台以为，“克己复礼”为当时成语，《左传》昭公十二年，孔子说：“古也，有志克己复礼，仁也。”而《论语》在“克己复礼”一条下即有“为仁由己”一语，“己”字显然不是私欲。因而，“克者，约也，抑也；己者，自也，何尝有己身私欲重烦战胜之说”？下文所说“非礼勿视，非礼勿听，非礼勿言，非礼勿动”，正是对“克己复礼”的诠释，“勿即克之谓也，视、听、言、动专就己身而言”。[2]克己复礼，就是约束自己，在每件事上都要依礼而行，这就是汉学家的功夫论。对“克己复礼”的重新解释，成为清代汉学家阐发其功夫论的重要入手点，臧拜经、凌次仲等也都有类似的辨析。[3]阮芸台又说：

---

〔1〕 戴震，《孟子字义疏证》卷下“权”字条，乾隆微波榭丛书刻本。

〔2〕 阮元，《论语论仁论》，《揅经室一集》卷八，道光扬州阮氏文选楼刻本。

〔3〕 臧庸，《克己复礼解》，《拜经文集》卷一，道光学海堂皇清经解本；凌廷堪，《与阮中丞论克己书》，《校礼堂文集》卷二十五，《凌廷堪全集》第2册，黄山书社2009年，第229—231页。

"为性理之学易，为考据之学难。"汉学家批评宋学空言性理，转而注重读书考据，夏仲子说："古之人学无不鞭辟近里，由博返约，以期有体有用。若徒劳精敝神，穷搜幽讨，撰述虽富，不异木札蔗皮，于道德经济有何关涉？"方植之的许多批评也是从这个角度谈的。在他们看来，汉学家否定宋学空疏，但自己却转而考证文字，于经济气节均无补益。这一批评是有一定道理的。但是，对于汉学家转向这种学问的理论依据，他们多无力反驳。方植之、夏仲子均讨论过阮芸台对"克己复礼"的解释，但也都没有有力的反驳。[1]

汉、宋之间的争论愈来愈激烈，所触及的问题也越来越深入。夏韬甫、张惟彦等人的讨论都已经相当深刻，夏韬甫虽然自称坚守程朱正统，但面对汉学家的强大攻势，却不仅必须以非常不同的方式重新思考天理、人欲等问题，而且其研究朱子和礼学的路径本身，却是非常接近乾嘉学术的。清代中叶以后，汉宋兼采渐成主流，但对宋学的重新肯定，已经是在非常不同的思路之上了。而其中最卓越的思想家，当属夏韬甫的同时代人定海黄薇香。

二、黄薇香的理礼之辨

张寿安先生说，薇香是第一个正面面对凌次仲《复礼》三篇的人。[2]在近年的清代学术研究中，黄氏父子的理礼之辨也已经越来越受到关注。[3]可以说，薇香的主要思考都是在重新厘定理礼问题的基础上进行的。

---

〔1〕夏炯，《书仪征阮氏各种后》，《夏仲子集》卷三。

〔2〕张寿安，《以礼代理：凌廷堪与清中叶儒学思想之转变》，河北教育出版社 2001 年，第 146 页。

〔3〕韩岚、张涅，《黄式三〈论语后案〉以礼为本的思想及其意义》，《孔子研究》2009 年第 2 期；黄海啸，《礼理之辨与黄式三、以周父子对清代礼学的总结》，《兰州大学学报》2006 年 9 月；林存阳，《黄式三、以周父子"礼学即理学"思想论析》，《浙江社会科学》2001 年 9 月。

（一）薇香辨汉宋之学

薇香多处论及汉宋之学的异同，认为二者完全是相通的。其《汉宋学辨》云："汉之儒有善发经义者，从其长而取之；宋之儒有善发经义者，从其长而取之。各用所长，以补所短。经学既明，圣道自著。经无汉宋，曷为学分汉宋也乎？"[1]这段话表明了薇香治学的最基本态度。但这种不分门户的治学态度还不能真正说明问题，因为实质的问题是，在汉宋之学存在尖锐矛盾、非此即彼的时候怎么办？特别是对于戴东原以来的批评，应该是怎样的态度？窃以为，在对很多重大问题的理解上，薇香还是接受了东原的说法；但他也像一些宋学家那样，认为东原的一些观点，朱子其实已经讲过。总体来看，我以为可以把薇香的思想路径称为"以礼释理"[2]，具体说就是：接受东原关于理与性的说法，从礼的角度重新理解朱子的思想，坚决排斥王学。

我们先来看薇香对东原之学的态度。夏韬甫曾致书薇香，对于薇香在《论语后案》中采用东原等人之说颇不满。[3]薇香于复书中指出，东原之说"指斥过当，亦所未安。然则经说之有异于程朱者，有所疑于中而不敢隐耳。间或援引戴说，择其粹者而取之"。他特别强调，戴氏此说与程朱并无不同："程朱二子以性之善者为理，以不善之宜变化者归之气质，大端岂遂迥殊？"但在薇香看来，宋明后学"申此者语多玄眇，流弊之极不忍尽言。"[4]

薇香作《申戴氏气说》《申戴氏理说》《申戴氏性说》三篇，详辨东原之学。

---

〔1〕 黄式三，《汉宋学辨》，《儆居集·经说三》，光绪十四年刻本；参照《黄式三黄以周合集》第5册，上海古籍出版社2014年，第73页。

〔2〕 张寿安先生则概括为"以礼求理"。

〔3〕 夏炘，《与定海王薇香式三明经书》，《景紫堂文集》卷十，咸丰壬子年版，并收入《述朱质疑》卷十。韬甫误以薇香姓氏为王，不知何故。

〔4〕 黄式三，《答夏韬甫书》，《儆居集五·杂著四上》，《黄式三黄以周合集》第5册，上海古籍出版社2014年，第472页。

《申戴氏理说》细绎出戴氏论理与宋明理学的七点不同，但又指出，程朱及其后学其实都谈到过与戴氏相同的观点。其目曰：一、“天理指人心中天然之分理，非阴阳而上别有所谓天理”，而程朱都曾经强调一阴一阳即是道。二、理即条理，明代理学家薛敬轩、罗整庵也都有过类似的表述。[1]三、天理是人心之所同然，而非个人之意见，张扬园等亦有类似言论，反对以私心为理。四、性善即于形气见之而非坏于形气；五、求理不在血气心知之外；六、圣智贵于扩充，非复其初。此三者放在一起谈，都是强调理不在气质之性以外，这似乎是与程朱论性最不相容的，批驳戴氏者亦以为：“得无使逞欲者之借口乎？”但薇香指出，孔孟从未完全反欲望，程朱也并不完全反对，“其援无欲之说以附于程朱者，谓人欲净尽即天理流行，故援异端之所谓真宰、真空者即全乎圣智，即全乎理，主于去情欲以勿害之，不复以学问扩充之，是尤不可不辨”。七、节欲使无过情、无不及情，即合乎天理，朱子、薛敬轩、罗整庵皆不以禁欲为天理。[2]

此论理七目，其实后面四目皆言气质与情欲，可以归纳为一点，总共是四点。薇香的基本观点是，戴氏所言，程朱一派均已言过，此论与夏韬甫颇近似，但与韬甫结论又很不同：既然戴氏所说皆在程朱体系之内，就不必对戴氏有什么惊诧和批判了。这一立场毫无疑问是站在东原一边的。朱子之学确为相当丰富，而且朱子总是刻意避免过于极端的说法，总会在辩证中处理理气关系，因而在朱子的论述中找到与戴氏说类似之处并非难事，但这绝不意味着，戴氏与朱子的思想体系是完全相同的。

《申戴氏理说》颇有调和汉宋之意，但到最后，他却只能说，戴

---

〔1〕 今案，朱子本人亦有许多类似表述，如《朱子语类》：“道便是路，理是那文理。”“理者有条理。”“理是有条理，有文路子。”“理如一把线相似，有条理，如这竹篮子相似。”《朱子全书》第14册，第236—237页。

〔2〕 黄式三，《申戴氏理说》，《儆居集·经说三》，《黄式三黄以周合集》第5册，上海古籍出版社2014年，第60—65页。

氏之说在根本精神上仍然与程朱之学有相通之处，却不能说，戴氏之学与程朱之学完全一致。这一点在《申戴氏性说》中体现得更为明显。《申戴氏性说》以相似的方式来分析东原对性的讨论，也举出了七点，但与前一篇不同的是，他不仅罗列了东原的观点，而且也罗列了朱子针锋相对的观点，到后面才又说，朱子不仅有与戴氏完全相反的说法，也有与他相同的说法。其目如下：一、朱子言人与物之气同，戴氏言人与物不只是气同，其共有知觉运动，只是因殊其性而有异。二、朱子言人与物共有气质之恶，戴氏以为，《中庸》所谓"天命之谓性"，命为限制之名，人物生而限于天，故曰天命。三、朱子以为孟子性善之说非气质之性，戴氏以为，孟子不说气质为恶。四、朱子言性善在于天理，在人物未生时，戴氏以为，孟子言性善，皆就既生之后的气质之性而言。五、朱子以为孔子言"性相近"为气质之性，孟子言天命之性，并不相同。戴氏以为，《论语》、孟子言性无异，皆从气质上言。六、朱子斥荀子言气质，与孟子言义理不同。戴氏以为，二子俱言气质，荀子以气质为恶，孟子以气质为善。七、朱子分理气，谓才有善有不善，孟子之论未密。戴氏以为，据其限于所分而谓之命，据其为人物之本始而谓之性，据其体质而谓之才，性善则才亦善。〔1〕

此文虽亦列七目，然此七目之间层层推进，逻辑非常严密。其中朱子之说是：人与物气质之性同，而气质中有恶，故人之性善必非气质之性，而来自天理，孟子论性善则应指天命之性，而非气质之性，性善来自天理，在人物未生之前，孔子言性相近则就气质而言，荀子言性恶亦就气质言，而孟子未区分命、性、才，其说不密。戴氏之说是：人、物知觉运动皆为气质之性，但知觉运动有不同，就会有性之不同，其性各有限制，即为天命，孟子言性皆就气质上言，形气本于

〔1〕 黄式三，《申戴氏性说》，《儆居集·经说三》，《黄式三黄以周合集》第5册，上海古籍出版社2014年，第65—68页。

天，无所谓恶，性善皆就既生之后言，无所谓未生之前，孔子、孟子言性并无不同，荀子言性恶亦就气质上言，孟子以气质无不善，才亦无不善，性陷溺枯亡时方为不善。

经薇香如此梳理，东原与朱子的思想差别已经非常明显，恐怕是不可能调和的了。所以薇香随后的写法也与《申戴氏理说》中有些不同。他已无法找出程朱论说中同于戴氏的语句，但仍然说："此非戴氏之创说也。"他引程子门人杨遵道、朱子门人刘季文以及明清理学家黄东发、罗整庵、刘蕺山等人的说法，来证明恪守程朱理学者也未必不会有与东原类似的说法。但这仍然不能调和东原和朱子的差异。于是他说："读经有所得，虽异于程朱二子而不敢自隐耳。"他又设问说："理气之辨，道统之大纲也，此说果误，后学何取法焉？"然后回答说："后儒志力行，当于经训之灿著者寻绎之，以求无背于朱子，而必哓哓然自申其不可穷诘之说乎？朱子见人之气质多粗驳，因谓气之善者理实主宰之意，亦欲人扩充此善端也。"可见，在理气问题上，薇香还是同意东原的，只是认为，朱子强分气质之性与天命之性不可从字面上理解，而必须看到朱子的用意也是为了让人扩充善端，在这层精神实质上，戴氏与朱子并不相背。可见，薇香其实并不认为理气之分是道统之大纲，他只是在相当抽象的层面上认为朱、戴一致。

《申戴氏气说》的写法则相当不同，所以我们放在最后来谈。此文比较短，不再对比戴氏与朱子各方面的异同，而是直接阐发戴氏气学。其核心观点是，理在气中，不可离气言理。他就天地人三才之气言：天道"即天气之推行者是也"，地理"即地气之推行有条理者也"，"人为万物之灵，其气能以仁义相感通也"，他最后总结说："凡天地人之气，推行各有其条理，而非气外别有一理，求理于气之先者二之，则不是。"此文立论，显然皆据戴氏之说。但薇香于文末小注云："理气无先后，二之不是，本朱子旧说，薛氏、罗氏、刘氏申之，似无待辨。然诸注皆是分为二，何邪？此文是作是述，明眼人自知之。以申戴为异者，眼孔太小。”此小注相当于前两文中对照程朱派类似说法的功能，指出理气不二本是朱子与其后理学家之说，但朱子自己在注中又常常分为二，自己的文章虽然是申戴氏之说，却也是在述朱子之精神实质。[1]

（二）薇香之礼学

总观申戴氏三篇，无论言理，言性，还是言气，薇香均认可东原之说，却又以为这与朱子之学一脉相承。与此前的汉学派一样，薇香也认为，“礼”是学问的核心。因此，他又有论礼三篇《约礼说》《复礼说》《崇礼说》，详述其礼学主张，与申戴氏三篇相互补充。

其《约礼说》详述理、礼之关系，自注云，此为纠正凌次仲《复礼》下篇而作。次仲《复礼》下篇言：“圣学礼也，不云理也。”因其对朱子攻击太过，阮芸台在刊刻《皇清经解》时竟从《校礼堂文集》中删去了下篇。薇香亦以为此说矫枉过正，故作此篇，目的是对凌氏之作“驳而存之”。此篇数易其稿，俞理初以为：“约礼学微，心理教起，今日不可无此文。”可见，薇香非常看重此文，而同时之于理初亦有高度评价。薇香自称是为矫正凌氏对理学的过激批评而写，文章却全针对阳明的《博约说》而发，且对阳明的批评相当严厉。薇香所谓的矫正，就是将批评矛头从朱子转向阳明。《博约说》是阳明言礼相当清楚的一篇短论，其中说：“夫礼也者，天理也。”“天理之条目谓之礼。”“求尽其条理节目焉者，博文也；求尽吾心之天理焉者，约礼也。”[2]阳明在这里也很强调条理，也很重视礼文，薇香为什么反对他呢？关键在于，阳明以为，约礼就是尽心中之天理，所以薇香说：“夫明心见性之学，以心为礼，自以为是者也。”他以为，博文就是“博学于古人之文”。在博学之后，发现自己与圣人的差距，“必约以

---

〔1〕 黄式三，《申戴氏气说》，《儆居集·经说三》，《黄式三黄以周合集》第5册，上海古籍出版社2014年，第59—60页。

〔2〕 王守仁，《博约说》，《王阳明全集》，浙江人民出版社1992年，第266页。

先王之礼，所行或不及，礼以文之，所行或太过，礼以节之，博约如此其难，庶几不畔于理矣”。[1]阳明对理与礼关系的理解，实由朱子“礼者，天理之节文也”而来，而更强调其内心化。阳明以为，外在周旋进退的，是显的礼文，而以内心微而难见之理约之，则是内在之礼。薇香批评他“礼，一也，分显微而二之；文与礼，二也，以礼之显者为文而一之”。薇香以《礼器》中“义理，礼之文也”及《乐记》“礼也者，理之不可易者也”来阐释自己的理解：“礼之三百三千，先王所条分缕析，灿然显著，别仁义，明是非，君子不敢紊而畔之者，此理也。”此处的辨析更深地揭示出薇香与理学传统的实质差异。朱子以礼为天理之节文，阳明以礼文为心中之理之显者，但薇香却以理为礼之文。节文为礼的主要作用，但朱子以礼为天理之节文，便是天理之显著者。但薇香以为，礼之节文作用，实在于对不及之处的文与对过礼之节。礼之理是一个相对客观的标准，后人在学习先王之礼时，体会这个标准，然后裁量自己的行为，这便是节文。薇香虽是在批评阳明，其实根本改变了宋明儒学对礼、理关系的理解。他与凌次仲不同的地方，在于他并没有否定理的概念，而是重新厘定了礼、理之间的关系。[2]

若是礼不在人心之中，如何谈得性善？礼岂不是外在之物？薇香又作《复礼说》，以申其义。此篇本于凌次仲《复礼》三篇，针对苏老泉《礼论》所谓“人生之初，不知君，不知父，不知兄，圣人为礼以耻之”而作，[3]其弟穉生以为，“此篇本凌驳苏，而浑厚胜苏，简直胜凌”。薇香的核心观点是：“礼也者，制之圣人而秩之自天，当民之初生，礼仪未备，而本于性之所自然，发于情之不容已，礼遂行于其间。”礼虽然不是来自独立的或在心中的天理，却是本于天性自然，

[1] 黄式三，《约礼说》，《儆居集·经说一》，《黄式三黄以周合集》第5册，上海古籍出版社2014年，第23页。
[2] 同上书，第23—24页。
[3] 苏洵，《嘉祐集》卷六，《嘉祐集笺注》，上海古籍出版社1997年。

在圣人没有制定礼文仪节之时，就已经存在了，圣人制礼，是顺应自然的恭敬辞让之性，并没有改变人性或强加什么东西，“溯而上之，天之生人也，阴阳相继以成性，此礼之所由变化，邃古圣人即因而略定之”，“所以古今之礼虽异，而由质而文，其本则一”。圣人制礼的基本原则是“顺性而立制”，苏老泉的错误在于“外礼于性”。[1]

第三篇《崇礼说》继续申明此义，阐发《中庸》之崇礼、议礼诸章。薇香以为，崇礼与致中和相呼应，崇礼即致中和之大者。他以为，“礼义三百”（而非“礼仪三百”）即礼之大经，“威仪三千”方为礼之细小仪文。薇香特别分析了礼与德的关系，以为礼与德可分言，如《曲礼》中的“道德仁义，非礼不成”和《论语》中的“道之以德，齐之以礼”，但亦有以礼为德者，即言仁、义、礼、智、信五德之处。“五德即是五性，故礼即为德性。”而《中庸》中的崇礼，当就礼作为德性而言：“君子崇礼以凝道者也，知礼之为德性也而尊之，知礼之宜问学也而道之。道问学，所以尊德性也，其育物之道广大，不外礼之精微，尽精微所以致广大也。敦厚以崇礼者，焆温前世之古礼，考求后王之新礼，遵而行之，不偏古，不偏今，崇之必敦厚也。”将礼当作德性，就不只是纠缠于具体的礼文制度，而是在礼文制度中寻求礼意。这就要求有两种功夫：第一是对先王之礼的研究，具体就落实在汉学家的考据之学中，第二也要考求后王所订之礼，特别是现实中的礼，以求在礼仪实践中体会礼意。宋儒之失就在于，“外礼而内德性，所尊或入于虚无；去礼而滥问学，所道或流于支离，此未知崇礼之为要也”。[2]

综合论礼三篇，薇香的礼学观也已相当清晰。他反对阳明理在人心的说法，而认为礼是一个不以主观意见为转移的客观标准，但这并不意味着礼是外在于人性的，而是来自于人的天性自然，在根本上是

〔1〕 黄式三，《复礼说》，《儆居集·经说一》，《黄式三黄以周合集》第5册，上海古籍出版社2014年，第24—25页。
〔2〕 同上书，第25—26页。

一种内在德性，威仪三千才是作为德性的礼意的外在表现。

既然与东原、次仲之说如此接近，薇香在什么意义上谈汉宋兼采，又是在什么意义上为朱子辩护呢？我们若细看《论语后案》，在一些关键地方与朱子立异之处亦自不少（如解“克己复礼”，接续阮芸台等之说，释“子罕言命”以“罕”为“显”）。既然他既不同意朱子的天理、人性说，也不同意朱子对几个重要概念的解释，难道他对朱子的认同，仅仅是一个抽象的精神吗？时人似亦并不清楚他的取向。夏韬甫批评他偶有取于东原之说，[1]严铁桥则批评他说经多回护朱子，他回书严铁桥说：“式三观古来著作，必尊让前贤，虽有辩驳，往往留有余不尽之意，是以未敢苛求。”按此说法，似乎他对朱子只是尊让前贤、不敢苛求之意，其实并不认同他的说法。在《〈汉学师承记〉跋》中，薇香又对汉宋经学给出了自己的一个谱系，认为元明以降不读宋以前之书的风气，其实恰恰违背了朱子的学问宗旨。到了清代，“幸得阎氏百诗、江氏慎修、钱氏竹汀、戴氏东原、段氏懋堂诸公心耻斯习，不纠缠朱子所已言，乃搜辑古今遗说，析所可疑，补所未备，其心诚，其论明，其学实，能合汉、宋所长，彻其藩篱，通其沟浍，而尽扫经外之浮言，则经学得汉、宋之注，十阐六七，加今大儒之实事求是，庶几十阐八九欤”？[2]在他看来，元明之儒固守朱子之说，是囿于门户之见，而他所列举的这些清代汉学家之功在于打破门户之见，通合汉宋之长，反而有补于汉宋之学，对经学的理解有所推进，而江郑堂《汉学师承记》“宗师惠、余，拦阎、江诸公为汉学，必分宋学而二之，适以增后人之惑也”。他将清代门户之见的根由归给江郑堂等人，认为是他们强分汉宋，才导致了门户隔膜的局面。这样一种学术观非常奇特，与此前的各方都颇不同。至于东原等人，却认为他们的书“于汉师郑君之说有不能犟通者，与宋儒之说多

〔1〕 夏炘，《与定海王薇香式三明经书》，《景紫堂文集》卷十，咸丰壬子年版。

〔2〕 黄式三，《〈汉学师承记〉跋》，《儆居集·杂著一》，《黄式三黄以周合集》第5册，上海古籍出版社2014年，第382—383页。

同"。[1]此说可与他申戴氏诸说时的态度相印证。他并不认为东原等对朱子的攻击是多么严重的事，也不认为性理诸说是朱子学最核心的内容，因而甚至可以在完全否定了程朱天理说的情况下，仍然认同朱子。

朱子学说远远不止天理而已。我们若从更宏观的角度来看，薇香乃至清代汉学一脉合于朱子者，尚远远多于他们所明白讲出来的。比如，郑君以《孝经》为六艺之总汇，而朱子颇以为《孝经》非圣人之言，而以《大学》为学问之总纲，清人辨析《大学》非常激烈，但无不认同朱子以《大学》为总纲的说法。郑君注《三礼》，是以《周礼》为总纲的，大大影响了后来的学术和政治，隋唐确立的六部制，就是《周礼》六官的架构，历代《礼典》的五礼架构，亦来自《周礼》。以《周礼》总汇众礼的传统，至王荆公变法为最后一个形态，朱子治礼学，却不再以《周礼》为纲，而名为《仪礼经传通解》，其家礼、乡礼、学礼、邦国礼、王朝礼、丧礼、祭礼的架构，却隐含着《大学》的一个纲目（更何况，朱子本就把《大学集注》和《中庸集注》重新编在了《仪礼经传通解》最中心的学礼部分）。清人治礼学，如徐健庵《读礼通考》、秦味经《五礼通考》、江慎修《礼书纲目》虽然仍以五礼为基本架构，却也深受朱子礼学之影响，无论怎样标举汉代郑氏学，却不可能再以《周礼》六官来言礼学。薇香对礼学和《大学》的理解，更是深受朱子的影响。在清代纷纷质疑朱子《大学》改本的情况下，薇香却认为朱子所定之八条目不可混。他又以为"《大学》一篇本礼书"，"格物不外于穷理，穷理不外于学礼，学吉、嘉、宾礼而知喜乐之等次，学丧、荒诸礼而知哀之等次，学兵、刑诸礼而知怒之等次"。[2]这段话概括了他申戴氏三篇与论礼三篇中的主要思想，却

---

〔1〕黄式三，《汉宋学辨》，《儆居集·经说三》，《黄式三黄以周合集》第5册，上海古籍出版社2014年，第74页。

〔2〕黄式三，《絜矩说》，《儆居集·经说二》，《黄式三黄以周合集》第5册，上海古籍出版社2014年，第40页。

又皆归之于朱子的《大学》，由此可见，薇香之汉宋兼采，绝非虚言。

又有对仁的理解，薇香虽从阮芸台之辨析，却也颇能体会朱子之意，此亦为儆居学派之一要点。程子论仁，多有仁、孝脱离的倾向。其解“孝悌其为仁之本欤”曰：“盖孝弟是仁之一事，谓之行仁之本则可，谓之是仁之本则不可。盖仁是性也，孝弟是用也，性中只有仁、义、礼、智四者，几曾有孝弟来？仁主于爱，爱孰大于爱亲？故曰：孝弟也者，其为仁之本欤？”又曰：“孟子曰：恻隐之心，仁也。后人遂以爱为仁。恻隐固是爱也，爱自是情，仁自是性，岂可专以爱为仁？”程氏弟子由此推之，至有“谓爱非仁”“孝悌非仁”之论。朱子作《仁说》，不愿显驳程子，借程子后学之误，申明仁与爱之关系，以为：“程子之所诃，以爱之发而名仁者也，吾之所论，以爱之理而名仁者也。盖所谓情、性者，虽其分域之不同，然其脉络之通，各有攸属者，则曷尝判然离绝，而不相管哉？”薇香作《朱子“仁说”说》一文，详细梳理了朱子作此文之意，在于斥“离爱言仁”之弊。程门后学离爱言仁之弊，正是空言天理所致，朱子虽言天理，却时时落在实处，所以能避免这一问题。[1]而这正是东原、次仲、芸台、薇香一脉最关心的问题。在这个意义上，薇香说东原不悖于朱子之学，也确有所据。

三、黄元同的学说

元同先生传薇香之家学，后又将此学统传南菁诸弟子。在几乎所有重要的理论问题上，元同与薇香都是一致的，至于《礼书通故》等礼学研究，则是元同先生对这套理论的具体实践。

---

〔1〕黄式三，《朱子“仁说”说》，《儆居集·经说五》，《黄式三黄以周合集》第5册，上海古籍出版社2014年，第123—124页。

（一）《经训比义》中的思想体系

汉学宋学的关系，是这个时期的清代学者很难回避的问题，元同先生更是要直接面对。黄漱兰初建南菁书院时，即以汉宋兼采为基本宗旨，并祀郑君、朱子之神主。元同先生不遗余力地宣扬汉宋兼采的治学原则，但又反对以调停的态度对待汉宋之学。他在《南菁书院立主议》中说："今之调停汉宋者有二术，一曰两通之，一曰两分之。夫郑、朱之说，自有大相径庭者，欲执此而通彼，瞀儒不学之说也。郑注之义理，时有长于朱子；朱子之训诂，亦有胜于郑君。必谓训诂宗汉，理义宗宋，分为两戒，亦俗儒一孔之见也。兹奉郑君、朱子二主为圭臬，令学者各取其所长，互补其所短，以求合于圣经贤传，此古所谓实事求是之学，与调停正相反。""实事求是，莫作调人"，是元同为南菁课生立下的规矩。因而他不主张仅以考据取汉、义理取宋的方式来兼采汉宋，那到底怎样做到兼采呢？

元同少作《经训比义》，颇能代表其以训诂治义理之思路，亦可视为元同义理思想之大纲。在此书中，针对每个义理关键词，他从经典中选取了重要的条目，详细比对其文中含义，以求义理之真。元同自称，此书是受阮芸台《性命古训》影响而作的，且又与《北溪字义》《孟子字义疏证》相呼应。他对弟子说："是书之作，条析字义，而读陈北溪书者，将谓我违异师说；读东原《疏证》者，将谓我调停宋儒。大道多歧，孰能是正？"元同还是自认朱子一系为先师，因书中多有与此一系不同之处，故唯恐宋学家攻击他违异师说。而戴东原一系之汉学家，又可能觉得此书对宋儒妥协过多。而元同在南菁书院的弟子则以为："仲尼殁，微言将绝。读是书，炳如日月矣。可以发陈氏之墨守，可以砭戴氏之狂嚣，诚有功于先圣，大有益于后学。"[1]

---

[1] 黄以周，《经训比义·弁言》，《黄式三黄以周合集》第11册，上海古籍出版社2014年，第2247页。

南菁诸弟子并不认为此书调停汉宋，而是对北溪与东原皆有纠正。镇海刘氏芬曾于同治元年为是书作《序》，言及《北溪字义》之作云："抑复有疑者，陈氏墨守师说，不敢有出入，如论性、论才，因师之有异于孟子，遂驳斥孟子以申一家之说。"此盖元同"违异师说"及诸生"发陈氏之墨守"说所本也。刘氏又言戴东原曰："近戴氏东原《字义疏证》，乃据孟子以与宋儒诘难，即宋儒说之足申孟子者，亦鄙弃之，如放郑声，惟恐其不远。"此盖元同"调停宋儒"及诸生"砭戴氏之狂嚣"之言所本也。综合几处所述，可知元同之发陈氏之墨守，即虽于字义不尽同程朱，似违异宋儒师说，却欲寻其大义；其针砭戴氏，是指虽颇认同其学，却不因此而贬斥宋儒，盖亦薇香驳而存之之义。[1]书中除引诸经外，对战国至清的大儒之说，无不援引。除其父之语外，所引朱子、二程、北溪之说尤多，[2]可见元同对程朱学脉的重视程度。

元同与薇香一样，其学问可谓修正版的戴氏之学，亦可谓修正版的程朱之学。《经训比义》共分上、中、下三卷，凡二十四目。卷上：命、性、才、情、欲、心、意。卷中：道、理、仁、礼、智、义、信。卷下：忠、恕、静、敬、刚、中、权、诚、圣、鬼神。这个顺序与《北溪字义》类似，与《孟子字义疏证》颇不同，因而有一个比东原更系统的义理结构体系，以呼应宋儒。但陈北溪皆就朱子学说的框架来诠释各个概念，元同却皆就各条经文诠释。在自序中，元同非常清楚地讲出了自己对这些概念的理解。《经训比义》一书的义理结构，是需要专门的研究的，笔者此处仅举其大者数端，以窥元同之思想脉络。

---

〔1〕 唐蔚之后来回忆元同对戴氏的评价："戴东原先生《孟子字义疏证》立说俱是，而近于毁骂。"参见赵统，《南菁书院志》，上海书店出版社 2015 年，第 234 页。可见，元同认同戴氏观点，却不认同他对宋儒过于激烈的批评态度。

〔2〕 参考《经训比义·点校说明》，《黄式三黄以周合集》第 11 册，上海古籍出版社 2014 年，第 2243 页。

元同论道，严厉批驳了宋儒的一些说法："或谓大极无称之称，大极无也，不知孔子明言大极，安得以无言邪？有大极，是生两仪，无则安能生哉？或谓大极天地未生以前混一之气，两仪谓天地已分，不知天地以前，圣人所弗论也。或谓大极，理也，形而上也，阴阳，气也，形而下也，大极生两仪，理生气也，不知阴阳虽有气而无形，大极乃元气浑伦之称，未始非气也。"[1]此中所反驳的三种说法，皆为宋儒所言无极而太极、理气二元等观念。元同以为，太极即天，因天地人为三极，天为其中最大一极，故称太极，"天之元气浑伦，分之则为阴阳"。两仪即为阴阳。

有了对宇宙观的澄清，我们可以看元同对"理"的理解。他说：

> 理者，分也（郑君《礼·乐记》注。又贾子《道德说》："理，分状也。"意亦相同），谓道之分明者也，故理以"有别"言，此古训也。理可以分，故曰分理。（《说文》曰："知分理之可相别异也。"）肌之可分者曰肌理，腠之可分者曰腠理，文之可分者曰文理，亦犹是也。事物各有自然之则，条分缕析，无所紊乱，是谓"条理"，是谓"足以有别"。后儒求理于空阔之处，不曰"有别"，而曰"浑全"，显悖古训。任翼圣曰：理乃玉文细密之名。孟子言"始终条理"，子思言"文理密察"，孔子言"穷理尽性以至于命"，皆就分别细密处言之，非大本大原之名也。朱子言天即理、性即理，言浑然中即具此秩然之理耳，或乃谓先有此理乃有是天，谬之谬矣。[2]

元同完全接受了东原与薇香对"理"的理解，认为应该把它当作条理，而不能把它当作一个独立的形而上学存在。在这一段里，他

---

〔1〕 黄以周，《经训比义》卷中，"道"字条，《黄式三黄以周合集》第11册，上海古籍出版社2014年，第2314页。

〔2〕 同上书，第2320页。

也试图调和朱子与东原，认为朱子言天即理、性即理之时，目的是强调浑然之中就有此理；但若过于强调朱子天理之说，甚至强调理在天之前，就是完全荒谬的。此处元同亦有为朱子避讳之意，而不肯直接挑明，此即朱子之说。他进一步说："理与义析言之，理者，圣心所分之条理，义者，圣心所断之事宜也。"圣人之所以是圣人，在于他能够比别人更早地得理得义，一般人虽然不能同样获知理义，却无不悦圣人之理义，然后通过自身的努力，"而性之善乃充"，至于那些以自己的意见为理的人，则是以一人之私心为理，而非人心之所同然。

元同虽接受东原理义之说，于朱子却也并非调停。他虽不认可理气二分、理在气先，却非常强调朱子理学的浑然之意。如于释"命"之时引朱子"天命者天所赋之正理也"，并说："理与数浑然无间，乃合'命'字古训。"

在对"性"的理解上，元同与其父薇香一样，直言不讳地反对朱子二性之说：

> 后儒视性与欲如冰炭之不入，必使绝欲而后全其虚静之体，不知性出于天，欲根于性。"未发之中"能静涵而无失，此性乃为"天之性"，已发而好恶中乎节，其欲亦为"性之欲"。"知诱于外"，性斯离乎天矣；"好恶无节于内"，欲斯远乎性矣。外诱可绝，内欲不可绝，绝其欲则伤性，伤性则失天，亦惟节之而已矣。朱子谓："人生而静以上，人物未生，只可谓之理，未可名为性，所谓在天曰命；方说性时即是人生以后，此理已堕在形气中，不是性之本体，所谓在人曰性。"驳之者曰：如朱子说，是孟子乃追溯人物未生未可名性之时而曰性善；若就名性之时，已在人生以后，已堕入形气中，不得断之曰善。由是言之，惟上圣不失性之本体，其下皆失性之本体。直是人无有不

恶，不得如孟子言人无有不善。[1]

元同坚持孟子性善之说，因为性根于天，性中之欲亦来自于天，所以不可以人欲为恶，只可节性节欲，而不可以绝欲，因为那就会伤性失天。如果像朱子那样，认为人生而后就堕入气质之恶当中，则人无有不恶，已经违背了孟子性善之说。朱子说“智觉运动人与物同”，元同认为这与《孟子》文本有冲突。孟子问告子犬、牛、人之性是否相同而告子语塞，就是因为人与物的知觉运动不能强同。再如《中庸》“天命之谓性，率性之谓道”节，“朱子注亦以人物兼言，是直合人物以言理之一矣，宜其弟子刘氏惑滋甚也”。[2]后元同作《子思子辑解》，于此句下注云：“天以是气赋于人，而理即具于其中。《烝民》诗所谓‘有物有则’，初无理气之可分也。”[3]

于“性”与“欲”之间，元同继承了薇香之说，却又考之精而辨之详。其于理气二分等处，固不肯同于朱子，而于“欲”字之意，虽亦承东原、芸台之说，却又以为东原有矫枉过正之敝。其释《乐记》“性之欲也”云：

此经明云“性之欲”也，欲非离性而自成为欲也。窃释氏之言者，以性中无情无欲而必拒之，其如与《礼记》《孟子》之言不合何？近儒知其说之非而矫之者，则竟认欲为性，不知欲不尽恶，亦未尽善，故经传中有节欲、寡欲之说。而性则专以善者言，其欲之不尽善者，君子不谓之性，故《乐记》不以感物而动为性，而特别之曰“性之欲”也。此间差以毫厘，谬以

〔1〕 黄以周，《经训比义》卷上，“性”字条，《黄式三黄以周合集》第11册，上海古籍出版社2014年，第2268页。
〔2〕 同上书，第2279页。
〔3〕 黄以周，《子思子辑解》，《黄式三黄以周合集》第14册，上海古籍出版社2014年，第52页。

千里，要在善学者默会之。[1]

元同既不赞同宋儒以人欲全为恶之说，亦不赞同东原以欲全为善之说，而以为欲介乎善恶之间，是相对比较中性的，因而不可将欲等同于善，欲只是性之动。诸经中既有完全正面说的欲，如《论语》中的“富与贵是人之所欲也”，《礼运》中的“人之大欲存焉”，《孟子》中的“鱼我所欲也”等，乃至《大学》中的六欲，“尤为正大而不可无者”。也有完全从负面说的欲，如《论语》中的“克伐怨欲”，《曲礼》中的“欲不可从”，《乐记》中的“小人乐得其欲”等，元同称之为“专恣之欲”，应该节之、寡之，却不能尽绝之，后儒所讲的去人欲而存天理，乃是释氏之说。且即便尽去其欲，未必即可存天理，“仁可以治天下，无欲只可为家老”。元同强调，目之好色，耳之好音，心之好理义，都是欲，“欲，即其官也”。如果完全尽绝欲望，官即为废官，心没有欲，就谈不上立心，更谈不上存心和养心。因此必须靠欲之大者，即对理义的欲来立心，然后其他的欲就会寡，于是可以做到存心和养心，即以心来统帅诸欲，而不是完全不要诸欲，因而孔子的最高境界不是绝欲，而是“从心所欲不逾矩”。所以元同先生以为：“言绝欲者，禅学也；言从欲者，圣学也。禅不可学，圣不易学。学者宜谨守节欲、寡欲之说。”

对于礼的态度，元同也和薇香一样，接受了乾嘉诸老的说法，并稍有修正。段懋堂、阮芸台以仁为相人耦之义，犹言尔我亲密之辞，元同以为不确切，应据《中庸》中的“仁者人也”和《左传》中的“参和为仁”，将“耦”释为“参和”，而非“尔我”：“以人待人，意相参和，是有亲爱之心而为生生之理也。”

以此释仁，仁与人伦之礼便极其密切。为解《礼器》中的“忠

〔1〕 黄以周，《经训比义》卷上，“欲”字条，《黄式三黄以周合集》第11册，上海古籍出版社2014年，第2290页。

信，礼之本也，义理，礼之文也”，以及“忠信之人可以学礼”等，元同说：“礼中自有忠信，无忠信则礼不虚行，故君子贵得人也，礼兼忠信、仪文言。后之人专指仪文言礼，以礼为忠信之薄，且谓未有礼先有理。如其说，则忠信，理也，本也，礼，文也，末也，与《礼器》之言不大背乎？”[1]朱子对礼的著名定义是：“礼者，天理之节文也。”但薇香与元同都坚持《礼器》中的这个说法，反以义理为礼之节文，此段中说得最清楚。在他们看来，礼并非仅仅是礼文仪节，而是礼意，比理处在更根本的位置。他又阐释仁、义、礼的关系说：“仁者人也，义者宜也，仁义之等杀即礼也。”[2]他释“克己复礼为仁”说：“为仁之道，以礼为质，敬以行之，恕以出之。”[3]

对于礼、理关系，元同及其弟子除了看重《礼器》中的那段话之外，还有《乐记》中的“礼也者，天理之不可易者也”，与朱子以礼为理之节文的定义相差几希，却不可混淆。若以礼为理之节文，则理为体，礼为用；若以礼为理之不变者，所讲的礼亦是礼意，是理之核心，理反而是比较次要的。在“礼”字条中，元同先生非常充分地展示了这一点。《礼器》中说：“礼也者，犹体也。”郑注：“礼者，体也，履也。”元同以为：“礼者，体之于心而践履之也。”然后释“礼也者，理之不可易者也”说：“礼者，秩然之理也，此礼之正诂也。后儒舍礼而好言理，礼必征实往古，理可空谈任肊也。近时讲学欲救斯失，往往又失之琐碎而不知大体，一问以先王之典制挢舌莫能对，与性理家之空疏又何异？欲挽汉宋学之流弊，其惟礼学乎？有子曰：‘先王之道，斯为美。’”与薇香一样，元同在谈礼时，

---

〔1〕本为论礼之文，元同却纳入“仁”字条下来解，这种安排大有深意。在他看来，这几句所谈的是“义、礼、信之互相成也”。在仁义礼智信诸德中，以仁为首，但五者却不可分，故他在“仁”字条目下广解五德关系。而《礼器》中的此条表面看无关乎仁，其要旨却仍在“仁”字。见黄以周，《经训比义》卷中，“仁”字条，《黄式三黄以周合集》第11册，上海古籍出版社2014年，第2329页。

〔2〕黄以周，《经训比义》卷中，“仁”字条，《黄式三黄以周合集》第11册，上海古籍出版社2014年，第2328页。

〔3〕同上书，第2337页。

特别强调的是礼意和礼德，而不只是礼文。薇香已经辨析的“礼义”与“礼仪”，元同做了更加细致的考证，形成了“礼”字下最长的一条。他说：“义从我，谓己之礼义。”“仪，从人，谓人耦两相度，我借人以自度。”“自汉初，‘仁谊’字借‘义’为之，而‘礼义’之本义失，汉季以‘仁谊’字尽作‘义’，而‘礼义’字尽改为‘仪’，而‘义’‘仪’之两义愈淆。”“‘礼义’者，礼之大义，义本而仪末。女叔齐、子太叔有是仪非礼之辨，即‘义’‘仪’之所由别也。”[1]由此辨析，元同分出了礼的义理层面与仪节层面：“礼以辨上下，在礼义，亦在威仪。义质而仪文。”[2]这礼意也可以说成是礼之理，然若但言理，就难免失于空疏臆断，所以必须把它与先王之礼结合起来看：“先王体天地之序以制礼，学者体先王之礼以治德性。体之于心，知其理之不可易而出自性之乌可已也。理不可易，故曰秩，性乌可已，故曰天。礼秩于天，故礼为德性。《易传》曰：‘穷理尽性以至于命。’穷理者，穷究先王之典礼也。能穷典礼，则能尽其德性；能尽德性，则能顺天受命，而惇庸秩叙矣。”[3]所引《易传》中的这句话，本来是被宋儒用来言性理的，现在却被元同用来言礼，穷理就被解释成了穷究先王之典礼，尽性被解释成尽其德性，以至于命，则被理解成顺受天命、惇庸秩序。黄氏父子的工作，就是接续戴东原以来的传统，重新界定理、礼关系，然后以这套框架阐释宋儒所重视的几个重要概念和命题。

随后，元同详细阐发了其父的崇礼说。《中庸》中的“敦厚以崇礼”，本来就是薇香崇礼说的经典来源，而元同释此句更能体现出他对汉宋之学的理解。他说：“此言圣人能制礼，君子能崇礼也。礼必以问学而始明，而崇礼尤由德性之敦厚，是谓‘至德’，是谓‘凝至

---

〔1〕 黄以周，《经训比义》卷中，“礼”字条，《黄式三黄以周合集》第11册，上海古籍出版社2014年，第2346—2347页。

〔2〕 同上书，第2348页。

〔3〕 同上书，第2342页。

道'。'道'指礼言，'凝'谓其敦厚也。后世讲学，德性、问学分为两途，互相攻击，皆由礼学之未深也。”由于礼意俱在先王之典礼中，故崇礼包括两个方面：通过问学研究先王典礼，由德性之敦厚以体会礼意。汉学、宋学两分，正是因为没能理解礼学的实质，而若要真正做到敦厚以崇礼，就必须两个方面都要用力，这一点，乃是元同汉宋兼采的理论基础。若是不能两方面同时用力，就会导致只博学而不能约礼的情况。博学近杂，就会泛滥而无归，是过重汉学所致；博学似华，就会浮伪而无实，就是宋学末流的问题。〔1〕“礼岂为我辈设”“六经皆我脚注”则是乱天下之言，〔2〕必约之以礼而后正。

再后，元同从四个方面来谈君子所以崇礼：礼以定命，礼以节性，礼可治躬，礼可与酬酢。礼以定命，从礼作为天地之命的角度来谈，因为“礼为天地之中而民受之以生”。因礼为民生之本，所以有礼义，有威仪，威仪以定命，定命莫如敬。他又一次强调，威仪并非如俗见以为的仅是末节，所以程子说：“洒扫应对与尽性至命是一统事。”礼可节性，则从人性的过与不及来谈，为我即为不及，兼爱即为过情，〔3〕以礼节之，则发而皆中节，但若是像老庄那样主张无欲，就会绝欲而灭礼。规矩森严、度数详明，故礼可以治躬，杜非心逸志，固肌肤筋骸。最后谈到礼可与酬酢，元同先生特别强调：“礼也者，报其情也，欲报情而饰貌，貌根于心也，而浇情者往往专于饰貌，非礼之罪也。”这里触及到了历代关于礼非常重要的一个争论，即情与伪的问题。缘情制礼，礼就是为了表达人与人的情感的，但有很多时候礼只是一种矫饰，与真正的情相冲突。元同强调，错的并不是饰貌，而是浇情。《周礼》里面说：“以五礼防万民之伪，而教之中。”礼恰恰是用来防伪报情的。

---

〔1〕 黄以周，《经训比义》卷中，“礼”字条，《黄式三黄以周合集》第11册，上海古籍出版社2014年，第2348页。
〔2〕 同上书，第2350页。
〔3〕 同上书，第2348页。

定命与节性两点，是礼在宇宙论与人性论上的意义；治躬与酬酢，是礼在功夫论上的意义。在后文，元同又特别举了曾子、有子、子夏、林放四子，以为皆崇礼之君子。而此四子均能洞悉礼义与礼仪的异同，并兼顾之。曾子之礼学尤著，故曾子条没有举曾子的某句话，而是直接将《曾子问篇》列上，这在整部《经训比义》中非常罕见。而之所以说曾子尤其深湛于礼学，是因为曾子最精通礼之权与变的关系。有子有“礼之用，和为贵”之言，所以有子条强调“礼以报情，故用其和”。礼义三百，威仪三千，“无非将以和意”，所谓“知和而和”，就是只顾礼义，尽去礼仪，尽去枝叶，礼之本也就丧失了，“是因失礼而失和矣”。子夏条以“绘事后素”言礼。《论语》中绘事后素一条，是清代礼学家辨析甚多的一条经文。凌次仲、阮芸台、焦里堂以及黄氏父子等均有论述。他们都强调，“素”并非质，而是白采，古之画法，先设众色，然后以素分布其间，以成文章。此处的“素”强调的恰恰是文，即礼仪，所以子夏由绘事后素悟出礼后的道理。元同评论说：“然则画绘之功成于素，忠信之质成于礼。”林放问礼之本，薇香已引《礼器》说：“忠信，礼之本也；义理，礼之文也。”[1]元同则解释说：“问本者，欲由本逮末也。”他在此处再次强调，礼有本有末，但二者不可偏废，“礼之有仪，犹树之有枝叶。树去其枝，其树必伤；礼去其仪，其礼必坏”。此四子者，皆能通晓礼之经权、文质、本末，故为崇礼君子。而崇礼的最高境界，则是《孟子》中说的“动容周旋中礼者，盛德之至也”。元同说：“威仪为定命之则，从容有中道之诚，此即孔子所谓无体之礼也。崇礼至此，可谓至德。”

《经训比义》，特别是其中的“礼”字条，结构安排特别精致，自始至终在强调礼义与礼仪的关系。元同以此扩展了其父崇礼说的内容，也成为南菁弟子礼学研究的总纲。他在《南菁讲舍论学记》中也

〔1〕 黄式三，《论语后案》，《黄式三黄以周合集》第2册，上海古籍出版社2014年，第71页。

说："礼可以定命，可以节性，可以淑身，可以理家，可以治国，可以位天地，可以和神人。"也正是《经训比义》中说法的发挥。

（二）《礼书通故》中的礼学

元同礼学的最重要著作，无疑当属《礼书通故》，这部厚重的礼书向称难读，但若将《经训比义》与《礼书通故》对照，我们就可以找到更多线索。《礼书通故》所做的，正是黄氏父子所倡导的由先王之礼制以达礼意的工作。元同从兄质庭为《经训比义》写的跋语中提到："今元同又著《礼书通故》，于古礼之至纤至悉剖之极详，一若考据中有义理存焉。以恭就而问其故，元同答曰：'小德川流，大德敦化，其谓大德既厚，小德自通与？抑谓小德如川之流，脉络分明，而后大德之化愈出不穷与？礼者理也，考礼即穷理也。"优优大哉"，赞道之无小非大也。'"因而《经训比义》中的许多说法，可以在此书中得到印证。

清代的大部头礼书已经有徐健庵《读礼通考》、秦味经《五礼通考》、江慎修《礼书纲目》等，其中《读礼通考》以丧礼为主，《五礼通考》按照吉礼、嘉礼、宾礼、军礼、凶礼五礼次序，《礼书纲目》虽亦按照五礼结构安排，却按照嘉礼、宾礼、凶礼、吉礼、军礼的顺序，其后又有若干通礼，已经受到朱子影响，将《周礼》五礼与《仪礼》《大学》次序结合了起来。元同先生的书自是详细参考了前辈的著作，但《礼书通故》的结构却非常独特。[1]元同曾言："学者索解礼文，宜先明节次，节次不明，胶葛益滋。"[2]元同如此重视礼文节次，其书之结构，自是精心安排。我以为，这是《礼书通故》最大的特点，也是元同继承朱子礼学最值得注意的一点。元同在数处谈到过

〔1〕天一阁所藏稿本《五礼异义》，当为元同早年的写作计划，亦按照五礼架构，但他后来放弃了这一思路。感谢程继红先生传我此书稿本。

〔2〕黄以周，《礼说四·共饭不泽手》，《黄式三黄以周合集》第15册，上海古籍出版社2014年，第116页。

他对《周官》的看法，《礼书通故》的第一部分又是“礼书通故”，即对《三礼》之书的考证，也花了很大篇幅谈这个问题。他在《答周官问》一文中说，自己相信《周官》是周公致太平之书，而且此中的官制彼此维持，脉络贯注，极其严密。正因为如此，“欲行《周官》之法，必尽放其制而后可。若只取其一官一职之事，而曰此可法于后世，此有利于天下，则其法皆有弊而利不胜其害，此《周官》所以难行也”。“而谓《周官》之法可尽行诸百世，其谁敢信？”他还指出，清代经学虽盛，治《周官》者却寥寥数人，且均不得其要领，“吾友孙仲容书，未得一见”。[1]元同若见《周官正义》，当或以为超出于前辈之上，但若见《周官政要》，则必不以为然。此番言论，不仅呈现出元同与仲容之礼学相当不同的思路，而且展现出在整个礼学架构上实不同于郑学。他在安排礼书的架构时，连历代所尊奉的出自《周官》的五礼架构都弃而不用，亦与朱子《仪礼经传通解》的考虑有类似之处。

在《礼书通故》的第一部分，元同详辨《三礼》之名，这与他对礼学的总体理解息息相关。[2]黄氏父子礼学的关键，在于辨明《中庸》的“礼仪三百，威仪三千”是什么，而三百、三千之说，在诸经中又有许多说法。郑注孔疏均以为，三百指《周官》，三千指《仪礼》，于是以《周官》为纲，以《仪礼》为目，就成为郑学的基本架构。朱子则取臣瓒、叶梦得之说，以为：“《周礼》乃制治、立法、设官、分职之书，于天下无不该摄，礼典固在其中，而非专为礼说也。”[3]因而朱子以《仪礼》中的冠、婚、丧、祭、燕、射、朝聘等为礼经大目，而《曲礼》《少仪》《内则》《玉藻》《弟子职》等微文

〔1〕 黄以周，《答周官问》，《儆季文钞》四，《黄式三黄以周合集》，第15册，上海古籍出版社2014年，第591—592页。

〔2〕 又见《礼说六·周礼仪礼非古名》，《黄式三黄以周合集》第15册，上海古籍出版社2014年，第170页。

〔3〕 卫湜，《礼记集说·曲礼》卷一引；黄以周，《礼书通故·礼书通故第一》，中华书局2007年，第1—2页；《黄式三黄以周合集》第8册，上海古籍出版社2014年，第22页。

小节为曲礼三千。元同用朱子之说而略变之，以为《三礼》中各自有礼义三百、曲礼三千。如《仪礼》十七篇中的大经就是礼经，而其中的细节就是曲礼；《周官·冢宰》中的六典就是礼经，九赋、九式就是曲礼，《大宗伯》中的五礼是礼经，“大行人”“司仪”所言，则为曲礼；《礼记》中的《冠义》《昏义》等篇为礼经，《少仪》《内则》等可以统名为曲礼。他既不同意孔疏所说的《周礼》为本，《仪礼》为末，也不同意贾疏所说的《仪礼》为本，《周礼》为末，二书无本末之分，但是《汉书·艺文志》以《礼经》为先，《周官》为后，却是恰当的。

元同并不贬低《周官》的地位，更不会认为它是伪书，这是他与当时的今文经学不同的地方。因而，元同也并不废弃五礼的说法，甚至也将五礼当作礼经，只是不再以此作为全书的架构。

对《三礼》，特别是《周官》之名的辨析，关系到对三百三千的理解，而对三百三千的理解又关系到对礼的文与质的理解，这正是元同在《礼书通故》开篇就要详辨《三礼》之名的原因。经此辨析，我们也就可以理解元同安排《礼书通故》次序的原因了。《三礼》各有经礼与曲礼，但三者毕竟不是毫不相干的书，那该如何看待《三礼》之间的关系呢？在进入具体礼制的考辨之前，他对这个问题也作了深入细致的考辨。

虽说《三礼》无本末之别，但元同还是更重视《仪礼》。而对于《仪礼》的篇次，他也有非常详细的考辨。相对而言，他更接受大戴对篇次的排定，即按照后仓所传，以《冠》《昏》《相见》《士丧》《既夕》《士虞》《特牲》《乡饮》《乡射》九篇士礼居首，《少牢》《有司彻》与《特牲》相似，所以并入，《乡饮》《乡射》兼大夫礼，《燕》《大射》以下，为诸侯天子礼，《丧服》为通礼，放在最后。

大戴将九篇士礼居首，是因为这九篇正是《王制》所说的六礼：冠、昏、丧、祭、乡、相见，即《周官·司徒》所谓“修六礼以节民性”之“六礼”。《昏义》与《礼运》又举八礼：冠、昏、丧、祭、乡、射、朝、聘。邵位西谓此八礼为礼之经，恰合于大戴之《礼经》十七篇之次序：一至三为冠、昏，四至九为丧、祭，十至十三为射、乡，十四至十六为朝、聘，十七为丧服，通乎上下者，故附于最后。[1]元同正是根据大戴篇次与八礼之经，安排了《礼书通故》的结构。

全书第二是“宫室通故”，第三是“衣服通故”，第四是“卜筮通故”，这三者是礼之所由起，故先述之。第五是“冠礼通故”，第六是“昏礼通故”，第七是“见子礼通故”，第八是“宗法通故”，第九是“丧服通故”，第十是“丧礼通故”，第十一是“丧祭礼通故”，这几篇基本是按照人生次序，以冠、昏、丧、祭为经，叙述诸种家礼，在适当的地方补进见子礼和宗法。第十二是“郊礼通故”，第十三是“社礼通故”，第十四是“群祀礼通故”，第十五是“明堂礼通故”，第十六是“宗庙礼通故”，第十七是“肆献祼馈食礼通故”，第十八是“时享礼通故”，这几篇所述是各种祭礼，大多是天子诸侯之礼，因而延及第十九“改正告朔礼通故”与第二十“藉田躬桑礼通故”。随后第二十一“相见礼通故”，第二十二“食礼通故”，第二十三“饮礼通故”，第二十四“燕飨礼通故”，第二十五“投壶礼通故”，第二十六“射礼通故”，此数篇将大戴所言相见、乡饮、乡射、燕礼，以及八礼中之乡、射等礼详细辨明。随后第二十七“朝礼通故”，第二十八“聘礼通故”，第二十九“觐礼通故”，第三十“会盟礼通故”，已进入天子诸侯之朝聘之制。第三十一“即位改元号谥礼通故”述王朝大礼。第三十二“学校通故”，第三十三“选举礼通故”，第三十四“职官通故”，述教育管制。第三十五“井田通故”，第三十六“田赋通故”，第三十七“职役通故”，第三十八“钱币市籴通故”，述田制、税制、钱粮等。第三十九“封国通故”述封建。第四十“军赋通故”，第四十一“田猎通故”，第四十二“御法通故”，述兵制，即军礼部

[1] 黄以周，《礼书通故·礼书通故第一》，中华书局 2007 年，第 4—5 页；《黄式三黄以周合集》第 8 册，上海古籍出版社 2014 年，第 28—29 页。

分。第四十三“六书通故”，述文字制度。第四十四“乐律通故”，述乐制。第四十五“刑法通故”，述刑律。第四十六“车制通故”，述车制。第四十七“名物通故”，述诸礼器。第四十八“仪节图”，第四十九“名物图”，则附录礼图。再加第五十“叙目”。

此书卷帙浩繁，然次第井然。其书体大思精，时有卓见，俞曲园称其究天人之奥，通古今之宜。[1] 我以为，除去各篇之创获外，《礼书通故》的结构尤其值得重视。诸礼之安排颇有取于大戴与《礼记》中之八礼次序，但全书主体架构实颇受朱子之影响，首家礼，次乡礼，最后王朝礼，此为其大体结构，中有相近者，并入论述。此与朱子家礼—乡礼—邦国礼—王朝礼之架构颇为类似。朱子之架构来自“大学”齐家治国平天下之次序，元同虽用《大学》古本，其对此篇的重视亦与朱子相近，故于别去南菁诸生时讲：“《大学》之法，具在六经，能谨守其教而审行之，人才自出，国家可兴。”其《经训比义》最后之“诚”字条之相当一部分，正是对《大学》的分章诠解。在此，他实则是将大戴的《仪礼》次序与《大学》次第结合了起来。但朱子家—乡—邦国—王朝的架构，更严格依照《大学》，元同的结构中却没有专门的“国”之一环，而是将与封建诸侯相关之礼分为三块。宗法部分，是在丧服之前讲的，因为丧服制度以宗法为前提与依托，于是宗法成为家礼的一部分。朝聘之礼是放在射礼、投壶等部分之后的，作为从乡礼到王朝礼的过渡，或是宾礼的一部分，而真正讲分封，则是在述王朝诸制度当中的“封国通故”。此一修改表明，元同更进一步祛除了封建宗法的影响，从礼的角度思考宗法的问题，然后是士大夫交接之道，最后是王朝治理之道。郑君是通过遍注群经来完成汉学的文明架构的；朱子是通过对《三礼》经文的重新排序和注释，来形成一个新的礼制架构的，元同则是通过对历代释礼之说的比

---

〔1〕 俞樾，《礼书通故序》，中华书局 2007 年，第 2 页；《黄式三黄以周合集》第 8 册，上海古籍出版社 2014 年，第 20 页。

对考辨，来建构他的礼学体系的。他对郑君与朱子皆有取舍，特别是这个礼制体系的架构，更是汉宋兼采的一个最终成果，值得后来者认真对待。

四、南菁弟子的礼学研究

元同对礼制架构的厘定，既是其对理礼关系之理解的结果，更是南菁礼学的命脉所在。南菁书院的许多经学课艺题目，就与元同的这一架构相关，很多具体的问题，就出现在其《礼书通故》《礼说略》以及《礼说》当中。如《曲台考》《问叔孙通作朝仪汉礼器制度外更有何书》《孔壁书或说腾藏或说鲋藏或说惠藏宜以何说为定》等，意在辨析礼书源流；《郑注戴记前后自相违异述》《礼乐皆东赋》《诗郑笺释例》等，意在辨析汉人经学；《张子以礼教关中学者说》《朱子言汉儒学有补世教说》《论朱子学的》等，意在辨析宋人经学；《读张皋文仪礼图》《方诸解》《释乡射礼大射仪两篇名义》等，皆为其礼学著作中出现之论题；而《〈论语〉引〈诗〉"素以为绚兮"，马注以为〈卫·硕人章〉逸句，试申其义》，则与清儒广泛考辨的礼后说相关。南菁弟子论礼，如吴县曹君直、叔彦兄弟，元和胡绥之，娄县张闻远，皆有礼学著述。而后专门治礼学者，当属曹叔彦与张闻远二先生。

（一）曹叔彦之礼学研究

曹叔彦先生在南菁肄业时间不及其兄之久，且其学术渊源除元同之外，又从其母倪夫人及张香涛学，故亦颇有异于元同之处。叔彦承汉宋兼采之风，并宗郑君、朱子，甚至到了极端的程度。如其作文论郑君非马季长弟子，[1]于郑注不容稍有异议；而于朱子，虽亦尊崇有加，但郑、朱相异之处，往往以郑为是，而其治礼实又受朱子以来学

〔1〕 曹元弼，《子郑子非马融弟子考》，《复礼堂文集》卷七，台北文史哲出版社 1973 年。

风影响，故叔彦先生面目，当于其言辞间细细辨别。

叔彦先生治经多种，而折中于礼学。他在多处阐明“六经同归，其旨在礼”的思想，如在《礼经会通大义论略》中说：“六经同归，其指在礼。《易》之象，《书》之政，皆礼也。《诗》之美刺，《春秋》之褒贬，于礼得失之迹也。《周官》，礼之纲领，而《礼记》则其义疏也。《孝经》，礼之始，而《论语》则其微言大义也。”[1]

他又作《经礼曲礼说》，立论与其师颇不同。因郑君说《周礼》为经礼，《仪礼》为曲礼，故叔彦以此为定论，笃信不移。然他又不肯轻易将二者关系定为本末，所以为理解经礼、曲礼之意，“沉潜反复于二经有年，又深考《通解》《纲目》之书，确知二礼相经纬，且《周》为经，《仪》为纬，乃恍然悟所谓经、曲者，即经纬，郑注贯通二《礼》为训”。所谓经、纬，究为何种关系？叔彦申其说云：“《说文》：经，织从丝也；纬，织衡丝。衡从即横直，经之为言，直也，则纬之为言曲也。织者先经而后纬，经本直，纬以交之，一从一横，乃成为曲，故纬谓之曲。”此说于训诂上似很难讲通，但叔彦的用意，似乎是要把通常认为接近于本末的经曲关系解释成相互依存的关系，即不要使《周礼》变成比《仪礼》重要很多的经：“《周礼》《仪礼》，一从一横，交相为用，如丝之有经纬，故曰经、曲。”《周礼》作为经礼，是因为它是天子治国之礼，而《仪礼》则包含诸侯、大夫及士庶人之礼。他又说：“经，法也；曲，事也。《周礼》，官所守之法；《仪礼》，法所分之事。”“《周礼》举行事大法，而节文次第备在《仪礼》。”“盖必如《仪礼》所陈，而后《周礼》之事一一措置曲当，无毫发憾，故孔子曰：经礼三百，犹可能也；威仪三千，难能也。此《仪礼》之所以为曲，曲者以言乎纬之尽善也。”从其行文中可见，叔彦一直在刻意抹杀《周礼》重于《仪礼》，经礼重于曲礼的印象。人们通常都会认为经礼更重要，但他却一定要说，只有在《仪礼》中才

[1] 曹元弼，《复礼堂文集》卷四，台北文史哲出版社 1973 年。

能达到尽善。他又说《周礼》是目录分章，《仪礼》是事类释例，然后评价道："治礼莫要于释例。"另外值得注意的是，叔彦悟出经纬之理，是通过读朱子《仪礼经传通解》和江慎修《礼书纲目》，虽江书仍有五礼架构，二书实均不以《周礼》为纲。叔彦文中亦反复申明，二书"以《周礼》补《仪礼》，盖深知二礼之相经纬"。此说似以《仪礼》为重，《周礼》仅有辅助作用，而他后文又说作此文的一个目的是："后世排斥《周官》之邪说，亦不待辨而息矣。"其实，元同所作《答周官问》亦有为《周官》正名之意，唯恐有人像林孝存一般排斥《周官》。叔彦此说，实与其师殊途同归。此文所针对的，或即廖、康等以《周官》为伪书之说。

叔彦又有《书孙氏〈周礼正义〉后》一文，于中更可看出他对《周礼》的态度。文中盛赞孙氏书为贾氏以来未有能及之者，而于其作书之意却颇不以为然："其序篇论周礼政教，案时势以立言，意文中子所谓'如有用我，持此以往乎'？然孟子有言：'王欲行之，则盍反其本？'《周官》立政，有所以为政之本，其立教，有所以为教之本。得其本，则古今中外虽时有隆污，道有纯驳，而此心此理同举而措之，裕如也。失其本，则安汉、荆舒覆车可鉴。"随后，他详述《周礼》为政、为教之本，严厉批评了孙氏以《周官》制度配合变法的思路[1]是无本之说："今之言治者，动云西法，或云西法合于古法，不知苟得其本，则师古法可，采西法亦可；不得其本，则无论用古法，用西法，同归于乱。"叔彦此说，既本于张香涛中体西用之原则，实亦合于其师元同《周礼》自有本末之说，而不可直以《周礼》为礼学之本。在《礼经学》中，叔彦云："《礼》之本在《孝经》，其法在《春秋》，其义在《礼记》……是故学者本《孝经》以读《礼经》，其学乃有本，且有用；以治《春秋》之法治《礼经》，其学乃精；据

〔1〕此文无撰作年代，然其中说"先师张文襄公"，则当在南皮殁后，香涛殁于宣统元年，而孙仲容已卒于前一年，则叔彦当已见孙氏全部著作，明了其政治主张。

《礼记》以读《礼经》，其学乃神。”此当为叔彦自己读礼书之心得，并未言及《周礼》，但却谈到了另外一部郑学很重视、朱子比较轻视的经：《孝经》。叔彦对此经花了大精力，曾有《孝经学》《孝经集注》《孝经校释》《孝经郑氏注笺释》等书。对《孝经》的重新重视，确为其礼学的一大特色。

总体而言，叔彦之礼学仍然以《仪礼》为主，作《礼经校释》与《礼经学》，虽亦欲作《周礼释例》《周礼学》，然皆未克其功。其《礼经学》一书为十四经学之一部，据张香涛《劝学篇·守约》所列七端而作：明例、要指、图表、会通、解纷、阙疑、流别。这一写法，贯穿着张香涛应对西方、编辑经学教科书的意图。书中广引凌次仲《复礼》之文及清人论礼之说，可见其礼学仍承凌氏以来之传统。

其《明例》一篇云：“礼之大体，曰亲亲，曰尊尊，曰长长，曰贤贤，曰男女有别，此五者，五伦之道，而统治以三纲，曰君为臣纲，父为子纲，夫为妻纲，长长统于亲亲，贤贤统于尊尊，三者以为之经，五者以为之纬，冠昏丧祭聘覲射乡以为之经，服物采章，节文等杀以为之纬。”“礼之所尊，尊其义，三代之学，皆所以明人伦，天经、地义、民行，得之者生，失之者死，为之者人，舍之者禽兽。”叔彦更明确地以人伦为礼之体，也就从人伦的角度来衡量诸礼，以为诸礼皆能体现人伦五个原则中的一个或若干个，而能将亲亲、尊尊、长长、贤贤、男女有别五者都体现出来的，只有丧服，故曰：“按《丧服》一篇，礼之大本，圣人精义之学，三纲以立，五伦以叙，政刑以出。万世之天下以顺国于天地，必有与拨乱反正、拯衰销逆，莫近于此。”[1]

在《三礼》之学中，《丧服》本就极为重要，历代礼家多有专门治丧服之书。而在朱子调整礼学结构之后，家礼变得尤其具有核心位置，因而其《仪礼经传通解》专门列出丧礼、祭礼两部，朱子卒后由

〔1〕曹元弼，《礼经学》卷二《要指》下，北京大学出版社 2012 年，第 122 页。

黄勉斋、杨信斋相继续修完成。清代礼学家多重丧礼，如徐健庵《读礼通考》实以丧礼为主线。自戴东原揭出理礼之辨的主题，对诸礼的经学研究与义理上的辨析相表里，共同推动了清学的礼学研究，而丧服为其中尤著者。如程易畴作《仪礼丧服文足征记》与《宗法小记》，凌次仲《礼经校释》中之《封建尊尊服制考》尤其引人注目，夏韬甫虽与戴氏为敌，然其于礼学与丧服学却一丝不苟，丝毫不出汉学诸公之下。其《学礼管释》，特别是《三纲制服尊尊述义》，阐述丧服之礼极详极精，其弟谦甫亦作《五服释例》。他如凌晓楼之《礼说》、胡竹村之《仪礼正义》、郑子尹之《仪礼私笺》无不于丧服极为用力。至黄元同之《礼书通故》，其宗法、丧服两部分更是尤其留心。叔彦强调丧服为诸礼之本，而将此一思想真正付诸实践者，则是张闻远先生。

（二）张闻远之丧服研究

闻远之父夬斋先生曾受学于桐城姚子寿，又喜惠定宇考订之学，已有兼采汉宋之意。[1]闻远受家学，笃守朱子之学极严，可于其日记所录日课见之。[2]叔彦曾记初识闻远时一事："一日言及《诗·国风》郑、卫诸篇《集传》用郑樵说，由与吕伯恭先生论不合而然。君曰：'以朱子为不遵诗序为千虑一失可也，以为有意见存乎其间，则以常人之心诬大贤矣。'"[3]叔彦以为贤，二人由此订交。

闻远在南菁求学之时，即以博通《三礼》闻名，其《读胡氏〈仪礼正义〉》三篇，尤其是其中辨为人后之服的部分，获得超等第一名的成绩，得到王益吾先生的高度评价。[4]元同亦盛赞其读《仪礼》的

〔1〕 张锡恭，《张伊卿行述》，光绪十五年钞本，藏于上海图书馆。

〔2〕 张锡恭，《茹荼轩日记》稿本，分藏于上海图书馆、复旦大学图书馆。

〔3〕 曹元弼，《纯儒张闻远徵君传》，《茹荼轩续集》，民国三十八年。

〔4〕 此为光绪十九年经学课艺，原稿藏于笔者处。其评语云："《读胡氏正义》详述渊源，穷搜根柢，菁华毕露，毫发灿呈，求之于古，则晁公武、陈直斋诸人未能如此精审；拟之于今，则顾千里、严铁桥、钱警石诸先生可与伯仲颉颃。阅卷至斯，喜甚佩甚。订正为人后者为本宗降服一条，是有关实用之学。杨氏补成其书，而《士昏礼》《觐礼》，记中未能述燕寝殊制之说。得此表微，胡氏亦含笑于九泉矣。"赵统先生以为，此评语当为王益吾所写。

功力。[1]后又沉潜礼学多年，蒙香涛知遇之恩。其《礼学大义》[2]一篇，概论《三礼》大义，对待《三礼》态度与元同、叔彦一脉相承，以为《周官》与《仪礼》各有其本末纲目，《礼记》则为《二礼》之记。“《周官》经之纲要有四：曰君德，曰官方，曰民政，曰邦交”，而于《仪礼》之学，则综合了朱子与其师元同之学，尤讲礼之次第：先明宫室之制，全录朱子学派《释宫》，再明衣服之制，宫室、衣服为仪礼学之始，而丧祭为诸礼之重，而欲明丧祭之礼，当先明宗法之制，其后云：“《中庸》曰：亲亲之杀，尊贤之等，礼所生也。《丧服》经传之谓已。”[3]《礼学大义》为概论大义之作，所述不像《礼书通故》般面面俱到，而仅列其重者，故于《仪礼》部分仅有宫室、衣服、宗法、丧服四部分，而尤以丧服为重。

在闻远看来，《丧服》即为《仪礼》之本，故其论丧服制度尤多，特别是在遭遇父、子、妇大丧之后，对丧服之学尤有切身体会。[4]他在光绪三十二、三年间给缪晓珊先生的书札中说了当时对丧服的理解：

> 锡恭窃谓，《丧服》一篇，亲亲之杀，尊贤之等，礼之所由生。拟明年先讲此篇，而《戴记》中关涉此篇者，一同讲贯，使此篇毫无疑义，已絜礼之大纲，然后相其轻重缓急，以次递及。盖礼学非可速成，郑君之注，万世不易，然其词简古，骤难卒晓。加以王肃忌郑君盛名，务与立异，多方作伪，以售其欺，是其心出于忮。陈祥道谄附王安石，荒经蔑古，皮傅《字说》，作为《礼书》，是其心出于求。是二者皆小人儒也。宋元

---

〔1〕黄以周，《答张闻远书》，《儆季杂著五·文钞三》，《黄式三黄以周合集》第15册，上海古籍出版社2014年，第574页。

〔2〕此书年代无考，然其中直言“仪礼”而不讳，必在宣统改元之前。疑当在游楚之时或返娄县数年之间所作，或即为教学之用。

〔3〕张锡恭，《礼学大义》，民国二十九年昆山赵氏、吴县王氏庚辰丛编刊本。

〔4〕参见吴飞，《风雨难摧伏氏壁，弦歌终剩窦公音：张闻远先生学述》，《经学文献研究集刊》第12辑，2014年。

学者先怀蔑视汉儒之心，不求真是。敖、郝小儒，卑卑不足道，而黄勉斋、杨信斋二先生，且不免惑于王、陈之说者，是以礼家之说纷乱如麻，非数百条讲义所能了也。居常私念，倘得假以著书之岁月，将王肃伪书中凡涉典礼者，一一详辨，使不得复申其喙（陈祥道小慧穿凿，尤易辨），王肃之谬破，则郑君之义著，然后汇辑汉唐之注疏，国朝诸老之著述，以成一书，采取其精要，乃可为学堂课本。否则教科之书如涂涂附，其异于墨卷房书者几何！[1]

在现有文献中，这是闻远最早谈及其丧服学规划的一篇，而其中对《丧服》一篇的理解，与《礼学大义》中一脉相承。[2]由札中可见，闻远虽重宋儒，但对于《仪礼经传通解续》的丧礼部分并不甚满意，而以为是王子雍流弊所致，宋儒不能辨，其后敖君善、郝仲舆辈皆惑于此。所以他要著书申明郑君丧服之学。闻远在书札中所说的准备写的著作，后在京礼学馆时开始动笔，[3]同时成《修礼刍议》二十篇与《释服》三十八篇（其中少量或为后来所作），辛亥后隐居小昆山，陆续成《丧服郑氏学》十六卷、《丧礼郑氏学》四十四卷。闻远先生终生之学，尽归于《丧服》一篇，在清代礼学家中相当特殊，其自述其治学之道云：

经有十三，吾所治者唯《礼经》；《礼经》十七篇，吾所解者唯《丧服》；注《丧服》者众矣，而吾所守者惟郑君一家之言。吾于学可谓隘矣。虽然，由吾书而探郑君之谊，其于郑君礼注之意，庶几其不倍乎？由注谊以探《礼经》，其于周公制服之心，庶几其不倍乎？由制服以观亲亲、尊尊之等杀，于圣人

[1] 顾廷龙校阅，《艺风堂友朋书札（下）》，上海古籍出版社1982年，第978页。
[2]《礼学大义》或与此札作于同时，俟考。
[3] 顾廷龙校阅，《艺风堂友朋书札（下）》，上海古籍出版社1982年，第979页。

之尽伦，或可窥见万分之一乎？[1]

闻远丧服之学，实是儆居学派礼学的进一步推进，是对曹叔彦“礼有五经，本在丧服”之说的实质展开，叔彦称：“此书囊括大典，网罗众家，删裁繁诬，刊改漏失，精微广大，直与郑注、贾疏并重。”[2]此言实不为过。《丧服郑氏学》是清代丧服学乃至礼学的集大成之作，对程易畴、凌次仲、夏韬甫、胡竹村、郑子尹等先贤之说多所采纳，对前代王子雍、敖君善之说更是详加辨析，不仅对许多千年争讼的问题有精当的裁定，如妇人不杖、嫁母之服、高祖玄孙之服等等，更对许多丧服义理有深刻的清理。如其“正尊降服篇”精解正尊加隆与报卑属之服礼义，其“曾祖父母服”辨析大功以上之大节级，均发前人之未发，于丧服学理论阐发极精。其《丧礼郑氏学》以相同体例处理《三礼》中关于丧服、丧礼的其他篇章，同样多所创获，构成一个庞大的丧服理论体系。

清儒自程易畴以来，丧服学研究已经不仅仅旨在辨明具体服制与丧期，而且要讲出一套制礼的理论来，张闻远先生的研究是这一研究传统的最终成果，当然，对于其理论体系的紬绎整理，尚需后人更深入细致的研习整理。

戴东原之掊击宋儒义理，实与清儒考订礼书制度相表里。故自乾嘉以降，无论汉学、宋学，均不敢忽考订旧章、辨识礼意。宋学家谓汉学家所言之礼意均为程朱所已言，黄薇香亦以为宋学家不必因戴氏以极端方式申明朱子之意而惊讶，双方唇枪舌剑，铿锵有声，实已共同塑造出清学的独特品格。道咸之后，汉宋兼采趋向愈益清晰，而儆居一派数代努力尤可展现其发展路径。薇香申明东原、次仲之学，为朱子礼学体系提供一个新的性理学基础，元同将这一基础进一步体系

〔1〕 刘承干，《〈丧服郑氏学〉序》，《丧服郑氏学》，民国七年刘氏求恕斋刊本。
〔2〕 曹元弼，《〈丧服郑氏学〉序》，《丧服郑氏学》，民国七年刘氏求恕斋刊本。

化、清晰化，并在此基础上辨析礼意与礼制，本朱子礼学架构而成《礼书通故》，至其弟子曹叔彦、张闻远，则以更坚决的汉宋兼采态度，将礼学精义划定在丧服人伦之上，以此为礼学之本。闻远之《丧服郑氏学》《丧礼郑氏学》二书即为这种努力的最后成果，将薇香、元同所孜孜以辨的“经礼三百”落实在丧服的亲亲尊尊上面。儆居学派这三代学者的不断努力，不仅为清代的理礼之辨提供了一个最终的形态，而且以新的方式讲出了朱子礼学的内在精神。入民国后，刘申叔以为黄元同于汉宋之学尤有调和之势，作《理学字义通释》进一步辨析性理概念，傅孟真则以为阮芸台《性命古训》辨析尚不够精，作《性命古训辨证》，二书皆可看作清儒性理学的继续，但实未能出清人框架。而民国学人在中西比较视角下看待中国伦理，如刘申叔之《伦理学教科书》、刘鉴泉之《家伦》等书，则颇有与清代丧服学相呼应者。而今人若能更认真对待和继承儆居学派之义理、礼意与礼制研究，或可将民国学人的这些努力进一步深化。

《礼书通故》点校本补充说明

乔秀岩[1]

一、中华书局点校本的情况

2007年中华书局出版业师王文锦先生点校的《礼书通故》，为学者阅读这部清代礼学最精深的专著提供了很大方便。在点校本出版之前，由于《礼书通故》刻本用清代通行古体字，有些当代学者不习惯，甚至有人写文章将“丧服通故”误认为“器服通故”，现在看来很难想象，足以说明点校本在普及方面的实际效用。同时，这部点校本在整理方面存在较大问题，也是不容掩盖的事实。最突出的问题是标点失误，可谓俯拾皆是。王文锦老师曾经整理《通典》《周礼正义》等礼学要籍，点校得体，虽不免失误，但总体质量很高，赢得学界信赖，至今普遍被认为是最便使用的读本。《礼书通故》标点失误的情况，与《通典》《周礼正义》等的标点水平不符，细心的读者也会看到同样句子的标点，在《周礼正义》中不误，《礼书通故》中往往错谬。不难理解，这些失误应该不是王文锦老师的问题。

王老师点校此书的时间，应该在20世纪80年代末至90年代初之间，由于当时古籍出版行业萧条，中华书局压稿约十年，直至90年代末才发稿。此时王老师已经年迈，精力不逮，遂命笔者校对。2002年王老师去世，2004年初笔者完成覆校，将校样送回中华书局。中华书局重视这部点校本，特请资深编审熊国祯先生参考笔者改过的

〔1〕 作者单位：北京大学历史学系，北京大学礼学研究中心。

校样，重新改校样，至2007年才见出版。需要说明的是，校样出来之后，中华书局都找不到王老师的点校底稿，所以笔者无法确定王老师如何点校，只能在校样的基础上改错字，调整标点。笔者返回校样之后，中华书局整理加工一直到出版的具体过程，笔者缺乏了解，但可以推测熊先生也没看到王老师的底稿。就这种编辑经过而言，王老师将底本的古体字一一改作通行繁体字，加以点校，提供了点校本的基础，贡献很大，而标点失误只能归咎于笔者与熊先生。后来北京大学的《儒藏》要收入《礼书通故》，决定以王老师的点校为基础，于是2012年春学期认真校读中华书局版开头一百多页，发现标点问题极多。有的标点是明显的错误，有的不算绝对的错误，但不利于阅读，最好修改。笔者将来也会继续修订，期望今后每次重印都能有所调整。

中华书局版，出版周期过长，中间换过责任编辑，也请了资深编辑参与，没有人从头到尾很负责地管理编辑过程，所以除了点校问题之外，在编辑方面也留下了较多遗憾。最明显的失误是，卷首“本书检目”只有每卷开头的页码，而分六册装订的情况，完全没有反映在“检目”中。读者想要查看某一篇，用“检目”查到页码，也不知在第几册，需要先拿一本碰运气看看，不在那一册，再拿前后一册看看，简直岂有此理。当初我提出分八册的方案：《礼书》第一至《见子》第七为第一册，《宗法》第八至《丧祭》第十一为第二册，《郊礼》第十二至《肆献祼馈食》第十七为第三册，《时享》第十八至《投壶》第二十六为第四册，《朝礼》第二十七至《职官礼》第三十四为第五册，《井田》第三十五至《乐律》第四十四为第六册，《刑法》第四十五至《礼节图表》第四十八《六服朝见表》为第七册，《礼节图表》第四十八《仪节图》至《叙目》第五十为第八册。如此分册，每册内主题相近，各册页数较平均，自以为是兼顾两方面的较好方案。当时“图”的部分还没有校样，没想过《名物图》会占这么多页，现在看来要分九册才合适。可惜中华书局不愿意分册太多，所以订六册。想到《周礼正义》原来分十四册非常好用，最近重印时都改成七册，则《礼书通故》分六册，并不足为奇。不管怎么分册，“检目”不标示分册起止，不能不说是严重失误。

书耳标题的设计也很糟糕。中华书局版书耳，单数页题“礼书通故第几”，双数页题“礼书通故”，读者翻看，不知现在翻到是哪一部分。单双页都题“礼书通故”是重复，单独看到“礼书通故第几”，很难想象是什么内容，试问当今世界有几个人看到“礼书通故第三十”就知道是《会盟礼通故》？双数页书耳题书名，对绝大多数读者没有意义，试想谁会不知道自己手里拿的是什么书？与《礼书通故》同属《十三经清人注疏》的《礼记集解》《礼记训纂》等，双数页书耳就单独题书名，与《礼书通故》同，而王老师整理的《周礼正义》，单数页标官名，双数页标“周礼正义卷几”，非常合理，极便翻阅。《礼书通故》的书耳，应该是单数页标“某某通故几”，双数页标“礼书通故第几”。例如单数页“名物通故三”，双数页“礼书通故第四十七”，一望即知是《礼书通故》第四十七门《名物通故》的第三卷。记得笔者当时强烈建议中华书局如此标书耳，还怕排版人员嫌麻烦，所以每一页书耳都一一用红笔写过篇题。可惜人微言轻，没被采纳。笔者平常翻阅《礼书通故》仍然使用台湾华世出版社影印本，影印本可以看到刻本版心，一看版心就知道现在翻到的是哪一门第几卷，不看目录也能迅速翻到想要看到的内容，比起中华书局版方便许多。点校本不如影印本好用，自然不会去用了。

另外，此书用计算机排版，而且是属于较早时期，计算机排版技术有限，很多字字形不正常，如“阜”“糸”等字，当时需要专门造字，显得不自然。又，现在的古籍排版，经常使用简体字形。如“吳”作“吴”，“黃”作“黄”，“直”作“直”，“奐”作“奂”之类，令人感觉怪异。《新华字典》《现代汉语词典》等都用这类字形，而且有“新旧字形对照表”，所以有不少出版社编辑以此为字形标准。然而《新华字典》《现代汉语词典》以简体字为标准，兼收繁体字只是为了方便读者核对参考而已。附录“新旧字形对照表”，主要目的是帮助读者确定笔画，按笔数检索文字。必须承认《新华字典》《现代汉语词典》在本质上是简体字的字典、词典，所以顺便收录的繁体字采用按照简体字字形体系调整的新字形，既不是传统标准字形，又不是经过论证的繁体字新规范。笔者老师辈的古籍整理工作者，包括王文锦老师、倪其心老师等，都以《辞源》为繁体字的标准。尽管《辞源》也并不完美，所用字体也有不统一之处，但毕竟是专门针对繁体字传统文献设计的词典，比起《新华字典》《现代汉语词典》等可靠百万倍。现在的编辑人员，都是学简体字长大的，看传统标准繁体字或许感到不习惯。但既然要用繁体字，最好用传统标准字体，而不是简体化以后才流行的字形。实在看不惯传统繁体字形，不如用简体字算了。至于用《新华字典》《现代汉语词典》等所见“新旧字形对照表”为繁体字字形标准，反以传统字形为误，则是自我作古，等于说古代文献我说了算，令人悲哀。

二、《礼书通故》的卷数

《礼书通故》的卷数，历来有不同说法，有些混乱，而中华书局点校本“点校前言”又掺入了新的错误说法，是笔者一时失察，遗恨多年。在此重新说明问题，纠正自己的错误，以期今后不会再有误会。

唐文治《黄元同先生学案》（见《茹经堂文集》卷二）称“凡五十卷”，后人亦往往称五十卷，如上海古籍出版社《续修四库全书》影印本即以为五十卷，书耳具题“礼书通故卷一”至“卷五〇”，是明显的错误。章太炎《黄先生传》（见《太炎文录》卷二）称“百卷，列五十目”，乃得其正。此书以《礼书通故》为第一，《名物图》为第四十九，至《叙目》第五十，共五十目，是门目有五十，其中每门或分卷，如《职官礼通故》有五卷，至《名物图》卷四，正文总共一百卷，加《叙目》为一百零一卷。刻本每卷首题“某某通故几”，意谓《某某通故》之第几卷；下题“礼书第几”，谓此《某某通故》为全书第几门。刻本全不见通数卷次，读者不知所读一卷在一百卷全书中之第几卷，除非自己从头历数。这就是令人忽略一百卷卷数，误以五十目充当卷数的主要原因。其实原书分卷明确，一百卷之卷次可以确定，故陈汉章《礼书通故识语》即用通数卷次。虽然笔者所见，言及《礼书通故》而用通数卷次者，仅陈汉章一人而已。

五十门与一百卷之分既明，笔者要自驳一百零二卷、一百零六卷之谬说。《礼书通故》每门卷数，黄以周自己在《叙目》中有明确表述，《礼书通故》一卷，《宫室通故》二卷，《衣服通故》四卷，一直到《名物图》四卷，总共一百卷。《叙目》所述卷数，与正文实际情况吻合，唯一有问题的是《仪节图》第四十八，《叙目》称四卷，而“点校前言”列数相应部分的内容曰“《礼节图表》二卷，《宗法表》《井田表》《学校表》《六服朝见表》各一卷，《仪节图》三卷”。若按“点校前言”的说法，《仪节图》第四十八多达九卷，全书卷数应该是一百零六卷。

产生这种误会，刻本也不无原因。这一部分开头卷端题“礼节图表，礼书第四十八”，第二行题“定海黄以周述”，第三行题“冕服表”，《冕服表》结束，接着有《弁冠服表》，再来是《妇服表》。《妇服表》结束，改页首行题“礼节图表二”，第二行题“丧服升数表”，《丧服升数表》下面是《丧服表》，再来是《变除表》。《变除表》结束，改页题“宗法表”，版心题“表三”，是“礼节图表三”。《宗法表》之后，乃《井田表》，版心题“表四”；其次《学校表》，版心题“表五”；其次《六服朝见表》，版心题“表六”。《六服朝见表》结束，改页首行题“礼节图，礼书第四十八”，版心题“礼节一”。“礼节一”至《大射》为止，改页首行题“礼节图二，礼书第四十八”，版心题“礼节二”。“礼节二”至《觐礼》为止，改页首行题“礼节图三，礼书第四十八”，版心题“礼节三”。乍看是《表》六加《仪节图》三，共九卷，这就是一百零六卷的谬说。然而“表三”至“表六”，只见于版心，颇不足据。如果不考虑版心，只看首行题，则《仪礼图表》有二卷，加《仪节图》三，共五卷，这就是一百零二卷的谬说。然而首行题“礼节图表二”，下面没有“礼书第四十八”，实非分卷之标准标题法。再看版心页次，自“礼节图表，礼书第四十八”《冕服表》为第一页，至《六服朝见表》为第五十八页，连续通数。于是知《冕服表》至《六服朝见表》当数一卷，加《仪节图》三卷，一共四卷，正如《叙目》所言。《表》一卷，而分“表一”至“表六”，表一包括《冕服表》《弁冠服表》《妇服表》，表二包括《丧服升数表》《丧服表》《变除表》，表三至表六各一表而已。

三、《礼书通故》版片与初印本

黄氏刻版，后归浙江图书馆，图书馆继续印制，故后印本流传甚广。笔者最近浏览国家图书馆的网页，看到1935年浙江省立图书馆出版毛春翔编《浙江省立图书馆藏书版记》（中国国家图书馆首页＞古籍＞民国图书，免费登记后可以在线阅览），著录《礼书通故》版片，“梨板，一千四百十一块，二千七百廿一页”（引者按：数目疑有讹误），上标黑三角▲，表示个人捐赠。卷末表列个人捐赠版片，有“黄氏家塾”捐赠书板一七一七片，捐赠时间在“光绪十九年左右”。按：光绪十九年《礼书通故》乃刻成，《藏书版记》以刻成年为捐赠年，不知有何依据。然黄以周长年供职于浙江书局，黄式三著作亦由浙江书局刊行，则其自费刊刻之后，版归书局，事属自然。

中华书局版“点校前言”言：“读《礼书通故校文》得知，《礼书通故》共有四个本子，即原稿本、初印本、重修本、后定本。我只见到初印本和重修本两种刻本。”今按《礼书通故校文》所言“原稿本”“后定本”均属黄氏手书稿本，刻本只有一种，而有初印、后印之别。然而中华书局版点校本，没有一条校记提到初印本，虽然笔者也没有看到王老师底稿，无法确定真相如何，但很怀疑王老师其实没有看到过初印本。笔者先后看过《礼书通故》十多套印本，只有在北京大学图书馆看到初印本。此本首无“元同先生小照”，盖当初刻印即无此页，非后来散失。《校记》有几条记录“初印作如何”“初印本误某字”，所言与此本文字吻合。然而《校记》也有四条称“重修本如此作，与初印本异”，不言初印本作如何字。今核此本，乃见其当初未改之文本，可以观察黄以周修改之实况，颇足玩味。以下列述具体情况，先录后印本，下为说明。

（一）《肆献馈食礼通故》第二五〇条（卷七第七页）

> 郑玄云：“主妇北面拜，辟内子也。大夫之妻，拜于主人北，西面。”胡培翚云：“《少牢》注云‘不北面者，辟人君夫人也’，是大夫之妻辟君夫人不北面，士妻不辟故北面拜，所谓士贱不嫌与君同也。此注迂曲。”以周案：室中之拜，以西面为敬。郑《少牢》注君夫人北面，似无据。兹北面拜者，士室隘，仅容二席。以故祝飨、侑南面，主妇拜献北面，均不与主人同面拜。大夫以上室宽，皆西面。

按：黄以周按语“以故祝飨侑南面主妇拜献北面均不与主人同面拜大夫以上室宽皆西面”三十字，初印本作“详宫室门若亦设席于主人北无以容人往来矣故北面拜大夫以上室宽皆西面”二十九字（小字注“详宫室门”占一字格），是版面经过挖修。初印本言“详宫室门”，当据《宫室通故》第五条。彼云：“士之寝，室之修丈有八尺，故《士昏礼》妇馈于奥，得设舅姑两席。席长八尺。”一席长八尺，两席一丈六尺，可容于一丈八尺之室。然而妇馈于奥，通常以为舅姑共一席。其认为舅姑两席，是黄以周独特的观点。《昏礼通故》第四十四条详述其说，末尾小字注："士室深二筵，容两席，说详《宫室类》。"可见士室一丈八尺，容舅姑两席，是黄以周得意之说。

现在推测黄以周的思路：《特牲礼》主妇献"主妇北面拜送"，士妻北面拜，与《少牢》大夫之妻西面拜不同。郑玄用避嫌理论，认为士妻避大夫妻，大夫妻亦当避诸侯夫人，所以上推诸侯夫人当北面。胡培翚以为按照郑玄的逻辑，士妻与诸侯妻同，是辗转避嫌的结果，解释过于迂曲，不如认为大夫妻避诸侯夫人，而士妻则不必避。黄以周看他们讨论避嫌，有些空疏，于是想到利用"士室一丈八尺，容舅姑两席"的己说。若能依据宫室大小这种客观条件来解释仪节的差异，可以回避"避嫌"说的主观性，更能说明不同仪节的必然性，这样能够终结争论。他说"室中之拜，以西面为敬"，说与凌廷堪《礼经释例》同，是得到公认的原则。郑玄认为诸侯夫人北面拜，全靠辗转避嫌的理论推测而已，不妨推论夫人也要西面拜。然而按照黄以周的说法，士室已经能够容纳两席并列，因此为了论证士室狭隘才北面拜，必须加上"容人来往"的因素。初印本这种说法，显得非常勉强。应该说用宫室大小来解释士妻北面拜、大夫妻西面拜的思路，初衷美好，但不合实际。冷静省思，不得不承认《特牲礼》主妇献，无论主妇、主人都不设席。既然不设席，容不容两席、两席加走动空间等一系列讨论，都根本不成立了。所以黄以周不得不修改初印本的说法。"士室隘，仅容二席"，作为黄以周有关宫室大小的推论，本身没有问题，所以保留到此句，改动下面的说法。修改后的说法是"以故祝馂、侑南面，主妇拜献北面，均不与主人同面拜"，放弃考虑席的长度，只是笼统地认为士室相对小，所以祝、主妇都不能西面。其实如果说两三个人并列跪拜，士室一丈八尺的深度绝对够用，是否狭隘不过是主观问题。至此我们看到黄以周要用宫室大小的客观条件来解释主妇面向的意图终告失败，黄以周早知道的话应该要取消这一条。无奈木已成版，只能做局部修改而已。

(二)《食礼通故》第四十五条（卷二第一页）

万斯大云：“食视燕飨为轻。”凌廷堪云：“食重于燕。食公自为主人，燕宰夫为主人。食礼有币，燕礼无币。食行于庙，燕行于寝。食牲用太牢，燕牲用狗。”以周案：凌说是。食以饭为主，行于庙，于学，亦于寝。燕以饮为主，行于寝，而无行于庙、学。

按：黄氏按语“行于庙于学亦于寝燕以饮为主行于寝而无行于庙学”二十二字，初印本作“三牲具设酒而不饮燕以饮为主有折俎而无饭”十九字。初印本所述，为食、燕之差异，符合《公食大夫》《燕礼》，而不足以论轻重。修改后，除了明言各有所重之外，对凌廷堪所述行礼场所进行补充。比较行礼场所，似较牲、饭更有利于讨论食、燕轻重。其实重点既异，则不知比较轻重有何标准，又有何意义。万斯大《仪礼商》云：“食礼主于食饭，而无宾主之酬酢；其食饭也，亦止宾一人，而主君不与共食：故其礼视燕、飨为轻。然而鼎俎具陈，庶羞毕备；其侑劝则皮币咸有；其执事则大夫士皆在；其食既也，则卷牲俎以归宾：是其礼又与燕、飨而并重。盖待宾之礼，燕主于饮，飨主于恭，而食主于饭：礼之以尽变为敬者此也。”可见万氏之意，重在言食、飨、燕之不同，非谓食礼实重于燕、飨。凌廷堪断章取义，称“万氏斯大乃谓食礼视燕飨为轻，则误甚”，不免有恶意中伤之嫌。黄以周不曾核查万氏书，仅据凌氏转引，并以凌说为是，终不脱比较轻重之框架，反不如万氏之通达。

(三)《食礼通故》第五十一条（卷二第三页）

郑玄云：“‘士羞庶羞，皆有大，盖执豆如宰’，‘如宰’如其进大羹湆，右执豆，左执盖。”敖继公云：“言‘执’于

‘盖’‘豆’之间，见其两执也。”郝敬云：“‘盖’，豆上盖。自门外入，蔽风尘也。‘执豆如宰’谓右执豆，左执盖，与宰执镫同。”以周案：旧读“盖执豆如宰”五字句。郝氏读“执豆如宰”为句，“盖”字别为句，未是。“执”字在“盖”下，明“豆”与“盖”两执之，经有此例。

按：黄氏按语“未是执字在盖下明豆与盖两执之经有此例”十八字，初印本作“较旧为安”四字，是先后持说正相反。此《公食大夫礼》，敖继公、张尔岐、方苞皆以为兼执盖、豆。郝敬以“盖”一字为句，盛世佐以郝说为长，胡培翚亦从其说而谓“盖”字当属上读，“大、盖”并列。黄以周讨论《仪礼》相关问题，均以《仪礼正义》为基础。然“大”为豆中庶羞之一，与“盖”性质不同，胡氏读“庶羞皆有大、盖”，颇嫌不伦。黄氏大概不从胡说，而仍以为郝敬、盛世佐说可从，故不引胡说，单引郝说，并称“较旧为安”。后来才发现，敖继公并非自立异说，其实敖说才是注疏传统正说，所以改从之。修改后的按语，末句言“经有此例”，我们可以参考《冠礼通故》第二十一条，黄氏云：“升先载后，经文退‘合升’于‘载’下，意欲‘合’字两属也，经中多此例。”这是注疏解经的常用说法，敖继公固知之矣。胡培翚等仅知敖继公有对郑注提出异议之处，竟蔑视敖说，不知敖氏对郑注之理解远深于自己。黄氏在胡氏之后，一开始被胡氏误导，后来醒悟前非。

（四）《饮礼通故》第一条

凌廷堪云：“凡庭洗，设于阼阶东南，南北以堂深，水在洗东。凡降洗降盥，皆壹揖壹让升。凡宾主相敌者，降则偕降。”以周案：凡宾主人之盥洗，皆壹揖壹让升。宾中有贵者，亦壹揖壹让。非正主人不让，《燕》《大射》是（《燕》《大射》宰夫为主人，非正主人，故不让。祭礼于宾尸之正献揖让，酢不揖）。凡宾主人降则偕降，不论敌者。惟君尊不降，《燕》《大射》是。奉君命尊，亦不降，《聘礼》是。君于其臣、于聘宾，虽降盥，亦不就洗，《公食礼》是。

按：黄氏按语“非正主人不让燕大射”九字，初印本作“升其余则否乡饮乡射”九字。初刻本盖据众宾言，众宾之中尊者贵，故壹揖壹让，其余众宾则否。此说盖不误，但此论凡例，当以正宾为主，故黄氏改言《燕》《大射》之宾、主人。然小字注中已言此，修改正文之后，未免有些重复。

四、小结与题外话

本文专门讨论标点以外的问题，纠正了“点校前言”有关卷数的错误，也谈到一些编辑方面的问题。另外，介绍了初印本的异文，并对黄氏的修改进行了分析。

黄以周在金鹗、胡培翚之后，在综合参考清代主要礼学成果的基础上，提出一套自己的学说体系，是清代最后一部礼学巨著。孙诒让《周礼正义》规模与《礼书通故》相当，但孙氏以梳理前人学说为主，自创之说并不多见。因此笔者认为黄以周可以代表清代礼学，非常值得仔细玩味。从学术的根本取向而言，黄以周不关心学术史是非常明显的。上文介绍《食礼通故》第四十五条、第五十一条，都可见他对前人的学说，只在乎学说内容的妥否，不关心那些学者，所以引用数据大部分都是转引，不怕断章取义，也不怕张冠李戴。其实这是清代学者的普遍情况。

《皇清经解续编》收录金鹗《求古录礼说》，与单行本比较，少收了几篇。笔者没有全部对过，但可以确定其中几篇，是因为《皇清经解》正编已经收录，所以《续编》回避重复。《皇清经解》正编最后有《经义丛抄》，其中收录《诂经精舍文集》即有金鹗的文章。《诂经精舍文集》有《纬候不起于哀平辨》《汉经师家法考》《六朝经术流派论》《唐孔颖达五经义疏得失论》等文章，都是经学史的重要题目。每一题目都有好几篇不同作者的文章，可知是学生作业。既然是学生作业，水平很有限。可是，后来的学者讨论经学史的时候，往往参考这些文章，因为看不到阮元那些老师们，或者钱大昕等当时的大学者写过同样题目的文章。老师自己不会写，却要让学生写作业，这是什么情况？笔者认为诂经精舍的老师们认为经学研究需要一定的经学史知识，所以让学生写作业，通过写作业掌握常识。可是经学史并不是他们研究的终极目标，所以老师们不会专门研究这些题目。我们知道黄以周也有一篇《答郑康成学业次第问》，水平很高，但这些现象并不影响我们对黄以周或清代学术的整体理解。现在我们必须清醒地认识到，清代学者未尝有意研究经学史，我们做的经学史研究，与黄以周他们的经学研究也完全不同，我们要用研究经学史的态度研究黄以周的经学。

“制作之源”与“因革之要”

论《礼书通故》《五礼通考》著述之异趣

顾　迁[1]

一、问题的提出

古称议礼如聚讼。西京博士抱残守阙，其功甚巨，然拘于家法，未能究明贯通。东汉古学复兴，郑玄遍注《三礼》，学定一尊，后儒略知所宗。其后，虽有自鸣其学，与郑立异者，究未能夺郑之席。所谓“礼是郑学”（孔颖达《礼记正义》），清儒最明此义，申郑、补郑、驳郑皆有依据，不为空言。是故，清代《三礼》之学能够度越往代，名著迭出，其中不乏囊括令典、荟萃群言之作。

乾隆间，秦蕙田承朱子编撰《仪礼经传通解》之遗意，荟萃礼书史传，详考古礼，兼综历代，合群儒之力，历三十八年而成《五礼通考》二百六十二卷。卢文弨跋语赞云：

> 穷经者得以息纷纭之讼，处事者得以定画一之准。大矣哉！古今之菁英尽萃于此矣。洵悬诸日月不刊之书也。[2]

其后，《通考》又受到曾国藩的激赏，谓可益“三通”而四[3]。曾氏《圣哲画像记》评云：

---

〔1〕 作者单位：苏州大学文学院。

〔2〕《五礼通考跋（癸未）》，《抱经堂文集》第2册，商务印书馆1935年，第123页。

〔3〕 俞樾，《礼书通故序》，见《礼书通故》第1册，中华书局2007年。

举天下古今幽明万事，而一经之以礼，可谓体大而思精矣。[1]

为圣哲画像，首顾炎武，次秦蕙田，又以杜佑、马端临与许慎、郑玄并列，更谓：

百年以来，学者讲求形声故训，专治《说文》，多宗许、郑，少谈杜、马。吾以许、郑考先王制作之源，杜、马辨后世因革之要，其于实事求是一也。[2]

其意盖以乾嘉考据专宗许、郑，仅注重“考先王制作之源”，而唐代杜佑《通典》、元代马端临《文献通考》等考核制度之书，则侧重于“辨后世因革之要”，二者虽趣向各异，而皆无愧于“实事求是”。曾氏将秦蕙田与清学开山顾亭林并列，可谓尊崇备至。

到了民国初，章太炎对秦氏《五礼通考》却颇致不屑：

秦蕙田《五礼通考》穷尽二千余年度法，欲自比《通典》，憙以世俗正古礼，虽博识，固不知量也。[3]

意谓《五礼通考》没有资格与《通典》并列，显是针对曾文正公之语。然则太炎心中能与《通典》相抗的著作是什么呢？太炎称：

《礼书通故》百卷，列五十目，囊括大典，揉此众甫，本枝敕备，无龙不班，盖与杜氏《通典》比隆，其校核异义过之。

〔1〕张瑛编校，《曾文正公文钞》卷一，清同治十一年苏郡刊本。
〔2〕同上。
〔3〕章太炎，《检论》卷四《清儒》，上海人民出版社 2014 年，第 488 页。

诸先儒不决之义，尽明之矣。[1]

可见太炎更推崇黄以周的《礼书通故》。

秦氏《通考》，曾氏以之与《通典》《文献通考》相衡，而太炎却加以否定。其原因究竟何在？论篇幅之广大、义理之繁复，《通考》倍于《通故》，似更“囊括大典”。味太炎语意，重心在最末一句——“诸先儒不决之义，尽明之”，盖以《通故》较《通典》《文献通考》更能解疑释棼，发明经义。《五礼通考》虽“博识”，但“憙以世俗正古礼”，且多以后世制度推论古礼，沿革虽明，礼经本义未必清晰。卢文弨盛赞的“穷经者得以息纷纭之讼”，恐正是太炎所最不敢苟同的。

太炎弟子黄季刚所盛称的也是《礼书通故》，其言曰：

析义详密，则莫过定海之黄。[2]

由上引诸家议论，可见《礼书通故》《五礼通考》在学术思想史上的影响。本文即由此出发，分析二者学术趣向之差异及其原因，以期深入理解清代礼学的发展。

二、《五礼通考》的性质及纂修思想

《四库全书总目》将《五礼通考》和朱子《仪礼经传通解》、江永《礼书纲目》并列为“通礼”类，并言其与“三礼总义”之差别云：“‘通礼’所陈亦兼三礼，其不得并于三礼者，注三礼则发明经义，辑‘通礼’则历代之制皆备焉。”[3]可知“通礼”兼包经、史，穷源溯流。

〔1〕 章太炎，《太炎文录初编》卷二《黄先生传》，上海人民出版社 2014 年，第 220 页。
〔2〕 黄侃，《礼学略说》，载《黄侃论学杂著》，中华书局 1964 年，第 453 页。
〔3〕《四库全书总目》卷二十二，中华书局 1965 年，第 179—180 页。

此种礼学范式开创于宋儒，而朱子发挥最精。朱子欲通礼经于治平之术，晚年率众弟子撰《仪礼经传通解》，将《三礼》节文相关者分家乡、王朝、邦国诸类汇纂，附入汉唐注疏而通解之，以备国家典章之参考。可惜丧、祭二礼未及成书，由弟子黄干、杨复续成之。秦蕙田师朱子之意，而更恢弘之，所撰《五礼通考》遂成通礼礼书集大成之作。

据秦蕙田所撰自序，秦氏少好治经，与蔡德晋、吴大年、吴尊彝等为读经会，于《礼经》之文，如郊祀、明堂、宗庙、禘尝、飨宴，朝会、冠昏、宾祭、宫室、衣服、器用等类，集经史百家之说讲诵辨难，笔之笺释，于是者十余年。后集同志如卢见曾、王昶、褚寅亮、盛世佐、王鸣盛、钱大昕、戴震、卢文弨等助撰参校《五礼通考》，举正史记载，以《周礼》《仪礼》提其纲，上自朝廷制作，下逮礼家旧说，无不搜罗，更集近儒解经之作，分门别类，散入各条。《通考》有七十五门类，二百六十二卷，耗时三十八年，稿三四易，而后略定，自言平生精力尽萃于此。[1]

王鸣盛《五礼通考序》总结秦蕙田学术思想云：

> 秦公味经先生之治经也，研究义理而辅以考索之学，盖守朱子之家法也。尝叹徐氏《读礼通考》颇为整赡，乃仿其体，以吉、嘉、宾、军、凶分礼为五，编次为书。而徐氏之书详于史而略于经，公则为之矫其弊。且凶礼之别有五，而荒礼、吊礼、禬礼、恤礼，徐氏俄空焉，公则为之补其阙。书成，人但知为补续徐氏，而公则间语予曰："吾之为此，盖将以继朱子之志耳，岂徒欲作徐氏之功臣哉！"[2]

[1] 关于《五礼通考》之成书、修订过程，可参张涛《述〈五礼通考〉之成书》一文，载《学灯》2010年第2期（总第14期）。

[2] 王鸣盛，《西庄始存稿》卷二十四，《续修四库全书》第1434册，影印清乾隆三十年刻本，第318页。

可见秦蕙田仅在体例上师承徐乾学《读礼通考》，在思想上仍是发挥朱子之礼教。其中说到徐氏《读礼通考》详于史而略于经，秦氏在体例上有所矫正，则体现出对“经义”的重视。

秦蕙田撰《五礼通考》，历时甚久，其间多与学者商榷义例、折中订正，徐世昌《清儒学案》卷六十七《味经学案》载有秦蕙田《答顾复初司业论〈五礼通考〉书》。针对顾栋高的意见和建议，秦蕙田一一解释，坦诚而坚定地宣明自己的宗旨。若结合《五礼通考》的“凡例”详细分析，极有助于把握秦氏的纂作意图及其学术思想。

秦蕙田答书文繁不录，今据其文撮述顾氏之建议如下：

> 第一、《通考》既欲解经文之疑难，扫除后代之误说，而今又欲广辑汉以后史籍志传及稗官小说，但恐所当破除者即此二项，不如斩断为宜。若漫为牵引，恐美恶杂揉，迷障眼目，淆乱经义。
>
> 第二、周公制作，虽为三代正礼，但有后代及近世极为难行，或行之不当者，或不必行者。此可作为“非礼之礼”，列其原委，另著议论，以说明之。
>
> 第三、《通考》之作，切忌贪多务得、细大不捐，援引多而断制少，典故多而发明少，如礼书总帐簿，使读者漫无别择。[1]

顾氏的三条建议关系全书义例甚大，且深具卓识。秦蕙田称“足见诲我之深”，遂反复申说作答。

秦蕙田认为顾氏前两条建议其实是一个问题，即史志纪传所载后世礼到底该不该大量辑入《通考》。秦蕙田认为“古”“今”相互损益，经传所载礼文乃古礼之残剩，不可拘泥其“空言”：

---

〔1〕 徐世昌等，《清儒学案》，中华书局2008年，第2592—2594页。

礼为经世巨典，非可托之空言，正欲见之行事。《传》曰：礼以义起。又曰：三王不相袭礼。程子谓：圣人复出，必用今之衣冠器用，而为之节文，其所谓贵本而亲用者，亦在时王斟酌之耳。行礼不可全泥古，须视当时之风气。朱子曰：圣人有作古礼，未必尽用，须且是理会本原。二先生之言深合“礼以义起”之义，非可谓古则是而后则非也。

秦氏认为，礼贵得其义。而“义”，就存在于历代制度因革损益当中，蕴含历史、人文发展的规律。古礼本身也是先王之陈迹，典籍所载或仅当年之“残编断简”，加之后世异说纷纭，难以定论，正须广为搜罗，再加考辨，以拨云雾而见青天，如此方可推明先王制礼之意。秦氏谓：

汉唐以来之礼，即孔子所谓百世可知之礼，皆有天下者议礼制度考文之实，而为当代礼典所由出，特其沿革损益不能尽合古人者有之，而其不合之处，正宜搜罗详述，考订折衷，以定其是非。此而不录，则世儒议礼所谓“损益可知”者从何处下手？

秦氏认为历代制度损益不能尽合古礼之处也可作为考辨经义是非的重要材料。可见秦氏重视的是“史迹”，所谓“礼时为大”，载之空言不如著之行事，历代礼制皆是对前代的损益折中，都是“当代礼典”所必须参考的。礼的变革力量同样指示着世道人心这个永恒命题，这些又何尝不是“经义”呢！泥于古经的纂辑集注，不是秦蕙田的最终目标。《五礼通考凡例》云：

唐宋以来惟杜氏佑《通典》、陈氏祥道《礼书》、朱子《仪礼经传通解》、马氏端临《文献通考》言礼颇详。今案：《通解》所纂王朝邦国诸礼，合《三礼》诸经传记荟萃补辑，规模精密，第专录注疏，亦未及史乘，且属未成之书。《礼书》详于名物，略于传注。《通典》《通考》虽网罗载籍，兼收令典，第五礼仅二书门类之一，未克穷端竟委，详说反约。《宋史·礼志》载朱子尝欲取《仪礼》、《周官》、二《戴记》为本，编次朝廷公卿大夫士民之礼，尽取汉晋而下及唐诸儒之说，考订辨正，以为当代之典，未及成书。至近代昆山徐氏乾学著《读礼通考》一百二十卷，古礼则仿《经传通解》，兼采众说，详加折衷，历代则一本正史，参以《通典》《通考》广为搜集，庶几朱子遗意，所关经国善俗，厥功甚巨。惜乎吉、嘉、宾、军四礼属草未就。是书因其体例，依《通典》五礼次第编辑。[1]

秦蕙田纂述《通考》之深意在继承朱子之宏愿——“当代之典”“经国善俗”。秦氏《通考》自序谓“乙丑简佐秩宗，奉命校阅礼书”，助撰《大清会典》。其后撰成《通考》于当代之典阙而不言，盖因其时清廷已有《大清通礼》之作。然秦氏《通考》之作详考历代得失沿革之迹，其欲为当代垂范立治之宏愿实包蕴其中。如此可得秦氏反复申述其继承朱子遗志之深意。

对于顾氏第二条意见，秦蕙田其实稍有误会，其言云：

夫禘礼明堂大飨及九庙之不可行良是。但禘礼明堂大飨九庙皆先王制作也，同堂异室及停止禘祭大飨，后世之礼也。今既欲专载先圣著作，而谓汉以后之君相不可并列一处，乃又谓详列原委、另著议论，细绎来书，不几前后矛盾而大相刺谬乎？不识使之何所适从也？

---

〔1〕 秦蕙田，《五礼通考》，台北商务印书馆《景印文渊阁四库全书》本，第135册。

秦氏此处误会顾氏之意。顾栋高认为《通考》当以明古经义理为主，不应大量辑录后世礼，因后世礼有误解古经之处。如坚欲录后世礼制，则可专录其误解古礼或改易古礼之处，另发议论，如此不仅经义可明，且后世礼之乖谬非古亦可备参，同时也不乏礼制变革的借鉴意义在其中。秦氏未见及此，或自护其例，竟以顾氏前后矛盾，盖二人立论立场不同故也。顾氏首重发明经义、阐明古礼，并依此为标准评断后世礼之得失。而秦氏以经世致用、考察“礼制因革”为先务，经义之阐发乃在其后。二者观点之歧实乃重源、重流之别。今就秦氏之言及《五礼通考》观之，顾氏之言并未得到采纳。

乾隆十七年《五礼通考》初稿告成，顾栋高为之作序，称其书体大思精，末称“宗周之礼因此大明”[1]，褒赞极高，或仅门面之语耳。

对于第三条意见，秦蕙田更是极为自信地加以解释：

> 著述详约各有体裁，约者宜精，不精则不成其为约矣。详者宜不漏，漏则不成其为详矣。著书大忌，不详不约，犹之作文者不古不今，最为害事。如尊见削去百家之言及后代事，止载经文，是经解之五礼汇纂，如现成之《仪礼经传通解》是也。此书原属未成，而朱子之本意正不止是。《宋史·礼志》载朱子尝欲取《仪礼》、《周官》、二《戴记》为本，复编次朝廷公卿大夫士民之礼，尽取汉晋而下及唐诸儒之说考订辨正，以为当代之典志，所言不为无据。蕙何人斯，敢拟此例。惟是杜氏、马氏曾为之矣。窃仿其意，名曰“通考”。
>
> **“通考”者，考三代以下之经文以立其本原；考三代以后之事迹，而正其得失。本原者，得失之度量权衡也；得失者，本原之滥觞流极也。**本原之不立，坏于注疏百家之穿凿附会，故积疑生障，必穷搜之、明辨之；得失之不正，紊于后代之私心

[1] 顾栋高，《五礼通考序》，《五礼通考》，台北商务印书馆《景印文渊阁四库全书》本，第135册。

杜撰，便利自私，至障锢成疑，必备载之、极论之。

是秦氏所极论者仍在朱子未成之志，其欲继武杜、马，益可见其不欲将《通考》作成解经之书。观秦氏所解“通考”之意，本极符合顾栋高之意，但其云经义（“本原”）坏于注疏百家，则似含轻视汉学之意。以此，秦氏所言之“本原”实为朱子、二程等宋儒之义理。此外，顾氏并非劝其撰成汇纂之作，其立论重心实在“断制”“别择”二语。秦氏固极自信其数十年之爬梳援引，不欲割舍，遂巧其说云：

援引者，断制之所从出；断制者，援引之归宿也。苟不援引，何从断制？善援引者，正即援引而成断制，非两事也……

夫议礼之宗每代难得一二人，而朝廷掌故每代难得一二书，竭力搜罗尚恐缺漏，矧可削之耶？若使希图省事，但摘一二大端以为口实，其余并将斩断，则源流本末罔然不知。即有所谓断制者，亦必凭私忖度，罅隙百出，动辄罣碍而不足信。孔子曰：“文献不足故也，足则吾能征之。”《中庸》曰：“无征不信。”征者，援引也，典故也。先生何反言之耶？孟子曰：“博学而详说之，将以反说约也。”“贪多务得、细大不捐”，不可以行文而可以征礼，或有然矣。

所谓“苟不援引，何从断制”“即援引而成断制”，“援引”二字实为秦氏《通考》之最大成绩。《四库总目》虽评《五礼通考》“不免有炫博之意”，又称“元元本本，具有经纬，非剽窃饾饤，挂一漏万者可比”，亦赞其援引之详备明晰。然则乾嘉之际，汉学考据已达极盛，经义考辨佳作迭出，学风重“发明”而不贵“纂辑”，《五礼通考》繁征博引、案而不断之例渐渐不惬学人之意。如《五礼通考》首列《礼经作述源流》，论《中庸》“礼仪三百，威仪三千”备录诸说而迄无定论，黄式三有鉴于此，撰《经礼曲礼说》，文末附录其弟黄式颖之语：

> 《中庸》“礼义”讹“仪”，二千余年不校正，“三百”“三千”各以意说，《五礼通考》卷首集诸儒说无定论，赖此纠正。[1]

式三此文被其子黄以周引入《礼书通故》全书第一条，著为定论。

可见顾栋高、秦蕙田二人心中的“解经”“断制”“别择”诸例的轻重是有一定差异的。今观《五礼通考》，其解释经文部分，将郑注唐疏、朱子《仪礼经传通解》、江永《礼书纲目》几乎全文括入，按语多从宋儒之说，罕就注疏古义加以考辨，学术传统上更接近马端临《文献通考》，较杜佑《通典》之网罗古义亦有分野。秦氏《五礼通考凡例》所谓：“宋元诸大儒出，粹义微言，元宗统会，而议礼始有归宿。”[2]可知秦氏之学多本宋儒，尤尊朱子，著书体例上更接近史家。此与乾嘉以降礼学专宗“郑学”的学术风气大相径庭。此种差异，直接导致了“经义”“礼意”阐释的不同方法。

其实，如顾氏所愿，仅百年后之《礼书通故》足以当之。黄以周撰《礼书通故》旨在发挥经义、考求古礼、阐明“礼意”，重在先王“制作之源”。至于后世与古礼之差异处，多附该条考辨之末言之，抑或单列一条，此即顾栋高所谓“非礼之礼，宜详列原委，别著议论”。[3]《通故》对于孔颖达、贾公彦据后世礼为说而误解经义、郑注之处，亦多为指出，足见其发挥经义、解疑释棼之宗旨。在《通故》中，经注、旧疏不再被大段辑录，而皆以经文疑义为中心，逐条释疑，条理明晰而结论明确，不为调停之言。

俞樾为《礼书通故》作序称：“汇萃成书，集历代礼家之大成者，则莫如秦味经氏之《五礼通考》。……惟秦氏之书，按而不断，无所

---

〔1〕 黄式三，《儆居集·经说一·经礼曲礼说》，清光绪十四年续刊本。

〔2〕 秦蕙田，《五礼通考》，台北商务印书馆《景印文渊阁四库全书》本，第135册。

〔3〕 如《丧祭通故》第一一二条全文云：“唐礼，百官居缌麻以上丧者，不得预宗庙之事，郊祀则否。至贞元间，又议诸侯绝期，且不得以家事辞王事；百官有私丧公除者，听赴宗庙之祭。明律，百官有缌麻以上丧者，并不得与郊祀。”《礼书通故》第2册，中华书局2007年，第607页。

折衷，可谓礼学之渊薮，而未足为治礼者之艺极。求其博学详说，去非求是，得以窥见先王制作之潭奥者，其在定海黄氏之书乎！”[1]此说可谓精确不刊。

三、考古礼、正俗礼——《礼书通故》诠释经义的目的

定海黄氏一门自有其家学体系，非汉宋、今古家法门户所能牢笼者。黄以周之父黄式三治经博通，兼长史学，曾读马端临《文献通考》而札记成书，载于《儆居集》。其有言云：

> 马氏之学，未深于经，二十四门所引经说固略矣，其间有详加辨析者，亦未必尽是也。[2]

又指出马端临经学之不足。如论禘、郊之义云：

> 冬至祠天配喾，夏正郊天配稷，《祭法》郑君注自明。赵伯循言祭喾配稷，宗庙中追所自出谓之禘，说始淆杂。
>
> ……夏正郊天配稷，追所自出，冬至祀天，配喾以五帝，开天明道而配之，非追所自出……
>
> 式三撰《论语后案》既详言赵氏之六谬，今读马氏《通考》复略言此者，以马氏之学未深于经；**说经既误，而评史因之沿讹**，俾后之人緟惟䞈谬，眯其是非。如近世《五礼通考》犹袭马氏之说焉。**盖考订古礼之难也如此。**[3]

式三明白道出“说经既误，而评史因之沿讹”，并称秦蕙田《五礼通考》

---

〔1〕 俞樾，《礼书通故序》，见《礼书通故》第1册，中华书局2007年。
〔2〕 黄式三，《儆居集·读通考二·读经籍考》，清光绪十四年续刊本。
〔3〕 同上。

不知考核经文，犹沿马氏之谬。显然，式三亦暗斥秦氏经学之未深。

按《礼记·祭法》有云："周人禘喾而郊稷，祖文王而宗武王。"此处禘、郊、祖、宗之文，郑玄认为是祭祀配食之义，"禘"指圜丘祀天以喾配，"郊"指祭感生帝（苍帝）于南郊以后稷配，"祖""宗"则指祭五帝五神于明堂以文、武配。对此，后儒王肃、赵匡、杨复等皆予反驳，认为郑玄惑于谶纬，"五帝""六天"之说破碎大义。王肃认为，周人最尊后稷，以帝喾配至重之天，乃轻重颠倒；又禘乃宗庙大祭，非圜丘祭天，圜丘即郊，郊即圜丘。[1]赵匡认为："禘者，帝王立始祖之庙，犹未尽其追远尊先之义，故又推寻始祖所自出之帝而追祀之。"[2]赵说为朱子、黄干、杨复所赞同。马端临《文献通考》承袭杨复《祭礼》[3]之理论体系，亦称郑玄之谬，其言云：

> 康成注二礼，凡祀天处必指以为所祀者某帝，其所谓天者非一帝，故其所谓配天者亦非一祖，于是释禘、郊、祖、宗以为或祀一帝或祀五帝各配以一祖。其病盖在于取谶纬之书解经，以秦汉之事为三代之事。[4]

其后，秦蕙田撰《五礼通考》，与《文献通考》一脉相承，多据宋儒如程子、杨复之说，批评郑玄随文求义。上引黄式三之驳议，立足于郑学以考古礼，所论固与宋学一派有别。

黄以周在思想上固有恭法宋儒的一面，但诠释古礼却呈现出维护郑学体系的立场。黄氏认为，周代宗庙祭祀之礼，禘祭必以始祖（帝

---

〔1〕参《孝经·圣治章》邢疏（《孝经注疏》卷五，台北艺文印书馆影印《十三经注疏》第8册，第37页）及《祭法》孔疏（《礼记注疏》卷四十六，台北艺文印书馆影印《十三经注疏》第5册，第796页）。

〔2〕《仪礼经传通解续卷》第四《天神篇上》引，《杨复再修仪礼经传通解续卷祭礼》第1册，台北"中央研究院"文哲研究所2011年，第209页。

〔3〕参考叶纯芳为杨复《祭礼》所撰《导言》，见《杨复再修仪礼经传通解续卷祭礼》第1册，台北"中央研究院"文哲研究所2011年，第13页。

〔4〕马端临，《郊社考一》，《文献通考》上册卷六十八，中华书局1986年，第611页。

喾）配天，不为之立庙不代表其地位不尊，而是因为亲尽。黄氏《郊礼通故》称郑玄之解乃据秦汉旧说：

> 《汉书》韦玄成云："《祭义》曰（当作《丧服小记》）：'王者禘其祖自出，以其祖配之，而立四庙。'言始受命而王，祭天以其祖配，而不为立庙，亲尽也。立亲庙四，亲亲也。"禘为祭天之名，其所配者无庙，此郑说所本也。[1]

黄氏还称稷有功德，但不是天子，喾不仅有功德，且为天子，圜丘祀天以喾配，实合"尊尊"之义；而郊祀后稷以配天，则对应"亲亲"之宜。《郊礼通故》说：

> 圜丘祀昊天，不得以无功德之天子配，亦不得以有功德之诸侯配。故虞夏禘黄帝，殷周禘喾，皆配以有功德而为天子者，尊天也，亦尊天子也。周郊稷以亲亲，禘喾以尊尊，立制之善，非浅人所能测。[2]

黄氏还指出后世制度与古礼之分合：

> 唐贞观初，冬至祭天于圜丘，以高祖配，而元帝惟配感帝，尚合礼制。
>
> 宝应元年，杜鸿渐、薛颀、归崇敬等议，圜丘之祭罢高祖，以景帝配，大谬。[3]

由此《祭法》禘、郊一事，可见黄氏一门治礼尊崇郑学的倾向。

---

〔1〕 黄以周，《郊礼通故》第二十二条，《礼书通故》第2册，中华书局2007年，第620页。
〔2〕 同上书，第621页。
〔3〕 同上。

黄氏撰写《礼书通故》，目的在于“发明经意”[1]，所以特别注重经书所载明文，这一点和郑学解经思维是一致的。解读郑学，是黄氏考求古礼的学理起点。[2]郑学明，则礼经文义可通，古礼大半可明，这是乾嘉以降学者治礼的基本认知。罗椒生述胡培翚《仪礼正义》体例有四：“曰补注，补郑君注所未备也；曰申注，申郑君注义也；曰附注，近儒所说虽异郑旨，义可旁通，附而存之，广异闻，佉专己也；曰订注，郑君注义偶有违失，详为辨正，别是非，明折衷也。”[3]胡氏《正义》素为黄氏所服膺，以其体例精善，且未尝有意“与郑为难”。[4]黄氏自撰《通故》，于礼经诠解亦秉如此观念。胡玉缙称黄氏当年“读秦氏《五礼通考》，病其吉礼之好难郑，军礼之太阿郑，辄有纠正”[5]。可以说，对待郑学的态度是黄氏和秦蕙田等秉承宋学解经者的最大分野，直接决定了各自著作的理论体系与学术特点。

我们认为，黄氏撰作《礼书通故》的目的在于发挥古礼之精义，并以此昌明礼教，矫正俗弊。这种对礼教的维护，笼罩着一层极其“古雅”的面纱。从经学著述的角度说，此书“作者难，读者亦不易”[6]，但读者幸毋炫于其考证，而忽略其根本目的。黄氏《示诸生书》曾云：“夙著《礼书通故》，志在发明经意，而旧说之得失，不加详辨，时存有余不尽之意。”[7]《礼书通故》亦曾自言“省文”例。[8]皆

〔1〕黄以周，《儆季文钞》卷四《示诸生书》，清光绪乙未南菁讲舍刊《儆季杂著》本。

〔2〕黄氏弟子如张锡恭、曹元弼等皆深明此义，恪守郑学，较其师有过之无不及。黄氏每斥敖继公立说之轻于破郑，鲁莽灭裂，然于敖说之善者，亦肯定其胜于郑注。曹氏尊崇郑玄太甚，则视敖继公为名教之罪人。张锡恭《丧服郑氏学》亦偶有佞郑之嫌。

〔3〕罗椒生，《仪礼正义·卷首》，《仪礼正义》，《续修四库全书》影印清木犀香馆刻本，第91册，第591页。

〔4〕黄以周，《儆季文钞》卷三《复胡子继书》，清光绪乙未南菁讲舍刊《儆季杂著》本。

〔5〕胡玉缙，《许庼学林》卷十七《礼说跋》，中华书局1958年，第424页。

〔6〕胡玉缙，《许庼学林》卷十七《礼书通故跋》，中华书局1958年，第424页。

〔7〕黄以周，《儆季文钞》卷四《示诸生书》，清光绪乙未南菁讲舍刊《儆季杂著》本。

〔8〕黄以周，《礼书通故》第十三条云：“凡近儒之说，有待疏证者，有应驳正者，皆列案前。若其说本明，即顺文引入案中，以作断语，不复列其说于前，为省文也。其说之谬误无待详辨，亦于注中略附一二。若师友之言，尽入案中，只录其是，有非不辨。”《礼书通故》第1册，中华书局2007年，第17页。

可见其立言简要、务求大义之风。试读《通故》，虽门类广大，枝节繁杂，黄氏皆能条分缕析，要言不烦，问题牵缠交涉者，则分多条考述，彼此照应，可称善于著述者。经义考明，理据已立，再随文评断历代礼制之得失。今古对比之下，呈现出强烈的现实意义。

古礼遥远茫昧，经义容有误解，即历代帝王“狥俗制礼”，亦代不乏人，唯有阐明经义，方可顺流直下，较论历代制度损益得失之迹。此与秦味经之“沿波讨源”法适为相反，而更凸显其礼教经世之目的。

《礼书通故》中多有驳旧说之误，谓其乃据后世礼误解经义，如：

> 大夫以下亲迎摄盛，郑云大夫亦冕服者，大夫以冕为尊，士以爵弁为尊，士亲迎用尊服，则大夫以冕可知也。至士之子，用士服为摄盛。贾疏以为嫡子则然，庶子宜降一等。于义无从推见，盖据后世礼为说也。《唐六典》昏礼有嫡庶之分。[1]

对后世礼的乖谬，常斥以“非古”“不古”：

> 自汉文、景于葬后三易服，三十六日而除，至魏武始令葬毕便除，无三十六日之服。后又直以三十六日为除服之期，而不论葬与否。唐明皇又降三十六日为二十七日。丧期渐减，去古愈远。[2]
>
> 《缌麻章》“士为庶母”，传曰：“以名服也。大夫以上为庶母无服。”明《孝慈录》嫡子、众子及子妇皆为庶母齐衰杖期，且为上下通制。不古。[3]
>
> 先啬，汉谓之先农，不举其人以实之。孔疏又兼后稷，据

〔1〕黄以周，《昏礼通故》第二十四条，《礼书通故》第1册，中华书局2007年，第255页。
〔2〕黄以周，《丧服通故》第三十二条，《礼书通故》第1册，中华书局2007年，第319页。
〔3〕黄以周，《丧服通故》第一二一条，《礼书通故》第1册，中华书局2007年，第374页。

唐制而言。隋唐间，先农之祀皆祭神农于帝社，配以后稷，非古也。[1]

"古"即经文所载之古礼，违古即为"不经"、即为"狥俗"：

古人止有竹桐两杖，俗说夫妻相杖用半槐，尤属不经。[2]

近世习俗恶丧服，即以衰绖入士庶家，亦遭斥逐。敖说拜于外门外，有习俗之见存焉。今俗又有易服谢孝之说，礼于人不礼于亲矣。[3]

俗情以答拜为重，俨然以宾自处。司马《书仪》、朱子《家礼》亦有吊丧答拜之文，狥俗为之，非古也。[4]

凡奠、祝及执事为之，主人不亲，止有哭踊之节，无拜礼。《开元》《政和》诸礼尚然，至温公《书仪》、朱子《家礼》乃有入拜灵座之文，非古也。[5]

孝子、孝孙、哀子、哀孙皆宗子之称，其众子、众孙之助祭者曰哀显相，不得直称哀子、哀孙。《士虞记》"哀子某""哀显相"显有别矣。今众子亦称哀子，误也；与人言自称哀子，更误也。己可称哀子，将亦可自称孝子乎！后世又有父孤母哀之分，尤属不经。[6]

圣人立制，即乎人情，……或者乃据末俗之浇薄，反疑古礼为不情，何哉！[7]

---

〔1〕 黄以周，《耤田躬桑礼通故》第十一条，《礼书通故》第3册，中华书局2007年，第953页。

〔2〕 黄以周，《丧服通故》第二三四条，《礼书通故》第1册，中华书局2007年，第431页。

〔3〕 黄以周，《丧礼通故》第一〇八条，《礼书通故》第2册，中华书局2007年，第486页。

〔4〕 黄以周，《丧礼通故》第一一〇条，《礼书通故》第2册，中华书局2007年，第487页。

〔5〕 黄以周，《丧礼通故》第一一一条，《礼书通故》第2册，中华书局2007年，第488页。

〔6〕 黄以周，《丧祭通故》第六十六条，《礼书通故》第2册，中华书局2007年，第582页。

〔7〕 黄以周，《丧礼通故》第六十八条，《礼书通故》第2册，中华书局2007年，第466页。

以上驳斥世俗行礼及制礼之乖违古经，乃着眼其有害礼意、违背人情之处。

古礼不明，则易“据后世流弊以论故事”[1]，经意亦何得而明？故黄氏一心以发明经意为务，竭力维护经书所载古礼的醇美。明乎此，则知黄氏既为尊崇宋学之浙东学者，亦为董振汉学之三礼宗师，两者之间并不矛盾。故黄氏发挥“经义”，皆深造自得，绝非所谓“汉宋”“今古”等标签可以概括。这也就是黄氏以“不分师说”[2]自嘲的深意。

《职官礼通故》第一一六条录宋儒朱子、郑伯谦之说，而不加“以周案”，最可见其精神。全文云：

> 朱熹云：“五峰以《周礼》为非周公致太平之书，谓如天官冢宰，却管宫闱之事。其意只见后世宰相请托宫闱，交结近侍，以为不可。殊不知此正人君治国平天下之本，岂可以后世之弊而并废圣人之良法美意哉！”
>
> 郑伯谦云：“内宰为冢宰之属，则女宠近习皆畏师保之检察而无敢逾节。皇父作相，膳夫、内史皆不得入；晋侯近女而惑疾，医和以为赵孟之过。古人致君《二南》之化，其道由此。汉大长秋为后卿，与中常侍分职，而中长侍之属，少府统焉，犹参用士人。邓通为文帝幸臣，而丞相申屠嘉得檄召欲斩之。自东京悉用宦者，士大夫既无复与问内事，而隶少府者徒以文相属，故太尉杨秉纠中常侍，尚书诘以三公统外，越分奏近臣。盖三府之令不行于便嬖，况后妃乎？”[3]

观此，孰谓考经不能致用？可以说，《礼书通故》为黄以周一生最大

[1] 黄以周，《学校礼通故》第十六条，《礼书通故》第2册，中华书局2007年，第1340页。
[2] 黄以周，《礼书通故叙目》，《礼书通故》第6册，中华书局2007年，第2722页。
[3] 黄以周，《职官礼通故》第一一六条，《礼书通故》第4册，中华书局2007年，第1463页。

著述，其诠释虽不乏理想主义的复古色彩，却也处处流露出对历史和当代的关注。

四、结语

回到本文开头，便不难理解诸家对《礼书通故》《五礼通考》看法的差异了。黄氏《通故》以“发挥经义”为宗，其方法立场犹是经学家，故其考证古礼能究极本源，解疑释棼，令人折服；其宗朱子，乃拳拳服膺其“博文约礼”之通儒精神，能得孔门圣学之大体。[1]秦氏之《通考》，深明“礼时为大”，侧重从制度沿革中紬绎礼的精神；其取宋儒，很大程度上是认同宋学中蕴含的历史精神。黄氏之学，“训诂举大义”，为西汉通儒之风；秦氏之作，囊括典章，略近东汉之史家。诸家异议，皆有所见，不必论归一定。

章学诚《文史通义》中有段总结古今著述体式的话，颇有启发，录之如下：

> 《易》曰：“蓍之德圆而神，卦之德方以智。”闲尝窃取其义，以概古今之载籍，撰述欲其圆而神，记注欲其方以智也。夫智以藏往，神以知来，记注欲往事之不忘，撰述欲来者之兴起，故记注藏往似智，而撰述知来拟神也。藏往欲其赅备无遗，故体有一定，而其德为方；知来欲其决择去取，故例不拘常，而其德为圆。[2]

《五礼通考》初成于乾隆间，得时贤襄助，反复修订，益增美备，

---

〔1〕 黄以周，《儆季文钞》卷一《颜子见大说》云：“朱子曰：‘学者但当从事于博文约礼之诲，至于欲罢不能而竭其才，庶乎有以得之。’是言也，亦以批大郤导大窾矣。”黄氏极重朱子此语，又见《儆季文钞》卷六《南菁讲舍问学记》。

〔2〕 章学诚，《文史通义·书教下》，见《文史通义校注》上册，中华书局 1985 年，第 49 页。

规模义例洵可谓“方以智”者；《礼书通故》乃独力结撰，较《通考》为精湛纯粹，则无愧于著述之“圆而神”者。一方一圆，各有千秋。且黄氏撰述之时，汉学考据名山之作多已问世，两《经解》所收更供学人左右采获，《通故》精择严辨，所得固较《通考》为精致醇美。《通考》之良言，《通故》时亦采纳，论以先河后海之义，固当分别而观、各擅胜场。

黄儆居与清季易学[1]

谷继明[2]

一

1840年，鸦片战争爆发。6月8日，英军陷定海，英军头目礼罗黄式三。时黄式三五十二岁，不就，避走镇海，乃作《易释》。[3]次年，英军复陷定海，又在浙东大肆掠夺。9月28日，绍兴城被英军骚扰，黄儆居忧心如焚，于是占筮。其告筮之辞曰：

> 中孚匹马，绝类堪亡；无妄系牛，灾人何得。负贱且乘，盗固由招而致；泥需近外，寇疑不至亦来。盈虚消息，至诚独可前知；悔吝吉凶，下士何能先觉。……入地尚堪入腹，明神示以存亡；剥床果即剥肤，寒士莫逃威命。

告毕，儆居筮得小过之晋。遂解读：

> 圣人可以无大过，中人安得不小过乎。式三于九月十七日发愿，日读一卦，越十日倏闻绍兴之变，于晦日而得小过之晋

[1] 项目信息：教育部人文社会科学青年基金项目“王夫之的理学解经方法及其在当今经学建构中的意义”（14YJC720008）、国家社科基金青年项目“明清思想转型中的桐城方氏易学研究”（16CZX028）阶段性成果。

[2] 作者单位：同济大学哲学系。

[3] 王逸明，《定海黄式三先生年谱稿》，见《黄式三全集》第5册，上海古籍出版社2013年，第536—538页。

之占，因命季子以周书此于《易释》后，以自儆。十月五日，遇盗劫掠衣服被褥，自喻为塞翁之失马，不敢怨詈，法小过也。

黄氏父子以礼闻，而其出处进退之关节，则谋及蓍龟，是其于《易》亦潜心探究、尊之若神也。故读《易》时“发愿，日读一卦”；又自号曰“儆居”，学易、占易正其自儆之一端也。他又曾载此事曰：

辛酉[1]九月，绍郡兵变，筮之，得雷山小过，变而为晋，是果用晦而明之占乎？顾冥外朗日，目所未见；静中雷霆，耳所常闻。合读复与无妄之凶爻，心益欿然，自题其斋曰“听雷书屋”。居之，终日攒眉，终夜假寐，戒惧不能须臾离。非关君子之学，时事交迫，势实使然。[2]

儆居先前所占小过之晋，至此时又有新体会，乃取复、无妄两卦，名其书屋曰“听雷书屋”。听雷者，谓天之怒，忧时局之纷乱也。唐文治评儆居先生曰：“儆居子最精易学。”[3]又论元同则曰：“近世学者但知先生礼学之精邃，未能知其易学之闳深也。”[4]

《系辞传》曰：“易之兴也，其于中古乎？作易者其有忧患乎？是故其辞危。”《易》之占筮，本为决疑；而人之大疑生于忧患，忧患多生于衰乱之际。是故文王拘羑里而演《周易》；王船山窜身荒野，亦学《易》以自信。清季变动之剧，志士仁人无不思：人当何所自处？种族何由得保？国家何以得强？斯文何由得传？儆居思曰：盍求之于《易》焉。

《易》学广大，解者实繁。但历来注《易》之人，多有己身之体

〔1〕 按“酉”字误，是年当为辛丑。
〔2〕 黄式三，《听雷书屋记》，见《黄式三全集》第5册，上海古籍出版社2013年，第497页。
〔3〕 唐文治，《茹经堂文集》第一编卷二，上海书店出版社1996年，第13页。
〔4〕 同上书，第14页。

验与寄托，故不知魏晋之政治不可读王弼《易》，不究北宋新法旧法之争不可读《程传》，不体会明清出处生死之艰不可深明船山《内外传》之志意。儆居身当清季，遇数千年未有之变局，其解《易》，能无所寄乎？职是之故，仅分析黄氏解《易》方法，归纳出一些“解经特点”，仍是比较浅层的工作。我们研究他们的经典诠释，一则当放在整个思想史、经学史的脉络之中，考察这种解经特色的意义、地位为何，能“辨章学术，考镜源流”；且更重要的在于“以意逆志”，探寻他们这种解说和方法的用意乃至苦心所在，斯得谓之解人。

二

黄氏之治易也，以易学史、思想史观之，其一特色为汉宋兼采。此点已为学者所言及。然此四字说出来容易，细细分析，则每家学者所谓“兼采”各有不同。黄氏之“兼采”，有两个主要特点，一是站在经学的高度来统合汉学与宋学，如彼谓：

> 儒者无职，以治经为天职。儒者诚能广求众说，表阐圣经，汉之儒有善发经义者，从其长而取之，宋之儒有善发经义者，从其长而取之。各用所长，以补所短，经学既明，圣道自著。经无汉宋，曷为学分汉宋也乎。……汉宋学各有支离，支离非经学也。既为经学，汉宋各有所发明。[1]

将汉学、宋学皆放在经学的视域中来观照，则其解说各有其价值。这种做法，对于清代严守考据学之门户者是一个义理的提升，对于理学，则是裁抑浮夸。儒者既以治经为天职，则儒学即经学，其下

---

〔1〕 黄式三，《汉宋学辨》，见《黄式三黄以周合集》第5册，上海古籍出版社2014年，第73—74页。

或有汉、宋之别，但皆是支流，不得具有独立学术形态。是故儆居特别反对《道学传》之设立，[1]这与他以经学消解理学的意思一致。正因为汉学、宋学皆是经学之一端，故各有可取，亦各有偏激。学者所做的不仅仅是兼采，而且要有反省和批评，更要在以前的汉宋之上有所推进，这是其兼采之学的第二个特点。儆居称赞沈彤治经："不拘汉宋儒说，择其是者而证成之，其精者时能发汉宋儒说之所未备。"[2]又批评佞朱者曰："沟瞀之徒见其说之有所异于朱子，或疑之，或遂哗之，此坐井观天而未知其大体者也。古经传之义蕴无穷，赖后儒递相推阐而臻于备。"[3]儆居之治《易》，亦站在此高度来兼采汉宋："夫人之著书，非依据乎古人，则不能独传；必尽同乎古人，则其书可以无作。"[4]由此可见黄氏不做调人，不是毫无区分地补缀汉宋为一，而是对汉《易》、宋《易》、清《易》皆有其批评。

儆居对宋《易》的批评，主要是认为其中一部分流入了异端、虚玄浮诞。《易》中有许多容易引起形上之思的话语，魏晋和宋明的经学家也常常引发出玄妙的解释。儆居则由玄妙归于征实。其中之一，便是将"无"等用气化来解释。比如他解《系辞》"一阴一阳之谓道"一章说：

> 一阴一阳之谓道。道，行也，谓气化流行也，所谓"立天之道曰阴与阳"是也。阴阳相合，阳不绝阴而交乎阴，则阴和；阴不胜阳，而役乎阳，则阳和。和则善，是继之者善也。继者阴阳不偏，则不息也，成之者性也，谓备此善者人之性也。

---

〔1〕 黄式三，《周官师儒说》，见《黄式三黄以周合集》第5册，上海古籍出版社2014年，第29页。
〔2〕 黄式三，《读果堂集》，见《黄式三黄以周合集》第5册，上海古籍出版社2014年，第350页。
〔3〕 黄式三，《刘君星若家传》，见《黄式三黄以周合集》第5册，上海古籍出版社2014年，第457页。
〔4〕 黄式三，《易释》序，《易释》卷三，光绪十四年刻《儆居遗书》本，第1页。

> 天之气有正有不正，其不正者阴阳之偏，其正者阴阳之和。人受天之气，非无受其不正者。而性以善者言，故言备此善者，人之性也。性备阴阳，即兼仁知见仁。[1]

《易释》以气化论来解释道、善、性这样一个结构。道就是气化流行，这与明代中后期罗钦顺以来到王船山等人的思路是一致的。[2]戴震也是类似的解释。此后以阴阳之和为善，以性为阴阳之和，也与戴震相似。"以阴阳之和为善"，即是把伦理的根基安放在气上；而性兼阴阳，实则有重视人之身体、情欲层面的含义。他这种解释有很强的针对性，以及历史上诸多对此段的解释："先儒以无为道；以阴阳非道；以善为阳，以性为阴。未敢以为信然。"[3]"以无为道"，指的是《周易注疏》韩康伯注训"一阴一阳"为"无阴无阳"；"以阴阳非道"，指的是小程所说的"一阴一阳之谓道，道非阴阳也，所以一阴一阳道也"；[4]"以善为阳，以性为阴"者，朱子谓"继之者，气之方出而未有所成之谓也；善则理之方行而未有所立之名也，阳之属也；成则物之已成性，则理之已立者也，阴之属也"。[5]

又如"寂然不动，感而遂通"为程朱、陆王所共尊信，用来描述心之体段和存有之妙。儆居则通过解经学的方式指出："寂然不动，感而遂通，谓蓍也。人心有思有为，蓍无思无为。论者援此以状心体，参异端之谈也。"[6]其实描述蓍龟者，未必不可以状心体。而寂一感之模式，以《中庸》未发、已发解是非常贴合的，未必是杂糅佛老。由此可见，儆居虽或有采用宋学的地方，但对于宋学的性理之

〔1〕 黄式三，《易释》卷三，光绪十四年刻《儆居遗书》本，第28页。
〔2〕 陈来先生曾指出，明代后期以降，思想界有一个"去实体化"的思潮。详参《元明理学的"去实体化"转向及其理论后果》，载《中国文化研究》2003年第2期。
〔3〕 黄式三，《易释》卷三，光绪十四年刻《儆居遗书》本，第28页。
〔4〕 程颢、程颐，《二程集》，中华书局2004年，第67页。
〔5〕 周敦颐，《周敦颐集》，中华书局1990年，第13页。
〔6〕 黄式三，《易释》卷三，光绪十四年刻《儆居遗书》本，第28页。

论，他还是延续了清初以来的排斥态度。也就是说，**他采用的宋学，是在实地践履和纲常意义上的宋学。**

三

清代学者，多以“推明汉学”为任。然对于易学而言，自惠栋以来，学者所推明者，主要是虞翻之学，其次是荀爽。虞翻为三国人，虽谓世传孟氏《易》，然似乎与汉《易》仍有不同，与郑康成《易》差别亦大。大概是由于《周易集解》所保存虞翻《易》注最多，故学者能据以建构一个基本完整的虞翻易学体系。研究荀、虞之学，最精者为惠栋、张惠言。二人笃守虞氏易义，偏重于“求古”之倾向。但在当时并非没有与之立异者。戴震、王鸣盛之间关于求是、求古的对话，令不少学人印象深刻，也反映出汉学内部学术路向的分裂。就易学而言，王念孙父子以“求是”名，王引之尤其对惠栋易学不满，比如在与焦循的通信中他抱怨：“惠定宇先生考古虽勤，而识不高，心不细。见异于今者则从之，大都不论是非。”〔1〕这封信的论调，学界多有引用。详细分析，可见于梅舫的文章。〔2〕黄儆居则深以“求是”为准则，从而对惠栋、张惠言，乃至虞翻等都提出了批评。元同亦对惠、张多有批评。比如“消息”是汉《易》中的重点，张惠言甚至有专门著作《周易虞氏消息》，是于汉人消息之学，研究甚精。元同则于升卦上九“消不息也”批评曰：“惠定宇、张皋文崇尚古学，于此爻仍沿旧解，而不能发明消息真谛，则三圣人作《易》微言，其终晦霾而莫之明矣。”〔3〕

他熟悉求是、求古的“公案”，并且说：“西庄用东原之言而转之

〔1〕 王引之，《与焦理堂先生书》，《王文简公文集》，江苏古籍出版社 2000 年，第 205 页。
〔2〕 于梅舫，《惠栋构筑汉学之渊源、立意及反响》，载《中国哲学史》2014 年第 3 期。
〔3〕 黄以周，《群经说》卷一，《续修四库全书》第 178 册，影印上海辞书藏清光绪二十年南菁讲舍刻《儆季杂著》本，第 18 页。

曰：求古即所以求是，舍古无是。式三亦用西庄之言而转之曰：求是必于古，而古未必皆是。”[1]他评价王引之的态度说：

> 王氏伯申《经义述闻》初刻再刻，略言《周易述》之谬；及晚年足本，乃畅言虞氏月体纳甲本丹家傅会之说，非《易》之本义。其说爻之象，舍本卦而求于旁通，刚爻而从柔义，消卦而以息解，适滋天下之惑。以旁通说《彖》及《大象》，显与经违。今世言《易》者多宗虞氏，而不察其违失，非求是之道。王氏父子世尊汉学，其说《易》则力辟汉儒荀氏升降、郑君爻辰诸说，矫枉过正，盖有之；而廓清虞氏之学，非如拨云雾而见日乎。[2]

这段话对惠氏一派的批评是很尖锐的，但他对于“求是”一派仍有复杂的态度。如果说王引之是完全“求是”的代表，那么到了清季的儆居这里，又试图融合“求古”与“求是”。儆居的努力，其实体现了他对于经学的一种担忧。因为若完全按照王引之那样从文本和语法的角度解释《周易》，而排斥象数体系的建构，则意味着抽去了《周易》作为经学的基础。所以在反对惠栋等完全信奉虞氏一家之学，建构一个有主观、穿凿之嫌的体系的同时，儆居仍然要强调象数的重要性和汉学的重要性，认为王引之排斥荀爽和郑玄是矫枉过正。儆居身当清季，世道之变剧烈，而经学亦岌岌可危，**他这种对待《周易》的态度，正是捍卫经学意识的表现。**

除了惠、张一派的易学，焦循易学则以另一种风格为当时交相称誉。他的《雕菰楼易学丛书》卷首刻了各名流的赞誉书信，比如阮元

---

[1] 黄式三，《易释》卷四，光绪十四年刻《儆居遗书》本，第22页。
[2] 黄式三，《易释》卷三，光绪十四年刻《儆居遗书》本，第21页。

称其“石破天惊”，王引之誉为“凿破混沌，扫除云雾，可谓精锐之兵矣”。[1] 焦循易学虽然貌似对汉《易》有借鉴，实则有自己的体系，因之对当时的易学产生了强烈的冲击。[2] 程钢先生精辟地指出，“在焦循易学中，文字已经不再具有实质性的内涵。这些文字的功能已经发生了重要改变，除了表示某种量或数学空间位置，它们本身没有任何意义”。[3] 这意味着，焦循的易学本质上是数学，而文字变成了数学符号——这其实是把经书与数学相混同、穿凿。这样，焦循的易学既非汉学，非考据学，亦非宋学，而只是数学。

这种解《易》的方法，必然会招致以经书为本位立场经师的反对，比如朱骏声。朱骏声的孙子朱师辙说：“焦循以洞渊九容比例说《易》，王伯申谓其精锐凿破混沌。先大父丰芑博士则谓其劳而寡功。盖先大父深于经小学，兼通百氏，尤邃于《易》，且精天算，故能中其失。”[4] 师辙所称朱骏声之批评，见于《传经堂文集》及《经史答问》。《经史答问》谓：“此亦仿虞（翻）而推演之耳。其附会难通者十居八九。吾赏其用心之勤而惜其立言之固，所谓有辞而无理者。”[5]

朱骏声反对焦循，是以考据学的立场；而黄氏父子批评焦循，则是站在经学的立场。焦循是“数理本位”，儆居则是**“经书本位”**。比如焦循易学中常用的“当位失道”之说，以诸卦皆当之正成既济；非既济之卦，亦即有不正之位，则先通过易位来之正，如初四、二五、三上相易；如果本卦因性质相同无法相易，则与旁通卦相易。旁通的相易，要遵循先二五，后初四、三上的顺序，此之谓当位，否则即为失道。这里当然有焦氏自己关于社会秩序变动的考虑，然而未必符合

〔1〕焦循，《雕菰楼易学丛书》卷首，《续修四库全书》本，第 44、45 页。

今按：以王引之的学术性格（据《经义述闻·周易》），应该不会认同焦氏的解《易》路数，其致焦氏书信如此称赞，恐怕是出于客气和友情而不无溢美。

〔2〕焦循易学的相关要点，可参考陈居渊，《焦循儒学思想与易学研究》，齐鲁书社 2000 年。

〔3〕程钢，《几何原本对儒家思想学术的影响：以徐光启与焦循为例》，见彭林主编，《清代学术讲论》，广西师范大学出版社 2005 年，第 346 页。

〔4〕朱骏声，《六十四卦经解》，中华书局 1958 年，第 284 页。

〔5〕樊波成校，《经史答问校证》，华东师范大学出版社 2010 年，第 224 页。

《易传》的解释。儆居归纳《易传》有关“当位”“失道”的用例，指出“当位”即传统所理解的阴阳爻与爻位的关系，“失道”即失去卦爻自身所规定的义理之道，失道与爻的相易无关。是故儆居批评焦氏谓：“直焦氏一人之肊说耳。焦氏之所谓当位既非《易》之当位，而焦氏之所谓失道亦岂《易》之所谓失道哉。且圣人经传，当位与不当位对，失道与未失道对。而焦氏则以失道与当位对，已显悖圣人之意矣。虽有善为焦氏解护者，安可夺天下之公是公非而令人信之哉。”[1]

旁通其实是焦循用以寻找卦爻之间联系、整合六十四卦为一个体系的基本方法。他还以此来解释卦爻辞中“辞同”的现象，亦即类似的辞或象在不同卦爻中重出的现象。焦循以为，辞同恰恰说明两卦之间紧密的联系，这个联系的发生，是通过旁通。儆居则以为，“辞同”是因为背后相同的义理结构。如明夷六二和涣初六都有“用拯马壮吉”，儆居以为二者都有坎象，都以阳爻拯济阴爻之衰，故辞同；焦循则以为丰、涣旁通，丰四、涣初易位成明夷、中孚，故涣、明夷辞同。焦循先树立一个旁通、时行的体系，然后据此解释辞同的现象，必然只能辗转牵强，削足适履，无怪乎儆居直谓之“固哉焦氏之为易也”[2]，又说“其支离过于虞仲翔，统六十四卦之义而以旁通尽之。以一义尽易则易小，犹之坐井观天而天小”。[3]

黄氏父子汉宋兼采之《易》，对清末民初易学影响实大。其最著者，为曹复礼（元弼）、唐蔚芝（文治）。复礼纯乎经师，蔚芝主于事功。其论《易》，则复礼偏汉，蔚芝主宋，要皆归于会通汉宋。唐蔚芝有《周易消息大义》，其末曰：“先师黄氏以《周易》学世家，尝语余：治《易》者，当于《通志堂经解》中求之。《学海堂经解》中，

---

〔1〕黄式三，《易释》卷二，光绪十四年刻《儆居遗书》本，第21页。
〔2〕同上书，第25页。
〔3〕黄式三，《易释》卷四，光绪十四年刻《儆居遗书》本，第13页。

自惠氏、张氏外，余无取焉。”[1]黄元同之教，可谓风声远著矣。

黄氏不满于焦里堂之《易》。曹复礼则曰：“学者当据辞以定象，不可泥法以绳辞。虞氏、张氏之言消息，详矣。惜其混消息与重卦为一事，遂若成卦之由可彼可此，游移不定。俾焦氏循等得以投间抵隙，奋其私智，尽举古法而破坏之。”[2]唐蔚芝则曰：“焦氏循聪颖绝人，所撰《易通释》《易图略》，尽破古人家法，其所列旁通三十证，自谓确不可易，实皆强经就己，不免疑误后学。……通人观博，固所不废，初学入门，须防歧路也。”[3]

四

黄氏父子治经，有一鲜明特点，曰明条例是也。乔秀岩先生论《礼书通故》，以为元同自己构建一经学体系以说礼。其说《易》，亦复如此。儆居《易释》特重条例分析。所谓条例分析者，有同者聚类而发明之，有相似之异者亦表出之。其卷二“同辞合释”，即摘取《易》中有关条例之词目，使其类聚群分。比如他探讨“大小”“往来”，就把所有用例分析一遍，而后得出结论。

此种归纳分析，在以往的易学和经学研究中固然存在，但在儆居这里运用得十分娴熟，并且成为最重要的方法。他也因此得出了许多不同于前儒的结论。比如“贞吉”“贞凶”的“贞”字，前儒多解为正，朱子解为“正而固”。然而“贞凶”，正义又如何得凶？由此不少儒者便引发出一个深刻的德福问题。儆居则将“贞”之正、固分训，以为“贞吉”是正则吉；“贞凶”是固执不通则凶。[4]又如《易》有“大君”一词，先儒多以为“大君”即君之别称。儆居则以分析体系

---

〔1〕 唐文治，《周易消息大义》，华东师范大学出版社2012年，第201页。
〔2〕 曹元弼，《周易学》卷一，民国四年刻本，第16b页。
〔3〕 唐文治，《周易消息大义》，华东师范大学出版社2012年，第200页。
〔4〕 黄式三，《易释》卷二，光绪十四年刻《儆居遗书》本，第10页。

之头脑认为，既然称“大君”，则宜乎与单称“君”者不同。他又分析用法，指出凡称“大君”的地方，皆指上爻宗庙而言，或太上皇。

儆居分析的体例，似乎秉持着辞同则义同、辞异则义异的原则。如前面我们举的“大君”的例子，他一定要将之与“君”区别开。而辞同义同，比如“介”，在“介于石”，孔疏以为是耿介；《系传》的“忧悔吝者存乎介”，则又根据注文作“纤介”讲。黄氏则统一训作“分”。当然，介之训分，或许还有清代《说文》学和礼学的强大影响。〔1〕

也正是因为对于体例分析的执着，黄氏面对前儒体例不严的情形，便有非议。比如“上行”与卦变说相关，虞翻等在解释上行的时候，委屈了卦变的体例，未能一贯，黄氏评价道：“说卦变而无定例，宜乎驳之者纷纷矣。”〔2〕发明条例，正是经典诠释之“通”的必然要求。当然，这种通，是本于《易经》之辞，兼及象数之义，义同则辞通。这与焦循将《易》辞隶属于数理结构变化的“通”是不同的。

明条例、求贯通的原则，除了“同辞”之分析，还有一个表现是在逐爻解说的时候，黄儆居强调不能随便改易。其子元同尝谓：

> 近时讲学之通病，只求解于一章一句，未尝融会全经，说《易》更甚。如屯初贤侯，于二五目之为奸寇；蒙二贤师，于三则目之为金夫。随文曲演，彼此矛盾而不相显，所谓通经之士顾如是乎？先君子作《易释》四卷，由博返约，力削百家之野语，而执圣之权。〔3〕

〔1〕《说文》：“介，画也。从八从人。”“八，分也。”同时，黄氏联系《周礼·考工记》“石有时以泐”，从而将此处的“介”，解释作“分泐”。

〔2〕黄式三，《易释》卷二，光绪十四年刻《儆居遗书》本，第25页。

〔3〕黄以周，《答吴孟飞书》，见《黄式三黄以周合集》第15册，上海古籍出版社2014年，第577页。

黄氏揭示了以往《周易》卦爻辞诠释中存在的一个严重问题。比如蒙卦九二曰“发蒙”，因为九二以阳爻居中位，所以被看成是任发蒙之功的老师；然六三爻辞说“勿用取女，见金夫，不有躬”，则六三是女，九二是金夫。这样，解释九二时，九二是老师；解释六三时，九二又变成了金夫，似乎解释不能一以贯之，而似乎有随意性。在儆季看来，其父的工作就在能够一以贯之。

五

清季遇到千古未有之变局，面对朝廷和社会的困境，各种变法思潮出现，既有最保守的，也有极端激进者。思想的丰富或说“混乱”，折射的乃是政治权威的失坠和秩序的开始崩溃。这个秩序，不仅仅是统治的秩序，比如皇权、中央—地方权力等等，而且包括千年以来最基本的人伦纲常。如果说焦循时代的易学，透露着对于上下通情的强调、对于政治权威隐含的批评，因此重视卦爻之间的“通”的话，[1]那么大剧变时代的易学，则重新回到《易》中的忧危之义。“变易”既然是《易》之一义，固然会给变革提供资源；然《易经》因其晦涩的卦爻辞和抽象的数理结构，其义理偏重形上，不容易为人所认识；这与《孝经》《论语》《三礼》，乃至《春秋》，有一个明确说出的义理和价值体系、有确定的伦理政治内容，是不同的。正因如此，理解或解释《周易》的义理，必须贯穿其他经典，否则极容易走向比附或背经任意。比如同样是讲“变易”，毫无节制和底线的变动一切，并不符合《易》之本意，皮鹿门谓：“举天地君臣父子不可变者亦欲变之，又岂可训乎？”[2]

黄氏父子面对那个激烈动荡的时代，也是比较保守的。因此他们

---

〔1〕焦循说：“格物者，旁通情也。情与情想通，则自不争。”这里是继承其师戴震的想法，以改变上级对下级的压制，以及严格的“理”的社会所造成的人际关系之隔绝和冷漠。

〔2〕皮锡瑞，《经学通论》，中华书局 1954 年，第 2 页。

讲到《周易》，就特别强调其中的“不易之义”，正如皮鹿门《经学通论》以“论变易不易皆易之大义”为开篇。儆居谓：

> 乾健易，坤顺简，天下事之条理如此，《易》之条理亦如此。善学《易》者，德业之贤于人，其易简亦如此也。郑君曰：易一名而函三义。由易知、简能，而得不易之理。不易之理得，而变易之道成于其中矣。舍易简之定理，而遽求变易，乌足以知理，乌足以知易哉！[1]

儆居将“易简”作为第一义，这里的“易简”不是虚无，而是“条理”；质言之就是纲纪，郑玄曰“举一纲而万目张”，正此之谓。这也就是为何“由易知、简能，而得不易之理”的原因。他说“易简之定理”，就意味着易简和不易是一体之两面，而变易，则是要在不易所容许的范围内。他解释“天尊地卑”亦谓：“以卑高定爻位，懔懔乎天秩之不渝如此。……上下无常，刚柔相易，惟变所适，此以卦变言之也，岂谓卑高之可易共位乎？近惠氏定宇注于列贵贱则专以五二言，既失之偏。于上下无常专以乾坤升降言，尤未是。此开焦里堂说之谬也。”[2]乾升坤降说，发自东汉末的荀爽，本身就有一定的变革倾向，陈启云曾讨论过荀爽易学的革命思想[3]；而焦循的卦爻运通与上下通情，也含有平等的要求。

黄氏父子对于礼学的重视，与对于易简、不易的重视是相一致的。礼所注重的即是秩序，代表一个规范和稳定社会的力量，在变革的时代也就表现为保守性的力量。新文化运动喊出“礼教吃人”的口号，也是将礼教看作传统社会的集中代表。清代中期凌廷堪等“以礼代理”，是想通过重塑礼教来调节理学社会的秩序形态，释放理学社

〔1〕 黄式三，《易释》卷三，光绪十四年刻《儆居遗书》本，第25页。
〔2〕 同上书，第27页。
〔3〕 陈启云，《中国古代思想文化的历史论析》，北京大学出版社2001年，第233—235页。

会中的压力；而清末及民初的礼学研究，则带有“保教”的意味。自乾嘉至民国，礼学虽似有一个延续的传承，但随着时代变化，礼学家提倡礼学的问题意识会有所不同。易学之变，与此类似。

到了元同的弟子唐蔚芝、曹复礼，更注重易学与礼学的互释。易学的价值和义理，需要由礼学来清晰化、具体化。善哉曹复礼之言曰：

> 盖六经同归，其指在礼；圣人生养天下万世之道在爱敬，而爱敬之本在人伦。天下之达道五，自伏羲作《易》，继天而定之；尧、舜、禹、汤、文、武，《诗》《书》所述，政教皆由此出；周公制《礼》，其极则也；孔子作《春秋》，其大法也；作《孝经》，其大本也；《论语》《孟子》，其微言也。自伏羲至孔子，历年之久，不尽可得而记，闻而道之，若合符节如此，所谓“天不变，道亦不变”，“虽百世可知也”。〔1〕

此曹复礼序《易》之文也。序《易》而论礼，可知其寄托，乃在于人伦也；其所深忧，亦在于人伦之隳也。南菁造士济济，黄氏之功亦伟矣。

〔1〕 曹元弼，《周易郑氏注笺释》序，宣统三年刻本。

清华大学图书馆藏《十翼后录》七卷本叙录[1]

韩伟表[2]

《十翼后录》为黄以周重要的经学著作，也是其最重要的易学著述，但因卷帙浩繁等原因，在上世纪末上海古籍出版社印行《续修四库全书》[3]之前，一直以稿本形式藏在清华大学图书馆和国家图书馆，没有整理和刊行，学界难得一睹其真容，各家著录大多递相转抄而缺少对其版本全貌的记录，亦鲜有学者对其深入研究，因此一定程度上影响了对其学术价值的评判，自然也影响到对黄以周学术成就客观全面的评价。深得黄以周衣钵真传的南菁书院弟子唐文治对黄以周的易学著述价值曾有过极高评价，认为“先生承家学，最精于《易》”“先生毕生精力在《易》《礼》二书”[4]“近世学者但知先生礼学之精髓，未能知其《易》之宏深也”，[5]把《十翼后录》等易学著述的成就和价值提到了与被学界公认为杰作的《礼书通故》同样的高度。但与此崇高的评价相忤的是，百余年来，对黄以周包括《十翼后录》在内的易学著述专题研究成果只有寥寥数种[6]。而这些研究成果均没有对《十翼后录》的版本情况做详细的著录。有鉴于此，本文将在梳理《十翼

[1] 项目信息：教育部人文社会科学研究项目“黄以周与近代浙东学术关系研究”（11YJA720010）阶段性成果。

[2] 作者单位：浙江海洋学院图书馆。

[3] 国家图书馆藏黄以周《十翼后录》二十四卷本被收入《续修四库全书》“经部·易类”第36、37册。

[4] 引自黄以周《周易故训订》，《周易注疏剩本》唐文治跋，民国十三年吴江施肇曾刻本。

[5] 唐文治，《黄元同先生学案》，见《茹经堂文集一编》卷二，台北文海出版社1966年。

[6] 参见台湾长庚大学商瑈博士《海峡两岸黄式三、黄以周当代研究综述》，载《浙江海洋学院学报》2011年第6期。

后录》版本的基础上，重点对清华大学图书馆藏《十翼后录》七卷本做一详细叙录，以期为黄氏研究提供和建立最根本性的资料基础。

一

综合诸家公私藏书、书目著录与有关著述之记载，《十翼后录》的版本主要有三种：

一是清华大学图书馆藏《十翼后录》七卷本十册未定稿本（下简称“清华藏本”）。清华大学图书馆编《清华大学图书馆藏善本书目》“经部·易类”著录。[1]根据每卦后标明的“戊申”“己酉”“庚戌”“癸丑”[2]等稿成和誊抄时间以及钤印，可知该稿成于道光末咸丰初，为诸本中最早。根据该本序跋，每卦记述的校阅时间，黄式三的私章、书斋和藏书章及大量的眉批、旁注、补删、浮签等内容，该本当为黄式三的校阅本。只是其后黄以周一直随身宝藏，屡有更订。该本于2008年被列入中华人民共和国文化部公布的第一批国家珍贵古籍名录。[3]

二是八十卷稿本。民国十三年吴江施肇曾刻本黄以周《周易故训订》《周易注疏剩本》唐文治跋云：“先生承家学，最精于《易》，口讲指划，孜孜不倦，尝著《十翼后录》八十卷，都数十册，裒然成大观。文治偶假读一二日，辄索去，以其为未定之论也。光绪戊子夏，文治与先生论《易》学，详晰汉宋义例，先生欣然出此二卷（笔者案，‘此二卷’指《周易故训订》《周易注疏剩本》），曰：‘此余未成之书也，子宜秘之。惟读此则于《易》例得过半矣。’文治读之，如获拱璧，亟钞成之。……追惟先生毕生精力在《易》《礼》二书，《礼书通故》已风行海内，而

---

〔1〕 清华大学图书馆编，《清华大学图书馆藏善本书目》，清华大学出版社2003年，第8页。

〔2〕 “戊申”为道光二十八年，“己酉”为道光二十九年，“庚戌”为道光三十年，“癸丑”为咸丰三年。

〔3〕 国发〔2008〕9号《国务院关于公布第一批国家珍贵古籍名录和第一批全国古籍重点保护单位名单的通知》。

《十翼后录》闻尚藏诸家，傥得有力者汇而刊之，是盖吾党所祷祀以求者也。”唐文治于光绪乙酉（十一年）至光绪戊子（十四年）就学南菁书院，受业黄以周门下，[1]得以有幸拜读该稿本部分内容。上述清华藏本第五册“归妹”卦“初九”条上有“戊子记清稿未入”朱笔眉批。两者互证，可见唐文治跋中所言的《十翼后录》八十卷稿本非属臆测，当是上述清华藏本的誊清稿。但其版本面貌和下落有待进一步探考。

三是国家图书馆藏二十四卷十册钞本（简称“国图藏本”）。封面和版心有“约园钞本”题识；每偶数卷末（除卷十八、二十二卷外）有“壬午夏六月某日读毕约园”“壬午秋七月某日读毕约园”等字样，且其后均钤“寿镛”私章；国图藏本目录卡片写明“蔡瑛先生捐赠”。寿镛即张寿镛，“约园”为其别号。壬午年为1942年。蔡瑛乃张寿镛夫人，曾于1953年将约园四万余册藏书捐给国家，今分藏国家图书馆和中国社会科学院文学研究所图书馆。[2]综合上述信息，可知国图藏本即张寿镛“约园钞本”。洪焕椿《定海黄元同生平及其著作》附记中所载之“四明张氏约园藏有《十翼后录》钞本十二册”[3]当即指此本，只是“十二册”似有误。根据目前笔者所及资料，还无法确切明了该钞本到底誊抄自何本。上海古籍出版社印行的《续修四库全书》收录的即据此国图藏本。

清华藏本卷首钤有“丰华堂书库宝藏印”章。丰华堂为浙杭著名藏书家杨文莹、杨复父子的读书和藏书处。七卷本《十翼后录》疑为黄以周辞南菁书院山长职归隐杭州半山后流入丰华堂，具体经过待考。1929年，杨复因入不敷出负债累累，而将丰华堂大部分藏书卖给清华大学，七卷本《十翼后录》即在此列。抗战爆发后，清华大学南迁，所购丰华堂藏书或封存北京，或随之颠沛。[4]幽居沪上的张寿镛

---

〔1〕 唐文治，《茹经先生自订年谱正续编》“光绪十一年”至“光绪十五年”条，台北文海出版社1986年。

〔2〕 骆兆平，《张寿镛与约园藏书》，载《图书馆杂志》1998年第2期；俞信芳，《张寿镛先生传》第四章第一节，北京图书馆出版社2003年。

〔3〕 洪焕椿，《定海黄元同生平及其著作》，载《浙江省通志馆馆刊》1945年2月创刊号。

〔4〕 参见刘蔷，《杭州丰华堂藏书考》，载《清华大学学报》1998年第1期。

1942年似无由得见此七卷本并誊抄校读，那么张氏所校读的疑即唐文治所言的“尚藏诸家”的八十卷本。如上可知，该八十卷本绝有可能是黄以周对七卷本的誊清稿。果如此，则清华藏七卷本为母本无疑，其之于版本和学术价值的重要性自不待言。

二

《清华大学图书馆藏善本书目》著录《十翼后录》如下：

> 56　善甲 910/7341
> 《十翼后录》七卷　（清）黄以周撰　稿本　十册二函
> 行数、字数不一，无行格。钤“晚儆居”“求是室藏书”“黄式三印”“惩忿室记”“菽香”“丰华堂书库宝藏印”诸印。[1]

对于珍藏有两万八千余种、近三十万册古籍的清华大学图书馆来说，这样惜墨如金地规范化著录，自属无可厚非。但对于要想深入了解这些古籍的读者和研究者而言，这些信息还是远远不够的。笔者曾数度赴清华大学图书馆目验该善本。兹将相关版本信息详录于下，并略作笺释，以飨同好。

清华藏本为七卷本，稿本，十册两函，其中第一函装第一至四册，第二函装第五至十册。具体卷册起讫如下：

> 第一册　卷一之一　乾至履　　第二册　卷一之二　泰至观
> 第三册　卷一之三　噬嗑至离　第四册　卷二之一　咸至益
> 第五册　卷二之二　夬至归妹　第六册　卷二之三　丰至未济

〔1〕《清华大学图书馆藏善本书目》“重订前言”。

第七册 卷三之一 系辞上　　第八册 卷三之二 系辞下

第九册 文言传四　　第十册 说卦传五 序卦传六 杂卦传七

以上各册正文中卷序后均题“定海黄以同学”〔1〕(第八册题“黄以周学”)。

第一册封页自上而下依次钤有“惩忿/窒欲”〔2〕“求是/室/藏书”〔3〕“晚儆/居”〔4〕“丰华/堂书/库宝/藏印”诸印。其中“惩忿窒欲”为上下长方阴文朱印;“求是室藏书”为正方形阳文朱印;“晚儆居”为正方形朱印,但“晚儆”为阴文,“居”为阳文,形制颇为独特;“丰华堂书库宝藏印”为左右长方阳文朱印。其后页录有《黄以愚序》《黄以同自叙》两篇序文。〔5〕行数、每行字数不一,无行格。

第一册正文页书脚处小字“己酉八月廿八日誊抄首本凡六卦,至九月初八日抄毕。癸丑四月续抄四卦”(可参见文末所附书影)。〔6〕文内作者按语均作“以同案”。

第二册封页依次钤有“求是室藏书”“晚儆居”“丰华堂书库宝藏印”三印。泰卦名下书脚处小字“七月二十日阅”,〔7〕后钤“薇/香”〔8〕

〔1〕黄以周原名以同。黄式三《儆居杂著》卷四下《以同字说》:“以同字经纂,后遵厅尊命,改名以周,字元同。”黄以周《儆季文钞》卷二《爰经居杂著叙》:“道光八年夏四月,叔父生吾兄质庭。越二月,以周生,元名曰‘以同’。”

〔2〕语出《易·损》象传:“君子以惩忿窒欲。”《清华大学图书馆藏善本书目》著录时识读有误。

〔3〕“求是室”为黄氏家塾和藏书处。黄式三《儆居杂著》卷四下《求是室记》:“余之家塾旧题求是室,所藏之书用求是室藏书印。丙申后,复题晚儆居之颜,而求是室之旧颜不废焉。”

〔4〕“晚儆居”为黄式三读书处。黄式三《儆居杂著》卷四下《晚儆居记》:“有读书之室三间,卑小而朽,上雨旁风,无能修治而障蔽之,榜之曰晚儆居。”

〔5〕二十四卷本除此两序外,还有《黄以恭序》。二十四卷本自序中的“以周”,七卷本均作“以同”。

〔6〕标点为笔者所加。己酉为道光二十九年,癸丑为咸丰三年。

〔7〕据第三册噬嗑卦名下“庚戌七月二十八日阅”,可知此卦校阅日期为“庚戌七月二十日”,下同。庚戌年为道光三十年。

〔8〕“薇”为“薇”的简省。《说文解字》:“薇,菜也。似藿。从艸微声。薇,籀文薇省。”《清华大学图书馆藏善本书目》著录时识读有误。黄式三字薇香,故此章为黄式三私章。

方形阴文朱印（下文卦中如同此印，则记为“印”）。否、同人卦名下无校阅月日，有印。大有卦名下有“七月二十日阅”、印。谦卦名下有“七月二十二日阅”、印。豫卦名下有“七月二十三日阅”、印。随卦名下无校阅月日、有印。蛊卦名下有“七月二十四日阅”、印。临卦名下有“七月二十七日阅”、印。观卦名下无校阅月日、无印，抄写字体也与前几卦不同，作者按语表“以周案”。

第三册封页有“求是室藏书”“晚僘居”“丰华堂书库宝藏印”三印。噬嗑卦名下有“庚戌七月二十八日阅”、印，另钤“求是室藏书”印。自本卦开始，抄写字体又同观卦前，作者按语又标为“以同案”。贲卦名下有“七月二十九日阅”、印，另结束处有“愽”阳文朱印。剥卦名下有“八月初一日阅”、印。复卦名下有“八月初五日阅”、印。无妄卦名下有“八月初六日阅”、印。大畜卦名下有“八月初七日阅”、印。颐卦名下有“八月初八日阅”、印。大过卦名下有“八月初九日阅”、印。坎卦名下有“八月初十日阅”、印。离卦名下有“八月十一日阅”、印。

第四册封页有“《十翼后录》初易稿本四”字样，钤“晚僘居”“求是室藏书”“惩忿窒欲”三印。咸卦名下有“癸丑正月二十五日阅”〔1〕“黄式/三印”方形阴文章（下同此印者记“有印”）。恒卦名下有“正月二十六日阅”、印。遁卦名下有“正月二十七日阅”、印。六二、九三条作者按语作“以周案”。大壮卦名下有“正月二十八日阅”、印。晋卦名下有“正月二十九日阅”、印。明夷卦名下有“正月晦日阅明夷卦，天或示我以晦其明乎？适闻警报，所以坚贞者宜何如也？书此自戒”、〔2〕印。家人卦名下有“癸丑二月初一日阅”“薮香”印。睽卦名下有“二月初二、三日阅”“薮香”印。益卦名下有“二月初七日阅”“薮香”印。

---

〔1〕“癸丑”为咸丰三年。

〔2〕标点为笔者所加。癸丑正月晦日为1853年3月9日。“适闻警报”指此前3月7日太平军开始合围攻打南京。参见戴逸、李文海主编，《清通鉴》卷二百一十“咸丰三年”，山西人民出版社1999年。

第五册封页无章。夬卦名下有“癸丑二月初八、九日阅”“蔌香”印。姤卦名下有“二月初十日阅”“蔌香”印。萃卦名下有“癸丑二月十一、二日阅”“蔌香”印。升卦名下有“二月十二日阅”、无印。上六条有“己未六月删”眉批，[1]作者按语标“以周案”。困卦名下有“二月十三日阅”、无印。井卦名下有“二月十四日阅”、无印。革卦名下有“二月十五日阅”、无印。革卦作者按语“以同案”“以周案”杂见。鼎卦名下有“二月十六日阅”“蔌香”印。震卦名下有“二月十七日阅”“蔌香”印。艮卦名下有“二月十八、九、二十日阅”“蔌香”印，九三条有“见象爻合释”[2]眉批。渐卦名下有“二月二十一日阅”“蔌香”印。归妹卦名下有“二月二十二日阅”“蔌香”印，初九条有“戊子记清稿未入”红笔眉批。[3]

第六册封页无章。丰卦名下有“癸丑二月二十三日阅”“蔌香”印（本册每卦后均钤有此印）。旅卦名下有“二月二十四日阅”。巽卦名下有“二月二十五日阅”。兑卦名下有“二月二十六、七日阅”。涣卦名下有“二月二十七日阅”。节卦名下有“二月二十八日阅”。中孚卦名下有“二月二十九日阅”。小过卦名下有“三月初一日阅”。既济卦名下有“三月初二日阅”。未济卦名下有“三月初三日阅”。该册末有“戊申九月二十日稿成”字样。

第七册封页无章，正文页内无校阅月日、无印。正文中作者按语“以周案”“以同案”杂见。

第八册封页无章，正文页内无校阅月日、无印。正文中作者按语“以周案”“以同案”杂见。正文中“噫！亦要存亡吉凶，则居可知矣。知者观其彖辞，则思过半矣”句有“注底一格，经顶格，‘以周案’底五格”眉批。[4]该册末有“戊申十月三十日稿成”字样。

---

〔1〕“己未”为咸丰九年。

〔2〕“象爻合释”为黄式三《易释》第一部分。《易释》有光绪十四年黄氏家塾刻本。

〔3〕“戊子”为光绪十四年。

〔4〕该眉批内容的标点乃笔者所加。

第九册封页无章，封页题“文言传”“说卦传”“序卦传”“杂卦传”。但实际上只有“文言传”的内容。正文页内无校阅月日、无印。

第十册封页无章。正文页内无校阅月日、无印。《杂卦传》末有“戊申十一月二十二日稿毕”字样，后钤“士八”左右长方阴文朱印。该册倒数第二页有朱文旁批：“昔胡梅磵注《通鉴》云：‘前注之失，吾知之。吾注之失，吾不能自知也。’是书舛谬孔多，吾亦不能自知也，赖父兄师友辨正之是本。”〔1〕

〔1〕 此旁批语标点乃笔者所加。

附：清华大学图书馆藏七卷本《十翼后录》书影[1]

〔1〕 该书影引自中国国家图书馆中国古籍保护中心编，《第一批国家珍贵古籍名录图录》第5册，北京图书馆出版社2008年，第140页。

黄以周《续资治通鉴长编拾补》的正文来源与注文考辨

程继红[1]

《续资治通鉴长编拾补》六十卷，是清末著名学者黄以周等人对《续资治通鉴长编》残缺部分拾遗补阙而作的一部编年体史书，为研究宋史的基本史料之一。

一、《续资治通鉴长编拾补》编纂情况

众所周知，《续资治通鉴长编》是李焘倾四十年之力完成的一部史学巨著。《宋史》本传云："（李焘）博极载籍，搜罗百氏，慨然以史自任，本朝典故尤悉力研核。仿司马光《资治通鉴》例，断自建隆，迄于靖康，为编年一书，名曰《长编》。"李焘修史的原则是"宁失之繁，毋失之简"，他在进书状中说"巨网罗收拾，垂四十年"，故辑录资料极为丰富。原书有九百八十卷之巨，因卷帙实在过于浩繁，刻印困难，所以在当时流传的诸本多为节本，且详略互异。由于种种原因，神宗、哲宗、徽宗、钦宗四朝未曾镂版，只由秘书省缮写一部，世亦罕见。明代修《永乐大典》，曾收入《续资治通鉴长编》的绝大部分，而当时社会上已无足本流传。清康熙初年，徐乾学曾得到一部宋刻节录的《长编》，仅有一百七十五卷，到英宗为止，神宗以后全缺。乾隆年间开四库馆，才从《永乐大典》中辑录《续资治通鉴长编》原文，重新厘定为五百二十卷，这就是通称的阁本。嘉庆

[1] 作者单位：浙江海洋大学人文学院。

二十四年，张金吾以阁本为据，而用活字排印，世称爱日精庐本。这个本子错误较多，鱼鲁之讹，触处皆是。光绪六年浙江巡抚谭钟麟从藏书家丁丙处借得爱日精庐本，命黄以周等人以西湖文澜阁《四库全书》所收《长编》校之，光绪七年付浙江书局刊刻，是为浙江书局本。《长编》从此大显于世。李慈铭在光绪十一年五月十四日的读书记中写道："阅《续资治通鉴长编》，近年浙中翻刻爱日精庐活字本也，此书遂有刻本，是天壤间快事。"[1]这可看出当时读书界对是书的期待与推重。中华书局1992年出版印行的《续资治通鉴长编》点校本，即以浙江书局刊本为底本。

浙江书局校刊《长编》，虽然原书的主要内容得以恢复，但徽宗、钦宗两朝全缺。除此之外，还缺英宗治平四年四月至十二月、神宗熙宁元年正月至三年三月、哲宗元祐八年七月至十二月、哲宗绍圣元年正月至四年三月、哲宗元符三年二月至十二月共约十年纪事。唯不备不完，让读书者感到遗憾。幸好宋杨仲良《续资治通鉴长编纪事本末》一书，悉录《长编》原文而成，虽体例不同，但于李书存十之二三，尤为难得。时浙抚谭钟麟因语浙局诸子曰："朱竹垞太史题杨仲良《长编纪事本末》，云《长编》所佚，具见杨书，以杨书补《长编》，而李书可全；杨书之所阙，又以《长编》补之，而杨书亦可全。"[2]遂命黄以周等分任其事，补徽、钦两朝及治平、熙宁、元祐、绍圣、元符间十年之佚。这项工程，其实可视为《长编》整理的一个配套工程。据秦缃业说，《拾补》"始事于（光绪）六年九月，蒇事于八年五月，凡二十月有奇"。[3]从时间上看，差不多与《长编》整理同时进行，但比《长编》整理耗时要长。黄以周等人编撰《拾补》的工作程序是，先据杨仲良《续资治通鉴长编纪事本末》所录《长编》原文，仍按年月编排，再以南宋托名李焘所作《续宋编年资治通鉴》作

---

[1] 李慈铭，《越缦堂读书记》（上），中华书局2006年，第327页。
[2] 谭钟麟，《序》，载《续资治通鉴长编拾补》卷首，清光绪九年浙江书局刻本。
[3] 秦缃业，《序》，载《续资治通鉴长编拾补》卷首，清光绪九年浙江书局刻本。

为附录。全书六十卷，起自英宗治平四年四月，讫于钦宗靖康二年五月己丑，基本上还原了《长编》所缺纪事的一个轮廓。

二、《续资治通鉴长编拾补》正文来源

《长编》所缺年代，发生了许多重大的历史事件，如王安石变法、元祐更化、宣仁之诬、绍述、建中初政、花石纲之役、道教之祟、科举废诗、申禁元祐、金灭辽国、收复燕云、方腊起义、群奸之窜、金人入侵、二帝北狩等等，而这些史实，由于《拾补》的努力，都得到较为集中的再现，故其史料价值不言而喻。《拾补》一书由三部分组成，即正文、注文和附录。其中正文的史料来源有以下几个方面。

一是来源于杨仲良的《续资治通鉴长编纪事本末》，这是《拾补》正文的主干部分，不赘述。

二是来源于今本《续资治通鉴长编》，这是以前论者所未注意到的又一正文来源。虽然这部分正文内容不多，且主要以系日为主。但作为编年史，系日乃编年中最小的时间单位，是整个编年框架的基础，故尤其重要。黄以周等人在作《拾补》时，为完善编年而注意吸收今本《长编》史料，即在《纪事本末》之外，还从今本《长编》原注（间或本文）中辑出与所缺年代相关的史料而补入正文，形成以今本《长编》补所佚《长编》的全新工作思路。事实上，《拾补》凡例中已表达了对今本《长编》原注的重视。《凡例》云："《长编》原注及《纪事本末》原注所录事实，每与前后正文互见，今悉据注以补所佚之正文。即注中只存一二语者，亦必辑入。"又说今《长编》原注"仅云某年月日，可考则附注其日干支下，以与原文相应"。[1]现总结《拾补》据今本《长编》原注（间或原文）以补正文之例，主要有以下几个方面：

---

〔1〕 黄以周，《凡例》，载《续资治通鉴长编拾补》卷首，清光绪九年浙江书局刻本。

首先，据以增补或订正系日。这又分为两种情况。第一，据今本《长编》原注增补正文系日。如卷十二绍圣二年的四月“丁卯”日，就是黄以周等据今本《长编》原注所增。其于“丁卯”（二日）下注曰：“《长编》卷三百七十三：元祐元年三月乙酉，刘挚言官制参错，条陈十弊。原注云：六月十四日，但稍更改不行在绍圣二年四月二日。案：此当有不行指挥，今原文已佚。”《长编》原文虽佚，但据原注仍然透露出绍圣二年“不行指挥”的相关信息。因此，《拾补》才以“丁卯”增于正文之中。虽据原注增补了系日，但原文毕竟缺佚，很多情况下黄以周是以注语方式将其他史籍记载胪列于所增系日之下，以达到“拾补”之真正目的。如《拾补》卷一治平四年六月“辛未”（二十五日）下注曰：“《长编》卷一百八十八，又卷二百四十六载增配沙门岛人数事，据原注均云治平四年六月二十五日李庆事，可考。”但因原文已佚，他便引《东都事略·马默传》、王巩《甲申杂录》补详“增配沙门岛人数事”。第二，据今本《长编》原注订正《纪事本末》系日之误。如《拾补》卷五九月“壬午”条，黄以周按曰：“此下银铜坑冶、市舶事，《纪事本末》与丙子常平事接写。《长编》卷二百十一：熙宁三年五月辛亥，向言米额。原注：云：九月十六日可考。又丁丑，上批：薛向指挥。原注：云：九月十六日，诏兼银铜坑冶事。《朔闰考》：是月甲子朔。十六为壬午日。今据增。”

其次，据以增补正文内容。这又分五种情况。第一，据今本《长编》原注信息新撰正文。今本《长编》卷二百三治平元年云：“内侍省押班、文思副使王昭明为环庆路驻泊兵马钤辖，专管勾本路兼管勾鄜延路蕃部公事，庆州驻札；供备库副使、带御器械李若愚为泾原路权驻泊兵马钤辖，专管勾本路兼权管勾秦凤路蕃部公事，渭州驻札……后数日，又以西京左藏库副使梁实领秦凤，内殿承制韩则顺领鄜延，而令昭明、若愚专领本路。”原注曰：“《实录》云卒罢之，盖追记治平四年六月事，不取。”黄以周据原注而按曰：“《长编》注既云四人罢领边事，命当载四年六月。”故卷一治平四年六月就此新撰正文曰："是月，内侍省押班、文思副使王昭明罢环庆路驻泊兵马钤辖，供备库副使、带御器械李若愚罢泾原路驻泊兵马钤辖，西京左藏库副使梁实罢秦凤路管句蕃部公事，韩则顺罢鄜延路管句蕃部公事。"并注曰："今据原注附此。"有时还据今本《长编》原注与他书合撰史文。如卷三上熙宁元年六月癸亥云："以内侍押班李若愚同提点制置河北屯田司。"这条史文，今《长编》原注本来只有"李若愚同制置"六字，而《宋史·食货志》记载较详整，曰"熙宁初，以内侍押班李若愚同提点制置河北屯田司"。于是黄以周因"原注文简，据《食货志》增"。第二，据今本《长编》原注直接增补正文。与以上因今本《长编》原注提供的信息而新编史文不同，更多情况下黄以周是直接根据《长编》原注而增补正文。如《拾补》卷七熙宁三年三月"上谓安石"云云，就是据《长编》卷二百十四载"杨汲兼都水"一事之原注而整体辑入。第三，据今本《长编》本文与原注而合撰正文。如卷六熙宁二年十一月载曰："是月，提举开封府界常平仓事林英改两浙路提举常平等事。"对此节史文，黄以周注曰："此据本文及原注辑入。"又如卷十五元符三年二月载"先是三省奏请"，也是据"《续长编》卷五百二十并注合辑"。第四，据今本《长编》本文直接增补正文。如卷十绍圣元年七月乙卯云："指挥：拨两浙上件籴米本钱，并赐发运司乘时计置籴买。除准备诸路年额未到闲先次起发外，应一切支费，并仰补足额数起发，仍常管所赐钱本数目，毋致放散。"这节史文，悉从《长编》元符二年五月癸亥"三省言籴折斛钱"条中辑出而补入。第五，据今本《长编》原注与《纪事本末》合编正文。如卷十九崇宁元年二月甲午条史文，黄以周注曰据"《续长编》卷五百二十注、《纪事本末》卷百七合编"。同卷辛未条史文则是据"《续长编》五百十五注及《纪事本末》卷百二十九"合编。

由此可见，对于今本《长编》原注和本文，凡是与所补之年相关的一切信息，无论巨细，黄以周等皆不轻易放过。《拾补》的编撰思路与《长编》原作者李焘的思路一致，皆遵循"宁繁毋简"的原则。

特别值得一提的是，《长编》虽缺佚了英宗、神宗、哲宗共约十年纪事，殊不知今本《长编》原注仍保存有许多与这些所缺年代史事相关的线索及信息。这是因为原注中往往要涉及一件史实来龙去脉的介绍、分析与评判，由此而形成前后史事之串联，就势必会将所缺年代的相关内容纳入其中，因此客观上对所缺史实做了无意识的保存。黄以周等对此加以有效利用，以今本原注补所缺原书，一方面增添了史料的可信度，另一方面也提升了《长编》原注的附加值。

三是来源于据他书钩沉的《长编》佚文。这部分来源的正文虽然不多，但却体现了黄以周等重视《长编》辑佚的工作思路。在卷四十六宣和五年二月丙戌条下他说："《长编》佚文，照书例当以大字正文附补。但《长编》佚文之散见各书者，其有月日者，则按日附入。其无月日而有可据补者，亦补日附入。"如卷三上增系日干支"戊戌"条，就是据他书钩沉而补。黄以周引李心传《建炎以来系年要录》卷二十六注云："李焘《长编》熙宁元年七月戊戌注：前此未尝书卖度牒，因钱公辅言，表而出之。鬻度牒盖始此年。按《实录》：治平四年十月庚戌，赐陕西度牒，籴谷振饥。此云始于熙宁元年，事亦相近。"黄以周按曰："原文原注已佚。《续宋编年资治通鉴》：知谏院钱公辅言：'祠部遇岁饥、河决，鬻度牒以济急。从之。'《宋史全文资治通鉴》、毕沅《通鉴》同，作戊戌日。《编年备要》：知谏院钱公辅言：'祠部遇岁饥、河决，鬻度牒以佐一时之急。乞自今宫禁遇圣节，恩赐度牒，并裁省或减半为紫衣，稍去剃度之冗。'从之。鬻度牒始自嘉祐，至治平总十三年，给七万八千余道；熙宁初至八年九月，给八万九千余道。"又按曰："据《编年备要》与《长编》两歧，而李心传《朝野杂记》亦云祠部度牒，治平四年始鬻之，熙宁之直为百二十千。《长编》云始于熙宁元年秋，盖误。未知孰是，今姑辑此，以存《长编》原文。"

当然，黄以周对据他书钩沉的《长编》佚文，采用时也较谨慎。如《拾补》卷五熙宁二年载："秋七月乙丑朔，司天监奏：日食，辰巳之闲有阴雾，日所食不及原奏分数，群臣表贺。”这条史文，其实是黄以周从毕沅《通鉴》钩沉出来的《长编》佚文。但他同时又加按语曰：“毕氏引此，未知所据，或《纪事本末》传钞有误脱之文，今姑辑之以备考。”他的谨慎还表现在若对钩沉佚文有所疑义，便不辑入正文，而只作为正文的附录供读者参考。卷十五元符三年四月戊戌条在正文“诏给事中刘拯论事观望”一节之后，黄以周从《范文正言行拾遗事录》中，钩沉出其所引《长编》云：“元符三年夏四月，是日，曾布再对，因言：‘自蔡京复留，中外人情，无不惶惑。及黜刘拯，收用叶涛、范纯礼、王古辈，人情方少安。’”但他又加按曰：“语有修饰，不敢羼列正文，姑附此。”

另一种不把所钩沉的《长编》佚文辑入正文的情况，是因为系时不明，同时又因佚文已经删润，而非原本者。如他从王应麟《困学纪闻》卷十五钩沉出来的此节史文云：“《长编》宣和五年，求石晋故疆，不思营、平、滦三州乃刘仁恭遗虏，虏不肯割。”其卷四十六宣和五年二月丙戌按曰：“惟此事自四年十月二十六日辛亥良嗣至奉圣州议起，至五年四月十一日甲午交燕，其闲并及平、滦一事，原本不系月日，但云宣和五年，亦不敢臆定为何日事，即以大字附入，亦嫌复沓；况原文语气不类《长编》，似经删润，此当为伯厚考史节取之语。虽属《长编》之文，但非原本，不得据为佚文以大字辑入也。”这样的做法，亦足见其对待《长编》佚文的严谨态度。

四是来源于其他史籍。若其他史籍的记载，与所需编年的时间吻合，则《拾补》亦将其辑入正文之中。如卷十三绍圣三年己酉条所载：“御史中丞黄履言：‘知麟州燕复以纳粟复官，年逾七十，耳目昏暗，郡务废弛，乞下本路体究，果如所闻，即乞罢免。’诏河东经略司体量以闻。”这节正文，是从岳珂《愧郯录》卷八中辑入的。可见，《拾补》资料来源的口径较宽。另外，卷三十八重和元年十二月丁未条所载：“推修《国朝会要》，帝系、后妃、吉礼三类赏，良嗣实窜名参详，与转一秩焉。”此节正文，黄以周注曰：“此据岳珂《桯史》卷五补入。”

综上，《拾补》正文来源口径其实是较宽的，远不止于《纪事本末》一个通道。尤其值得注意的是第三项，《拾补》开了对《长编》钩沉辑佚的先河。至今看来，《长编》的辑佚仍有很大空间，其中散见于《山堂考索》《职官分纪》《宋宰辅编年录》《太平治迹统类》《宋史全文》等书征引或移录的还有不少。《拾补》一书毕竟编年格局限制在《长编》所缺佚的一小部分，故辑佚的数量虽然有限，但筚路蓝缕之功，在公论者，终不没于天下。

三、《续资治通鉴长编拾补》注文考辨

除正文之外，《拾补》注文有二千四百七十六条，七十余万字，占全书的三分之二强。《拾补》注文主要有两部分内容，一是补充史事，二是考辨史实。注文补充史事，亦遵循《长编》通例，宁繁毋简。通常的做法是围绕某一史实，用归纳法做集中排比，使我们对于历史事件前因后果有全面立体的了解。如《续宋编年资治通鉴》虽载宣和北伐，童贯巡边这一北宋末期之大事，但仅据《契丹国志》而删略，史文不足四百字。黄以周认为“北伐亦宣和朝一大事，实北宋祸胎，所系非细”，注文遂事务其详。在卷四十四除据《宋史》、薛应旂《宋元通鉴》、毕沅《续资治通鉴》补其月日之外，更据《三朝北盟会编》详增北伐日程并其事，又引吴曾《能改斋漫录》、周辉《清波别志》、蔡絛《铁围山丛谈》《北征纪实》、曾敏行《独醒杂志》等书以补充，前后逾四千余字，是原文的十倍。如此翔实的注文，所引书籍必然极为丰富。《拾补》引书主要包括各类史书、多种文集、大量笔记、家乘志状、有关类书和金石资料等一百五十余种，这也是它受到广泛重视的原因之一。

《拾补》注文的另一项成就，就是考校史实。《拾补》因为不是专门的考史著作，故它的考校史实与补充史实相辅而行，随机生发，触

处成文。大量的考校，为《拾补》一书在拾遗补阙方面奠定了坚实可靠的基础。

支伟成曾将清代的史学，分为作史与考史两派，并认为这两派“实均自浙派开之。杭大宗《三国志补注》《补金史》，厉太鸿之《辽史拾遗》，皆考史而出乾嘉前者也”。[1]由是而兴，考史遂成为清代乾嘉以来重要的史学潮流，其中尤以钱大昕、王鸣盛、赵翼三人为代表。自清同治六年浙江书局开局以来，许多如黄以周这样知名的本籍学者受聘于浙局，因为刻书校书的需要，遂在浙局中逐渐形成一个考史群体，我们姑称之为浙局群体。该群体，上接杭世骏、厉鹗等浙籍考史派先锋，近跟乾嘉考史派潮流，成为清代后期考史派的中坚力量。事实上，《拾补》就是以黄以周为代表之浙局考史群体的成果之一。清代人对宋史的考校与整理有一支高水平的队伍，除赵翼《廿二史札记》、钱大昕《廿二史考异》涉及对《宋史》的专门考异辨正之外，尚有徐乾学《资治通鉴后编》、毕沅《续资治通鉴》等，都取得了一定成就。如果说赵、钱二位重在考史，徐、毕二位重在撰史，而《拾补》一书则二者并重。我们可以设想，《拾补》若只局限于拾遗补阙，而不在拾遗补阙的同时做考校的工作，其成就无疑将大打折扣。而在考辨史实方面，黄以周等旁征博引，力求其真。如《拾补》卷四十六用近千字篇幅详考营、平二州乃契丹自以兵力取之，而不取之于五代刘仁恭，一正“史家千年未正之误”。纵观全书，其考校的范围主要围绕《纪事本末》《续宋编年资治通鉴》《宋史》和今本《长编》诸书所载史实来展开，当然也间及其他所引史籍。下面择要而述之：

（一）对《纪事本末》的考校。《拾补》正文的主干部分虽据杨仲良《纪事本末》辑录而成，但黄以周等在编辑过程中并非简单照抄《纪事本末》，而是做了大量考校工作。

首先，对《纪事本末》编年系时进行了考校。《纪事本末》虽在

---

〔1〕 支伟成，《清代朴学大师列传·章太炎先生论订书》，岳麓书社 1986 年，第 8 页。

体例上改《长编》的编年纪事为分类纪事，但每类之中，仍以编年纪事。《拾补》对《纪事本末》的文本整理，除了运用校勘的方法发现和改正《纪事本末》一般性文字讹误之外，还依据编年史的要求，重点考校《纪事本末》编年系时方面所存在的问题，其成果体现为四个方面：第一，对《纪事本末》系日有误者皆做了订正。如《纪事本末》卷五十三云："丙戌，翰林学士吕公著兼侍读。"黄以周按曰："此条《纪事》附四月下。据《朔闰考》，四月戊申朔，无丙戌日。《十朝纲要》《编年备要》：五月，置宝文阁学士、直学士、待制，以翰林学士吕公著知制诰。不载兼侍读事，或《纪事本末》上脱'五月'二字也。丙戌为五月初九日。"第二，对《纪事本末》所载史实原未系日者，据他书而补系之。如《拾补》卷二录《纪事本末》云："丁未，诏翰林学士司马光权免著撰本院文字。又诏五日一直，修《资治通鉴》故也。"黄以周按曰："《纪事本末》不系日，《宋史·本纪》亦未载此诏。今据《传家集》十月二日所上《乞免翰林学士札子》，附二日丁未下。"第三，对同一史文两见于《纪事本末》而系年歧异者做出订正。如《拾补》卷十八建中靖国元年十二月载曰："戊戌，中大夫、提举洞霄宫蔡京复龙图阁直学士、知定州。"这条史文，分别见于《纪事本末》卷百二十和百三十一两处。但卷百三十一系其事于元符三年十一月戊戌，前此一年。黄以周曰："考前年十一月无戊戌日，今依卷百二十订正。"第四，在以上三方面考校的基础上，又对《纪事本末》原文安排失次者做了纠偏。如卷四熙宁二年录"吕诲劾安石疏"条，黄以周曰："《纪事本末》卷五十八录诲此疏于六月诲知邓州下，虽系追述之例，然前后究嫌失次，且安石求去云云，谕使视事诏文，亦录于六月。而前仅云诏使视事，不录诏文，盖纪事体则宜，然究非编年体。今移晦疏于丙戌日上，而以诏文属丙戌日下，复文均删去不取，惟上疏不得其日，增'先是'二字。"又如，《纪事本末》卷百四十一云："改威武军承宣使、婺州观察使、步军都虞候王禀前去节制。"《拾补》卷四十二宣和二年十二月丁亥条，黄以周曰：

"此条原题三年正月七日，而错出是月戊子之前，盖必原本有误也。据《十朝纲要》，十二月丁亥，诏保宁军承宣使、同知入内内侍省事谭稹提举措置捕捉睦州青溪贼，步军都虞候王禀往统制之。是与诏谭稹同系丁亥日，今从之。又考《长编》纪日例用干支，而此条但题云某月日，不系干支者（按：黄以周还发现此处体例不合），疑杨氏据《长编》注中录出，补之也。"故从原《纪事本末》三年事调整为二年事。又如，《纪事本末》卷百四十一云："戊子，方腊陷宣州宁国县，进逼宣州。"《拾补》卷四十二宣和二年十二月戊子条，黄以周曰："此条原本误题三年正月，今考三年正月无戊子，且原本系乙未前事，则戊子乃是二十二日，乙未为二十九日。《十朝纲要》系之十二月戊子，似可从也。今据以改正。"故将原《纪事本末》系之于三年事改为二年事。

其次，《拾补》对《纪事本末》所载史事做了完善与调整。如以今本《长编》原文增入《纪事本末》，使《纪事本末》史文更加趋于完善。卷六熙宁二年闰十一月正文"上问府兵之制"一节中，自"将此等军"至"今社稷之长计也"，黄以周曰"据《长编》卷二百二十三原文增入"。又云"上极以为然"五字，"据《长编》卷二百二十三原文增入"。或以彼《纪事本末》之言，增入此《纪事本末》之文。如卷七熙宁三年三月壬子条录《纪事本末》卷六十二史文，中有"祖宗多因循苟且，陛下革而新之"之言，黄以周按曰"二句《纪事本末》卷六十八增入"。

再次，考辨《纪事本末》与《长编》原文有一定出入。一般认为《纪事本末》为悉录《长编》原文分类而成，其实并非完全如此。黄以周等人就考辨出《纪事本末》对《长编》间有删润之例。如《纪事本末》卷十五元符三年五月乙卯条，对《长编》卷三百八"知谏院蔡卞请应差除"条原注便有所删节。又如黄以周还谓卷四十五宣和四年十一月甲戌条正文，《纪事本末》对《长编》原文也做了"删润"。与此同时，黄以周等还驳正《纪事本末》不尽用《长编》原文。如卷十四绍圣四年二月庚申条按语，两据《长编》原注，指出《纪事本末》所用材料不尽是《长编》原文。这说明杨仲良在编辑《纪事本末》时，也可能窜入了《长编》以外的其他史材。这些问题的提出，对于开展《纪事本末》与《长编》的文本比勘研究，都极具开创性价值。

（二）对《续宋编年资治通鉴》的考校。托名李焘的《续宋编年资治通鉴》虽较简略，但仍有一定史料价值。如其载大观四年“九月丙寅朔，日有食之”，而《宋史》《契丹国志》及《辽史》皆不书。又如宣和北伐，史家一般认为是北宋后期一件大事，因为传统观点认为这次北伐实启北宋灭亡之祸端。但《纪事本末》阙北伐事，而《续宋编年资治通鉴》载之，故一定程度上可补《纪事本末》之不足。又《续宋编年资治通鉴》载“加朱勔节度”事，《宋史》及各本皆不书。尤其值得注意者是，《续宋编年资治通鉴》载宣和五年诏毁苏轼、司马光文集版，今后举人习元祐学术者，以违诏论。明年，又申禁之。如此政治文化史上之大事，《宋史》与《纪事本末》不载；又《续宋编年资治通鉴》载政和“罢鬻官田”事，而《纪事本末》与《宋史》也不载，这都说明该书实有不可小觑之处，故黄以周将该书作为《纪事本末》的补充是有道理的。

《拾补》用《续宋编年资治通鉴》有两种情形：第一，如果《拾补》所引《纪事本末》正文与《续宋编年资治通鉴》内容相同，则《续宋编年资治通鉴》作为正文的注文形式出现；第二，如果《续宋编年资治通鉴》所载为《纪事本末》所无，则《续宋编年资治通鉴》以正文附录形式出现，而黄以周对以附录形式出现的《续宋编年资治通鉴》，与他对《纪事本末》一样，并非照录，仍是做了大量订正考校工作的，这主要表现在：

首先，对《续宋编年资治通鉴》系时进行了考校。第一，《拾补》纠正了《续宋编年资治通鉴》所载一些重大事件的时间错误。如《续宋编年资治通鉴》云宋江投降，在宣和二年十二月。而《宋史·本纪》、《十朝纲要》、毕沅《续通鉴》俱言招降宋江在宣和三年二月，黄以周等指出独《续宋编年资治通鉴》“与诸史不同，疑不无舛错”。又如《续宋编年资治通鉴》系“解任伯雨言职”一事于建中靖国元年二月，黄以周等据《十朝纲要》《九朝备要》《通鉴续编》诸书改正为三月。又如《续宋编年资治通鉴》系“安焘罢”于建中靖国元年六月，《拾补》卷十七据《宋史》《东都事略》诸书正为七月。再如《续宋编年资治通鉴》载张商英罢在政和元年四月，而《纪事本末》在八月，《拾补》卷三十政和元年考《宋史》《十朝纲要》《东都事略》，皆与《纪事》同。第二，通过考校，增订《续宋编年资治通鉴》系日。黄以周《拾补》卷四十五曾指出：“《续宋编年》书事本不系日，唯郊及日食或间一书之。”而编年是最讲时间概念的史学，故对于时间的记载尤显得重要。为此，黄以周常据他书对《续宋编年资治通鉴》系时予以增订。如《续宋编年资治通鉴》载“程颐卒”于大观元年，但不系月日。黄以周依《伊川先生外书》引《紫芝集》知为九月十七日庚子，故将这则史文编于九月。又如《续宋编年资治通鉴》载大观四年“改宏词科，立词学兼茂科”，但不系日，《拾补》卷二十九据《十朝纲要》及《宋史·本纪》系在甲寅。然后又举《编年备要》《能改斋漫录》《玉海》《通鉴续编》《容斋三笔》详考此事。第三，在考校系时基础上，调整《续宋编年资治通鉴》史文次序。如《续宋编年资治通鉴》重和元年载“前知峡州王寀、资政殿学士刘昺，酬唱诗歌，谤讪悖逆。寀伏诛，昺流琼州”一事，原系二月，而《拾补》卷三十七据《九朝编年备要》改系六月。又如《续宋编年资治通鉴》宣和二年“燕童贯第”原系七月，《拾补》卷四十一据《九朝编年备要》改系九月。

其次，对《续宋编年资治通鉴》正文进行了考校。第一，考校脱漏。如《续宋编年资治通鉴》建中靖国元年云：“晁补之罢。管师仁谓：‘苏辙皆深毁先帝，而补之、庭坚皆其门下士，不可聚于朝。’出知河中府。”黄以周按曰：“‘苏辙’上，当有‘苏轼’二字，不然‘皆’字无着。”然后又引《宋史·管师仁传》以证之。第二，考校错讹。如《续宋编年资治通鉴》宣和六年："冬十月，雨木水。"黄以周考校原文"雨木水"应为"雨木冰"之误。复举《宋史·本纪》《文献通考》《前汉书·五行志》以证之。第三，由对脱文的考校，而延及对于制度沿革的考辨。如《续宋编年资治通鉴》崇宁二年载："诏立殿中监尚食、尚药、尚醖、尚米、尚辇凡六局。"黄以周考辨曰："《十朝纲要》《宋史·本纪》系辛酉置六尚，缺一，当补'尚舍'二字。周城《宋东京考》卷三云六局：尚食、尚药、尚醖、尚衣、尚舍、尚辇。此云'尚米'，当为'尚衣'字之误也。《编年备要》云：自唐以来，殿中、内侍各自有省。元丰官制，虽未及新作，殿中省及除人。按本《志》云，监、少、丞皆与秘省官相联，则亦是文臣之职矣。本《志》又云：旧制，判省事二人，以无职事朝官充。虽有六尚局，名别而事存。凡官随局而移，不领于本省。而殿中监视秘监，为寄禄官而已。又《续长编》载张诚一尝请以内侍为殿中省官，神宗不可。或谓盖不欲外官与宦官同，意或然欤？盖唐六尚之职，今多属宦者。大抵元丰更制，武官及内侍皆未暇及，非独此也。崇宁监、少、丞亦用文臣，惟六尚乃用宦者，北司之盛，此亦一端。"由此而延及对唐以来"六尚局"沿革之考证。

（三）对《宋史》的考校。如前所述，乾嘉学者考校《宋史》已有较高成就，而《拾补》一书涉及对《宋史》的精考细订，仍有不少，此可视为乾嘉以来《宋史》考异在清季的一个延续。所不同的是，黄以周等《拾补》中的《宋史》考异，多据《纪事本末》和今本《长编》，故形成了自己的特色。

先看据《纪事本末》考校《宋史》之例：第一，考《宋史》记载错误。《纪事本末》卷百三十载陈祐因劾曾布而遭黜，《拾补》卷十七据此以纠《宋史·陈祐传》云论章惇、蔡京等忤旨而遭黜之误。又如《拾补》卷二十六崇宁五年考毁碎元祐党碑之时间在正月，而非二月，驳正《宋史》及陈桱《通鉴续编》之误。第二，考《宋史》系日有误。《纪事本末》卷百四十二重和元年二月："庚午，遣武义大夫马政同高药师等使女真，讲买马旧好。”《拾补》卷三十七据此考《宋史·本纪》、明薛应旗《宋元通鉴》，俱系之二月庚子为误。因是月癸丑朔，不得有庚子。《东都事略·本纪》《十朝纲要》亦系之庚午，与《纪事本末》合，故当据以正《宋史》、薛《通鉴》之误。又如政和“诏置礼制局”一事，《纪事本末》载政和三年七月己亥，《宋史》作三年七月丙子，而《十朝纲要》作己亥，与《纪事本末》同，《宋史》系日有误。第三，补《宋史》不系月日之阙。如“礼制局奏请诏文武大臣服色当议差别”一事，《纪事本末》卷百三十四云重和元年十二月庚子，而《宋史·舆服志五》亦载此事，但不系月日，黄以周等据补。

再看据今本《长编》考校《宋史》之例。《拾补》卷二十一据《长编》原注，驳《宋史·王厚传》“命厚安抚洮西，遣内客省使童贯皆往”，仍沿旧传之讹，故当用《续长编》注正之。又据今本《长编》原注订正《宋史》系年之误。如卷六熙宁二年十一月“戊申”（按：《纪事本末》原无，黄以周增补）条，关于侯叔献与杨汲淤田尽力，命兼都水一事，《长编》卷二百十四“熙宁三年八月己未”条有载，原注云：“二年十一月戊申可参照。”意谓侯叔献与杨汲淤田事始于熙宁二年。但《宋史·河渠志》则云“熙宁元年”，与《长编》原注以为二年相异。对此，黄以周据《玉海》等书，考证《长编》原注是，而《河渠志》误。

（四）对今本《长编》的考校。值得一提的是，《拾补》对今本《长编》的考校，某种情况而言，实开《长编》文献研究先河。《拾补》除了订正不少《纪事本末》《续宋编年资治通鉴》和《宋史》的错误之外，还对今本《长编》的错误也有所订正。如今本《长编》卷五百十三原注云：元符三年五月二十八日诏罢编类臣僚章疏局。《纪事本末》卷百二系于四月辛酉。黄以周等在《拾补》卷十五云：“考五月丁卯朔，二十八日甲午。《宋史·本纪》罢编类臣僚章疏局在四月癸亥，则《长编》原注月日并误也。”又如《拾补》卷十六元符三年七月条，考《长编》卷五百九原注将“七月”误作“九月”。再如

《拾补》卷十九崇宁元年二月载“甲午，诏观文殿大学士、赠太师蔡确配享哲宗庙庭”一事。黄以周曰：“《续长编》注系此事于崇宁元年三月，据《纪事本末》在二月甲午，与《十朝纲要》《宋史·本纪》合。盖原注三月，字误也。”以上成果，对于今本《长编》文献之研究是极有参考价值、极富启发意义的。

《拾补》对诸史之考校，还特别注意吸收乾嘉学者的考证成果。如引毕沅《续资治通鉴》考《纪事本末》卷六十八“二月癸丑”为“二月癸亥”之误，因为二月壬戌朔，无癸丑日之故。此外还常常据钱大昕《四史朔闰考》一书，考他书记朔日之误。如《续宋编年资治通鉴》载曰：“有星如月，徐徐南行而落，光照人物，与月无异。”不系日。《宋史·本纪》云“十二月戊申朔，有星如月”，而据钱大昕《四史闰朔考》，此月甲寅朔，遂订《宋史》之误。又如诸史载随州沿革，互有歧异，黄以周等引钱大昕《廿二史考异·宋史三》相关考证成果，理清了自后周以来随州沿革的详细情况，给了读者一个彻底交代。

黄以周的子学著述四种

张　涅[1]

黄以周，字元同，号儆季，浙江定海人，清末著名学者。其成就以经学（尤其礼学）最为学界推崇，《清史稿》记“博文约礼，实事求是，道高而不立门户”（卷四百八十二），章太炎《黄先生传》也赞其“为学不拘牵汉宋门户，《诗》《书》《春秋》皆条贯大义，说《易》综举辞变象占，不偏主郑、王。尤邃《三礼》”。[2]另外，黄以周曾指示门弟子说：“以经传植其基，以子史充其识。”[3]对于史学、子学他也有许多贡献。其中《意林校注》《子叙》《子思子辑解》《晏子春秋校勘》四种都是子学研究的重要成果，[4]故本文试作介述。

一、《意林校注》六卷

《意林校注》六卷是黄以周的用心之作，采集前说，考辨注释，学术价值甚高。著作成于清光绪五年，但是晚清民国时期的学界多知

---

〔1〕 作者单位：浙江科技学院人文与国际教育学院。

〔2〕 章太炎，《黄先生传》，《章太炎全集》第4册，上海人民出版社2001年，第214页。

〔3〕 黄以周，《儆季子粹语》，《黄式三黄以周合集》第14册，上海古籍出版社2014年，第589页。

〔4〕 另《军礼司马法考征》，黄以周以其为经学著作。《考征上》说：“高堂生传《礼》十七篇，虽不能备，吉、凶、宾、嘉尚有端绪，而军礼独缺，无由表见，后世鄙人，何敢谈兵事？裒集佚文，征成其义，欲以备五礼之一云尔。”（《黄式三黄以周合集》第14册，上海古籍出版社2014年，第10页）故本文未予列入。有关诸子研究，在《儆季杂说》的《答胡绥之书》等篇中也有吉光片羽。

其名而未见其书，也未悉其去向，新中国成立后更几乎缺略不知。[1]其实，此稿本尚存世上，藏于上海图书馆。[2]

学界周知，《意林》是唐代马总根据庾仲容所编的《子钞》增损而成的子学类书。庾仲容是南梁人，他摘录周秦以后一百零七家诸子杂记中的要语，“或数句，或一二百言”（高似孙《子略》），辑为《子钞》三十卷。马总以为，庾仲容的摘录存在繁简失当的问题，故而仍遵循《子钞》的目录，另加以增删补正以求精约。柳伯存《意林序》说道：子书“部帙繁广，寻览颇难。梁朝庾仲容抄成三帙，汰其沙石，簸其粃糠，而犹兰荪杂于萧艾，璠玙隐于璞石。扶风马总，精好前志，务于简要；又因庾仲容之抄，略存为六卷，题曰《意林》”。[3]《意林》只有七十一家，较之《子钞》原有的一百零七家少三十六家。但是选入的这些语录，许多没有传存下来，若干传存下来的，文字也多与通行本不同，因此弥足珍贵。如《四库全书总目提要》所言：“合记卷帙，当已失其半，并非总之原本矣。然残璋残璧，益可宝贵也。”（卷一百二十三）

关于《意林》的注本，清以降有若干家，黄以周的《意林校注》六卷后出转精，是其中的代表作，至少有三方面的价值：

（一）补订了《意林》文本。元明传下来的《意林》版本以照宋本最为完善，但是已经失传。清代只有李金澜、汪小米两位见过照宋本全书。其中汪小米只是见识过，在他校对时该本已经毁于火中，实际上依据照宋本做过校对工作的只有李金澜一人。但可惜的是，李金澜未谙校对的原则和方法，没有标识哪些是照宋本的文字，以致后人

〔1〕例如任继愈主编的《道藏提要》（中国社会科学出版社 1991 年），介绍《意林》时历述诸家，没有提到《意林校注》。王天海初著《意林校注》（贵州教育出版社 1998 年），蒋南华、张启成为其作序，也都缺失不知。后修订为《意林校释》（中华书局 2014 年）时始采入，“前言”说道：“本《校释》所用黄以周《意林校注》六卷（上海图书馆藏稿本），为杭州科技学院张涅教授提供。”（第 14 页）“杭州科技学院”应为“浙江科技学院”，疑因校址在杭州而误。

〔2〕此稿本已由笔者标点整理，收入《黄式三黄以周合集》第 14 册，上海古籍出版社 2014 年。

〔3〕柳伯存，《意林序》，《黄式三黄以周合集》第 14 册，上海古籍出版社 2014 年，第 294 页。

不能认识照宋本的原貌。对此，黄以周在《〈意林〉校本叙》中有详细的说明："元明以来流传之本，卷二残阙两家，卷六全缺四十一家。以仁和汪选楼家禧所藏照宋本书六卷为最完善，世间罕见其书。……诸家有据廖氏所刻校以天一阁本者，今之聚珍本为乾隆馆阁诸公所校者是也。内校语有云'一本作某'者，即指天一阁钞本。有据天一阁所钞校以聚珍本者，今之周耕崖广业所校本，得于绿饮鲍氏者是也。有补卷二之逸文，辑卷六之遗《子》者，今之张氏借月山房所刻陶镜寰校本是也。有据道藏本考订其次，补其阙目者，严铁桥可均所校四录堂本是也。有据照宋本以校周本，补完全书，复归六卷者，李金澜遇孙补校本、汪小米远孙复校本是也。总核各书：天一阁钞本凡六十有二家，嘉靖廖刻本凡七十有一家，周校本于廖刻外采辑逸文五条，张刻本于七十一家外采录逸《子》五家，李、汪两家均依照宋本补足，凡得一百一十一家。其得见照宋本以校是书者，实止金澜一人。小米见其书未及校，校是书时，照宋本又毁于火。而金澜据照宋本以校耕崖书，吾又惜其于章节之分及书题之大注考而正之，至文字异同溷列于周校本中未有标识，小米过校时周、李两校文又不为区别，今无由定其若而字为宋本。……今参考诸家，以借月山房本为主，考各家之同异，散注本文之下，每卷书题之注、章节之分以及六卷全文，悉依李氏所据照宋本补正，仍注异同于其间。"[1]黄以周的《校注》以"补卷二之逸文，辑卷六之遗《子》者"的"张氏借月山房所刻陶镜寰校本"为底本，又充分吸收了李金澜补校、小米复校本的结果，可谓是比较完善的文本。旧本中通行的《道藏》本、《四库全书》文渊阁本均为五卷。到民国时，上海商务印书馆的《四部丛刊》将聚珍版和李金澜补校、小米复校本合并，成为善本。而黄以周在此之前，已"六卷全文，悉依李氏所据照宋本补正"，文本价值可见一斑。

---

〔1〕 黄以周，《〈意林〉校本叙》，《黄式三黄以周合集》第15册，上海古籍出版社2014年，第485—486页。

（二）重定了《意林》篇次。黄以周《校注》的篇目依严可均校本有所调整。卷五《傅子》一百二十卷以下，《道藏》本为：《太玄经》十四卷、《化清经》十卷、《邹子》一卷、《成败志》三卷、《古今通论》三卷、《中论》六卷、《唐子》一十卷、《秦子》二卷、《梅子》一卷、《物理论》十六卷。黄以周按："旧各本自此以下目录与书次弟不符。《傅子》《物理论》羼越既多，《唐子》《中论》互有出入。今依严校本参定。"[1]又《〈意林〉八校本叙》："割旧题《物理论》十一事归入《中论》，遵聚珍本也。改旧题《傅子》为《物理论》，割《物理论》九十二事为《傅子》，又从严校本也。周校已无足本，窃取其例，于《中论》诸书亦详注篇名，所以阐发聚珍本改定之意也。称古籍之引《傅子》者，以证旧题《傅子》之为《物理论》，所以明严校之有据，且以箴陶校归《物理论》于《唐子》之失也。"[2]在卷六《笔墨法》一卷下按："依照宋本此下有《新序》三十卷，今删。"[3]篇目调整为：《唐子》十卷、《秦子》二卷、《梅子》一卷、《物理论》十六卷、《太玄经》十四卷、《化清经》十卷、《邹子》一卷、《成败志》三卷、《古今通论》三卷、《中论》六卷。严可均的《意林考证》未曾刊行，学界知之甚少，故而黄以周的重定篇次别具价值。

（三）对《意林》做了校释。黄以周《校注》对各家做了题解，叙明存佚本末，源流沿袭，"每书标题下识其卷帙篇目之多少，古今之存佚，以见隐括"，[4]而且采纳前说，对语录文字做了校正："其条举者，有本书则校以本书，本书之佚者又参校唐宋类书所称引，以明文字异同。""诸家校语悉备载之，曰藏本者据严校也，曰陶校者据

[1] 黄以周，《意林校注》，《黄式三黄以周合集》第14册，上海古籍出版社2014年，第299页。
[2] 黄以周，《〈意林〉八校本叙》，《黄式三黄以周合集》第14册，上海古籍出版社2014年，第291—292页。
[3] 黄以周，《意林校注》，《黄式三黄以周合集》第14册，上海古籍出版社2014年，第300页。
[4] 黄以周，《〈意林〉八校本叙》，《黄式三黄以周合集》第14册，上海古籍出版社2014年，第292页。

张本也，曰周校、李校者据汪本也。”[1]可谓善于整理，精细详备。在其中有诸多卓识。例如卷四《通语》八卷题解：“聚珍本校云：‘史传及类书引之，或云殷基，或云殷兴撰，未可知也。《旧唐志》又讹为“文礼”。’谨案：《三国·吴·顾邵传》裴注云：‘殷礼子基作《通语》。’又引《文士传》曰：‘礼子基以才学知名，著《通语》数十篇。’《文士传》，晋张隐所作。松之，宋人。二家所言，当得其实。《隋志·儒家》：‘《通语》十卷，殷兴撰。’《旧唐志》云‘《通语》十卷，文礼以殷兴续’。盖殷基《通语》本止八卷，殷兴续之为十卷也，云‘文礼’则误矣。今书已逸，唯《吴志·五子传》《顾邵传》《蜀志·费祎传》各注引之尚详。”[2]《通语》的作者是殷基还是殷兴，篇幅是八卷还是十卷，学界未有定论，黄以周考定“殷基《通语》本止八卷，殷兴续之为十卷”，当是合乎情理的解释。再如卷五《任子》的作者是任奕还是任嘏历代有异议，李慈铭录丁俭所辑的《子史粹言》也说：“任子名奕，无可考。”[3]黄以周从内容特征入手，指出“任奕之言尚儒术，任嘏之言述黄老，其书迥别。此任子为任奕”，[4]显然合理。王天海原“权依《隋志》所载，视此任子为任嘏，其著书为《道论》十卷”，[5]后修订为《意林校释》时采纳了黄以周说。

有关语录的文字，黄以周也多有考辨，识见不凡。例如卷一的《太公金匮》二卷：“武王问太公曰：‘殷已亡其三人，今可伐乎？’”黄以周按：“亡三人，谓大师、少师及内史向挚。本文首有大师、少师抱其祭器、乐器奔周，内史向挚载其图法亦奔周数语。《御览》《绎史》并引此文，互有详略。”[6]王天海认为“指殷商的三个贤臣商容、

[1] 黄以周，《〈意林〉八校本叙》，《黄式三黄以周合集》第14册，上海古籍出版社2014年，第291—292页。
[2] 黄以周，《意林校注》，《黄式三黄以周合集》第14册，上海古籍出版社2014年，第426页。
[3] 李慈铭，《越缦堂读书记》，中华书局2006年，第1143页。
[4] 黄以周，《意林校注》，《黄式三黄以周合集》第14册，上海古籍出版社2014年，第447页。
[5] 王天海，《意林校注》，贵州教育出版社1998年，第347页。
[6] 黄以周，《意林校注》，《黄式三黄以周合集》第14册，上海古籍出版社2014年，第302页。

梅伯、比干，均因劝谏商纣王而被杀”。[1]其释“亡”为“被杀”，显然不如黄以周释为“逃亡”更准确。再如卷三的《论衡》二十七卷：“枫桐之树，生而速长，故其皮脆不能坚；檀栾后荣，强劲可作车轴。”黄以周：“脆，陶校本作‘脃’，俗。藏本作‘肥’，误。”[2]“脆”有单薄、易折断破裂的意思，解释该句甚妥切。此类考辨泛见全书，不赘述。[3]显然，黄以周的《意林校注》六卷是一部嘉惠学林，在当代依然值得重视的著作。

二、《子叙》四十四种

《子叙》是黄以周为《意林逸子》所作的叙，共有四十四种。《意林逸子》也是一部子学辑佚的类书，但是已经遗失。黄以周在《〈意林〉校本叙》中说道：“光绪己卯闰月，以周校《意林》毕，复辑《意林》中所录逸《子》之语有散见于古籍者，耆而附之，凡四十四种，具详前《叙》。《子思子》后别行，前《子叙》故不及。仁和许益斋增见而羡之，请为我刊是书，予即以稿畀之。久未见梓，予索稿本还，妄以疏失对，其实书在也。因自寻旧稿，只见《意林》两册，所辑逸《子》书，无一种存者。昔汪选楼有《意林翼》一书，体例与予相同，稿藏横河许氏，毁于火，遂不传。予书又被益斋攫去，果尔又亡，是此书两戹于许氏矣，何哉？”[4]武义内雄《子思子》也说：“依黄以周自己所述，光绪己卯闰月，伊校定《意林》，摘录《意林》中所存逸《子》之语，更搜辑散见于古籍之语，附加于《意林逸子》，编辑为四十四种。仁和许益斋，见而羡之，思为之刊行，唯其稿本，为

[1] 王天海，《意林校释》，中华书局 2014 年，第 4 页。
[2] 黄以周，《意林校注》，载《黄式三黄以周合集》第 14 册，上海古籍出版社 2014 年，第 404 页。
[3] 参见韩岚，《黄以周〈意林校注〉查考》，《学术界》2013 年第 2 期。
[4] 黄以周，《〈意林〉校本叙》，《黄式三黄以周合集》第 15 册，上海古籍出版社 2014 年，第 486 页。

他人所借，以遗失为辞，避不归还。寻查自己旧稿，仅存《意林》二册，而无逸《子》。今《儆季杂著》第四种中，存有题《子叙》之部分，计为……凡共四十三子之叙，皆为《意林》所录逸《子》之叙，而四十三子之文，则为许增所借，未行于世，仅《子思子》又行搜编，成为《意林逸子》之第二种，而付刊行。"[1]这无疑是学界的损失，但稍以慰藉的是《意林逸子》的叙言留存下来，其即《儆季杂著》之四的《子叙》。其价值除了与《意林校注》相似处之外，另尚有三：

（一）可觅知《意林逸子》的辑佚方向。秦汉以来典籍汗牛充栋，辑佚尤见学问功夫。黄以周的《意林逸子》已经不存，但是在《子叙》中可觅知其辑佚所据，这为后来的研究提供了方便。例如《范子计然叙》："今重辑是书，合钞《国语》范蠡谋国事，首尾完善，盖即《汉志》蠡书之一。《越绝书·枕中篇》独称'范子'，与他篇举蠡名者异，即取诸《范子》本书。《齐民要术》引'范子曰："尧、舜、禹、汤皆有预见之明，虽有凶年而民不穷。"王曰："善！"以丹书帛，致之枕中，以为国宝'，其文即出此篇，可证也。今合钞之于首，以存《汉志·兵权谋》'《范蠡》二篇'之旧。《意林》第一节引范蠡师事计然事，当属《计然》书。计然在诸臣中年最少，官最卑，范蠡卑身师事，心折其人，其言必有以自立。《越绝书·内经篇》述其论阴阳事与《国语》范蠡谋国文法如出一手，《史记》《齐民要术》引《计然》文与此篇大同小异，此必《计然》本书之一，故并录之。《吴越春秋》所述范蠡、计然多鄙俚事，大抵刺取小说野史，今择其言之近正者附注各篇之下，恐非本书之文也。唐宋笺注、类书家有引《范子计然》者，大抵《计然》书也，故并附诸后，以存计然《阴阳书》之旧。其数物产所出多属后代郡名，明系后人羼益之证，别附卷末，以见此书不尽出计然也，且以明计然《万物录》本别为一书。"[2]即《范

[1] 武义内雄，《子思子》，《日本汉学研究论文集》，台湾书店1960年，第153—154页。
[2] 黄以周，《子叙》，《黄式三黄以周合集》第15册，上海古籍出版社2014年，第459页。

子计然》辑佚所据的是:《国语》范蠡谋国事,《越绝书·枕中篇》《内经篇》《吴越春秋》所述范蠡、计然事,以及唐宋笺注、类书家所引《范子计然》。再如《仲长子昌言叙》:“本传载《理乱》《损益》《法诫》三篇,《群书治要》又载其《论治》十篇,《意林》引二十二节,一节同本传,五节同《治要》,《水经注》《齐民要术》及唐宋注家、医家、类书家所引,尚得六十九节。”[1]即据本传、《群书治要》以及《水经注》《齐民要术》及唐宋注家、医家、类书家所引,把辑佚所据罗列清楚。王蘧常在《附见存先秦诸子书答问》中提到自刻本《黄以周辑本七卷》:“黄氏辑逸子四十四种既成,仁和许益斋增见之,愿为刊本,嗣以久未见梓索还,竟妄以疏失对。其实书在也,今不知流落何处矣。此为重辑本,南菁讲舍学生顾鸿闿、曹元忠、胡玉缙、蒋元庆、李达、林之祺襄辑。”[2]此自刻的重辑本也不见流传,但南菁讲舍学生的重辑工作显然遵循其师黄以周的理路。梁启超曾说过鉴定辑佚优劣之标准有四:(1)佚文出自何书必须注明,数书同引,则举其最先者;(2)既辑一书,则必求备;(3)既须求备,又须求真;(4)原书篇第有可整理者极力整理,求还其书本来面目。[3]据《子叙》可知黄以周深得其道。

(二)可了解《意林逸子》的思想范畴。逸子的思想类别,《汉书·艺文志》《隋书·经籍志》等有所标志,但具体的思想范畴则未有涉及,《子叙》对于许多逸子的思想内容做了概述,使我们能了解其大概。例如《仲长子昌言叙》说:“今依《意林》次弟排比各篇,又以义之相类者分附其间。校其异同,补其夺失,文之重复者去之,得七十四节,定为十七事:一论政治以德化为先,二慨理乱之无人,三议损益之有方,四法古人任相之重,诫当世戚官之专,五敦风俗以廉洁,六言后党之权势宜抑,七言寺宦之祸乱可监,八言祷祀丧葬宜

[1] 黄以周,《子叙》,《黄式三黄以周合集》第15册,上海古籍出版社2014年,第464页。
[2] 王蘧常,《附见存先秦诸子书答问》,《诸子学派要诠》,中华书局1937年,第243页。
[3] 梁启超,《中国近三百年学术史》,天津古籍出版社2003年,第302—303页。

革非礼之举，九言宫室车服宜遵大中之道，十言咨诹臣下以宏天德，十一言谏诤之难，十二言士品之卑，十三言爱恶之僻、性情之偏，十四言伦常之道，十五言人事为本、天道为末，十六课农桑，十七杂论古今行事。”[1]此“十七事”可谓是对其儒家思想的列述。再如《典论叙》说：“今依《群书治要》及《意林》二书所录次弟排比逸文，其书首论禅让，次论学术，三论汉帝得失，四论政治，五奸谗，六内诫，七酒诲，八论剑，九论文，十论养生，十一终制，十二自叙学术。”[2]这些都言之有据，条理有序，为思想史的研究提供了方便。

（三）可更全面准确地了解若干逸子的思想特质。《汉书·艺文志》《隋书·经籍志》等对逸子的思想多有归属，对此黄以周或予补证，或做修正，这些也不乏思想史的意义。例如汉王逸撰《王子正部》，《隋志·儒家》载《七录》有“《正部论》八卷”，黄以周《王子正部叙》说：“其书以劝学慎习为主，不愧为儒家言，论前代经传之闳深及当世著作之冗杂，亦深中綮肯。”[3]阐明其思想传统。再如汉魏朗所著《魏子》，隋唐《志》入“儒家”。但是黄以周《魏子叙》说：“今搜辑其说，仅得十八事，幸著书之意尚见于残编断简中。朗持己矜严，与人交一以恕，如言‘录人一善，则无弃人；采材一用，则无弃材’‘己是而彼非，不当与非争；彼是而己非，不当与是争’，又‘伤居危殆之国难远害，人人异心，不可以一检量’，深有诫于李膺之徒也。喜怒不见容，治病用道术，似又致力于黄老家言者。黄老家善保身，朗卒死于党锢，为其与李膺、陈蕃相善也。读其书，知其与陈、李之婞直大不相侔矣，范书竟从当时陷害之言入之《党锢》，谬哉！”[4]指示其思想的丰富性非儒家一脉可以涵括。先秦以后，子学潮落，但是余音不绝如缕，据《子叙》也可略知一二。后人条理宏观，当能够启迪许多。

---

〔1〕 黄以周，《子叙》，《黄式三黄以周合集》第15册，上海古籍出版社2014年，第464页。
〔2〕 同上书，第466页。
〔3〕 同上书，第463页。
〔4〕 同上书，第466—467页。

三、《子思子辑解》七卷

黄以周辑佚《意林逸子》四十四种，只有《子思子辑解》七卷留存下来，因此自然极为珍贵。《子思子辑解》的贡献主要有四：

（一）提供了相对完备的《子思子》读本。《子思子辑解序》说："以《中庸》《絫德》《表记》《缁衣》《坊记》之有篇名者为内篇，凡五卷。汉、魏、唐、宋儒书有引述子思语亦并晵。辑《檀弓》引见七事，《孟子》引见三事，虽或系后学之传闻而语著经典，即非出诸本书，而辑逸文者自宜据补，总曰《外篇》一卷。《孔丛子》虽赝书，而售赝者必参以真，其术方行，若概以赝，不能售也。魏晋时，《子思子》具存，作伪者欲援以为重，录其真者必多。王肃《家语》，其故智矣，若尽摈之，不已矫乎！凡引见五十二事，别之曰《附录》又一篇，都为七卷。"[1] 如此辑佚，确为章学诚说的"缀辑逸文，搜罗略遍"（《校雠通义·补郑》）。而且，其编次有序。卷六末记道："凡编辑逸书，或以引见诸书为次，或以义理相同而附，排比前后，原无义类可言。考《子思子》原书次弟，惟《意林》可见其略，故居首。以下据诸子、史、注、各类书为次，略进退之。末以《通典》《通考》《郡斋读书志》《困学纪闻》为次，而以《孟子》《檀弓》之记载语殿焉，又以《御览》之误文附焉。合而读之，若子阳徒忧于君国，鲁穆之失问于大臣、失礼于高士，皆当时君臣之昧大体者也。学以益才，廉以养身，为子思之自道。'信在言前'诸节，又以见凡事皆当求己。人主自臧与舜好问相反，而桀纣之所以亡亦以自用故也。哀乐失其性，狐狸失其名，可见名实之宜辨。管仲、子产、中行、穆伯诸节，为论人之学。孟子之问，夫子之教，又其传授之大恉。断圭残璧，合而完焉。是在好学深思，心知其意者。"[2] 对此后人多给予了高度评价。例

---

〔1〕 黄以周，《子思子辑解》，《黄式三黄以周合集》第14册，上海古籍出版社2014年，第50页。
〔2〕 同上书，第180页。

如李健胜说："黄以周以'传经明道'为其学术宗旨，同时深受乾嘉考据实学之风的影响，所以从辑佚思路、所选篇章和注释来看，他辑注的《子思子》一书，显然比宋人汪晫辑的本子更接近《汉书·艺文志》所录的《子思》一书。"[1]

（二）考辨了"子言之"为子思语。黄以周在《表记》中按语道："答述曰'语'，自言曰'言'。《坊记》《表记》于发端并著'子言之'者，自道作书之大意。此篇又随文别表'子言之'，凡八见。疏引皇侃说：'篇内宜分八章，"子言之"皆是发端起义事之头，首记者详之，故称"子言之"。若于"子言之"下，更开广其义，或曲说其理，则称"子曰"。'皇说近是而实未然。凡曰'子言之'者，皆子思子之言，表明其恉趣之所在，非发端之定词也。弟五章历引夫子之言，而复以'子言之曰'申明其义。弟七章先以'子言之'表明恉趣，而更引'子曰'结明其意，则'子言之'与'子曰'必两人之言。而'子曰'为夫子语，则'子言之'为子思子语，更何疑乎？"[2]这个辨析显然极具意义，其不但可以明晰《子思子》语录的意义所指，还能使后学依据"子曰"和"子言之"的表述差异，疏理先秦儒学思想的一段流程。

（三）解释了《中庸》《表记》《缁衣》《坊记》的思想结构。内五篇中，《絫德》只有一章，无思想结构可言。其他四篇，黄以周都做了结构分析，把握其思想本旨。例如《中庸》首章按："此三句为全章之纲领，下皆发明此意。"[3]《缁衣》首章按："云'子言之曰'者，序作书之纲领，与上同例。国家有刑政，而德礼为其本。上以德礼道齐其民，非有难事也。德礼者，秩诸天而生于性，皆人心所固有，非有难知也。上有德礼，下自化之。易事易知，有何刑为？此篇为烦刑而不知自克

〔1〕李健胜，《辑佚本〈子思子〉考释》，《淮阴师范学院学报》2010年第3期。

〔2〕黄以周，《子思子辑解》，《黄式三黄以周合集》第14册，上海古籍出版社2014年，第96—97页。

〔3〕同上书，第51页。

者戒也。”[1]《坊记》首章按：“此节明作书大指，为全篇之纲领篇。内所言皆坊德、坊淫、坊欲之事。而礼以坊德，尤为刑、命之本。刑以济礼之穷，命以明礼之用。右首章。记全篇纲领。”故内篇末记道：“合前数篇读之，知《子思》之书如岳峙川流，具有脉络，既周浃，亦复分明。所谓‘文理密察’，直子思自道其书恉矣。”[2]这些认识至少成一家之言。

（四）阐释了子思的思想特质。其中特别强调了子思的“性”本体论，例如卷一首章按：“性禀五行之秀气，其存诸内者曰仁、礼、谊、信、智之五德，亦曰五性；其见诸外者曰君臣、父子、兄弟、夫妇、朋友之五常，亦曰五达道。道之推广于家国、天下、民人者曰礼乐，刑政其教也。”[3]第二章按：“道出于性，人无智愚贤不肖皆具此性。”[4]第三章按：“喜、怒、哀、乐，情也。其未发时，情涵于性。”[5]宋明以来多以思孟为一派，强调其人性论的脉络，黄以周的这个阐述也蕴含这样的思想意义。《孟子·离娄》说：“人之所以异于禽兽者几希，庶民去之，君子存之。”黄以周阐述的“存诸内者曰仁、礼、谊、信、智之五德”，即是“君子存之”的、“几希”的“异于禽兽者”。在思想阐释时，黄以周也充分表现出“不主汉宋”的原则，故而在《中庸》篇中，既详录郑玄的注，又发挥宋以来的人性论，并且说：“朱子《章句》以戒慎恐惧为静存天理之本，然慎独为动察人欲之将萌，隐较不睹闲为有迹，微较不睹闻为已著。当时吕子约颇病其破碎支离，然《章句》用意精益求精，而邻于支离者有之。此注别有深意，无可厚非，存参可也。”[6]

---

〔1〕黄以周，《子思子辑解》，《黄式三黄以周合集》第14册，上海古籍出版社2014年，第125页。

〔2〕同上书，第143页。

〔3〕同上书，第52页。

〔4〕同上。

〔5〕同上书，第53页。

〔6〕同上。

四、《晏子春秋校勘》一卷

《晏子春秋校勘》一卷是黄以周对诸子学的另一贡献。《晏子春秋》是记载春秋时期齐国政治家晏婴言行的典籍，由史料和民间传说编纂而成。宣传了晏子勤政、爱民、用贤、纳谏等思想，为后人所重视。黄以周的工作为后人阅读这部著作提供了极大方便，贡献主要有三：

（一）董理了《晏子春秋》文本。黄以周在《晏子春秋校勘序》中疏理了《晏子春秋》的文本源流："《晏子春秋》以阳湖孙刻、全椒吴刻为最善。孙氏据明沈启南、吴怀保两本，又合《韩诗外传》《说苑》《新序》及《艺文类聚》《太平御览》诸书推求审定。吴氏一依元刻，旧文无所改窜，近时称为元刻本者，即此。孙、吴两刻，各有短长。卢抱经据吴勉学、李从先本互相推勘，《群书拾补》所录是也。后又参合各书，复校孙刻。凡《拾补》所详者用朱旁点正文，不复著录；其所著录者，核之《拾补》，亦间有出入。"[1]"阳湖孙刻"即孙星衍刻本，"全椒吴刻"即吴鼒刻本。此即章学诚说的"知有渊源流别"（《章氏遗书·外编·信摭》）。随后又记："今据吴、卢诸本，参校孙刻，又以陵澄初本、梁处素、孙颐谷二校本佐之，又以王怀祖《读书杂志》、洪筠轩《读书丛录》、俞荫甫《诸子平议》辅之，其文字之异同有见孙氏《音义》者略之，而校雠之余，间有一得，亦并附之。"[2]由此可见后出转精，其为后学提供了可靠的《晏子春秋》读本。

（二）考释《晏子春秋》文字。《晏子春秋重校本叙》说"校雠之余，间有一得，亦并附之"，即此义。这是《晏子春秋校勘》的杰出贡献，黄以周运用对校、理校等方法，辨证了诸多文句，极有见识。例如《内篇谏上》"斩板"："郑注《檀弓》云谓'断，莫缩也'。'莫'

---

〔1〕 黄以周，《晏子春秋校勘序》，《黄式三黄以周合集》第14册，上海古籍出版社2014年，第209页。

〔2〕 同上。

当依宋本作‘其’，谓断其束板之绳。《音义》引误。”[1]再如《内篇谏上》“则申田存焉”，黄以周先列述前说：“俞云：《音义》‘申田，疑人名’，此不然也。申田，官名。‘申’当为‘司’。《史记·留侯世家》‘良为韩申徒’。徐广曰：申徒即司徒耳。‘申’‘司’古通。《管子·小匡篇》‘尽地之利，臣不如宁戚，请立为大司田’，是齐有司田之证。”随后按语道：“俞说‘申田’即‘司田’是也，但齐之司田自有田之名。《管子·立政》篇详叙虞师之事、司空之事、申田之事、乡师之事、工师之事云：‘相高下，视肥垙，观地利，明诏期前后，农夫以时均修焉，申田之事也。’今本《管子》‘申’又误‘由’。王氏《杂志》以为衍文，失之。”[2]再如《内篇问上》“而行在反已矣”：“‘行’盖‘得’之剥文。上云‘而失在为己’与此相反。为己则失，反己则得也。”[3]再如《内篇问上》“为臣比周以求进，逾职业防下隐利而求多，从君不陈过而求亲”：“‘进’，元刻作‘寸’，误。‘求进’‘求多’‘求亲’对文。此言臣有三求则废，上言君有三讬则危，亦对文。‘求进’，句绝，‘逾职业’属下‘求多’为义，‘求多’亦句绝。《音义》《杂志》所读皆误。”[4]如此不胜枚举。戴震曾说：“事于经学，盖有三难：淹博难，识断难，精审难。”（《与是仲明论学书》,《戴东原集》卷九），于史学、子学也如此，由此可见黄以周的学问见识。

（三）疏通了《晏子春秋》文义。在考释文字的基础上，黄以周还注重语义疏通。例如《内篇谏上》“巡求氓，寡用财乏者，死三日而毕。后者若不用令之罪”，先列述前说：“《音义》：‘毕后，谓后葬也。’王云：‘寡用财乏’，当作‘寡用乏财’。‘死’字衍，‘三日而

---

〔1〕黄以周，《晏子春秋校勘》,《黄式三黄以周合集》第14册，上海古籍出版社2014年，第225页。
〔2〕同上书，第220页。
〔3〕同上书，第234页。
〔4〕同上书，第237—238页。

毕'，句。此言巡氓者限三日而毕事，如有后期者，则以不用令之罪罪之也。下文云'三日，吏告毕上'是其证。"然后解释说："孙、王二说皆未是。巡，即上'命禀巡''命柏巡'之'巡'。'求氓寡'与'用财乏'对文，'死'句绝。言有隐匿其数，少与金者，死后三日之期者，如有用令之罪也。下文'三日吏告毕上'，言无后期，'贫氓万七千家，用粟九十七万钟'，云云。言其求氓众，用财多。"〔1〕再如《内篇问上》"彼邹滕雉犇而出其地犹称公侯"，黄以周释道："雉不能远飞，'雉犇而出其地'喻其出交近邻。'犹称公侯'者，在国称公，在外称列侯，小国亦然也。谓邹滕虽弱小而能近事强大，至今犹不失为通侯，以明鲁近齐而亲殷，以褊小国而不服于近邻，卒以灭亡也。"〔2〕

上述可知黄以周对于诸子学也有相当的贡献，其兼及文献和理论两个领域，而尤长于前者。张舜徽先生曾评价清代学人的成就说："他们整理文献的工作，一开始便和版本、校勘在一起，把古书的本子校对好了，然后进行考证、注释，使难读难懂的古文献，一变而为容易理解的读物，这是他们工作的一方面。另一方面，便是将零散的文献资料，经过去粗取精、去伪存真，然后组织这些资料，编述为适应客观需要的书。还有的人，对某一专门学问，进行长期深入钻研，确有心得，从中提出最精要的发明或发现，写成理论性的专著，以贡献于社会。"〔3〕诚如此，黄以周对于这些诸子文献的校订、编缀和考释为后学的阅读和研究提供了基础。

---

〔1〕 黄以周，《晏子春秋校勘》，《黄式三黄以周合集》第14册，上海古籍出版社2014年，第214页。

〔2〕 同上书，第235页。

〔3〕 张舜徽，《中国文献学九讲》，中华书局2011年，第222—223页。

王先谦与晚清经学教育

晚清民初经学探研录之二

吴国武[1]

引言

前贤时彦讨论传统经学的近代转型，在经学思潮和专经个案两个方面取得了较多成果，而对经学教育的关注稍显薄弱。我们知道，经学教育既是经学史研究的重要内容，也是教育史研究的组成部分。2005年，笔者撰文提出："经学教育的变迁正是近代经学发展史的一个缩影，有必要从经学史的角度梳理近代经学教育。"[2]晚清以降，传统经学进入了前所未有的变革期，传统经学教育也日渐式微。与经学教育相关的思想、制度、社群和活动都在发生重大变化，传统经学和传统教育的近代转型同时展开。如何全面和系统地讨论晚清民初的经学教育，仍是学界应当着力研究的方向。

20世纪30年代，陈寅恪先生自谓："平生为不古不今之学，思想囿于咸丰、同治之世，议论近乎曾湘乡、张南皮之间。"[3]此言并非只是陈氏的个人自述，也透露出陈氏的家学，更反映了晚清士大夫以曾

[1] 作者单位：北京大学中文系，北京大学中国古文献研究中心。

[2] 见拙文《早期北京大学与传统经学的近代转型——晚清民初经学探研录之一》，收入《北京大学中国古文献研究中心集刊》第10辑，北京大学出版社2011年，第355页。按：此文初稿曾于2005年召开的首届中国经学国际研讨会（清华大学、新加坡国立大学举办）上宣读。

[3] 陈寅恪，《冯友兰中国哲学史下册审查报告》，收入氏著《金明馆丛稿二编》，上海古籍出版社1980年，第252页。按：学界对于陈氏之言有不同理解，似应与陈氏此文的性质和文体联系起来解读。此外，陈氏晚年还说："寅恪以家世之故，稍稍得识数十年间兴废盛衰（引者按：咸同光宣以来之朝局）之关键。今日述之，可谓家史而兼信史欤！"（见门人记《寒柳堂记梦未定稿》，收入氏著《寒柳堂集》，上海古籍出版社1980年，第168页。）

国藩、张之洞及其同调为学术主流的历史实际。同时稍后，钱穆先生也说："余学无师承，亦未受过大学教育，但自知钻研，恒以曾、张二公为师耳。"[1]如果说，陈氏之言代表晚清世家子弟的印象，那么钱氏之言则是普通读书人为学的写照。从根本上来讲，曾、张之学是立足于"汉宋兼采调和"、统归于"中体西用"的通经致用之学。相比之下，后辈康有为、章太炎诸派只是这个主流学术的变异。[2]若以革命话语来讨论晚清学术，不光民国旧学的发展难以得到整体呈现，连康、章二人晚年再兴古学的思想行为也得不到合理的解释。在"汉宋兼采调和""中体西用"的大背景下，晚清经学教育界涌现出诸多典型人物，王先谦就是值得再研究的一个例子。

王先谦，字益吾，晚号葵园，湖南长沙人。少从兄学，入县学。补廪膳生，中乡试，入诸公幕。同治四年进士，散馆授编修，补国史馆总纂。升翰林院侍讲，补国子监祭酒。简放江苏学政，主管南菁书院。请假归湘，先后主讲思贤讲舍、城南书院和岳麓书院，并参与湖南各项文教活动。聘礼学馆顾问，赏给内阁学士衔。民国肇造，改名为遁，卒年七十六。著有《尚书孔传参正》《诗三家义集疏》《汉书补注》《后汉书集解》《水经注合笺》《荀子集解》《庄子集解》《虚受堂诗文集》等，编有《皇清经解续编》《东华录》《东华续录》《续古文辞类纂》《骈文类纂》等。他平生致力于教育和学术，师友多显宦名士，门生后学亦有所成。其学兼综湖湘、江浙，合会汉宋、中西，在晚清经学及经学教育方面贡献卓越。[3]事迹见自撰《葵园自定年谱》和门人吴庆坻《王葵园先生墓志铭》，《清史稿》入《儒林传》中。

---

〔1〕 转引自坚如，《张文襄公治学方法述评》，《新东方杂志》第一卷10期（1940年11月30日），第112页。

〔2〕 拙文《早期北京大学与传统经学的近代转型》曾对以"经今古文之争"为主线的近代经学研究进路提出过质疑，表达了晚清民初经学"主流学术仍旧以汉宋调和为主体"之看法（收入《北京大学中国古文献研究中心集刊》第10辑，第351页）。

〔3〕 按：1997年笔者曾撰《略论王先谦的古文献学成就——以〈诗三家义集疏〉为例》一文，未刊稿。

王先谦一生经历了晚清民初所谓“三千年未有之大变局”，受当时学术和社会风气影响很大，本身也是晚清主流学术圈的重要成员。他曾经积极参议时政，也有机会升居要职，但没有像友人张之洞、陈宝箴一样成为朝廷重臣；[1]他以旧学宿儒而参与洋务维新活动，却又不同于后辈康有为、章太炎一类的近代知识分子。王先谦，只是一位以教育和学术为志业的传统士大夫。多数研究者，要么将他定格为革命话语中的保守反动派，要么将他归类为湖湘学派的地方学者，要么以专门之学或现代学术的眼光贬抑他的学术贡献。然而，如果回到经学教育史的视角，围绕王先谦的晚清经学及经学教育却是值得再思考的议题。

一、王先谦的治经取向和教育理念

近人徐世昌尝说：“同、光以还，词曹著述之富，陶冶之宏，称葵园，无异词。其督教勤恳，士类至今犹乐道之。”[2]的确，王先谦著述以集成案断为特征，比如《皇清经解续编》集时贤之力编校而成，《诗三家义集疏》集诸公之意见撰著而成，对晚清民国的学术和学者颇有影响。然而，他的治经取向和经学成就在学界一直存在争议，其教育理念也隐而不彰。[3]

自通籍以来，王先谦担任国子监祭酒、学政，充任乡会、岁科考官校士，主讲各类书院和新学堂，长达五十余年。光绪十二年，时任江苏学政的王先谦上奏朝廷说：“毓才之道，劝学为先。为学之方，穷经为首。”[4]此言，编入他刊布的《劝学琐言》小册子，比较集中表

〔1〕 按：门人杨树达曾经推测，如果循资格的话，王先谦官至祭酒后十余年必可拜相，参见氏作《王葵园先生百零五岁冥诞感言》(收入《葵园述略》，经文印刷公司1948年，第46页)。

〔2〕 徐世昌等，《清儒学案》，中华书局2008年，第7329页。按：此语可推定为徐氏之言。

〔3〕 按：学界评述和研究王先谦的经学，一种意见视其为古文家，另一种意见视其为汉学家，进而被视为今文学者。其实，这几种说法均有失偏颇。

〔4〕 王先谦，《奏报岁试五属情形及设局刊书事宜夹片》，见《葵园自定年谱》“光绪十二年”条，收入梅季标点，《葵园四种》，岳麓书社1986年，第732页。

达了他的教育理念。

(一)“通经为先”

在朝廷和大儒的倡导下，乾嘉时期以专门之学最盛。道咸以降，学者士大夫的治经取向出现了多样化的趋势，专门之学走向融通，回归经文和应对现实成为一时风尚。王先谦所谓的“穷经”，不再是专考订、守汉法，而是“通经”。比如，他课子读书时说：“学以通经为先，而不熟必不能通，不读必不能熟……”〔1〕这一想法包括读熟经文、读通经义两层含义。细阅《劝学琐言》一书，可见王先谦“通经为先”的治学旨归。

第一，先要通《尔雅》和《说文》。王先谦强调：“治经者不通小学，无以究其原；不明假借，无以尽其变；……典午大儒，虽精博如郭景纯，尚不能通贯小学假借之旨，故于说经，不免违阂。至本朝，而《说文》多专家之学，或更上溯三代彝器，旁求汉魏字书，所以穷六书之渊微，启古训之秘奥，美矣盛矣！”〔2〕《尔雅》和《说文》本来就是通解五经之书。他继承乾嘉专门之学的传统，将小学和假借之法作为通经的根本依据。第二，通过抄书而得新义，通过考案诸家而能折中。王先谦说：“治书之要，首在取正文、前训，亲钞一通。匪特记性不佳者，可以将勤补拙，凡书经手钞，即常读之书，亦生新义。且骈列诸家，浅深显见，加以考案，折中自出，如具两造，而听五辞，犀分镜照，自然神识倍充。”〔3〕其实，抄书生新义就是读熟，考案出折中即是读通。王先谦花了大半辈子集注《三家诗》，用的就是这种办法。他说：“余研核全经，参汇众说，于三家旧义采而集之，窃附己意，为之

〔1〕王祖陶，《葵园公言行》，收入《葵园述略》，经文印刷公司 1948 年，第 13 页。
〔2〕王先谦，《顾竹侯所著书序》，《虚受堂文集》卷六，收入《葵园四种》，岳麓书社 1986 年，第 103 页。
〔3〕王先谦，《劝学琐言》卷上（中国国家图书馆文津街古籍馆藏光绪刻本，索书号 XD10865 或 XD13670），第 10b 页。按：两书乃同一印本，分别为郑振铎和陈垣旧藏。

通贯；近世治传笺之学者，亦加择取，期于破除墨守，畅通经旨。”〔1〕他的治经旨归，正是以“研核”“参汇”“附己意”“择取”的考据之功，达到“为之通贯”“畅通经旨”的义理、辞章、经济之学。

（二）“勿执汉宋”

乾嘉时期，专门之学发达的同时也出现所谓“汉宋之争”。嘉道之际，经世思潮兴起，汉宋两派彼此合会融通。在曾国藩、陈澧等人的影响下，同光间形成了“汉宋兼采”的风气。从内容安排来看，王先谦的《劝学琐言》一书分为上、下两卷，上卷侧重在汉学、下卷侧重在宋学，其本身就是汉宋兼采调和的集中体现。

针对诸儒治学的门户之见，王先谦强调：“为学所以明心，所以养心。人之放心，最难收束，惟读书可以制之。穷年矻矻，乐此不疲，屏绝外慕，是真正人，即是真道学。切勿执汉宋门户之见，强作解人，束书不观，妄生议论。”〔2〕明心、养心本是理学之旨趣，以读书求放心则是程朱功夫论和为学之方的特质。王氏将读书当作“真道学”，几将汉学等同于宋学，劝士子勿执汉宋门户。此段后文以“正诚必先格致”为据，从朱子学的角度绾汉宋为一体。他在一封致友人阎镇珩的信中解释说：“所谓汉学者，考据是也；所谓宋学者，义理是也。今足下之恶汉学者，恶其名也。若谓读书不当从事考据，知非足下所肯出也。去汉学之名，而实之曰考据之学，则足下无所容其恶矣。去宋学之名，而实之曰义理之学，则訾诋理学者无所容其毁矣。此名之为学术累也。然谓二家之学无流弊，则非也。理学之弊，宋明末流著于载记者，大略可睹。考据之弊，小生曲儒失之穿凿破碎者有之。”〔3〕王先谦的态度非常鲜明，那些拘泥汉宋的人实际上是执着于“汉”“宋”之名。他受曾

〔1〕 王先谦，《诗三家义集疏序例》，《诗三家义集疏》，中华书局2009年，第1页。
〔2〕 王先谦，《劝学琐言》卷下，中国国家图书馆文津街古籍馆藏光绪刻本，第1页a。
〔3〕 王先谦，《虚受堂文集》卷一四《复阎季蓉书》，收入《葵园四种》，岳麓书社1986年，第296页。

国藩的影响，将“汉学”化解为“考据之学”，将“宋学”化解为“义理之学”，二者均是治经本有之学问，于是乎可以相辅相成。

（三）“不偏于今古”

汉宋之争开启不久的嘉、道间，考据学界内部生发出偏重今文的思潮。美国学者 Benjamin A. Elman 指出：“今文经学实际上是清代考据学者在过去两个世纪中辛勤研究积累的文献考证成果的副产品。……考据学派在取代所谓‘空疏’的宋明理学之后，自身也成为众矢之的。过去，实学学风被用来反对理学，现在又被用来批判考证学派本身。”[1]事实上，晚清治今文学者有两类，一类是今文经世学者，另一类是今文考据学者。学界同仁多关注经世学者，对于考据学者重视不够，王先谦就属于后者。

对于本朝学者在经今古文研究上的成就，王先谦非常重视。他说：“（治经）不厘然于今古文之界域，无以析众说之是非而折其衷。……若今古文之分，则段茂堂、孙渊如之治《尚书》，陈朴园之治《三家诗》，不能无颠倒迷误之病。盖自康成注经，杂揉今古，后儒猝难辨识，强执郑说仞为今文，此其蔽也。”[2]显然，他将今古文之分作为治经的重要内容。但他自己研究今文学，既不囿于古文成见，也不偏于今文一家之言。王先谦侄子曾经回忆道：“实则公之经说，不偏于今古，但求实事也。”[3]此所谓求实事，正是他通经旨归的表现。我们知道，王先谦不仅将本朝学者的今文学著作编入《皇清经解续编》，自己也专注于《诗》《书》的今古文问题，但并不能就此视其为偏于今文的学者。他曾说：“治经须明今古之分，熟精《说文》，方

〔1〕见氏著《从理学到朴学——中华帝国晚期思想与社会变化面面观》，赵刚译，江苏人民出版社 1995 年，第 165 页。

〔2〕王先谦，《虚受堂文集》卷六《顾竹侯所著书序》，收入《葵园四种》，岳麓书社 1986 年，第 103 页。

〔3〕王祖岐，《说先伯葵园公之治学》，收入《葵园述略》，经文印刷公司 1948 年，第 50 页。

有依据。”[1]可见，其今文研究与今文经世学者很不一样。

（四）“道学、经济、文章，一以贯之”

乾嘉以来的汉宋、今古之争，虽然有实事求是的追求但毕竟流于一家之法、一派之学。当时，桐城姚鼐已将天下学问分作“义理”“考据”“辞章”三学，试图弥合汉宋。道咸之际，曾国藩等人推本孔门四科，将儒学分作义理、考据、辞章、经济四学，成为通经致用的治学规模。

受这种风气的影响，王先谦试图从小学考据法入手，会通汉宋、融通今古，作为通经致用之学。他说：“乾嘉巨儒，立汉学之名，诋宋儒言义理为不足述。独惜抱以义理、考据、词章三者不可一阙。义理为干，而后文有所附，考据有所归。”[2]此时，他的想法是以义理来通辞章、考据，比较偏于桐城旨趣。尔后，他以《尔雅》《说文》为考据之基础，贯之以义理、辞章和经济。他强调：“经济非可空谈……当熟览史书，以古为鉴，至国朝掌故，尤贵讨究精通……奉为准的，则道学、经济、文章，一以贯之矣。”[3]他的多种著述，均反映了四学合一的治学特点，比如《庄子集解》便以考据、辞章并用。

在“为学之方，穷经为首”的教育理念之下，王先谦的治经取向根本上是回到经典本身，从小学入手，博综诸家群书，不拘汉宋、不偏今古，以考据而融贯辞章、义理、经济的通经致用之学。

二、王先谦的经学教育活动及其影响

晚清教育，一方面承接古代中国传统的教育模式，另一方面受到

〔1〕 王先谦，《虚受堂文集》，收入《葵园述略》，经文印刷公司1948年，第59页。
〔2〕 转引自陈毅《虚受堂文集序》，见《虚受堂文集》，收入《葵园四种》，岳麓书社1986年，第1页。
〔3〕 王先谦，《劝学琐言》卷下，中国国家图书馆文津街古籍馆藏光绪刻本，第1页b。

西方和日本近代教育的影响，在传统与现代化的冲突融通中具有复杂多变的特点。其中，经学教育的近代转型最令人瞩目。

清代经学教育有着自身的特点，科举取士和学校讲学仍是主体，但地方督抚学政的影响大大增加，各地书院的作用也越加重要。同、光两朝，王先谦多次充任科举考官，担任国子监祭酒、地方学政，直接参与书院、新学堂及相关教育活动，其经历在晚清士大夫中比较少有。可以说，他经历了晚清最后五十年教育变迁的多个层面，是晚清经学教育近代转型的重要见证。

（一）官学管理

清代官学仍然分为中央和地方两级，中央官学即国子监，由祭酒管监事，地方官学则由提督学政管理。据《葵园自定年谱》，王先谦在光绪间先后三任祭酒。其中，第一任担任时间较长；光绪十一年，再授祭酒。

由于科举的发达，清代国子监多数时间比较衰败，唯乾隆间较盛。同治元年，朝廷有意重振国子监，经学教育也出现了再兴的转机。清末祭酒张百熙尝说："穆宗即位，诏以经史策论课士，有留心时务、通知古今者，优奖之。洎管监事翁叔平先生、宗室盛君伯羲、同里王益吾前辈，奉扬文治，奏：举人入监肄业，天下喁喁向风，人才浸渐萃于南学，至今日而益盛。"[1]光绪六年，王先谦补授国子监祭酒，后又有两次担当此职。他在承继翁同龢、盛昱管监办法的基础上，多方筹措经费，广采书籍，振兴国子监，有力地推动经学教育的发展。时任要职的翁同龢，对王先谦重振汉学颇有期许。他称赞道："王益吾长于经学，人开张，可用才也。"[2]同时，他又说："太学得

〔1〕张百熙，《成均课士录叙》，收入氏著《张百熙集》，岳麓书社2008年，第10页。
〔2〕翁同龢，《翁同龢日记》第3册"光绪八年四月九日"条，陈义杰整理，中华书局2006年，第1662页。

师，多士斐然有作者之意。”〔1〕当时，王先谦积极开导国子监诸生治经，故翁同龢、潘祖荫引为同道。可惜的是，王氏在国子监的活动只留下所编《成均课士录》第七集等少数材料。不过，从盛昱管监的情况可推知王氏掌监的大概。清末另一位祭酒王懿荣曾提到：“其（盛昱）教士以通经致用为本，根柢程、朱，而益之以许、郑、贾、孔之学，俾学者精研义理，以为躬行实践之资。又仿宋儒安定胡氏分经义、治事之法，俾学者各治一经一史及天文、舆地、兵事、农政等门。日有课程，编为札记，前祭酒详加批阅，辨其得失，孜孜训迪，终日无倦。一时肄业生皆争自磨励，勉为有体有用之学。”〔2〕当时国子监治经，已讲通经致用，调和汉宋，考据之学尽在其中，王先谦时期也是如此。

光绪十一年至十四年，王先谦任江苏学政，延续祭酒事业，调和汉宋以期通经致用。他编印《劝学琐言》，主持各州岁科试，推动南菁书院等学校的发展，引导并影响江浙学风。

（二）科举校士

清代科举，以时文制艺为主，兼及策论，经历了几个变化，在经学教育方面影响很大。《清史稿·选举志》载：“有清科目取士，承明制用八股文，取《四子书》及《易》《书》《诗》《春秋》《礼记》五经命题，谓之制义。……首场《四书》三题，《五经》各四题，士子各占一经。……二场论一道，判五道，诏诰表内科一道。三场经史时务策五道。”据《葵园自定年谱》，王氏参与校士活动，主要是任职京城和任江苏学政两个时期。

第一个时期是同治九年至光绪六年。王氏自己说：“溯余通籍以来，凡五与试差之考，而三主省试，再校礼闱。”〔3〕三主省试，分别为

〔1〕王先谦，《名贤来札选钞》，收入《葵园述略》，经文印刷公司1948年，第67页。
〔2〕王懿荣，《请将已故祭酒宣付史馆立传疏》，见《王懿荣集》，齐鲁书社1999年。
〔3〕王先谦，《虚受堂文集》卷二《〈葵园校士录存〉序》，收入《葵园四种》，岳麓书社1986年，第104页。

同治九年、光绪元年、光绪二年主云南、江西、浙江乡试，校士所得有石屏许印芳等人。再校礼闱，则是同治十三年、光绪六年两充会试同考官，校士所得有江阴缪荃孙、义乌朱一新、仁和叶维翰等人。以同治十三年甲戌科会试为例，王先谦尝说："犹忆甲戌分校，缪筱珊编修、李莼客、朱蓉生两侍御、赵桐孙太守卷，并出余房，力荐未售，同人诧余。此四君获隽，足冠一榜，余时亦颇自负。"〔1〕该榜缪荃孙、李慈铭、朱一新、赵铭诸人，在学术方面各有特点。缪氏长于古文、掌故，后来主讲南菁书院；李氏长于经学、诗文；朱氏长于经学，主讲广雅书院；赵氏亦长于经学、诗文。

第二个时期是光绪十一年至十四年。在学政任内，王先谦主持各州岁科试，校士所得有兴化李详、松江于鬯、元和江标、盐城陈玉树等人，有些还直接选入南菁书院就读。比如山阳顾震福，字竹侯，为王先谦所拔之士。顾氏有《雅函故斋丛书》，包括《小学钩沉续编》《三家诗遗说续考》《毛诗别字》《周易联语》《重言释》《学庸古义会笺》《方言校补》《释名校补》《孟子刘注辑述》等多部。王氏对顾氏颇为器重，曾为其书作序加以表彰，自著《诗三家义集疏》时亦引其《小学钩沉续编》之说。

（三）书院讲学

清代书院与经学教育关系甚密，经学人才的培养、经学著述的撰作、经学风气的形成无不与书院讲学有关。〔2〕晚清是书院极盛并转型的时期，讲学本身也走向多样和会通。王先谦几十年教育生涯中，从事书院讲学的时间最长、影响也最深。前后可以分为江苏学政和归老长沙两个时期，大致对应以旧学为主的光绪前期和新旧学兼具的光绪后期。

---

〔1〕王先谦，《虚受堂文集》卷二《〈葵园校士录存〉序》，收入《葵园四种》，岳麓书社1986年，第105页。
〔2〕参见刘玉才，《清代书院与学术变迁研究》（北京大学出版社2008年）等著作。

第一个时期为光绪十一年至十四年间。身为江苏学政的王先谦主管南菁书院，并参与书院讲学活动。在前任学政黄体芳创始的基础上，王先谦沿用国子监分科教士的方法，留黄以周主讲经学，新聘缪荃孙主讲古学。此项措施弥合了科举、学校之矛盾，延续了汉宋兼采调和之治经取向，培养出大批人才。[1]比如，盐城陈玉树，从入读南菁到著书立说，都离不开王先谦。陈氏以治经著称，尤精《诗经》《尔雅》，所作《毛诗异文笺》一书得到王先谦的肯定和建议。王先谦对陈氏也有较高的评价："余既嘉其能文、穷经，知古谊，又稔知性行孝友，志气激昂，自树立，意甚重之。"[2]再比如，娄县张锡恭，在学术上也得到王先谦的指导。在一篇课艺《读胡氏仪礼正义》中，张氏对胡培翚的门户之习提出了严厉批评。《仪礼正义》一书被王先谦收入《皇清经解续编》，是书院师生研读的对象。王先谦批阅这篇课艺时，赞称张氏的功力及相关意见。[3]当然，王先谦治经取向也影响了南菁后学，比如丁福保作《说文解字诂林》即承王氏《劝学琐言》所示小学二书为基础的通经旨趣。缪荃孙为王氏七十寿序时总结道："南菁书院初创，先生为集巨款，增学额，弦政鼓舞，蒸蒸日上，至今礼学馆所共推、江苏通志局所首选者，皆南菁之门人。"[4]

第二个时期为光绪十六年至二十九年。王先谦请假归湘，主讲长沙诸书院。比如，思贤讲舍，乃追尊王夫之而建于曾文正公祠内，承传王氏、曾氏之学。光绪十六、十七年，王先谦应郭嵩焘之请主讲思贤讲舍，以读书自经始、本原在立身制行为理念。[5]城南书院，乃南

---

〔1〕参见赵统，《南菁书院历年学友录》，《南菁书院志》第九章，上海书店出版社2015年，第472—649页。

〔2〕王先谦，《盐城县学生陈君墓志铭》，见《虚受堂文集》卷十，收入《葵园四种》，岳麓书社1986年，第229页。后来，陈氏侄陈钟凡在《王葵园太先生逝世三十周年纪念词》提及（收入《葵园述略》，经文印刷公司1948年，第53页）。

〔3〕转引自赵统，《南菁书院志》，上海书店出版社2015年，第249—250页。

〔4〕王先谦，《葵园自定年谱》，收入《葵园四种》，岳麓书社1986年，第800页。

〔5〕郭嵩焘，《郭嵩焘日记》第4册"光绪七年八月初一日"条，湖南人民出版社1980年，第204页。

宋张栻所创，有理学之传统。光绪十八、十九年，王先谦接替湘中名儒王楷主讲城南书院。岳麓书院，始建于北宋初，继承朱张会讲的传统。光绪二十年至二十九年间，王先谦主讲岳麓书院。王氏掌岳麓书院最长，对于书院制度和人才培养的影响也最深远。光绪二十二年，王先谦根据朝廷整顿书院的意见，为岳麓书院制订新的章程。在改章手谕中，他将课程归纳为经、史、掌故、算、译五门，合舆地入史学，重视经学、中学之教育。[1]

此外，王先谦也参与了湖南师范馆、时务学堂等新学堂的创设。当时，张之洞等人欲以中、西学合办，王先谦不同意这种教育理念。他认为西学只是工艺，可由新学堂完成，与中学之书院不同，如果合办则恐中学将绝。[2]不过，王先谦最终还是附和了这种做法。比如，关于时务学堂的办学理念，王先谦偕张祖同（百熙之兄）、叶德辉等人强调："原设立学堂本意，以中学为根柢，兼采西学之长。"[3]这种观点，与当时主流学术是一致的。

（四）刻书劝学

清代刻书劝学，几成教育事业的重要内容。嘉道咸同以来，以书院、书局为中心的刻书活动，与学术教育连成一体。其中，阮元及其诂经精舍、学海堂，曾国藩及其金陵书局刻书颇具影响。光、宣年间，大体以王先谦编刻书籍最为精勤，至少数十种、数千卷。他的刻书活动与其劝学活动完全同步，很多本身就是教育活动的延伸。比如，他在国子监祭酒任上编刊《续古文辞类纂》三十四卷，是为学子学习国朝古文提供便利，同时也影响了举子的学术取向。除国子监刻

〔1〕《岳麓书院月课改章手谕》，转引自邓洪波，《湖南书院史稿》（湖湘文库本），湖南教育出版社 2013 年，第 642—644 页。

〔2〕 王先谦，《学堂论上》，见《虚受堂文集》卷一，收入《葵园四种》，岳麓书社 1986 年，第 13 页。

〔3〕《湘绅公呈》，见苏舆编，《翼教丛编》卷五，上海书店出版社 2002 年，第 149 页。

书外，还有两轮刻书活动颇为重要。

第一轮是，在江苏学政任内，王先谦设立南菁书局，着力刊刻本朝经解及书院师生之作。据《葵园自定年谱》，光绪十一年“十一月，发观风题附撰《劝学琐言》一册，开设南菁书局，汇刻先哲笺注经史遗书，捐千金为倡，期以三年成之”。[1]此间，他刊刻了巨著《皇清经解续编》《南菁书院丛书》，还刊刻了《清嘉集》三编、《江左制义辑存》等书。以刊刻《皇清经解续编》为例：该书共二百零九种、一千四百三十卷，收录了本朝学者及书院教师的著作，传播了本朝经学成就和治经风气。书院师生参与编校工作，使他们在学问上得到施展和训练。像黄以周《礼说略》《经说略》和林颐山《经述》等著作，更反映南菁书院治经的面貌。据学者统计，陈庆年、陈汝恭、冯铭、沙从心、章际治、赵椿年、曹俨、唐文治、丁国钧、范本礼、邵元晋、孙同康等学生参与了编校工作。[2]再以刊刻《南菁书院丛书》为例：该书分八集共计四十一种、一百四十四卷，可以视作前书的续编。此书除了收入本朝学者经史之作外，还特别收录了南菁书院学生的著作，是南菁书院学术的一次集中展示，反映了南菁学术社群初具规模。从收录于鬯《说文职墨》、胡玉缙《说文旧音补注》、陈玉树《毛诗异文笺》等著作来看，颇能反映王氏重视《说文》《尔雅》之学的经学教育思想。

第二轮是，王先谦归乡主讲长沙诸书院期间，设立思贤书局，刊刻湘籍学者或湘人所推重学者之著述，包括不少湘籍学者的经学著作。光绪十六年，王先谦主讲思贤讲舍时下设刻书处。后与传忠书局合并，成为思贤书局，三十年间所刻书达七十八种之多。[3]比如，刊刻郭嵩焘《中庸章句质疑》《大学章句质疑》《礼记质疑》《养知书屋

---

〔1〕 王先谦，《葵园自定年谱》，收入《葵园四种》，岳麓书社1986年，第731—732页。
〔2〕 参见赵统，《南菁书院志》，上海书店出版社2015年，第68页。
〔3〕 见刘泱泱，《思贤讲舍、思贤书局小考》，收入《中国近代现代出版史学术讨论会文集》，中国书籍出版社1990年。

遗集》，郭氏汉宋兼采的学术风格对湖南学子产生了一定的影响。刊刻顾炎武《音学五书》、吴大澂《字说》、王氏本人《荀子集解》《尚书孔传参正》等，推动了考据之学在湖南的发展。刊刻皮锡瑞系列著作《古文尚书冤词平议》《古文尚书疏证辨证》《六艺论疏证》《驳五经异义疏证》《经学历史》《经学通论》《王制笺》等，堪称清末经学之一盛事。[1]

三、从学术交游看王先谦与晚清经学之互动

王先谦的经学成就及经学教育事业，既是晚清学风的产物，也是其师友后学合力成就的。他生长于湖南，崛起于京城。他交游很广，既有咸同之际的前辈师友、同光之际的同辈友朋，还有光宣及民初的门人后学，影响由湖湘、京城、江浙及于全国。从学术交游来看，王先谦与晚清经学社群有良好的互动。

早年的王先谦，主要受湖南原有的理学、时文学风之影响。此时的王先谦，明显偏向宋学而不以汉学为然。[2]其门人叶德辉尝说："阁学师不出桐城古文范围，于经学有中年出家之弊。"[3]后来，王先谦从湘中入京师，由京师至江苏，自江苏归乡，受湖湘经世之学、桐城古文之学、江浙专门之学、北方理学多种风气之影响，其学遂能兼综博大、自成一家。

（一）学术交游与王先谦的经学教育事业

王先谦平生学问和教育事业，离不开他的前辈老师、同辈朋友和门人后学。如果依照晚清士大夫的社群流派，王先谦的学术交游遍及

〔1〕参见寻霖、刘志盛，《湖南刻书史略》，岳麓书社2013年，第207—212、361—366页。
〔2〕王先谦，《述情三首（之三）》（同治元年作），见《虚受堂诗集》，入《葵园四种》，岳麓书社1986年，第363页。
〔3〕叶德辉，《郎园学行记》，收入《崔建英版本目录学文集》，凤凰出版社2012年，第109页。

重臣名儒、文士绅商和外国学者，包括清流浊流、南派北派、新派旧派等各式人物，郭嵩焘有“博学多能，虚心善下，良不易得”之誉。[1]

在前辈老师中，以湘籍曾国藩、周寿昌和郭嵩焘对王先谦的影响最大，宝鋆、潘祖荫也有相当的影响。他们有些是经世家，有些是宋学或汉学名家，转益多师正是王先谦倾向汉宋调和的重要因素。在同辈朋友中，与湘籍张祖同、瞿鸿禨、郭庆藩、皮锡瑞最为相知，俞樾、翁同龢、吴大澂、张之洞也与他惺惺相惜。他们或长于经济，或长于文辞，或长于考据，或长于今文，但多数都能会通汉宋、融通中西。在门人后学中，早期以江浙人士为主，李慈铭、缪荃孙、朱一新、吴庆坻与他相知如朋友。他们治学偏向考据，也有以文章、义理取胜者。晚期门人则以湘籍人士为主，叶德辉、陈毅、苏舆、杨树达与他较为切近，对他学问的成就和发扬帮助较大。

有趣的是，王先谦在学术教育上所受影响和影响所及，前辈老师大体以曾国藩为中心，而友朋后学大多与张之洞系统有关，基本上没有出离晚清学术之主流。

（二）王先谦与晚清经学主流

晚清经学，呈现出多样和会通的趋势，曾、张之学是主流。此间，有自执汉宋门户者，也有偏于今古之争者，亦有维新、守旧之对抗，还有中学、西学之取舍。而王先谦的学问，是曾、张之学为代表的晚清主流学术的时代回响。

首先，就治经方法来说，王先谦视《说文》《尔雅》为基础，这是曾、张学问的反映。同治初年，曾国藩回忆说：“余于道光末年，始好高邮王氏父子之说。”[2]后来，他在家信中反复要求子侄辈以小学

---

〔1〕 郭嵩焘，《郭嵩焘日记》第5册“光绪八年八月十一日”条，湖南人民出版社1980年，第312页。

〔2〕 曾国藩，《谕纪泽》（同治元年正月十四日），收入《曾国藩全集》第21册《家书二》（修订本），岳麓书社2011年，第3页。

为读书门径。光绪初年，张之洞提出："解经宜先识字。此非余一人之私言，国朝诸老师之言也。……形声不审，训诂不明，岂知经典为何语耶？如何而后能审定音义？必须识小篆，通《说文》，熟《尔雅》。"[1]不过，曾、张之说虽然取之于国朝诸老，却不取其琐碎，而是视小学为通经之基础。

其次，在经解推崇上，王先谦重视本朝的经学成就，这也是曾、张学问的反映。咸丰末，曾国藩就说："学问之途，自汉至唐，风气略同；自宋至明，风气略同；国朝自成一种风气。不过顾、阎百诗、戴东原、江慎修、钱辛楣、秦味经、段懋堂、王怀祖数人，而风会所扇，群彦云兴。尔有志读书，不必别标汉学之名目，而不可不一窥数君子之门径。"[2]后来，他作《圣哲画像记》，更将本朝诸儒列入道统性质的谱系。光绪初年，张之洞明确说："宜读国朝人经学书。经语惟汉人能解，汉儒语惟国朝通儒能遍解。……书多矣，以《皇清经解》为大宗，虽未全录，已得大概。……学海堂辑刻《皇清经解》成书后，续出者尚多，先出而未见、未收者，亦不少，以此例之即得。"[3]后来，王先谦继承阮氏之志续编《皇清经解》，其旨在读经之门径。几乎与此同时，张之洞有意在广雅书院续编《皇清经解》，此所谓英雄所见略同。南菁书院培养的很多学生，成为张之洞幕府的重要人物，绝非偶然。

再次，就思想倾向来说，王先谦固守"汉宋兼采调和"和"中体西用"，反对各类偏颇见解，这也是曾、张学问的反映。咸丰、同治间，曾国藩对于太平天国的奇谈怪论有反驳。光绪末年，张之洞对康有为的孔子改制说、梁启超援民权说改造儒学，都有猛烈的批评，甚

[1] 张之洞，《輶轩语》语学第二，收入《张之洞全集》，河北人民出版社 1998 年，第 9779 页。
[2] 曾国藩，《谕纪泽》（咸丰九年四月二十一日），收入《曾国藩全集》第 21 册《家书二》（修订本），岳麓书社 2011 年，第 426 页。
[3] 张之洞，《輶轩语》语学第二，收入《张之洞全集》，河北人民出版社 1998 年，第 9781—9782 页。

至斥之为邪教。以《翼教丛编》一书为例，王先谦对于西教、康学多有不满。书中作者，基本上是王先谦的门人和同调，比如朱一新、梁鼎芬、叶德辉。书中引用张之洞《劝学篇》，足见王先谦的观点与张氏大致相合。

当然，王先谦主要在考据、辞章两学上发展了曾氏之学。而他与张之洞的关系很复杂，学术上同多异少，人事上却不甚相能。在两人共同的门生中，朱一新的很多主张与两位老师均有关系。比如，朱氏说："有义理之学，有经济之学，有考据之学，有词章之学。……义理尤切于日用，故汉学必以宋学为归宿，斯无乾嘉诸儒支离琐碎之患；宋学必以汉学为始基，斯无明末诸儒放诞空疏之弊。"〔1〕张之洞和王先谦都有类似的见解。光绪初，张、王两人同在京城被前辈赞誉，交往也很多。后来，张之洞官至重臣，时常推荐王先谦担当地方学务和事务。

（三）王先谦与湖湘经学

湖湘学术，向以理学和时文为盛。自二贺、陶、魏诸公兴经世之学，至曾、左、胡诸公推崇王夫之，再融通汉学，颇具地方特色。至光绪年间，郭嵩焘回湘居长沙，一直是前期湖南学术的核心人物，而王先谦则成为后期湖南学术的核心人物。

首先，王先谦本人是晚清湖南经学的重要代表。道、咸以来的湖湘学术，正是在经世之风和推崇王夫之的基础上发展起来的。钱基博先生认为："昔王益吾先生以博学通人督江苏学政，提倡古学，整饬士习，有贤声。……然文章方、姚，经学惠、戴，头没头出于当日风气，不过导扬皖吴之学，而非湘之所以为学也。"〔2〕王先谦的学术兼有湖湘、江浙的多重特点，故此说有一定的道理，但"非湘之所以为学

〔1〕 朱一新，《佩弦斋杂存》卷上《复傅敏生妹婿》，见《拙盦丛稿》光绪二十二年刻本。
〔2〕 钱基博，《近百年湖南学风》，中国人民大学出版社 2004 年，第 113 页。

也”之议论似太过矣。其实，他的“皖吴之学”得自曾国藩和周寿昌。叶德辉曾有评价：“三吴汉学入湖湘，求阙斋兼思益堂。”[1]思益堂即周寿昌。周氏是王先谦早年的老师，也是他岳父之兄，以文章、学问名世，尤精史学。观晚清诸家日记可知，王先谦出道入朝的师友交游大多源自周寿昌。王氏的名作《汉书补注》和《后汉书集解》两书，引周氏说法极多，显为承其而作；所编《续古文辞类纂》，也引用周氏的文评。可见，王先谦的考据、辞章两学亦自周氏而来。同时期，湖南其他几位经学大家比如王闿运、皮锡瑞和叶德辉也各有千秋。王氏反对宋学，皮氏偏于今文，叶氏乃东南学术，均与传统湖南学风不同。其实，诸公之变与不变，正是近代湖湘学术的新发展。

其次，王先谦为晚清湖湘学脉的建构和延续做过不少努力。一是整理出版湖湘学者著作。比如，他编刻《皇清经解续编》时，收入王夫之等湖湘学者经学著作若干；整理出版郭嵩焘、周寿昌等湘籍师友的著述。二是自觉发扬湖湘学的学术思想。比如，他主讲思贤讲舍、城南书院、岳麓书院，重视乡贤学问的教授研读，还参与祭祀乡贤、撰作乡贤史传等工作。三是培养湖湘后学并影响湖湘学术。比如，曹孟真得其《尚书》之学，杨树达续其《汉书》之学，罗焌续其诸子之学。[2]

四、晚清经学及经学教育诸问题之断想

近代以前，传统经学教育虽然也经历了外来文明的冲击，但经学传承及其体系相对稳定。至晚清，传统经学教育真正面临新旧之变、内外之变、古今之变、中西之变的多重激发，逐渐向近代教育转型。就经学而言，学界主流研究是以经今古文之争为主线的经学思潮之进

---

〔1〕 叶德辉，《王葵园阁学太夫子挽诗》，收入《葵园述略》，经文印刷公司 1948 年，第 26 页。
〔2〕 按：2010 年，笔者曾作《略议民国以来湖南地区的旧学谱系》一文，文稿未完成，故没有在当年举办的“纪念张舜徽先生百年诞辰学术研讨会”上发表。

路，特别强调康有为和章太炎的核心影响；就教育而言，学界同仁主要关注废罢旧式科举和大兴新式学堂，特别强调传统教育的衰落和新式教育的建立。这中间，专门讨论晚清经学教育的论著很少。

近几年，有学者已经指出“张之洞、陈宝箴集团是当时清政府内部最大的政治派系之一，也是最为主张革新的团体”，此说打破了以康梁为中心的戊戌变法叙事。[1]由政治史再扩展到学术史，康、章为主体的晚清学术史叙述亦有问题，包括最近兴起的康有为研究。我们认为，经学教育的近代转型主要有两种取向：一是汉宋兼采调和、中体西用的守旧开新模式，以曾国藩、张之洞及其同调为代表的主流学术；二是今古分立、援释道西学入儒的改造变革模式，以康有为、章太炎及其同调为代表，属于主流的变异。

（一）考据、义理、辞章、经济为一体的守旧开新模式

清代学术，由程朱理学渐至汉唐经学，乾嘉时期出现所谓汉宋之争，至晚清则出现多样和会通的趋势。曾国藩说：“为学之术有四：曰义理，曰考据，曰辞章，曰经济。义理者，在孔门为德行之科，今世目为宋学者也。考据者，在孔门为文学之科，今世目为汉学者也。辞章者，在孔门为言语之科，从古艺文及今世制艺诗赋皆是也。经济者，在孔门为政事之科，前代典礼、政书及当世掌故皆是也。”[2]他从旧学整体、儒学系统的角度，将汉宋之争转至汉宋调和，从考据、义理二分转至考据、义理、辞章、经济四合一。这种经学教育理念，是对清代学术的总结，影响了晚清经学的基本方向。从曾国藩起，他的同辈朋友和门人后学都有相似的看法，包括张之洞、吴汝纶、王先谦、张百熙等晚清经学教育中的重要人物。

---

〔1〕参见周积明，《谁是维新派？谁是立宪派？——关于清末民初思想史研究的思考》，《光明日报》2015年5月6日第14版。

〔2〕曾国藩，《劝学篇示直隶士子》，收入《曾国藩全集》第14册《杂著》，岳麓书社2011年，第486页。

考据、义理、辞章和经济如何合一，又如何应对新兴的西学，成为清末民初的重大问题。张之洞将原有的“汉宋调和”论与新提出的“中体西用”结合起来，使传统经学教育呈现出新的发展态势。张之洞讲到学堂之法时说：“一曰新旧兼学。学《四书》、《五经》、中国史事、政书、地图为旧学；西政、西艺、西史为新学。旧学为体，新学为用，不使偏废。”[1]旧学即曾氏所谓考据、义理、辞章、经济之学，而由“旧学”变为“中学”、“新学”变为“西学”，则与清廷自谓“中国”、与日本有别等问题有关。当然，无论新学旧学，“宗经”都是至为重要的。后来的《奏定大学堂章程》载经学研究法：“通经所以致用，故经学贵乎有用；求经学之有用，贵乎通，不可墨守一家之说，尤不可专务考古，研究经学者，务宜将经义推之于实用，此乃群经总义。”[2]不过，由于种种原因，传统经学教育之近代转型的守旧开新模式并不成功，传统经学最终也走到了现代学术的边缘。

（二）今古分立、援释道西学入儒的改造变革模式

曾国藩、张之洞及其同调响应近代转型的同时，康有为、章太炎诸派随之出现。康、章二人，无疑是影响民国学术的标志性人物。若以政治立场和活动而言，他们与张之洞系统很不相同，学界将他们概括为维新、革命和洋务三派；但若以学术立场和活动而言，他们与张之洞系统却有着千丝万缕的联系，相似性极高。

清末，在政治上先后有两波思潮兴起。第一波为康有为、梁启超等人的变法主张，第二波为孙中山、章太炎等人的革命主张。在经学及经学教育问题上，则分别以康有为和章太炎为代表，讲究今古分立、援释道西学入儒。受到革命谱系的影响，学界同仁将革命与维新

---

〔1〕 张之洞，《劝学篇·外篇·设学第三》，收入《张之洞全集》，河北人民出版社 2012 年，第 9740 页。

〔2〕 收入陈元晖主编，《中国近代学制教育史资料汇编·学制演变》，上海教育出版社 2007 年，第 350 页。

对立、维新与洋务对立，其实不必然。关于康有为的学术，萧公权先生指出：“（康有为）努力使儒家传统以及帝政适应19世纪末与20世纪初的新形势，以保国、保种、保教。他与主张‘中学为体，西学为用’的张之洞并无很大的不同，所不同者仅程度而已：张之洞要保存传统中的中学（儒学），而借自西学的不过是技器；康有为则予儒学以非传统的解释，而且除西方的科技外更建议变法。因此康氏远较张氏激进，然两人一样热心使儒学的权威与影响绵延下去。康氏与张氏一样坚信尊孔与保教必须与富强维新齐头并进。康有为作为儒家的卫护者可说是与张之洞一样‘保守’，特别是民国成立后不久，他对中国传统的态度。”〔1〕可以说，康氏当初偏激，晚年则与张之洞的守旧开新并无不同。关于章太炎的学术，有学者说：“官方与国粹派的国学思想虽然不同，但学术内容并无大异，均以四部之学为基础。”〔2〕还有学者说：“在清末最后发起存古学堂的举措，不仅被外人视为‘国粹主义’，甚至与章太炎等具有反清倾向的国粹论者亦不无互动。”〔3〕早年，章太炎及其“国粹派”，主张“通经致用”和“实事求是”，但以反满革命求“保国、保教、保种”；待其晚年，章太炎本人似有回归之意，众多的国故活动均有张之洞和王先谦系统的旧学人物参与。至少在经学教育上，他与张之洞的守旧开新模式亦有异曲同工之处。应该说，今古分立、援释道西学入儒的改造变革模式也不成功，虽然当事人多有悔意，但传统经学最终走向了支离破碎。

（三）关于研究思路和方法的几点反思

回顾学界同仁有关晚清经学和学术的研究，我们想到几个问题，在此稍作补充。

---

〔1〕见氏著《近代中国与新世界：康有为变法与大同思想研究》，汪荣祖译，江苏人民出版社1997年，第105页。

〔2〕见罗检秋，《嘉庆以来汉学传统的衍变与传承》，中国人民大学出版社2006年，第427页。

〔3〕见陆胤，《政教存续与文教转型——张之洞的学人圈》，北京大学出版社2015年，第287页。

第一个问题是，以进化论和革命谱系来讨论晚清民初的学术思想是否合适？民初以来，进化论深入人心，国民革命和社会主义革命话语逐渐形成。以进化论和革命谱系为基准来讨论晚清民国的学术思想，虽取得了一定的成绩但也有不少缺失。晚清经学，曾国藩、张之洞及其同调是学术主流，并影响民国的旧学。学界高估康有为、章太炎在晚清经学史上的作用，是基于进化论和革命谱系，既与历史事实不尽相符，也与经学本身发展难以吻合。实际上，康、章是曾、张主流的变异，其在光宣之际稍有影响，有些时候是借助民国新体制和新派人物发展起来的。

第二个问题是，以地域文化来讨论晚清民初的学术思想是否合适？有学者依照地域文化来讨论，固然有一定的合理之处，但似乎也有似是而非的地方。传统中国的地域文化确有不同，但往往是同中有异，能否构成截然有别的区域类型，则需要仔细分析。至于社会学方法影响下的区域研究，与传统地域文化研究也不一样，能否由此构建近代学术地理是有问题的。

第三个问题是，晚清民初的政治与学术思想之间到底是何种性质的关系？古代中国，政治和学术关系紧密，政治以学术为基础，学术又受政治影响，但是二者并非异步。特别是在转型时代，学术本身的变化比较缓慢，而政治往往变化很快，晚清民初也不例外。康、章二氏的学术思想，在当时并非主流，而是得到维新派、革命派后来的追认和建构。当然，民国成长起来的新派人物比康、章二氏转变得更快。

第四个问题是，晚清民初的经学与当时思想又是何种关系？有人把经学当作专门史中的思想史、文化史的一部分，要跳出经学研究经学，不太清楚经学的性质和自身学术规律，而跳出经学只能整理“经学史”、研究“经学批判史”，而未能很好地研究经学本身的问题。近代思想固然对经学风气有影响，但并不能与具体经说一一对应。

晚清民初，向来是诱人的议题。这个议题固然值得更为细致、更为系统地研究，但是也需要不断反思和检讨这个议题的研究思路和方法。

启蒙与救亡之争

从《翼教丛编》看湖南新旧两党的论争

曹润青[1]

一

不少学者业已指出，戊戌变法前发生在湖南的新政运动成为了激化新旧两党[2]矛盾的导火索，针对以康有为、梁启超为首的新党，张之洞于光绪二十四年“撰《劝学篇》成，以正人心，开风气”；[3]王先谦弟子苏舆于同一年收集旧党文章辑成《翼教丛编》，[4]“专以明

---

〔1〕 作者单位：中共中央党校哲学部。

〔2〕 本文以“新党”“旧党”之名指称湖南推行新政期间的两派对立势力，乃本之于罗志田先生之说：“‘新党’与‘旧党’等群体认同词汇在近代中国获得较有共识的明确指谓，大约即在戊戌变法前后。……而在新政推行较早的湖南，新旧之分在戊戌前一年即已基本确定，唯新旧两派尚不到水火不相容的程度而已。”参见罗氏作《思想观念与社会角色的错位：王先谦、叶德辉与戊戌前后湖南新旧之争》，载罗志田，《道出于二——过渡时代的新旧之争》，北京师范大学出版社 2014 年，第 66 页。

〔3〕《张之洞年谱简编》，载吴剑杰编，《张之洞卷》，中国人民大学出版社 2014 年，第 493 页。

〔4〕 王先谦在《王先谦自定年谱》“光绪二十四年戊戌”条下有“门人苏厚康孝廉舆为《翼教丛编》若干卷，于康、梁造谋、湖南捍乱，备详始末，亦佳书也”。认为《翼教丛编》成于苏舆之手。参见王先谦，《王先谦自定年谱》，载王先谦，《葵园四种》，岳麓书社 1986 年，第 745 页。《翼教丛编》校者在“点校说明”中亦认为此书为苏舆所编，“为了形成与维新人士的对立之势，王先谦的得意门生苏舆，将当时湖南士人中反对维新的文章、言论汇集成册，题名《翼教丛编》，予以刊布”。并认为该书于“光绪二十四年四月刊行”。参见苏舆编，《翼教丛编》“点校说明”，上海书店出版社 2002 年，第 1 页。然而据《王先谦·叶德辉卷》编者所作《叶德辉年谱简编》，认为该书实出自叶德辉之手，“约月底，德辉集湘省内外驳康、梁诸文，假苏舆之名编为《翼教丛编》，初刊本由长沙思贤书局刊刻，甫出，武昌官书局即为翻刻，他省亦多有流播”。并认为该书约成于农历八月底。参见王维江、李骜哲、黄田编，《王先谦·叶德辉卷》，中国人民大学出版社 2015 年，第 600 页。在编者问题上，本文仍沿袭一般说法，即以苏舆为该书编者；然而刊行时间上则从王维江等人，以《翼教丛编》苏舆所作之序明言该书“断自七月以前”，并落款志序时间为“光绪二十四年岁次戊戌秋八月”，参看苏舆编，《翼教丛编·序》，第 2 页。编者详情留待日后考证。

教正学为义”；[1]叶德辉则于戊戌年后三年即光绪二十七年刊行《觉迷要录》，进一步攻击康、梁。其中，《翼教丛编》一书最为直接地显示了以王先谦、叶德辉为首的湖南旧党对指导湖南新政运动的康梁的不满。然而囿于“新”“旧”之名，对于攻击、抵制康梁思想的王先谦、叶德辉等人，学界习惯将其视为保守、顽固势力之代表，而忽视了王先谦、叶德辉思想中的积极面相，并因此模糊了湖南新旧两党之间真正的分歧所在。罗志田先生在《思想观念与社会角色的错位：王先谦、叶德辉与戊戌前后湖南新旧之争》一文中对当下较为流行的有关新旧之争的焦点进行了细致的讨论，他指出美国学者刘易斯以湖南守旧士绅反对康有为是希望借助发展地方工商业维护自身社会地位以及抵制西人入侵的说法失之于理想，以新旧之争为资本主义和封建主义之争的大众观点则失之于武断，对杨念群先生提出的以地域之争的视角看待湖南新旧之争的方法提出了商榷，以社会资源分配不公及地方官的重视不够导致旧党反戈一击的观点为依据不够充分，[2]在此基础上，罗先生指出“他们（笔者注：指旧派）与新派的区别主要在于双方对西方冲击影响所及的面相、严重性以及迫切的程度之上。可以说，当时全国性新旧之争的一个关键，即忧患意识的侧重点不同，从而导致可能是根本的策略分歧”，[3]并最终将新旧两党之间的冲突归结为“保教与保国”的深层次冲突，“新派害怕不行新政则瓜分之祸亟，外患又引起内乱，从而造成亡国。旧派则认为人心不固将先生内乱而招外侮，然后亡国。虽然祸乱的总根源都是西力东渐，但在可能发生的当下祸源方面，新派以为外患已迫，而旧派认为内乱更急。”[4]而这种根本性的差异又直接

[1] 苏舆编，《翼教丛编·序》，上海书店出版社 2002 年，第 2 页。
[2] 参看罗志田，《思想观念与社会角色的错位：王先谦、叶德辉与戊戌前后湖南新旧之争》，载罗志田，《道出于二——过渡时代的新旧之争》，北京师范大学出版社 2014 年，第 83—86 页。
[3] 同上书，第 87 页。
[4] 同上书，第 93 页。

影响了新旧两党在行动策略取向上的不同。罗先生此文可谓近年来探究新旧两党矛盾的力作，在许多问题上的认识发前人所未发，大大推进了研究的深度。然而对于新旧两党学理层面的龃龉与抵牾，罗文未及详论，本文希望能在罗先生此文的基础上，进一步充实相关研究。

二

由相关史料可知，梁启超于光绪二十三年应湖南巡抚陈宝箴之邀抵长沙任时务学堂中文总教习[1]，然而在梁氏抵湘之前，湖南新政已渐成风气，王先谦在《王先谦自定年谱》"光绪二十四年戊戌"条下曾简略描述当时维新之士聚集湖南的盛况，"陈右铭中丞宝箴莅任湖南，余素识也。向以志节自负，于地方政务，亦思有所振兴。会嘉应黄遵宪来为盐法长宝道，与中丞子三立、庶常熊希龄合谋，延有为弟子梁启超为新设学堂总教习。江标、徐仁铸相继为学政"。[2]陈宝箴作为湖南一省巡抚积极延揽维新人才，在他周围集结了黄遵宪、江标、徐仁铸、谭嗣同、唐才常、陈三立等一大批支持维新的士人，成为推动湖南新政的主要力量，并且形成了有利于变法的政治氛围。除了空降到湖南推行新政的官员，以王先谦为首的当地士绅早已经身体力行地推动本土的工商业发展，据《王先谦年谱简编》，陈宝箴到任前三四个月，"王先谦等人有筹运内河轮船之议"，陈宝箴上任后，王先谦即与之商议，"创办和丰火柴公司"，并于光绪二十三年"在长沙创办发电厂"。[3]实业活动以外，王先谦在梁启超抵湘之前已对其主持的

〔1〕 参见《梁启超先生学术年表》"1897年（光绪二十三年）"条下，"11月，离沪抵长沙，任时务学堂中文总教习"。梁启超，《中国近三百年学术史》（新校本），夏晓虹、陆胤校，商务印书馆2011年，第435页。

〔2〕 王先谦，《王先谦自定年谱》，载《葵园四种》，岳麓书社1986年，第744页。

〔3〕 分别参见《王先谦年谱简编》"光绪二十一年乙未"条、"光绪二十三年丁酉"条，载王维江、李骛哲、黄田编，《王先谦·叶德辉卷》，中国人民大学出版社2015年，第261页。

岳麓书院进行了课程改革，“经、史、掌故、译、算各学，列为五门，以舆地并归史学。经、史、掌故由院长自行督课，算学别立斋长，译学延请教习。”[1]改革意图十分清晰，即以中学为体，兼采西学，中西学术并重。可见，王先谦对西人之学术及技艺都抱持积极态度。事实上，时务学堂的筹建本身就与王先谦有直接的关系，学堂系由王先谦率先倡议，后经陈宝箴董成其事；时务学堂成立后，王先谦则担任学堂绅董，因此时人皆以为王先谦为时务学堂主持[2]。客观来讲，在梁启超抵湘以前，湖南士绅之间已形成推行新政的共识。

即使从当时的梁启超一方来看，他对湖南已经推行的开矿、办轮船等举措亦颇为肯定。梁启超在抵湘后不久即上书陈宝箴《论湖南应办之事》，此文可视作其在湖南宣传维新思想的纲领性文章，在文末梁启超指出当时湖南的新政已初见规模：“至于新政之条理，则多有湖南所已办者，如矿物轮船学堂练兵之类；或克日开办者，如学会巡捕报馆之类；或将办而尚有阻力者，如铁路之类；或已办而尚须变通扩充者，如钞票制造公司之类，今不必述。”[3]可见自梁启超的立场来看，当时湖南新政亦是颇有可观之处。正是因为官、绅及梁启超三方在推行新政上有一定的共识，因此梁启超在抵湘之初受到了普遍的欢迎，即使双方生隙之后，王先谦在与吴学兢的信中亦未曾避讳梁启超初到湖南之时他对梁启超所举事业之支持，“学堂、学会，先谦皆曾到场，以学堂系奉旨建立，学会则中丞殷殷注意，随同前往，然皆仅到一次，因先谦事忙，并非有所避忌而不往也”。[4]由上可以推知，在梁启超抵湘之后，湖南官绅与梁启超之间在推进变法维新这一主题上

〔1〕 转引自《王先谦年谱简编》“光绪二十三年丁酉”条，参见王维江、李骜哲、黄田编，《王先谦·叶德辉卷》，中国人民大学出版社2015年，第261页。

〔2〕 “先谦因刻书事冗，又本性夙耽闲静，不愿多预人事，故从前学堂之事，外人以为先谦主持，群相指摘，先谦实无所闻知。及见有悖谬实迹，同人督先谦首列具呈，先谦亦毫无推却。”参见《王祭酒与吴生学兢书》，载苏舆编，《翼教丛编》，上海书店出版社2002年，第160页。

〔3〕 梁启超，《论湖南应办之事》，载《饮冰室合集》第1册，中华书局2008年，第47页。

〔4〕 《王祭酒与吴生学兢书》，载苏舆编，《翼教丛编》，上海书店出版社2002年，第159页。

实际上形成了一种松散的同盟关系，换句话说，被视为保守势力之首的王先谦在湖南新政推行之初引陈宝箴、梁启超等人为同道。

三

这一脆弱的同盟关系随着梁启超在时务学堂的过激言论被外人所知而很快瓦解，当事人梁启超对事件的过程曾有一大致描述，“已而嗣同与黄遵宪、熊希龄等，设时务学堂于长沙，聘启超主讲席，唐才常等为助教。启超至，以《公羊》《孟子》教，课以札记，学生仅四十人，而李炳寰、林圭、蔡锷称高才生焉。启超每日在讲堂四小时，夜则批答诸生札记，每条或至千言，往往彻夜不寐。所言皆当时一派之民权论，又多言清代故实，胪举失政，盛倡革命。其论学术，则自荀卿以下汉、唐、宋、明、清学者，掊击无完肤。时学生皆住舍，不与外通，堂内空气日日激变，外间莫或知之。及年假，诸生归省，出札记示亲友，全湘大哗。先是嗣同、才常等，设‘南学会’聚讲，又设《湘报》(日刊)、《湘学报》(旬刊)，所言虽不如学堂中激烈，实阴相策应。又窃印《明夷待访录》《扬州十日记》等书，加以案语，秘密分布，传播革命思想，信奉者日众，于是湖南新旧派大哄”。[1]

在此段叙述中，梁启超将新旧两派分道扬镳的原因主要归结为两个方面，首先，梁启超“盛倡革命”、宣传民权思想的举动引起了王先谦等人的强烈不满，此一原因是引起新旧两派大哄的最直接原因，梁启超在此段叙述中亦主要在强调这一方面的原因，值得注意的是梁启超提到这一期间有暗自引导群众敌视清廷之举；其次在学术上，梁启超继承康有为之学，对荀子以下整个学术史大肆攻击，其学术立场和观点都不能被王先谦和叶德辉所接受。基于这两个方面的原因，最终导致王先谦、叶德辉等人联名上书陈宝箴，要求陈宝箴“另聘教

[1] 梁启超著、朱维铮校注，《梁启超论清学史二种》，复旦大学出版社1985年，第69页。

习”，并“严加整顿，屏退主张异学之人”。[1]

从旧党一方来看，梁启超事后所总结的两点原因也正是旧党要求屏退梁启超的主要原因所在；其中，民权、平等之说在旧党人士看来尤带有叛逆色彩。王先谦在《王先谦自定年谱》“光绪二十四年戊戌”条下也记载了新旧两党因梁启超之言论在社会上的广泛传播而走向对立的过程，“学会、报馆同时并兴，民权平等之说，一时宣扬都遍，举国若狂。……登报愈出愈新，余始骇诧。叶奂彬吏部德辉以学堂教习评语见示，悖逆语连篇累牍，乃知其志在谋逆”。[2]可见对王先谦而言，引起其高度关注并最终走向敌视梁启超的最直接原因就是梁氏心怀谋逆之心。在王先谦写给陈宝箴的信中，王先谦直言康梁之徒有“仇视君上之心”，因此指责陈宝箴保护康有为乃是遗留祸根，“康有为心迹悖乱，人所共知，粤中死党护之甚力，情状亦殊叵测。若辈假西学以自文，旋通外人以自重，北胡南越，本其蓄念，玉步未改，而有仇视君上之心，充其伎俩，何所不至。我公盛德君子也，如康因此疏瓦全，不可谓非厚幸，但恐留此祸本，终成厉阶，有伤知人之明。”[3]从此信中可以看出王先谦已有将康有为置之死地的想法。在与吴学兢的信中，王先谦也谈到了他对康梁的评价：“康、梁之说，无异叛逆，此岂可党者乎？彼附和之者，今日学堂败露，尚敢自号为新党乎？”[4]将康梁辈视作叛逆之徒。叶德辉也持有与王先谦类似的看法：“作者（笔者注：指梁启超）乘外患交侵之日，倡言乱政，以启戎心。……圣人之纲常不可攻也，假平等之说以乱之；天威之震肃不可犯也，倡民权之义以夺之。”[5]在评梁启超《〈读西学书法〉书后》“读史之法”第三“当知历代制度皆为保王者一家而设，非为

[1]《湘绅公呈》，载苏舆编，《翼教丛编》，上海书店出版社2002年，第150页。
[2]《王先谦自定年谱》，载王先谦，《葵园四种》，岳麓书社1986年，第744页。
[3]《王祭酒致陈中丞书》，载苏舆编，《翼教丛编》，上海书店出版社2002年，第160页。
[4]《王祭酒与吴生学兢书》，载苏舆编，《翼教丛编》，上海书店出版社2002年，第160页。
[5]《叶吏部〈读西学书法〉书后》，载苏舆编，《翼教丛编》，上海书店出版社2002年，第124页。

保天下而设，与孔、孟之义大悖”条下，叶德辉认为：“作者隐持民主之说，煽惑人心，而犹必托于孔、孟。”[1]认为梁启超民主、民权之言论适启发士民生犯上作乱之念。此外，《翼教丛编》所辑录梁鼎芬、王献焌、宾凤阳等人都有类似观点。[2]由上述所举材料，笔者认为导致新旧两党决裂的根本原因本不在于学术思想之异同，乃关乎政治立场上的反动与否；否则很难理解王先谦为何指责陈宝箴要留康有为之活口。对旧党而言，梁启超宣传的平等民权思想正与其“谋逆之志”阴相表里，换言之，在旧党看来，梁启超的民权平等之思想并不是有关西人政治思想的学理探讨，而更多地呈现为康梁策动政治阴谋的宣传口号。因此笔者认为，罗志田先生在文中所论新党在湖南活动期间有关民权与平等之言论并不多，但是却越来越成为旧派攻击的目标这一论点，有维护新党之意。[3]

上文提到梁启超在抵湘后不久即上书陈宝箴《论湖南应办之事》，其中已明确表示“今之策中国者，必曰兴民权。兴民权斯固然矣，然民权非可以旦夕而成也。权者生于智者也，有一分之智即有一分之权，有六七分之智即有六七分之权，有十分之智即有十分之权”。[4]将兴民权作为中国社会发展之目标，将兴民权之方法归结于开民智，而开民智的具体方法则是在士人、乡绅、官吏三个群体中贯穿民权、平等之观念。“以上三端，一曰开民智，二曰开绅智，三月开官智，窃以为此三者乃一切之根本。三者毕举，则于全省之事，若握裘挈领焉矣。”可见其在湖南推行新政之重点就是要广开民智，宣传西方民权平等之思想。同时，梁启超在文中已有湖南当自保以待来者的言论，更显示其言论激烈之程度。“大局之患，已如燎眉，不欲湖南之

---

〔1〕《叶吏部〈读西学书法〉书后》，载苏舆编，《翼教丛编》，上海书店出版社 2002 年，第 129 页。

〔2〕可参看《梁节庵太史与王祭酒书》《王献焌上王院长书》《宾凤阳与叶吏部书》，载苏舆编，《翼教丛编》，上海书店出版社 2002 年，第 154—155、155—156、156—157 页。

〔3〕参看罗志田，《思想观念与社会角色的错位：王先谦、叶德辉与戊戌前后湖南新旧之争》，载罗志田，《道出于二——过渡时代的新旧之争》，北京师范大学出版社 2014 年，第 99 页。

〔4〕梁启超，《论湖南应办之事》，载《饮冰室合集》第 1 册，中华书局 2008 年，第 41 页。

自保则已耳。苟其欲之，则必使六十余州县之风气，同时并开，民智同时并启，人才同时并成，如万毫齐力，万马齐鸣，三年之间，议论悉变，庶几有济。”[1]梁氏指出广开民智正可以为湖南之自立自保做准备。在约略同时的《上陈中丞书》中，梁启超力劝陈宝箴应树立湖南自立自保之念，以防万一。“故为今日计，必有腹地一二省可以自立，然后中国有一线之生路。……今之天下，非割据之天下，非直非割据之天下，抑且日思所以合十八省为一国，以拒外人，犹惧不济，而况于自生界画乎？……所谓日夜孜孜，存自立之心者，谓为他日穷无复之时计耳，岂曰为目前之言哉？而无事则整顿人才，兴起地利，其于地方之责，亦固应尔，而终不必有自立之一日，此岂非如天之福乎？脱有不幸，使乘舆播迁，而亦非有驻足之地，大统沦陷，而种类有倚恃之所，如是焉而已。”[2]梁启超劝陈宝箴做两手准备，若大清覆灭则湖南可借为倚恃之所，显示出此时梁启超已有放弃大清之倾向。由上可知，梁启超在湖南之言论并非如罗先生所言“民权”与“平等”之论并不多，实际情况是梁启超在湖南推行新政之思路就是借助宣传民权平等之思想以达开民智之效，并为湖南将来之自立做好准备，其思想之激烈程度即使梁启超本人后来回忆时也屡次言及。

上文所引梁启超在《清代学术概论》中回忆湖南新政时期一节时梁氏自言其思想有一转向激进之过程，“启超创一旬刊杂志于上海，曰《时务报》。自著《变法通议》，批评秕政，而救敝之法，归于废科举、兴学校，亦时时发‘民权论’，但微引其绪，未敢昌言”，抵湘之后，则“所言皆当时一派之民权论，又多言清代故实，胪举失政，盛倡革命”。[3]在《时务学堂札记残卷序》中，梁启超也有相同之论调，“时吾侪方醉心民权革命论，日夕以此相鼓吹，札记及批语中，盖屡

〔1〕 梁启超，《论湖南应办之事》，载《饮冰室合集》第1册，中华书局2008年，第41页。
〔2〕 转引自丁文江、赵丰田编，《梁任公先生年谱长编》（初稿），中华书局2010年，第45页。
〔3〕 梁启超著、朱维铮校注，《梁启超论清学史二种》，复旦大学出版社1985年，第69页。

宣其微言"。[1]在民国元年《莅报界欢迎会演说辞》里梁启超也谈及了时务学堂期间的情形，他自言当时实有比民权革命说更为激进的言论，"盖当时吾之所以与诸生语者，非徒心醉民权，抑且于种族之感，言之未尝有讳也。此种言论，在近数年来诚数见不鲜，然当时之人闻之，安得不掩耳？其以此相罪，亦无足怪也。"[2]可见，梁启超此时之思想中乃包含民族革命的激进成分。据《梁任公先生年谱长编》编者考订，梁启超从上海到湖南思想转向激进并非出于偶然，而是有计划的方针调整，据狄楚青的回忆："任公于丁酉冬月将往湖南任时务学堂，时与同人等商进行之宗旨：一渐进法；二急进法；三以立宪为本位；四以彻底改革，洞开民智，以种族革命为本位。当时任公极力主张第二第四两种宗旨。其时南海闻任公之将往湘也，亦来沪商教育之方针。南海沉吟数日，对于宗旨亦无异词。所以同行之教员如韩树园、叶湘南、欧矩甲皆一律本此宗旨，其改定之课本，遂不无急进之语。于时王先谦、叶德辉辈，乃以课本为叛逆之据，谓时务学堂为革命造反之巢窟，力请于南皮。赖陈右铭中丞早已风闻，派人午夜告任公，嘱速将课本改换。不然不待戊戌政变，诸人已遗祸矣。"[3]据狄氏这一回忆，梁启超实乃以激进法，以彻底改革、洞开民智、以种族革命为本位作为湖南新政的指导方针，这一方针是梁启超在抵湘之前经过康门群体商议后予以确立的方针。联系上述梁启超抵湘后写给陈宝箴的《上陈中丞书》《论湖南应办之事》两文，梁启超事后的回忆以及王先谦、叶德辉等人对梁启超的痛诋，可知梁启超以及康门其他弟子在湖南的活动正是在全面贯彻这一方针，而旧党与新党的分裂也正是因为旧党无法认同梁启超等人的这一方针。

---

〔1〕梁启超，《时务学堂札记残卷序》，载《饮冰室合集》第4册，中华书局2008年，第69页。

〔2〕梁启超，《莅报界欢迎会演说辞》，转引自丁文江、赵丰田编，《梁任公先生年谱长编》（初稿），中华书局2010年，第42—43页。

〔3〕狄楚青，《任公先生事略》，转引自丁文江、赵丰田编，《梁任公先生年谱长编》（初稿），中华书局2010年，第43页。

四

我们可以将梁启超在湖南时务学堂期间推行新政的方针大致总结为：宣传平等、民权之说广开士人之民智，宣传种族意识推行种族革命，以及以湖南作为大清覆灭后恢复中国的基地。其中，由于后两方面的内容极为敏感，梁启超在落实后两项内容的时候都较为小心，或者只在暗中运作，或者只对陈宝箴一人讲述，因此呈现在公众面前的特别是旧派人士面前的主要是这一方针的第一方面，而两方的矛盾焦点也因此主要集中在此。

进一步分析梁启超的新政方针，其中虽然有借助地方官吏之处（主要是将湖南作为日后再兴基地这一内容需要依赖陈宝箴），然而洞开民智、宣传种族革命这两项内容都是面向大众、以大众的觉醒作为归宿。因此，梁启超的方针在实质上表现为一种针对大众的启蒙，寄希望于开化大众从而实现变法与革命的目的，也就是说，其方针表现为一种自下而上的变法形式。其中，启蒙的内容是来自于西方的民权、平等之观念。换句话说，对梁启超而言，当时中国需要同时完成救亡与启蒙的双重任务，而救亡与启蒙的关系则表现为启蒙乃是救亡之方法，即：拯救当时中国危局的方法首先在于对普通民众进行思想启蒙，在此基础上才有条件和基础推行现代西方的政治制度。因此在《论湖南应办之事》中，梁启超才会有开民智乃是推行新政之根本的观点，“以上三端，一曰开民智，二曰开绅智，三月开官智，窃以为此三者乃一切之根本。三者毕举，则于全省之事，若握裘挈领焉矣”。[1] 发展实业、练兵等事尚在其次。

与之相对，以王先谦、叶德辉为首的旧派则认为当时中国需要解决的问题只有一个，即如何救亡、如何打破困局走向富强的问题。在旧党看来，梁启超希望通过宣传平等、民权之理念实现广开民智的方

〔1〕 梁启超，《论湖南应办之事》，载《饮冰室合集》第1册，中华书局2008年，第47页。

法不但不能奏效，反而会对中国本土的教化传统造成重大破坏，从而使中国落入更悲惨的境地。也就是说，在启蒙与救亡的关系这一问题上，旧党认为启蒙不但不能帮助中国走向富强，反而会加剧中国的动乱。同时，王、叶等人认为以孔子为代表的中国教化传统本身自足，中国普通民众久承孔子之教化，并不需要引入西人之教。因此，王先谦终其一生将发展民族工商业与巩固国防视作救亡之途径，“今国之急务在海军，民之要图在商务”。[1]王先谦专门作有《工商论》《海军论》，在他看来，中国必须发展民族工商业来抵制帝国主义的工商业侵略，“彼来而我购，在上者不能禁也，于是有南、北洋通商之官。……辇去亿万，而官取其毛牦。盖不数十年，中土之财，将尽入于外邦。虽欲不为其奴仆牛马，而不可得矣”。[2]完全是站在对抗西方工商业入侵、维护国家经济命脉的立场上理论。在文中，王先谦还自拟了“古圣之所禁，而今导之，无乃不可乎？”的问题，在回答中明确表明不应拘守于成法、应力行变法鼓励工商业发展的立场。即使在大清灭亡之后，王先谦仍然坚持这一观点，并针对“清失天下，以法外洋故”的论点提出了严肃批评，“不知西人工艺，今日有必学之理势，而为堂以聚学者，其事本与中学无关。且日本学之，有利无害，国以富强。明明前轨可循，弃而不用，而出此予智自雄之政策，使中学并受其殃”。[3]从势的角度申论学习西艺的必要性，仍出于救亡的宗旨。同时，此处王先谦明确批评以康有为为首的新党“为堂以聚学者”“予智自雄”的方针导致救亡失败，并且使中学也并受其殃。在《海军论》一文中，王先谦指出在列强环伺中国的大背景下，中国应加紧增强海军实力，防患于未然，他对当时以海军为“不急之务”的政治心态提出了严肃批评。[4]同时，他指出“以海军为外人之长技而

---

〔1〕《王益吾祭酒复毕永年书》，载苏舆编，《翼教丛编》，上海书店出版社 2002 年，第 158 页。
〔2〕王先谦，《工商论》，载《葵园四种》，岳麓书社 1986 年，第 10 页。
〔3〕王先谦，《太息论》，载《葵园四种》，岳麓书社 1986 年，第 16 页。
〔4〕王先谦，《海军论》，载《葵园四种》，岳麓书社 1986 年，第 9 页。

不必取法”的观点是错误的，“五方均是人也。习贯自然，岂真彼长而此之短耶”？[1]认为西方之工艺并不区分东西。

综上，王先谦的新政方针是以发展工商业和增强国防实力为主要内容的，而这一方针如果要实现的话主要借助于清朝各级政府以及具有资本主义色彩的地方士绅，乃是一种自上而下的变法方针；同时，王先谦的这一方针还表明了他对于当时中国形势的基本判断，即中国并未出现根本性的问题，无论在制度上或者教化上，中国仍然是一个相对完整的文明体系，尽管中国没有产生像西方那样发达的工商业、没有强大的国防实力，而这两方面的重大缺失已经使当时中国陷入了内困外危的局势，然而只要真正认识到其缺失所在并落实到实际的新政建设当中，中国完全可以像日本那样吸收西方的工商业发展经验和国防建设经验，为我所用。正是在这样一种基本判断之上，王先谦、叶德辉反对梁启超引入西方的民权、平等等观念，在旨在肃清梁启超讲学影响的《湘省学约》中特别提到了教化问题：“西学如五洲政治、专门艺能，均须实力研究，洞见原本，不必存菲薄之心，亦无蹈张皇之习。至于纲常礼制、国俗民风，西国远逊中华者，不得见异思迁，致滋流弊。”[2]明确指出西方的教化传统实逊于中国。此外，叶德辉还大张夷夏之辨，坚决抵制西方教化传统的入侵，“近世时务之士，必欲破夷夏之防，合中外之教，此则鄙见断断不能苟同者”。[3]由此，可以看出旧党新政方针的复杂面相，即在引进西方技术的同时要维护中国本土的教化传统。

湖南新政期间，新旧两党之间表现出了深刻的差异，梁启超将启蒙视作救亡的根本途径，而旧党则以发展工商实业、发展国防、改革科举考试作为救亡的根本途径，同时反对启蒙，认为启蒙反而将加重

---

〔1〕王先谦，《海军论》，载《葵园四种》，岳麓书社 1986 年，第 9 页。
〔2〕《湘省学约》，载苏舆编，《翼教丛编》，上海书店出版社 2002 年，第 152 页。
〔3〕《叶吏部与南学会皮鹿门孝廉书》，载苏舆编，《翼教丛编》，上海书店出版社 2002 年，第 167 页。

中国之危局。历史实际的发展情况是，旧党之思想因“旧”之名而遭到时人的唾弃，康有为之后中国的大门洞开，在广泛引入西艺、西政的同时毫无顾忌地进行思想的启蒙，而中国本土的教化传统则在越来越激进的思想狂飙运动中遭受重挫，最终深深影响了中国文明的本体，而这正是旧派所担心的结局。可以说，在湖南新政期间，新旧两党的矛盾在本质上呈现出了中国近代最大的两个主题，即救亡与启蒙间的某种冲突。

论陈乔枞与王先谦三家诗学之体系

李　霖[1]

一、辑佚之学

三家诗之亡也久矣。三家诗学昉自南宋王应麟之《诗考》，极盛于清，有严虞惇、惠栋、余萧客之学，[2]有范家相之学、阮元之学、冯登府之学，有宋绵初、沈清瑞、臧庸、迮鹤寿、李富孙、魏源、丁晏、蒋曰豫、顾震福之学，[3]《集疏》一出而众书废。今人征引三家诗，多以王先谦《诗三家义集疏》为本。王氏《集疏》以《毛诗》为经，三家诗说为注，疏中标明诗说出处，折中众论，自谓"用力少而取人者多也"，故名之曰《集疏》。[4]王书太半实因袭陈寿祺、陈乔枞父子《三家诗遗说考》。《遗说考》书分鲁、齐、韩三部，每查一句之各家诗说，辄须前后翻检，又不载《毛诗》原文，殊不若王书便利。

王应麟《诗考》一卷，韩诗略具规模，鲁、齐寥寥数条而已。范家相《三家诗拾遗》十卷《源流》一卷，阮元《三家诗补遗》三卷，冯登府《三家诗异文疏证》六卷《补遗》三卷、《三家诗遗说》八卷

---

〔1〕 作者单位：中山大学博雅学院。

〔2〕 严虞惇《诗经质疑》内有《三家遗说》一篇。惠栋《九经古义》、余萧客《古经解钩沉》于三家均有采掇。

〔3〕 诸氏之书，其通行者有：宋绵初《韩诗内传征》四卷《补遗》一卷，沈清瑞《韩诗故》二卷，臧庸《韩诗遗说》二卷《订讹》一卷，迮鹤寿《齐诗翼氏学》四卷，李富孙《诗经异文释》十六卷，魏源《诗古微》二十卷，丁晏《诗考补注》二卷、《补遗》一卷，蒋曰豫《诗经异文》四卷，顾震福《韩诗遗说续考》四卷、《齐诗遗说续考》一卷、《鲁诗遗说续考》一卷。

〔4〕 王先谦，《诗三家义集疏·序例》，虚受堂后印本。

《补》一卷，诸书卷帙虽增，而所辑齐诗之规模距韩诗相去悬殊，一如《诗考》旧观。至陈乔枞著《鲁诗遗说考》六卷《叙录》一卷，《齐诗遗说考》四卷《叙录》一卷，《韩诗遗说考》五卷《叙录》一卷《附录》一卷《补遗》一卷，[1]三家间之规模始相匹敌。三家之诗辑至乔枞乃陡然大备。而王先谦《诗三家义集疏》二十八卷，所收三家诗说多仍陈辑，新增不多。

应麟所辑韩诗，多直接援引《韩诗外传》《文选注》《释文》诸书，鲁诗亦直引古籍旧注与鲁诗残碑，皆班然可考。唯齐诗早亡，显见者最少，唯采翼、匡齐诗家言。与《毛诗》不同而又不能辨别家数之诗文诗义，附入《诗异字异义》，篇幅不亚于所辑韩诗。《后序》云"楚元王受诗于浮丘伯，向乃元王之孙，所述盖鲁诗也"，又云"康成从张恭祖受韩诗，注《礼》之时未得《毛传》，所述盖韩诗也"，皆引前人之说以存疑，而刘、郑二氏之诗说，实归入《诗异字异义》，其审慎如此。

比至于清，范家相以向、歆、《淮南子》诗说入鲁诗，因其家世；以《史记》所载诗说入鲁诗，因史迁曾问故于孔安国，安国，鲁申公弟子；以蔡邕之诗说入鲁诗，因其定鲁碑之事。董仲舒、班固、扬雄、郑玄之诗说归属，则莫能定论。阮元继踵其后，复以班固、桓宽所传为鲁诗。阮氏书刻于身后，乔枞未见。冯登府既广览范家相、赵怀玉、卢文弨、汪照、宋徕初诸家之作，复遍检经史，旁及汉碑，以补诸家未备。其上承王应麟、下启陈乔枞，及立说之前后变化，见

[1] 三《考》依次初刻于道光十八年、二十二年、二十年。全书前冠陈寿祺嘉庆二十四年《自序》，所序盖寿祺之初本。乔枞所益者，悉标阴文"补"字以别之。是书凡言"案"者，寿祺所按，乔枞按语则低格曰"乔枞谨案"。学者多以陈氏父子并举，或重寿祺而轻乔枞。道光本《遗说考》卷端题"福州陈寿祺学、男乔枞述"。光绪间南菁书院《续经解》本改题"侯官陈乔枞朴园著"。今按《遗说考》之定本实非寿祺初本可比，乔枞所补十倍于寿祺，此文所引，亦罕有出自寿祺者。乔枞之三家诗学周密该洽，谅非寿祺所能料及，故本文屡云乔枞而不言寿祺。又云"陈氏"者，乃指其父子一家之学，不没寿祺首创之功。本文所据《遗说考》为道光家刻本，即《左海全集续集》本。《续经解》本分卷不同，文字小异，不存低格之例。

贺广如《冯登府的三家〈诗〉辑佚学》。[1]范、阮、冯新辑之诗说，以鲁、韩二家为主，齐诗仍有未逮。洎陈氏父子出，归康成《礼》注入齐，以为礼家师说均用齐诗，作《齐诗遗说考》四卷，三家诗之辑佚始称大成。而昔日应麟猜测之辞，范、阮、冯疑惑之论，至乔枞终定于一是。试以南宋应麟所见之古籍，比于清人，孰寡孰多？而清人所辑三家佚文，卷帙累增，至乔枞而蔚为大观，所恃者无他，唯其辑佚之方法已有不同耳。

应麟直引群籍“韩诗曰”“韩诗某作某”“薛君曰”云云以入韩诗，乃辑佚之基础，无所谓方法。王吉学韩诗、匡衡习齐诗，皆史传所明言，应麟援以入韩、齐，是为有法。至其疑楚元王习鲁诗则刘向亦习鲁诗，康成曾习韩诗则注《礼》亦用韩说，则有法而不敢自信，仅归入《诗异字异义》。刘向之家派，先儒或能信之，而以《礼》注为齐诗，则至乔枞方敢定论。陈乔枞辑佚三家，上溯先秦旧籍，下逮六朝字书，靡不条分缕析，各得其所。前人多已论定家派者，如伏生、匡衡、蔡邕，陈氏因之；前人莫衷一是者，如马迁、班固、郑玄隶属何家，陈氏定之；前人所未取者，如《玉篇》《广雅》《博物志》之诗说，陈氏亦能有所采择。

陈氏以为汉儒治经，最重家法，经师各守师法，持之弗失，宁固而不肯稍变。[2]故以向歆父子世习鲁诗。而《汉志》言三家诗，“鲁最为近之”，语本《七略》，即为佐证。班固之从祖班伯少受诗于师丹，师丹治诗事匡衡，故班彪、班固、班昭乃至班婕妤所习皆齐诗，《汉书·地理志》引《诗》“子之营兮”师古曰“齐诗作营”即为明证云。范家相以《史记》诗说为鲁诗，亦同此类。然家法之事，前人小心求证，偶尔用之。陈乔枞则以“汉儒重家法”为辑佚之根本理论，据笔者归纳，其家法理论体现为四条原则。一谓一人必治一诗，蔡邕定鲁

〔1〕 贺广如，《冯登府的三家〈诗〉辑佚学》，《中国文哲研究集刊》（台北）第23期（2003年9月）。

〔2〕 陈乔枞，《齐诗遗说考·自序》转述陈寿祺语，《左海全集续集》，道光家刻本。

诗石经，则所学必鲁诗，而非齐、韩。此原则亦二三条之基石。郑玄注《礼》用齐诗，则此条之变例。二谓同一师门必治一诗，匡衡、师丹、班伯皆治齐诗是其用例。三谓同一家族必治一诗，班伯、班彪、班固均治齐诗，楚元及向歆父子均治鲁诗是其用例。四谓凡言诗必属四家之一，陆贾之时未有齐、韩、毛，其所习只能为鲁诗。

陈氏之家法理论，可议之处甚多。史迁、刘向、班固、郑玄之家派所属，素为聚讼之府，陈氏之后，攻讦之声更不绝于耳。学者或举证陈氏抵牾之迹，以申新说，此乃议题之继续。或釜底抽薪，否定三家诗之辑佚方法。前者多系零星考订，不胜枚举。后者如刘立志《三家诗辑佚学派论定之批判》，归总清人辑佚思路六条，一一反驳，以为非直引者不可采信。〔1〕叶国良《〈诗〉三家说之辑佚与鉴别》，标举清儒之失，倡议后人修正思路，实事求是，重辑三家诗。〔2〕虞万里《从熹平残石和竹简〈缁衣〉看清人四家诗研究》，以后出熹平残石，检讨陈、王之辑佚成果，认为相合者仅35%，然清儒继绝之功，未可泯灭，其阙漏谬误，则有待于新材料、新思路云。〔3〕

窃谓辑佚三家诗与三家诗辑佚之学，应区别对待。前者谋复三家诗之原貌，后者研讨辑佚家之学说。前述学者批判清人所辑三家诗，无不以古学原貌为圭臬，故有是非高下之别。试以经学为譬：辑佚者，乃经学家；全盘否定辑佚理论者，更近于史家；以出土材料为是非者，乃考古家；探索辑佚者营造之辑佚学，乃是经学史研究。经学家无不以圣人之义为鹄的，而吾辈治经学史，却不必证其是否合于圣，但论其学说之究竟则可矣。故三家诗辑佚学之研究，暂可不必问其是否合于古之三家诗。前引贺广如《冯登府的三家〈诗〉辑佚学》，

---

〔1〕 刘立志，《汉代〈诗经〉学史论》第四章《附》，中华书局2007年。

〔2〕 叶国良，《〈诗〉三家说之辑佚与鉴别》，《经学侧论》，台湾清华大学出版社2005年。

〔3〕 虞万里，《从熹平残石和竹简〈缁衣〉看清人四家诗研究》，"杰出学人讲席：跨学科视野下的诗经研究"国际学术研讨会宣读论文，香港浸会大学中文系2009年4月。收入氏著《榆枋斋学林》，华东师范大学出版社2012年。

正是笔者所谓后一范畴之研究。贺氏又作《范家相〈三家诗拾遗〉及其相关问题》与《论王先谦〈诗三家义集疏〉之定位》，探讨各家特点，揭示前后因革。[1]其学生郑于香《清代三家〈诗〉辑佚学研究——以陈寿祺父子、王先谦为中心》，究心陈、王差异之由来，启发笔者最多。[2]笔者以为陈氏之辑佚学，体大思精，持法严谨，王氏先谦之承袭与变化，亦堪玩味。试申此论。

二、辑佚有法

初读《鲁诗遗说考·自序》至：

> "佩玉晏鸣，关雎叹之"，臣瓒谓事见鲁诗。而王充《论衡》、扬雄《法言》亦并以《关雎》为康王之时。"仁义陵迟，《鹿鸣》刺焉"，史迁盖语本鲁说，而王符《潜夫论》、高诱《淮南注》亦均以《鹿鸣》为刺上之作。互证而参观之，夫固可以考见家法矣。

不禁大呼其谬。《论衡》《法言》偶与鲁诗相似，何以竟视全书为鲁说？史迁不过尝于孔安国问故，安国兼习《尚书》，所问岂必鲁诗？史迁尚且如此，又遑论偶与史迁同说的王符、高诱？乔枞此说，自申公、孔安国、司马迁一条孤线，牵连至于王、高，寥寥寡证，强事臆测，自谓"考见家法"，岂其然哉？

此后，笔者时时翻阅《遗说考》与《集疏》，于其家数分派，虽

[1] 贺广如，《范家相〈三家诗拾遗〉及其相关问题》，《汉学研究》（台北）第二十二卷第1期（2004年6月）；《论王先谦〈诗三家义集疏〉之定位》，《人文学报》（桃园）第28期（2003年12月）。

[2] 郑于香，《清代三家〈诗〉辑佚学研究——以陈寿祺父子、王先谦为中心》，桃园"中央大学"中国文学研究所硕士论文2007年。

未能信服，亦叹其前后一贯，极少抵牾。以乔枞定为鲁诗的扬雄《法言》为例，除其说《关雎》合于臣瓒所谓鲁诗以外，并无他证。《法言》涉及《召南·甘棠》之诗说，涉及《邶风·绿衣》《齐风·甫田》《小雅·小宛》《小雅·小弁》之文字，乔枞咸归入鲁诗，虽然未有新证，亦未见反例。或可成为反例者有以下三处。《毛诗·豳风·破斧》"周公东征，四国是皇"，乔枞《鲁诗考》引《法言·先知篇》"昔在周公，征于东方，四国是王"，盖以"王"乃《毛诗》"皇"之异文。然同引《白虎通》《尔雅注》之"鲁诗"皆作"皇"，是《法言》之"鲁诗"与《白虎通》《尔雅注》之"鲁诗"不同。乔枞于此无说，盖其疏漏，[1]此其一。《毛诗·大雅·江汉》"洸洸"，《法言》作"璜璜"，乔枞定为鲁说的《尔雅》作"僙僙"。同为"鲁诗"，《法言》与《尔雅》不同。乔枞乃以"璜璜"为"僙僙"之误，以掩其抵牾之迹，此其二。《鲁颂·閟宫》"新庙奕奕，奚斯所作"，毛传以为公子奚斯作此庙，《法言·学行篇》"公子奚斯尝晞正考甫矣"，意为奚斯作诗。《法言》此说与《文选》王文考《鲁灵光殿赋》注引薛君《韩诗章句》"是诗公子奚斯作"相合。乔枞对此解释为鲁、韩诗说同，此其三。以上三条，第一条确有不合，后两条则已做出辩解。

由是观之，乔枞以《法言》为鲁诗之假说，虽然只有《关雎》一条例证，亦能周全其说，在其假说内部鲜有抵牾。《法言》之外，扬雄《方言》乃至辞赋箴诔，亦为乔枞纳入鲁诗。乔枞以《潜夫论》为鲁诗，其立说之牵强，更甚于《法言》，然检其见于诸篇者，亦皆此类。敢问诗派归属之理据既已牵强若彼，其诗说又何能整齐通达如此?

于是知陈氏辑佚之学，别有洞天，自成一体。何以分家定派，乃以家法为核心。家法演而为四则，即前述诗分四家，一人、一门、一族必治一诗。依此反观陈氏之立论，种种欠通之处，转而有法可循。

---

〔1〕 以陈氏三家诗学之义例，鲁诗一家之中不容另有异说（详后）。

以此绳之,《荀子》、陆贾、马迁、刘向、《白虎通义》、蔡邕用鲁诗也，班氏、礼说、纬书、公羊之学、翼匡之属所用为齐诗，鲁、齐二诗之规模已远超前人。此其辑佚之始基。其余载籍旧文，陈氏又参核异同，分门别类，摭其近于以上诸家者。则《淮南》、高诱、扬雄、王充、张衡、《潜夫论》、《风俗通》、《楚辞章句》、《左传》服注、《尔雅注》皆归入鲁诗,《焦氏易林》、桓宽《盐铁论》皆归入齐诗，曹植诗文等归入韩诗，三家诗始粲然大备。

参陈氏辑佚之前后阶次，四原则而外，实又立一义曰：一诗当持一说。一诗不能有两说，故诗说相异者，不能视为一家。逆用此法，则诗说同者，或为一家。前引《鲁诗考自序》，以王充、扬雄、王符、高诱四氏之说归入鲁诗，背后实有一番考订功夫,《自序》所举，特其显明有力者耳。

再以《盐铁论》为例，[1]《齐诗遗说考·关雎》“求之不得，寤寐思服”条引其说，并云：

> 乔枞谨案：桓次公《盐铁论》皆用齐诗。如以《兔罝》为刺，义与鲁、韩、毛显异，以“鸣雁”为“鳱”，文与鲁、韩、毛并殊，以《出车》为周宣王诗，与班固《匈奴传》合，是其证也。

乔枞列《盐铁论》于齐诗者，其数不下半百，此条按语所举，乃最显明之证据。阮元《三家诗补遗》刻本前冠叶德辉《叙》驳其说曰：

> 按《盐铁论·取下篇》云：“是以有履亩之税，《硕鼠》之诗作也。”以履亩、《硕鼠》为一事，与《潜夫论》“履亩税而《硕鼠》作”之说合。陈氏既以节信为鲁诗，又出次公为齐诗，析

[1] 参叶国良,《〈诗〉三家说之辑佚与鉴别》，载《经学侧论》，台湾清华大学出版社2005年。

而二之，未见有合。阮氏桓、王并入鲁诗是也。

叶氏所指，的是陈说漏洞。然不见乔枞《鲁诗遗说考·硕鼠》按语所云“桓宽用齐诗，然则此诗鲁、齐说同矣”，语虽近于狡辩，亦未可厚非。其言某诗与某诗同，乃乔枞疏通诗说之法，本出于无奈，竟成敷衍塞责之套语。阮元以班固习鲁诗，故乔枞所举《盐铁论》与《匈奴传》合者，转而成为阮氏《盐铁论》为鲁诗之证。然检《兔罝》、“鸣雁”所谓鲁、韩之诗，无一出于直引，皆以家法论定之鲁、韩，则叶、阮所以立论者亦同于陈。故乔枞与阮元实无是非之分别，其理论依据有所不同而已。阮书文寡，其体也小，其法也少，陈书文繁体大，其法也多。

观乔枞以桓次公异于鲁、韩、毛而定其为齐诗者，是以“一诗不能有两说”别异之法。其不以齐之《盐铁论》与鲁之《潜夫论》同说为意，不以鲁之《法言》与《文选注》引《韩诗章句》同说为意，而曰某某说同者，是以“两诗可持一说”以存同之法，此法亦可谓“一诗一说”之妙用。究此法之所本，则《史记·儒林传》有“其归一也”之语。魏源《诗古微·齐鲁韩毛异同论》所云“三家遗说，凡鲁诗如此者，韩必同之，韩诗如此者，鲁必同之，齐诗存什一于千百，而鲁、韩必同之，苟非同出一原，安能重规迭矩”，皮锡瑞《诗经通论》所谓“三家诗大同小异”，王先谦《集疏》屡云之“三家无异义”，皆此类也。

或曰：所论陈氏辑佚之五法及前后阶次，有明文可依否？前人辑佚亦有法，阮氏已以《汉书》《潜夫论》《盐铁论》归为鲁诗。或有法而不自知，臧庸《拜经日记》卷七《楚辞章句多鲁诗说》云：

王叔师《楚辞章句》所引《诗》，或与韩、毛不同，而与《尔雅》及《列女传》有合者，盖鲁义也。其诂训亦往往有异于毛郑，而较毛郑为长者。

与韩、毛不同则必鲁、齐，岂非“诗必四家”之法？镛堂素以《尔雅》旧注多鲁诗，或又以《列女传》为鲁诗，而王注与二书相合，故云“盖鲁义也”，正是“一诗当持一说”之逆用。

“盖”者，推测之辞，至乔枞乃成定论。《鲁诗遗说考·关雎》“窈窕淑女君子好仇”条引王逸《楚辞·九歌》注“窈窕，好貌，《诗》曰‘窈窕淑女’”云：

> 乔枞谨案：臧镛堂《拜经日记》言：“叔师《楚词注》所引《诗》多与毛、韩异，而与《尔雅》及《列女传》有合者，盖鲁义也。”乔枞考叔师引《诗》，如“好人媞媞”“苕苕公子”之类，显与韩、毛文异。此诗“窈窕”，毛传训作幽闲，云：“是幽闲贞专之善女。”薛君《韩诗章句》亦云：“窈窕，贞专貌。”（见《文选》颜延之诗李注引）又匡衡习齐诗，其说“窈窕淑女”，谓：“能致其贞淑，不贰其操。”义与《毛诗》并同。是知叔师所用，信为鲁诗矣。扬子云《方言》云：“窕，美也，陈楚周南之间曰窕。自关而西，秦晋之间，凡美色或谓之好，或谓之窕。美状为窕，美色为艳，美心为窈。”子云用鲁诗，故与叔师说合。《毛诗释文》引王肃云：“善心曰窈，善容曰窕。”又张揖《广雅》云：“窈窕，好也。”皆本鲁诗说。

《楚辞章句》异于毛、齐、韩“贞专”之训，故定其为鲁诗。王逸本无家法可寻，乔枞以其多异于《韩诗章句》及《毛诗》（“好人媞媞”“苕苕公子”），此处又不与匡衡之齐诗同，故“信为鲁诗矣”。扬雄亦无家法可据，《法言》说《关雎》诗旨与鲁合，系待考之鲁诗。既以王逸为鲁诗，而《方言》训“窈窕”与王逸同，则更证扬雄所习为鲁诗，王逸亦多一佐证。王逸、扬雄二氏皆未闻有家法，终于得以确定家数，其前后阶次，班然可睹。论其考证之法，则“诗必四家”“一诗当持一说”，与臧庸同。

臧氏之法，实出于考据家之经验，非有意用之。陈氏之法，乃为辑佚而苦心营造。陈氏辑佚，总合前人之成，倘不以家法之说统摄，必沦为《诗经》异说之汇编。先立有家法者，则无家法者亦可比附，是其辑佚之阶次。而后一阶次之依据，乃“一诗当持一说”，此义亦源于陈氏之家法观念。家法乃陈学之根本，否定家法理论，《遗说考》必不复成立。

然乔枞之考证看似有理，实则外强而中干。乔枞之证据，唯薛君《章句》信为韩诗，其余文献，无不以家法定派，自相支撑，实乃循环论证。然《遗说考》体制之宏大，恰在其循环周流之顺畅，鲜少抵牾。其引王肃及《广雅》，训“窈窕”与王、扬同，遂采入鲁说。王肃、张揖，时代已晚，异文、异训、异说歧出，迥异于陈氏既有之分派，乔枞分散其说，凡与某诗合者，则系于某诗。类此不能划为一家者，又有先秦诸书，以其时未有今古之分；又如《博物志》，诗说甚少，然间涉三家，不能概论；又有《说文》，许慎以毛自命而异文错出，绝不能指为一家；又《玉篇》、《广韵》、玄应《众经音义》诸晚出之字书、韵书，异文特多，难以整齐。此皆汉代家法理论所不能涵盖，与现成诗说相合，则采入某家。

亦有无可比附者，如《广韵·十六怪》：

> 扒，拔也。《诗》云：“勿剪勿扒。”案，本亦作“拜”。

《毛诗·甘棠》原作“勿翦勿拜”，“拜”字《广韵》引作“扒”。陈氏所辑三家于“拜”字皆无说，无从比附，故不见于《遗说考》。乔枞又作《诗经四家异文考》，[1]出“勿剪勿扒”条，引《广韵》此文曰：

> 案《毛诗》笺云：“拜之言拔也。”《广韵》所引盖三家之异

〔1〕 见《左海全集续集》，道光家刻本。

文。虽字异而训义仍同。扒得与拜通者，考司马相如《上林赋》“汹涌澎湃”，韩愈、孟郊《征蜀联句》云“獠江息澎扒”，“澎扒”即“澎湃”也，此足为扒、拜通假之验。

乔枞未能论定家派者，可入《异文考》，以存古籍旧观。《遗说考》已判为误字者则不收入《异文考》，以免节外生枝。至其不论“剪”乃“翦”字异文，则《异文考》“勿鬋勿伐”条下云“《玉篇》以剪为翦俗字”是也。

《甘棠》“勿翦勿”三字，各章皆然，“翦”有异文，各章必同。《异文考》“勿鬋勿伐”条语出刘歆庙议，则以鲁诗“翦”作“鬋”。依陈氏著书之例，《鲁诗遗说考》宜出此条异文，再注其出处。今检《鲁诗考》，所出乃《毛诗》原文，条下所汇诸说，“翦”“剪”“鬋”“刬”互见，又检《韩诗考·甘棠》，列异文出处如表一。

表一

翦	《毛诗》《说苑》《白虎通·巡狩》《韩诗外传》
剪（俗字）	《广韵》《白虎通·封公侯》
鬋	刘歆
刬	《释文》引《韩诗》、《集韵》引《韩诗》、蔡邕

又《鲁诗遗说考》云：

乔枞谨案：《毛诗释文》云：“勿翦，《韩诗》作刬。”中郎用鲁诗，字当作“鬋”，与《汉书》刘歆庙议引同。此作“刬”者，盖后人传写，从韩诗改之耳。又《说苑》及《白虎通》两引《诗》“勿翦勿伐”，皆当作“鬋”为是。

《韩诗遗说考》又云：

乔枞谨案：据《毛诗释文》及《集韵》，是韩诗“翦”作“划”，与毛文异。今本《韩诗外传》引《诗》作“翦”，盖后人顺毛改之耳。

《释文》与《集韵》直引《韩诗》作“划”，两相参证，更信于《韩诗外传》。故定韩诗为“划”，而以《外传》为误字。其余三字，“翦”乃《毛诗》用字，“剪”以俗字不足取，[1]仅“鬋”可论。又见“鬋”字出于刘歆，遂定为鲁诗。鲁诗既定，则同为鲁诗之《说苑》《白虎通》与蔡邕，皆可视为误字。然乔枞论《说苑》《白虎通》与《外传》顺毛而误，尚可通；既改《韩诗外传》以就真“韩诗”，又以“韩诗”改蔡邕之文，一改再改，似于理不合。陈氏屡易典籍文字，干犯大忌，所图者何？其“一诗一说”之义也。此义厥功甚伟，贻患亦巨，既为辑佚之功臣，复为陈学易遭诟病之处。欲详知其学说之究竟，需观王氏先谦弥缝改更之迹。

王先谦《诗三家义集疏·甘棠》云：

勿翦勿伐【注】韩翦作划。鲁亦作划，又作鬋。【疏】“韩翦作划”者，引见《释文》。《集韵》划字注引同。据此，上引《外传》“勿翦勿伐”之文亦当为“勿划勿伐”，作“翦”者，后人乱之。秦《诅楚文》“欲划伐我社稷”，划伐连文，即同韩诗。“鲁亦作划”者，蔡邕《刘镇南碑颂》：“蔽芾甘棠，召公听讼。周人勿划，我赖其桢。”蔡述鲁诗，是鲁本亦作“划”。“又作鬋”者，《汉书·韦玄成传》刘歆庙议云：“《诗》云：‘蔽芾甘棠，勿鬋勿伐，邵伯所茇。’思其人犹爱其树，况宗其道而毁其庙乎？”据此，鲁异文作“鬋”。《韦贤传》：“鬋茅作堂。”颜

[1] 乔枞云《白虎通》引《诗》作“翦”，不云《封公侯》篇作“剪”，盖以“剪”乃“翦”之俗字，故云然。《续经解》本《遗说考》两引《白虎通》皆作“翦”，盖据乔枞按语而改。

注："鬋与翦同。"翦、鬋通用字。《说苑》《白虎通》两引《诗》"勿翦勿伐"，知鲁又作"翦"也。

勿翦勿败【疏】《集韵·二十六产》刬字注："翦也。"引《韩诗》曰"勿刬勿败"。

勿翦勿拜【注】鲁韩拜作扒。鲁韩说曰：扒，擘也。【疏】"鲁韩拜作扒"者，《广韵·十六怪》："扒，拔也。《诗》曰：'勿翦勿扒。'"陈乔枞云："扒得与拜通者，司马相如《上林赋》：'汹涌澎湃。'韩愈、孟郊《征蜀联句》云：'獠江息澎汃。''澎汃'即'澎湃'也。此足为扒、拜通叚之验。"愚案：扒、拜以双声通转。"扒，擘也"者，《广雅·释诂》文，正释此义，知作"扒"者为鲁、韩诗矣。《广雅》又云："擘，分也。"以手批而分之，亦拔取之意。擘、拔声转而义通。《毛诗》作"拜"，笺"拜之言拔也"，陈奂云"本三家义"。愚案：笺不用拜之本义，而训为拔者，见三家作"扒"是正字，毛作"拜"是借字，故读拜为拔也。

其说如表二、表三。

表二

毛	翦	
鲁	翦	《说苑》《白虎通》
	鬋	刘歆
	刬	蔡邕
韩	刬	《释文》直引、《集韵》直引、《诅楚文》
	翦（刬之误）	《韩诗外传》
齐		

表三

毛	拜。	
郑	拜之言拔也。	见三家义故云
鲁韩	扒。扒，拔也。	《广韵》
	扒，擘也。（亦拔取之意）	《广雅》
齐		

表二所引之文，秦《诅楚文》刻石而外，皆出自陈书，是王氏因袭陈氏之明证。陈氏所定家派，前文所列者，悉为王氏所取。陈氏不能论定者，王氏以《广雅》《广韵》异文为鲁、韩之同说（如表三），又定《玉篇》为韩诗（说详后）。是王氏之三家分派，源于陈氏，然陈氏三家诗学之体系，王氏未全部依从。陈氏改字以适"一诗当持一说"之义，而王氏则不以一诗可持两说、三说为意，遂定鲁诗之异文有三（如表二）。王氏引陈氏之文而易《广韵》之"剪"为"翦"者，或为讹误，或出于私意。至其以《外传》之文为后人所乱，则又从乔枞之说而不能坚持"一诗可持数说"之原则。

乔枞之"一诗一说"与先谦之"一诗数说"，乃二氏最显明之差别。下文由此入手，以显陈、王三家诗学体系之特征。

三、一诗一说

王氏不从陈氏"一诗一说"者，《集疏·羔羊》云：

委蛇委蛇【注】齐韩委蛇作逶迤，韩又作袆隋。【疏】"齐韩委蛇作逶迤"者，《释文》："委蛇，《韩诗》作'逶迤'，云：公正貌。"案：曹大家赋"逶迤补过"，是齐作"逶迤"，与韩同。《杨秉传》"逶迤"二字正用齐、韩文。"韩又作袆隋"者，陈乔枞云："据《释文》韩作'逶迤'，'袆隋'非韩诗经文，乃内传释经'逶迤'之训。"愚案：《衡方碑》"袆隋"，洪适谓本韩诗，与王娄说合。众家皆有异文，“袆隋”是韩异文，《释文》失引耳。《释训》“委委蛇蛇，美也”，《释文》作“袆袆它它”，是袆、委通用。“逶迤”疑或作“委随”，故隶省随作隋，又变隋为隓也。

乔枞《遗说考》略同，不烦赘引。《释文》既直引《韩诗》，故乔枞不以《隶释》之文为韩。然碑文字僻，他书所无，不能指为讹字，遂以“非经”为辞，不辨以僻字训常语，于理未安。观陈氏于《尔雅》诸书，凡与经文似有关联者，辄援以入诗，而先儒语之的出《内传》者，又以他说搪塞，曰此非经文也，曰彼乃讹字也，或以文字音韵之学证其实为一字，殊为可笑（上文所论某某两诗同说者，殆其自圆其说之又一套语）。王先谦则无所顾忌，以为韩诗异文，其所云“众家皆有异文”，是其“一诗数说”之明证。以诸儒之书观之，四家诗之差异，举其大者，曰诗说，曰训诂，曰文字（“异文”“异说”，对言则互异。本文每泛论“诗说”“异说”，乃兼包文、训而言）。诸家所辑，诗说最寡，而异文特多。章句、故训寡，故一诗一说，鲜有抵牾，虽有不合，亦易于敷衍牵合。异文众多，则往往不能相合，遂有陈氏改字搪塞诸举。王氏不言众家皆有“异说”而独言“异文”者，以此也。又按《释文》原引《诗》“委蛇”作“委虵”，云：“本又作‘蛇’”，则“虵”“蛇”乃《毛诗》内部异文，陈乔枞移诸《诗经四家异文考》，王氏则未有说，盖《集疏》径袭《遗说考》而未检《释文》单刻本，[1]抑或《毛诗》非其意所在之故。

王氏从陈改字者，《集疏·草虫》云：

亦既见止，亦既覯止。【注】鲁覯作遘。【疏】“鲁覯作遘”

[1] 单刻本《释文》出“虵”字，是陆德明视“虵”为《毛诗》定本，“蛇”为异文。合刻各本《释文》出“蛇”字，或易置“虵”“蛇”次序，或删“虵”字，皆改陆氏原文以就今《诗》。

者，《释诂》“遘，遇也”，邢疏引《草虫》曰“亦既遘止”。陈乔枞云：“邢疏所引，必据《尔雅》旧注之文，知是鲁诗也。《说苑》引《诗》亦当作‘遘’为正。”愚案：《说文》：“遘，遇也。覯，遇见也。”上言见，下不当复言遇见，鲁诗作遘义长。

陈氏改字，王氏多以或说疏通，此处则不然。盖以三家胜毛，故默许陈氏之说。王氏右三家而贬毛，是其书一大特点，详见前引郑于香文。

前文论及《江汉》异文，《法言》与《尔雅》不合，陈氏改《法言》以就《尔雅》。此处异文错出，特累引其文，以观陈、王之别。《鲁诗遗说考》云：

武夫僙僙。

【补】《尔雅·释训》：僙僙，武也。

乔枞谨案：《毛诗》作“洸洸”，《尔雅释文》洸洸下云：“舍人本作‘僙’，音同。”考《古文苑·班固车骑将军窦北征颂》“光光神武”注引《诗》“武夫僙僙”，又《舞阳侯樊哙赞》“爣爣将军”注亦引《诗》“武夫僙僙”，是三家诗“洸洸”皆作“僙僙”。桓宽《盐铁论·繇役篇》引《诗》“武夫潢潢”，段氏玉裁云：“盖‘僙僙’之误。”臧镛堂曰：“注《尔雅》者如樊光，当于‘僙僙’下引《诗》云‘武夫僙僙’，后人见《毛诗》作‘洸洸’，因据以改《尔雅》。犹《释言》‘横，充也’，或作‘桄，充也’，而孙本遂改作‘光，充也’。”

《法言·孝至篇》：武义璜璜，兵征四方。

乔枞谨案：此作“璜璜”，疑即“僙僙”转写之误。

《齐诗遗说考》云：

武夫潢潢，经营四方。

【补】《盐铁论·繇役篇》:《诗》云:“武夫潢潢,经营四方。”故饬四境所以安中国也。

乔枞谨案:“潢潢”,《毛诗》作“洸洸”,传云:洸洸,武貌。“洸洸”当为“僙僙”之叚借。《尔雅·释训》:“洸洸,武也。”《释文》云:“舍人本作‘僙’,音同。”考《古文苑·班固车骑将军窦北征颂》“光光神武”注引《诗》“武夫僙僙”,音光,武勇貌。是三家诗作“武夫僙僙”也。《北征颂》“光光”当本作“僙僙”,故注引《诗》“武夫僙僙”为证。《盐铁论》“潢潢”盖“僙僙”之讹字。《玉篇·人部》云:“僙,作力貌,与趪同。”又《走部》云:“趪趪,武貌。”

其说如表四。

表四

毛	洸	《尔雅》今本亦然
鲁齐韩	僙	《释文》引《尔雅》舍人本、班固(以注文推测)
	璜(僙之误)	《法言》
	潢(段:僙之误)	《盐铁论》
	趪(同僙)	《玉篇》(武貌)

前文陈氏皆改一家异字以从一字,此例则改三家异字以从一字。先以《尔雅》旧本与班固文之注语相同而定三家皆同,再改易《法言》与《盐铁论》文字,又证《玉篇》字同,其说迂曲如是。王氏所定迥异于陈,《集疏》云:

武夫洸洸【注】鲁洸作僙,齐作潢,韩作趪。【疏】“鲁洸作僙,齐作潢,韩作趪”者,《释训》:“洸洸,赳赳,武也。”《释文》:“樊光本‘洸洸’作‘僙僙’。”是作“洸”乃顺毛所改,此“鲁作僙”。郝懿行云“声借之字,古无正体,即‘僙’

亦或体”是也。《盐铁论·繇役篇》：“《诗》云：‘武夫潢潢，经营四方。’故饬四境所以安中国也。”桓习齐诗，是“齐作潢”。又《玉篇·走部》：“趪趪，武貌。”郝云：“趪趪与赳赳字俱从走，《玉篇》似近之。”《玉篇》所据为韩诗，是“韩作趪”。《乐记》“横以立武”，“横”古音与“光”同，其字亦通。黄从艾声，艾，古光字也，故从黄之字或变从光。《说文》兕觵之觵，俗文作觥。《释言》“桄，充”，亦作“横，充”，皆其证。《法言·孝至篇》：“武义璜璜，兵征四方。”疑“僙僙”转写之误。

其说如表五。

表五

毛	洸	《尔雅》今本亦然
鲁	僙	《尔雅》樊光（舍人）本
	璜（僙之误）	《法言》
齐	潢	《盐铁论》
韩	趪	《玉篇》

王氏引文袭陈之迹显然。乔枞仅以《尔雅》旧注、班固注二家之文相同，即曰三家皆作“僙”，是立说之不审。陈改《盐铁论》“潢”字，王则以之为齐诗之文。陈于《玉篇》无所归处，王则以《玉篇》为韩诗（详后）。两表相较，陈说之迂曲牵强，王说之简洁明快，可见一斑。至于王氏擅改《法言》之文，一如陈氏，而不言鲁诗有异文，是其不能守“一诗可持数说”之法，犹前文袭陈改《外传》“翦”字与《说苑》“觏”字之例。故王氏之学虽称齐一，论持法之谨严，实不及陈。

乔枞偶有不守“一诗一说”者，如《绿衣》郑笺改“绿”作“褖”，《鲁诗遗说考》曰：

乔枞谨案：扬雄、高诱并用鲁诗，而于此篇皆作“绿衣”，是鲁与毛同。郑君笺《诗》定“绿衣”为“褖衣”之误，其义独异。疑本之齐诗，据礼家师说为解也。

所谓礼家师说，详见其早年所作之《毛诗郑笺改字说》。然《齐诗遗说考》引《易林》作“绿衣”，与郑笺所据“礼家师说”不同，则齐诗已作两字。乔枞不改《易林》之字者，盖千虑之一失。乔枞必以郑据三家而改毛者，《改字说·序》云：“家大人曰：郑君笺《诗》，其所易传之义，大氐多本之鲁齐韩三家。”王先谦于此条则云：“郑氏改毛，间下己意，不尽本三家义。”此陈、王之又一差别。

陈氏守“一诗一说”之严，实为历来之最。《小雅·四牡》“周道倭迟”，《释文》引《韩诗》作“倭夷”，《文选注》引《韩诗》作“倭夷”“威夷”“威迟”，《汉书·地理志》作“郁夷”，注以为《韩诗》，此皆有本之说，王应麟《诗考》并载之。范家相《拾遗》、宋绵初《韩诗内传征》从之，皆不以一诗有异文为意。阮元《补逸》、魏源《诗古微》咸以颜注为非，定《地理志》之“郁夷”为鲁诗，然亦并存韩诗异文三种。陈乔枞则以“郁夷”为齐诗，以《易林》之“逶迤”为“郁夷”之训，又定“威夷”为韩诗，其余异文，或以为误字，或以为与“威夷”通。陈氏力排众论，固执己见，虽失于迂曲，正可见其理论之细密。所可怪者，王氏亦与陈说相似。是王氏有法而不恒守，理论粗疏也。然其体制之宏，又远胜于范、阮诸氏。诸氏辑佚之书，间用“一诗一家”以定家数，盖考据之素习，未可言准则，更弗论体系。至陈氏荟萃众说，乃浑然一体，靡不条贯。王氏执守条法，虽不若陈氏之坚，亦别具一格。

陈氏不容三家诗之一家内部有异文，严苛若是，然其所作《异文考》，屡引《释文》或本，以为《毛诗》异文。其于毛氏，则网开一面。何也？其“一诗一说”之义，乃辑三家之法，故不以绳毛。反观王氏之“一诗数说”，一诗既容有异说，则何以别家法、定诗派？以王氏之理绳之，《盐铁论》以《兔罝》为刺，异于鲁、韩、毛者，可为鲁、韩、毛之异说，何必为齐；以“鸣雁”为“鸣鳱”，异于鲁、韩、毛者，可为鲁、韩、毛之异文，亦不必为齐也。陈氏不惜冒篡乱古书之罪，以守“一诗一说”之义，正以此也。陈氏辑佚，所图者大，故能舍小节以全大体。王氏既采陈氏所分之诗派，而不取其所以分派之法，是其体系之症结。何谓也？譬之以木，陈学之体系，乃以家法观念为本，以五条原则为干，各家分派是其枝，所汇诗说是其果。本生干，干成枝，枝结果，未有本坏而末能久者。王氏变陈学之条例，撼动其干，则危及其余，而复执其枝、采其果以论诗者，殆矣。

今之学者持以难清儒者，如民国间洛阳出土鲁石经“彼四牡四牡驿”，[1]与蔡邕《胡广黄琼颂》“奕奕四牡”文异，则论蔡邕所习非鲁诗也。鲁诗石经，蔡邕所手定，斯人尚不合家法，则陈、王所辑之三家诗，其可取信与？窃谓以石刻定经文古字，论先儒得失者，皆以“一诗一说”为想当然之理。使乔枞有知，其必曰：“‘奕奕’乃后人顺毛而改也。”倘先谦复生，其必曰“鲁诗亦作‘驿驿’”是也。清人辑佚非不取石经，简帛佚籍、碑文石刻，不过丰富辑佚之果，于其本干则无伤。

以三家诗之原貌而论，若经止一本，何烦刻石之劳？则“一诗一说”之理为凿，先谦所谓“众家皆有异文”为得。然依先谦此法，清人所辑三家诗，皆近于梦揣，《集疏》亦不能免。“皮之不存，毛将安傅”，此之谓也。

四、陈王异趣

陈氏之《遗说考》，每有某某诗同说者，皆分篇而两见，翰墨徒费，读者亦苦其不便。然其条例之严密畅达，实非王氏《集疏》可

---

〔1〕汉石经鲁诗碑图第七面第三行。

比。王书主体之告成，前后不过三年。[1]陈氏之书，乃父子两代苦心经营之作。王氏《集疏》，本非辑佚之作，其荟萃三家，乃以释《诗》，与毛氏相抗（详郑于香文）。其所属意者，本非三家诗之所从来。至于条法细则，更非其意所在。故又不可以陈氏之体系，苛责王氏之短长。

王氏既变陈学之条例，以便己用，又于陈氏之分派，有所改易。张华《博物志》引《十月之交》"山冢崒崩"作"山冢卒崩"，与《汉书》刘向上封事之文引同，是与所谓鲁诗相合。然又有与齐、韩之说合者，《遗说考》略采数条，分入各篇。王氏并省之。《广雅》《广韵》异文异训杂见，陈氏难以划一，遂与鲁、齐、韩之说各相比附，散于三《考》。王氏以《广雅》《广韵》为鲁、韩义（如表三），盖以二书附于三《考》者，以鲁、韩为多。又定《玉篇》为韩诗（如表五），以野王之时，韩诗仅存。此法实陈氏"诗必四家"之变例。陈氏非不省此理，《韩诗遗说考》"左右覒之"条下乔枞云：

> 顾野王《玉篇》撰于梁大同九年，是时齐、鲁诗已亡，惟韩诗存。故《玉篇》所载《诗经》文字训义，兼采韩、毛二家。如《人部》"仲"字下引："《诗》曰'仲氏任只'，仲，中也。"《宀部》"寊"字下云："夜也。《诗》曰'中寊之言'，中夜之言也，本亦作'冓'。"虽皆不言其为韩诗，然据释玄应《众经音义》九引《韩诗》曰："仲，中也。言位在中也。"陆德明《经典释文》《墙有茨》篇引《韩诗》云："中冓，中夜，谓淫僻之言也。"并与《玉篇》训同。则《玉篇》所引之为韩诗训义无疑矣。又如《女部》"嬿"字下引《诗》曰"嬿婉之求"，《门部》

---

〔1〕《王先谦自定年谱》卷下"癸丑七十二岁"："移寓平江县城。……早岁为《诗三家义集疏》，至《卫风·硕人》而辍业。自至平江，赓续为之，渐有告成之望。"（《清王葵园先生先谦自定年谱》，王云五主编，《新编中国名人年谱集成》第六辑，台湾商务印书馆 1978 年，《集疏》初刻在民国四年乙卯，即 1915 年）。

"闳"字下引《诗》曰"高门有闳"，亦不言其为韩诗。然据李善《文选注》二引"《韩诗》曰'嬿婉之求'，嬿婉，好貌"，《经典释文》《绵》篇引《韩诗》曰"闳，盛貌"，皆与《玉篇》文同，则《玉篇》所引之为韩诗异文，又无疑矣。今于《玉篇》引诗有异义者，必参观而互证之。凡《说文》所载三家异文，而《玉篇》据以采入者，概置弗录，盖阙疑之义云尔。

以上陈氏举证之多，远非《法言》《盐铁论》可比，犹不以《玉篇》必属于韩，实因《玉篇》字训特多，难保间有未能附于韩，反合齐、鲁者，故必当"参观而互证之"。前引《玉篇·走部》"趪趪，武貌"，乔枞无从比附，遂屏之弗录，王氏则径以属韩。又如《大雅·皇矣》"无然畔援"，《玉篇·人部》引作"伴换"，异于陈氏所定之齐、韩，遂以为鲁。王氏驳陈，归之入韩。然玄应亦处"韩诗仅存"之世，王氏则不以《众经音义》归于韩诗，盖又异文错见，近于《说文》者。王氏立说之随意，皆此类也。

王氏之分派，脱胎于乔枞，复又整之齐之，以便己用。观其所整饬者，《博物志》诗说既少，又无家法可依，则删汰之；《玉篇》凿凿确证，何疑之有，则检其不合之迹而疏通之；《广雅》《广韵》意存两可，王氏语焉不详而阴用之。陈学周密，以其始立说者，知合同众说之难。王学整齐，以其不泥于条法，疏通诗义则可矣。

王氏作书之时，慧琳《音义》与《古逸丛书》行人间久矣，皆乔枞未及见。会稽陶方琦、山阳顾震福、长汀江瀚，以之辑《诗》佚说，略补臧镛堂、陈乔枞之未备，然亦未能尽拾逸书遗文。王书晚成，本易为功，然《集疏》采录《正续一切经音义》《玉篇零卷》与《玉烛宝典》，皆不出顾氏《韩诗遗说续考》之范围，正其所谓"用力少而取人者多也"。先谦年齿已高，不能亲事辑佚，未可厚非。至其引《玉篇》，不辨原本、今本者，往往而是，则疏漏太甚。更证《集疏》之意，不在辑佚，故不以逸书秘籍为宝。

陈氏则大异于王，其所辑三家，非止与毛异者，所同者亦录之，以存古学之旧观，寿祺《自序》所谓“异者见异，同者见同，绪论所存，悉宜补缀，不宜取此而弃彼”是也。《鲁诗遗说考》“遵彼汝坟”条下乔枞按语云：

> 魏晋以来，解经好自立说，淹没前义，使古注善本，沦丧无存。如王弼注《周易》而孟、京、荀、虞诸家之注废，梅颐作《孔传》而伏、贾、郑、王诸家之注废，杜预注《左传》而贾、郑、马、服诸家之注废，《尔雅》自景纯注出而舍人、樊光、李巡、孙炎之注亦废矣。若此之类，不一而足。幸而百家引述，其佚时见于他说，所谓存什一于千百者，则片词只字，其宝贵宜何如也。

陈氏父子苦心乃尔。使其得见逸书，真不知“宝贵宜何如也”。

笔者窃冀能得陈、王二书之真义，然二氏必不以之为然。何则？本文所说，陈氏齐众论以定一是，改古书以就家法，恰似“好自立说，淹没前义”；陈、王一出而众书靡，恰似杜注出而诸家废，俱是乔枞所痛斥者。笔者所论，乃其书之所以如是，非谓其人之本意如此矣。陈氏辑佚，家法为本，条例为干，分派为枝，一番苦心孤诣，皆以求三家之原貌。及其改易古书文字，向为学者诟病，然依陈氏之初意，非以害之，将以利之也。是故陈氏必以《遗说考》所辑为真三家，而非徒以立说为能，创制体系，抱守条法，削足以适履者。然后学者慑于陈氏之大名，但知执《遗说考》之成果以论三家，弗晓其“三家”之所自出，[1]则非陈氏所能料及矣。又有褒王而抑陈，甚或但

〔1〕譬如许维遹《韩诗外传集释》特重版本异文，然其每以乔枞所疑，臆改《外传》原文，而不顾版本依据者，则其盲从陈氏，而未能深晓陈氏立论之由。又如今人研究汉代三家诗，每以陈、王之结论成说为想当然之素材，而不问其所从来，所论三家诗之特点云云，竟与陈氏分家之依据无二。此皆人云亦云，颠倒因果，终以循环论证，难以取信者。

知《集疏》而弗晓其因袭之迹，更不闻范、阮、冯诸家之学者，则又非王氏所可想见矣。

陈氏之用心，在于探赜索隐，谋复三家绝学之究竟。王氏继踵其后，不过采撷陈学之果，略加整饬，其意实在右三家以抑毛。二氏旨趣不同如此。陈氏不顾繁复，书分为三以见古学家法，王书则合三家之义以释《诗经》，凡此种种，皆陈、王异趣之使然也。

原载《儒家典籍与思想研究》第2辑，
北京大学出版社2010年。2016年修订

第三辑

南菁课生

试论张锡恭的《丧服》诠释特色

邓声国[1]

在晚清《仪礼》学研究史上，不仅有延继汉学考据学风的一派学者，更有一部分学者不满足于恢复汉代解经的朴实学风，他们在治学中更表现出对于《仪礼》郑注的极度推崇和张扬，甚至宣称“古礼之学，以康成为宗。……盖沉潜好古之儒，唯谨守旧说，确知郑注精微，莫可抵巇”，力主为郑学辨诬，为后人释疑，使“千古礼宗不淹晦于饰伪乱真之手”[2]，所谓“墨守康成”之学是也。推本溯源，在这些学者看来，随着清代礼学的复兴，“郑学之晦”的局面并没有得到根本性的改变，当时学界传承郑氏之学存在两种弊端，“曲护郑失，是为佞臣，其弊一也”，“末学諓陋，谬生党伐，其弊二也”。这些弊端带来的严重后果，便是“佞臣之失，渐至荒经；党伐之兴，且将诬道”，于是各类申解笺释郑注之作兴焉，为郑学者“皆掇拾于散亡之余，远绍绝学”[3]。在这一风气影响之下，《仪礼》研究亦有张扬并宗守郑氏礼学者，这其中又以丁晏、郑珍、张锡恭等人的治学最具代表性，形成了一种迥异前贤时哲的治学风格，于学界独树一帜。而从《仪礼·丧服》单篇的诠释角度来说，三人中又以张锡恭的研究最具影响力。有鉴于此，笔者拟从传统经典诠释学的视角，专文讨论张氏《丧

[1] 作者单位：井冈山大学人文学院。

[2] 郑知同，《〈仪礼私笺〉后序》，载《仪礼私笺》书后，《郑珍全集》第1册，上海古籍出版社2012年，第206页。

[3] 黄彭年，《郑学录序》，载郑珍《郑学录》卷首，《郑珍全集》第1册，上海古籍出版社2012年，第445页。

服郑氏学》十六卷之诠释特点。

一、生平及著述概说

张锡恭（1858—1924），字闻远，一字殷南，号炳烛，清松江府娄县（今属上海松江区）人。其父为张尔耆，师事姚椿受古文法，为文宗法欧、曾，诗学韦、孟诸家，著有《央斋诗集》七卷、《央斋杂著》二卷。受其父影响，锡恭早年亦曾师事江苏吴江学者沈曰富，得古文之法。光绪二年秀才，光绪十一年拔贡，时江苏督学黄体芳建南菁书院于江阴，锡恭便就学于此南菁书院，师从黄以周，兼学经学、古学，犹精治《礼经》。光绪十四年，乡试中举人，后益潜心研究《三礼》，以郑玄为宗，兼攻百家之说。曾在松江府中学堂执教，又在姚、韩两大姓家坐馆，以经学负盛名。与曹元忠、元弼交游最密。光绪二十五年，被张之洞聘为两湖书院经学分教，治学严谨，任教三年，学生悦服。光绪三十三年，北京设“礼学馆”，纂修《大清通礼》，被征召为纂修官，分任纂订丧礼部分，著有《修礼刍议》两卷和《释服》若干条（均收入《茹荼轩文集》）。宣统三年，辛亥革命后毅然回家，筑新居于小昆山东麓，与祖墓、宗祠为邻，过上了隐居生活，以清朝遗老自居，留长辫不剪。为人正直，在乡里有声望。民国十三年江浙战起，避兵乱至其甥张泽封文权家，是年九月，病逝于封家。

毕生大部分时间都致力于读书著述。著有《礼学大义》一卷，《茹荼轩文集》十二卷[1]，《茹荼轩续集》六卷[2]（附《炳烛随笔》一

〔1〕该书有民国十二年华亭封氏精刻本，分十一卷，其中卷一录诗赋文十八首，而后十卷文字，除《留穷文》乃游戏之篇外，皆说经、议礼之作。之所以以“茹荼”命名者，盖从其轩名而称谓也，乃取《诗·邶风·谷风》“谁谓荼苦，其甘如荠”之义，表明自己读书之乐。

〔2〕该续集，流传最广者主要有严昌堉辑入《云间两征君集》（民国三十八年铅印本）二种十一卷之一种传世。曹元弼《云间两征君集序》云：“二君（即张锡恭与钱同寿）者，海内贤士大夫，望之若景星庆云，后进英髦，仰之若泰山北斗。今其同乡里好德有道君子，将闻远《茹荼轩续集》及《复初待烹生集》合刊以嘉惠士林。”

卷),《丧服郑氏学》十六卷等，均付刊印。又于至归道山前二年著成《丧礼郑氏学》，因该书卷帙浩繁，刊未及半，抗战爆发而中止[1]。至于《丧服郑氏学》十六卷的成书情况，刘承干在给该书的《序》文中颇有说明："年丈张闻远先生潜心礼服，尝撰《释服》及《丧服异谊驳》，各若干篇，皆笃守郑君家法，无一语出入。及朝廷开礼学馆，被征为纂修，承修《丧服》。馆课之余，成《丧服郑氏学》十六卷。"[2]据此看来，是书撰成于张锡恭履职礼学馆纂修《大清通礼》之际。另考刘氏《序》文，乃撰写于"戊午重阳节"之日，即1918年的"九月初九日"，则似是书定稿颇晚。

张锡恭有关"五服"制度的研究，除专书《丧服郑氏学》外，在他的文集——《茹荼轩文集》中，也有这方面的一些论述，譬如：《庶孙之殇中从下辨》,《庶子为父后者为其母贾疏辨》,《释服》(一至三十八),《修礼刍议》(九至二十),《继母之党非徒从辨》,《高祖元孙非无服辨》,《昆弟之曾孙从父昆弟之孙无服辨》,《侯国大夫朝服元端考》,《大夫无缌服辨》,《满臣行制丧三年议》,《敖氏从服降等例辨》，等等。这些篇目的"五服"诠释，虽然将"五服"研究的范围扩大到《仪礼·丧服》篇之外，但就其主要思想而言，仍然和他的《丧服郑氏学》一书是相互融贯互通的。

二、《丧服》诠释特色

从清代《仪礼》学发展史来看，张锡恭称得上是清后期株守郑学派的一位重要代表人物，其所著《丧服郑氏学》署名"郑氏学"，便是意指自己治学师承于郑玄，虽亦有所发挥，但是不敢擅自称为己说，故谦称标明为"学"。概而言之，张氏此书关于《丧服》篇的诠

---

〔1〕 原稿藏吴县王欣夫处，至今未及刊行。
〔2〕 刘承干,《〈丧服郑氏学〉序》，载《丧服郑氏学》卷首,《续修四库全书》第96册，上海古籍出版社2002年，第1页。

释，其特色主要体现在如下几方面：

首先，从治学取向上看，张氏对于“五服”学的研究，诚如《丧服郑氏学》一书命名称谓表现出来的那样，主要集中体现在对郑玄注文的认同上。张锡恭著述该书时，并不像清初学者那样轻易否定郑氏注语之说，因为在他看来，从郑注的训释中可以准确把握经文原有的微言大旨，至于后人的诠释，则更多背离了周公制礼之精义，多属歧见，不可完全取信，郑玄注才是最具权威性的诠释。当然，张氏对郑注的疏解，并非只是一味空洞地尊崇，而是建立在礼经凡例的全局把握基础之上。以“女子子为祖父母”条为例，张氏疏解说：“锡恭案：注疏之义，从下章曾祖父母比例而得者也。下章前言曾祖父母为之者，兼男女言；后言女子子嫁者未嫁者为曾祖父母，专以不敢降者言也。此章前言祖父母亦兼男女，此言女子子为祖父母，亦专以不敢降为言，故《传》云然也。但下经两言嫁者未嫁者，此经不言而但云女子子，是立文主于未嫁者，而已嫁者谊包于中，故《注》云有出道也。有出道，非已出者也，此又其修辞之同而异者也。”〔1〕张氏从上下两章的比较中，分析出两者的异同所在，由此可以证明郑注诠释的依据是充分的，其结论也是可信的。又如，该书卷二中有这样一段按语：“戴《记》每篇修辞微异，《小记》屡言‘为后’多与‘为人后’不同。如云‘为殇后’‘为慈母后’，是即言‘为君母后’‘为祖母后’，亦仅见于《小记》，此修辞不同于他篇也。后儒说‘为殇后’，多以‘为人后’例之，故误。此以辞害志也。”〔2〕与上例一样，从细微处入手，辩驳前人训释误解。总之，这种诠释疏解工作，并非停留在一般意义上的行文凡例考察上，是一种更为全面的认知，绝非泛泛之流所能从事者。

---

〔1〕张锡恭，《丧服郑氏学》卷七，《续修四库全书》第96册，上海古籍出版社2002年，第263页。

〔2〕张锡恭，《丧服郑氏学》卷二，《续修四库全书》第96册，上海古籍出版社2002年，第84页。

当然，张锡恭的株守郑玄“五服”诠释之说，并没有仅仅停留在一般的疏证工作层面，也没有表现为对郑注训释的极度盲从，而是强调将它放置在不同见解的对比中，借以考察郑氏诠释的理据所在。例如“诸侯为天子”条，《丧服郑氏学》申解郑氏注云：“锡恭案：诸侯闻天子丧，《左氏》《公羊》《穀梁》皆以为当奔，郑君本之以驳说《左氏》者之谬。诸侯有父丧者，《公羊》说，父虽未葬，亦奔天子之丧；《穀梁》说，父在殡则不奔；眭生说，未逾年则不奔；许氏《异谊》非眭生说；郑君驳许氏说而不尽从眭生，其以子般卒父未葬为言，从《穀梁》说也。若未逾年，则与未葬不同，容有逾年而未葬者矣。惟先儒皆言父丧在殡，未知母丧在殡得同否，当考。”〔1〕张氏从治学源流角度，对此进行了一番深入挖掘，指出郑注的解说与《春秋》三传之间存在内在关联，以及郑注与许慎解说之间存在的不同之处。大凡此类诠释研究，如果缺乏“五服”学史的明晰把握，很难做出这样的客观判断。

正是基于这一认知，清人刘承干评价《丧服郑氏学》的诠释特点时说：“其于《注》也，有申而无破；其于《疏》也，全录而不遗；于诸儒之言发明《注》谊者甄录之，与《注》立异者明辨之；《疏》亦有误会《注》意者，虽录其说，而必辨其非。其择之也精，守之也约，可谓治经必守家法者。”〔2〕张舜徽也评价说：“笃守郑注，有申无破，故其学最称专谨。”〔3〕这不仅是对《丧服郑氏学》一书的客观评述，更凸显了张氏的治学风格，评价可谓极其中肯而精到。

其次，从对待贾公彦《仪礼疏》的态度与处置方式来看，亦有别于其他株守郑学派学者的做法。贾公彦《仪礼疏》虽然强调“疏不破

〔1〕 张锡恭，《丧服郑氏学》卷二，《续修四库全书》第96册，上海古籍出版社2002年，第56页。

〔2〕 刘承干，《〈丧服郑氏学〉序》，载《丧服郑氏学》卷首，《续修四库全书》第96册，上海古籍出版社2002年，第1—2页。

〔3〕 张舜徽，《郑学传述考》，载《郑学丛著》，齐鲁书社1984年，第191页。

注”，是唐代礼学研究的代表性著作，但对于它的许多学术结论，清代乾嘉之后很多学者颇有微辞，就连向以株守郑学著称的丁晏、郑珍等，亦表现出颇不以为然的态度。然而，张锡恭却给予它一种特殊的礼遇，正如刘承干所说的那样，“其于《疏》也，全录而不遗”，如果不是出于对贾《疏》的尊崇，张氏应该不可能会采取“全录而不遗”的做法。当然，张氏对于贾《疏》的这种尊崇，并不表现为盲目崇拜，倘若张氏认为贾《疏》有错误，亦对之进行明晰的辨析驳议，例如该书卷一“释既练居处”部分，张锡恭下按语辨正贾氏说：“贾《疏》以寝门为中门，据内外皆有哭位，谓其门在外内位之中也。锡恭按：《说文》：‘中，内也。’（今本作‘和也’，误。）中门对外门言，即寝门也。《士丧礼》‘主人迎宾于寝门外’，《注》：‘寝门，内门也。’内犹中也，汉中秘书亦对外言中。天子五门，诸侯三门，则内外之中为中。大夫士二门，则对外为中，言各有当也。贾《疏》以寝门为中门是也，而说‘中’之谊则非，故辨之。”[1]张氏从“中”这一文字的具体训诂入手，指出“中门”也就是内门、寝门，这就纠正了贾《疏》训释的错误。就该例而言，张氏的这一意见是正确的，极具说服力。

续次，从对待清初以来学者诠释成果的征引方式与处置态度来看，张锡恭亦颇具原则性立场。在《丧服郑氏学》所引前人“五服”成说中，清代学者研究成果的征引居多，连同清后期集大成者胡培翚、曹元弼二人的见解亦都在征引之列。他征引前人成说有一个重要原则：“于诸儒之言发明《注》谊者甄录之，与《注》立异者明辨之。”[2]主要重在征引那些张氏认同的解说，特别是那些准确揭示出郑注训释所以然之训例，如果与郑注有明显相违者，大多不在征引之

〔1〕 张锡恭，《丧服郑氏学》卷一，《续修四库全书》第96册，上海古籍出版社2002年，第46页。

〔2〕 刘承干，《〈丧服郑氏学〉序》，载《丧服郑氏学》卷首，《续修四库全书》第96册，上海古籍出版社2002年，第1页。

列；少数情况下，清人研究见解是非参半者亦为张氏征引。对于那些明显站不住脚的见解，张锡恭多通过按语形式加以非议，表明并不认同的态度。例如，清初学者方苞《仪礼析疑》中的许多“五服”研究见解就多遭微辞，张氏便屡加详细辩驳。试以“庶人为国君”条为例，方苞在《仪礼析疑》称云：“康成据此，谓圻外之民为天子无服，非也。曰国君者，以明大夫。君则臣有服，而民无服耳。”[1]张锡恭则按云：“此断章取义。”[2]明确批评方苞的解释是一种断章取义的做法。又如，《丧服郑氏学》卷二曾引曹元弼之说：“士庶人大宗无后，族人无子，行孙行可立者，或昆弟，用摄主之礼，可乎？”锡恭在引文下加附按语云：“此论摄主不及大夫，微误。”[3]凡此之类辨疑甚众，恕不繁征。

至于那些得到认可的前人成说，张氏不仅加以征引，而且还往往揭明该说的贡献，表明征引该说的理据所在。例如，《丧服》篇斩衰章“为人后者”条下，张氏先引段玉裁说：“经但言为所后斩衰三年，则知一切与真子同矣，故《传》约略举之，曰祖父母者为后之曾祖父母也，曰妻者为后之母也，曰妻之父母为后之外祖父母也，妻之昆弟则为后之舅之从母也，妻之昆弟之子则为后之舅之子从母昆弟也，言此而内亲自期以下，外亲自小功以下，可弗视缕也。”然后加附按语云：“此条见《经韵楼集》卷二。敖氏云：《传》言妻之昆弟以见从母，言妻之昆弟之子以见从母昆弟。彼云以见，犹在《传》所言之外，不知古人言昆弟多兼男女，段氏直兼从母及从母昆弟言之为合古谊，故舍敖而录段，至妻之昆弟之子亦兼女子子，可以隅反。”[4]不

〔1〕方苞，《仪礼析疑》卷十一，《景印文渊阁四库全书》第109册，台湾商务印书馆1986年，第170页。
〔2〕张锡恭，《丧服郑氏学》卷八，《续修四库全书》第96册，上海古籍出版社2002年，第281页。
〔3〕张锡恭，《丧服郑氏学》卷二，《续修四库全书》第96册，上海古籍出版社2002年，第90页。
〔4〕同上书，第77页。

仅指出引文出处，而且交代了段氏说之所以胜于敖说的具体理据所在。又如，“女子子在室为父”条下，张氏征引了曹元弼的解说，然后加附按语云：“胡氏《正谊》以彼《注》专指未许嫁之童子为与此《注》两歧。锡恭按：正以他经言‘在室’专指未许嫁者言，故此《注》特明之曰关已许嫁。曹氏辨胡氏之误，正从《注》中关字探得者也。”[1]张氏鉴于曹氏说与胡培翚说互异，故行文揭明其取从曹氏说之所以然。

再次，从诠释视角与诠释焦点的情况来看，张锡恭对于《丧服》的经文研究，虽然也涉及对于丧服条文及其郑注词句训义的疏解诠释，如《丧服》“大夫、公之昆弟、大夫之子，于兄弟降一等”，郑注：“兄弟，犹言族亲也。凡不见者，以此求之也。”张氏申解疏证说：“此兄弟训族亲，与‘为人后者’节兄弟皆兼容大功以上，然《注》云‘凡不见者，以此求之’，则《记》者补经不见者也。为人后者降等，若子之服，多不见于经，则《记》所补者多大夫降一等之服，惟小功以下不见，若期降一等者，备见大功章矣。殇大功仅不见叔父，大功仅不见昆弟之女子适士者，则所兼容大功以上者直此二人耳，然不可谓非兼容也。此《注》训族亲之谊也。”[2]与此同时，张氏更强调通过考察“亲亲”“尊尊”等制服原则，探寻古人制礼之精微大旨，进而挖掘宗法制度的深层内涵，实现“五服”学规制的合理诠解。

张锡恭之所以重视挖掘丧服礼制精义，与其治学不区分汉学与宋学差异，相反而主张兼采二者之所长的学术认知观密切关联。据《清史稿》载：“以周笃守家学，以为三代下之经学，汉郑君、宋朱子为最。而汉学、宋学之流弊，乖离圣经，尚不合于郑、朱，何论孔、孟？有清讲学之风，倡自顾亭林。顾氏尝云：‘经学即是理学。’乃体顾氏之训，上追孔、孟之遗言，于《易》《诗》《春秋》皆有著述，而

[1] 张锡恭，《丧服郑氏学》卷三，《续修四库全书》第96册，上海古籍出版社2002年，第107页。
[2] 张锡恭，《丧服郑氏学》卷十五，《续修四库全书》第96册，上海古籍出版社2002年，第482—483页。

《三礼》尤为宗主。”[1]张锡恭治学乃传承黄式三、黄以周父子之衣钵，致力于沟通汉、宋之学，其学不仅可视为清代丧服学之总结，亦熔铸程朱理学精义于礼学考辨当中。张锡恭十分推崇“五服”学的研究，如其所言：“经有十三，吾所治者唯礼经；礼经十七篇，吾所解者唯《丧服》。注《丧服》者众矣，而吾所守者唯郑君一家之言。吾于学可谓隘矣。虽然，由吾书而探郑君之谊，其于郑君礼注之意，庶几其不倍乎？由《注》谊以探礼经，其于周公制服之心，庶几其不倍乎？由制服以观亲亲、尊尊之等杀，于圣人之尽伦，或可窥见万分之一乎？”[2]可见，张锡恭重视《丧服》篇礼经规制的诠释，其根本在于还原周公治礼之本原与精神内蕴，体会圣人做事以礼为准则之本心。

最后，从治学谨严的学术立场出发，张锡恭十分重视所引诸家释语的校勘订正之类文献整理工作，并以按语的方式随文标注说明，体现出实事求是的治学态度。凡此之类校勘方面的按语，大致可以区分为这样两方面情况：其一，张氏注意征引此前已有学者，如卢文弨、阮元等人的大量校勘成果，或前贤校勘有结语未当或失误之处，必加附按语质疑之，附上己见；如不能明晰加以校勘论断，则存疑之。例如，斩衰章“为人后者”一条下，张氏先引《释文》“‘为所为’：上于伪反，注同；下如字”。锡恭并附按语指出：“云‘注同’，则出‘为所为’三字，似《传》，而《传》无此三字连文，卢氏文弨因于《传》‘为所’下补‘为’字，未知是否，当考。”[3]由于难以论定其中是非，故张氏存疑之。其二，张氏在援引他人成说一类文句时，凡引文本身存在文献出处记载错误之例，或系由于版刻造成的文字讹误现象，他皆逐一注明辨析之。如是书卷十四引《礼记·杂记》篇孔颖达

---

〔1〕 赵尔巽，《列传二百六十九·儒林三》，《清史稿》卷四八二，中华书局1977年，第13297页。

〔2〕 刘承干，《〈丧服郑氏学〉序》，载《丧服郑氏学》卷首，《续修四库全书》第96册，上海古籍出版社2002年，第2页。

〔3〕 张锡恭，《丧服郑氏学》卷二，《续修四库全书》第96册，上海古籍出版社2002年，第73页。

《疏》语有如下一句："故读从《丧服小记》下殇'澡麻带绖'之澡"，锡恭附按语校释说："小记，当作小功。澡麻带绖，《丧服》'殇小功'章文也。《小记》则作'带澡麻不绝'，本与此文略殊。"[1]颇具补正前贤著述引证阙失之功。《丧服郑氏学》的这些校勘类按语，充分体现出张氏非常严谨的治学态度。

综上所述，张锡恭之礼学研究，可谓为清代《丧服》礼学研究之集大成者，所著《丧服郑氏学》亦有非常高的学术价值，其生平好友曹元弼便认为，《丧服郑氏学》的地位不亚于贾公彦《仪礼疏》。当代学者张舜徽先生亦称："与锡恭同时友善、同为《礼经》之学者，有吴县曹元忠、元弼兄弟。元忠著有《礼议》，元弼著有《礼经校释》《礼经学》，而皆不及锡恭之精。"[2]评价可谓极其中肯。

---

〔1〕张锡恭，《丧服郑氏学》卷十四，《续修四库全书》第96册，上海古籍出版社2002年，第426页。

〔2〕张舜徽，《郑学传述考》，载《郑学丛著》，齐鲁书社1984年，第192页。

张锡恭的“正尊降服论”及其意义

周飞舟[1]

张锡恭先生在《丧服郑氏学》一书中，对历代丧服学的讨论有着清晰的梳理，并系统而深入地阐发了丧服郑注的精深之处，驳斥了敖继公、程瑶田等人反对郑注的观点。在这个工作之外，锡恭先生对丧服的制服原则也有一些自己的新论，这些新论有些散见于以经传注疏为纲的讨论中，另一些则单独另撰论文进行系统阐述，主要集中在先生《茹荼轩文集》卷四至卷七的三十八篇“释服”及一些零篇散论中。本文就其中的第二十二篇“正尊降服”进行讨论，分析锡恭先生对制服原则的拓展性讨论及其对我们理解制服原则的启发。

丧服的制服总则，即“服术”有六，其核心为“亲亲”和“尊尊”，其中“亲亲”在“至亲以期断”的原则下构成了亲属间的五层服制，“尊尊”则在此基础上有所隆降。加隆大都是因为受服者为至尊或与至尊有特别的关系，因此在本服基础上加等。如一般认为，斩衰之服（以服父、君、夫为主）均为加隆之服。另外，为祖父、世叔父母、外祖父母等都有加服。若尊者对卑者服服，则有降服。郑注云：“降有四品：君大夫以尊降；公子、大夫之子以厌降；公之昆弟以旁尊降；为人后者、女子子嫁者以出降。”除了第四品，降服的前面三品均为有爵位之尊的人及其子、昆弟对无爵位之亲属的降服。由此看来，除了爵位之尊以及出适人、出为人后的情况外，郑玄并不认为存在其他降服的情况。如果按照这种看法，那么，丧服体制中两种最为重要的

---

〔1〕 作者单位：北京大学社会学系。

"尊"，即父祖之尊和爵位之尊对于服制的影响是不同的：父祖之尊主要表现在子孙卑属对父祖的加隆，而爵位之尊除了臣为君的斩衰加隆之外，尊者对卑属的尊降形成的各种降服也是尊卑的表现。

父祖对子孙等卑属并无降服，这是无疑义的。但降服指的是成服的类别，并非制服的过程。将成服与制服过程加以区分，是锡恭先生在《丧服郑氏学》一书中频繁使用的一个分析方法。例如，厌降是降服的一种类型，但是"厌"是一些关系类别中制服过程的一个步骤。经过了"厌"的步骤的成服并不一定是厌降服，但其过程中可以有"厌"。如"父在为母""公士大夫之众臣为其君布带绳屦"，是由于子厌于父、臣厌于君所致，最后的成服却并非厌降之服。"报"和"报服"也有这种关系，容后详论。同样，"降"与"降服"也是这种关系：父祖对子孙等卑属无降服，并不意味着制服过程中没有"降"。事实上，如果没有"降"，我们就不能真正深入了解父祖对子孙的成服。《正尊降服篇》就是对这个过程的全新的解释。

锡恭先生"正尊降服"的理论来自于敖继公对于《丧服传》的一个错误的批评。《丧服经传》"母为长子"条传曰："何以三年也？父之所不降，母亦不敢降也。"郑注云："不敢降者，不敢以己尊降祖、祢之正体。"敖继公曰："此加隆之服也，不宜云'不降'。父母于子，其正服但当期除，非降服。"敖氏的意思是，如果按照"至亲以期断"的原则，"母为长子"的三年之服显然像"父为长子"的三年服一样是加隆之服，怎么可能是"降"呢？而如《传》所云，不但母为长子，即使是父为长子亦是"不降"而非加隆所致。郑注显然不认为《传》有什么问题，而且对"不敢降"进行了进一步的解释。那么，这个"降"与"不敢降"到底来自何处、基于什么道理呢？

在《正尊降服篇》中，锡恭先生明确指出："凡正尊于卑属，子若孙，子妇若孙妇，其服皆降也。"[1]这种"降"与"君大夫以尊降"

---

〔1〕见《释服二十二正尊降服》，《茹荼轩文集》卷六。

的尊降一样，是由于尊卑之别而产生的“降”，两者的区别在于，用锡恭先生的话来说，“此与‘降有四品’之‘降’不同，彼‘降’在制服后降本服为他服也，此降在制服先，因降而制不杖期，因不降而制三年也”。[1]在所有正尊所临的卑属中，有两个例外，即长子、嫡孙，他们就是所谓“父之所不降，母亦不敢降”的对象，其原因就是郑玄所特别注出的：“不敢以己尊降祖、祢之正体。”

除了降本服之外，正尊对卑属的加隆服需要“报”。这又是锡恭先生发前贤之所未发的创见。这里的“报”与“降”一样，与“报服”不同。“报服”是制服后的成服，而“报”则在制服先，是制服过程的一个步骤。“降”与“报”两步合起来，才有正尊对卑属的成服。以庶子为例。父母“降”庶子本服由“期”至“大功”，又“报”庶子对自己的三年加隆，由于这里的报不是成服而报的报服，所以父母只是将对庶子的“大功”“报”至“期”。这样，父母对庶子服“期”，恰好等于原来的本服。再以长子为例，父母“不敢降”长子为己之本服“期”，又“报”长子对自己的三年加隆，所以成服便是“父为长子”和“母为长子”的三年之服。嫡孙、庶孙原理相同。在所有正尊所对的卑属中，“报其加隆”也有例外，即所有的妇人，这包括了嫡妇、庶妇、嫡孙妇、庶孙妇。以嫡妇为例。舅姑不敢降其本服“大功”，又不报其为自己的加隆，所以仍为嫡妇服“大功”。以庶妇为例。舅姑降其本服“大功”至“小功”，又不报其为自己的加隆，所以为庶妇服“小功”。嫡孙妇、庶孙妇原理相同。至于不报的原因，锡恭先生认为：“妇为舅姑期，为夫之祖父母大功，从夫而加隆者也。妇所从而加隆者不报。”[2]

---

〔1〕 见《丧服郑氏学》卷四。

〔2〕 见《释服二十二正尊降服》，《茹荼轩文集》卷六。更准确地说，应该是“妇所从而加隆正尊者不报”。从学者们包括锡恭先生的讨论来看，为夫之世叔父母加隆者而服大功，夫之世叔父母亦报以大功。这就产生了舅姑为庶妇之服反轻于为昆弟之子妇之服的问题。其差别就在于正尊不报而旁尊必报。

总结先生的“正尊降服论”，我们可以概括为这样两句话：“凡正尊于卑属，降其本服，唯嫡不降；报其加隆，唯妇不报。”

锡恭先生的这个理论对我们理解丧服体制中一些关键的问题有很多启发，主要表现在以下几个方面。

第一，尊尊的服术除了给尊者加隆制服之外，还要给卑者“降”服。丧服隆杀，一方面是亲疏所致，这是丧服结构上的表现；另一方面是尊卑所致。尊者加隆，这是比较普遍的认识，但卑者降杀，过去只在爵位之尊上体现得比较明显，在家内的父祖之尊方面则认识不够全面。有了正尊降服理论之后，我们对丧服之服术就有了更加全面的理解，几乎所有正尊对卑属的成服，都可以按照该理论推断出来并与《丧服》经传相吻合。

第二，这个理论有助于我们更加深入地理解丧服重嫡的特点。从尊尊的服术来看，父祖之尊、爵位之尊以及介于这两者之间的宗子之尊都有比较完整、明显的体现。从上述第一点来看，在制服过程中，卑者对尊者加隆、尊者对卑属降杀是基本原则。但是，对于嫡长子、嫡孙等“将所传重”的人的尊如何体现仍然不是很清楚。按照锡恭先生的正尊降服论，我们可以说，嫡子、嫡孙的特殊地位并非表现在对其服制进行加隆，而是表现在“不降”。丧服中的出降、尊降、厌降、旁尊降，除了不降父母、不降宗子、尊同不降[1]外，出现最多的就是遇上嫡子、嫡孙、嫡妇、嫡殇等而不降，《传》和郑注反复指出“不敢降也”“重嫡也”“不降其嫡也”。如此，我们便可以明确“斩衰”章中的“父为长子”非加隆之服而是重嫡不降所致。

对于嫡子嫡孙等人而言，除了他人不能“降”服自己之外，并无任何其他特殊地位。对他人施服时，嫡子嫡孙与众子、众孙制服并无差别，对尊者依例加隆，对旁人并不能降杀。明白了这个原理，我们便可以对《丧服》的一些争论有较为明确的解决之道了。

---

〔1〕 还有一条“姑姊妹适人无主者”，是“不忍降”之例。

例如,《丧服》“齐衰杖期”章“出妻之子为母”条,《传》曰:“出妻之子为父后者，则为出母无服。与尊者为一体，不敢服其私亲也。”这条经传，由于《礼记·檀弓》中“子上不丧出母”的故事而引起了历代学者的讨论。同为圣人后代，伯鱼丧出母而子上不丧出母，应该有人是非礼的。其争论的焦点在于“为父后”三字。《传》中的为父后，到底是父在时以嫡子身份为父后还是父没后以宗子身份为父后？如果是前者，则子上的做法是正确的；如果是后者，则伯鱼的做法是正确的。锡恭先生为此专门写了一篇《释为父后》，证明“为父后”专指父没而言[1]。实际上，按照有正尊降服论而来的推论，嫡子为他人施服，与众子无异。伯鱼、子上的出母去世时，孔子、子思都还在世，所以无论伯鱼、子上是否为嫡子、是否将为父后，为出母服齐衰杖期之服是一定的。

第三，这个理论有助于我们加深对“报”与“报服”的理解。按照一般的理解，报服可以分为两类，即相互为服（如兄弟、姊妹之间）与旁尊报卑。报服是制服后的成服，其特点是施报双方的服制完全相同。兄弟姊妹相互为服自不必说，旁尊与卑属的成服也完全相同。已为世叔父母服不杖期，世叔父母报之以期。为从母加服至小功，从母亦报之以小功。对于旁尊报卑,《传》给出的解释是:“旁尊也，不足以加尊焉，故报之也。”由此我们可以推论，如果是足以加尊的正尊，则不必有报。但是锡恭先生的“正尊降服论”出现之后，我们对此可以有新的理解。

从报服一般的情况来讲，与加隆服和降服不同，是一种以“亲亲”为基本原则的服制，而且多属于旁亲。父母、祖父母与其子孙之间不见报服。不见报服的原因是正尊“加尊”的缘故。但是，按照正尊降服论，正尊的“尊”体现为“降其本服”，而非体现在“不报

〔1〕张锡恭:“历考经记及注，未有父在而称为父后者。”《释服十六为父后》,《茹荼轩文集》卷五。

加隆”上。父母、祖父母于子孙，报其加隆，是“不忍不报”，是在“尊尊”已有所体现的情况下兼顾“亲亲”的结果，即不以尊尊绝亲亲。锡恭先生云：“降其本服者，严父之义；不忍不报者，爱子之仁。先王制礼，仁之至，义之尽也。”由此，我们对“报”与“报服”的理解则会有新的认识：“报”不限于旁亲，正尊卑属之间亦有“报”。与一般的“报服”不同，正尊卑属之间的“报”是出于“不忍”之仁，而非出于“不足以加尊”之义。

所谓“唯妇不报”，正是因为恩疏之故。如果我们对比父母对庶妇服小功和对昆弟之子妇服大功，就可以看出这中间制服原则的不同。对庶妇，以正尊临之，降其本服，不报加隆，以舅姑与妇之间恩情本疏，并无“不忍”之仁，故不报，终成小功之服；对昆弟之子妇，对方从夫加隆为己服大功，而己以旁尊临之，“不足以加尊焉”，故报之以大功。按照我们上面的理解，舅姑与妇之间无报，似欠于仁，而有防闲之义；世叔父母与昆弟之子妇之间报服，似过乎义，而有“引而进之”之仁。这应该是锡恭先生所云仁至义尽之意。

附：张锡恭先生之《正尊降服篇》

正尊降服释服二十二《茹荼轩文集》卷六

敖君善以父为长子三年、祖为适孙期，皆加隆而非降，此不知正尊降服之例，而强与传立异者也。凡正尊降卑属之服，降其本服也，非不报其加隆者也。不明礼例，乌由知传所云不降之意哉？凡正尊于卑属，子若孙，子妇若孙妇，其服皆降也。为子若孙降一等者，降其本服，而仍报其加隆者也。为子妇若孙妇降二等者，既降其本服，又不报其所从而加隆者也。故为妇服之例明，则为长子、适孙所不降之例可明。为诸子诸孙所降之例明，则为长子适孙所不降之例可得而明。何以言之？服之本，至亲以期断。为父母当期，为子亦当期；为祖父母大功，为孙亦当大功。为父母三年，为祖父母期者，亲之至，故尊之至，而加隆其服也。为子期，为子妇当大功，为孙大功，为孙妇当小功。今考《丧服》经，为庶妇在《小功章》，为庶孙妇在《缌麻章》，是降其本服一等也。又考《大功章》："适妇。"传曰："何以大功也？不降其适也。"大功为适妇本服，不降者，不降其本服也。益可证，降服者，降其本服也。此为妇服之例也。舅姑为正尊，子孙之妇为卑属，故降其本服一等。父母之于子，祖父母之于孙，均之以正尊临卑属，为妇服之例本视之而出，则其服亦降本服一等也。然为庶妇、庶孙妇，彼此较二等，为诸子诸孙，彼此较一等。此其故何也？妇为舅姑期，为夫之祖父母大功，从夫而加隆者也。妇所从而加隆者不报，故并降一等也。《孝经》曰："父母生之，续莫大焉。君亲临之，厚莫重焉。"《祭义》曰："孝子之有深爱者，必有和气。有和气者，必有愉色。有愉色者，必有婉容。孝子如执玉，如奉盈，洞洞属属然，如弗胜，如将失之。"是孝子顺孙，其至敬根至爱而生，故其至尊从至亲而出。为父母三年不加隆，而人心不即于安，故为母有时或屈，而居处、饮食、哭泣、思慕必三年。是加隆之服，尊之至，由亲之至也。子孙虽卑属，其亲则一也。祖父母、父母不忍不报也。加隆者不忍不报，则所降者必其本服也。降其本服者，严父之义，不忍不报者，爱子之仁。先王制礼，仁之至，义之尽也。此为诸子诸孙降服之例也。为诸子诸孙降服之例明，则可知报其加隆者，适与庶所共者也。降其本服者，施于诸子诸孙者也。不降其本服者，惟施于长子适孙者也。母为长子，传曰：父之所不降，母亦不敢降。嫡孙，传曰：不降其适。与夫《大功章》适妇传，三者同条而共贯，而长子适孙所不降之故，可以晓然矣。彼敖君善说，可不辨自明矣。虽然，微君善斯言，则无自发吾之疑。《诗》不云乎，“他山之石，可以攻玉”？《礼经》有敖氏《集说》，抑亦学礼者攻错之资也。

略述张锡恭《茹荼轩文集》《续集》刻本与稿本之异同

孙　帅[1]

随着晚近大陆礼学研究的悄然兴起，许多以前受重视不够的清代大儒渐渐进入学界关注的视野，并成为我们梳理清代民国学术的关键环节和重新检讨中国文化古今之争的重要线索。张锡恭先生就是其中最重要的一位。当前中国在很大程度上依然处在张先生及其同时代人的历史命运之中，我们整理他们的思想著述不仅是学术传承的迫切需要，更是清末民初以降同一历史命运的进一步展开。他们当年面临的困境今天依然困扰着我们，而他们的思考则构成我们真正理解，并最终可能走出这一困境的宝贵遗泽。

有目共睹的是，大陆学者近年对这批清儒的研究，一方面在儒学、传统和现代性的交织中，开辟出一条重新认识中国和世界的新思路；另一方面也使经学、哲学、史学、文学、文献考证、考古等不同领域的学者打破学科壁垒，聚焦到大家共同关心的问题上来。而由于历史和现实方面的种种原因，清末民初大儒的许多著作目前还亟待进行系统的整理与出版，本文唯望通过对两部新见张锡恭遗著的简单考察，为相关专家学者的深入研究补充些许文本线索。

一、张锡恭及其著述

张锡恭祖籍清松江府娄县，家学渊源深厚，光绪二年秀才，十一

〔1〕 作者单位：中国人民大学哲学院。

年拔贡，十四年举人。先生最初先后随父亲（共斋）和陈杏生先生受学，光绪九年作为南菁书院的首批课生之一投到大儒黄以周（元同）先生门下，受教十余年，与吴县曹元弼（叔彦）、曹元忠（君直）兄弟，以及华亭钱复初（同寿）等先生交往甚密，终成为清代儆居学派后学中名震江南的礼学大家。[1]《清儒学案》写道，锡恭"肄业南菁书院，受儆季之学。笃志研经，长于三礼。晚聘任礼学馆纂修，勤于研订经学，为时所重。著述藏于家"。[2] 光绪三十四年，锡恭入京任礼学馆纂修，如果说之前的学术人生尚属研读积累阶段，自此则正式进入著书立说的高峰期，此后十余年间完成的集大成之作《丧礼郑氏学》，和刘承干（翰怡）求恕斋作为单行本刊刻的《丧服郑氏学》，[3] 最终奠定了先生在清代经学，尤其是推崇郑学、融汇汉宋的儆居学派中功不可没的学术地位。

先生颠沛流离的一生正值人心不古、国家瘫痪的动乱时代，其间的困扰与艰辛非我辈学人今日所能想象。《丧礼郑氏学》完成之时，正在小昆山避难隐居的张锡恭不禁吟诵起庾信的名作《哀江南赋》，与诗人同病相怜之情跃然纸上："宣统三年，予避地昆山墓庐，始述《丧服郑氏学》以次及《丧礼》《虞礼》并《小戴记》言丧者诸篇，至今日告竣，盖十二年矣。'天道周星，物极不反'，为诵庾赋，蠹焉心伤。"[4] 十五年后，日寇侵华，国家内忧外患有增无减，时王欣夫（大隆）先生肩负校勘先师遗著之重任，同样展现出在社稷危难之际为往圣继绝学的学术担当。1937 年，王欣夫校书记言：

---

〔1〕关于张锡恭的生平、学术历程和时局背景，详见吴飞，《风雨难摧伏氏壁，弦歌终剩窦公音：张闻远先生学述》，《经学文献研究集刊》第 12 辑，2014 年。

〔2〕徐世昌等，《清儒学案》，中华书局 2008 年，第 6008—6009 页。

〔3〕《丧礼郑氏学》实际上由张锡恭先后写出的两部著述构成，分别为 1917 年完成的《礼经郑氏学》和 1922 年完成的《礼记郑氏学》。《丧服郑氏学》十六卷是《礼经郑氏学》中先行刊刻的单行本，学界常将除此之外的其余四十四卷单独称作《丧礼郑氏学》。如不特别注明，本文在提到《丧礼郑氏学》时均包括《丧服郑氏学》在内。可另参见林振岳，《张锡恭〈丧礼郑氏学〉成书与刊刻》，《经学文献研究集刊》第 12 辑，2014 年。

〔4〕《丧礼郑氏学》稿本，复旦大学图书馆藏。

“丁丑八月九日，据士礼居重刻严州本校经、注一过。时人心惶惶，多有迁避上海租界及四乡者，余仍闭户校书，未尝一日辍也。”后又补记道：“上海大战已起，人方仓皇逃避，余犹校勘不辍，书痴生涯可笑，抑又可怜。十三日记，时闻炮声。”[1]遗憾的是，由于时局动荡，锡恭生前未能看到全本《丧礼郑氏学》刊刻成书，幸好有藏书家欣夫先生妥善保存和整理，我们现在才有幸复见这部清末礼学史上的鸿篇巨制之全貌。

除求恕斋刊刻的《丧服郑氏学》，锡恭所撰《茹荼轩文集》和《茹荼轩续集》是另两部广为人知的著作，可视为对前者的补充，亦是进入锡恭礼学世界的重要钥匙，其中不乏关于作者核心观点的集中表述和关于经学问题的精彩讨论。这两种集子不仅囊括许多极为重要的经学文章，诸如《修礼刍议》和《释服》，而且还着重收录了先生平日的诗赋、书信、序跋等，因而能够帮助我们更丰富地了解先生的人生、交游和学术。

2012年初，笔者完成在剑桥大学三一学院的学习回国，不久又从北京大学博士毕业，随即回本科母校复旦大学做博士后研究。当时业师吴飞教授正不遗余力地展开张锡恭著作的搜集整理工作，并取仰昆室为室名，其尊崇明清遗老顾亭林（炎武）、张闻远之志可见一斑。吴老师先已得知张锡恭所著《茹荼轩日记》手稿藏于复旦图书馆和上海图书馆，于是嘱我在工作之余抽时间加以抄录和整理，并留意搜集先生零落于世的其他遗书。这是作为国学门外汉的我与锡恭，同时也是与礼学的第一次亲密接触。锡恭日记凡四十四册，上海图书馆藏十八册，名为《张征君日记》（光绪十一年至二十五年），复旦图书馆藏二十六册，名为《茹荼轩日记》（光绪二十六年至民国十一年）。[2]《茹荼轩日记》乃锡恭所有日记的总名，上图所藏《张征君日记》应

〔1〕《丧礼郑氏学》稿本，复旦大学图书馆藏。

〔2〕近日得闻复旦林振岳学兄从藏书家手中购得锡恭日记两册，正好是上图和复旦藏本缺的光绪三十年日记。参见林振岳文。

是图书馆编目时后加。

出乎意料的是，在整理日记艰难而漫长的过程中，笔者又在复旦图书馆先后发现《丧礼郑氏学》《茹荼轩文集》《续集》三种著作的稿本，让人不禁感叹这种意外的惊喜是来自张先生的“显灵”，似乎不仅我们在找先生，先生也在找我们。笔者注意到，在篇目与内容方面，无论《文集》还是《续集》，都与我们今天能够见到的刻本有很大出入。毋庸置疑，就文献本身的形态和权威而言，刻本的价值自然要高于稿本。不过如果从文献学角度来看，如果将锡恭的思想看成一个发展的整体，稿本亦有其自身不可取代的学术价值。因此，下面我们尝试通过梳理刻本和稿本之间的异同，呈现两部书刊刻时删去的部分内容，并对照《茹荼轩日记》和锡恭的书院课艺，略述二书新见文稿的写作日期、成文过程和主要内容。

二、《文集》刻本与稿本

《茹荼轩文集》刻本十一卷，民国十二年由张锡恭外甥，华亭封文权（衡甫）篑进斋负责刊刻。次年，先生为避江浙战祸，从隐居之地小昆山前往封家避难，不久即因病驾鹤仙去。刻本原书版框高 177 毫米，宽 244 毫米，文前有娄县朱运新（似石）先生作、封文权之子封章煊（耐公）先生书《题张征君遗像》，相当准确地写出了锡恭一生的不幸际遇和学术成就。[1]《茹荼轩日记》中有一百多处提及封文权，足以说明二人往来密切，而先生著作得以存世亦在很大程度上有

〔1〕朱运新，《题张锡恭遗像》：“君不见秦汉之际鲁两生，秉节高蹈辞簪缨。鄙哉叔孙事十主，乃将礼乐干公卿。又不见东汉之季郑康成，研经兼汇众说精。道逢黄巾为罗拜，相戒不敢窥其楹。先生束发治《三礼》，师承家学旧有声。晚年辟登礼学馆，通丧三年数廷争。是时邪说竞倡乱，中原枭獍方纵横。朝士更出叔孙下，屏弃六籍投沧瀛。先生掉头去不顾，卢墓一纪聊待清。褎遗订坠老空谷，义熙甲子书春正。一朝贼骑趋谷水，豳天烽火中宵惊。先生闻变遽出走，扁舟飞渡茸南城。渭阳一病卧不起，知交涕洟黄河倾。弦歌故里吊灰烬，遗书零落随榛荆。吁嗟兮，黄巾寇尽何足论，衹今观之犹是圣人氓。”

赖箦进斋的收藏。

从刊刻时间概可推断，《文集》定稿篇目的选择和编排可能由先生生前亲定。《文集》刻本凡十一卷，卷一为先生诗赋中难得的佳作十八篇，其余十卷多为论礼说经之作，不少篇目直接选自锡恭在南菁读书时的课艺，重中之重是先生入京修礼后撰写的《修礼刍议》二十篇（见卷二、三），和《释服》三十八篇（见卷四至卷七）。《文集》旨在辑录《丧礼郑氏学》之外的礼学论著，与后者相互补充印证。也正因此，锡恭在《丧礼郑氏学》中论及某些问题时，如果《释服》或《修礼刍议》已经予以充分澄清，便不再重新展开讨论，而会直接引用其中的相关章节或提醒读者互参。比如，《丧服四制》"妇人、童子不杖，不能病也"，锡恭在孔疏"妇人，谓未成人之妇人"下按曰："此语微误，余撰《释服》详辨之，已录在《丧服郑氏学》。"而《释服》之《为妻父母在不杖不稽颡》和《女子子逆降旁亲》，则分别被录在《杂记上》"为妻，父母在"和《杂记下》"大功之末"节下。

《文集》稿本由于是锡恭本人生前所用清稿本，在内容和形式上都比随后介绍的《续集》钞稿本更为复杂。该稿本现藏复旦大学图书馆，图书馆登记的编目信息显示属王欣夫藏书，但通篇未见欣夫先生藏书印，王著《蛾术轩箧存善本书录》中也没有相关记载，疑是后来才加到学礼斋藏书中的。稿本前后可见三枚藏书印，印文分别为"食古主人""腐儒""秦山学人"（见文末附二）。据此或许可以推知该书在坊间流传的大致过程，至于几位印主的身份还有待进一步考证方可确定。

此稿本凡四册，不分卷，仅册三文前有目录。从书法笔迹可知，当为锡恭首先请人抄出并进而加以修改的清稿本，正文随处可以看到先生修改的手迹。所以，这既非锡恭最初完成的手稿，亦非印行前最终核定的定稿。再者，就篇目而言，稿本与刻本也有很大差异，刻本卷二、三所含《修礼刍议》在稿本中竟然一篇都没有出现。可知文集内容的选择与编排前后经过一番调整和改动。

另外，可以肯定《茹荼轩日记》（及课艺文稿）是手民抄录依据的主要底本之一，最直接的证据是，某些篇目文末衍文与相应的日记内容完全一致，想必是抄工手误所致。比如，第一册七绝《不见》作于宣统四年五月二十二日，其后衍文与《茹荼轩日记》中诗下的内容一字不差："温《孟子集注》。《丧服》。'大夫科中'，秦氏《五礼通考》引'夫'作'功'……"〔1〕又如，第四册《公祭松江府先贤文》一文见于日记宣统二年正月二十四，其后衍文同样出自当日日记："《礼书纲目》卷首。五家之儒，当考。卫不知立市，当考。"〔2〕

下面我们逐册看一下稿本与刻本之间的篇目异同。

第一册

凡十五篇，篇目及次序与刻本卷一基本一致，较刻本缺《咏蝉寄内》《莫愁湖》和《十年》三篇。《怀友》稿本原题为《枕上》，全诗表现了作者晚年几乎五伦尽丧的孤独境地。〔3〕另外值得一提的是，《将之京师别新赋》在稿本中为锡恭后加，而非直接抄入，要么最初并未考虑编入《文集》，要么可能是手民漏抄。

第二册

对应刻本第四、五、六卷，凡二十八篇，包括《释服》二十六篇，以及第四册重出文章《满臣行制丧三年议》与《张氏锡恭孙不为祖庶母承重议》。我们看到，刻本第四、五、六、七卷共有《释

---

〔1〕《茹荼轩日记》，稿本，分藏于上海图书馆、复旦大学图书馆，宣统四年五月二十二日。

〔2〕同上书，宣统二年正月二十四。

〔3〕"人惟万物灵，卓哉五大伦。而我无一有，涕泣恒沾襟。慈母早见背，三十为鲜民。鼎湖瞻已遐，黼扆嗟蒙尘。同父非罠罠，乃若亮与瑾。孟梁两美合，一剑沈延津。自昔同志友，寥落星侵晨。曹钱三杰士，岿然鼎足存。同心而离居，欲聚无缘因。寄言强加餐，白水有真人。"该诗后亦有衍文"《太平广记》引《唐晅》"云云。

服》三十八篇，包括稿本中除《大功妇人有髽》之外的二十五篇，和其余十三篇。就是说，如果将《大功妇人有髽》也算在内的话，锡恭曾经至少写过三十九篇释服论文。《大功妇人有髽》见于《茹荼轩日记》宣统二年二月一日，内容与此处基本一致。[1]该文援引《丧服小记》《奔丧》《丧服》相关经、注，批驳《丧服小记》正义所引崔灵恩"大功以下无髽"说，认为其与礼服之例不合、与郑注之谊相违。锡恭进一步指出，"大功以下无髽"之髽，实则并非麻髽或布髽，而是露紒之髽。不过即便如此，也只有在卒哭后，而非如崔氏所言卒敛时，才可以说大功无髽："《小记》云'齐衰，恶笄以终丧'，则女子子适人者亦在其列。然卒哭而归其夫家者，《记》称折吉笄之首以笄。夫齐衰且有吉笄者，况大功乎？然则大功卒哭可吉笄矣，吉笄与纚相将，纚则不露其紒矣，此时与露紒终丧者校，得不谓之无髽与？由此言之，谓大功无髽者，在卒哭后可也，在卒敛时不可也。是露紒之髽也，而非与髻髪、免相对之髽也。"

除《文集》刻本和稿本外，《释服》部分文稿也曾出现在张锡恭日记中，三者所载数量与篇目均不完全一致，具体参见文末附一。由《茹荼轩日记》可知，《释服》系列文章的写作始于宣统元年，终于锡恭去世前两年，即民国十一年。起先锡恭将部分《释服》手稿陆续抄或写在日记中，等到编辑《文集》时又请他人从手稿或日记集中辑录誊写，而最后定稿时又做了大量调整。《茹荼轩日记》中多处提到《释服》。比如，宣统三年五月廿三日："《服问》注'八升'乃'七升'之误文，辨见《记》及余别著《释服》中。"民国元年十一月三日："谢氏奉、曹氏处道议最正，当从之说，详《释服》，录在《缌麻章》'庶子为父后者为其母'下。"又如，五年三月二十八日："敖云'齐衰而髽止于是'，非也。大功犹髽，见《奔丧》，余《释服》详之，张渊甫先生《积石文稿》有辨。"民国十一年七月六日："此论

[1] 参见《茹荼轩日记》，稿本，分藏于上海图书馆、复旦大学图书馆，宣统元年二月一日。

以齐受斩之节，以魏氏休宁说为正，余撰《释服》详论之，录在《杂记》。”[1]

第三册

第三册是稿本中唯一带目录的一册，目录与正文却不完全对应。目录中包含五十篇文章（篇名上方画有许多圈圈，疑为锡恭所加，见附二），而正文只有十四篇，对应刻本第八卷部分篇目，其内容几乎全为书院课艺。经对照，稿本该册有五篇未见于刻本，根据《茹荼轩日记》及吴飞老师私藏锡恭课艺，基本可以确定各篇创作年月，具体如下：

《释内外卦名贞悔义》，光绪二十一年六月

《伯相解》，光绪十五年六月

《释刨衈》，光绪十六年三月

《释六弓》，光绪十八年六月

《释八矢》，光绪十八年六月

另，目录中出现的《天子五门三门异同说》，光绪十二年正月十八日日记有所提及，“晨携考具入场。大改漱兰师旧章，在二门外听点，而中饭又考生自备，皆向年所无也。场上晤陶子觳承潞，知寓在江阴学署。题三道：《天子五门三门异同说》”云云。但无论《文集》、《续集》、日记，还是吴飞老师所藏课艺，均未囊括此篇。

第四册

第四册篇幅最大，包括五十三篇之多，对应刻本第九、十、十一卷，内容大多为书院课艺，其中有二十一篇未收入刻本，部分篇目后

---

〔1〕这里提到的《杂记》或为锡恭另一手稿。

来收入《续集》。其中，《礼以节性说》尤能帮助我们澄清张锡恭礼学思想的人性论基础。礼以节性，不同于荀子那里的“化性起伪”，因为“化”重在革，而“节”则重在立。根据张锡恭，五方之民各有其性，“气禀有刚柔轻重迟速之偏”（《释气质》同样强调这一点），礼的意义就在于使秉性不同的人都能各得其自身的“中”，因各异之性而立之品节。

节性得中的礼观，在锡恭这里最终又明确落实为对人伦或伦理的维护。在《中学为体西学为用释义》这篇重要的文章中，他视伦理为圣人之教之根本，认为无论性命、存养、学问思辨还是貌言视听，无不是围绕人伦秩序展开的。所以，他主张突破“以中国经史为体、西国艺术为用”的范式，进而以中国伦理为体，以西方技艺（艺术）为用，藉西方之技艺达吾人之伦理。而且，体用之间的正确关系是“体即用而存，用即体而具”，而不是“离体用而二之”。也只有从人伦问题出发，我们才能真正理解他何以会在比较杨墨优劣时认为：“论用心操术之宏深，墨翟为优，而论惑世害人之沉疴，墨翟尤劣。”相比重身轻名、身外无所计的杨朱，以兼爱为心、以尚同为道、以尚俭为政的墨翟，足以因其近理之表象而乱大禹之真道，实则是对圣人之教和人伦之序最彻底的破坏。同时，墨学在后世的流变对人伦的危害，较墨翟之徒有过之而无不及：“一变而为佛氏，以平等为宗，以刻身为行，以普渡众生为法，皆墨翟之遗也。再变而为耶稣，瘳人之疾，起人之死，杀其身以救众生，推寻其旨，亦窃取墨子而小变之也。”（《杨墨优劣论》）

兹按照稿本出现次序，将该册新见的二十一篇文章逐一列出。如果日记中提到，或吴飞老师所藏课艺有其稿本，则附上其创作年月。这些文章将会一一整理出来，并收入随后出版的张锡恭全集。

《谢宜人家传》	民国二年四月十六日，收入《续集》
《释庙制一：嫡孙为后》	宣统三年四月七日
《礼以节性说》	
《读苏子瞻范增论》	
《申先郑陈殷制辅说》	光绪十九年二月八日
《释说文畜留字义》	光绪十七年十月五日
《读朱子学的》	光绪十八年六月二十二日
《杨墨优劣论》	
《方诸解》	光绪二十一年
《乡兴贤能论》	
《读张皋文仪礼图》	光绪十九年
《送姚叔节序》	收入《续集》
《读齐策》	光绪三十四年十一月十五日，收入《续集》
《刑律草案驳议》	宣统二年八月二十四日，收入《续集》
《公祭松江府先贤文》	宣统二年正月二十四日
《重刊浦泖农咨跋》	民国二年四月二十八日，收入《续集》
《释未成服前之吊服》	民国三年十月十九日
《中学为体西学为用释义》	
《盗名不如盗货论》	光绪二十二年三月七日
《春秋书邾庶其莒牟夷邾黑肱以名齐豹曰盗论》	光绪二十二年
《释气质》	光绪三十三年十月二十四日

三、《续集》刻本与稿本

先生谢世之后，封文权辑录锡恭平日所作之“序跋、志传、书札及古今体诗若干”[1]，编成《续集》，与以论学之作为主的《文集》相互呼应，共同向我们完整地呈现了先生的人生和学术历程。王欣夫《蛾术轩箧存善本书录》写道：“封君衡甫既刻闻远先生说经之文，为《茹荼轩文集》十一卷，又续得诗古文若干篇，辑《续集》六卷，附《秉烛随笔》，未及付梓。余从其嗣耐公假得录副。一九四九年，其乡人集资与钱复初先生《待烹生文集》合刊为《云间两征君遗集》。”[2]从《续集》序文可见，此书当为严昌堉（载如）先生组织锡恭乡人众筹刊行。此前封文权先已谋划《续集》刊刻事宜，可惜迫于时局，没来得及实施便匆匆谢世，后来严先生从封家抄录副本与钱集合刊为《云间两征君集》：“两征君志节坚贞卓绝，其文笔胎息醇厚，虽不欲以此自见，而所作自有别于并世之以古文鸣者。”[3]

两征君遗著于民国三十八年铅印，原书版框高 183 毫米，宽 234 毫米。考虑到《文集》最初刊印时缺序言，《续集》卷首补列礼学馆总纂陈宝琛（伯潜）序文。书后附锡恭所作《秉烛随笔》一卷。正文凡六卷，多为序跋、志传、书札及古今体诗，此外亦有少量论文，如卷二之《子犯请亡论》《再周遇闰祥用闰月说》等。

复旦图书馆所藏《续集》稿本六卷，为王欣夫从封章炟处抄录的定稿本，有欣夫先生藏书印（大隆），内容与严昌堉先生钞本同。王欣夫在其所抄二先生稿本目录后的按语中分别指出，[4]两征君文集刊刻时均有大量删汰，锡恭《续集》删去十三篇。“凡题上加○者，为

---

〔1〕严昌堉，《茹荼轩文集序》。

〔2〕王欣夫著，鲍正鹄、徐鹏整理，《蛾术轩箧存善本书录》，上海古籍出版社 2002 年，第 667 页。

〔3〕严昌堉，《茹荼轩文集序》。

〔4〕《待烹生文集》的王欣夫钞稿本亦藏于复旦。

其同郡某妄人所删，《宋台州本荀子与熙宁本异同记》附印于后而竟削去，尤为可惜。幸此书先付手民，故较钱某犹少也。”[1] 至于这里所说“妄人”是谁，又为何要在定稿基础上删去如此多的内容，尚有待进一步研究。同时，笔者发现，《续集》刻本与稿本的出入除了欣夫先生指出的十三篇之外，另有三篇刻本有而稿本无，应该属于刊刻时后加文稿。也就是说，相比刻本，稿本缺三篇，多出十三篇，具体如下：

刻本未见的稿本篇目：

卷二：《重刊诗经叶音辨讹后序》，次序在《重刊诗经叶音辨讹序》右；《秉烛随笔序》，次序在《式古训斋文集后序》右；《席表嫂尹孺人七十寿言》，次序在《皇清例赠夫人姚老伯母濮太夫人寿序》左；《丽泽会启》，次序在《席表嫂尹孺人七十寿言》左。

卷三：《宋台州本荀子与熙宁本同异记》，次序在《娄县卞公死难记》右。

卷四：《答姚子粱书》《与王某书》《与唐某书》《与顾子丰书》《复黄渊甫书》《与耿伯期书》《与某君书》，此为卷四最后七封书札。

卷六：《书祭阆峰族兄文后》，次序在《祭阆峰族兄文》左。

稿本未见的刻本篇目：

卷一：《杏生师出示近作敬步原韵》。

卷二：《释丧大记句读申栾肇自牖执其手说》《书顾氏遗书总目后》。

根据张锡恭日记，《席表嫂尹孺人七十寿言》和《重刊诗经叶音辨讹后序》，分别出现在民国三年四月十三日和民国十年五月二十七

[1] 见《茹荼轩续集》稿本，王欣夫按语。

日，日记中含有手稿全文。《丽泽会启》为征集书籍、建立图书馆而写，王欣夫称该文“骈体亦甚雅洁，似均可存”。[1]据光绪三十二年十一月日记，是月锡恭每日坚持校《荀子》不辍，《宋台州本荀子与熙宁本同异记》或在此期间写出，但无明确记载。该文详举宋版熙宁本《荀子》与台州本差异，王欣夫认为由于并非文体，不宜收入正文，但应该附在卷末，以供研读《荀子》者参考。或许正是为了弥补这个遗憾，《蛾术轩箧存善本书录》在《茹荼轩续集》条目后将此篇逐字辑录。[2]

与王某、唐某二书，与锡恭一生所治之丧礼密切相关。从书信内容可知，先生与二人素有交情，而二人所在公司当时正打算在松江细林、赤壁采石铺路，如此必将夷平当地居民的祖坟。锡恭得知后写信给二人，代乡民劝阻开山采石计划，并指出乡民宁愿送给公司五千元以及数十船石头，以求能免毁墓之灾。《与王某书》语重心长，动之以情，晓之以理：“公试思之，假令有强暴取公家先茔一抔土，度亦必摧心伤骨，务得其人杀之而后慊，而谓我郡士民能忍受贵公司之发掘乎？我国家深仁至教，入人至深，虽在至愚，人人知有父子君臣。近者康梁倡逆播散逆书，为所诱惑者不少，所幸安分良民犹知不背死忘生。三纲未沦，九法未斁，赖有此耳。如必欲摧之抑之，是欲为天子取怒于下也，是欲沦三纲而斁九法也。人心既散，虽筑百铁路，富如隋，疆如秦，而国家之元气伤矣，虽富强奚益乎？”

此外，由于刊印在民国三十八年，相比锡恭生前已是一个全新的时代，许多文章的篇目不得不做一些细微的调整和改动，比如，刻本卷二《曹母马太恭人八十寿序》，稿本原题为《诰封恭人曹世伯母马太恭人八十寿序》；刻本卷二《姚母濮太夫人九十寿序》，稿本原题为《皇清例赠夫人姚老伯母濮太夫人寿序》。另，刻本卷三《书张铸江大

---

〔1〕王欣夫，《蛾术轩箧存善本书录》，上海古籍出版社 2002 年，第 667—668 页。
〔2〕同上书，第 668—673 页。

令继配程恭人画册后》，“书”稿本作“跋”，无“后”字。

四、结语

由上文简单的描述可见，《文集》与《续集》稿本的发现可以大大推进锡恭先生遗著的整理工作，并能帮助我们进一步了解先生的写作生涯，以及两种集子的辑录和出版过程。不仅如此，我们还可以对比日记、课艺、刻本与稿本之间的差异，考察锡恭经学思想的形成与演变过程及其与时局或晚清民国学界之间的复杂关系。考虑到业师吴飞先生近年致力于张锡恭全集的出版计划，将来整理出版时，《续集》稿本由于是定稿本，被删篇目或可直接补入既有刻本。《文集》稿本内容却不宜与刻本合并整理，因为二者不仅在篇目和内容上存在很大差异，而且稿本既属锡恭生前修改用的清稿本，从文本性质来看还不够完善成熟，鉴于此，或可单独整理出版，以方便读者与定稿本对勘阅读。近年清代礼学研究方兴未艾，锡恭遗著的陆续发现和整理不觉已成为学界的一段佳话。希望这只是重新认识晚清学术乃至汉宋之争的一首前奏，这首前奏与其说将我们引向张先生推崇郑学、融汇汉宋的礼学世界，不如说将我们引向自身，推动我们通过往圣绝学真正理解中国传统的现代处境及其面临的各种可能性。

附一：《茹荼轩日记》《文集》稿本与刻本中的《释服》

《茹荼轩日记》所见《释服》

篇名【据日记原稿】	日期【据日记原稿】
释服一　为母齐衰四升	宣统元年十月廿九日
释服二【原无篇名，当为“吊服缌衰”】	宣统元年十一月十七日
释服　端衰	宣统元年十一月廿三日
释服三　小敛大敛弁绖	宣统元年十一月廿九日
释服三　小敛大敛冠弁	宣统元年十一月廿九日
释服四　斩衰练受以功衰	宣统元年十二月九日
释服五　辟领	宣统元年十二月十六日
释服六　大功妇人有髽	宣统二年二月一日
释服七　绞带布带	宣统二年七月廿二日
释服九　既练为人后【锡恭注明不用】	宣统三年三月七日
释服九　衰衽	宣统三年三月十九日
释服九　正尊降服	宣统三年十月廿四日
释服十　继父服	宣统三年十二月廿六日
释服十一　妾为君之党服	宣统四年正月十七日
释服十三　名服【锡恭注明删去，十二月别作】	宣统四年四月十九日
释服十四【原无篇名，当为“始封之君降服”】	宣统四年五月廿九日
释服十五　庶子为父后者为其母	宣统四年十一月二日
释服十六　乳母	宣统四年十一月十五日
释服十三　名服	宣统四年十二月四日
释服十五　妇人为宗子	宣统五年三月十九日
释服　为嫁母	宣统十年十一月十九日
释服　庶人为国君	宣统十年十一月廿四日
释服　羔裘玄冠不以吊	宣统十年十一月廿六日
释服　女子子逆降旁亲	宣统十三年七月四日
释服　出后晚税服	宣统十三年七月四日
释服三十二　奔丧绞带	宣统十四年四月二十三日
释服三十　殇小功易服	宣统十四年七月十五日
释服三十四　弁绖临敛葬	宣统十四年十月廿三日

《文集》稿本所见《释服》

○释总	○释服九　正尊降服
○释髻发	○释服十　继父服
·释免	·释服十一　妾服
○释髽	○释服十二　尊服
·释服一　为母齐衰四升	○释服十三【原无篇名，当为"由曾祖高祖及远祖"】
·释服二　吊服缌衰与缌麻之别	○释服十三　名服
·释服三　小敛大敛冠弁	○释服十四　始封之君降服
·释服四　斩衰练受以功衰	○释服十五　庶子为父后者为其母
·释服五　辟领	○释服十五　妇人为宗子
·释服六　大功妇人有髽	○释服十六　乳母
○释服七　绞带布带	·释服　羔裘玄冠不以吊
○释服八　妇人不杖	○释小记为后
·释服九　衰衽	○释为妻父母在不杖不稽颡

注：篇名前圈点为锡恭加，圈为黑色，点为红色。

《文集》刻本所见《释服》

释服一　为母齐衰四升	释服十四　尊服
释服二　端衰	释服十五　为后晚者税服
释服三　小敛大敛冠弁	释服十六　为父后
释服四　斩衰练受以功衰	释服十七　庶子为父后者为其母
释服五　辟领	释服十八　丧服小记言为后
释服六　衰衽	释服十九　为妻父母在不杖不稽颡
释服七　总	释服二十　由曾祖高祖及远祖
释服八　髻发	释服二十一　妇人为宗子
释服九　免	释服二十二　正尊降服
释服十　髽	释服二十三　女子子逆降旁亲
释服十一　丧服注髽露紒也犹男子之髻发	释服二十四　始封之君降服
释服十二　绞带布带	释服二十五　名服
释服十三　妇人不杖	释服二十六　乳母

续表

释服二十七　继父	释服三十三　殇小功易服
释服二十八　妾为君之党服	释服三十四　为嫁母
释服二十九　师服	释服三十五　大夫命妇为大夫之子服
释服三十　吊服缌衰	释服三十六　天子诸侯父在为祖父母
释服三十一　羔裘玄冠不以吊	释服三十七　反服旧君
释服三十二　奔丧绞带	释服三十八　庶人为国君

附二：《茹荼轩文集》与《续集》稿本书影

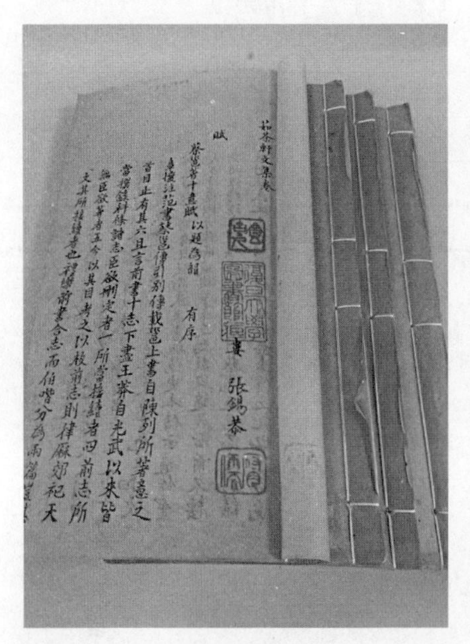

茹荼軒文集卷
賦
張錫恭

《文集》首页藏书印

《文集》张锡恭手迹

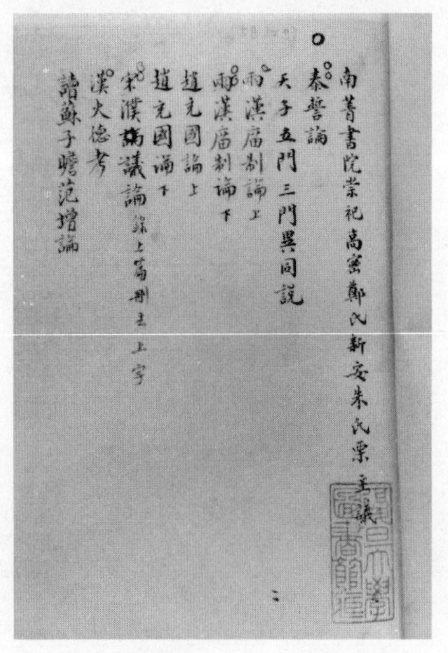

南菁書院崇祀高密鄭氏新安朱氏栗主議
泰誓論
天子五門三門異同說
兩漢廟制論上
兩漢廟制論下
趙充國論上
趙充國論下
宋濮議論
漢火德考
讀蘇子瞻范增論

《文集》第三册目录

則不能無說怪夫從古以來豈有無宮聲之雅樂哉恐此事不止爲魯兩生所
笑也弟固不願預聞並乞兄亦不必預聞以兄耿耿孤忠素所欽佩而猶有不
勝大願者願兄寡交少事白骨異於碔砆類玉何處蔑有不可不謹防不可不
審辨雅交君子四十年矣敢不盡言惟兄幸察之

與王某書

一館羈身未得以生芻詣弔歉甚歉甚伏惟節哀自重不勝私祝敬啟者貴公
司欲於細林赤壁採石并聞欲以土藥轟開敝郡士民奔走駭告至於痛哭所
以然者以祖先墳墓所託也顧求於官紳者數矣而貴公司置若罔聞近者
士民議自採石數十民船奉贈貴公司求免轟山而保墳墓貴公司盍亦納其
禮而并納其言乎某不敏不敢遠徵昔晉文公攻曹稱舍於墓曹人兇懼齊
田單詐騎劫使掘城外之墓而齊人叛燕今者我郡議自採石奉贈亦既爲曹

《续集》正文书札

凡題上加○者爲其同郡某安人所刪宋台州本荀子
與熙寧本異同記宜附印於後而竟削去尤爲可
惜幸此书先付手民故轉錢集稍少也王大隆

目錄 六

《续集》目录

读曹君直《笺经室遗集》

严寿澂[1]

一、序说

曹元忠（1865—1923，字夔一，号君直，晚号凌波居士），江苏吴县人，生于同治四年，卒于民国十二年，享年五十有九。光绪二十年举人，官至内阁侍读学士。是集为吴县王欣夫丈（大隆）编次，凡二十卷，文十六卷，诗四卷，民国辛巳排印本。卷首有娄县钱同寿（复初）、如皋冒广生（鹤亭）二叙，君直从弟元弼（叔彦）所撰《家传》，并遗象一帧及吴兴刘丈翰怡（承干）所为象赞。

君直幼颖悟，年十三，从名儒管礼耕（申季）学，“依据师授，研核训诂，考详典章”。光绪十年，“以第一人补博士弟子”，为督学瑞安黄体芳（漱兰）所赏，“咨送南菁书院肄业，从定海黄元同师以周受《诗》《礼》群经，笃志深造，覃思研精。每考一义，必博稽群书，通贯流源，沈潜反复古经师训义，不以己意穿求崖穴，往往积古霾晦之义，豁然复明，盖所谓好学深思，心知其意者”。历任江苏学政，如王先谦（益吾）、杨颐（蓉浦）、溥良（玉岑）皆重其学，“以其文刊入《江苏试牍》《南菁书院课艺》”。光绪三十四年，立礼学馆，修《大清通礼》。君直为溥玉岑所奏派，任纂修，“规画条例，延聘师儒，悉咨访焉”。因荐林颐山（晋霞）、张闻远（锡恭）、钱复初、曹叔彦四人。叔彦以“苏鄂存古学堂事，未能入京”（按：光绪三十三

---

〔1〕 作者单位：新加坡南洋理工大学。

年，张之洞改武昌经心书院为存古学堂，以保存国粹，[1]后江苏、四川、广东诸省皆设立），“林、张、钱三君并入馆为纂修”。君直于馆中“著《礼议》数十篇，闻远亦著《刍议》若干篇”。历三年，《通礼》成，未及奏上而革命作，事遂寝。后翰怡丈以《礼议》刊入《求恕斋丛书》，行于世。[2]

欣夫丈承其师叔彦命，裒集君直遗书，历十数年之久，[3]分其类为八，曰经术，曰考订，曰校勘，曰辑佚，曰历算，曰医方，曰音律，曰辞章。[4]君直同年冒鹤亭叙曰：

> 君既为礼学馆纂修官，又邃于礼经，目睹世教凌夷，邪说方盛，文武之道将坠于地，以为乱之所生，惟礼可以已之，冀得假手，起行其学。凡所条议，皆系乎纲常名教之大。又驳新刑律之害于伦理者凡数事。今集中所存，以在馆时撰进文字为独多，然其精者在《礼仪》中。书既成，未及上而政变，而君亦仅仅以空言垂后世，悲夫！

鹤亭又谓，其《三礼》之学得之于黄元同、管申季两先生，校雠目录之学得之于江阴缪艺风（荃孙），医学、辞章之学，则受之于其尊人实甫（毓秀）。[5]

兹不揣浅陋，就管见之所及，分礼议、经学二端，于君直先生之

---

〔1〕 光绪三十三年六月，湖广总督张之洞奏设存古学堂，疏云：“窃维今日环球万国学堂，皆最重国文一门。国文者，本国之文字语言，历古相传之书籍也。即间有时势变迁，不尽适用者，亦必存而传之，断不肯听其澌灭。至本国最为精美擅长之学术技能，礼教风尚，则尤为宝爱护持，名曰‘国粹’，专以保存为主。凡此皆所以养其爱国之心思，合群群之性情。东西洋强国之本原，实在于此，不可忽也。”引自沈桐生辑，《光绪政要》卷三十三，宣统元年排印本，第36页下。

〔2〕 以上皆见曹元弼，《诰授通议大夫内阁侍读学士君直从兄家传》，《笺经室遗集》卷首，民国辛巳王大隆学礼斋排印本，第1—2页。

〔3〕 钱同寿叙，《笺经室遗集》卷首。

〔4〕 王大隆跋，《笺经室遗集》。

〔5〕《笺经室遗集》卷首。

学略作论述，以就教于高明。

二、礼议

有清末造，列强交逼，国脉衰微，非厉行变法，实不足以图存。庚子拳乱，京师失守，两宫西奔，几至不国。次年，太后乃一反戊戌变政后之所为，下诏维新，其大纲有二：“一则旧章本善，奉行已久，弊窦丛生。法当规复先制，认真整理。一则中法所无，宜参用西法，以期渐致富强。法当屏除成见，择善而从。”[1]五、六月间，两湖总督张之洞会同两江总督刘坤一，合上变法三疏：“论中国积弱不振之故，宜变通者十二事，宜采西法者十一事。于是停捐纳，去书吏，考差役，恤刑狱，筹八旗生计，裁屯卫，汰绿营，定矿律、商律、路律、交涉律，行银圆，取印花税，扩邮政。其尤著者，则设学堂，停科举，奖游学，皆次第行焉。”[2]

光绪二十八年，“直隶总督袁世凯、两江总督刘坤一、湖广总督张之洞，会保刑部左侍郎沈家本、出使美国大臣伍廷芳修订法律，兼取中西”。三十三年，“更命侍郎俞廉三与沈家本俱充修订法律大臣。沈家本等乃征集馆员，分科纂辑，并延聘东西各国之博士律师，藉备顾问”。[3]是年四月，“伍廷芳、沈家本奏呈民事、刑事、诉讼法”，谓日本“于明治二十三年间，先后颁行民事、刑事、诉讼等法，卒使各国侨民，归其钤束，藉以挽回法权。推原其故，未始不由于裁判、诉讼，咸得其平”。[4]如《清史稿·刑法志》所谓，“尔时所以急于改革者，亦曰取法东西列强，藉以收回领事裁判权也”。[5]

---

〔1〕沈桐生辑，《光绪政要》卷二十七，宣统元年排印本，第10页上。

〔2〕赵尔巽，《张之洞传》，《清史稿》卷四三七，中华书局1977年，第12380页。三疏原文，见《光绪政要》，卷二十七，第19页上—第55页下。

〔3〕赵尔巽，《刑法志一》，《清史稿》卷一一七，中华书局1977年，第4187页。

〔4〕沈桐生辑，《光绪政要》卷三十二，宣统元年排印本，第13页。

〔5〕赵尔巽，《刑法志三》，《清史稿》卷一四四，中华书局1977年，第4216页。

其时朝臣中颇有人焉，以纲常伦理为中华立国之本，不可背离。张之洞即为其中之一人。当“朝士日议变法，废时文，改试策论”之际，之洞言曰：“废时文，非废《五经》《四书》也，故文体必正，命题之意必严。否则国家重教之旨不显，必致不读经文，背道忘本，非细故也。”〔1〕光绪二十八年，之洞“充经济特科阅卷大臣，编纂大学堂章程……书成，奏上之，并言立学宗旨，均以忠孝为本，以中国经史之学为基，俾学生心术一归纯正，而后以西学瀹其智识，练其艺能，务期他日成就，各适实用。”〔2〕

光绪三十二年三月，学部奏请宣示教育宗旨，标举五端，曰忠君，曰尊孔，曰尚公，曰尚武，曰尚实。有云：“自泰西学说，流播中国，学者往往误认谓西人主进化而不主保守，事事欲舍其旧而新是图。不知所谓进化者，乃扩其所未知未能，而补其所未完未备。不主保守者，乃制度文为之代有变更，而非大经大法之概事放弃。狂谬之徒，误会宗旨，乃敢轻视圣教，夷弃伦纪，真所谓大惑矣。各国教育，必与本国言语文字，历史风俗宗教，而尊重之，保全之，故其学堂皆有礼教国教之实。”〔3〕是亦之洞之意也。

光绪三十三年六月，礼部奏陈设立礼学馆，疏入，上谕云：“现在学礼、宾礼、军礼，既应因时制宜，即民间丧祭、冠婚、器物、舆服，亦应一律厘正……该部堂官，务当统率在馆人员，参酌古今，询查民俗，折衷至当，俾人人共纳于轨物之中。”〔4〕于是法律修订馆与礼学馆，一新一旧，同时并设。清廷之意，实在调和：欲自立于今世，与列强相竞，不可不趋新；欲长治久安，又不可不维持伦纪。

君直为礼部代撰礼学馆筹办大概情形一疏，有云：

---

〔1〕 赵尔巽，《张之洞传》，《清史稿》卷四三七，中华书局 1977 年，第 12379 页。

〔2〕《大清畿辅先哲传·张之洞传》，引自庞坚校点，《张之洞诗文集》，上海古籍出版社 2008 年，第 409 页。

〔3〕 沈桐生辑，《光绪政要》卷三十二，宣统元年排印本，第 5 页下—第 6 页下。

〔4〕 同上书，第 35 页。

天秩天叙，上系朝章；士冠士昏，下关民俗。章志贞教，自古为昭。特晚近以来，习于繁文而未返简易，狃于末节而转失本原，不知胜之则离，减之则进，欲谋保守，端在择精。盖以圣贤制礼之精心，不外修身践言之善行。是故《王制》《殷礼》，既言一道德以同俗；《司徒》《周官》，亦云防民伪而教中。世道人心，维系至重……是以厘定之指，务在简明；经始之初，不厌详审。[1]

“厘定务在简明，经始不厌详审”，君直修礼，奉此二语为准。因主废礼、新礼，当并列于礼书，曰：“盖废礼为所损，新礼为所益，列废礼、新礼，即孔子所谓‘殷因夏礼，周因殷礼，所损益可知’之意也。”[2]按：此亦即孔子不欲去告朔饩羊之意也。礼学馆诸公之苦心孤诣，即此而可见。

有御史史履晋者，奏上一折，谓礼学馆宜专派大臣管理，与法律馆汇同商订。君直代撰礼学馆驳议，谓：“古之制治，以礼为本……礼者，当举全国之人，无贵无贱，而尽纳于轨物之中，与法律一门仅禁止其非理行为者，其范围之广狭，固自不同，即其修订之条目，诸多歧异。该御史所请礼学馆会同修律大臣详细商订一节，揆诸情事，似多窒碍。”礼、刑二事，一为本，一为末；“一防于未然，一禁于已然”；“道齐之效，虽有等差，弼教明刑，理实一贯”。然“近日修订法律大臣，多采外国法律，于中国礼教，诚不免有相妨之处”。因请“敕下学部，择其有关礼教伦纪之条，随时咨会法部暨修律大臣，虚衷商搉，务期宜于今而仍不背于古”。[3]按：所谓古今，实则中西，一

---

〔1〕 曹元忠，《礼部遵旨设立礼学馆谨将成筹办大概情形恭折仰祈圣鉴事疏》，《笺经室遗集》卷一，第4页下—第5页上。

〔2〕 曹元忠，《礼书当列废礼新礼议》，《礼议》卷上，求恕斋丛书本，第3页上。

〔3〕 曹元忠，《遵议礼学馆宜专派大臣管理与法律馆汇同商订疏》，《笺经室遗集》卷一，第8页下—第9页上。

主保存中华之旧礼，一重适应泰西之新规。此法律、礼学二馆之所以歧趋也。

光绪三十二年，“法律馆撰上《刑民诉讼律》，酌取英、美陪审制度。各督抚多议其窒碍，遂寝”。次年，“复先后奏上《新刑律草案》”，总则十七章，分则三十六章，凡三百八十七条，“经宪政编查馆奏交部院及疆臣核议，签驳者众”。宣统元年，“沈家本等汇集各说，复奏进《修正草案》”。江苏提学使劳乃宣上书宪政编查馆，谓此修改法律，“义关伦常诸条，未依旧律修入。但于《附则》称中国宗教尊孔，以纲常礼教为重。如律中十恶亲属容隐，干名犯义，存留养亲，及亲属相奸、相盗、相殴，发冢犯奸各条，未便蔑弃。中国人有犯以上各罪，应仍依旧，别辑单行法，以昭惩创”。乃驳曰：“修订新律，本为筹备立宪，统一法权。凡中国人及在中国居住之外国人，皆应服从同一法律。是此法律，本当以治中国人为主。今乃依旧律别辑中国人单行法，是视此新刑律专为外国人而设矣。本末倒置，莫此为甚。”又曰：“今中国修订刑律，乃谓为收回领事裁判权，必尽舍固有之礼教风俗，一一摹仿外国。则同乎此国者，彼国有违言，同乎彼国者，此国又相反，是必穷之道也。”要之，新刑律之弊，“在离法律与道德教化而二之，视法律为全无关于道德教化，故一意模仿外国，而于旧律义关伦常诸条，弃之如遗”矣。〔1〕按：所谓中西之争，简言之，即一则以法律为礼教之辅，一则视法律与道德无关。

君直之旨，一如乃宣。〔2〕其论新纂刑律分则草案，以为轻重失宜，有违礼教。谓“分则草案于各项罪刑，纤悉咸具，独至杀害祖父母、父母及期功亲属，乃仅见于二十五章关于杀伤条内之三百节至

〔1〕 赵尔巽，《刑法志一》，《清史稿》卷一四二，中华书局 1977 年，第 4189—4191 页。

〔2〕 劳乃宣，《礼议序》曰：“光绪戊申，识曹君直侍读于都门。时君为礼学馆纂修，余为宪政馆参议……宣统庚戌，资政院成立，又与君同为议员。先是法律馆奏进新刑律草案，下宪政馆，余曾驳其有妨礼教诸条，复建议修正。君任法典股，亦屡作驳议，而于余说尤赞成。时流多以顽固党讪之，不顾也。”见《礼议》卷首。

三百十一节，不惟弑逆大恶与杀伤平人略无区别，而前后数条复与寻常各罪犯交互错出，尤足令乱臣贼子生心，以为祖孙父子一切平等，固法律所公认也”。其言之激切，尤甚于乃宣。然于订律大臣收回治外法权之用心，则颇能了解。云：“我中国现欲收回治外法权，则订定刑律，原兼外国而言，未便再改其专治中国。前据法律大臣原奏，既称谋反大逆及谋杀祖父母、父母等条，尚当别辑专例通行。应请饬下该大臣速即编辑单行刑律，奏定施行。”[1]

然于合订礼书、宪法，则期期以为不可。光绪三十三年七月，都察院代奏举人陈焯呈请合订礼法以立宪政，有“修订礼书即参订宪法，相助为理，且择善而从”等语，君直以为，“为此言者，非惟不知礼也，抑且不知宪法熟甚”。曰：“今所谓宪法者，就英、法语言之，犹言政治法耳。自日本译其书，笔授者乃取《周礼》傅合之，曰宪法。殊不知《周礼》‘宪法’专属刑禁。《秋官·布宪》：‘掌宪邦之刑禁。正月之吉，执旌节以宣布于四方。’注云：‘宪，表也，谓县之也。刑禁者，国之五刑，所以左右刑罚。’”复举《管子·立政篇》、《战国策》安陵君之言、《礼记·檀弓》郲娄定公所云，谓“明是宪法专属刑禁，后世犹以刑部为宪部，是其确证”。结云：“然则《周礼》宪法既属刑禁，与礼无涉。今之宪法并非《周礼》所谓宪法，与礼更无涉矣。尚何礼书、宪法合订之有哉？”[2]意谓：今所谓宪法者，政治法耳。政与刑为一类，礼与德为一类；所谓“道之以政，齐之以刑，民免而无耻。道之以德，齐之以礼，有耻且格”。礼者，纳上下于轨物之中，非仅政治，乃就全社会而言者。故礼可统摄宪法，宪法焉能与礼并立哉？

光绪三十三年九月，沈家本奏订刑律总则草案告成，疏中有“删除比附”之议，引《周礼·大司寇》《小司寇》《士师》之文，以为

[1] 曹元忠，《遵议新纂刑律分则草案轻重失宜疏》(代)，《笺经室遗集》卷一，第9页下一第10页上。

[2] 曹元忠，《礼书不当与宪法合订议》，《礼议》卷上，第2页上一第5页上。

"诚以法者，与民共信之物，故不惮反复申告，务使椎鲁互相警诫，实律无正条不处罚之明证"。谓"比附"之始，在汉初，"高帝诏狱疑者，廷尉不能决，谨具奏附所当比律令以闻"，"仅限之于疑狱而已"。"至隋著为定例，即《唐律》'出罪者举重以明轻，入罪者举轻以明重'是也。"唐高宗时，"赵冬曦曾上书痛论其非，且曰'死生罔由于法律，轻重必因乎爱憎，受罚者不知其然，举事者不知其法'。诚为不刊之论。况定例之旨，与立宪尤为抵牾。立宪之国，立法、司法、行政，三权鼎峙。若许司法者以类似之文，致人以罚，是司法而兼立法矣，其弊一。人之严酷慈祥，各随禀赋而异，因律无正条而任其比附，轻重偏倚，转使审判不能统一，其弊又一"。[1]按：《唐律》"出罪""入罪"之条，其旨在于轻刑。[2]家本所以反对比附之依据，可括为两端：一为法律条文须明确，与民共信，审判须统一，不可任意轻重；二为司法与立法，当界限分明，若许司法者比附轻重，乃司法而侵立法之权，有违三权分立之旨。

君直于此议论，大不以为然，因撰《驳刑律删除比附议》二篇以斥之。上篇谓草案引赵冬曦言以责比附之非，而不知"《唐律》所言，乃礼家旧说"。《礼记·王制》于疑狱云："必察大小之比以成之。"此为"大司寇听讼用比附之证"。《王制》又云："附从轻，赦从重。""赦从重"者，即所谓"出罪举重以明轻"也。"附从轻"者，即所谓"入罪举轻以明重"也。冬曦所言，与此"礼家精义"相违。冬曦又谓隋时奸臣因此"出罪""入罪"一语，"而废条目数百"。据《旧唐书·刑法志》，永徽六年七月，左仆射于志宁对高宗曰："旧律多比附，断事乃稍难解，科条极众，数至三千。隋日再定，惟留五百，以事类相似者，比附科断。今日所定，即是参取隋律修易。条章既少，极成省便。"可见"隋时减少，正所以绝比附之弊"。冬曦"乃转

---

〔1〕 沈桐生辑，《光绪政要》卷三十三，宣统元年排印本，第 57 页。
〔2〕 刘俊文点校，《唐律疏议》卷六，中华书局 1983 年，第 134 页。

以以简驭繁为非”，与律家之说，亦“相拂戾”。实乃两无所据。[1]

君直又谓，草案“删除比附，谓于各刑酌定上下之限，凭审判官临时审定也”。然其“所谓临时审定者，即分则各章中所谓，‘其处分轻重，悉由审判官按情而定’”。而《唐律》亦有此法，载《杂律篇》“诸不应得为而为之者”条。《疏议》云：“其有在律在令无有正条，若不轻重相明，无文可以比附。临时取断，量情为罪，庶补遗阙，故立此条。”[2]君直故曰：“必待无文可以比附，始用此律。其用此律也，又必罪之轻者，至于笞杖而止。若其重者，惟人主偶行之。”复曰：

> 草案欲以量情定罪，删除比附，犹可也。所不可者，则为总则第二章“凡律例无正条者，不论何种行为，不得为罪”之律。夫“不论何种行为而律例无正条者”，莫如《汉书·王尊传》之美阳女子告假子不孝，曰：“儿常以我为妻。”设断此狱，能以律无正条而不为罪乎？又莫如《太平御览》所引崔鸿《前凉录》之武威姑臧民白兴“以女为妻，以妻为婢，为女给使”。设断此狱，能以律无正条而不为罪乎？若不为罪，是无刑律也；为罪，又律无正条也。当此之时，恐起冬曦而问之，虽欲不比附也，不可得矣。奈何执冬曦之言，以比附为隋臣侮法之制，亟欲去之？[3]

按：执此二例以为证，在当时中国民情礼俗下，固无可辩驳也。可见君直之力主比附不可删除，其依据正在礼教，而此所谓礼，即人人务须遵守之基本行为准则，维持社会正常运作所不可或缺者也。

《论语·学而》载有子之言曰：“君子务本，本立而道生。孝弟也

〔1〕曹元忠，《驳刑律删除比附议上》，《礼议》卷下，第32页下—第33页上。
〔2〕原文见《唐律疏议》卷二十七，第522页。
〔3〕曹元忠，《驳刑律删除比附议上》，《礼议》卷下，第33页下—第34页下。

者，其为仁之本与！”杨树达释云：

> 爱亲，孝也；敬兄，弟也。儒家学说，欲使人本其爱亲敬兄之良知而扩大之，由家庭以及其国家，以及全人类，进而至于大同，所谓亲亲而仁民，仁民而爱物也。然博爱人类进至大同之境，乃以爱亲敬兄之良知良能为其始基，故曰孝弟为仁之本。孟子谓爱亲敬长，达之天下则为仁义，又谓事亲敬兄为仁义之实，与有子之言相合，此儒家一贯之理论也。[1]

按：其说甚谛。儒家以为，道德非出神谕，非出律法，乃自内在情感，即所谓仁心或良知推扩而得。故王弼释“孝弟为仁之本”云：“自然亲爱为孝，推爱及物为仁也。”（见皇侃《论语义疏》引王弼《论语释疑》。）儒家所以重视亲情，亲情所以自内而外层层推扩者，以此。

据此层层推扩之亲情，制订由重而轻之不同规范，此即礼制。礼制之表现于外，最要者厥唯丧服。丧服五等（斩衰、齐衰、大功、小功、缌麻），渐次减杀，所谓“上杀、下杀、旁杀而亲毕矣”，亲亲，尊尊，长长，男女之有别，即由此而显，是谓“人道之大者”。[2]（按：革命元勋章太炎以《孝经》《大学》《礼记·儒行》《仪礼·丧服》为“国学之统宗”，正着眼于此。[3]）各等丧服，以图示之，是谓五服图或服图。中华法系准乎礼，《唐律》为其代表。故《四库提要》云：“论者谓唐律一准乎礼，以为出入得古今之平。”

“刑律之有服图，自元王元亮重编《唐律疏议》，首列五服之制

---

〔1〕杨树达，《论语疏证》，上海古籍出版社 1986 年，第 4 页。

〔2〕《礼记·丧服小记》云：“亲亲以三为五，以五为九；上杀、下杀、旁杀，而亲毕矣。”又云：“亲亲，尊尊，长长，男女之有别，人道之大者也。”

〔3〕章太炎，《国学之统宗》，原载《制言》第 54 期，录自傅杰编校，《章太炎学术史论集》，云南人民出版社 2008 年，第 31 页。太炎谓此四书，“其原文合之不过一万字，以之讲诵，以之躬行，修己治人之道，大氐在是矣”。

年月及三殇等图始。”明、清律仍之。清末新刑律，则依修订法律馆日本顾问冈田朝太郎之意，于服图“改易殊甚”，君直大不以为然。论曰：

> 推其用意，不过依附日本，欲改中国旧有之服制，而以尊亲属、亲属之名易之。其言服图，亦惟借期功、缌麻诸服，以为称亲属者举例耳。故于尊亲属之祖父母、父母、外祖父母，亲属之夫妻，皆不言服图。殊不知冈田朝太郎意在导我析言破律，乱名改作，以败坏中国之人伦，故欲去服图。奈何修订法律诸臣，卒受其绐而不悟也？

日本所谓尊亲属、亲属云云，较中国五服之制为单简，远不足以尽亲亲、尊尊之别。服图既易，刑律自乱，人伦终将因之而去。是可忍，孰不可忍也？君直于是痛斥冈田，云：

> 吾不得不正告之曰：服图为吾中国刑律所独有，苟居中国去人伦，虽无服图可也，顾刑律亦无所用之也。如欲以刑律治中国，则服图与礼教相辅而行，不容稍有改易。虽服图出于明律，多非旧制……然自明至今，行之五百年矣，一旦因此并无斩衰齐衰诸服之草案，遽以责备服图，则是不能三年之丧而缌小功之察也。其不知务孰甚？是故为刑律计，我资政院惟有补正总则，追加服图，以副皇上“凡我旧律，义关伦常诸条，不可率行变革”之谕旨。然后再举服图所失次第奏改……则善之善者也。[1]

为中国之礼教人伦，大声疾呼，其情如绘。

---

〔1〕 曹元忠，《驳刑律改易服图议》，《礼议》卷下，第29页上—第32页上。

三、经学

近世通儒马一浮有曰：

> 古之所谓学者，学道而已。文者，道之所寓。故曰："文武之道，布在方策。""文王既没，文不在兹乎？"六经，文也。明其道，足以易天下，如孟子者，方足以当经术。公孙弘、倪宽、匡衡、张禹之徒，不足言也。学足以知圣，守文而传义，如子夏者，方足以当经学。博士之学，不足言也。[1]

以此为准，如君直者，足当经学之目。

《礼议》附录最后一篇为《驳刑律罚金议》，谓罚金即古赎刑，《周礼秋官·职金》有"金罚""货罚"，《尚书·吕刑》则谓之"赎刑"。《史记·五帝本纪》裴骃《集解》引马融曰："意善功恶，使出金赎罪。"《晋书·刑法志》载张裴注《律表》云："五刑不简，正于五罚；五罚不服，正于五过。意善功恶，以金罚之。"君直谓"寻绎'意善功恶'之义。惟过失罪为近，疑罪次之"，复举《唐律·斗讼篇》、孔颖达《尚书正义》以证之。而法律馆所奏《刑律草案》既知"故意与过失有别"，"乃外患罪有'豫备阴谋，受中国之命令委任与外国商议，若图自己或外国之利益，故意议定不利中国之条'者，及'中国臣民意图使中国领域属于外国，而与外国开始商议'者，以旧律言之，为十恶之谋叛"，而今"既从宽典，又令罚金"，"是欲以上之鬻狱劝下之卖国也"。君直就此曰："夫卖国之奴，何患无财；纵使无财，而既为敌用，讵有不愿代输者？故罚金不足以制囚徒之命，而足以生奸宄之心。倘知事成获利无穷，事败不过出金赎罪，从此肆

〔1〕马一浮，《示张伯衡·批经学经术辨》，载《马一浮集》第1册，浙江古籍出版社、浙江教育出版社1996年，第604页。

无忌惮，国家之患将何底止？”要之，“使新律罚金之说果行之于外患罪，则可以无君；果行之于杀伤罪，则可以无父”；此律若行，则“纲常名教皆可弃如敝屣”，“徒为乱臣贼子地”耳。[1]言之可谓痛切。

君直有《金作赎刑说》一文，用戴熙《古泉丛话》所载古钱，及吴大澂所藏黄金方寸，以见赎刑之范围，及所用以赎罪之物。谓“戴文节熙《古泉丛话》所载‘肉化’”，据此“化”字之金文，可知此古钱即为“周赎刑金也”。《周礼·秋官司寇·掌戮》云：“凡杀其亲者，焚之；杀王之亲者，辜之。”君直谓“《周礼》乃周公致太平之书，不欲斥言弑逆”，故其所谓杀其亲者，乃指不孝之罪；所谓杀王之亲者，乃指不忠之罪。“若曰不忠不孝，五刑莫大，不得援《职金》‘金货’‘罚货’之文，概予收赎。”（按：《周礼·秋官司寇·职金》云：“掌受士之金罚、货罚，入于司兵。”）又曰：“《隋书·刑法志》载齐律，又列重罪十条，其犯十者，不在八议论赎之列。义盖昉此。吾是以知‘化’之为周赎刑金也。”（按：原文作“吾以知是”，显为手民之误，兹乙正。）又举吴窓斋（大澂）所藏“黄金方寸，面有‘阴识’二字”者，谓其上之金文乃“郢”字，而楚之都郢，始于文王熊赀，“此楚锾也而用黄金，恐黄金赎刑为春秋后制”。复引《周礼·职金》“金罚、货罚，入于司兵”之文，《国语·齐语》管仲对齐桓公之问，《淮南子·泛论训》“令轻罪者赎以金分”之语，谓殆皆指铜言之。至《三国·晋志》“载陈群《新律序》所谓‘《金布律》有罚赎入，责以呈黄金为偿科’”，可知汉时以黄金赎罪。又曰：

> 更考《汉书·萧望之传》有议赎罪云：“故《金布令甲》曰：‘边郡数被兵，离饥寒，夭绝天年，父子相失，令天下共给其费。’”乃知黄金赎罪自武帝始。故《贡禹传》有“武帝用度不足，使犯法者赎罪”云云。郑君尝为《汉律章句》，其言“赎

〔1〕 曹元忠，《礼议》卷下，第38页上—第41页下。

死罪，金三斤”，必用《金布律》文，而《晋律》仍之。故《御览·刑法部》引《晋律》曰“赎死金二斤”也。固卓然无可疑者。然以郢爰言之，则春秋时已然。

经此考证，可知赎金之仅用于轻罪，及所谓金，原指铜，汉时始用黄金。故篇末云：“此金识所以有功于经史也夫！”〔1〕所谓“守文而传义”者，非欤？

君直礼学之精，即上述诸例而可见。所谓礼，实乃社会生活之规范。复杂之礼制，其本在于男女居室，故《易·序卦》曰：“有天地，然后有万物；有万物，然后有男女；有男女，然后有夫妇；有夫妇，然后有父子；有父子，然后有君臣；有君臣，然后有上下；有上下，然后礼义有所错。”礼之本既在于夫妇，故《礼记·内则》谓“礼始于谨夫妇”。夫妇之道，始于昏礼。故曰：“昏礼者，将合二姓之好，上以事宗庙，而下以继后世也。故君子重之。”（《礼记·昏义》）昏礼则莫重于亲迎。君直《昏礼亲迎议》一文，阐释甚精。云：“昏礼成于亲迎，亲迎必以昏时，故名曰‘昏’。《礼疏》引郑《目录》云：‘士娶妻之礼，以昏为期，因而名焉。必以昏者，阳往而阴来，日入三商为昏。’故知士娶妻之礼，得名为昏，由用昏时。而经言‘初昏’，记言‘以兹初昏’，皆在亲迎之初，又知用昏时为亲迎。”用昏时之取义，则在“阳下阴”。《白虎通·五行篇》云：“娶妻亲迎，何法？法日入，阳下阴也。盖日入之时，阳往而阴来，为阳下阴。娶妻亲迎，婿往而妇来，亦为阳下阴。惟阳下阴，取法日入。故娶妻亲迎，在于昏时。”《诗·匏有苦叶》笺、《东门之扬》笺，皆谓亲迎在昏时。可知郑康成《目录》所谓“以昏为期”，“即指亲迎而言”也。“且非惟娶妻之礼，得名为昏也；即婚姻之‘婚’，亦因昏时行礼得名。”自《白虎通·嫁娶篇》可证。“因亲迎于昏时，婿往妇家，即谓之‘婚’。则

〔1〕 曹元忠，《笺经室遗集》卷三，第1页上—第2页下。

昏礼莫重于亲迎，断可知矣。”郑君为士昏礼撰《目录》，“故但就士娶妻言之。其实天子娶后，诸侯娶夫人，既名为大昏，必亦于昏时亲迎”。《白虎通·嫁娶篇》云：“天子下至士，必亲迎授绥者何？以阳下阴也。欲得其欢心，示亲之心也。”于是可知：“亲迎之礼，天子、诸侯同之，不仅士昏礼为然也。”[1]此文作于礼学馆时，以礼经世之用心，灼然可见。

长沙叶焕彬（德辉）为善化皮鹿门（锡瑞）《六艺论疏证》作序，云：

> 余尝言，自汉以来传孔子之道者，有四学。四学者，今文学、古文学、郑氏学、朱子学也。秦火之厄，汉初诸儒，壁藏口授，萌芽渐箸于竹帛，当时读者以隶书释之，谓之今文。今文者，对古文而立名也。自后古文之学，别为大宗，门户纷争，互相攻驳……故终汉之世，师说愈甚，而经学愈衰。至郑氏康成出，始一扫而空之。于是集今古之大成，破经生之拘陋……吾友皮鹿门孝廉，好学深思，邃于经术，于余所言四者，皆融洽而贯通之。平生著作等身，实事求是，而于郑氏遗说，类皆有所发明。[2]

君直著作，固未若鹿门之富，然“好学深思，邃于经术……于郑氏遗说类皆有所发明”云云，移用于笺经室，虽或不中，亦不远矣。

《泰誓》者，论者多以为乃后出，不在伏生今文《尚书》二十八篇之中。君直读书心细，云：《七略》所言，乃“今《泰誓》”，非“今文《泰誓》”。《文选·刘歆〈移书让太常博士〉》李善注引《七略》云：“孝武皇帝末，有人得《泰誓》书于壁内者，献之。与博士，使

---

[1] 曹元忠，《昏礼亲迎议》，《笺经室遗集》卷二，第1页。
[2] 叶德辉序，《六艺论疏证》卷首，师伏堂丛书本，第1页。

赞说之，因传以教，今《泰誓篇》是也。”君直即此曰：“于是以今《泰誓》为今文《泰誓》，遂谓伏生今文无《泰誓》，不思甚矣。”伏生《尚书大传·洛诰》明言：“《周书》自《泰誓》就《召诰》而盛于《洛诰》也。”此为“今文有《泰誓》之证”。且今文家说文字，多有与《泰誓》相同者，故曰：

> 可知今文有《泰誓》，传自伏生，故西经诸儒征引不绝，太史公且据以作本纪、世家。若《七略》所言，与刘歆《移书让太常博士》所谓《泰誓》后得，博士习而赞之，乃指壁中古文。《尚书序·疏》引王充《论衡》及《后汉史》献帝建安十四年黄门侍郎房宏等说云：“宣帝本始元年，河内女子有坏老子屋，得古文《泰誓》三篇。”是其事也。故郑君知之。故《书论》云：“民间得《泰誓》。”（《书序·疏》引）又《六艺论》云：“至武王渡河，白鱼跃；文王赤雀，止于户。”《洛诰》注云：“文王得赤雀，武王俯取白鱼，皆七年。”（《诗·文王疏》引）……知郑君所引，皆孔氏古文。

君直又谓：孔颖达《书序·疏》既引郑玄《书论》，“复云：《别录》曰：‘武帝末，民有得《泰誓》书于壁者，献之。与博士，使赞说之。数月，皆起传以教人。’殆欲使后世好学深思者，心知民间所得《泰誓》为真古文，有安国传为之证。盖孔颖达时，犹见李长林（颙）《尚书集注》，其于《泰誓》，用真孔安国经传。”所以不说破民间《泰誓》为真古文者，乃因《尚书正义》为奉敕撰，“诏用伪孔安国古文，遂不得不诬壁中《泰誓》为今文，且斥为伪，势也”。[1]按：如此论断，剖析入微，足为郑学张目。

《无适无莫解》一文，发挥郑义至精。《论语·里仁》：“无适也，

---

〔1〕 曹元忠，《书泰誓郑义述》，《笺经室遗集》卷五，第7页。

无莫也，义之与比。”皇侃《论语集解义疏》何晏注曰：“言君子之于天下，无适无莫，无所贪慕也，唯义之所在也。”君直按曰：“‘无所贪慕’四字，何晏袭郑注义，而未知郑之专释‘无莫’也。”引《经典释文》云：“适，郑本作‘敌’。莫，音‘慕’，无所贪慕也。”复引释玄应《众经音义》“适莫”下云：“‘适’亦‘敌’也，‘莫’犹‘慕’也。”按曰：

> “适”之训“敌”，“莫”之训“慕”，即本郑注。盖“适”“敌”字同，“莫”“慕”声转，例得通训。郑注之义：敌，当读如“仇敌”之“敌”，谓偏于恶者；慕，当读如“贪慕”之“慕”，谓偏于爱者。故慧苑《华严经音义》“无所适莫”下云：“《蜀志》诸葛亮曰：‘事以无适无莫为平。人情苦亲亲而疏疏，故适莫之道废也。’”盖但知疏疏，即有偏于恶，而若仇敌者；但知亲亲，即有偏于爱，而若贪慕者；则无适无莫之道废矣。《后汉书·刘梁传》：“有爱而为害，有恶而为美。是以君子之于事也，无适无莫，必考之以义焉。”刘梁、诸葛亮言无适无莫，皆就事浑言之，明爱恶之当得其正。若析言之，则交友用人，皆不可有适莫之见。

复引《后汉书·李固传》《白虎通·谏诤篇》《风俗通·十反篇》诸例，以见交友用人，皆须无适无莫，“所谓爱恶之得其正也”。[1]按：此解训诂、义理交相映发，郑君、朱子之长，可谓兼而有之者也。

《论语·述而》曰：“子曰：文莫吾犹人也。”何晏《论语集解》：“莫，无也。‘文无’者，犹俗言‘文不’也。”邢昺疏曰：“时呼‘文不胜人’为‘文不’也。”君直按曰：

---

〔1〕 曹元忠，《无适无莫解》，《笺经室遗集》卷四，第3页。按：今本《三国志·蜀志》无此诸葛亮语。

以“文不胜人”为“文不”，虽宣圣时文义古奥，断不至作歇后语。注疏家说非也。杨慎《丹铅总录》引晋栾肇《论语驳》曰：“燕齐谓‘勉强’为‘文莫’。”《方言》七：“侔莫，强也。北燕之外郊，凡劳而相勉，若言‘努力’者，谓之‘侔莫’。”“侔莫”即“文莫”。古以声转为训：“黾勉”转“密勿”，“密勿”转“蠠没”，“蠠没”转“懋慔”，“懋慔”转“饬莫”，“饬莫”转“文莫”，皆取“勉强”之义。而“文莫”即“忞慔”之省叚。《说文》：“忞，强也。慔，勉也。”互训之，则《广雅·释诂》所谓“文，勉也。莫，强也。”故古读以“勉强”为“文莫”也。刘氏台拱《[论语]骈枝》曰：“文莫，行仁义也；躬行君子，由仁义行也。”刘意：文莫，即勉强而行之；躬行君子，即安而行之。夫子循循善诱，谦不自居安行，但自承为勉强而行，而即以“勉强而行”劝学。《述而》一篇，皆为劝学而言。[1]

声训义训，宛转相生；训诂义理，皆厘然有当，正如其从弟叔彦所谓，“博稽群书，通贯流源，沈潜反复古经师训义，不以已意穿求崖穴”者也。

至近世今文家言之“以已意穿求崖穴”，荒诞不经者，则辟之惟恐不力。南海康有为撰《孔子改制考》，风行一时，君直以为厚诬孔子，谓汉人所谓孔子改制，乃“为汉制作”，其说始自今文家徐彦之为《公羊问答》。徐氏述《春秋说》云：“伏羲作八卦，某合而演其文，读而出其神，作《春秋》以改乱制。”又云：“某揽史记，援引古图，推集天变，为汉帝制法，陈叙图录。”又云：“某水精治法，为赤帝功。”又云：“黑龙生为赤，必告示象，使知命。”又云：“经十有四年，西狩获麟，赤受命，仓失权，周灭火起，薪采得麟。”凡此“皆

〔1〕 曹元忠，《文莫解》，《笺经室遗集》卷四，第3页下—第4页上。

今文家以《春秋》为汉制之证”。然犹可云，此乃汉人媚其本朝之言。而据《后汉书》，公孙述、郅恽、苏竟之徒，亦以孔子为汉而作《春秋》。诸人“生于王莽篡立之年，光武未兴之会，何取于媚汉而所言如此其同。可知今文家为汉制作之说，西汉人久有之矣。惟久有之，可知董仲舒《春秋繁露》所言改制，皆谓为汉制作，理章章矣。何得拘文牵义，泥‘孔子立新王之道’一言，以帝制自为诬孔子耶？”[1]所言证据确凿，实不可易。

君直以为，南海康氏“既以帝制自为诬孔子，复欲以王者自居诬之，故于素王亦创非常异义可怪之论”，不可不辨。于是正告之曰：“‘素王’二字，亦自今文家称孔子作《春秋》始。”引《春秋纬》曰：“麟出周亡，故立《春秋》，制素王，授当兴也。”又《孝经·钩命决》曰：“吾作《孝经》，以素王无爵禄之赏、斧钺之诛，故称明王之道。”《论语崇爵谶》曰：“子夏共撰，仲尼微言，以当素王。”凡此皆今文家谶纬之言。至晋，杜预为《春秋序》，始以王者自居疑孔子，曰：“说者以仲尼自卫反鲁，修《春秋》，立素王，邱明则为素臣。”又曰：“子路使门人为臣，孔子以为欺天，而云‘仲尼素王，邱明素臣’，又非通论。”君直谓“盖预习闻汉世诸儒皆用今文家说”，而云然也。所谓素王，乃古语，意谓“圣而不王”，“故七十子以此推尊孔子耳”。复引《史记·殷本纪》云：“伊尹从汤，言素王及九主之事。”《左传》贾逵注云：“八索，素王之法；九丘，亡国之戒。”刘熙《释名·释典艺》云：“八索：索，素也。著素王之法，若孔子者，圣而不王，制此法者有八也。九丘：丘，区也。区别九州岛之土气，教化所宜施者也。此皆三王以前上古羲皇时书也。”君直据此以为：“然则上古羲皇时书，已有著素王之法者。《庄子·天道篇》所谓‘玄圣素王之道’是也。七十子以孔子圣而不王，又制《春秋》，适与相若，故以‘素王’为推尊之辞。当时大义，今文家传之，汉魏间传今文学者

〔1〕 曹元忠，《改制辨》，《笺经室遗集》卷五，第4页下—第5页上。

亦无不知之。”故曰：“杜预以前，从未有以王者自居疑孔子也。”然太史公作《素王妙论》(据《隋书·经籍志》“五行类”，梁有“太史公《素王妙论》二卷，亡”)，岂非自居于王者？君直答曰：“太史公既以《史记》比《春秋》，则《素王妙论》容或自比于孔子，要亦知为‘圣而不王’之称，故以自比……岂有自居王者，使刀笔吏弄其文墨哉？则太史公时，素王非王者之称可知矣。”[1]驳南海康氏“素王”之说，面面俱到，可谓“学足以知圣”也。

四、后案

欣夫丈跋《笺经室遗集》，有曰：“先生之书，于维持礼教，独具苦心，而故国之思，一篇之中，三致意焉。朱强村尝谓‘先生具子政、稚圭之经术，叠山、所南之怀抱’，可以概其生平矣。”所论至当。

近人汪辟疆(国垣)雅善论诗，云：“吴县曹君直，《三礼》专家，以其余事，步武玉溪，选藻摹声，可乱楮叶。”[2]又谓君直诗“工处时出李希圣雁影斋上。专事摘艳熏香，托于芬芳悱恻”。[3]推许可谓甚至(按：湘乡李希圣亦元，以昆体著于时，有《雁影斋诗》)。

君直集中，多有集义山句以抒其悱恻之情、幽忧之思者。其《秘殿集李义山句》小序云：“修门十载，更历万状；欲言不敢，为思公子；长歌当泣，取近妇人；托旨闺幨，从事义山。虽效尤西昆，挦扯弥甚；而曲终奏雅，义归丽则。所谓国人尽保展禽，酒肆无疑阮籍，玉溪生傥许我乎？作《秘殿篇》。”其四、五首云：

清月依微香露轻，龙池赐酒敞云屏。沈香夹煎为庭燎，上帝钧天会众灵。

〔1〕 曹元忠，《素王辨》，《笺经室遗集》卷五，第4页下—第6页上。
〔2〕 汪辟疆，《近代诗派与地域》，《汪辟疆文集》，上海古籍出版社1988年，第313页。
〔3〕 汪辟疆，《近代诗人小传稿》，《汪辟疆文集》，上海古籍出版社1988年，第444页。

玉玺不缘归日角，金莲无复印中庭。回廊檐断燕飞出，十二玉楼无故钉。

永巷长年怨绮罗，风光今日两蹉跎。从来此地黄昏散，望断平时翠辇过。

沧海月明珠有泪，长亭岁尽雪如波。鸳鸯可羡头俱白，一夜芙蓉红泪多。[1]

《又集李义山句》第一首云：

翠减红衰愁杀人，残花啼露莫留春。后堂芳树阴阴见，白发如丝日日新。

楚雨含情皆有托，贾生才调更无论。看封谏草归鸾掖，去作长楸走马身。[2]

身负修礼重任，而心知狂澜之既倒，挽回之难必。长歌当哭之情，知其不可而为之之意，曲折传出。

辛亥鼎革后所作《失题》云：

十年案牍枉劳形，政事堂前梦已醒。去礼早知将坏国，发言深愧是盈廷。

子之未免欺燕哙，杜宇终教让鼈灵。欲起辨亡无可语，闷来定对九峰清。[3]

《乙卯重入都门感赋》云：

〔1〕 曹元忠，《笺经室遗集》卷十八，第1页。
〔2〕 同上书，第6页下。
〔3〕 曹元忠，《笺经室遗集》卷十九，第1页下。

羁魂怕听大招些，重入修门足怨嗟。坐惜江山非故国，回看冠盖尚京华。

尊前遗事谈天宝，座上流人见永嘉。独有灵和旧杨柳，迎来送往总成衙。〔1〕

《甲寅元日》之三云：

垂绝中原一线县，岂惟君若缀旒然。百年礼乐沦夷俗，万古纲常黜圣权。

误欲更新先扫地，转教泯夏肆滔天。请看海内人伦始，要待东都建武年。

（自注："将扫地而求更新"，语见《中说·述史篇》）〔2〕

叠山、所南之怀抱，皎然可见。"误欲""转教"一联，诚慨乎其言之。目击而心伤者，非仅所仕之朝之倾覆，盖尤在五千年礼乐制度、声明文物，随之而俱去也。

原载《中国经学》第18辑，2016年

〔1〕 曹元忠，《笺经室遗集》卷二十，第1页上。

〔2〕 曹元忠，《笺经室遗集》卷十九，第10页下。按：王通《文中子·述史篇》：文中子谓，其父铜川府君（名隆，字伯高，著《兴衰要论》），"书五国并时而亡，盖伤先王之道尽坠。故君子大其言，极其败，于是乎扫地而求更新也"。君直反用其意，盖谓维新诸人，欲扫地而求更新，于是废礼乐，黜纲常，一切旧制旧法，除之惟恐不尽，而不知适得其反，以至蛮夷猾夏，洪水滔天也。

曹叔彦先生论《春秋》

林　鹄[1]

一、《春秋》与六经

叔彦先生云：

> 六经同归，其指在礼。圣人生养天下万世之道在爱敬，而爱敬之本在人伦。天下之达道五。自伏羲作《易》，继天而定之，尧舜禹汤文武，《诗》《书》所述政教，皆由此出。周公制礼，其极则也。孔子作《春秋》，其大法也，作《孝经》，其大本也。《论语》《孟子》，其微言也。自伏羲至孔子历年之久，不尽可得而记闻，而道之若合符节如此，所谓天不变道亦不变，虽百世可知也。[2]

六经之主旨都是三纲五伦。

所谓六艺题目不同，指意殊别，虽然六经同归于礼，但《春秋》之为《春秋》，必有其特别之处。叔彦先生云：

> 盖伏羲以迄周公，人伦道德之教，至是（鹄按：谓春秋之末）而将绝，战国暴秦之世已成。开辟以来，生民祸变，莫大于此。

---

〔1〕 作者单位：中国社会科学院历史研究所。

〔2〕 曹元弼，《周易郑氏注笺释序》，见《周易郑氏注笺释》，国家图书馆藏（馆藏号：1809），转引自宫志翀，《曹元弼先生年谱初稿》，中国人民大学国学院本科毕业论文 2013 年，第 61 页。

> 呜呼！此孔子《春秋》所以不能已于作，以存礼教于万世，而豫为之遏其乱，开其治也。……孔子修之（鹤按：谓修《春秋》），而后天秩人纲，万世作则，与礼经相辅为教。[1]

又云："伏羲正人伦之始，以立爱敬之本。孔子正人伦之变，以塞恶慢之原。"[2]

叔彦先生特别强调，"《易》与《春秋》，皆圣人辩人伦、拨乱反正之书也。"[3]又云："六经皆圣人治天下之书，而《易》与《春秋》为忧惧生民，不得已而作，操心危而虑患深，尤主乎辩义。"[4]

《春秋》之辩，以之讨贼也。叔彦先生云：

> 明其为贼，贼乃可服。《春秋》之讨乱贼，辩其为乱也，辩其为贼也。乱臣贼子虽穷凶极悍，未有不惧天下之一旦致讨者，故讳其弑莫如深，饰其弑莫如工，冀天下之惛然而莫辩也。晋太史书"赵盾弑君"，而赵盾自解之，惧其辩也。齐太史书"崔杼弑君"，而杼杀之，惧其辩也。襄昭以后，祸变日多，良史罕闻，凶德逆节，习不为怪。孔子请讨陈恒，而为权臣所阻，不得已而以天经地义、万世人伦寄之《春秋》。《春秋》之讨乱贼也，正名以辩之，比事以辩之，充类尽义以辩之，探本穷原以辩之。
>
> 曷谓正名以辩之？当时政在大夫，君弱臣强，鲁昭公伐季氏，而至自谓"弑季氏"，名之不正，至此而极。《春秋》凡君杀其臣曰杀，臣弑其君曰弑。弑君二十六，同辞。《周礼》凡贼

〔1〕 曹元弼，《礼经会通大义论略》，见《复礼堂文集》（影印宣统九年刊本，下同）卷四，台北文史哲出版社1973年，第85页。
〔2〕 曹元弼，《原道》，《复礼堂文集》卷一，台北文史哲出版社1973年，第7页a。
〔3〕 曹元弼，《周易会通大义论略》，《复礼堂文集》卷二，台北文史哲出版社1973年，第36页a。
〔4〕 同上书，第44页b。

杀其亲者，焚之，放弑其君者，残之。书弑者，《春秋》所以焚之残之也。当时史例，“凡弑君称君，君无道，称臣，臣之罪”。（鹄按：《左传》宣四年曰：“凡弑君称君，君无道也，称臣，臣之罪也。”杜预注：“称君，谓唯书君名，而称国以弑，言众所共绝也。称臣者，谓书弑者之名，以示来世，终为不义。”前例如《春秋》文十六年“宋人弑其君杵臼”，后例如《春秋》隐四年“卫州吁弑其君”。叔彦先生以为《左传》五十凡乃当时史例，非《春秋》经例，详下。）《春秋》则无论君有道无道，凡弑君者，罪皆在臣。夫父子无狱，君臣无狱。君已被弑，而犹论其有道无道，则凡弑君者，皆以其君为无道者也。是乱臣贼子皆可以解免，而弑逆将公行无忌也。君果无道，其可弑乎？史文之谬，莫此为甚！《春秋》断以义，不以称君称臣为分别曲直之辞，而惟以书弑为正名定罪之辞，而后乱贼无所逃于天下万世之诛。后世之为乱贼者，无所恃以借口藏身。此正名之辩也。

曷为比事以辩之？赵盾弑君，董狐书之。崔杼弑君，南史书之。然盾也、杼也，弑君而未篡国，故南董得而惧之。其弑君而篡国者，南董所不能惧（鹄按：说未详。愚颇疑《春秋》弑君篡位不见讨者，例不书弑。然齐商人为反证。俟考），惟《春秋》能惧之。《春秋》凡公薨必地必葬（鹄按：鲁公薨，例书“薨于某地”，如庄公三十二年“公薨于路寝”。亦例书葬，如闵元年“葬我君庄公”），而隐公不地不葬（鹄按：隐十一年书“公薨”，不云于某地，且不书其葬），辩其为弑也。（鹄按：鲁公被弑，例不书弑。不地者，《穀梁》隐十一年：“公薨不地，故也。隐之，不忍地也。”范宁注：“隐犹痛也。”《公羊》隐十一年：“公薨何以不地？不忍言也。”张洽《集注》闵公二年“公薨”条：“他国之篡弑，明书之可也。凡人于其父祖之罪，尚不忍肆言之，圣人书父母国之恶，岂可同于他国而不隐乎？然讳国恶者，臣子之礼也，存事实者，传信之法也。圣人之经，两存礼法以垂训万世，故不徒隐讳而已。而不书地，以变于常，又比事属辞，以见其实，将使后人因例启疑，考究始末。”《胡氏传》闵公二年“公薨”条：“讳而不言弑也，何以传信于将来？曰：书薨以示臣子之情，不地以存见弑之实，何为无以传信也！凡君终必书其所，独至于见弑，则没而无所，其情厚矣，其事亦白矣，非圣人能修之乎！”不葬者，《穀梁》隐十一年：“其不言葬，何也？君弑，贼不讨，不书葬，以罪下也。”《公羊》隐十一年：“何以不书葬？隐之也。何隐尔？弑也。弑则何以不书葬？《春秋》君弑，贼不讨，不书葬，以为无臣子也。子沈子曰：‘君弑，臣不讨贼，非臣也。子不复仇，非子也。葬，生者之事也。《春秋》君弑，贼不讨，不书葬，以为不系乎臣子也。’”然此书法仅关鲁国，他诸侯《春秋》与南董笔法不同何在？愚恨不得起先生于地下而求之教。）继弑君，子不言即位，而桓公书即位，辩弑隐者即桓也。（鹄按：《春秋》桓公元年：“春王正月，公即位。”《穀梁》：“继故不言即位，正也。继故不言即位之为正，何也？曰，先君不以其道终，则子弟不忍即位也。继故而言即位，则是与闻乎弑也。继故而言即位，是为与闻乎弑，何也？曰，先君不以其道终，己正即位之道而即位，是无恩于先君也。”《公羊》：“继弑君，不言即位，此其言即位何？如其意也。”桓公乃隐公弟，“子”云者，按僖公以兄继弟，《公羊》僖公元年云：“此非子，其称子何？臣子一例也。”此亦“为人后者为之子”之义也。）此比事以辩之也。

曷为充类尽义以辩之？赵盾不弑君，而加之弑君。许止不弑父，而加之弑父。（鹄按：《春秋》昭十九年：“许世子止弑其君买。”杜注：“加弑者，责止不舍药物。”《左传》：“夏，许悼公疟。五月戊辰，饮大子止之药，卒。”杜注：“止独进药，不由医。”《正义》释经注：“案传许君饮止之药而卒耳，实非止弑也。……实非弑而加弑者，责止事父不舍其药物。言药当信医，不须己自为也。《释例》曰：‘医非三世，不服其药，古之慎戒也。人子之孝，当尽心尝祷而已，药物之齐，非所习也。许止身为国嗣，国非无医，而轻果进药，故罪同于弑。虽原其本心，而《春秋》不赦其罪，盖为教之远防也。”《穀梁》：“日弑，正卒也。正卒，则止不弑也。不弑而曰弑，责止也。止曰：‘我与夫弑者，不立乎其位。’以与其弟虺。哭泣，歠饘粥，嗌不容粒。未逾年而死。故君子即止自责而责之也。”）以为盾也、止也，虽无弑父与君之心，而充类至义之尽，则与弑无异。苟盾也、止也可以解免，则天下之乱贼将有所借口以行其逆恶，而弑祸不可止矣。故明正其罪，以大为之坊，而后天下懔然于君臣父子之义，辩之早辩也。

曷为探本穷原以辩之？《春秋》深塞乱源，齐崔杼弑君，而豫书“齐崔氏”来奔以讥世卿。（鹤按：宣十年：“齐崔氏出奔卫。”《左传》：“崔杼有宠于惠公，高、国畏其逼也，公卒而逐之，奔卫。”《公羊》：“崔氏者何？齐大夫也。其称崔氏何？贬。曷为贬？讥世卿。世卿非礼也。”后襄二十五年经书：“齐崔杼弑其君光。”）公子翚弑隐公，而豫书“翚帅师”以诛专命。（鹤按：隐四年：“翚帅师会宋公、陈侯、蔡人、卫人伐郑。”《左传》：“宋公使来乞师，公辞之。羽父请以师会之，公弗许，固请而行。故书曰‘翚帅师’，疾之也。”《穀梁》：“翚者何也？公子翚也。其不称公子，何也？贬之也。何为贬之也？与于弑公，故贬也。”《公羊》：“何以不称公子？贬。曷为贬？与弑公也。”隐十年：“翚帅师会齐人、郑人伐宋。”《左传》：“春王正月，公会齐侯、郑伯于中丘。癸丑，盟于邓，为师期。夏五月，羽父先会齐侯、郑伯伐宋。”《公羊》：“何以不称公子？贬，曷为贬？隐之罪人也，故终隐之篇贬也。”隐十一年，公遇弑。《潜研堂答问》：“凡篡弑之事，必有其渐，圣人随事为之杜其渐。隐之弑也，于翚帅师戒之。……此大夫不得专兵柄之义也。”）宋宣公舍子立弟，当时君子以为知人，而《春秋》大居正，谓与夷之祸，宣公为之，辩之早辩也。（鹤按：隐三年：“八月庚辰，宋公和卒。……〔十有二月〕癸未，葬宋穆公。”《左传》：“宋穆公疾，召大司马孔父而属殇公焉，曰：‘先君舍与夷而立寡人，寡人弗敢忘。若以大夫之灵，得保首领以没，先君若问与夷，其将何辞以对？请子奉之，以主社稷，寡人虽死，亦无悔焉。’对曰：‘群臣愿奉冯也。’公曰：‘不可。先君以寡人为贤，使主社稷。若弃德不让，是废先君之举也，岂曰能贤？光昭先君之令德，可不务乎？吾子其无废先君之功。’使公子冯出居于郑。八月庚辰，宋穆公卒。殇公即位。君子曰：‘宋宣公可谓知人矣。立穆公，其子飨之，命以义夫。《商颂》曰：“殷受命咸宜，百禄是荷。”其是之谓乎！’”《穀梁》：“日葬，故也，危不得葬也。”《公羊》：“当时而日，危不得葬也。……庄公冯弑与夷。故君子大居正，宋之祸，宣公为之也。”孔广森《春秋公羊经传通义》：“水火兵寇，危之小者也。嫡嗣不定，国有争祸，危之大者也。……若宣公穆公世济其让，后犹有争，况乃私爱乱嫡以开觊觎者乎？《易》戒‘履霜，坚冰至’，疾其末者，贵正其本。是以宋有冯之弑，而危之于穆公之卒，……人君尊本重统。卒葬者，君位之终始，《春秋》于是示大经大法。”《春秋权衡》：“宣公知人之状，何如哉？知其必反国于己子邪？则是挟诈而让也。知其贤足以任国为君邪？则穆公竟不能止后嗣之乱。若但以穆公今能反国，因曰知人，则尧让舜，舜不让丹朱，舜让禹，禹不让商均，尧舜反为不知人也？且吾论之，自古让者多，安者少。宋穆公让，鲁隐公让，吴三王让，燕子哙让，后皆大乱。宋襄公欲让目夷，目夷不听。郑穆公欲让去疾，去疾不听。楚昭王欲让公子闾，公子闾不听。后皆无乱。使此三子从而利之，亦皆乱矣。然彼三子，又非恶为君也。让不得圣人不止，非圣人亦不可蒙让于人也。”）

故《春秋》者，辩当时之乱贼，以杜万世乱贼之渐，所以保全万世之君臣父子也，所以保全万世生民也。人非父不生，亦非君不生。天下君君臣臣，而后人人得父其父，子其子。上下各思永保其父子，而后为君尽君道，为臣尽臣道。〔1〕

世乱之根源，在于无王：

当时诸侯无王，故乱臣贼子得而横行。《春秋》奉王以正天下，……王法立，则乱贼无不伏其辜，人伦正，而朝廷百官万民四海无不一于正矣。故曰："《春秋》，天子之事也。"谓周天子也。周天子守府于当时，而当阳大一统于《春秋》。此即孔子之为臣止敬，以至顺讨至不顺也。〔2〕

一言以蔽之，《春秋》大义，在于讨乱贼，正人伦。

二、《春秋》三传

晚唐以来，颇有学者并非三传，以为经文自足，《春秋》大义不待诸传而明。叔彦先生不从此说，以为无三传，《春秋》之义不可晓。

---

〔1〕 曹元弼，《周易会通大义论略》，《复礼堂文集》卷二，台北文史哲出版社 1973 年，第 37 页 b—第 39 页 b。

〔2〕 曹元弼，《周易会通大义论略》，《复礼堂文集》卷二，台北文史哲出版社 1973 年，第 41 页 a。

先生曰："《春秋左氏》《公羊》《穀梁》，皆本孔氏之传。"[1]又曰："三传说《春秋》，各有得失。三传之源流不明，则《春秋》不明。……《左氏》所传，《鲁春秋》之事与文也，《公羊》《穀梁》所传，孔子《春秋》之义也。"[2]

(一)《左氏》

先生云：

昔孔子与左丘明观史记，以百二十国宝书参考《鲁春秋》，笔削之以为经。而以史事旧文本书属丘明论之。昔人谓不见《鲁春秋》与百二十国宝书，终不可以见《春秋》笔削之旨。不知是二者已备著于《左传》。《左传》所书朝聘会盟征伐之等，皆旧史之事也。所举五十凡，及所释书法，皆旧史本文之例也。所谓礼者，当时之礼。所谓君子曰者，当时君子之言。皆其事其文之类也。

《春秋》因其事其文而辩之以义，而后君臣父子之道立。旧史之例曰："凡弑君称君，君无道，称臣，臣之罪。"《春秋》辩之：凡弑君者，罪皆在臣，无有道无道之别。【**原注**：《公羊传》谓大夫弑君称名氏，微者穷诸人（鹤按：文十六），众弑君，贼无主名，称国。（鹤按：文十八。）虽未尽得《春秋》本义，然即此可见孔子口授弟子之义，与鲁史旧例不同。然则《春秋》本义宜如何？曰：《春秋》之文，史也。史文实事，不能从百年后追改，然仍其文于经，（鹤按：不改史文说殊不可解，上引先生所云《春秋》正名、比事、充类尽义、探本穷原四辩，非追改旧史乎？）而详著其事之本末于传。贼在传与在经无异，则凡弑君者，名氏无一得隐于千载。此乱

〔1〕 曹元弼，《述学》，《复礼堂文集》卷一，台北文史哲出版社 1973 年，第 14 页 b。
〔2〕 曹元弼，《周易会通大义论略》，《复礼堂文集》卷二，台北文史哲出版社 1973 年，第 41 页 b—第 42 页 a。

贼所以惧也，此《春秋》之本义也。且弑君者虽归恶于君，而赴告他国，必举弑者之名，或诿罪微者，或托言众叛。《春秋》正因其书人书国，以见其当国胁众，归罪他人，而卒不免于万世之公讨。此义中之义也。（鹄按：先生以为，弑君称君，盖鲁旧史承弑君者之赴告，归恶于君。书人书国之别，亦源自鲁史旧例，微者称人，众叛称国。后说愚有疑焉。君罪不举弑者之名，不称人必称国，然则大夫弑君何称？微者、众人弑无罪之君，亦不举主名耶？或《公羊》说无关旧史，乃孔子《春秋》新例？）《穀梁》说此，止一语，疑后师失其本义，而用《左氏》说补之（鹄按：《穀梁》成十八年："称国以弑其君，君恶甚矣。"）】……凡《左氏》说与《公羊》《穀梁》异者，皆《鲁春秋》失义，而孔子辩之。……《春秋》于旧史，或因或革，革者固辩（鹄按：既有革，何得不改史文？），因者亦辩。辩其失义，以归于义。藉非《左氏》论其本事，何由见圣人辩义之精哉！[1]

所谓"贼在传与在经无异"，说明在先生看来，孔子所期待后人的，正是将《春秋》与其本事对看。换言之，在很大程度上，三传与《春秋》是不可分割的整体。

《左传》本事虽可信，义理则屡有可疑之处。上引称君君无道，君子以宋宣公为知人，就是两个例子。不过，需要注意的是，这不是说《左传》凡例必然不同于孔子笔法，也不代表《左传》所称礼、所述君子曰必然谬误。先生曰：

昔韩宣子见《鲁春秋》，曰："周礼尽在鲁。"盖鲁号秉礼，史法最备。然以《左氏》所称礼，所称君子曰，及诸书法考之，违义失正，而杂以衰世之见、霸国之制者亦多矣。孔子修

〔1〕 曹元弼，《周易会通大义论略》，《复礼堂文集》卷二，台北文史哲出版社1973年，第42页a—第43页a。

之，而后天秩人纲，万世作则，与礼经相辅为教。子贡曰：“文武之道未坠于地，在人。贤者识其大，不贤者识其小，夫子焉不学。”……《左氏》所述礼，皆识大识小，其事其文之类，孔子所多学而取义者。郑君谓《左氏》善于礼，故注《春秋》宗《左传》，而礼注多引传为证。[1]

又曰：“文武之道未坠于地，……多闻，择其善者而从之，多见而识之。故《孝经》《论语》之训，多与《左氏》所载贤卿大夫之言同。”[2]

（二）《公羊》

先生极重《公羊》，论《春秋》首书“元年春王正月”，云：

《春秋》以天治人，以人治人，以王治人。发首书元，乾元也。书王正月，王者，位乎天德，体元者也。书公即位，为子受之父，为诸侯受之君（鹄按：《穀梁》隐公元年：“为子受之父，为诸侯受之君。”），君君臣臣父父子子。……王者大一统，礼乐征伐自天子出。（鹄按：《公羊》隐公元年：“何言乎王正月？大一统也。”）……诸侯无专封，（鹄按：《穀梁》僖公二年：“诸侯不得专封诸侯。”《公羊》僖公元年：“诸侯之义，不得专封也。”又僖二年、十四年、襄元年、昭四年、十三年重出传，凡六见），大夫无遂事。（鹄按：语出《公羊》桓公八年、庄公十九年、僖公三十年、襄公二年、十二年，凡五见。）……于春每月书王，以通三统。（鹄按：《公羊》隐公三年“春王二月”何休注：“二月、三月皆有王者。二月，殷之正月也，三月，夏之正月也。王者存二王之后，使统其正朔，服其服色，行其礼乐，所以尊先圣，通三统，师法之义，恭让之礼，于是可得而观之。”）安不忘危，存不忘亡，八

〔1〕曹元弼，《礼经会通大义论略》，《复礼堂文集》卷四，台北文史哲出版社 1973 年，第 85 页 b—第 86 页 a。
〔2〕曹元弼，《孝经会通大义论略》，《复礼堂文集》卷六，台北文史哲出版社 1973 年，第 26 页 b—第 27 页 a。

月有凶之戒也。监于夏殷，变通趣时之准也。……周之法度，本于文王，后王亦犹行文王之道，故曰："王者孰谓？谓文王也。"（鹄按：语出《公羊》隐公元年。）[1]

多取《公羊》为说。又上引讥世卿、大居正，亦从《公羊》。

不过，先生对于汉儒之《公羊》说，则有自己的独到理解。先生曰：

《公羊》家有黜周王鲁，以《春秋》当新王之说，又有孔子为素王、改周制之说，无乃与辩上下、定民志之旨大相剌谬乎？曰：此汉世为公羊学者援《春秋》尊周之例以尊汉，推经文以合世用，有为言之也，非《春秋》之本意也。然其说亦有所自来。盖《易》与《春秋》，皆圣人治万世之书也。文王忧患而作《易》，孔子惧而作《春秋》，所以为万世虑至深远也。……《春秋》以元之气正天之端，以天之端正王之政，以王之政正诸侯之即位，以诸侯之即位正境内之治（鹄按：语出《公羊》隐元何注）……《春秋》之予夺，于礼难明，而裁之以义。其义当与、其义不与、其义实与而文不与（鹄按：僖二"城楚丘"《公羊传》："然则孰城之？桓公城之。曷为不言桓公城之？不与诸侯专封也。曷为不与？实与而文不与。文曷为不与？诸侯之义，不得专封。诸侯之义，不得专封，则其曰实与之何？上无天子，下无方伯，天下诸侯有相灭亡者，力能救之则救之可也。"），化裁推行，时措之宜，虽更万世历万变，而物来可顺应，事来可不惑也……

汉儒当秦糜烂生民，创巨痛深之后，喜天下之有王，急欲以孔子之道，活夷灭创残之余民。贾生、董子之徒，务引其君，以当道志于仁，荡亡秦之毒螫，复三代之善治。董子治《公羊春秋》，以为《春秋》孔子为万世而作，汉为继周而王，万世之

[1] 曹元弼，《周易会通大义论略》，《复礼堂文集》卷二，台北文史哲出版社 1973 年，第 40 页 a—第 41 页 a。

始，则《春秋》即为汉作，故推衍《春秋》，以备时王制礼作乐兴太平之用。……《春秋》尊周，故《公羊》家推以尊汉。所谓黜周王鲁者，黜周王汉也。以汉继周，不以汉继秦也。所谓以《春秋》当新王者，以《春秋》当汉也。所谓素王者，谓孔子有王德，已为汉立王法，犹孟子所谓王者师，班孟坚所谓孔佐也。所谓改制者，《春秋》为汉制作，则汉当准之以作礼乐，兴太平也。《春秋》通三统，周存夏殷之后，在汉则当存殷周，故曰"黜杞、新周、故宋"。【**原注**：《春秋》杞书侯、书伯、书子（鹄按：《左氏》所传《春秋》古经桓二年："杞侯来朝。"三年："公会杞侯于郕。"十二年："公会杞侯、莒子盟于曲池。"庄二十七年："杞伯来朝。"僖二十三年："杞子卒。"僖二十七年："杞子来朝。"文十二年："杞伯来朝。"下至襄二十四年均书伯，襄二十九年又书子，下又书伯），盖当时杞甚微，非宋比。观《左传》可见其爵之递降（鹄按：盖谓《左氏》所传古经），盖自贬以事大国，如郲滕属齐宋之比。（鹄按：说本宋人，朱子极取之，详参《春秋本义》桓二年"滕子来朝"条。）《公羊》桓公二年杞侯来朝，杞误纪（鹄按：《公羊》所传《春秋经》桓公三年、十二年，杞亦误纪），后师因谓《春秋》黜杞为小国。（鹄按：《公羊》庄二十七年何注："杞，夏后，不称公者，《春秋》黜杞，新周，而故宋，以《春秋》当新王。黜而不称侯者，方以子贬，起伯为黜。说在僖二十三年。"僖二十三年何注："始见称伯，卒独称子者，微弱为徐、莒所胁，不能死位。《春秋》伯、子、男一也，辞无所贬。贬称子者，《春秋》黜杞不明，故以其一等贬之，明本非伯，乃公也。"何氏以为，杞不称侯而称伯，恰恰说明实际上春秋时杞仍为公爵，杞伯杞子云云乃《春秋》笔法，因王鲁而黜杞。在《公羊》家看来，伯子男一等，贬杞称子，恰恰说明杞之爵实非伯。如果《春秋》称杞侯，贬称子则是正常现象，就会让人误以为春秋时杞爵实为侯。）果尔，则滕薛始称侯，继称伯子何耶？（鹄按：隐十一年："滕侯、薛侯来朝。"桓二年："滕子来朝。"下例称子。庄三十一年："薛伯卒。"下例称伯。）新周故宋，《史记》作亲周（鹄按：《史记·孔子世家》："因史记作《春秋》，上至隐公，下讫哀公十四年，十二公。据鲁，亲周，故殷，运之三代。"），盖亲亲敬故之义。鲁，周之懿亲，而孔子故宋也。史公说亦本董子（鹤按：《史记·太史公自序》："上大夫壶遂曰：'昔孔子何为而作春秋哉？'太史公曰：'余闻董生曰："周道衰废，孔子为鲁司寇，诸侯害之，大夫壅之。孔子知言之不用，道之不行也，是非二百四十二年之中，以为天下仪表，贬天子，退诸侯，讨大夫，以达王事而已矣。"……'"学者多以为史迁师事董子，然今人有疑之者，[1]即便后说成立，《史记》亲周说出自董子当无可疑），疑《公羊》家旧有二说，作亲者为本义，作新者为推说之义。】

王迹熄于周衰，而兴于《春秋》。《春秋》尊周，则中兴之象也。汉儒谓《春秋》为汉作，则易姓之象也。……《春秋繁露》于改制之事，皆曰宜。宜者，当如此而未如此者也。若《春秋》本已据鲁改制，何待云宜？鲁宜如此，实汉宜如此也。拨乱世反诸正，莫近诸《春秋》。汉儒欲其君之本《春秋》，以尽拨秦乱也。……《春秋》变周之文，从殷之质，非以治汉之法托之《春秋》哉？……凡《春秋繁露》《公羊解诂》中所言新王受命改制等事，可分别辑录，殊之《春秋》，以为《汉礼》一书。……素王也，王鲁也，以《春秋》当新王也，汉儒始言之。《春秋》绝无是义也，《公羊》亦无是文也，周人皆无是说也。……孔子以周初之文，救当时之文，即救文反质也。若立乎汉世而论，则以鲁礼推之，损益百王，以求尽善可也。以从先进推之，变周之文，从殷之质，可也。夫言岂一端而已，夫各有所当。……成王以周公有大勋劳，命鲁郊禘如天子礼，鲁人遂传于鲁王礼之言，而汉儒以托之《春秋》。……凡此数者，虽乖事实，然其失不过为尊崇大过（鹤按：谓尊汉太过）。……虽其说不合于《春秋》，不合于《公羊》，而其意则勤勤至忠以尊其君（鹤按：谓汉人尊汉），是固《春秋》尊周之义也。

---

〔1〕陈桐生，《司马迁师承董仲舒说质疑》，《山西师范大学学报（社会科学版）》1994年第4期，第14—20页。

……圣人知万事祸变之未有已，故为之正人伦，明顺道，塞逆源，以立其本。决嫌疑，明是非，因义起礼，权时制变，以达其用。《公羊》家窥见其旨，会秦灭汉兴，遂推以辅世立事当其可之谓。时汉人尊汉，不觉其言之过。[1]

(三)《穀梁》

先生曰：

《春秋》辩义之精，莫著于《穀梁》。发首正隐、治桓二义，治桓，辩之也，正隐，辩之早辩也。隐不自正，而书正以正隐，以正君臣父子兄弟之伦，正其本，万事理也。（鹄按：《穀梁》隐元年："公何以不言即位？成公志也。焉成之？言君之不取为公也。君之不取为公何也？将以让桓也。让桓正乎？曰不正。《春秋》成人之美，不成人之恶。隐不正而成之，何也？将以恶桓也。其恶桓何也？隐将让而桓弑之，则桓恶矣。桓弑而隐让，则隐善矣。善则其不正焉何也？《春秋》贵义而不贵惠，信道而不信邪。孝子扬父之美，不扬父之恶。先君之欲与桓，非正也，邪也。虽然，既胜其邪心以与隐矣，已探先君之邪志而遂以与桓，则是成父之恶也。兄弟，天伦也。为子受之父，为诸侯受之君，已废天伦而忘君父以行小惠，曰小道也。若隐者可谓轻千乘之国，蹈道则未也。"隐公在位十一年，经唯元年见"正月"。《穀梁》隐十一年："隐十年无正，隐不自正也。元年有正，所以正隐也。"）桓无王，而书王以治桓，由是书王以正与夷之卒，书王以正终生之卒。（鹄按：《春秋》每年首条有四种写法：春王正月，春王二月，春王三月，春。若不书月，则无王，若书月，必书王。《春秋》十二公二百四十二年，十一公二百二十四年均守此例。唯桓公十八年间，元、二、十、十八年书"春王正月"，九年书"春"，余十三年间十见"春正月"，三见"春二月"，书法特异〔参下表〕。《穀梁》元年："桓无

〔1〕曹元弼，《周易会通大义论略》，《复礼堂文集》卷二，台北文史哲出版社1973年，第43页b—第53页。

王，其曰王，何也？谨始也。其曰无王何也？桓弟弑兄，臣弑君，天子不能定，诸侯不能救，百姓不能去。以为无王之道，遂可以至焉尔。元年有王，所以治桓也。”《春秋》桓二年：“春王正月戊申，宋督弑其君与夷及其大夫孔父。”《穀梁》：“桓无王，其曰王，何也？正与夷之卒也。”范宁注：“诸侯之卒，天子所隐痛。”《春秋》桓十年：“春王正月庚申，曹伯终生卒。”《穀梁》：“桓无王，其曰王，何也？正终生之卒也。”十八年书王《穀梁》无说，范注：“此年书王，以王法终始治桓之事。”又何休注《公羊》云：“十八年有王者，桓公之终也，明终始有王，桓公无之尔。”《春秋经解》桓公元年“春王正月”条：“桓公弑君弑兄而自立，奈何天子衰而不能讨，至令在位十八年之久，而不以弑贼见讨而终乎？王室虽衰，力不能讨矣，于是之时，有能以王道正其罪而讨之，亦可以为有王也。圣人若曰：‘弑君之贼，不可使偷一日之生，将以必诛，况已弑也。’故……十八年书王，弑君之贼，无可赦之理。不见诛于实时，当见诛于岁月。不见诛于其生，当见诛于将死。不见诛于终身，当见诛于万世。”）所谓《春秋》天子之事，乾元正，而后三百八十四爻阴阳之失正者靡不正也。[1]

又曰：

郑君有言：“《左氏》善于礼，《公羊》善于谶，《穀梁》善于经。”……善于经者就经解经，专守七十子遗说，盖《穀梁》近孔子。其说上不及鲁史，下不及汉事。以《春秋》为《春秋》，故其义为纯。三传各有后师增续，《穀梁》虽少过，亦不能尽合。多闻阙疑，慎言其余，则《春秋》立教之旨明。[2]

---

〔1〕 曹元弼，《周易会通大义论略》，《复礼堂文集》卷二，台北文史哲出版社 1973 年，第 51 页 b—第 52 页 a。

〔2〕 曹元弼，《周易会通大义论略》，《复礼堂文集》卷二，台北文史哲出版社 1973 年，第 52 页 b—第 53 页 a。

表一

鲁公	在位年数	书“春某月”，无王
隐	11	0
桓	18	13
庄	32	0
闵	2	0
僖	33	0
文	18	0
宣	18	0
成	18	0
襄	31	0
昭	32	0
定	15	0
哀	14	0

追寻六经之本
曹元弼的《孝经》学

陈壁生[1]

民国二十五年，唐文治在无锡国专为学生讲《孝经》，将此讲义编成《孝经救世编》，因为自觉“惟因为初学讲解，随讲随编，如朱子所谓急迫之意多，沉潜之味少”，遂将此编寄给隐居苏州的逊清遗老、唐氏旧交曹元弼以求正，曹元弼的复信中，对此书的评价有云：“凡立教，有为万世者，有救一时者。君之书，殆救一时者也。”[2]曹元弼之言，既有对此书挽救世道人心之意的奖掖，也不无对其沉潜之味不足的褒贬。盖曹元弼本为晚清民国之经学大师，入民国之后，眷恋旧清，甘为遗老，闭门著述数十年，而其著述之宗旨，在于代圣立言，“为万世”而已，他通过对《孝经》的重新解释，重新发明了经学系统。

一、曹元弼与《孝经》

曹元弼（1867—1953），号叔彦，江苏省苏州府吴县（今苏州）人，肄业于南菁书院，后入湖北存古学堂，为经学总教，又以受张之洞之托，以《劝学篇》守约之法，拟作《十四经学》。辛亥鼎革，共和肇始，曹元弼以君臣之义不可废，以伯夷之行自期，闭门著述数十年，遍注群经，于《易》《书》《仪礼》《大学》《中庸》及经学史，皆

〔1〕 作者单位：中国人民大学国学院。
〔2〕 唐文治，《茹经先生自订年谱》，见沈云龙主编，《近代中国史料丛刊三编》第9辑，台北文海出版社1974年，第121页。

有著述，尤专精于郑君之学。至第二共和历四载，以八十七之年卒于苏州。曹氏历世三朝，而眷恋故国，守死善道，其笺注诸经，旨在守前待后而已。

曹元弼一生注疏经籍，而《孝经》几乎贯穿始终。曹氏二十八岁所作《吴刻孝经郑氏注序》有云："元弼不敏，治郑氏礼学十余年，夙兴必庄诵《孝经》。"[1]而且，在其二十六岁所作《礼经纂疏序》中亦云："元弼尝于先圣前自誓，愿为《礼疏》《孝经纂疏》《历代经儒法则篇》三书，以阐明圣道于万一。"[2]及至遍治群经之后，又于七十七岁之年写成《孝经集注》。可以说，解释《孝经》大义，贯穿曹氏一生。而其治《孝经》已成未成之作，共有数种。

(一)《孝经郑氏注后定》与《孝经证》，未成

曹元弼预作《孝经》笺疏，自其少年开始。在《吴刻孝经郑氏注序》一文中，曹氏云："元弼不敏，治郑氏礼学十余年，夙兴必庄诵《孝经》。窃叹冠、婚、丧、祭、聘、觐、射、乡无一非因严教敬、因亲教爱，与《孝经》之旨融合无间，通《孝经》而后知礼之协乎天性，顺乎人情。以郑君之注，百世不易，惜其残阙失次，据近儒臧氏庸、严氏可均辑本拾遗订误，削《群书治要》伪文，为《孝经郑氏注后定》。因遍辑经传、周秦汉古籍、各经师注涉《孝经》义者为之笺，而博采魏晋以来《孝经》说之有师法、应礼道者，贯以积思所得疏之。约之以《礼》，达之以《春秋》，合之以《论语》，考之以《易》《诗》《书》。疏文有所不尽，则师黄氏之意而扩充之，兼采史传孝行足裨补经意者，别为《孝经证》。往时，敬其此书与《礼疏》《经儒法则篇》同于先圣前立誓自任。此书与《礼疏》相须成体，功亦相亚，《礼疏》成则亦成。"[3]

---

〔1〕 曹元弼，《吴刻孝经郑氏注序》，《复礼堂文集》，台北文史哲出版社 1973 年，第 646 页。
〔2〕 曹元弼，《礼经纂疏序》。
〔3〕 曹元弼，《吴刻孝经郑氏注序》，《复礼堂文集》，台北文史哲出版社 1973 年，第 646—647 页。

作此文时，曹氏年未而立，而其说已经奠定曹氏一生《孝经》观之大旨。其基本内容包括三点：一、《孝经》与礼学，尤其是《仪礼》相通。曹氏云诸礼“因严教敬、因亲教爱，与《孝经》之旨融合无间”，实是以《孝经》之爱、敬，为礼乐之教化奠定坚实的情感基础。此为其后《孝经学》《孝经郑注笺释》《孝经集注》诸书之大纲。二、“削《群书治要》伪文”，清代早期辑佚郑注，如臧庸之《孝经郑氏解辑本》，主要依据是《孝经注疏》中的邢昺疏，[1]及至《治要》东来，其中有《孝经》及郑注断章，使郑玄《孝经注》辑佚为之一新，而其代表作，则是严可均所集《孝经郑注》。曹元弼不信《群书治要》，使其疏解郑注，几失其半。而后来的《孝经郑注笺释》，正是在否定《群书治要》的基础上，主要依据邢疏、《释文》所存郑注而作。三、博采经传以证《孝经》，并推崇明儒黄道周《孝经集传》。上述三者，为曹元弼《孝经》学之基本特征，而在其二十八之年已经基本形成。

（二）《孝经六艺大道录》，唯成《述孝》一篇

1897年，曹元弼应张之洞之邀，赴湖北武昌，任两湖书院经学总教。曹氏《孝经郑氏注笺释》序言有云：“承阁师张文襄公见商，窃欲以《孝经》会通群经，撰《孝经六艺大道录》一书，以明圣教，挽狂澜，先为《述孝》一篇。公然之。”[2]今所见《复礼堂文集》中有《述孝》一篇，即是《孝经六艺大道录》第一章。《述孝》一篇，为曹氏《孝经》之学的大纲。

而《孝经六艺大道录》一书唯立目录，并未真正成书。本年11月22日，曹元弼《笃信斋日记》记：“二十二日，《孝经六艺大道录》首篇及目录刊成。”[3]而12月12日，沈曾植致黄绍箕信，便有云：

---

〔1〕实为元行冲疏，详见陈鸿森，《唐玄宗〈孝经序〉“举六家之异同”释疑》，载《“中研院”历史语言研究所集刊》2003年3月，以及笔者《〈孝经注疏〉考实》。

〔2〕曹元弼，《孝经郑氏注笺释序》，民国二十三年刊本。

〔3〕王欣夫辑，《复礼堂日记》第1册，抱蜀庐钞本，第81页。

“叔彦新著《孝经六艺大道录》，粹然儒言，有关世教，而此间名士多轻之，讪笑之者，汉宋之障，乃至于此乎？”[1]沈曾植虽言“叔彦新著”，仿佛已见此书，但曹氏日记与沈氏书信相隔仅二十日，《孝经六艺大道录》不可能在此期间成书并让沈曾植看到，所以，沈氏所见，应该只是《述孝》一篇及目录而已。而且，《孝经六艺大道录》部分内容，如《述孝》见于《复礼堂文集》，“《孝经》脉络次第第四”见于《孝经学》，盖此书并未写成也。[2]

（三）《孝经学》

《孝经学》一书，本为张之洞嘱编《十四经学》之一种。曹元弼《复礼堂述学诗序》云：“公既为《劝学篇》，又属元弼编《十四经学》。先为《原道》《述学》《守约》三篇，以提其纲。”[3]要从曹元弼的经学思想来理解其《孝经》之学，此三篇之重要性，超过其具体的《孝经》注疏。尤其是《原道》《守约》二篇，乃曹氏经学思想之大纲，而又总归于《孝经》之内。

曹元弼《周易郑氏注笺释》详述《孝经学》之作曰：“文襄师以世道衰微，人心陷溺，邪说横行，败纲斁伦，作《劝学篇》以拯世心，内有《守约》一章，立治经提要钩元之法，约以明例、要旨、图表、会通、解纷、阙疑、流别七目，冀事少功多，人人有经义数千条在心，则终身可无离经叛道之患，属元弼依类撰集《十四经学》。”[4]张之洞之教育或曰教化思想，最为精粹者在于以经学为学科之一门，使天下学子先知经之大纲精神，后由约而博。而其所从事者，则前有《劝学篇》之论述，后有癸卯学制之设置。在《劝学篇·守约》中，张之洞为了使经学教育能够切用于世道人心，提出编辑经学读本的七种

---

〔1〕许全胜，《沈曾植年谱长编》，中华书局2007年，第210—211页。
〔2〕相关资料见宫志翀，《曹元弼学术年谱》，未刊稿。
〔3〕曹元弼，《复礼堂述学诗序》，民国二十五年刊本。
〔4〕曹元弼，《周易郑氏注笺释》，民国十五年刊本，第33页。

体式：

> 欲有要而无劳，约有七端：
>
> 一、明例。谓全书之义例。
>
> 一、要指。谓今日尤切用者，每一经少则数十事，多则百余事。
>
> 一、图表。
>
> 一、会通。谓本经与群经贯通之义。
>
> 一、解纷。谓先儒异义、各有依据者，择其较长一说主之，不必再考，免耗日力。
>
> 一、阙疑。谓隐奥难明、碎义不急者，置之不考。
>
> 一、流别。谓本经授受之源流、古今经师之家法。[1]

观此七法，其旨不在深研经学，发明大义，而在提纲挈领，入乎人心，正像曹元弼所理解的，用此七法编成一经之学，教于学堂，使学生“人人有经义数千条在心，则终身可无离经叛道之患”。张之洞自己并无经学著作，而其经学思想之大纲，大体可见之于曹元弼。他不但援聘曹元弼为两湖书院经学总教，而且嘱咐曹氏以《守约》所述编辑经学教科书七法，作《十四经学》。曹元弼也极其重视张之洞所托，遂于1899年，三十三岁之年，辞两湖书院讲席，杜门著书。至1907年，曹氏写成《周易学》《礼经学》《孝经学》三书呈张之洞。

(四)《孝经郑氏注笺释》

自辛亥鼎革之后，曹元弼不问世事，闭门著述，其《周易郑氏注笺释》《尚书郑氏注笺释》《大学通义》《中庸通义》，皆成于此时。而

---

〔1〕 张之洞，《劝学篇》，中州古籍出版社1998年，第94页。

他于1935年写成的《孝经郑氏注笺释》三卷并《孝经校释》一卷，也成为曹氏《孝经》学的代表作。

与《孝经学》的略释大义不同，《孝经郑氏注笺释》极尽精详。在曹氏之前，为《孝经郑注》作疏者，已有皮锡瑞《孝经郑注疏》一书，皮氏以郑玄注《孝经》在早年从今文之时，故多以今文礼制疏解郑注。入民国之后，成都龚向农曾辑佚郑注，欲为之疏，及见皮疏之后，乃自毁其稿。曹元弼之所以觉得皮疏既成，仍然有必要再作新疏，大概有两个方面的考虑。第一是在对郑注的辑佚选择上，皮疏以为："严铁桥四录堂本最为完善。锡瑞从叶焕彬吏部假得手钞四录堂本，博考群籍，信其确是郑君之注，乃竭愚钝，据以作疏。"〔1〕严可均辑本之所以较为全备，在于采信日本回传的《群书治要》，而曹元弼不信此书。第二是在疏的内容上，皮疏云："郑所据《孝经》本今文，其注一用今文家说。后注《礼》笺《诗》，参用古文。"〔2〕而曹元弼学从郑君，并不强分今古文，而且，他要极力解释《孝经》之所以为六艺之根源，因此，曹氏不满于皮疏，观《孝经郑氏注笺释》，其引用皮疏也极少。

《孝经郑氏注笺释》之体例颇为特别。盖刊落《治要》所存郑注，邢疏、《释文》所录，不过郑注全轶之一半前后。是故曹氏先列经文，其后考注，再为笺释。而其考注，则有时而录郑注他经之文以补全之。例如，《开宗明义章》子曰："先王有至德要道，以顺天下。"曹氏录注并考证补充之文如下：

> 禹，三王最先者。《释文》。案：语未竟。圣人百世同道。六字取《中庸》注义补。凡郑注残句，今深求其意，补缀成文，使初学可以属读。恐与原文相混，既于当句下明言几字补，又狭小其字，加两线旁，以严区别。至德，孝

〔1〕 皮锡瑞，《孝经郑注疏》，师伏堂丛书光绪乙未刊本。
〔2〕 同上。

悌也。要道，礼乐也。《释文》。[1]

《释文》原文唯存“禹，三王最先者”“至德，孝悌也。要道，礼乐也”，而曹氏据郑玄注《中庸》之文，加“圣人百世同道”六字。曹氏这种“补注”方式，使其笺释《孝经》经文之自由度更大。即以引文而论，郑注以先王为“禹”，以郑之意，禹以前之尧舜时代，与禹以后之夏商周三代，本为“公天下”到“家天下”的转变，唯家天下，方有孝治问题，方能郊祀始祖，非配以有德。但是曹元弼加上“圣人百世同道”六字之后，郑注此意无形中消失了，而曹元弼也因此避免了“公天下”的条件下、禅让制度之中的君臣大义如何表述的问题。

（五）《孝经集注》

1943年，曹元弼又撰成《孝经集注》，在序言中，曹氏言其书所作之因缘，云：

> 余既撰《孝经学》《孝经郑氏注笺释》，以极论天道至教，圣人至德，吾夫子至诚，赞化育，经纶六经，立天下大本，仁覆万世之宏恉庶几。圣君贤相、命世大儒以道觉民，拨乱反正，或有取于斯。然文累十余万言，可语成人通学，难以诰教小子。……间又取旧日论撰，删繁就简，约之又约，存十之二三，取足明经义大略而止。不揆梼昧，放朱子注《四书》之法，集高密郑子以下百家之注并自著之书，融合为一辞，名曰《孝经集注》，务使教者易讲，学者易明，非敢窃比紫阳，聊备家塾课读而已。[2]

《孝经集注》与前二书不同，在于此书集注诸说，发明大义，简

---

[1] 曹元弼，《孝经郑氏注笺释》，民国二十三年刊本。
[2] 曹元弼，《孝经集注》，抱蜀庐钞本。

约而精，可以为家塾课读。

曹元弼之治《孝经》，贯穿其治经一生，前后一贯，自二十之岁至八十之年，他对《孝经》的看法，几乎没有任何变化。[1]其于《孝经》古注，最重郑玄，次则黄道周《孝经集传》，次则阮元、阮福父子《孝经义疏补》。曹氏曾说："《孝经》古训多亡，百家是非杂糅，其能开示蕴奥，提挈纲维，于天道至教、圣人至德洞彻其本原者，莫如汉郑君，及明黄氏道周、国朝阮氏元。"[2]其所重郑玄者，盖郑君以礼学为中心而注《孝经》也。而黄、阮之书，曹氏屡称之，如《述学》云："明黄氏道周有《孝经集传》。国朝阮氏元论《孝经》多创通大义，其子福《补疏》，采辑古说，亦略可观。"[3]《孝经郑氏注笺释》云："合之黄氏、阮氏之言，六经大义同条其贯，圣学王道粲然分明。"[4]盖以黄氏之《孝经》，以大小戴记为《孝经》义疏也，如其所云："《孝经》者，道德之渊源，治化之纲领也。六经之本皆出《孝经》，而小戴四十九篇，大戴三十六篇，《仪礼》十七篇，皆为《孝经》疏义。……盖孝为教本，礼所由生，语孝必本敬，本敬则礼从此起。"[5]而阮氏之《孝经》，以孝为仁之本，犯上、作乱之大防也，如其引阮元之言云："孔子作《春秋》，以帝王大法治之于已事之后。孔子传《孝经》，以帝王大道顺之于未事之前。"[6]黄道周、阮福这样的《孝经》观，导夫曹元弼之先路。

二、由"法"而"道"：《孝经》与经学体系的重建

在许多晚清民国经学大师的理论构建中，《孝经》并没有占据多

〔1〕这也导致曹氏自《述孝》至《孝经集注》数书，重复之处甚多。
〔2〕曹元弼，《孝经郑氏注笺释》，民国二十三年刊本。
〔3〕曹元弼，《述学》，见《复礼堂文集》，台北文史哲出版社 1973 年，第 41 页。
〔4〕曹元弼，《孝经郑氏注笺释》，民国二十三年刊本。
〔5〕黄道周，《孝经集传》，《四库全书》经部三十二《孝经》类，上海古籍出版社 2002 年，第 182—157 页。
〔6〕阮福，《孝经义疏补》，《续修四库全书》第 152 册，上海古籍出版社 2002 年，第 423 页。

么重要的位置，如廖平、孙诒让、康有为、章太炎，皆是如此。而曹元弼之所以特别重视《孝经》，在于《孝经》提供了一个重建经学体系的基础。

所谓重建经学体系者，即在晚清民国的文明变局中，仅仅以传统的注疏之学，训诂字义，疏通经文，已经无法回应新的文明的挑战。因为随着政治环境的变化与文明的转型，经学之所以成为经学的条件已经逐渐消失，而经学要证明自身，便需要通过理论化，对自身做出论证，而理论化的方式，即致力于将群经整合成为一个严密的思想系统。

以此"系统化"之角度可以看出，晚清民初诸大师无不致力于经学体系的建构，而其具体进路则各不相同。康有为、早期廖平以《春秋》学为基础，凸显孔子改制，而从中发展出一系列回应西方文明的问题，如孔子为教主，《春秋》包三世诸说，以重新解释群经。章太炎则从章学诚"六经皆史"之经史观出发，夷经为史，并以史观经，将经学重建为文明史的源头。而曹元弼一生尊奉郑学，其经学的理论化，在于以六经之中心归于礼，以礼学为基础构建其经学大系。

曹元弼对《孝经》的基本理解，来自郑玄《六艺论》与《中庸注》。郑玄《六艺论》有云：

> 孔子既叙六经，题目不同，指意殊别，恐斯道离散，后世莫知其根源所生，故作《孝经》以总会之，明其枝流本萌于此。[1]

又，《礼记·中庸》云："仲尼祖述尧舜，宪章文武，上律天时，下袭水土。……唯天下之至诚，为能经纶天下之大经，立天下之大本，知天地之化育。"郑玄注曰：

---

〔1〕《六艺论》已佚，本句今存日本写本刘炫《孝经述议》，见林秀一辑校，乔秀岩、叶纯芳刊定，《孝经孔传述议读本》，日本叶山小书店出版部2015年，第16页。

至诚，性至诚，谓孔子也。大经，谓六艺，而指《春秋》也。大本，《孝经》也。[1]

曹氏重塑经学体系，并使《孝经》成为其经学体系的基础，正是依赖郑玄此二处之说。而在此二说中，曹氏对《六艺论》之言《孝经》总会六艺之道，尤为置意。并且，曹氏非泛泛而言《孝经》中有六经之说，或者《孝经》思想可以通于六经，而是极其精准地从郑玄所说的“恐道离散”的意义上，认为《孝经》所提供的，乃是在六经基础上共同的“道”。

曹元弼之经学思想，最尊者为郑玄。郑玄于汉末之世，囊括大典，网罗众家，糅合今古，以成郑氏家法。而就对经的理解而言，郑玄之经学大系，是一套尧舜以来的圣人之法的综合，而由于《周官》之详备，远过于尧、舜、禹、汤，故郑君可以据《周官》而上窥尧、舜、禹、汤之法，下观孔子时之言语。如其解尧时政典，《尚书·尧典》“乃命羲和”下列“分命羲仲”“申命羲叔”“分命和仲”“申命和叔”，两汉今文之学，皆以“羲”即下羲仲、羲叔，“和”即下和仲、和叔。而至于马、郑，孙星衍引而曰：“高辛之世，命重为南正司天，犁为火正司地。尧育重、犁之后羲氏、和氏之子贤者，使掌旧职。天地之官，亦纪于近，命以民事，其时官名盖曰稷、司徒。”[2]郑君之所以在今文学中别出新解，主要是根据《周官》官制分天、地、春、夏、秋、冬六官而推导所得。正如曹元弼《古文尚书郑氏注笺释》所云：“古文家又以经书传记转向证明，谓此羲和与下仲、叔四子异人。此羲氏、和氏之伯，总掌天地，下其仲、叔，分司四时，如《周礼》天、地、春、夏、秋、冬六官。……前后相推，唐虞亦六官可知。”[3]

---

〔1〕 郑玄注，孔颖达疏，《礼记正义》，《十三经注疏》第5册，台北艺文印书馆2007年，第900页。
〔2〕 孙星衍，《尚书今古文注疏》，中华书局2004年，第10页。
〔3〕 曹元弼，《古文尚书郑氏注笺释》，《续修四库全书》第53册，上海古籍出版社2002年，第472—473页。

是郑君分《尧典》为尧时法，《周官》为周公法。

又，《论语·为政》有云："道之以政，齐之以刑，民免而无耻。道之以德，齐之以礼，有耻且格。"郑玄注曰："六德，谓知、仁、圣、义、忠、和。"〔1〕此六德之目，《论语》未曾有言，其他经典，也极少将"圣"列入一般德目。而郑玄此"六德"之名，乃来自《周礼·地官·大司徒》，其文云："以乡三物教万民而宾兴之：一曰六德，知、仁、圣、义、忠、和……"郑君解《周礼》，对此六种德目进行较为一般化的注解："知，明于事。仁，爱人以及物。圣，通而先识。义，能断时宜。忠，言以中心。和，不刚不柔。"〔2〕此是郑君以《周官》为周公致太平之书，确曾实行，故孔子之言，是在《周官》背景中而言。

又，经典官制不同，郑玄也据《周官》及他经而为之弥合，最典型者在郑注《王制》之中。《王制》一书，郑君多以为殷法，而其中有云："天子三公、九卿、二十七大夫、八十一元士。"郑注曰："此夏制也。《明堂位》曰'夏后氏之官百'，举成数也。"〔3〕此官一百二十，而郑君以为"夏制"者，《周官》有官三百六十，分明不合；而《礼记·明堂位》云："有虞氏官五十，夏后氏官百，殷二百，周三百。"〔4〕《王制》之官百二十，远于"殷二百"，而近于"夏后氏官百"，故郑君以为此夏制，而此经上下文，郑君多以为殷制、晋文霸制，不一而足。

是故郑玄之经学，表面上是以《周官》为中心遍注群经，背后则是一种动态的历史哲学：孔子编定的群经，乃是历代圣王制作的产物，经学说到底是先代圣王之法的集合。而因为先代圣王之法散

---

〔1〕 宋翔凤辑，《论语郑注》，见《浮溪精舍丛书》，台北圣环图书公司1998年，第2页。

〔2〕 郑玄注，贾公彦疏，《周礼注疏》，《十三经注疏》第3册，台北艺文印书馆2007年，第160页。

〔3〕 郑玄注，孔颖达疏，《礼记正义》，《十三经注疏》第5册，台北艺文印书馆2007年，第220页。

〔4〕 同上书，第584页。

失甚多，唯周公致太平之《周官》最备，故可以《周官》为中心，推而注解群经。言至于此，仍然存在一个问题，群经既然是古代圣王之法的集合，那么孔子扮演什么角色？此见之于郑注《论语》及《中庸》。《中庸》，郑君以为子思述祖德而作，其文云："仲尼祖述尧舜，宪章文武，上律天时，下袭水土。"郑注借以明孔子之圣及其制作之事曰：

> 此以《春秋》之义说孔子之德。孔子曰："吾志在《春秋》，行在《孝经》。"二经固足以明之，孔子所述尧、舜之道而制《春秋》，而断以文王、武王之法度。《春秋传》曰："君子曷为为《春秋》？拨乱世，反诸正，莫近诸《春秋》。其诸君子乐道尧舜之道与？末不亦乐乎尧、舜之知君子也。"又曰："是子也，继文王之体，守文王之法度。文王之法无求而求，故讥之也。"又曰："王者孰谓，谓文王也。"此孔子兼包尧、舜、文、武之盛德而著之《春秋》，以俟后圣者也。[1]

就此而言，郑玄以为孔子继周公而为圣，而孔子之法度，最在《春秋》与《孝经》。也就是说，孔子于六经，只有《春秋》是"作"，其他都只是"述"。《春秋》与《孝经》，成为"孔子法"的最重要的内容。但是，郑玄同时强调，"孔子兼包尧、舜、文、武之盛德而著之《春秋》"，此纯为两汉今文家之言，以孔子之圣，作《春秋》之功，过于尧舜文武。但是，郑玄在注经之中，并没有强调孔子相对于历代圣王的特殊性，甚至可以说，在郑玄所构建的经学系统中，群经作为一个系统，最大程度弥合了经义之别，达至同条共贯，而其内部则有了不同时代的圣王之法。

曹元弼与郑玄最大的差别，也可以说是对郑学最明显的发明，在

[1] 郑玄注，孔颖达疏，《礼记正义》，《十三经注疏》第5册，台北艺文印书馆2007年，第899页。

于用一个永恒不变的“道”，去统帅群经中不同时代的圣王之“法”。

曹氏早年所作《原道》一篇，可以说是其经学思想之大纲。《原道》论经学起源及列圣相承之事云：

> 天下之生久矣，一治一乱。生民之初，草木榛榛，鹿豕狉狉，茹毛饮血，与禽兽争旦夕之命，至危苦也。伏羲因民父子相爱之心，为之别男女以为夫妇，正人伦而作《易》。有人伦则有是非利害，于是乎有吉凶悔吝，消息有否泰剥复，有君子小人。有人伦则家有家教，国有国政，于是乎有盛德大业。有人伦则合众智众力以相生相养相保，于是乎有纲罟耒耜。十二盖取相继而作，开物成务，冒天下之道，万世之法，于是而兴。治始于伏羲，而成于尧，禹平水土，稷降播种，契教人伦，而爱敬生养之能事毕。故删《书》断《尧典》，夏殷相继，因时制宜，以利生民。及纣之身，天下大乱，诸侯不朝。文王惧彝伦之斁，而生人爱敬之道息也，三分天下有其二，以服事殷，因伏羲之《易》以正君臣父子夫妇之义。成王之初，管蔡流言，周公遭人伦之变，立人臣之极，卒成周道。……及五霸之末，篡弑相仍，人道绝灭，孔子惧，作《春秋》。《春秋》天子之事，谓周天子也。《春秋》发首书“元年春王正月”，奉王以治天下，而后有是非，有功罪，有诛赏，乱臣贼子无不伏其辜。尊亲之分可得而定，爱敬之情可得而合，富教之事可得而兴。伏羲正人伦之始，以立爱敬之本，孔子正人伦之变，以塞恶慢之原。圣人，人伦之至。孔子志在《春秋》，行在《孝经》。伏羲以来之道备于孔子，六经之义归于《孝经》。[1]

在《孝经郑氏注笺释》中，曹元弼又说：

---

〔1〕 曹元弼，《原道》，《复礼堂文集》，台北文史哲出版社1973年，第22—23页。

> 生民之初，有善性而不能自觉。伏羲继天立极，作《易》八卦，定人伦，实为孝治天下之始。自是五帝、三王，《诗》《书》所载盛德大功，皆由此起。故尧、舜之道，孝弟而已。三代之学皆所以明人伦，至周公制礼而大备。周衰，礼教废，彝伦斁，至于篡弑相仍，则生理绝而杀气炽，生民将无所噍类。孔子作《春秋》，诛大逆而遏杀机，作《孝经》，明大顺以保生理。盖伏羲以来之道，集大成于孔子，六经之旨，备于《孝经》。[1]

“原道”要从伏羲开始讲起，盖五经之中，最为古老者莫过于《易》，《易》历三圣，伏羲画八卦，是为《易》之始，亦为华夏文明之始，在曹元弼看来，此亦人伦之始。曹氏从“人伦”的角度理解经学，认为经学开端以来的核心特征都在于“人伦”，开辟了一种理解经学的新角度。盖以人伦而论，父子、夫妇、君臣为其大纲，人伦抽象而可以至其道，具体而可以论其制，自小言之关乎一身一家，自大言之遍及国家天下，追前而可以追溯文明之源头，开后而可以救文明于既坠。所谓抽象而言其道者，有家国即有亲亲、尊尊，亲亲、尊尊之道百世不易；具体而言其制者，人伦关系必落实于具体之伦理、政治制度；小而关乎一身者，人伦关乎一身之情感、道德；大而关乎天下者，聚家成国，聚国成天下，父子、夫妇、君臣，皆为政治问题；追前者，如曹元弼之论伏羲为人伦之始，人必知伦，才能离于禽兽，故人伦乃人之所以为人之根本；救后者，文明之中断瓦解，必由人伦堕落开始，唯重建人伦方能拯救。是故曹元弼从“人伦之道”的角度考察作为历代圣王之法的经学，历代圣王之法之间的差异性变得不再重要，因为圣王时代每一代王者的兴起，都会改正朔、易服色、制礼作乐；真正重要的是历代圣王都是以人伦为核心，根据现实需要重建

〔1〕 曹元弼，《孝经郑氏注笺释》，民国二十三年刊本。

礼乐。可以说，正是因为曹元弼对经学的理解，抓住了“人伦”这一核心概念，才可能忽略郑玄经学体系中把经学视为历代各不相同的圣人之法的问题，而又在郑玄的经学体系基础上重建其经学思想。[1]正如曹元弼所说：

> 故上古天地初开，伏羲作《易》，定人伦，而人类即别于禽兽，万世孝治天下由此始。自是圣帝明王则天顺民，立政立教，百世一揆。故尧、舜之道，孝弟而已。三代之学，皆所以明人伦，至周公制礼而大备。《春秋》以元之气正天之端，以天之端正王之政。五始大义，如天地无不持载覆帱，无非肫肫之仁由大本而来。[2]

曹元弼从五经中总结出共同的“人伦”思想，将此“人伦之道”视为五经共同的旨归，《孝经》的重要性正在于，它集中地表达了这一人伦之道。曹元弼又说：

---

〔1〕 曹元弼所强调的百王同道，与郑君原意非无矛盾。《孝经·开宗明义章》云“先王有至德要道”，郑注曰：“禹，三王最先者。”此为《释文》所录，正曹氏所确信者，曹氏增加注文云：“圣人百世同道。”并自加注曰：“六字取《中庸注》义补。”并加疏文云：

> “圣人百世同道”，言禹而尧、舜以上，汤、文以下皆统之。此必古《孝经》家相传旧闻，郑君著之。皇侃、孔颖达、贾公彦皆以《孝经》为夏制，又由此推衍。然孝道百王所同，经直称先王，不指何代，刘炫于《孝经》好难郑，若注以先王专指禹，宜在所怪，而炫无言，疑郑既用旧说，更有足成之语。故今取《中庸注》补之，学者择焉。（见曹元弼：《孝经郑氏注笺释》）

曹氏之说，取自《中庸注》，《中庸》云：“故君子之道，本诸身，征诸庶民，考诸三王而不缪，建诸天地而不悖，质诸鬼神而无疑，百世以俟圣人而不惑。‘质诸鬼神而无疑’，知天也。‘百世以俟圣人而不惑’，知人也。”郑注云：“知天、知人，谓知其道也。鬼神，从天地者也。《易》曰：‘故知鬼神之情状，与天地相似。’圣人则之，百世同道。”（见郑玄注，孔颖达疏，《礼记正义》，《十三经注疏》第5册，台北艺文印书馆2007年，第898页）郑君注《中庸》，确有“圣人百世同道”之思想，但其注《孝经》，以先王专指禹，则是认为禹之后家天下，才有孝治天下的问题，详细分析见笔者《孝经学史》，华东师范大学出版社2015年。

〔2〕 曹元弼，《孝经郑氏注笺释》，民国二十三年刊本。

> 五帝官天下，三王家天下，时势不同，而由爱亲敬亲之心，推恩以保四海则一也。周以前封建，汉以后郡县，制度不同，而爱敬必治，恶慢必乱，则一也。[1]

曹元弼同样看到，五帝时代与三王时代，封建之制与郡县之制，有着根本性的不同，但是在一切制度的差异之外，有一个共同的东西，那就是圣人立法思想的共同点，也就是一切美好秩序的共同根基，在于爱敬。在曹元弼看来，《孝经》之所以能够成为人伦之道的集中表达，主要在于《孝经》揭示了人伦的基础，即爱与敬。

三、爱与敬：人伦之本

《孝经》之中，极少涉及具体孝事父母的伦理教条，而多为人伦秩序的具体设计。文中多处“爱”“敬”并称，如《天子章》云：“爱亲者不敢恶于人，敬亲者不敢慢于人。”又云：“爱敬尽于事亲，而德教加于百姓，形于四海，盖天子之孝也。”《士章》云：“资于事父以事母而爱同，资于事父以事君而敬同。故母取其爱，而君取其敬，兼之者父也。”《圣治章》云：“圣人因严以教敬，因亲以教爱，圣人之教不肃而成，其政不严而治，其所因者本也。”又云：“故不爱其亲而爱他人者，谓之悖德。不敬其亲而敬他人者，谓之悖礼。”爱亲、敬亲即是孝，其他经典如《论语》、《孟子》、大小戴记，多有论孝之格言，然多直接言孝，而不言爱敬，但《孝经》则以爱、敬解“孝”，而爱、敬又可以由爱亲敬亲推至爱人敬人，故不直接言孝，转而言爱、敬，则爱、敬对象可以由父母而至于人伦关系中的一切人。曹元弼正是从此爱、敬之中，发现了人伦之始。

曹元弼之重《孝经》，最要在于《孝经》所言之爱、敬，其说云：

---

〔1〕曹元弼，《孝经郑氏注笺释》，民国二十三年刊本。

“爱”“敬”二字为《孝经》之大义，六经之纲领。六经皆爱人敬人之道，而爱人敬人出于爱亲、敬亲。爱亲、敬亲，孝之始，不敢恶慢于人，孝之终。[1]

曹元弼所称爱、敬的重要性，并不是从个体成德的角度讲爱敬如何成就一个人的道德，而是从圣人立法的角度，讲圣人要设顺天下之治法，必须考究人性，将政治建立在人性的基础之上。也就是说，在曹元弼看来，《孝经》不是关于人伦思想的道德教训，而是圣人的立法原则。而《孝经》所表达出来的爱、敬，正是政治教化中要注意的最基本的问题。他在《述孝》中论证了圣人之教为何要从爱敬其亲开始：

天地之大德曰生。生人者天地也，父母也。天地父母能全而生之于始，而不能使各全其生于终。圣人者，代天地为民父母，以生人者也，故曰产万物者圣，圣之言生也。圣人将为天地生人，必通乎生民之本而顺行之。故圣人能以天下为一家，以中国为一人者，非他，顺其性而已。性者，生也。亲生之膝下，是谓天性。惟亲生之，故其性为亲，而即谓生我者为亲。孩提之童，无不知爱其亲也。亲则必严，孩提之童，其父母之教令则从，非其父母不从也。父母之颜色稍不说则惧，非其父母不惧也。是严出于亲，亲者天性，严者亦天性也。亲严其亲，是之谓孝。是孝者，性也。性者，立教之本也。[2]

曹元弼之言“圣人”并无具体所指，但按照他的思想，要指始于伏羲，至于孔子的历代圣人，正如上文所引《原道》所云的“伏羲以

[1] 曹元弼，《孝经郑氏注笺释》，民国二十三年刊本。
[2] 曹元弼，《述孝》，《复礼堂文集》，台北文史哲出版社 1973 年，第 667—668 页。

来之道备于孔子”，历代圣人之治法，背后都有一个共同的特征，那就是把握住了人伦之道，人伦之道在本质上是人之所以为人的根本。天地生人，圣人教人，天地所生者不过生物意义上的人，而赖乎圣人之教，人才成为人伦意义、道德意义上的人，而人的本质恰恰是道德性而不是生物性，所以，圣人是“代天地为民父母以生人者”。

圣人之创制人伦之法，并非根据一己之心意而加于人之上，圣人本身合于天地，并无一己之心意，是故圣人乃“通乎生民之本而顺行之”。如何才能通乎生民之本呢？要在顺天性。而何谓天性，曹元弼提出“性者，生也”，性的本义是生，这是曹氏从阮元的解释中得到的启示，而从“天地之大德曰生”的意义上，“生”本来就是天地大德的表现。在注解“天地之性人为贵”时，曹元弼说：“圣人者，体天地立人极者也。天地以元气生人生物，万物资始于乾，资生于坤，各得天地之性以为性，而物得其粗，人得其精，物得其偏，人得其全，故天地之性人为最贵。天地之性，即元亨利贞易简之善，在人为仁义礼智信之德，而五常皆出于仁，仁本于孝。”[1]是人在“生”的意义上，便为善。而圣人如伏羲，正是由此而教人向善。因此，曹元弼直接引出“亲生之膝下，是谓天性”。“亲生之膝下”，已经是有家庭的时代的情况，曹元弼并不纠结于家庭建立之前的人类情状，也不在意作为个体的人如何禀天而生，而是直接认为，家庭的存在，是人类社会形成的标志，更是人类文明形成的标志，并且这一标志是肇始于伏羲画八卦——也就是经学的开端。

而一旦把“亲生之膝下”定为人的“天性”，“亲生之膝下”所产生的情感、道德，便成为人类社会普遍的情感、道德。圣人的教化，要根据人类社会最普遍的天性，因循利导，顺其心而教之，才可能有普遍教化的效果。“亲生之膝下，是谓天性”，则把“天性”定位在家庭生活中，而紧接着说“惟亲生之，故其性为亲，而即谓生我者为

〔1〕 曹元弼，《孝经郑氏注笺释》，民国二十三年刊本。

亲”，这是将“亲”之义系于“性”上，而亲是指父母，这样，父子一伦便得以建立起来。

而在父子一伦中，亲、严之情，同样是天生的自然情感。因此曹元弼说：“孩提之童，无不知爱其亲也。亲则必严，孩提之童，其父母之教令则从，非其父母不从也。父母之颜色稍不说则惧，非其父母不惧也。”在《孝经郑氏注笺释》中，解“亲生之膝下，以养父母日严”中，曹元弼也说：

> “亲生之膝下”，亲，如亲见亲授之亲，谓亲身也。据赵邠卿、王叔师说，则经意谓亲身生之膝下，惟亲生之，故其性为亲，而即谓生我者为亲。孩提之童，无不知爱其亲也。“以养父母日严”，谓既生而少长，以事父母，自然知尊严。养则致其乐，居则致其敬，皆由幼小浸长而自然而然。盖亲则必严，有眷恋依慕之诚，自有慎重畏服之意。孩提之童，他无所知，惟父母教令是从，惟父母颜色不悦是惧。亲者性，严者亦性也。言孝之道出于人之所由生，故亲身生之膝下，鞠育渐长，以奉养父母日加尊严。[1]

曹元弼对“亲”与“严”之为天性的论证，是经验的、情感的，而在这种论证逻辑中，他特别强调“严”也是天性，盖《孝经》之言“因严以教敬”，而敬又是礼之本，是故曹元弼特别要突出“严”之为天性的地位。《孟子·尽心上》云：“人之所不学而能者，其良能也；所不虑而知者，其良知也。孩提之童，无不知爱其亲者；及其长也，无不知敬其兄也。”此良知良能，乃不学而能，不虑而知者也。曹元弼所云之“性”，正是圣人立教之本，教要顺其性，方能成其教。故曹元弼在《述孝》中说：“盖人之性莫不爱亲敬亲，故可导之以爱人

〔1〕 曹元弼，《孝经郑氏注笺释》，民国二十三年刊本。

敬人。所谓顺也，非强之使人爱之敬之，乃以各遂其爱亲敬亲。”[1]依曹元弼之意，爱亲敬亲为自然人性，教化之道在于发明此人人固有之本性，使之往外扩展，达至爱人敬人。圣人立此爱敬，可以推至亲亲尊尊，曹元弼说：

上古圣人有生人之大仁，知性之大知。知人之相生，必由于相爱相敬，而相爱相敬之端，出于爱亲敬亲。爱亲敬亲之道，必极于无所不爱、无所不敬。使天下之人无不爱吾亲、敬吾亲，确然见因性立教之可以化民也，推其至孝之德，卓然先行博爱敬让之道，而天下之人翕然戴之，以为君师。于是则天明，因地义，顺人性，正夫妇，笃父子，而孝本立矣。序同父者为昆弟，而弟道行矣。因而上治祖祢，下治子孙，旁治宗族，而亲亲之义备矣。博求仁圣贤人，建诸侯，立大夫，以治水火金木土谷之事。富以厚民生，教以正民德。司牧师保，勿使失性，勿使过度。上下相安，君臣不乱，而尊尊之道著矣。圣法立，王事修，民功兴，则有同讲圣法，同力王事，同即民功者谓之朋友，而民相信任矣。三纲既立，五伦既备，天下贵者治贱，尊者畜卑，长者字幼，而民始得以相生。[2]

同时，爱敬之道，可以推至三纲。《原道》中说：

圣人求所以聚之之道，而得之爱敬，求所以教之爱敬之道，而得之人伦。孩提之童，无不知爱其亲，此人心之大可用者。于是使妇从夫以正其本，君帅臣以统其类。故父者子之天也，君者臣之天也，夫者妻之天也。三纲既立，五伦既备，天下尊

〔1〕 曹元弼，《述孝》，《复礼堂文集》，台北文史哲出版社 1973 年，第 674 页。
〔2〕 同上书，第 670—671 页。

卑、贵贱、长幼、贤愚各尽其爱敬以效其能，合天下之智以为智，合天下之力以为力，合天下之财以为财，合天下之巧以为巧，莫大灾患无不弭平，莫大功业无不兴立。[1]

曹元弼所说的“圣人”，都是指伏羲到孔子的圣人谱系，而这一圣人谱系所共同规定的秩序，都是以爱敬为基础凝聚人群，成亲亲尊尊之道，讲三纲五伦之法。而这一圣人谱系所留下的文字记载，都在孔子编定的六经之中。因此，曹元弼多次论及《孝经》中的“爱”“敬”与六经的关系，并以此对郑玄所云的《孝经》总会六艺之道做出独特的理解。按照郑玄《六艺论》所云，孔子删定六经之后，以为六经各有其旨意，其中虽有共同之道，而未明确表述，故作《孝经》以总会六艺之道。郑玄云“故作《孝经》以总会之。明其枝流虽分，本萌于孝者也”。而曹元弼认为，郑君之意，是言《孝经》中的“爱”“敬”通于群经。曹元弼早岁所作《原道》，通篇即论爱敬可以贯通群经，其大要云：

盖六经者，圣人因生人爱敬之本心而扩充之，以为相生相养相保之实政。《易》者，人伦之始，爱敬之本也。《书》者，爱敬之事也。《诗》者，爱敬之情也。《礼》者，爱敬之极则也。《春秋》者，爱敬之大法也。三代之学皆所以明人伦，孔子直揭其本原而为之总会，于是乎有《孝经》。故曰“为天下至诚能经纶天下之大经，立天下之大本”。《论语》之所谓学，所谓仁，所谓胜残去杀，所谓教民即戎，《孟子》之所谓性善，所谓推恩足以保四海，所谓仁者无敌，皆此道也。故曰“吾道一以贯之”。[2]

---

〔1〕 曹元弼，《原道》，《复礼堂文集》，台北文史哲出版社 1973 年，第 20 页。
〔2〕 同上书，第 19 页。

与此相似,《孝经郑氏注笺释》亦云:

> 愚谓《孝经》之教,本伏羲氏通神明之德,类万物之情,祖述尧、舜,宪章文、武。《易》《诗》《书》《礼》《乐》《春秋》一以贯之。盖六教者,圣人因生人爱敬之本心而扩充之,以为相生相养相保之实政。《易》者,人伦之始,爱敬之本也;《书》者,爱敬之事也;《诗》者,爱敬之情也;《礼》者,爱敬之极则也;《春秋》者,爱敬之大法也。爱人敬人本于爱亲敬亲,孔子直揭其大本以为《孝经》,所以感发天下万世之善心,厚其生机而弭其杀祸。[1]

通过曹元弼的清晰描述,可以看出,曹氏对郑君"故作《孝经》以总会之"一语的理解,是站在圣人立法的角度来看的。也就是说,历代圣人在立法、作(后来孔子编定的)六经的时候,都是看到了爱、敬的根本性,因而作六经,教导天下万世之爱敬。曹元弼作为一代经师,他精准地看到,经学根本上就是立法,而爱敬则是历代圣王共同的立法原则,只有这一原则的确立,才有人伦的产生,也就是文明人的产生。可以说,曹元弼在晚清民国这一翻天覆地的时代,对经学最大的贡献,即在于从经学中发明出"爱""敬"二字,并以之贯穿整个经学体系,使经学以一种新的方式,成为一个系统。

四、余论

《论语·学而》载有子云:"孝弟也者,其为仁之本与。"孝弟是仁的根本,而按照曹元弼的思想,"孝弟"集中表达于《孝经》之中,而仁则为百王共同的治法,六经正是百王共同治法的记载。因此,就

---

〔1〕 曹元弼,《孝经郑氏注笺释》,民国二十三年刊本。

像孝弟是仁的始基，《孝经》也是六经的始基，正是在这一意义上，《孝经》成为六艺之道的总会。

而曹元弼从《孝经》中发掘了“爱”与“敬”，并赋予其独特的意义，即从伏羲画八卦开始，便是基于人心所固有的爱敬之心，创制人伦，由此开创了文明的原点。而孔子总前圣之大成，通过删削六经，整合前代圣王之法，又作《孝经》以揭示前代圣王之法中共同的立法原则，即爱敬，如此一来，爱敬贯穿了整个经学体系。

曹元弼与梁鼎芬交游研究

崔燕南[1]

曹元弼，字谷孙，又字师郑，一字懿斋，号叔彦，晚号复礼老人，又号新罗仙吏，为晚近史上著名的经学家，一生经历晚清、民国至新中国成立，几近百年动荡剧变的岁月。曹氏自早年登科受翰林院职，曾与湖北两湖书院、湖北存古学堂、江苏存古学堂等事，辛亥革命后即坚持以清遗民自居，闭户绝世，讲学著述，事迹亦随之不显。笔者学位论文即以曹氏生平为研究对象，并着力于曹氏交游事迹之考稽，学习有年，略积心得，谨择其一端，就正方雅。

曹元弼学问早成，不足三十岁已完成礼学专著《礼经校释》，其早年之学业精进，受到黄体芳影响极大。光绪六年，黄体芳出任江苏学政，"以经学提倡江南，示诸生以通经致用之方"，曹元弼时年十三岁，"得闻绪论，日将经文寻诵，不敢废倦"[2]，自此受知黄氏。十四岁即通过吴县幼童科试，以第四名入庠。光绪八年，黄体芳以江苏学政选拔贡，曹元弼进谒，黄氏"勖以学问经济气节，责以名臣之学，有体有用"，曹元弼"因益深自奋于学"[3]，是年，黄体芳创立南菁书院。光绪十年甲申科，曹元弼作《孙星衍尚书今古文注疏与今文尚书并行表》，又为座主黄体芳所激赏，评之为"于今古文源流了如指掌，髫年宿学，大是奇才"[4]。至光绪十一年，曹元弼即调取江阴南菁书院

[1] 作者单位：商务印书馆上海公司。
[2] 曹元弼，《礼经校释序》，《复礼堂文集》，民国六年刻本。
[3] 曹元弼，《礼经纂疏序》，《礼经校释》，清光绪十八年刻本。
[4] 曹元弼，《古文尚书郑氏注笺释》，《复礼堂文三集》，吴县王氏抱蜀庐1951年清稿本。

肄业，师从定海黄以周。而先此一年，曹元弼之堂兄曹元忠，以第一人补博士弟子，已为黄体芳咨送南菁书院肄业，亦从黄以周受《诗》《礼》及群经之学。而曹元弼于南菁书院课业不久，因病返家，但与南菁书院诸师友仍往来切问不断，黄以周及南菁书院之学风，对曹元弼一生影响至深。

曹氏一生以读书著述为任，专心致志，极少旁骛，而曾两度远赴湖北讲学，一为光绪二十三年赴湖北两湖书院讲授经学，一为光绪三十三年赴湖北存古学堂任经学总教，两次均为张之洞所延。曹元弼受知张之洞极深，所著《十四经学》即受张之洞委托，为张氏所著《劝学篇》中所提出的经学改革的实践。而张之洞之幕僚与密友梁鼎芬，与曹元弼交谊亦亲密笃厚。

梁鼎芬，字伯烈，一字星海，心海。号节庵，别号不回山民，孤庵，病翁，葵霜，藏山，藏叟，浪游词客等。室名有耻堂，葵霜阁，栖凤楼，抗愤堂，食鱼斋，毋暇斋，精卫庵，寒松馆等。广东番禺人。光绪三年举人，六年中进士，点翰林院庶吉士，九年散馆，授编修。光绪十年中法战争期间，以奏劾李鸿章获罪，降五级调任，遂辞官归里。后受两广总督张之洞之邀入幕，并先后任广东惠州丰湖书院、肇庆端溪书院院长。光绪十四年，又为张之洞聘为广雅书院首任院长。光绪十八年，张之洞改督湖广，再请主两湖书院讲席。后张之洞署理两江总督，随之至金陵，幕事之外，亦就钟山书院讲席。光绪二十七年，因张之洞之保举得获召见，以知府发往湖北候缺。后历任汉阳知府、武昌盐法道、安襄郧荆道、湖北按察使。光绪三十年，任张之洞所创湖北新军营务处首席提调。光绪三十三年署湖北布政使，丁未政潮中，因奏劾袁世凯、奕劻而遭朝廷训斥，遂以病辞职，于江苏镇江焦山海西庵闭门读书。宣统三年，因直隶总督陈夔龙保荐，以三品京堂候补，后出任广东宣慰使。辛亥革命后，以清遗民自居，并主持光绪帝与隆裕皇后崇陵修建管理事宜。民国五年入宫为宣统帝师。民国六年参与张勋复辟。民国八年病逝于北京。

曹元弼与梁鼎芬为至交，更有通谱之谊，二人曾共事于湖北两湖书院及存古学堂，并共同编订《经学文钞》，政治立场与学术思想均极相近。王欣夫先生所抄录之《复礼堂朋旧书牍录存》中，收录有大量梁鼎芬予曹元弼信函，但基本都无确切年份，只能依据内容及其他相关资料稍加胪析。

曹、梁之定交，未详始于何时。光绪十七年，曹元弼《礼经校释》撰成付梓，属费念慈题签。费念慈签末署云"辛卯孟冬，屺怀为叔彦署"[1]。梁鼎芬以为费氏为说经之书题签，署字有轻率之嫌，建议费念慈重书：

> （前阙）晤屺怀，望代候，屡书未得报，今不复上。大著题签，似不可署字，近于轻率，务属屺怀再书之。寻常诗文集尚不可，况说礼者乎，必易去。鞠裳至可念。叔彦仁弟。鼎芬顿首。[2]

按：梁鼎芬与叶昌炽为光绪丙子科同年。光绪十二年，张之洞创办广雅书局，刊刻经籍，梁鼎芬任职总校，费念慈亦参与其事。《礼经校释》刊成于光绪十九年，此札或即撰于光绪十七至十九年间，时梁鼎芬执教湖北两湖书院。

《录存》梁鼎芬部分首录一札，云：

> 叔彦吾弟经师坐下：数年之隔，至得一面，又当乖离，使人罔罔。北上可喜，早脱场屋之苦，可省舟车之劳，非谓志士必当科第也。此回到京，有所闻见否。苕华之笺，想不胜叹，小雅尽废，不必四夷交侵，已可危矣。先师文集刻成，奉寄一

〔1〕 曹元弼，《礼经校释》，光绪十九年刻本。
〔2〕《复礼堂朋旧书牍录存》，吴县王氏抱蜀庐钞稿本。

部。《荀子》已购，未来容再寄。甫自匡山来鄂，一切不尽，相念无已，何时再见邪，惟动定多憙。鼎芬顿首。三月朔日。[1]

按：梁鼎芬早年肄业菊坡精舍，师从名儒陈澧，札云"先师文集刻成"，当指光绪十八年菊坡精舍刻《东塾集》成。札云"北上可喜，早脱场屋之苦，可省舟车之劳，非谓志士必当科第也"，当指曹元弼光绪十九年赴京，与二十年甲午恩科会试事。"甫自匡山来鄂"，《梁节庵先生年谱》，"光绪十九年……是年，先生似曾游庐山，欲购山中卧龙庵为草堂，可庄赠资七十千。……按游庐山无考，以欲购卧龙庵，必先往观赏推之耳"[2]。按曹元弼光绪十九年四月已在京，王可庄卒于是年十月，则此札当即撰于光绪十九年夏。称"数年之隔"，则梁、曹订交又远在光绪十九年之前。

《近代史所藏清代名人稿本抄本》收录曹元弼与梁鼎芬信札五通，其中三通约撰于光绪二十年至二十三年之间。其一即曹元弼复上举《录存》所载梁鼎芬十九年札：

星海先生执事。去夏得手教，意气肫挚，诲以所不逮，诚感诚荷。承赐《东塾集》，谨敬受读。侧闻讲席近在钟山，大江南北得张制军以为师，得执事以为师，孤独困穷穷之士，颠越奸宄之民，复兴遂在今日矣。弼在京年余，蒿目时艰，言之痛心。小人陵君子，夷狄侵中国，沧海横流，至斯而极。贼民康有为贪天之祸，以匹夫荧惑天子，崇饰恶言，助夷猾夏，其意以为羲农尧舜周孔皆不足法，而惟夷狄是从。人头畜鸣，岂不哀哉。夫法久则弊生，设法救弊，似也，然必以圣贤至公无利、至正无邪之心处之……（后阙）

---

〔1〕《复礼堂朋旧书牍录存》，吴县王氏抱蜀庐钞稿本。
〔2〕 吴天任，《梁节庵先生年谱》，台北艺文印书馆 1979 年，第 101 页。

言“去夏”，则此札当撰于光绪二十年。云“侧闻讲席近在钟山，大江南北得张制军以为帅，得执事以为师”，按张之洞首次署理两江总督，在光绪二十年，梁鼎芬随行，并主讲钟山书院。“承赐《东塾集》”，当即上举函中所谓“先师文集刻成，奉寄一部”。又告以在京见闻，以时事多艰，痛心疾首，尤其对康有为之获用不以为然。梁鼎芬与康有为本为同乡，多有交谊，并将康有为引荐于张之洞。上海强学会之创办，张之洞曾助会资五千元，唯不列名。后二人因思想与政见发生分歧，遂致决裂。

其二云：

……见晛而消，髦蛮之忧，可以少息。呜呼，洪水而后，为中国患者，莫如夷狄禽兽。然必中国先夷狄，而后夷狄入之，民人先禽兽，而后禽兽承之。今天下滔滔，日趋于夷狄，相率为禽兽矣。民我同胞，物我与也，有心人能不赴水蹈火而救之乎。六月上旬，返自京师，拟即泝江而上，与执事痛论，且因执事以见于张制军。因途中触暑遇疾，困滞月余，近始获愈。将以明日买棹前往，以慰积年风雨之思。张制军处，望为先容《礼》相见之辞曰：某也愿见，无由达，某子以命命某见。郑君曰，某子，今所因缘之姓名也，以命者，称述主人之意。博选方正廉洁有道之人，就所长任以事，审权势之宜，折常变之中，方能救法弊而不至滋弊，岂患得患失之鄙夫所能儌幸而为之乎。虽然，有为其著闻者，其贪冒诐邪、包藏祸心而未经暴露者，奚啻千百其人。弼常谓今日天下之患，在于无人才。所以无人才者，由于无人心。所以无人心者，由于无学术。所望大君子闲圣道，息邪说，发挥许郑之微言，张皇程朱之精义，俾孔孟彝训昭昭，揭日月而行，为天地苏人心，为国家培元气。弼亦当勉竭驽钝，随执事后，与子言子，与弟言弟，与臣言忠，坚持古训，理申正道，庶几雨雪……（后阙）

札云“六月上旬，返自京师”，按：光绪二十一年五月，曹元弼补行殿试，六月归吴，此后往来于苏州、上海、南京、镇江之间。《复礼堂日记》载“秋七月……二十日，谒香帅，未见”，“十月十二日，星海见过。昨夜水西门外火燔茸屋四十一家，作启集资赒救之。十五日，香帅延为书局总校”[1]，“十一月四日，迁于文正书院”[2]。又云“因执事以见于张制军”，则曹元弼之结识张之洞，乃由梁鼎芬引介。

光绪二十一年冬，曹元弼之父曹毓德过世。《懿斋日记》载，曹元弼时在江宁文正书院，十四日至家，曹父已于十日殁。梁鼎芬闻讯去信：

> 叔彦吾弟，得世丈凶问，惊骇嗟痛。吾弟何时到家，能侍奉几日，至以为念。世丈高年硕德，含笑全归，可以无憾。独念吾叔彦生平至孝，仓卒归省，遽遭大故，如何悲伤，不敢效世俗唁慰之词，以佯劝也。令兄同此。鼎芬谨启。

此函之后，另附一函，言梁鼎芬与张之洞皆为曹父撰有挽联挽幛，因未详曹父名讳及封衔，迟迟不能寄赴，故专函急询：

> 此函写成已久，撰有挽联同寄，因未得世丈封衔、大字未详，至今未能寄上。函不可再缓，切望早寄赴来。南皮公有挽幛，亦因上款未悉，屡问未对也，急极。叔彦弟再览。芬顿首。[3]

光绪二十三年二月，张之洞电聘曹元弼为两湖书院经学分教，梁鼎芬时任书院监督。《近代史所藏清代名人稿本抄本》所收曹元弼与

---

〔1〕 曹元弼，《复礼堂日记》，吴县王氏抱蜀庐钞稿本。
〔2〕 曹元弼，《懿斋日记》，吴县王氏抱蜀庐钞稿本。
〔3〕《复礼堂朋旧书牍录存》，吴县王氏抱蜀庐钞稿本。

梁鼎芬信札其三云：

> 孺悲见孔子，不因介绍，孔子辞之。君子于其所尊不敢质，敬之至也。《论语》曰“因不失其亲，亦可宗也”，又曰“事其大夫之贤者，友其士之仁者”。弼性耿介，非所事弗事也，非所因弗因也。所愿奔走承席者，莫如香帅与先生。良晤在即，敢先以书利于下执事。专此，即请道安。学晚曹元弼顿首。七月十四日。

札云“所愿奔走承席者，莫如香帅与先生”，当为答允张之洞所邀之辞。自称“学晚”，则是尚未赴楚与梁鼎芬订昆弟交之时。此函当撰于光绪二十二年。

二十三年二月，曹元弼由苏州到武昌赴两湖书院之聘，梁鼎芬函云，其去年书院提调王秉恩已送上聘书与聘金，由梁鼎芬代为保管：

> 去腊，王息存兄送来分教关书、聘金，代弟存好。今奉上孔㧑约先生《群经通义》三册，并送阅。明午过院便饭。叔彦仁弟，鼎芬顿首。廿三日。[1]

按：曹元弼自光绪二十三年初赴鄂，至二十四年末，以张之洞所属《十四经学》之撰任重道远，须闭门论撰，遂辞去两湖书院教职，其实际驻院讲学时间约两年。在此期间，曹元弼与梁鼎芬交谊弥笃，二人共同编纂《经学文钞》，《不复远斋日记》载，二十三年十一月十七日，与梁鼎芬通谱，梁鼎芬长于曹元弼八岁，遂事以兄礼[2]。《录存》中有数通信函系撰于此间，试举数种：

---

〔1〕《复礼堂朋旧书牍录存》，吴县王氏抱蜀庐钞稿本。
〔2〕 曹元弼，《不复远斋日记》，吴县王氏抱蜀庐钞稿本。

弟欲写联额，请开示。昨夜甘睡否。春雨添寒，珍重千万。叔彦仁弟，鼎芬顿首。

昨欲走访，恐闻功课，今日有事，稍暇即趋谈。联额写不好（自注：昨写未成），当勉力为之。叔彦吾弟，鼎芬顿首。

亡弟鼎蕃病殁，忽忽一年，昨是第一次忌日，心伤泪零，概谢人事。弟来亦未及见，必亮我也。叔彦吾弟。鼎芬顿首。廿三日。

昨欲奉访，因张表弟得急电回粤，须代料理一切。此心眷眷，时在左右，堂散即趋谈。叔彦仁弟。鼎芬顿首。廿八日。

按：梁鼎芬三弟梁鼎藩，字衍若，殁于光绪二十三年九月，则此函当撰于光绪二十四年九月廿二日。“张表弟”即梁鼎芬十六舅张鼎华之子。

在两湖书院期间，因同院共事，寓所比邻，梁鼎芬与曹元弼时常互访论学，相互赠书，因交流方便频繁，《录存》所收之函亦往往极简且不署日期。试举数种如下：

书已印成，请弟再校，校毕即发下为盼。新居已糊纱，办理妥帖后，专人奉请。叔彦仁弟。鼎芬顿首。

江宁局《汉书》初印本奉览。《后汉书》看得散乱，回家乃能检上。叔彦吾弟。鼎芬顿首。二十三日。

《通典》三十二册奉上留览，所假各书，即检四号字，明日送来。叔彦吾弟。期鼎芬顿首。二十八日。

久不相见，相思日深。时序骎骎，又当岁暮，奈何。假书明日检奉。移院甚慰，比课卷忙苦，三日后再约谈。叔彦我弟经师。鼎芬顿首。

吾乡杨文懿公，其学术为亭林所诟病。所著《孝经》一卷，刻入《端溪丛书》，弟阅之，谓亭林之言如何。期鼎芬顿首。

《近代史所藏清代名人稿本抄本》所收曹元弼与梁鼎芬信札其四、其五亦撰于此时，札中述及二人读书与校书之事，云：

薇隐《易解》受读。昨所假《易传》，循首至尾，圈点精详，对之令人钦服愧赧。其连圈处，尤见大雅宏指所在。学《易》寡过，以此为准矣。此复，即请星海大哥我师道安。弟弼顿首。

《读书记》覆校一周送上，厥中改误一事，补脱点若干事，乞审正之。校书如扫落叶，重以目力昏花，颠踬差忒，必所不免也。即请星海大哥我师道安。弟弼顿首。

“薇隐《易解》”即孙星衍所作《周易集解》，称“钦服愧赧……尤见大雅”，可见曹元弼于梁鼎芬对孙氏《易》学理解之推重。《读书记》即陈澧《东塾读书记》，据此可知陈澧集刊成问世后，梁鼎芬仍着力于其校勘，曹元弼并曾参与其事。称“星海大哥”，当是在光绪二十三年十一月通谱之后。

光绪二十四年闰三月，张之洞奉调进京，梁鼎芬遂邀各科分教同送张之洞北行：

今日分教诸君，六点半钟齐集书院，七点钟同往布局门首下船，送南皮北行。特再通布。叔彦吾弟。鼎芬顿首。十八日。

是年五月，沈曾植应张之洞之邀，赴武昌主持两湖书院史席，梁鼎芬遂邀曹元弼、王仁俊等共聚：

明日申初，请弟至多祠西屋小叙。已约子培、干臣，千万勿却。叔彦仁弟。鼎芬顿首。廿四日。

沈曾植抵鄂后，数月间往来于湘鄂之间，曹元弼是年末离鄂返苏，则此函当撰于五月至十二月间。

梁鼎芬在两湖书院期间，曾读黄道周《孝经集传》，发现书中夹有一笺，云曹元弼发愿付梓重刊，而恐力有不逮，因而致函曹元弼，言其愿劝人出资刊刻，不久当定：

黄忠端公《孝经集传》，见日日读之，卷内夹有某君一纸，言“叔彦发愿付镌，弟力恐不能举”，鼎芬亦同此。今拟劝人刻之，节后可定，欲以此慰吾叔彦崇孝思圣之心。弟当忧愁无语之际，闻此或一快也。五月朔。鼎芬顿首。

光绪二十四年十一月，梁鼎芬延曹元弼为其子梁学蠡开蒙，沈曾植致黄绍箕函中，言梁鼎芬自云“此十六年来第一称心事”。在院期间，曹元弼曾赠书籍及盆栽予梁学蠡，梁鼎芬为此专函答谢：

长者赠小子毛郑《诗》，敬聆雅训，永怀高谊。他日长成，果能沈涵大旨，发我深衷，绎“四夷交侵”之言，思“乱世不改”之度，皆君所赐，为家之庆。此当代大贤所荣闻，吾党君子所翘企也。欢喜感叹，不尽此情。诗史各种，容检上。叔彦吾弟手足期。鼎芬率子学蠡再拜。

一昨命卧薪谒见长者，过承挚爱，赐菊花二盆，宠以吉语。寸纸寸玉，一字一珠。他日长成，粗知文义，永守北海经师之训，少尉东篱命子之心。贶我多矣，谨谢谨谢。叔彦吾弟经席。鼎芬顿首。十四日。

在两湖书院共事期间，除读书、刻书及交流学术之外，梁鼎芬与曹元弼亦常互赠果馔，极显亲厚：

家制素菜二种，奉上午餐。敬问叔彦仁弟起居。鼎芬顿首。十二日。

龙井新茶奉上。叔彦仁弟期。鼎芬顿首。

西瓜二枚奉上，叔彦仁弟解暑期。鼎芬顿首。

寒菜二把，奉上晚餐，叔彦岁寒友，鼎芬顿首。十月望日。

赐馔甚美，当归奉叔母，下及儿女，以广人师之惠。谨谢叔彦吾弟，鼎芬顿首。

道体愈未，敬念无已。昨送来食物，可食否。如有所需，随时告我。敬问叔彦经师安好期。鼎芬顿首。

焦山海西庵住持寄来枇杷二百枚，此鼎芬读书窗前物也。谨以二十枚奉上叔彦经师。鼎芬顿首。二十二日。

按：梁鼎芬自光绪八年六月初至镇江焦山，一生中曾数次在焦山海西庵隐居读书，因言海西庵住持所寄枇杷为“鼎芬读书窗前物也”。曹元弼登科之年自京返乡后，曾往来苏州，镇江，金陵与上海之间，其间二人同游镇江焦山时，曾谒杨继盛遗像，感怀激烈，《懿斋日记》载“呜呼，古人往矣。彼丈夫也，我丈夫也，蒙虽不才，所不以道义自任，为天地立心、为万物立命者，有如明明之日、浩浩之波，山灵江神及我椒山先生在天之灵，实共鉴之”[1]。梁鼎芬遂制杨继盛画像赠予曹元弼：

> 杨忠愍公画象一纸，黄忠端公《孝经颂》一首奉上几席。忠孝相勉，永永此心。临分怅结。叔彦仁弟期。鼎芬顿首。
>
> 箧中检得顾亭林先生象，敬赠。此可配杨忠愍公。告我叔彦志士好为之。鼎芬上。

> 杨忠愍公画象，鼎芬刻于焦山海西庵壁，以一纸奉上。今又写得一扇，弟其鉴之。叔彦经师期。鼎芬顿首。初二日。

按：“临分怅结”者，此函或撰于光绪二十四年末曹元弼离鄂前夕。

梁鼎芬早年赴京科考，曾与时任国子监祭酒的京城著名藏书家、旗人盛昱比邻而居，遂成盛氏“意园”座上客，交游唱和不断。光绪十一年梁鼎芬以弹劾李鸿章遭遣，盛昱与文廷式、张謇等，特于京师崇效寺静观堂为梁鼎芬饯行[2]。按盛昱卒于光绪二十五年，有《郁华阁遗集》四卷，梁鼎芬曾以其书分赠曹元弼及叶昌炽等，函云：

> 伯希前辈集十分，请呈大哥、二哥各一分，弟留阅一二分，余分致古微、咏春、鞠裳、闻远诸公。此直臣也，今无此人矣，诗词皆有名，同人自以为不如。叔彦三弟馆丈，鼎芬顿首。

---

〔1〕 曹元弼，《懿斋日记》，吴县王氏抱蜀庐钞稿本。
〔2〕 李慈铭，《荀学斋日记》庚集下，见《越缦堂日记》第15册，广陵书社2004年，第10881页。

在两湖书院讲学期间，张之洞撰写《劝学篇》，并对经学提出“守约”之法，主张进行变革，以适应时代及存续旧学的需要。曹元弼因此受托撰写《十四经学》，作为“守约”之法的实践。为专心撰写《十四经学》，曹元弼辞去两湖书院教职，自鄂返苏，居家著述几十年，在此期间，据《复礼堂日记》所载，曹元弼与梁鼎芬书信往来不断。至光绪三十三年，张之洞奏立湖北存古学堂，再次聘请曹元弼为经学总教。

光绪二十九年十一月，张之洞与张百熙，荣庆等奏拟《奏定学堂章程》，为科举制废止后，近代中国首部全国实行的教育法令。内容涉及教育阶段划分、课程设置、教育行政诸方面。光绪三十年《奏定学堂章程》刻成，是时曹元弼尚在苏州，梁鼎芬赠寄曹元弼一部，并附札云：

> 与弟别几时，四海陵谷，至于此极。日在风尘中无好怀，遂未申一纸。永怀风义，恒不去心。家居著述，已成几种，比来目光如何，至念。今中丞端公，博雅君子，礼贤爱民，久闻山斗，必以礼来。此非今日大官也，弟可见之。有关学校事，并可详告之，亦非出位也。南皮公《奏定学堂章程》已刻成大字本，奉赠一分。又四部，可贻里鄘亲知。叔彦仁弟经席，鼎芬顿首。六月六日。

按：札云“家居著述，已成几种”，即询《十四经学》之撰写进度。又云“中丞端公博雅君子，礼贤爱民”，按：光绪二十九年，端方调任江苏巡抚，三十年暂署两江总督。此函当撰于光绪三十年夏。

光绪三十三年七月，张之洞电招曹元弼赴湖北存古学堂，任经学总教一职。是年六月至八月间，清廷授张之洞为协办大学士，七月又授体仁阁大学士，补授军机大臣，促其赴京。张之洞遂于八月初三日出鄂北上，曹元弼与存古学堂诸生于汉口为之送行。其后，与梁鼎芬、黄绍箕反复商榷教授经学章程，并为张之洞所拟之《经学教法》作注。九月，清廷谕令入值军机的张之洞兼管学部事务，梁鼎芬闻讯立即函告曹元弼：

南皮公今日奉旨管理学部事务，此真天下之福也。飞告。叔彦吾弟道座。鼎芬顿首。十四日。

按：曹元弼七月间得张之洞电牍，八月初已于汉口为张之洞送行，则其到鄂时间或即七月。是年湖北存古学堂正式开课前，曹元弼曾自鄂赴豫，看望仲兄曹福元。年底，学堂提调即湖北提学使黄绍箕卒。三十四年正月，曹元弼与湖北存古学堂师生拜祭黄绍箕。四月，江苏存古学堂开学，曹元弼时已返苏，而仍兼湖北存古学堂教职。在湖北不足一年间，曹元弼与梁鼎芬时有函牍往来，梁鼎芬曾为居室索联：

联纸奉上，乞行墨以示光宠，两副，多备一分纸，度写五字恰好。叔彦仁弟经席。鼎芬顿首。廿七日。

曹元弼因为之书联：

得松石间意，在江海上身。戊申正月二十四日，题节庵大兄老違堂。

梁鼎芬得联后即复函云：

手教拜悉，书联敬谢，即付装池。此为今日海内第一分，他人不能有也。珍宝之至。今朝又吐血三口，欲奉访不得，歉极歉极。叔彦仁弟，鼎芬顿首。廿八日。

宣统三年，辛亥革命爆发。1912年元旦，中华民国临时政府于南京成立，孙中山就任临时大总统。二日通电，改用公历。二月，清帝接受《清室优待条件》，颁布《退位诏书》，宣布退位，清王朝至此结束，延续两千余年的帝制也随之完结。是年七月，梁鼎芬致函曹元弼，言其余生素服，为清遗民之志：

国亡种亡教亡，可痛可叹，心干无泪，泪干并无血，槁死可也，如何如何。鼎芬自辛亥十二月二十五日起，即穿素，如丧父母，终身如此。嗟乎，此何足以报哉。告叔彦吾弟。鼎芬泣上。七月二十日。

九月，梁鼎芬谒光绪帝梓宫，情极悲怆，致函曹元弼：

两兄安好，同念。弟目疾如何，正念。待冬初或可来访，思之思之。心无尽，言无尽，以后再报。

八日巳刻，叩谒先帝梓宫，伏地痛哭，同祭皆哭，感念悲怆，哀慕何极。叔彦吾弟编修。鼎芬泣上。壬子九月十日。

民国二年七月末，曹元弼原配夫人唐氏病逝，年四十八。曹元弼极悲痛，为作《先室唐恭人哀辞》，以志其德行。梁鼎芬闻讯，致函哀悼，并赠挽联：

昨奉到弟夫人讣，惊惜万分。北行在尔，不及来苏面慰，挽联奉上，请悬之灵帏（自注：名字重改声字）。相念不一一。叔彦三弟珍重千万。如兄鼎芬顿首。十一月朔。

弟夫人之丧，得讣即专函奉慰，又寄一联奉挽，亦未知收到否。此时想已安葬，一切宽怀为幸。叔彦三弟。

鼎芬去腊来此度岁，四无居人，惟鼎芬一人耳。今日汉臣与祭，亦惟鼎芬一人耳。凄凉如此。山中大雪三日，夜寒甚，不可书。念吾良友，此时作何，夜不成寐矣。鼎芬。

札云“鼎芬去腊来此度岁”，按即河北易县梁格庄，为清光绪帝与隆裕皇后崇陵所在地。光绪帝殁后，梓宫自北京移至梁格庄西陵行宫正殿暂停，同时开始修建崇陵。至1912年初，中华民国成立，宣统帝逊位，崇陵修建工程亦随之停顿。民国元年二月，南京参议院所通过《清室优待条件》中，有“光绪帝崇陵未完工程经费，由民国政府支出”一条，但当时民国政府并无经费可拨，因此工程停顿未开。至民国二年春，大总统袁世凯授命国务总理赵秉钧，与清室内务府大臣绍英等协商，由逊清皇室经费中拨款，将崇陵修建完毕。《清史稿·梁鼎芬传》载，梁鼎芬自辛亥革命后，“两至梁格庄，叩谒景皇帝暂安之殿，露宿寝殿旁，瞻仰流涕”[1]，此札当撰于民国二年，“去腊来此度岁”即民国元年末至梁格庄谒西陵梓宫事。

辛亥革命后，梁鼎芬以清遗老自居，而尤为关心光绪帝崇陵之修建。民国元年秋，亲到梁格庄拜谒，以所见致函曹元弼：

九日到崇陵。工未及半，去年八月停工。与看守兵立谈，一时哽咽相对。地宫所余石泥，亲检之归。奉上叔彦吾弟。鼎芬顿首。十日梁格庄店夜。

民国二年正月，隆裕皇后病逝。《清史稿·梁鼎芬传》载“及孝定景皇后升遐，奉安崇陵，恭送如礼，自愿留守陵寝”[2]。民国三年九

[1] 赵尔巽,《列传二百五十九》,《清史稿》卷四七二，中华书局1977年，第1623页。
[2] 同上书，第1738页。

月，崇陵竣工，梁鼎芬遂奉光绪帝与隆裕灵柩入葬。是月，梁鼎芬致函曹元弼：

十七日卯刻，恭奉先帝先后神碑永安隆恩殿。鼎芬随同行礼，分得祭品，谨以奉寄贤兄弟。月内崇陵大工告成，待交地，鼎芬冬月可画图请旨，种树恭办，知在忠怀。叔彦三弟翰林，大兄二兄同此。鼎芬再拜。宣统甲寅九月十八日，梁格庄上。

翌日又撰一函：

顺德李侍郎忠孝博雅，吾乡第一流人物也，海内文儒，同所宗仰，于今日世道人心，大有关合。鼎芬谨具公呈，乞恩赐谥，呈内列大衔，知所愿也。道远不及函商。奉旨予谥文诚。桑梓之光，同深感谢。敬告叔彦翰林仁弟。鼎芬再拜。宣统甲寅九月十九日，梁格庄上。

按："顺德李侍郎"即李文田。李文田，字畬光，一字仲约，号若农、芍农，广东顺德均安上村人。咸丰九年进士，官至礼部侍郎。晚年致仕归乡，主讲广州凤山书院、应元书院。李文田学问淹博，著述宏富，尤精元史及石刻研究，系梁鼎芬所推崇之乡贤。李文田卒于光绪二十一年，至此才由梁鼎芬奏告宣统帝，赐谥号为文诚。

崇陵竣工，光绪帝后入葬之后，梁鼎芬奏告应于崇陵种植树木，宣统帝遂命其管理植树事宜，却并未拨给款项。梁鼎芬遂奔走于逊清权贵遗老及师友故旧间，勉力劝募，筹得经费，购置大批树苗。民国四年二月，崇陵种树工程开始，梁鼎芬致函告知曹元弼：

内务府来咨，崇陵种树吉期，遵旨谨择二月初九日辰时破土，十一日申时栽种树株，大吉。奉旨准行，知到。鼎芬差次敬谨遵办，已于昨日拜疏奏报矣。见在开办，秋间坑开齐，冬令可以全种矣。知在荩念，敬以为告。叔彦三弟翰林。鼎芬再拜。宣统七年二月十七日，梁格庄上。

参与崇陵续建与种树事务期间，梁鼎芬多次致函曹元弼，告以崇陵祭祀之事，并以祭品及梁格庄土产相赠：

先后周年，崇陵大祭，祭品饽饽十件、梨三颗，敬寄叔彦仁弟馆丈。鼎芬再拜。大哥二哥同此，不别书。宣统甲寅正月十七日，梁格庄雪中。

按：曹元弼二月初收到信及祭品，《复礼堂日记》载“宣统六年甲寅……二月初六日，节庵寄饼十一件、梨三颗，系大行皇太后周年祭品。恭设香案，望陵九叩，退荐诸先祠，及唐恭人灵座”[1]。其后，梁鼎芬又数次致函赠物：

中元崇陵大祭，鼎芬随同行礼，分得祭品，谨以饽饽三件、行宫梨二颗，敬供世丈世母大人座前。大兄二兄同鉴。三弟如手。鼎芬再拜。宣统甲寅七月十六日，梁格庄上。

西陵海棠、木瓜，此物芳洁，未到南方。六颗大菌，山中物，不到京，曾见之否。二个松蘑，庄上松多，甫出土。生核桃六个，京中有之，南方未有也。大哥、二哥、三弟同食之，同赏之。鼎芬上。

---

〔1〕 曹元弼，《复礼堂日记》，吴县王氏抱蜀庐钞稿本。

筒内松蘑，庄上佳物，可以煮素菜食之，弟所爱也。庄上水已冰矣。叔彦馆丈再鉴。鼎芬。

松蘑，此物清洁。益母膏，此草明于母子之义。蜜糖，此蜂明于君臣之义。

冬至，崇陵隆恩殿大祭（自注：己酉至今六年第一次，执事员皆朝服）。天明，雪。鼎芬谨随班行礼，分得祭品，谨以奉寄贤兄弟祀先，以慰孝思。雪中呵手写此，敬告叔彦三弟馆丈。鼎芬再拜。十一月七日。

孝定景皇后今日二周年，崇陵大祭，鼎芬随班行礼。汉臣惟鼎芬一人耳，凄凉万分。祭品奉上祀先。春来著述多福，不一一。叔彦翰林三弟。鼎芬再拜。宣统乙卯正月十七日。梁格庄。

隆裕皇后卒于民国二年正月，因此札云“孝定景皇后今日二周年”。至民国五年正月，隆裕后过世三周年，崇陵举行大祭，宣统帝遣睿亲王中铨代为行礼。梁鼎芬致函曹元弼：

今为孝定景皇后三周年之辰，崇陵大祭，宝城外支布棚，设几筵，上遣睿亲王中权恭代行礼。鼎芬随班，分得祭品，敬以奉寄。三年易过，晌到今朝，永念慈恩，哀慕何极。临书相念，不罄所怀。叔彦三弟。鼎芬再拜。宣统八年正月十七日，梁格庄上。

至四月间，宣统帝行除服礼，并遣贝勒载涛赴崇陵代为行礼。梁鼎芬又致函曹元弼，告以其事，并追忆自沪至京奔隆裕后之丧事：

孝定景皇后二十七月服阕之辰，上亲诣奉先殿，行释服礼。

遣贝勒载涛恭诣崇陵，恭代行礼。鼎芬随班，汉臣一人。回念癸丑正月，鼎芬在沪，奔赴大丧，时序如流，忽到今日。涓埃未答，哀慕何穷。分得祭品，敬以奉寄祀先。叔彦三弟如手，鼎芬再拜。四月十五日。

民国四年正月，梁鼎芬自梁格庄出发，往清东陵谒见。归梁格庄后，致函曹元弼，详述其行迹：

鼎芬受孝钦显皇后深恩，来庄四年，思往定东陵叩谒，惟恐分际未合，不敢径行。因请之世中堂，说现在崇陵当差可去，是时道上有冰，骑乃可行。芬不能骑，又延至今。正二十夕，由庄到京。二十二日，雇骡车东行。二十四日，到马兰峪叩谒。礼成，行。二十七日回京，三十日回庄，上崇陵朔祭。二十三日内，私愿略展，无可言也。告叔彦三弟，鼎芬再拜。

正月初二日，恭谒崇陵。初四日恭谒泰陵、泰东陵、昌陵、昌西陵、慕陵、慕东陵、西七陵。礼毕，二十四日恭谒孝陵、孝东陵、景陵、裕陵、定陵、定西陵、定东陵。二十五日，恭谒昭西陵、惠陵、东九陵。礼毕，行。白发孤臣，偷生可愧，含凄写此，痛哭而已。叔彦吾弟翰林。鼎芬再拜。宣统七年二月六日，梁格庄上。

民国三年，梁鼎芬至昆山千墩拜谒顾炎武墓及遗像，并欲募款修建顾炎武祠。按：梁鼎芬师陈澧极推崇顾炎武，梁亦服膺顾学，清末议三儒从祀时，曾力主其从祀两庑。为修顾祠事，梁鼎芬致函曹元弼：

鼎芬上年三到昆山拜顾亭林先生，见拟修理祠墓。吾弟素所私淑，能捐助银若干？非其人不收，速复。叔彦三弟。鼎芬顿首。十八日。

就商榷修建顾祠事，梁鼎芬屡致函曹元弼，联络募款劝捐诸事宜。梁鼎芬尤愿张锡恭得以列名捐修顾祠名单中，因询曹元弼，是否以其名代捐：

陆兄甚可敬，年岁籍贯告我，以便入册。赓南，名抑是字，并详言之，祠成奉告，知在远念也。山中尚穿棉衣，南方如何？一切续布。八十元收到。马款已送，何必还我。顾祠六十元，即交承修工程之人。颇欲得闻远大名列入，代其助十元如何？叔彦我师。鼎芬上。

京函说苏州谣多，敬念万分，专书奉问，潭府安佳，一切再布。

手笺敬悉。上年寄来闻远顾祠捐款十元，其时在里修墓。十月来上海，赴晦若侍郎之丧，心神散落，忽忽又回庄上，不及料理此事，遂致逾期，不安之至。顷及寄示，小儿检出，即送尊崇，请便付上海高照里十九号寓中，必然到也。琐琐，复请著安。叔彦三弟经席。鼎芬顿首。三月廿七日。

按："晦若侍郎"即于式枚，于式枚与梁鼎芬同为陈澧门生，又为光绪丙辰科三甲同榜，又同为同光年间"清流派"的代表人物。于、梁一生互为推重，交谊极厚。于式枚卒于民国四年冬，则此函当撰于民国五年三月。"忽忽又回庄上"即为崇陵之工回梁格庄。修建顾祠期间，梁鼎芬奔走冀沪之间，除以工事进展及募款事宜与曹元弼交流商榷，亦以顾祠祭品寄赠曹元弼：

顾贞祠祭品存羊腿一小件（自注：已晒干），奉寄左右，乃邮局多方为难，不肯寄（自注：前补票亦未寄到），今告知上海有人可托带至尊处者，示知住处，就近送交如何？日内即北矣。叔彦三弟。鼎芬顿首。初六日。

顾贞孝祠瓦二块，祭品羊腿一支（自注：已腊干）奉上经席，以慰思贤兴孝之思。盼复。叔彦我弟馆丈。鼎芬再拜。五月二十日。

至民国六年，顾炎武祠落成，梁鼎芬致函曹元弼，告以夙志得申：

鼎芬年二十四，过昆山访先生墓不得。今集同人之力（自注：一千元外），殚三年之心血，到千墩八次，修墓种树，建祠并亭，三十四年之心可以少慰。但愧学行无成，有负师训矣。吾弟何以教我。

日内即北，不及奉访，待之冬间，必有一握也。前书云云，即往局取，不与，要待苏信票来乃交也。听之。

顾祠修成后，梁鼎芬至千墩行祭礼，致函曹元弼，详述其行礼过程：

顾贞孝祠成，鼎芬由车到昆山县，少息，船到千墩镇，憩四柿亭。新成衣冠，奉王硕人牌位入祠龛中，亭林先生祔焉。祭品豕一，羊一，清酒，鲜果。仰体贤母子孝思，先陈之侍郎公观海先生墓前行礼。礼毕，陈之贤母子墓前行礼。礼毕，陈之祠前，焚文焚香，行三跪九叩礼。礼毕，仍出憩亭上，乃行。围观老少男女数百人，祠坟皆满。鼎芬心诚，而礼容未能整肃，愧也。谨此驰告。叔彦馆丈三弟。鼎芬再拜。四月二十三日。

民国八年，梁鼎芬病逝于北京。

曹元弼与梁鼎芬少年相识，共同经历与见证了晚清至民国的风云剧变，因性情投契，学问与政治立场均极相同，而维持了数十年深厚的友谊。他们的学术交流与社会活动，亦构成了晚近学人交游的一种典型。

曹元弼与唐文治交游考论

李　科[1]

曹元弼，字谷孙，又字师郑，一字懿斋，号叔彦，晚号复礼老人，又号新罗仙吏，江苏吴县人，为近代著名的经学家。唐文治，字颖侯，号蔚芝，晚号茹经，江苏太仓人，为近代著名经学家、教育家。曹叔彦与唐蔚芝二人皆肄业于江阴南菁书院，自定交以来，义结金兰，往来论学，互相砥砺，可谓学者交往之佳话。拙文即试图通过二人著述、信札及相关史料记载，考论二人交游，以发二先生之潜德。

一、受学南菁与义结金兰

唐文治长曹叔彦先生两岁，二人之定交在光绪十一年。时任江苏学政的黄体芳以"江阴在江苏四方为中，而书院附于学政，为士之所归，循而嬗之可以久"，而奏请左宗棠创立书院。"公欣然许奏，拨盐课二万两为束修膏火之资"，"经始于八年九月，成于九年六月"，"取朱子《子游祠堂记》所谓'南方之学得其菁华者'，命曰'南菁书院'"。[2]唐蔚芝先生知黄体芳创办南菁书院，以朴学提倡多士，于光

〔1〕 作者简介：北京大学哲学系暨《儒藏》编纂与研究中心博士生，研究方向为经学史、古典文献学。

〔2〕 以上见黄体芳，《南菁书院记》，黄体芳著、俞天舒编，《黄体芳集》，上海社会科学院出版社2004年，第144页。

绪十年即由其友毕光祖[1]代为报名，并“寄卷应试”。[2]第二年春，唐蔚芝“偕毕君枕梅、张君拙嘉名树萁诸友，同赴江阴南菁书院应试。取超等，住院肄业。谒见黄漱兰师，谆谆然训以有用之学，遂受业于院长黄元同先生之门”。[3]是年曹叔彦先生亦入南菁书院，受学于江南大儒黄以周。王欣夫先生《吴县曹先生行状》云：

> 乙酉，调取江阴南菁书院肄业，从定海黄先生以周问故。时大江南北才俊士，咸集南菁，朝夕切磋，而尤与娄张锡恭、太仓唐文治交笃，质疑问难，无虚日。[4]

按：乙酉即光绪十一年，是年曹叔彦先生十九岁。由是，则曹叔彦与唐蔚芝二人同一年进入南菁书院，并同受业于黄以周先生之门。关于二人定交的记载，除了《吴县曹先生行状》外，《茹经先生自订年谱》亦云：“交吴县曹君叔彦，名元弼。……曹君精于《易》《礼》诸学，笃守郑君家法，尤为纯实。”[5]又唐蔚芝先生于民国二十五年丙子所写的《谱弟曹君叔彦七秩双寿序》亦云：

> 初乙酉岁，余肄业江阴南菁书院，君访余于章字斋中。君年十九，治《诗》《礼》。余年二十一，研性理。一见如旧相识，欣合无间。[6]

---

〔1〕按：毕光祖，即后文毕君枕梅。毕光祖，字枕梅，江苏太仓人（见《施肇基早年回忆录》，台北传记文学出版社1985年，第40页。《施肇基早年回忆录》言“江苏嘉定人”，按清太仓为直隶州，辖崇明、嘉定、宝山等县），清光绪十一年乙酉优贡，十四年戊子举人（《太仓县志》卷十，民国八年刊本，第52页a）。

〔2〕唐文治，《茹经先生自订年谱》，《近代中国史料丛刊三编》第9辑，台北文海出版社1986年，第10页。

〔3〕同上。

〔4〕卞孝萱、唐文权编，《民国人物碑传集》卷七，江苏凤凰出版社2011年，第449页。

〔5〕唐文治，《茹经先生自订年谱》，《近代中国史料丛刊三编》第9辑，台北文海出版社1986年，第11页。

〔6〕唐文治，《茹经堂文集四编》卷五，《近代中国史料丛刊续编》第4辑，台北文海出版社1986年，第1665页。

二人既相识定交后，同受知于黄体芳，亦同受业于黄以周之门。虽然就学术兴趣而言，唐蔚芝先生倾向于宋明理学而曹叔彦先生笃守郑玄，然这并未影响二人的交往。

二人定交之后，唐蔚芝先生于光绪十八年壬辰参加礼部会试，榜发，“中式第三十一名贡士”，“殿试二甲第一百五名，朝考一等第六十五名”，“以主事用，签分户部江西司”。[1]而曹叔彦先生于光绪二十年甲午“会试中式，以目疾未与廷试”，二十一年“补行殿试”，因“幼以用精太过，目疾甚，不能作楷”，“卒以字迹模糊，降列三等五十名，以中书用”。[2]二人前后中式，道义切磨，交情弥笃，遂于光绪乙未年闰五月正式定为昆弟之交。[3]关于此，唐蔚芝先生《谱弟曹君叔彦七秩双寿序》云：“洎壬辰、甲午岁，余与君先后捷南宫。余佐农，曹君襄内翰，上下交同而志同，爰订金兰之契。二人同心，其利断金，其当《泰》与《同人》乎？”[4]又曹叔彦先生《茹经堂文集序》亦云“甲子冬后，同官京师，结为昆弟交”。[5]唐蔚芝先生言在壬辰、甲午岁，而曹叔彦先生言甲子冬后，与今姑苏名人馆所藏二人结拜帖所记时间不一。又据《翁同龢日记》载光绪乙未五月初四翁同龢“面奏曹元弼虽写不成字，实大江以南通经博览之士”，[6]端五日“入时见发下试卷七本，幸无余阅者，同人斟酌伍文跋一卷诗出韵，卓孝先一卷无疵，曹元弼（按，原误作‘炳’）一卷字迹模糊。入见，遂请旨，定伍文跋已改知县毋庸议，卓孝先拔二等一百，曹元弼抑三等

---

〔1〕唐文治，《茹经先生自订年谱》，《近代中国史料丛刊三编》第9辑，台北文海出版社1986年，第18—19页。

〔2〕以上见卞孝萱、唐文权编，《民国人物碑传集》卷七，江苏凤凰出版社2011年，第450页。

〔3〕据姑苏名人馆藏《砥德厉行：唐文治与曹元弼的结拜帖》。此帖由复旦大学唐雪康兄代为查阅，谨致谢忱！

〔4〕唐文治，《茹经堂文集四编》卷五，《近代中国史料丛刊续编》第4辑，台北文海出版社1986年，第1665—1666页。

〔5〕曹元弼，《茹经堂文集序》，唐文治《茹经堂文集》卷首，《近代中国史料丛刊续编》第4辑，台北文海出版社1986年，第8—9页。

〔6〕翁同龢撰，陈义杰整理，《翁同龢日记》第5册，中华书局2006年，第2806页。

五十。”[1]可知曹元弼参加会试是在乙未四、五月之间，则叔彦“襄内翰”“官京师”当在乙未五月后，盖二先生晚年回忆关于结昆弟交的具体时间容有误差。或者甲午会试中式后，曹叔彦与唐蔚芝二先生既有结昆弟交的想法，而真正换帖结拜则在殿试以中书用之后。

考二人之所以能够一见如旧，欣合无间，究其原因，盖有三个方面：第一方面，曹叔彦与唐蔚芝先生早年皆生长儒门，所受教育相近。曹叔彦先生在《礼经纂疏序》中自言云：

> 元弼躬逢圣世，生长儒门，幼及见先祖考云洲公（公博稽六艺，藏书极富，年七十余，犹朗诵经传。承祖考敬堂公之学，研精医理，专以济人，全活无算，周恤贫乏，若不能及，至今乡里诵德不衰），四岁教之方名，既卒业，家大人授以圣经贤传，课读甚焉。先妣倪太恭人以仁孝恭俭，淑德懿行，著于宗族乡党，佐家大人示以礼法。稍长从两昆后，不令有燕朋昵友。年十一，从舅氏倪先生涛学，先生教以多读经史，详为指示，勖以古大儒之业。[2]

而唐蔚芝先生幼承其父“若钦先生家学”，[3]六岁“受业于外叔祖胡啸山先生之门……先识字，后读《孝经》”。[4]七岁“读《论语》”。[5]八岁“读《孟子》”，王恩寿询其志，曰：“吾愿为伊尹。”[6]九岁“受业于姨丈姚菉翘先生之门，……时读《诗经》”。[7]十岁“读《尚

[1] 翁同龢撰，陈义杰整理，《翁同龢日记》第5册，中华书局2006年，第2807页。

[2] 曹元弼，《礼经纂疏序》，曹元弼《礼经校释》卷末附，《续修四库全书》第94册，上海古籍出版社1996年，第537—538页。

[3] 曹元弼，《茹经堂文集序》，唐文治《茹经堂文集》卷首，《近代中国史料丛刊续编》第4辑，台北文海出版社1986年，第4页。

[4] 唐文治，《茹经先生自订年谱》，《近代中国史料丛刊三编》第9辑，台北文海出版社1986年，第2页。

[5] 同上。

[6] 同上书，第3页。

[7] 同上。

书》”。[1]十一岁随父“读书于李宅……时读《周易》”。[2]十二岁“受业于外大父古愚胡公之门，……时读《礼记》”。[3]十三岁“受业于姨丈钱会甫先生之门，……时读《左传》”。[4]十四岁随父“读书苏州方氏，……时读《五经》毕业”。[5]十六岁“读《公羊传》《穀梁传》及《史记》”。[6]二十岁“读《周礼》《仪礼》《尔雅》，始从事经学”。[7]正因为二人从小出身儒门，受读儒家经典，故而在学术背景上比较趋同。

第二方面，二人在进入南菁书院定交之前，都受到黄体芳以经济气节相勉，故而在进入南菁书院后能够一见如旧，欣合无间。曹叔彦先生《礼经纂疏序》言及黄体芳对其影响云：

> 年十三，受知于座主督学瑞安黄先生体芳。时先生以经学提倡江南，示诸生以通经致用之方。元弼得闻绪论，日将经文寻诵不敢废倦。……（年十六）黄先生选拔以备贡士，因谒先生，先生勖以学问经济气节，责以名臣之学，有体有用，因益深自奋于学。[8]

又《复礼堂述学诗》卷一云：

> 先生督学时，以经学经济气节提倡多士。元弼年十五，蒙录取为博士弟子，见先生所颁条教，慨然有志实学，殚力治经

〔1〕唐文治，《茹经先生自订年谱》，《近代中国史料丛刊三编》第9辑，台北文海出版社1986年，第3页。
〔2〕同上。
〔3〕同上书，第4页。
〔4〕同上。
〔5〕同上。
〔6〕同上书，第6页。
〔7〕同上书，第10页。
〔8〕曹元弼，《礼经纂疏序》，《礼经校释》卷末附，《续修四库全书》第94册，上海古籍出版社1996年，第538页。

四年余，各经粗识途径。年十八，应科试，《四书》文、经解、策论均极蒙赏识。进谒时，勖以名臣事业，有体有用。[1]

按：《礼经纂疏序》所言“年十三”，而《复礼堂述学诗》云“年十五”，据叔彦先生自注云：

《礼经纂疏序》据应试注册年书十三。历来风气，童子应试报名辄减两岁。此由长老爱怜至情，乐小子之有造。且以见国家教泽之深，士食旧德，易于成才，汤文正时已然。今蒙天恩以实年赐寿，敬谨据书。[2]

则曹叔彦先生当为十五岁时应试录为博士弟子，并且受知于黄体芳。而是年唐蔚芝先生亦应“黄漱兰先生科试”，“列一等十五名”，[3]且光绪十一年唐蔚芝入南菁书院谒见黄体芳时，黄体芳亦“谆谆然训以有用之学”。[4]所谓“有用之学”，盖亦如勖勉曹叔彦之“学问经济气节”“名臣事业”“有体有用”之学。由此可见叔彦与蔚之二先生相交之前，既已分别受黄体芳之影响。而黄体芳乃光绪年间中兴名臣，唐蔚芝称之“中兴时直臣也”[5]，曹叔彦谓其“学为儒宗，行为世范，忠清正直”[6]，而二人又皆受其影响。

第三方面，南菁书院之教育，对于弥合二者之学术差异，亦有重要影响。曹叔彦与唐蔚芝二先生虽然皆服膺圣经贤传，然却各有不同。从上面叙述二先生的学行，可以明显发现，叔彦笃守郑氏，

---

〔1〕 曹元弼，《复礼堂述学诗》卷二，民国二十五年刻本，第98页a。

〔2〕 同上。

〔3〕 唐文治，《茹经先生自订年谱》，《近代中国史料丛刊三编》第9辑，台北文海出版社1986年，第6页。

〔4〕 同上书，第10页。

〔5〕 同上书，第6页。

〔6〕 曹元弼，《复礼堂述学诗》卷二，民国二十五年刻本，第97页b。

“向往郑学”，[1]更偏重于汉学，而唐蔚芝先生则侧重于性理学。据《茹经先生自订年谱》所言，至少在十七岁时，唐蔚芝就潜心于性理之学，是年其受业于学宗程朱的王紫翔，[2]并在其指导下“读汪武曹《孟子大全》、陆清献《三鱼堂集》，并《唐宋文醇》《熊钟陵制义》等”，且“日夜淬厉于性理文学”。[3]十八岁时“分日读《朱子小学》《近思录》《性理精义》《学蔀通辨》《程氏读书分年日程》等”，在读书味理过程中“作《读孟札记》，理学乃日进”，[4]至十九岁“读《二程遗书》《朱子文集》，并先儒语录等书，粗有论著”。[5]然而，当时汉宋畛域尚存，曹叔彦与唐蔚芝二先生同受业于黄以周门下，能够越汉宋畛域，合志同方，皓首为期，不能不说是南菁书院教育之影响。黄体芳创建南菁书院之初，对于南菁书院之学术倾向就持汉宋兼采的态度，于二者不分轩轾。书院合祀郑玄与朱子，即体现出汉宋兼采之倾向，而来学者“使各学其所近，而不限以一先生之言”，[6]则更是因材施教，根据个人性分之所近而学汉、宋及辞章。且“礼致训诂、辞章兼通之儒以为之师”。[7]如是，则近于汉之曹叔彦依然精研汉学，笃守郑说，而喜讲宋儒之学的唐蔚芝仍旧研寻义理，发挥紫阳微意，且能彼此质疑问难，相得益彰。学不可无宗主，但不可有门户，南菁书院于汉宋不强分门户，而使学生各学所近，正乃孔子“因材施教”之旨。且黄以周之教曹叔彦与唐蔚芝，亦正如是。曹叔彦虽然“笃守郑君家法”，然对于宋学亦多有吸收，

〔1〕 曹元弼，《礼经纂疏序》，《礼经校释》卷末附，《续修四库全书》第94册，上海古籍出版社1996年，第538页。

〔2〕 按：王祖畬（1842—1918），字紫翔，江苏镇洋人，光绪九年进士，有《文贞文集》，生平见自撰《溪山老农年谱》。

〔3〕 唐文治，《茹经先生自订年谱》，《近代中国史料丛刊三编》第9辑，台北文海出版社1986年，第6页。

〔4〕 同上书，第7页。

〔5〕 同上书，第10页。

〔6〕 黄体芳著、俞天舒编，《黄体芳集》，上海社会科学院出版社2004年，第144页。

〔7〕 同上。

且于著作中不断强调“汉、宋之不容强分门户”,[1]认为“学者勿争汉、宋门户，但当择善而从，兼得先儒之益，以明圣人之教，斯善矣”。[2]而唐蔚芝言及黄以周对其教育云：

> 闻余讲宋儒之学，甚喜。语余曰：“顾亭林先生有言，经学即理学，理学即经学，不可岐而为二。圣门之教，先博后约，子其勉之。”复教余训诂义理合一之旨。先假余陈北溪先生《字义》，余钞读之，逾月而毕。又示余所著《经义通故》(原注：后改名《经训比谊》)，余亦摘其精要者钞录之。又于藏书楼纵览诸书，自是于经学、小学亦粗得门径矣。[3]

观黄以周之教唐蔚芝，即就其性分之所近而导之，亦有意识弥合汉宋之门户，庶几唐蔚芝能够兼得汉宋之善，而不偏执一端。对于学者而言，学术之分歧可能是彼此交往最大的威胁，然唐蔚芝与曹叔彦二先生虽然宗尚不同，却能一见如旧，义结金兰，且能数十年欣合无间，二人于汉宋不强分门户，当是其中重要原因。而二者于汉宋态度，在很大程度上，又当归功于南菁书院及黄以周之教。

二、关于存古学堂的分歧

晚清时局多变，且江河日下，叔彦中式之年即甲午之岁，而补行殿试之年即清廷与日本签订《马关条约》之年，唐蔚芝所谓“痛心曷极”[4]也。曹叔彦中式之后，张之洞总督两江，“延为书局总校”。[5]光

---

〔1〕曹元弼,《复礼堂述学诗》卷一三，民国二十五年刻本，第26页a。
〔2〕曹元弼,《复礼堂述学诗》卷三，民国二十五年刻本，第57页a-b。
〔3〕唐文治,《茹经先生自订年谱》,《近代中国史料丛刊三编》第9辑，台北文海出版社1986年，第10—11页。
〔4〕同上书，第23页。
〔5〕卞晓萱、唐文权编,《民国人物碑传集》卷七，江苏凤凰出版社2011年，第450页。

绪二十三年丁酉，张之洞移节两湖，聘曹叔彦主讲两湖书院经学，其后又先后主湖北存古学堂和苏州存古学堂总教，发挥圣经，启渥人才，以激发士人忠义之心，使民俗士风归正为务。宣统二年庚戌，曹叔彦先生与苏提学使樊恭煦赴上海聘唐蔚芝为苏州存古学堂史学教习，此事唐蔚芝《茹经先生自订年谱》记云：

> 苏提学使樊介轩先生名恭煦，偕弟曹君叔彦来沪，请余为苏州存古学校史学教习，余因史学非所长，辞之。先生与叔彦坚请不肯去，不得已，允其寄卷评阅。旋赴存古学校讲学一日，勖勉诸生。[1]

按：唐蔚芝先生自中式官户部以来，多在京师，其间尝赴日、英、法、美等国考察。光绪三十三年丁未八月，邮传部尚书陈玉苍奏请唐蔚芝为上海实业学校监督。唐蔚芝以其父年高，“思乡綦切，因允就职”，[2]从而开始整顿建设上海实业学校，即后世交通大学。曹叔彦先生延聘唐蔚芝为苏州存古学堂史学教习时，唐蔚芝先生已在上海实业学校监督任上。唐蔚芝之所以婉拒苏州存古学堂史学教习之职，固然如其所言“史学非所长”，盖亦有其他原因。

其一，大概是因为上海实业学校校务繁忙之故。根据唐蔚芝先《自订年谱》以及陆阳《唐文治年谱》所载，期间唐蔚芝先生所经手之上海实业学校校务甚多，若设立新科目，延聘教职，募集经费，派遣留学生等。其二，唐蔚芝先生对存古学堂之章程及内容或未能赞同。清末新政，以日本学制为蓝本拟定的《奏定学堂章程》颁行后，各地纷纷改原有各级学校书院为学堂，或者创办新式学堂，当时“有议请废罢《四书》《五经》者，有中小学堂并无读经、讲经功课者，

[1] 唐文治，《茹经先生自订年谱》，《近代中国史料丛刊三编》第9辑，台北文海出版社1986年，第63页。
[2] 同上书，第59页。

甚至有师范学堂改订章程，声明不列读经专科者”，且“近来学堂新进之士，蔑先正而喜新奇，急公利而忘道谊”。[1]张之洞出于“保存国粹之苦心”，以“崇正学，明人伦”，“补救各学堂之所不足”[2]而在湖北设立存古学堂，其后苏州、四川、广东等地相继兴办。但是对于苏州存古学堂之章程和授课内容，唐蔚芝先生似乎未能完全接受。在唐蔚芝先生致曹叔彦先生书札中言：

> 《存古章程》昨检阅一过，所定参考各书目，经学门大致尚妥，仍请吾弟再为审定。史学门如《廿二史札记》《十七史商榷》之类，微嫌破碎，不如将顾亭林《天下郡国利病书》、胡文忠《读史兵略》等书加入，俾诸生知致用之方。此外如《思辨录》内论史各条，所见均博大精微，堪资浏览。词章学门应添入公牍文，如曾文正、左文襄奏稿并宜披阅。骈体姑备一格，词亦然。字宜研究字学渊源，不必再加临池之功。世局方危，当急筹济时之策，岂可复加承平之时啸歌自得，填词度曲，为无用之学问耶！《湖海诗传》等书均浅陋，似宜从删。[3]

据此可知，唐蔚芝更强调经世致用之学，以济时局之危。张之洞本提倡并践行中体西用，以救时局之危，其《两湖经心两书院改照学堂办法片》言两湖书院和经心书院改照学堂之教育宗旨即“以中国为体，西学为用，既免迂陋无用之讥，亦杜离经叛道之弊”，“总期体用兼备，令守道之儒兼为识时之俊，庶可有裨时艰”。[4]而存古学堂则

---

〔1〕以上见张之洞，《创立存古学堂折》，《张之洞全集》第3册，河北人民出版社1998年，第1766页。

〔2〕同上。

〔3〕《复礼堂朋旧书牍录存》第2册，吴县王氏抱蜀庐钞稿本，第3页。《复礼堂朋旧书牍录存》书影承北京大学哲学系宫志翀博士所赐，谨致谢忱！

〔4〕以上见张之洞，《两湖经心两书院改照学堂办法片》，《张之洞全集》第2册，河北人民出版社1998年，第1299页。

是针对新学制下各级学堂废罢《四书》《五经》的情况而矫其枉，故特别强调“保存国粹”“崇正学，明人伦”。唐蔚芝所强调的经世致用之学，本与张之洞中体西用不冲突，但张之洞身处近世教育改革之中心，深切体会当时新学堂废罢古学之隐忧，而唐蔚芝先生相对身处事外，且主要精力在上海实业学校，未必能真切理解张之洞设立存古学堂之用心。此外，唐蔚芝主持上海实业学校即属于新式学校，且共事交往之僚友，亦不乏请废《四书》《五经》者，且辛亥革命前夕，政局隐忧，盖唐蔚芝先生亦不无顾虑。奈何同门执友之情，不得已而允其寄卷评阅，并讲学一日，且是年底亦接受了苏州存古学堂史学教习之职。[1]

唐蔚芝先生开始虽然拒绝出任苏州存古学堂史学教习，但并非不认同张之洞创办存古学堂之理念。王蘧常先生《记唐蔚芝先生》一文中言唐蔚芝先生“读美人卫西琴 Dr. Aefoed Westharp《中国教育议》，讥我学校蔑弃孔子之道，舍己求人，躐等而进，目为悲惨教育，为之深耻痛悼”，[2]而作《学校论》。唐蔚芝先生根据当时学校之弊，探学校之本而提出学校之务，一曰明人伦，二曰读经书，三曰习礼乐，四曰定志趣，五曰重国文。[3]此五端，实与张之洞奏立存古学堂之精神相通。唐蔚芝又进一步曰：

> 此乃鄙人数十年辛苦阅历而得之者。听用吾言则学校治而国家亦治，不用吾言则学校亡而国家亦亡，决无依违两可之理。且学问之道，当论是非不当论新旧。盖今之所谓新旧者，非指古今之异代而言，乃指中外之异俗而言。然则旧者而是，不得

---

〔1〕按：唐蔚芝先生《自订年谱》虽然未载其接受苏州存古学堂史学教习之事，但曹叔彦先生《茹经堂文集序》言“宣统辛亥后，同主讲存古学堂”（《茹经堂文集》，第 9 页），则知其接受了苏州存古学堂史学讲习之聘。且陆阳《唐文治年谱》亦云宣统元年十二月“接允苏省存古学堂史学总教一席”（陆阳，《唐文治年谱》，上海三联书店 2013 年，第 136 页）。

〔2〕王蘧常，《记唐蔚芝先生》，《雄风》1947 年第 4 期。

〔3〕详见唐文治，《茹经堂文集三编》卷二，《近代中国史料丛刊续编》第 4 辑，台北文海出版社 1986 年，第 1264—1268 页。

强以为非也，其非亦不得故以为是也。新者而非，不得强以为是也，其是亦不得故以为非也。孔子所以为圣之时者，惟其先知先觉，因其时而提倡之，补救之，非投时俗之好，相与俯仰而浮沉也。[1]

盖自晚清新学以来，是今非古，是洋非中，此正张之洞创办存古学堂所虑之事，实亦唐蔚芝所虑之事。且观唐蔚芝先生整顿上海实业学校之措施，亦注重经史人伦教育、保存国粹，尝亲自为上海实业学校诸生讲授国文，并于宣统元年冬编《国文大义》，“分才性、理气等凡二十余门”，[2]又编《高等学堂道德讲义》。[3]又宣统二年，唐蔚芝先生亲自拟定“勤、俭、敬、信”为上海实业学校校训，并阐释其义，无不归于忠信道义。[4]宣统三年颁布的《邮传部上海高等实业学堂章程》“极意注重中文，以保国粹”。[5]民国元年又“本曾文正古文四象，发挥其义，又别选古人文以广大之”，[6]而编《国文阴阳刚柔大义》，“作为学生国文教材之一”。[7]民国二年“采用朱注，别下己意为小注”，“探先圣精意”[8]而编《论语大义》作为学校教材。又民国三年选编《南洋公学新国文》八卷四册。[9]凡此等等，皆唐蔚芝先生主持上海实业学校（即南洋公学、交通大学）时重视国文教育，保存国粹，以道德勖勉诸生之实例。又唐蔚芝先生《工业专门学校国文成绩录序》言

〔1〕唐文治，《茹经堂文集三编》卷二，《近代中国史料丛刊续编》第4辑，台北文海出版社1986年，第1268页。
〔2〕唐文治，《茹经先生自订年谱》，《近代中国史料丛刊三编》第9辑，台北文海出版社1986年，第62—63页。
〔3〕见陆阳，《唐文治年谱》，上海三联书店2013年，第122页。
〔4〕同上书，第132页。
〔5〕同上书，第138页。
〔6〕唐文治，《茹经先生自订年谱》，《近代中国史料丛刊三编》第9辑，台北文海出版社1986年，第68页。
〔7〕陆阳，《唐文治年谱》，上海三联书店2013年，第173页。
〔8〕以上见唐文治，《茹经先生自订年谱》，《近代中国史料丛刊三编》第9辑，台北文海出版社1986年，第69页。
〔9〕详见陆阳，《唐文治年谱》，上海三联书店2013年，第188页。

其崇国学之事亦云：

> 既莅事，进诸生告之曰：汝侪宜崇国学。……其明年，爰有国文补习科之设。又逾年，爰有国文大会之设。又逾年，爰有国文研究会之设。又逾年，爰有讲秦汉诸子之议。又逾年，爰有讲《周易》《孟子》诸经之议。缀学之士，徽徽乎，郁郁乎，探乎《诗》《书》之源，涉乎儒林之圃。盖吾党小子，斐然而成章矣。……夫继自今者，笃信殚精，锲而不舍，当阴消剥极之会，系硕果之爻，际晦明风雨之交，抱鸡鸣之谊，将见闳意眇恉，钩深致远，我校必有进于道德家者。总擀万变，网罗典章，我校必有进于政治家者。方墨经之旁行，象画记之刻划，我校必将有通译闳才者。擘道学之奥窔，发良知之实诠，我校必将有绍述师传者。夫圣者范围乎天地，智者沟通乎风气，贤者会友而乐群，德者不孤而有邻，则吾向所谓国文当兴而不当废，历千百年而不可磨灭者，意在斯乎！意在斯乎！[1]

由是可见，唐蔚芝先生虽然开始拒绝苏州存古学堂史学教习之职，然其所秉持之教育宗旨及所采取之措施，实与张之洞、曹叔彦精神相通。且观其在上海实业学校所行之措施，亦乃“因其时而提倡之，补救之，非投时俗之好，相与俯仰而浮沉也”。故对于唐蔚芝督学上海实业学校，曹叔彦先生谓其“日以忠孝大义，六经要旨，与诸生剀切讲论，温故知新，道艺兼贯，庶几成德达材，足备国用”。[2]

---

〔1〕 唐文治，《茹经堂文集二编》卷五，《近代中国史料丛刊续编》第4辑，台北文海出版社1986年，第803—811页。

〔2〕 曹元弼，《茹经堂文集序》，《茹经堂文集》卷首，《近代中国史料丛刊续编》第4辑，台北文海出版社1986年，第4—5页。

三、辛亥革命之殊途

宣统三年，辛亥革命爆发后，曹叔彦先生在其妻唐恭人“守死善道，以存书种”的劝说下，[1]以遗老自居，以独抱遗经，守先待后为己任，闭户绝世，殚心著述。然唐蔚芝先生在宣统二年既为江苏士绅推举为地方自治总理，宣统三年又名列劝宣统退位诸人之中，当时师友包括王祖畬、沈曾植、曹叔彦等多有责备之者。关于就任江苏地方自治总理之事，唐蔚芝自云：

> 江苏士绅举余为地方自治总理，以蒋太史季和名炳章、朱太史锡百名寿朋为副。余因地方自治无领袖，颇为危险，爰往就职。[2]

关于劝清帝退位之事，唐蔚芝云：

> 八月，国变事起。初，川汉铁路国民欲收回自办，政府欲借款开办。令有违抗者，格杀勿论，盖用盛宣怀之策也。于是人心大去。适两湖总督瑞澄穷治革命党，军人遂拥戴黎元洪起事。瑞澄逃亡，各省响应独立，遂议改共和政体。不及二月，已遍全国。满人良弼、凤山皆为党人炸弹所毙，其势汲汲不可终日。庄君思缄来，出示伍廷芳等电稿，请求皇上逊位，邀余列名，余叹曰：“人才不用，国运尽矣。”欲保全皇室，不得不出于此，遂附名焉。后王师深咎余，以为不应列名。沈子封师亦深以为非，见于辞色。后数月，俄国革命，俄王尼可来不从，

〔1〕 卞晓萱、唐文权编，《民国人物碑传集》卷七，江苏凤凰出版社 2011 年，第 450 页。
〔2〕 唐文治，《茹经先生自订年谱》，《近代中国史料丛刊三编》第 9 辑，台北文海出版社 1986 年，第 64 页。

为俄人枪毙。孤臣耿耿之心，当可白于天下后世矣。[1]

唐蔚芝先生自言其迫于形势，出任苏省自治总理，盖为稳定苏省政局起见。而列名于劝清帝逊位诸人，亦为保全皇室起见。以当时形势而论，若清帝不逊位，南北不议和而建立共和政体，则势必战乱靡定，生灵涂炭，且当时革命党势盛，若以武力攻入京师，则清皇室亦难免于杀戮。因此，唐蔚芝先生上述二事虽不免有自我辩解之嫌，但以情势而论，似亦在理。或许，这也是其日后为包括曹叔彦先生在内的诸师友所理解的原因所在。且观其入民国后之立身处世及出入进退，尤其是民国二十年与曹叔彦等以清西陵为人盗掘而联名呈张学良暨于学忠，"请严缉盗犯，一面派兵保护"[2]之事，以及民国三十五年"商议联名致函蒋介石，要求优待被苏联军队扣留的溥仪"[3]一事，亦可见其对前朝君主耿耿之心。其后无锡国专的创办，为宣教明化，守先待后，二人彼此书信往来，交流论学，不仅弥合前隙，而且更加深了彼此友谊。所以，虽然唐蔚芝与曹叔彦在辛亥革命时所采取之行动不同，并在一定程度上影响了二人交往，但最终涣然冰释。所以曹叔彦于《茹经堂文集序》中亦对唐蔚芝辛亥之事进行弥缝，云：

何天不吊，大乱遽起，猛虎长蛇，理无可谕，洪水烈火，猝不及避。上维皇室，中念善类，下顾苍生，强定元直之方寸，深筹文惠之权济，佯与浮沉，潜施补救。是用龙蛇尚得俱蛰以存身，猰貐未至逢人而尽噬。[4]

---

〔1〕唐文治，《茹经先生自订年谱》，《近代中国史料丛刊三编》第9辑，台北文海出版社1986年，第66页。

〔2〕同上书，第105页。

〔3〕张人凤、柳和城编，《张元济年谱长编》，上海交通大学出版社2011年，第1242页。

〔4〕曹元弼，《茹经堂文集序》，《茹经堂文集》卷首，《近代中国史料丛刊续编》第4辑，台北文海出版社1986年，第5页。

此叔彦对唐蔚芝“推论其心事”[1]之言，实际上即上引唐蔚芝自辩之言。尽管劝清帝退位之事，在一定时间内影响了二人交往，但在“出处语默，踪迹虽殊”的情况下，二人依然“砥道砺德，合志同方，皓首为期，相知最深”。[2]

四、无锡国专与宣教明化

民国九年十二月，施肇曾请唐蔚芝先生在无锡讲学，设立无锡国学专修馆，“乃订学规章程，赁锡山麓山货公司为学舍，招生于无锡、上海、南京三地”。[3]无锡国专之创立，既是中国近现代教育史上的一大盛举，也是唐蔚芝与曹叔彦二先生“合志同方”“常德行习教事相勖勉”[4]之重要体现。首先，无锡国学专修馆在教学宗旨上，实上承南菁书院与存古学堂之志。关于无锡国专之宗旨，唐蔚芝云“略谓吾国情势，日益危殆，百姓困苦已极，此时为学，必当以‘正人心，救民命’为惟一主旨，务望诸生勉为圣贤豪杰”。[5]又唐蔚芝所订之学规章程，亦言“吾馆为振起国学、修道立教而设”，其内容包括躬行、孝弟、辨义、经学、理学、文学、政治学、主静、维持人道、挽救世风十条。[6]对比南菁书院、存古学堂与无锡国专办学之宗旨，虽有小异，但是就其精神实质以及保存国粹、维持世道人心而言，其实一也。盖亦曹叔彦所谓唐蔚芝“之所以惓惓不能已，欲留一线光明于

---

〔1〕 曹元弼，《茹经堂文集序》，《茹经堂文集》卷首，《近代中国史料丛刊续编》第4辑，台北文海出版社1986年，第9页。

〔2〕 同上。

〔3〕 见王蘧常，《记唐蔚芝先生》，载《雄风》1947年第4期。关于唐蔚芝创建无锡国专之事，又见《茹经先生自订年谱》，《近代中国史料丛刊三编》第9辑，台北文海出版社1986年，第79页。

〔4〕 唐文治，《茹经堂文集四编》卷五，《近代中国史料丛刊续编》第4辑，台北文海出版社1986年，第1666页。

〔5〕 唐文治，《茹经先生自订年谱》，《近代中国史料丛刊三编》第9辑，台北文海出版社1986年，第79—80页。

〔6〕 详见唐文治，《茹经堂文集》卷二，《近代中国史料丛刊续编》第4辑，台北文海出版社1986年，第192—207页。

万象昏阴、蒙气四塞之中”。[1]其次，无锡国学专修馆也是唐蔚芝与曹叔彦二先生“反复乾乾，宣教明化”[2]的最重要之合作。虽然无锡国学专修馆之创设，曹叔彦先生并未直接参与，但在无锡国学专修馆之教学方面，却功绩甚大。

无锡国专开馆第二年，[3]唐蔚芝先生即拟请曹叔彦先生来馆教授《仪礼》诸经，其致曹叔彦信云：“兹特嘱毕生寿颐和唐生兰诣前代致悃忱，拟于明春正月开馆时谨订吾弟屈临敝馆，讲授《仪礼》诸经，以宏乐育。”[4]盖曹叔彦先生并未应允赴无锡国学专修馆讲授《仪礼》，而是接受选派学生赴其家受《礼经》。故民国二十三年，唐蔚芝先生即选派国学专修馆学生赴苏州曹叔彦家受《礼经》大义。关于此事，曹叔彦《茹经堂文集序》言唐蔚芝“选其尤，就余受《礼经》”。[5]而关于选派人数和批次，当时各家记载，有所不同，如王蘧常先生《记唐蔚芝先生》云：

> 余于癸亥受先生命，偕同学毕贞甫寿颐、唐立厂兰、蒋石渠庭曜、白心斋虚、侯芸圻、吴子馨其昌六人，同受《礼经》于编修之门。编修别字复堂，尝私号所谓“复堂七子”者也。[6]

又王蘧常先生《自传》云：

---

〔1〕曹元弼，《茹经堂文集序》，《茹经堂文集》卷首，《近代中国史料丛刊续编》第4辑，台北文海出版社1986年，第7页。

〔2〕唐文治，《茹经堂文集四编》卷五，《近代中国史料丛刊续编》第4辑，台北文海出版社1986年，第1669页。

〔3〕按：无锡国学专修馆创设于民国九年十二月，第二年正月二十日开馆。据《茹经先生自订年谱》，第79—81页。

〔4〕《复礼堂朋旧书牍录存》第2册，吴县王氏抱蜀庐钞稿本。按：关于唐蔚芝致曹叔彦书札之时间问题，多参考虞万里、许超杰整理之《唐文治致曹元弼书札编年校录》，载《经学文献研究集刊》第13辑，上海书店出版社2015年。

〔5〕曹元弼，《茹经堂文集序》，《茹经堂文集》卷首，《近代中国史料丛刊续编》第4辑，台北文海出版社1986年，第7页。

〔6〕王蘧常，《记唐蔚芝先生》，《雄风》1947年第1期。

我入馆之第三年，奉唐先生之命与同学六人，常往来于苏州，从曹元弼先生受《仪礼》。曹先生尝著《礼经校释》十余卷，清廷特授翰林院检讨，当时荣之。曹师语必文言，讲授时，旁征博引，尤称郑玄，必曰郑君，一席话，即一篇诂经文。学期毕，我辈共成《礼经大义》数卷付刊，此乃我服膺郑玄之始，遗文佚注皆有抄录，此时尚不知有袁钧辑本。[1]

据王蘧常先生言，唐蔚芝先生选派从曹叔彦先生受《礼经》者共七人。唐蔚芝先生民国十二年正月廿七日致叔彦先生信云：

兹遣毕生寿颐、蒋生庭曜、唐生兰、王生蘧常、侯生堮、吴生其昌共六名，拟于出月初二日趋前执贽受教。该生等品行敦朴，尚可造就，决无时下习气，惟祈进而教之，俾先圣不传之绪得以光昌，则兄与诸生感篆无穷矣。[2]

则唐蔚芝先期选了六人，无王蘧常先生所说之白虚。然在是年二月初一日致叔彦先生的信中，言又增加了白虚。其信云："兹又有馆生白虚，品诣笃实，向学情殷，亦为兄所器赏，遣其同来受业，务祈一并收录，以广裁成，尤所感叩。"[3]至此，则与王蘧常先生所言七人相符合，此盖第一批从学叔彦先生的无锡国专学生。此七人，后来多为学术巨匠，故多为人所提及。而此之后，唐蔚芝先生又陆续选派学生从叔彦先生受读经学。民国十二年腊月廿日，唐蔚芝先生致叔彦先生信中说：

现在馆中乙班已升甲班，情殷向慕，均欲援例请求以附门

〔1〕 王蘧常，《王蘧常自传》，《文献》第22辑，书目文献出版社1984年，第175页。
〔2〕《复礼堂朋旧书牍录存》第2册，吴县王氏抱蜀庐钞稿本。
〔3〕 同上。

墙为幸。兄当时以人数过多，且念道体时抱肝阳，岂可一再烦渎，曾一律峻拒。奈馆生中如何葆恩、孙执中、王道中、黄希真、徐世城五名慕道尤切，恳挚万分。兄怜其求学苦衷，不忍再拒，姑允转达。日来再四踌躇，此事未便搁置，不得不据情上闻。倘蒙府允，自不必特班讲授，可否候毕生等晋谒师座时，令该生五名随同听讲。至《礼经大义》已讲过者，业经印发，令其自修足矣。[1]

又民国十三年正月廿九日唐蔚芝致叔彦信云：

承谕诸生花朝日来前听讲。新旧两班胥归陶冶，益见教思无穷。所惜唐、吴两生分赴津、粤就事，旧班中已缺其二。至新班除何葆恩五人外，现有蒋天枢、戴恩溥二生，向学真切，再四请求，兄亦不忍坚拒，可否恳师座一并收录。[2]

又同年二月十一日唐蔚芝致叔彦信云：

十二日毕、蒋诸生叩谒师座，即令本馆新甲班王道中等七人随同来前受业。该生等学行素称笃实，一经大匠之门，得奉圭臬，他日必有成就，足为传薪之助。[3]

由此，则在第一批七人之后，唐蔚芝又选何葆恩、孙执中、王道中、黄希真、徐世城、蒋天枢、戴恩溥七人从学曹叔彦先生。其后，民国十四年五月初六日唐蔚芝先生致叔彦先生信中提及钱萼孙从学之事，云：

---

〔1〕《复礼堂朋旧书牍录存》第2册，吴县王氏抱蜀庐钞稿本。
〔2〕同上。
〔3〕同上。

诸生中有志《易》学者，系庞天爵、陈璧承二人，已将原序（笔者按：指曹元弼《周易郑氏注笺释序》）交令传观。常熟钱生萼孙，系先师翁文恭外甥孙，工于辞章，天资卓荦，业经传知，均令于十八日到府晋谒，乞师门详教之。[1]

又同年九月十七日唐蔚芝致叔彦先生信云：

本馆现在甲班生颇多志愿习《礼》者，内有黄谟泰、黄谟沁、庞天爵、徐玉成、钱萼孙、张寿贤六人，品诣诚笃，学问亦颇能精进。该生等仰瞻道范，向慕綦殷，未识左右能否收录。倘蒙俯允，附列门墙，乐育有何既极，而《礼经大义》得继续传薪矣。[2]

又《钱仲联先生学术年表》云：1925年“下半年起，奉师命每周一次赴苏州，从汉学家曹元弼（字叔彦）先生学习《仪礼》《孝经》。”[3]据此可知，除了陈璧承无法确定是否有从学叔彦先生外，这一批黄谟泰、黄谟沁、庞天爵、徐玉成、钱萼孙、张寿贤六人当从曹叔彦先生受学。又民国十五年三月十二日唐蔚芝先生致叔彦信言：

日前诸生闻庞生等晋谒尊处受业，有黄生雨播、吴生鸿章仰慕师门，欲求附入。因思吾弟诲人不倦，当不见拒，特嘱其另行备柬叩谒，祈并赐收录，至深感幸。[4]

---

〔1〕《复礼堂朋旧书牍录存》第2册，吴县王氏抱蜀庐钞稿本。
〔2〕同上。
〔3〕钱仲联，《梦苕盦诗文集》下册，黄山书社2008年，第983页。
〔4〕《复礼堂朋旧书牍录存》第2册，吴县王氏抱蜀庐钞稿本。

由是，则又增加黄雨播、吴鸿章二人。又民国二十年夏唐蔚芝先生致叔彦先生书云：

> 敬有启者，兹有福建郭生则清，现往苏州，系春榆同年之侄。该生在本校肄业三年，品性笃诚，敏而好学，颇能研求《易》理，兄极赏器。此次毕业旋里，渠拟于奉亲之暇，壹意治经。但必须登大匠之门，方足以宏造就。平时慕道綦切，绝无标榜之念。世家子弟，不染时俗，尤为难得。兄嘉其肫挚，用特修函，切实绍介。倘蒙收录门墙，俾沾时雨，同深感佩。方今世道晦盲，吾辈得一承学之士，栽者培之，实于继往开来，息息维系，谅吾弟必乐予栽成，幸甚幸甚。〔1〕

又同年七月九日致叔彦信说："郭则清世兄年少嗜《易》，立志甚锐，竟得登大匠之门，必可深得大道之要。吾党有传人，欣喜之至。"〔2〕据此，则郭则清亦入叔彦先生之门。综上所言，关于唐蔚芝先生选派无锡国专学生赴苏州从学曹叔彦先生，前后可考者计有毕寿颐、蒋庭曜、唐兰、王蘧常、侯堮、吴其昌、白虚、何葆恩、孙执中、王道中、黄希真、徐世城、蒋天枢、戴恩溥、黄谟泰、黄谟沁、庞天爵、徐玉成、钱萼孙、张寿贤、黄雨播、吴鸿章、郭则清，共二十三人。此二十三人中，除戴恩溥英年早逝外，〔3〕其余亦不乏有学术创建者，尤其是王蘧常、唐兰、吴其昌、毕寿颐、蒋庭曜、蒋天枢、钱萼孙等先生，更是掌舵一方学术，其后学至今亦多为一方耆宿。于此亦可见曹叔彦与唐蔚芝二先生"讲学以开文明"之功，于民国以迄今日之学

---

〔1〕《复礼堂朋旧书牍录存》第2册，吴县王氏抱蜀庐钞稿本。

〔2〕同上。

〔3〕按：戴恩溥，字惠苍，江苏太仓人。唐蔚芝《戴惠苍哀辞》言："年十八，来应无锡国学专修馆。……甲子冬，生毕业归，音问遂隔。庚午秋，忽同学相告，生以八月死矣，年仅二十有六。"（唐文治，《茹经堂文集三编》卷八，《近代中国史料丛刊续编》第4辑，台北文海出版社1986年，第1512页）

术，启渥良多，遗泽甚巨！

五、交流学术与砥砺道德

曹叔彦与唐蔚芝二先生自南菁定交以来，虽然出处进退踪迹不同，然书札往来，交流论学，实终身不断。王蘧常先生《记唐蔚芝先生》言唐蔚芝诸友中“最所心契者，则为曹叔彦编修与王丹揆右丞”。[1]又言及唐蔚芝与曹叔彦二先生之论学云：“先生集中与编修论学书牍最多，至今犹函札往来无虚日。”[2]曹叔彦先生尝撰《礼经校释》二十二卷，“校经注疏之讹文”，“释经注疏之隐义”。[3]光绪十八年，唐蔚芝先生代程其珏[4]为叔彦是书作序，今《茹经堂文集二编》卷五有《礼经校释序》。此序虽注为“代程序东太夫子作”，[5]然出于唐蔚芝先生之手，实亦二者之论学。唐蔚芝先生在序中标宗郑之旨，历叙郑玄以来诸家《礼经》注疏之得失，而就叔彦所校释而发挥礼义，以为“是书岂特高密之功臣，乃实有得于古圣人尽性立命之旨，与夫修齐治平之原，维持世道人心，所裨诚非浅鲜也”，[6]既融合汉宋之学，亦道出叔彦之旨。

辛亥以前，曹叔彦先生先后主两湖书院、湖北存古学堂、苏州存古学堂，而唐蔚芝先生则官京师，后掌上海实业学校，二人“天之与山，相望而不相即”，[7]故多以“常德行习教事相勖勉”。然辛亥以后，曹叔彦以独抱遗经，守先待后为己任，闭门著书，而唐蔚芝

---

〔1〕 王蘧常，《记唐蔚芝先生》，《雄风》1947年第1期。
〔2〕 同上。
〔3〕 曹元弼，《礼经校释序》，《礼经校释》卷末，《续修四库全书》第94册，上海古籍出版社1996年，第529页。
〔4〕 程其珏（1834—1895），字序东，江西宜黄人。清同治十三年进士，官嘉定知县。撰有《嘉定县志》《娄县志》等。
〔5〕 唐文治，《茹经堂文集二编》卷五，《近代中国史料丛刊续编》第4辑，台北文海出版社1986年，第731页。
〔6〕 同上书，第736页。
〔7〕 同上书，第1666页。

先生先是掌建南洋公学，继则创办无锡国学专修馆，除讲学以开文明外，亦多有著述。且二先生之间多书札往来，讲论学术，砥砺道德。民国三年甲寅，唐蔚芝先生以《易微言》三篇寄曹叔彦先生指正，曹叔彦先生亦寄《周易郑氏注笺释》稿本以就正于唐蔚芝。《茹经先生自订年谱》载：

春，为诸生讲《易》，采用《程传》，并项平甫先生《周易玩辞》《御纂周易折中》及近代《易》师说。拟编《周易大义》，先作《易微言》三篇，寄曹叔彦谱弟指正。叔彦亦寄余《易笺》稿本，互相质证。[1]

又是年唐蔚芝《与曹君叔彦书》云：

谨启者，大著《易笺释》奉读一过，探赜索隐，钩深致远，有功世道人心，实非浅鲜，曷胜拜倒之至。惟窃有献疑者，《易》笺、《易》释，似应分作两书。汉儒释经，首重家法。昔读惠氏《易》，尝病其征引庞杂，如一卦初爻引虞义，二爻引荀义，三四爻或又引他家之说，实属未合。至张氏出，而后《易》师家法，灿然具明。现大著《易笺》系笺郑君注，似应专申郑义，于郑义外不著一字。其《易释》一书，则应排比众说，别下己意，似于体例较为完善。管窥之见，未识有当万一否，敬祈教正。兄所撰《周易大义》，系以《程传》作主，而别采汉宋诸儒之说，作为集说，其体例之不纯，较大著为尤甚。盖弟书改正甚易，兄书则改正尤难，审思再三，无善法也。[2]

---

〔1〕 唐文治，《茹经先生自订年谱》，《近代中国史料丛刊三编》第9辑，台北文海出版社1986年，第69页。

〔2〕 同上书，第704—705页。

根据上引二则材料可见，二人之往来论学，并非互相溢美，而有实际之质疑问难。虽然曹叔彦先生对唐蔚芝先生《易微言》之具体意见未知，然根据唐蔚芝先生《与曹君叔彦书》则可知唐蔚芝对于《周易郑氏注笺释》之体例提出了自己的见解。但是叔彦最后并未采用唐蔚芝先生之意见将《周易郑氏注笺释》分为《周易笺》与《周易释》二书。究其缘由，一则叔彦先生自有其例，如《周易郑氏注笺释·条例》言“唐以前《易》说精善者采入笺中，宋以后说录入释语”，“荀、虞、宋注见《集解》者采录几备，间有千虑之失，显然违失经意者，删之，并于释中辩正”，[1]则叔彦所为“笺”与“释”非出于家法考虑。一则《周易郑氏注笺释》乃随撰随刊，“每成一卦”，即“随时授之梓人”，[2]至书成则已刊竣，难以再更改体例。又民国五年丙寅，唐蔚芝先生编成《大学大义》一书，寄曹叔彦先生，而叔彦盛赞其叙之可诵。《茹经先生自订年谱》云：

> 冬，编《大学大义》成。用郑注本，参以朱注及刘蕺山、孙夏峰、李二曲诸先生说，共一卷。又可编入《曾子大义》中也。其叙文颇为曹叔彦谱弟所推重，贻书谓可资诵读云。[3]

按：是书序文今载《茹经堂文集》卷一，其文发挥《大学》精义，醇正畅达，洵如叔彦先生所谓之“可资诵读”。

叔彦晚年所著书，其最重者盖《周易郑注笺释》与《尚书郑氏注笺释》，其中《周易郑氏注笺释》一书，二人彼此质疑讨论尤多。民国十五年丙寅《周易郑氏注笺释》成，并作《周易郑氏注笺释序》寄唐蔚芝先生。今《茹经堂文集二编》卷四有《与曹君叔彦书》及附曹

---

〔1〕曹元弼，《周易郑氏注笺释》卷首“条例”，宣统三年至民国十五年刊本，第43页。
〔2〕曹元恒，《题辞》，《周易郑氏注笺释》卷首，宣统三年至民国十五年刊本，第2页a。
〔3〕唐文治，《茹经先生自订年谱》，《近代中国史料丛刊三编》第9辑，台北文海出版社1986年，第72页。

叔彦之复书。观二《书》，唐蔚芝就书中疑义致书曹叔彦，如云：

窃疑《坤·彖辞》之“君子有攸往，先迷后得主”，所谓“得主”者，亦欲冀君之一悟。《小畜》《大畜》二卦为以阴畜阳，而《小畜·彖辞》“自我西郊”，《大畜·彖辞》“不家食吉，利涉大川”，皆为勤于事君，不遑暇食之意。故《小畜》之《大象传》曰“君子以懿文德”，即《书》所谓“徽柔懿恭”也。至《蛊卦·初六·爻辞》见周公继志述事之义，上九之不事王侯，明指夷齐而言，则殷为不亡矣，故《彖传》曰“终则有始天行也”。此天行之义，兼指圣人之维持世运而言。《剥》《复卦》传“天行”之义，兼指圣人之维持人心而言，不识尊意以为然否？至《大序》谓神农以《艮》为首，黄帝以《坤》为首，未知何本，便乞赐知。[1]

曹叔彦先生复书云：

尊论《易》义数条，皆极精确。《坤》“君子有攸往，先迷后得主”，冀君之一悟，与惠氏以君子谓坤元，由剥反复义合。《小畜》“自我西郊”，谓文王冀纣能用其道，以施泽于民，与刘子政说合。《蛊》干父之事，即周公继志述事，与九家义合。上九不事王侯，指夷齐而言，姚仲虞已发其端。《剥》《复》“天行”见圣人维持人心世道之意，尤为至论。盖天行消息，皆生生大德，而在人事则有终始之异，有生杀之异，有治乱之异。圣人自强不息，使天下治不复乱，乱可复治，遏杀机而遂生理，以协乎天行之本，所谓赞化育者此也。凡此诸义，非兄见

〔1〕 唐文治，《茹经堂文集二编》卷四，《近代中国史料丛刊续编》第4辑，台北文海出版社1986年，第706—707页。

道之深，真积力久，观其会通，乌能及此。承询神农《易》首《艮》，黄帝《易》首《坤》，此事汉儒虽无明说，然孔氏《易正义·八论》据《世谱》等书，神农一曰连山氏，黄帝一曰归藏氏，盖皆因《易》而得名。《礼记》《左传》称神农为厉山氏、为烈山氏，连、厉、烈一声之转，则其说所自来旧矣。贾氏《周礼·太卜》疏谓《连山》首《艮》，《归藏》首《坤》。《礼运》孔子称“我得坤乾”，郑君以为即《归藏》，是其明证。吴姚元直云：“连山氏得河图，夏人因之，曰《连山》。归藏氏得河图，殷人因之，曰《归藏》。伏羲得河图，周人因之，曰《周易》。”元直去古未远，治孟氏《易》，其说必有所本。以此而言，《连山》本神农首《艮》，夏人系之辞，《归藏》本黄帝首《坤》，殷人系之辞，故儒者多称夏《易》《连山》，殷《易》《归藏》。《周易》始复伏羲之次首《乾》，故于《乾·用九》云“见群龙无首吉”。宋仲子以“见群龙”为句，“无首吉”为句，最当。“无首”者，言天德为万物之始，莫之能先。传曰“天德不可为首”，明《坤》《艮》不可先《乾》。《连山》《归藏》皆一王时措之宜，非万世之通训。惟伏羲原次，首《乾》次《坤》，崇天卑地，君君臣臣、父父子子、夫夫妇妇，为天地之常经，古今之通义也。郑注《周礼》引杜子春说以《连山》属伏羲，但以广异闻，非即据为典要。《六艺论》称“夏曰《连山》，殷曰《归藏》”，而伏羲无文字，但谓之《易》，则郑意不从子春说审矣。区区之见，未识当否？伏希指正。[1]

合观两信内容，可见唐蔚芝与曹叔彦先生之往来论学，质疑问难，洵为道义相交，非彼此溢美。且曹叔彦对唐蔚芝就《周易郑氏注笺释》

〔1〕唐文治，《茹经堂文集二编》卷四，《近代中国史料丛刊续编》第4辑，台北文海出版社1986年，第707—711页。

及《序》之肯定与质疑，感慨云：“知我之深，引而进之之笃，寥寥天壤，亦惟兄能为此言耳。”〔1〕由此而言，是乃真道义知己也。虽然唐蔚芝先生在信中多就疑义质疑叔彦，然对于叔彦是书实颇为肯定。如民国十七年戊辰，唐蔚芝以叔彦著《周易郑氏注笺释序》并已著等寄黟县胡敬庵，〔2〕并称叔彦《周易郑氏注笺释》一书“探赜索隐，钩深致远，而序文尤能提纲挈领，可谓不朽之作”。〔3〕由此益可见二人之互相勉励与互相肯定。

同样，曹叔彦先生对唐蔚芝先生之作亦如是。民国二十五年丙子，唐蔚芝作《孝经救世篇》就正于叔彦，叔彦对是书不甚满意，以道义相砺。《茹经先生自订年谱》云：

> 本学期，余为补习班讲《孝经》，觉其文广大精深，初学颇难领会。爰摘其要端，别编讲义，分十五类：曰孝德宏纲篇、不敢毁伤篇、立身扬名篇、良知爱敬篇、法服言行篇、居则致敬篇、养则致乐篇、病则致忧篇、丧则致哀篇、祭则致严篇、移孝作忠篇、兄弟友恭篇、扩充不忍篇、大同盛治篇、不孝严刑篇，共分三卷。每篇中，皆摘录群经中有关孝道者为纲，附以浅说。初拟名《孝经翼》，后因明代辛复元先生已有此名，爰改名《孝经救世篇》。惟因为初学讲解，随讲随编，如朱子所谓急迫之意多，沉潜之味少。质诸谱弟曹君叔彦，复云：“凡立教，有为万世者，有救一时者。君之书，殆救一时者也。”余深愧其言。〔4〕

---

〔1〕唐文治，《茹经堂文集二编》卷四，《近代中国史料丛刊续编》第4辑，台北文海出版社1986年，第707页。

〔2〕按：胡元吉，字敬庵，黟县人。诸生，辛亥后讲学黟县，学宗程朱。著作有《周易程传纂注》《曲礼会通》《吴康斋年谱》《杏墩札记》《杏墩文集》《万山烟雨楼诗集》等。

〔3〕唐文治，《茹经堂文集三编》卷四，《近代中国史料丛刊续编》第4辑，台北文海出版社1986年，第1330页。

〔4〕唐文治，《茹经先生自订年谱》，《近代中国史料丛刊三编》第9辑，台北文海出版社1986年，第121页。

虽然曹叔彦先生对唐蔚芝先生是书不甚认同，然对唐蔚芝先生于《孝经》一经之学，则多有肯定，尤其是对《孝经大义》一书，故而在己著《孝经郑氏注笺释》中多引其说。其在《条例》中说："近儒皮氏锡瑞、简氏朝亮、吾友唐氏文治之书，皆摘要引入释语。"[1]今考全书，其摘引唐蔚芝之说者有多处，如《开宗明义章》"民用和睦，上下无怨，女知之乎"下摘引唐蔚芝《孝经大义序》，[2]又《孝治章》"故得人之欢心，以事其亲"下引唐蔚芝《孝经大义》说，[3]又《圣治章》"父母生之，续莫大焉；君亲临之，厚莫重焉"下引唐蔚芝《孝经大义》说，[4]又《纪孝行章》"子曰：'孝子之事亲也，居则致其敬，养则致其乐，病则致其忧，丧则致其哀，祭则致其严。五者备矣，然后能事亲"下五引唐蔚芝《孝经大义》说，[5]又同章"事亲者居上不骄，为下不乱，在丑不争。居上而骄则亡，为下而乱则刑，在丑而争则兵。三者不除，虽日用三牲之养，犹为不孝也"下亦引唐蔚芝《孝经大义》说，[6]又《五刑章》四引唐蔚芝《孝经大义》说，[7]又《谏诤章》"故当不义则争之，从父之令，又焉得为孝乎"下引唐蔚芝《孝经大义》说，[8]又《丧亲章》七引唐蔚芝《孝经大义》说。[9]除此之外，其中还有未明引而本于唐蔚芝之说者，如《圣治章》"故能成其德教，而行其政令"下释文按语注云"数语以《左传》证上文，本唐氏"。[10]由是言之，曹叔彦与唐蔚芝在质疑问难、砥砺道德过程中，对唐氏之说实多肯定，并且屡加引用。不仅如此，还于书中对唐蔚芝之德行时常赞誉，如《孝经郑氏注笺释·条例》言其所以摘引唐氏之说时言

[1] 曹元弼，《孝经郑氏注笺释》卷首"条例"，民国二十三年刻本，第2页a。
[2] 曹元弼，《孝经郑氏注笺释》卷一，民国二十三年刻本，第34页。
[3] 曹元弼，《孝经郑氏注笺释》卷二，民国二十三年刻本，第29页b—第30页b。
[4] 同上书，第52页b。
[5] 同上书，第74页b—第75页a、第75页b—第76页a、第77页、第78页b、第80页。
[6] 曹元弼，《孝经郑氏注笺释》卷二，民国二十三年刻本，第83页。
[7] 同上书，第87页b—第88页、第89页b—第90页a、第92页a。
[8] 曹元弼，《孝经郑氏注笺释》卷三，民国二十三年刻本，第29页b—第30页a。
[9] 同上书，第57页b、第67页、第67页b—第68页a、第69页、第70页、第71页、第72页。
[10] 曹元弼，《孝经郑氏注笺释》卷二，民国二十三年刻本，第65页b。

"唐氏内行甚笃，其言尤足感发人之天良"。[1]又《孝治章》"故得人之欢心，以事其亲"下引唐蔚芝《孝经大义》说后加按语云"唐氏孝行甚笃，此说悱恻纯至，皆由中之言"。[2]由此皆可见曹叔彦先生对唐蔚芝先生德行学问之肯定。

今可考关于曹叔彦与唐蔚芝二先生交流论学、砥砺道德之事，除上述外尚多，如民国二十五年丙子曹叔彦先生七十，唐蔚芝先生欲作序祝寿，而曹叔彦"贻书戒之曰：'子宜规吾过，不宜颂吾德。'"[3]此序今存《茹经堂文集四编》卷五。《序》以《易》理叙二人道义之交，情意款款，最后又以"反复乾乾，宣教明化"相勖勉。又民国三十年辛巳，曹叔彦以《中庸通义》寄示唐蔚芝，唐蔚芝以《尚书大义》寄示叔彦，并书牍往来，质疑问难，且以"为善机会万不可失，承示努力崇德，皓首相期，一息尚存，此志不容稍懈"[4]互相勖勉。至民国三十三年甲申，曹叔彦赠唐蔚芝八十寿序，尚且勉以道义。此外，今存王欣夫先生所辑《复礼堂朋旧书牍录存》中的一百零五通唐蔚芝致曹叔彦先生之书札，大半皆涉及交流学术，砥道砺德之事，兹不一一罗列。综上而言，二君之往来，诚如王蘧常先生所言"道义之交，盖久而弥笃也"。[5]

六、小结

通过上述考论曹叔彦与唐蔚芝之交游，可见二先生虽然汉学宋学，好尚不同，高密紫阳，各有所宗，然自南菁书院定交以来，以学术道义相切磨，相知最深，而交情益笃。辛亥以前，唐蔚芝官京师，

---

〔1〕 曹元弼，《孝经郑氏注笺释》卷首"条例"，民国二十三年刻本，第 17 页 b。
〔2〕 曹元弼，《孝经郑氏注笺释》卷二，民国二十三年刻本，第 30 页 b。
〔3〕 唐文治，《茹经堂文集四编》卷五，《近代中国史料丛刊续编》第 4 辑，台北文海出版社 1986 年，第 1665 页。
〔4〕 同上书，第 1674 页。
〔5〕 王蘧常，《记唐蔚芝先生》，《雄风》1947 年第 1 期。

而曹叔彦主讲两湖书院、湖北存古学堂、苏州存古学堂，彼此远隔。且宣统以来，二人踪迹渐殊，尤其是辛亥革命，叔彦本欲“主辱臣死”，在其妻劝导下以“守死善道，以存书种”为务，而唐蔚芝则先出任苏省自治总理一职，又列名劝清帝退位诸人之中，以致为师友所咎。虽然此事对二人关系有所影响，但在入民国后不久即恢复，二人依然讲学以开文明，交流学术，砥道砺德，“努力崇德，皓首相期”。曹叔彦先生《茹经堂文集序》所言“数十年，出处语默，踪迹虽殊，而砥道砺德，合志同方，皓首为期，相知最深”，可谓是二先生一生交往最贴切的总结。

积厚流光：唐文治先生与南菁精神之发扬

邓国光[1]

前言

经历百年沉淀，南菁书院于近代“中国经学”所起之枢纽作用渐受关注，以至于院校研究生论文之结撰，并专题性国际学术研讨会之召开，其重要意义得以见重与正视，而近百年中国学术思想之实质、面相、变化方能完整与客观呈现。

学术生机，道之所在，存乎其人，人能弘道者。展示南菁书院之学术生机与气力，必要正视关键人物所起之作用，则黄以周固然为焦点所在[2]。而其气机之是否通畅，而非及身而止，则端视乎善继与善述，此弘扬精神之来源，则非唐文治先生莫属。唐先生发扬南菁书院学术，尊师重道，出自衷怀，用心醇正。故本唐先生之遗文为纲，就学侣之情谊以见其尊爱之情；同时综述其弘扬师说之实绩，以见其清晰至极之学术抱负与道义自觉；因情、理两大面向彰显久已失落之学术良知，实事求是，以期今后华夏正学，可因先正之途而再显光华也。是以张三维以见正旨：

（一）立学案，以存道统；

（二）学侣互勉，以端抱负；

---

〔1〕 作者单位：澳门大学中文系。

〔2〕 就知见所及，赵统《江阴书院史话》（黄山书社 2005 年）、邓洪波《中国书院史》（台湾大学出版中心 2005 年）、林佑儒《南菁书院与晚清的学术和教育发展》（台湾师范大学硕士论文 2013 年）等均能见大体者。

（三）传经立义，以崇师法。

一、存道统：唐先生《黄元同先生学案》旨要

“学案”之精神，唐先生《论语·子张篇大义》云：

> 文治读《论语》，至圣贤相与授受之际，盖未尝不太息也，嗟乎！古之亲师、尊师、敬师，崇师法也，亦已至矣。孔子之道大而能博，门弟子不能遍观而尽识也，故学焉而皆得其性之所近。孔子既殁，诸弟子相与进德修业，传道不倦。门人裒录其语，得五人焉，曰子张，曰子夏，曰子游，曰曾子，曰子贡。此即后世学案之属也。[1]

学案之为义，权舆于《论语》，本亲师、尊师、敬师而崇师法之广大与道术之隆崇，尊师重道，大义存乎其中，此唐先生之体会。今世但视之为“史料”之杂陈，实歪传统学术著述体要与本义。

学案之撰，在尊承师道，此为第一义。唐先生深明此旨，与其学术生命之关的重要启导人物，是为王祖畲与黄以周，前者其性理学之发蒙，后者乃经学之启蒙，唐先生感戴师恩，遂亲撰两师之学案，是为《王文贞先生学案》[2]与《黄元同先生学案》[3]，道统精神之授受承传，胥在于是。唐先生之撰《黄元同先生学案》，乃表道统相承之有自，是以南菁书院之于唐先生之学术生命，乃一大关键；而时至今日，究论晚清与南菁学术者，皆受益无穷，匪独黄以周一人之私传也。今谨恭录此学案如下：

---

〔1〕 唐文治，《茹经堂文集》卷一，无锡国学专修学校 1927 年。是文成于 1919 年。
〔2〕 唐文治，《茹经堂文集三编》卷一，华丰印铸室 1938 年。是文成于 1927 年。
〔3〕 唐文治，《茹经堂文集》卷一，华丰印铸室 1938 年。是文成于 1921 年。

《黄元同先生学案》

唐文治蔚芝撰

先生讳以周，字符同，晚字儆季，定海经学大儒黄先生讳式三号儆居子[1]之季子也；先生幼承家学，七岁读《礼记》，旋受《士礼》《周官》诸经，依次终业；十数岁即锐意著述，露钞雪纂，手不释卷；年三十余，著书已裒然成巨帙。德清俞荫甫先生主讲杭州“诂经精舍”，先生上书自言其志，频献所著以就正。俞先生优礼答之，不敢以师自居也。同治庚午，以优行贡成均，是岁举于乡，明年应春官试。补国史馆誊录。历署遂昌、海盐、于潜训导，旋补分水训导。所至训迪士子，成人有德。光绪庚寅特赐内阁中书，旋奉特旨升用教授，补处州府教授，以年老不就。

自乾嘉以来，士大夫钩稽训诂，标宗树帜，名曰“汉学”。其末流之失，不免破碎支离，甚且分别门户，掊击宋儒义理之学以为空疏，意气嚣然，渐滋暴慢。先生独谓三代下之经学，汉郑君、宋朱子为最。而汉、宋学之流弊，均多乖离圣经，尚不合于郑、朱，何论孔、孟！国朝讲学之风，倡自顾亭林、黄梨洲诸先生。亭林先生尝谓“经学即理学”，经学外之理学为禅学，故经学、理学宜合于一，不宜歧之为二。乃体郑君、朱子之训，上追孔门之经学，博文约礼，实事求是，其所得于心而诏后学者，务在质诸鬼神而无疑，百世以俟圣人而不惑。盖江慎修、王白田先生以后，一人而已矣。光绪中叶，新学勃兴，士或稍稍变其所守，先生独卓然不惑于流俗，素履而行，遁世无闷。束修以上，以是咸归之。先生秉性孝友，事儆居子数十年，未尝离左右。居恒，动容周旋必中于礼，望之俨然，即之也温，听其言也端悫而精详。其教人，务以敦品励学，躬行实践为旨。瑞安黄漱

[1] 黄式三，浙江舟山定海紫微人，字薇香，号儆居。终身治学，不立门户，博综群经，有《论语后案》二十卷、《周季编略》九卷、《儆居集经说》四卷等。子黄以周。

兰[1]先生督学江南，建“南菁讲舍”，延先生主讲宁波。太守宗湘文先生建“辨志精舍”，聘先生主经学科，南方弟子从之者千余人。先生壹本孔、孟之教以为教，尝取《易》“静”“专”二字，以训南菁诸生，曰：

学问必由积累，初无顿悟之方，而积累全在静、专，亦无袭取之道。人有终日读书而掩卷辄忘者，病在不静；有终身读书而白首不名一艺者，病在不专。静则记性强，专则学术成。

又曰：

昔之儒者尚专经，故能由一经以尽通诸经。今之学者欲无经不通，乃至一经不通。

其笃实如此。文治自光绪乙酉岁受业先生门下，忽忽已三十余年矣。追维先生之训，恒自警惕。爰撮其为学大旨，并著作源流列于篇，俾后之传儒林者，有所采择焉。至先生行谊，具详王君兆芳所为行状，而学侣门徒则又繁莫能详，故均不著。

著作概略

先生《上俞荫甫先生书》云：

周质钝学浅，一无所底，奉承庭训，粗知汉、宋学门户。年二十

[1] 黄体芳（1832—1899），字漱兰，号莼隐，别署瘦楠、东瓯憨山老人，瑞安人，人称“瑞安先生”；咸丰元年举人，同治二年进士，与兄黄体立、子黄绍箕、侄黄绍第、侄孙黄曾铭一门五进士，选庶吉士、授编修，累官至内阁学士、江苏学政、兵部左侍郎、左都御史。后主讲金陵文正书院。与张之洞同年，交往甚深。晚年参加强学会，主张维新，支持康有为变法。光绪九年任江苏学政，倡议兴建“南菁书院”，礼聘黄以周、缪荃孙等主讲。因弹劾李鸿章忤旨，被降职为通政使。著有《漱兰诗葺》。

余，好读《易》，病先儒注说于画象爻下，自骋私说，揆诸圣传，往往不合，于是有《十翼后录》之作。

嗣后喜观宋儒书，又病其离经谈道，多无当于圣学，甚且自知己说之不合于经，遂敢隐陋孔圣，显斥孟子，心窃鄙之，于是有《经义通诂》之作（原注：按此书后改名《经训比义》）。

三十岁以后，又好读《礼》，苦难记忆，乃分五礼类考之，会萃旧说，断以己意，撰《吉礼说》未竟，以兵燹辍业。旋以先人弃养，读《礼》苫次，于小祥后，撰《凶礼说》，合订之名曰《经礼通诂》（原注：按此书后改名《礼书通故》）。

又编旧作杂著文说之无裨经史者删之，非我心得者黜之，约存若干篇，名曰《儆季杂著》。

周梼昧不才，妄自撰述，惧见怪于当世，辄藏弃之不示人。今年四十矣，恐以痼蔽终身，无发蒙日，幸遇有道，敢不就正？所呈《经礼通诂》两册，觊求指示纰缪，俾得改正。果蒙惠教，周将执弟子礼，奉全书以拜门下。

【谨按】：此书载入俞荫甫先生所刊《袖中书》中，先生生平著作梗概，粗具于是矣。

《十翼后录》《周易故训订》

儆居子最精《易》学，尝著《易说》一书，不拘旧说，独标心得。先生绍承家学，著《十翼后录》八十卷，尝谓：

伏羲、文王、周公所作经也，孔子之传注也，以三圣人之经，而孔圣为之注，后世之说《易》者，但守孔圣家法足矣。

故所作《十翼后录》不分汉、宋门户，惟以发明孔圣之说，与合于经例者为主。晚年又辑成《周易故训订》一书，自序之曰：

昔者文王作《彖》，周公演爻，其名小，其类大，其旨远，其辞文，意蕴而不尽，义深而难测。《左氏传》录术家言，或已漫衍而不得其宗。孔圣乃订之，作《十传》以翼《经》，谓之《十翼》。《象传》明六画之法象，《彖传》举一卦之纲领，《爻传》析诸爻之义例，而《系辞》《说卦》诸传，《易》之精蕴具于是。

夫经之有传，犹射之有彀也，学者勿背彀而去，必志彀而发之。然一人发之，巧与力有不逮，不若与众人共发，至且中之多也；是以学者必广搜古注，互证得失，务求其是。若夫舍古求是，讵有独是？多见其不知量也！

虽然，学必求古，而古亦未必其尽是矣。古人《易》注充栋，多至千百家，即周之所旁搜而得见者，亦不下四百余家，其中有不遵孔子之传而臆解文王、周公之经；且有不遵文王、周公之经而好为伏羲之言，是所谓变彀率者也。其力能至乎？其巧能中乎？其一至无不至，一中无不中乎？惟愿学者择是而从，勿矫异，勿阿同，斯为善求古、善求是也已。

周幼承家君之训，口讲指画，略有会悟，作《十翼后录》若干卷，会萃先儒之说，条列之，融贯之，若是者有年。今约其说而成是书，择古注之是者从之；其背圣传以解经，义有不安者则足之，以鄙意颜其名曰《周易故训订》。订者，平议之也，不敢矫异于古人，亦何敢阿同于古人！务求实是，毋背圣传致乖圣经也。云云。

先生尝病国初说《易》诸家不无支离穿凿之弊，甚者不谙家法，驰说骋辞，深为可惜。故所择《易》理，务在以经证经，发微言而明大义，较诸惠定宇诸儒所述，精深盖远过之焉。

【谨按】：《十翼后录》未经刊刻。《周易故训订》文治仅抄得上经一卷，藏以待刊。近世学者但知先生礼学之精邃，未能知其《易》学之闳深也。

《礼书通故》

先生笃守圣门约礼之训，其于礼，斯须不去身。于礼学终身以之，著《礼书通故》凡五十卷，刊行于世。自叙云：

礼根诸心，发诸性，受诸命，秩诸天，体之者圣，履之者贤。博文约礼，圣门正训也。周六岁入塾识字，七岁读《小戴记》，谨承庭训，略识小节。三十而后，潜研诸《礼》，于经十七篇外，搜辑《大》《小戴》两记，及《周官》《春秋传》，分门编次，厘定先后。注疏家言有稗经传亦附录之。平文大义，具彼书矣。而儒说之异同，别汇一编。迟之数年，乃放戴君《石渠奏议》、许君《五经异义》裒集是书。草创于庚申，告蒇于戊寅。列目凡四十九，曰宫室、衣服、卜筮、冠礼、昏礼、见子礼、宗法、丧服、丧礼、丧祭礼、郊礼、社礼、群祀礼、明堂礼、宗庙礼、馈食礼、时享礼、改正告朔礼、籍田躬桑礼、相见礼、食礼、饮礼、燕飨礼、射礼、投壶礼、朝礼、聘礼、觐礼、会盟礼、即位改元号谥礼、学校、选举礼、职官、井田、田赋、职役、钱币、市籴、封国、军赋、田猎、御法、六书、乐律、刑法、车制、名物、仪节图、名物图。

盖先生毕生之精力，萃于是矣。俞荫甫先生为之叙，曰：

礼学中集诸家之大成者，莫如秦味经氏之《五礼通考》，曾文正公尝与余言：此书体大物博，历代典章，具在于此，《三通》之外，得此而四，为学者不可不读之书。余读之诚然。惟秦氏之书，按而不断，无所折衷，可谓礼学之渊薮，而未足为治礼者之艺极。求其博学详说，去非求是，得以窥见先王制作之潭奥者，其在定海黄氏之书乎。定海黄君元同，为薇香先生之哲嗣。往岁吴和甫同年视学吾浙，录先生《明堂步筵说》见示，谓与余说明堂大旨相合。余深惜不及一见。未几，余来主讲诂经精舍，始得交于君。后又与同在书局，知君固好学深思之士也。曾以所撰《礼书通故》数册示余，余不自揣，小有献替。至今岁，又以数巨编来，则裒然成书，又得见其十之六七，而余精力衰颓，学问荒废，浏览是书，有望洋向若而叹而已。承不鄙弃，问序于余。余何足序此书哉？惟礼家聚讼，自古难之。君为此书，不墨守一家之学，综贯群经，博采众论，实事求是，惟善是从。故有驳正郑义者，如冠弁委貌为正义，或以为元冠者别一说，非谓冠弁即元冠；妇馈舅姑共席于奥，谓二席并设，非谓舅姑同席，是也。略举数事，虽小小者，然其精审可知矣。至其宏纲巨目，凡四十有九，洵足究天人之奥，通古今之宜，视秦氏《五礼通考》，博或不及，精则过之。向使文正得见此书，必大嗟叹，谓秦氏之后又有此作，可益《三通》而五矣。余经义粗，无能为益，而所说《冠义》"母拜之"，《乡射礼》"乏参侯道"，皆颇与鄙说合，亦未始不自幸也。

其推尊如此。

《经训比义》

自汉、宋学分途，学者胶于成见，意气纷争，鲜有能实事求是以沟通之者。先生深究天人之奥，道德之归，性命之蕴，尝谓：

宋陈北溪先生《字义》精矣，而不免失之于虚；戴东原先生《孟子字义疏证》凿矣，而更失之于嚣。阮文达作《性命古训》《论语论仁论》，本原经义，可谓精而实矣，而尚嫌其略。

爰著《经义通诂》一书，以破虚无寂灭之陋，而烛诐淫邪遁之情。晚年改名之曰《经训比义》。先生自序之曰：

经者，圣贤所以传道也。经之有训诂，所以明经而造乎道也。儒者手披口吟，朝夕无倦，孰不有志于闻道？顾或者辨声音，定章句，专求乎训诂之通，而性命之精，仁义之大，一若有所讳而不言。言之者或又离训诂以谈经而经晦，离经以谈道而道晦。甚且隐陋乎孔圣，而显斥乎曾、孟诸子，此岂求道者之所宜为哉？夫圣贤之经，儒说之权衡也。儒说之是非，以经质之；经义难明，以经之训诂核之；经训不可偏据，以诸经之相类者融贯之，经以类纂，如丝之纶。同异既别，是非自明。所谓叛惭疑枝、邪离遁穷之情形毕著矣。不揆梼昧，采掇成书。道必宗经，训亦式古。而区区之意，尤在使知族类，行比义焉。庶或心知古意，不惑歧途也。因取《国语》士亹之言，以命其书。分为上中下卷，凡二十四目。

盖是书一出，而经学、理学始会归于一。是《诗》所谓："天生烝民，有物有则。民之秉彝，好是懿德。"《传》所谓："民受天地之中以生，是以有动作礼义威仪之则，以定命者。"皆确有其主宰，而不堕于元虚。刘芷人先生见之曰："以此说经，经由是明。以此应世，庶不执臆见为理义，败坏天下事矣。"南菁同学顾君鸿闿等为刊行于世。

《子思子辑解》

孔子之学传于曾子、子思。孟子得子思之传。不独《中庸》之费隐、性命之精微，即出处、进退、辞受、取与之大节，亦取法于子思。故子思有壁立万仞之气概，孟子有泰山岩岩之精神。先生以为由孟子以求孔子、曾子之学，必以子思为枢纽。尝辑《意林逸子》四十四种，而尤注意于子思子。暮年多疾，因曰："加我数年，《子思子辑解》成，斯无遗憾。"其后卒辑成书七卷。盖至是而先生之志彰，先生之学亦愈精矣。其自序曰：

《汉·艺文志》："《子思》二十三篇。"不名《子思子》。《子思子》之名自隋、唐间始。故汉、魏诸书引《子思子》语，与唐马总

《意林》同，而并曰《子思》，从旧名也。《毛诗谱》引《中庸》一事，《史》《汉》注引《中庸》两事，《文选注》引《缁衣》两事，《意林》所采《子思子》十余条，一记于《表记》，再见于《缁衣》，则梁沈约谓："今《小戴·中庸》《表记》《坊记》《缁衣》四篇类列，皆取诸子思书中。"斯言洵不诬矣。其书唐代犹盛行，文史家、类书家所引，或从旧名曰《子思》，或依新题曰《子思子》。此各家体例有不同也。北宋之初，其书犹存。《太平御览》采取颇多，而倏称《子思》，倏称《子思子》，一部书中，称谓错杂，岂其所引子思语别见于他书与？然检诸古籍，多目为《子思子》，则辑《御览》者，人各异题，初无别于其间也。《意林》载《子思子》七卷。南宋以后，七卷本已难获，而晁公武犹及见之，其季遂亡。渊博如王伯厚，已不得见。所见者汪晫辑本。《艺文考证》云：今有一卷，皆取诸《孔丛子》，非本文，即据汪辑而言也。汪辑凡九篇，内篇割裂《中庸》文，分天命、鸢鱼、诚明为三。外篇刺取《孔丛子》书，有《无忧》《胡毋豹》《丧服》《鲁缪公》《任贤》《过齐》等六篇，所辑舛驳，本不足传，今并此而亡之。近时辑子书者，以严铁桥、马竹吾书为巨观，而皆不及《子思子》，非六合之内之大憾与！初以周辑《意林逸子》四十四种内有是书，所辑皆古人引《子思子》语，其单书《子思》者，别见于后，《孔丛子》所载不滥及焉。近染寒疾，已逾一载，时思旧辑疏漏，宜重董正，而精力不逮。爰命南菁讲舍诸生广为搜罗，复得若干，乃加注焉。而寒热时发，功有作辍，凡四阅月，而后蒇事。以《中庸》《絫德》《表记》《缁衣》《坊记》之有篇名者为内篇，凡五卷。汉、魏、唐、宋儒书有引述子思语，亦并晳辑。《檀弓》引见七事，《孟子》引见三事，虽或系后学之传闻，而语著经典，即非出诸本书，而辑逸文者，自宜据补，总曰外篇一卷。《孔丛子》虽赝书，而售赝者必参以真，其术方行，若概以赝不能售也。魏、晋时，《子思子》具存，而作伪者援以为重录，其真者必多。王肃《家语》，其故智矣。若尽摈之，不已矫乎？凡引见五十二事，别之曰附录，又一篇，都为七卷。时襄辑逸文者，顾鸿闿、曹元忠、胡玉缙、蒋元庆达、李林之祺之功为多。

《军礼司马法考征》

《汉书·艺文志》载《军礼司马法》百五十五篇，已佚。今所传五篇系兵法，非《军礼》旧文也。汉、晋以来经注疏义所引据《司马法》言，往往五篇所未有，当系《军礼》佚文。桐城姚姬传先生《惜抱轩笔记》、山阳丁俭卿先生《佚礼扶微》，先后皆有戢孴，未臻完备。南菁同学陈君善余根据姚、丁两家所辑，复搜群书，更加缀补。先生乃为之董正其次，推明古制，折衷经教，为《考征》二卷，其“题辞”云：

古《司马法》百五十五篇，或叙军礼，或详兵法，祖述似同，裔流迥别。刘编《七略》，以其均出“司马”，并列兵家。班志《艺文》，冠以军礼，移入经类。郑氏《通志》，力排班《书》。章氏《校雠》，又诋郑说。顾旧籍久逸，坠绪难寻，任意出入，迄无定论。

今以所见言之，世行五篇，旧名《司马兵法》，宜依刘《略》为允。此犹《周易明堂》，未可混列《六艺》也。其论军乘诸篇、昏鼓四通，许慎引为《礼》文。邱马一匹，杜预直称《周礼》。通人雅记，悉从班《志》，此犹刘向《五行传》有别于所序六十七篇也。《史记·自叙》云：“《司马法》所从来尚矣！太公、孙、吴三子能绍而明之。”实为兵法诸篇而发。《博物志·文籍考》因《司马法》与《周礼》相表里，以为周公所作，又以军礼诸篇而定，言虽各有所指，其为西周古书，灼然可见。刘氏父子校录秘书，扬榷家法，允称密至。惜《司马法》百五十篇未以兵法、军礼分隶两家，致后人犹有遗议也。高堂生传《礼》十七篇，虽不能备吉凶宾嘉，尚有端绪。而军礼独阙，无由表见后世。鄙人何敢谈兵事，裒入佚文，征成其义，欲以备五礼之一云尔。

先生是书，虽抱残守阙，存百于十一，而隅反之士，籍以寻省，遂谓古军礼至今存可也。

《儆季杂著》

先生于文，退然自以为弗工，然渊懿朴实，古色苍然，实非近世经生所能及。盖先生之学，精于穷理，故其研求训故，辨析是非，细之入毫芒，大之充宙合，而其从至性中流出者，尤足以感动人心焉。所撰《儆季杂著五种》：曰《礼说》，曰《群经说》，曰《史说略》，曰《子叙》，曰《文钞》。

《礼说》大都掇《通故》中之精华，融贯而出之。

《经说》以释《易》诸条为尤精，如《周季说易古义》谓《周易》非卜筮之书；《释〈艮〉"限""列""膑"》谓医术通儒、道；《释〈坎〉九五爻辞》谓"祇"当依郑读为"坻"；坎不盈者，上坎已平也；坻既平者，下坎亦不盈也，是即《象传》"水流不盈"之义，所谓"吉凶与民同患者"者也；《释〈丰〉"日中见斗""日中见沬"》谓即《彖辞》之"宜日中"，斗与沬虽不明，而其不明者甚小，庶与来章"有庆誉"之义相合；《释〈升〉上爻消不息》谓《坤》性柔暗，昧于升阳之义，非谓阴自升不已也，上苟昧于升阳，则下阳爻自不宜上息用事，故曰"利于不息之贞"，此正深为君子谋，非为小人幸。此皆《易》学之精微、圣经之通例，为前儒所未发。

《史说略》则博采古籍，考核精详，而论秦、汉、唐、宋田制异同、论限田等篇，自秦以来利弊得失，了如指掌，其意盖在核明古礼，以俟后圣可行，益见先生经济之学，有本而有源矣。

《文钞》中如《颜子见大说》《曾子论礼说》《子思学诗说》《管仲、子路功烈说》等篇，皆论述圣门弟子学术。

《子游、子夏文学说》谓系南北学派之权舆，北方多苦卓力行之士，学业亦尚专攻，是善用守者，而其失也拘虚而不达；南方之士好博大，识见议论，时突过前人，是善于创者，而其失也泛滥而无归宿。岂游、夏之流风使然欤？上下千古，俾后世知学派之祖。

《德性问学说》《道德说》《辨虚灵》《辨无》等篇，推论道德性命之学，精义坚深，并为千古不磨之作。

《南菁讲舍论学记》本朱子《常熟吴公祠记》。《子言子敏于闻道不滞于形器之说》详考子言子学问，并谓文学即乡三物之六艺，艺与德可分，艺与道不可分；艺无道，其艺疏；道无艺，其道虚，以补朱子《碑记》所未及。后贤有作，不易斯言矣。

《明经公言行略》《质庭志传》《促氏谱传》等篇，孝友至性，溢于言表，足以警衰世而风末俗。故读《礼经》等说，有以见先生学问之大；读《文钞》，尤可见先生学问之醇。

【谨按】:《礼说》《经说》，长沙王益吾先生曾刊入《皇清经解续编》中，非完全本也。

《续资治通鉴长编拾补》

宋李文简《续通鉴长编》久罕全本。康熙时，昆山徐憺园先生所呈进者，亦惟建隆至治平残本而已。朱竹垞先生题《杨仲良长编纪事本末》云："《长编》所佚，具见杨书。以杨书补《长编》，而李书可全。杨书之所阙，又以《长编》补之，而杨书亦可全。"云云。及乾隆时修《四库全书》，乃从《永乐大典》中辑成五百二十卷。然徽、钦两朝则仍佚焉，又佚去治平、熙宁、元祐、绍圣间九年事，读者憾之。至光绪中，浏阳谭文卿先生刻《长编》于浙江书局，更本竹垞先生之意，属书局襄校诸君以杨书补《长编》，使数百年阙佚之书，一旦完善。时先生在局襄校，首任其事，大要以杨书为主，并参考宋、辽、金三史，《东都事略》以及《编年备要》《北盟会编》《靖康传信录》《靖康要录》等书，殚竭八九人之心力，博稽百数十种之史书，阅两年而后蒇事。是书之成，先生之力居多，特系众人所共辑，非先生所独纂，故行状未列是书云。[1]

---

〔1〕 见载唐文治,《茹经堂文集》卷一。

以上唐先生恭述黄以周之学行与著述，原原本本，于叙述黄以周之整合传统学术之自觉，第二段以“自乾、嘉以来”之经学与理学之碎裂入手，以见其气魄与识见，足以转移一世而非沉溺于风气之中，彰显其所承道统之完整与活力之强度，直接继承孔、孟，而黄以周于《子思子》之重辑，则“思孟学派”之重光于有清之蒙暗，更属薪传孔、孟正道之启轫，今时郭店出土之简牍足以证成其真知灼见，此正体现其“实事求是”之纯粹。

扬明黄以周讲学于南菁书院之精神高度，此唐先生道心所寄，一以继承师门之学为己任，故编辑《茹经堂文集》之第一编之际，置早一年成文之《无锡国学专修馆学规》[1]于《黄元同先生学案》之后，以示谦德之余，更存承传师说、光大师门、发扬正学之旨意。学规云：

> 先儒说经，首重“实事求是”四字。实事者，屏绝空虚之论也；求是者，破除门户之见也。经师家法，守兹兢兢。[2]

此“实事求是”之精神，乃唐先生于《黄元同先生学案》所概括黄以周治经精神所云“体郑君、朱子之训，上追孔门之经学，博文约礼，实事求是”者，故论民国时期传统学术重镇之无锡国专，自必以南菁书院及黄以周为一脉相承之权舆也，道统之传，昭然明白。

二、端抱负：唐先生记述南菁师门之情韵

唐先生深情厚道，于其漫长人生中，未尝忘怀南菁师门之生活，尽管历尽劫难沧桑，依然津津乐道，足见南菁学术与此学术群体精神润泽之深刻。唐先生与谱弟曹元弼先生为感情深挚之知己之交，先以

---

〔1〕 唐文治,《无锡国学专修馆学规》，载《茹经堂文集》卷一。此文成于1920年。
〔2〕 同上。

唐先生与曹元弼先生间交往之文字，揭开此动人之感性世界。1926年曹先生为唐先生《茹经堂文集一编》作序曰：

尚书（指唐先生）与先仲兄文悫公（指曹元忠）同举于乡，与余同肄业南菁书院，后同官京师，结为昆弟交。宣统、辛亥，同主讲存古学堂。数十年，出处语默，踪迹虽殊，而砥道砺德，合志同方，皓首为期，相知最深。故推论其心事，以序其文。[1]

1936年之正月，曹元弼先生七十寿辰，因国事艰难，不事庆祝，而唐先生则草撰《谱弟曹君叔彦七秩双寿序》以贺其寿，其中叙述两老年轻时就学南菁书院之往事，甚为灵动而真挚。学术领域存在真挚之感性流露，古今罕有，尤其处于国难当头之时，更见其诚笃之情之可贵。引录此节如下：

初，乙酉岁（1885），余肄业江阴南菁书院，君访余于"章字斋"中。君年十九，治《诗》《礼》，余年二十一，研性理，一见如旧相识，欣合无间然。斯时也，文德纯懿，民志咸定，其当《小畜》与《履》乎？洎壬辰（1892）、甲午岁（1894），余与君先后捷南宫，余佐农曹，君襄内翰，上下交同而志同，爰订金兰之契，二人同心，其利断金，其当《泰》与《同人》乎？《蛊》之上九"高尚其事"，盖自处在吉凶悔吝之外，故经不系以吉，是岂君与余之初志哉？[2]

耄耋之年重提"初服"之志，盖一以贯之，茫茫之世，五十年不变，无论顺逆，皆能"高尚其事"，利害非所计较，深情纯粹，孰逾于此。

---

〔1〕 曹元弼，《茹经堂文集第一编序》，载《茹经堂文集》卷首。
〔2〕 唐文治，《谱弟曹君叔彦七秩双寿序》，载《茹经堂文集四编》卷五，江阴孙煜峰刻印1943年。此文成于1936年。

至唐先生八十之时，南菁生活之情景，犹然在目，于1945年所撰《江宁陈亮伯先生墨迹题辞》，具载其与南菁学侣章际治、陈浏、曹元忠、曹元弼、陈庆年等书院生活之情趣云：

> 陈亮伯兄讳浏，与余少年时同肄业于江阴南菁书院，中年时同服官于总理各国事务衙门（原注：今改称外交部）。当同学时，有若江阴章琴若太史际治[1]、沙循矩内翰从心、吴县曹夔一内翰元忠、曹叔彦太史元弼、丹徒陈善余明经庆年[2]，一时人才，彬彬极盛。而余与亮兄参与其列，有时春秋假日，饮酒论文，上下角逐，争相先后，以为笑乐。[3]

早在1929年唐先生亦于《陈君善余墓志铭》记载与陈浏、庄思缄、赵剑秋、孙师郑欢愉之一斑云：

> 余于丙戌岁（1886）与君同学于南菁时，则又有江阴章君琴若、常州庄君思缄、赵君剑秋、常熟孙君师郑数人者最相得，或宿舍谭经，或讲堂角艺，争相先后，以为笑乐。暇则登君山，览长江，天风浪浪，遥吟高唱，一吐其胸中之奇，他人以为狂，而吾辈不顾也。[4]

唐先生笔下，诗酒相欢之情景历历如在目前，神游于半世纪前之

---

〔1〕章际治（1855—1922），字琴若，江阴人，江阴四大望族之一。光绪八年中举，任翰林院侍讲、国子监祭酒、江苏学政。与唐先生共任校订王先谦于南菁书院所刻《皇清经解续编》凡一千四百三十卷，历时三年。光绪二十四年经殿试赐进士出身，点为翰林，任翰林院编修兼京师大学堂教习。光绪二十九年，建立江阴礼延高等小学堂。光绪三十四年，任江阴南菁高等学堂校长。宣统三年底，被推为江阴财政长，办理赈务，勤于政事。1912年任江苏公立南菁学校校董。1917年协修县志。

〔2〕陈庆年（1862—1929），字善余。其生平见唐先生撰《陈君善余墓志铭》，载《茹经堂文集三编》卷八。

〔3〕见载唐文治，《茹经堂文集六编》卷一，南汇汪竹生印1948年。此文成于1945年。

〔4〕唐文治，《陈君善余墓志铭》，载《茹经堂文集三编》卷八，此文写于1929年。

青春纯厚之年华，唯以旧日之“笑乐”自我洗涤，精神回归至醇至真至正至善之南菁梦境，言外对照，乃是种种不堪之世道人心，实则饱含多少辛酸无奈之叹！

事实其时就学南菁之士子，乃经严格之考选，殆非游戏场如今日之院校者。唐先生科场失意之余，复赴江阴从学南菁书院，其中承受家庭与精神之压力，不为不巨。唐先生为悼念亡妻撰写之《郁夫人家传》记载其中情节云：

> 乙酉岁（1885），予肄业江阴南菁讲舍，夫人以姑病而予远游也，牵衣而泣。予为之怦恍，不食者二日。己丑（1889）春正，公交车首途，严命留京读书。予乃以代侍堂上，甘旨必洁，谆属夫人，夫人应曰：“是吾分也。”庚寅（1890）夏，予又铩羽归，夫人慰予曰：“遇不遇，命也。得平安足矣。”壬辰（1892）会试，予捷南宫，旋分农曹，未得入词馆。夫人慰堂上曰：“凡事繇命，较之往年不售，幸矣！”吾乡地本僻壤，厮养下走，往往有所请托，或求挈以赴都。夫人谢之曰：“吾家入都，仍作蒙师耳，非为宦也。”予闻斯言，私心甚喜，以为异日庶几助我为廉吏。[1]

唐先生之赴南菁求学，乃以牺牲家庭生活为代价，其妻子知悉而“牵衣而泣”，此中悲哀，乃先生“文治挥泪再记”[2]，又岂笔墨所能平其苦痛之万一！故唐先生于南菁之“笑乐”，乃苦中作乐，苦难时代道义正士之生存困境之难堪也至深矣！此冰山一角而已。故唐先生在南菁之生活不徒“笑乐”，况学侣之贫病早夭，往往而有，文集中多见生别离之悲伤文字。1904年撰写悼念学侣陆庚星之文云：

---

〔1〕见载唐文治，《茹经堂文集第一编》卷五，此文成于甲午岁（1894）而改正于1910年。
〔2〕唐文治，《郁夫人家传》文，载《茹经堂文集》卷五。

癸未（1883）之春，庚星应岁试，受知于瑞安黄夫子之门，乃遂刬除浮夸，敛华就实，为文务轨先正，不屑屑于时誉，而贫益不能自存矣。丁亥（1887）戊子（1888）之间，余肄业南菁书院。庚星乃辄就余谈经，余时与买舟，共赴澄江。时庚星因贫，气颓丧甚，余辄激厉之。[1]

同年又撰文以悼学侣于玉峰云：

光绪戊子（1888）之春，余与玉峰始相见于江阴南菁讲舍。时玉峰年十七，亭亭玉立，心已器之。既玉峰过余，谈经学大旨，心折余言，遂执弟子礼。其秋应闱试，私告余亟期博一第，以为堂上慰，不幸报罢，玉峰则大戚，几流涕，余亟慰之，爰进以周、程、张、朱诸先儒性理之书，并告以忠孝礼义、躬行实践之诣；玉峰喜甚，拳拳服膺，益自砥砺，以为天下之道在是矣。时讲舍诸同人方爬罗笺疏，菲薄宋儒，相与讪笑玉峰，玉峰弗顾也。

岁杪，余乞假归省，将赴礼部试，玉峰叩别，依依若不胜悲者，且谓："先生归，吾焉所请益？"余亦不自觉其怅然，亟告以相别无几时耳。余己丑（1889）下第，暂馆津沽，冬间得同年章君琴若书，谓玉峰以病殁矣。余大惊悼，为出涕者数日。壬辰（1892）之春，余再赴南菁，玉峰之叔实秋携其遗稿示，且告余玉峰之父思子成疾，玉峰之妇未成昏，矢志守贞。闻先生与玉峰有一日之雅，请一言以寿其文。余受之，挥泪不能书一字。癸巳（1893）赴都，遂置此稿于行箧。庚子（1900）之乱，携以自随，弗忍暂弃。

〔1〕 唐文治,《陆庚星遗稿序》文，载《茹经堂文集第二编》卷五，此文成于1904年。

南菁书院虽主张重整传统学术，唯于性理学亦颇隔膜。其中有深好性理学如唐先生与于玉峰者，承受同舍生之“讪笑”，则有类“集体欺凌”者也。唯唐先生与其同调而互契相勉，以性理学安抚学侣之失意，并重建其积极之生存态度；至同侣早夭，唐先生保存其遗稿，亲携十年，经历北京拳民祸乱而不弃，终能刊印亡友遗文，此道义之交，神圣矣乎！又岂能以平常之悲喜情态而薄之哉？之所以然者，儒者“非我其谁”之抱负而已。唐先生1926年所撰《张君拙嘉传略》云：

> 君讳树萁，字拙嘉，姓张氏，江苏镇江人。少聪敏，善词赋，踔厉风发，试辄冠其曹。吾师瑞安黄漱兰先生尤器重之。光绪乙酉（1885）登拔萃科。朝考入选，以七品小京官用，分刑部湖广司行走。君与时不合，暇辄痛饮，竟以病酒，卒于京师。
>
> 当光绪中叶，士务帖括，君虽喜文学，顾不屑屑于此。居恒研究时务，尝慨然大言“捐纳行而天下无人才、掣签行而天下无吏治，此世之所以浑浊也”，余深韪其言。为文浩博俊迈，有宽裕之致。说经能得纲领。吾乡搢绅之士，期君将大用，顾天不永其年，未四十而死。其尊人雨甘先生哭之极恸，曰：“吾此后无余望矣。”余与执友毕君枕梅闻之，咸流涕焉。君好谐谑，见余著述，笑曰：“如子所作，正覆酱瓿耳。”其死也，余作挽联云：
>
> 野鸟至，主人去，太傅何心，竟忍一朝委躯命。
>
> 解嘲难，覆瓿易，子云复作，再成数卷畔牢愁。
>
> 盖伤之至也。今距君之卒已四十年矣，思君不能置，故为之传，盖其言笑丰采，宛然心目间也。
>
> 论曰：拙嘉盖英奇磊落人也。方黄漱兰先生初建南菁书院，君及毕君与余肄业其中，常共宿舍。君年较长，余最少，相与上下议论，不可一世。盖君之抱负，非庸人所能知。乃一入仕

途，索居寡欢，感怀时事，遂纵酒以殒其天年，岂不哀哉！其著作无所传，恐后之为乡土志者埋灭而不及知，则尤可悲夫！

“抱负”同志，相契知心，历四十年而不渝，盖胸中自有顶天立地之宗旨，自能超越庸世意气，“英奇磊落”，岂虚言哉！前述唐先生《陈君善余墓志铭》所云：“其胸中之奇，他人以为狂，而吾辈不顾也。”精神英峙伟立不凡，其因由乎！是以惺惺相惜之至深，则于同门之先后徂谢，感慨系怀之深，伤痛自非寻常可比，乃以国失英才，为文化之痛悼也。

是以唐先生于记述南菁同门之生平行宜，必以南菁书院之精神为依归。1923 年唐先生撰《章君琴若墓志铭》，叙述南菁之精神云：

> 光绪壬午年捷于乡，与余同出长乐林先生调阳门下。当是时，督学使者瑞安黄先生漱兰病士子专事帖括，爰于江阴创建南菁书院，提倡经学。大江南北，好古之徒，云集辐辏。院长南汇张啸山先生主讲于前，定海黄元同先生、江阴缪艺风先生继讲于后。君闻风兴起，往肄业焉。
>
> 元同先生素好朴学，尤器重君，延为斋长，时余亦滥竽其间。每当春诵夏弦，读书露坐，讨论经史疑义，滔滔辩论，得一新知，相与欢笑以为乐，不炫异而矜奇，惟“实事以求是”，汉经师家法，君能心得之矣。[1]

唐先生于南菁书院四年之间，历尽悲喜，而其一本师门之教而抱持终生之素志，遂定调于其时，遂为信守不渝之感恩图报之深情，则南菁书院所在之江阴，亦其晚年所以魂牵梦萦者也。唐先生 1946 年撰《江阴徐邦基先生家传》论曰：

---

〔1〕 唐文治，《章君琴若墓志铭》，载《茹经堂文集第二编》卷八，此文成于 1923 年。

余弱冠时，肄业江阴南菁书院，居蓉城者四稔，见其风气朴质，崇文尚义，心辄向往之。惟近今以来，吾苏人士多有废经不读者，然问澄江风俗，尚能如旧读书行善，居今世为尤急矣。吾传邦基先生，为之神往不置也。[1]

唐先生1947年撰《江阴沈源兴先生暨德配谢夫人合传》，复论曰：

论曰：余弱冠后，肄业江阴南菁书院，居凡四载，盖先生梓里也。其俗朴而醇，其风文而质，其人直道英峙，兼有尚武精神。《孟子》有："言一乡之善士，斯友一乡之善士。"洵不诬也。[2]

英峙坦荡之风俗，回环往复于其精神世界而成主旋律，盖身处于20世纪苦难时代而开出之"苦难经学"，自必珍惜此文质彬彬之优雅与刚强之勇毅，从而蕴涵非比寻常之磊落与醇朴，正学之足以移风易俗，岂虚言哉！此情韵之所自，颜之曰"南菁精神"可也。

三、崇师法：唐先生传经立义之要义

唐先生尊师重道，秉承实事求是之南菁传统与精神，实在体现于诸经之立意，本经义以存师说，因师说以明道尊，则唐先生诸经大义，非徒虚作。唐先生于主持南洋大学（后易名上海交通大学）与无锡国学专修学校，传道授业解惑，皆有依据，非腾口说以虚论者。其所依据编辑成书，是为《十三经读本》，其中注重善本与评点之阅读指引，所以善导学子以进正学之坦途，而非卖弄自家小慧者，故师门之有述作其意可采者，皆纳其中，以见道术承传，渊源有自也。此唐

〔1〕 唐文治，《江阴徐邦基先生家传》，载《茹经堂文集第六编》卷五，此文成于1946年。
〔2〕 唐文治，《江阴沈源兴先生暨德配谢夫人合传》，载《茹经堂文集第六编》卷五，此文成于1947年。

先生之说诸经大义，所以提点“经学家法”之重旨也。标榜“经学家法”，非为树立门户与框架，乃运性理学之“道统”观念，融之于经学初阶之中，以匡正清代说经支离破碎之弊，正本清源，学者知所宗，则重建经学义理，主导人生与时代，自非虚言。

《十三经读本》于为首之《周易》类用朱子《周易本义》，而选入黄以周《周易诂训订（剩本）》一卷及《乾坤屯卦注疏》一卷。黄以周于清咸丰乙卯年自序结笔重申云：

> 不敢矫异于古人，亦何敢阿同于古人，务求实是，毋背圣《传》致乖圣《经》也云尔。[1]

此无异全书开宗明义之大旨，“务求实是”，一以贯之，亦黄以周于南菁讲学之要旨也。

黄以周家学承传有自，唐先生所采一卷本之《周易诂训订（剩本）》，细研其内容，关键者皆采黄式三之说，一卷之中近半焉，可视为父子合著者也。释《易·乾卦》初九《彖辞》“乾道变化，各正性命，保合大和，乃利贞”，黄以周引其父黄式三说云：

> 儆居子曰：“乾道变化”谓天地变化。变则通，“利”也。人为人之性，物为物之性，是谓“各正性命”，人、物之性命各正，“贞”也。“保合大和”，“保”亦“贞”，“和”亦“利”，常保守其并育并行之气，乃是“利贞”也。以爻象言，乾交坤而阴阳相应则“利”，阴阳各当其位则“贞”也。[2]

---

〔1〕 黄以周，《周易诂训订（剩本）序》，载唐先生《十三经读本》第1册，台北新文丰出版公司影印本1980年，第175页。

〔2〕 黄式三，《易释·疑义分析三·上篇经传》原文曰：“乾道变化，变则通利也。二位不当，以见大人而贞；四位不当，以在渊而贞；上位不当，以有悔而贞，是谓各正性命，正即贞也。保合大和，保亦贞，和亦利，保守并育并行之气，乃是利贞也。乾交坤而阴阳相应则利，阴阳各当其位则贞也。”见黄式三《儆居遗书》本卷三，第1页。因黄以周用其父之意而非袭其文，故此引文不用引号标点也。

以周谨案：在天为“变”，在地为“化”，乾坤相交是谓“变化”。凡变而和谓之“利”，正而固谓之“贞”。[1]

黄以周自按于父说之后，教孝之道也。黄式三以“人性”“物性”释人、物，乃本传文“各正性命”立说，是即本经证经，皆明而有据，是所称“实事求是”者，皆本家学渊源者也。

释《坤卦·彖辞》“坤厚载物，德合无疆，含弘光大，品物咸亨”，引黄式三云：

儆居子曰：“光”“广”通，谓地之广博。坤以“含”配乾之“弘”，而无所不有；以“广”配乾之“大”，而无所不至。乾、坤气通，万物畅遂，是为“嘉会”之“亨”也。[2]

以周谨案：地之所积者厚，其积厚者其流广。“积厚流光”见《大戴礼》。“光”亦“广”之借。[3]

黄以周本黄式三立义，进一步考出“积厚流光”源自《大戴礼记·礼三本》之所言“所以别积厚者流泽光，积薄者流泽卑也”，此以儒门典籍间之系统互证之门径，为唐先生诸经大义与曹元弼《十四经学》之诸经互通论之权舆。则足见黄氏家法之精义，乃以本经及诸经之互证为关键。此可以言诠者。

本经证经或诸经互证，皆其正义而不混浮言杂说，所以同达圣人之意旨。圣人重旨在《论语》，则唐先生所极其关注者，是为《论

[1] 黄以周，《周易诂训订（剩本）序》，载唐先生《十三经读本》第1册，台北新文丰出版公司影印本1980年，第173页。

[2] 黄式三，《易释·疑义分析三·上篇经传》原文曰：“《坤·彖传》曰：‘含弘光大。’含，犹含章之含。光、广通。谓地之广博。《文言传》曰：‘含万物而化光。’含、广，皆坤之德也。坤以含配乾之宏而无所不有，以广配乾之大而无所不至，乾坤气通，万物畅遂，是为嘉会之亨也。”见黄式三《儆居遗书》本卷三，第4页。

[3] 黄以周，《周易诂训订（剩本）序》，载唐先生《十三经读本》第1册，台北新文丰出版公司影印本1980年，第175页。

语》，故亲撰《论语大义》，录入《十三经读本》，与朱子《论语集注》，并悬为学馆入门之要籍。

唐先生之《论语大义》，究其根本，乃用黄式三《论语后案》者也。唐先生于《论语大义外编》彰显黄式三《论语后案》，尊为“汉、宋学兼采”类之唯一本子，谓：

> 先列《集解》，次列《集注》，后下己意为“后案”，合汉、宋师法，源流毕贯，体大思精。其中所引《朱子文集》，尤可考见《集注》精意。自有此书，而门户之争可息。[1]

是唐先生本黄式三《论语后案》而成《论语大义》，意在超越门户而融通“汉、宋师法”；复指出黄式三《论语后案》引《朱子文集》互证朱子《论语集注》，此正黄氏家法本经证经一以贯之之运用与实践。

唐先生于《论语大义》之首篇《学而篇》首章，具见其尊师而重建道统之精神。《学而篇》第一：

子曰：学而时习之，不亦说乎？

> 学字或训效，或训觉，皆未能征之于实。
>
> 陆氏曰：“此所谓学，《大学》八条目是也。”[2]
>
> 陈氏曰：“学字从孝，即下章所谓孝弟，以及本篇中诸学字皆是也。”[3]

---

〔1〕唐文治，《唐文治论语参考书目表》，载《论语大义外编》，无锡国学专修学校1936年，第28页。

〔2〕陆陇其（1630—1692），浙江平湖人，原名龙其，后改为陇其，字稼书。康熙九年进士。此唐先生提炼陆氏之说，陆氏原谓：“子曰：‘学而时习之，’开口说一个‘学’字，要讨个着实。所学者何事？如何样去学？注只云‘学之为言效’也，未言如何效；又云‘所以明善而复其初’，亦未言善是如何？初是如何？若不讨着实，则皆可为异学所借。须将《大学》八条目细细体认。”说见陆陇其《松阳讲义》卷四。

〔3〕陈琛（1477—1545），福建晋江人，字思献，号紫峰。正德十二年进士，授刑部山西司主事。与张岳、林希元三人并称“泉州三狂”。著有《四书浅说》六卷、《易经浅说》八卷、《正学编》二卷、《陈紫峰文集》十二卷。

黄氏曰："圣门之教，必读书然后为学也。"[1]

后说为长。

时习者，反复不厌，日新而月异也。

之，代名词，如"默而识之""敏而求之"之例，即指学而言。

说者，思绎既久，意渐解释，所谓"优而柔之，餍而饫之""涣然冰释，怡然理顺"也。[2]

有朋自远方来，不亦乐乎？

朋，同志也。自远方来，"同声相应，同气相求"[3]也。

《孟子》曰："得天下英才而教育之，三乐也。"[4]

人不知而不愠，不亦君子乎？

人者，非皆同志也，知与不知，听之而已。

不愠者，非特不含怒，盖绝无丝毫之芥蒂也。

不愠与说、乐相对说。生意内发为元，乐散于外为亨。不愠则生意又收敛于内，为利贞也。《易传》曰："遁世无闷，不见是而无闷。"[5]君子以成德为行，为己之学，固当如是也。玩三"不亦"字，圣人循循善诱之意深矣。[6]

此精详经文，细勘诸家解说，互证《易传》，盖《易传》之出孔子，今日不视荒诞。则唐先生遣黄氏说经家法，正所以切实理解圣人

---

〔1〕 黄式三《论语后案》此条注谓："学，谓读书。……盖学者所以学圣人之道，而圣人往矣，道在方策也。"按：陈澧《东塾读书记》卷二《论语》云："学者何？读书也。"此唐先生主意。

〔2〕 杜预，《春秋左氏传序》。

〔3〕《易·乾卦·文言传》。

〔4〕《孟子·尽心上》。

〔5〕《易·乾卦·文言传》载孔子说"潜龙"云："遁世无闷，不见是而无闷，乐则行之，忧则违之。确乎其不可拔，潜龙也。"

〔6〕 唐文治，《论语大义》卷一，载《十三经读本》第6册，台北新文丰出版公司影印本1980年。

之意旨。道统之传，以此为枢纽。如此家法之于精读过程显示者，必须实在体会领悟，非言诠之能及者。

综括黄以周《周易诂训订（剩本）》及唐先生《论语大义》之家法意识，皆所以求客观而实在之理解，此足显示近世征实之科学精神于传统经学之正面影响，盖经学之与时代意识形态主调之互动，向来至为敏感者也。

四、结论

南菁书院之学术精神与晚清洋务运动及维新变法息息相关，可以视之为其时代意识形态之一极为重要之部分。学界讨论此时期之正统学术，偏从康、梁一面解读与观察，唯事实康、梁之学昙花一现，未足承接道统，可以耸动一时之人心，难以支撑时代之精神。唯南菁书院为核心之经学群体，乃能综汇传统之“师法”意识，通过终生坚持之道义承诺与不懈之学术精研探索，身体力学，以道义担当之勇毅，从南菁书院至无锡国专至新亚书院，一脉相承，于华夏不同之时空中，传道授业解惑，一本孔、孟救世之仁德，重树经学之灵魂与精神，引导时代人心回归“人道”之大方向，其于近百年中国处于苦难深重之环境中，本儒者悲天悯人之真挚情怀，体现经学义理之淑世作用，在承接传统大智慧之作用与贡献上，实非康、梁以至其他异域之思想所能比拟者。正视黄以周至唐文治先生，现代中国思想建设之气轴方能启运。

唐文治《论语大义》探微

虞万里[1]

一、引言

同治四年，蔚芝先生生于太仓镇洋县岳王市陆宅之静观堂，祖父唐学韩为其取名文治，字颖侯。后字新民，号蔚芝、儒极，别号茹经。太仓为人文荟萃之地，文化底蕴深厚，唐家本卫所军户，高祖时已入学籍，故先生六岁即从外叔祖读《孝经》，七岁读《论语》，八岁读《孟子》，以启其蒙；九岁始读《诗经》，至十三岁而读毕五经。年十四，为业师王祖畲所器，十五中秀才，十七入王门受业，埋首性理之学，研探作文之法。自后分日读《朱子小学》《近思录》《性理精义》《程氏读书分年日程》等。同年七月，乡试中第二十名举人。研读《二程遗书》《朱子文集》，兼览《周礼》《仪礼》《尔雅》，不废经学。自六岁至二十岁，先生读书之外，心无旁骛，十余年中，已筑成经学、小学与理学之根基。

光绪十一年，赴南菁书院应试，以超等成绩入书院肄业，受学于经学大师黄以周，并为黄视作"高第弟子"，与吴县曹元弼、江阴章际治、阳湖赵椿年、武进刘翰、常熟孙雄等结为至交。其时黄以周《礼书通故》成，先生与陈庆年、孙雄等任参订；王先谦辑刻《皇清经解续编》，复与同学任校阅。在研习性理、参订校阅经学名著之际，得读汉学家惠栋、张惠言、焦循等《易》学著作，始钻研《易》学。

〔1〕 作者单位：上海交通大学人文学院。

黄以周乃汉宋兼采之经师，见其习《易》，谓清代易学未能贯通汉宋，自成一家者，教以读《通志堂经解》中著作。先生乃研读朱震、项安世、吴澄之《易》著，冀作《周易集解疏》而未果，然已成《易》义论说近十篇，此后数十年，始终对《周易》保持研究热忱，七十岁时出版《周易消息大义》，即植基于此。

光绪十八年成进士，分派户部江西司主事，历任农工商部侍郎并署理尚书，十余年间，兴利除弊，挽颓振靡，不遗余力，践履儒者经世致用之宏愿。1906年，出任邮传部上海高等实业学堂监督，从此献身教育。上任伊始，即调整科目，延聘名师，制定规章，培育英才，短短数年，已奠定交大工科发展方向。1920年校长任上去职，退居无锡，创办国学专修学校，用另一种教育方式，培育出一大批第一流国学人才。上海交大与无锡国专，本是两种完全不同性质之学校，而蔚芝先生先后执掌两校，能够同收硕果。溯其因果，除一位儒者夕惕若厉、至诚践履而外，更有孔孟弘道育人、程朱格物致知为其动因。而此种弘道精神与思想内涵，更体现在其《论语大义》《孟子大义》及其诸多“大义”著作和相关篇章中。

二、“大义”书名溯源

蔚芝先生著书多以“大义”名，除《论语大义》外，有《周易消息大义》《周易九卦大义》《尚书大义》《洪范大义》《诗经大义》《礼记大义》《大学大义》《中庸大义》《孝经大义》《论语大义外篇》《孟子大义》《二程子大义》《洛学传授大义》《周子大义》《张子大义》《朱子大义》(《二程子大义》以下五种合为《性理学大义》)《国文大义》《国文阴阳刚柔大义》《国文经纬贯通大义》《古人论文大义》《政治学大义》《论语救国大义第一节——学》等二十余种，足见“大义”一词是其一生著作之中心词。一般认为，“大义”犹言“讲义”，学校讲稿，可称“讲义”，亦可称“大义”。然先生于其他讲稿，不少亦标作“讲义”，[1]如《高等学堂道德讲义》《高等国文讲义》，更有单篇单刊时作《孟子不忍人章讲义》《诗小雅常棣篇讲义》《诗小雅蓼莪篇讲义》《孝经开宗明义章讲义》，刊于《大众》杂志上皆标《孝经讲义》（一）（二）至（十二）等，而最后写定成著后，却一律标作“大义”，此当别有怀抱与寓意。

“大义”首见于《子夏易传》与《六韬》，义为正道、大道理。《庄子·秋水》：“万物一齐，孰短孰长，道无终始，物有死生，不恃其成，一虚一满，不位乎其形。年不可举，时不可止，消息盈虚，终则有始。是所以语大义之方，论万物之理也。”诸家虽多以“大道”解释“大义”，[2]然此词未尝不可作为前文描述宇宙万物终始盈虚之简要概括，故已蕴含“道要”之义。汉立五经博士，以传记递相授受，宣元之际，章句之学盛行，一经说至数十上百万言，学者皓首穷经，苦其繁琐，于是有置其琐碎，独探经典要义之人。《汉书·翟方进传》谓其“又受《春秋》，通大义”，后刘歆又“略从咸（尹咸）及丞相翟方进受质问大义”。班固伯祖班伯先从郑宽中、张禹受《尚书》《论语》之“大义”；班固亦“所学无常师，不为章句，举大义而已”。汉光武帝在天凤中“之长安受《尚书》，略通大义”，桓谭“善鼓琴，博学多通，遍习五经，皆训诂大义，不为章句”。“大义”与“章句”相对，是为简略要义之意。凡此两汉君臣，皆不愿穷治章句，而仅领略经典要义，以经世济民。汉代经师著作无以“大义”名者，仅刘向有《五经要义》，义或近之。汉魏之际，学者仍力图摆脱繁琐考证，故有以“说要”名书者，[3]即述说大义、要义之谓。晋代尚清通简约，始

---

〔1〕蔚芝先生于《论语讲义式》云：“‘讲义’昉于宋代，朱子《玉山讲义》、陆子《白鹿洞讲义》是也。近代著名者，陆清献公《松阳讲义》为最。今则法式荡然。”见《唐蔚芝先生演讲录》第六集上卷，上海私立南洋大学出版处1942年，第147页。

〔2〕参见褚伯秀，《庄子义海纂微》卷五十三，华东师大出版社2014年，第547—550页。钟泰云：“曰‘大义’，犹曰大理大道也。”见《庄子发微》卷三，上海古籍出版社1988年，第377页。

〔3〕《隋志》有《春秋说要》十卷，魏乐平太守糜信撰，《释文叙录》谓其东海人，字南山。姚振宗谓乃糜竺、糜芳之同族，见《三国艺文志》，《二十五史艺文经籍志考补萃编》第九卷，清华大学出版社2012年，第127页。

以“旨”“旨通”“要略”“要记”名书，[1]意皆论述一书之要旨。历两汉而魏晋，由繁琐而返简约，其论著虽不以“大义”名，而君王、名臣固多鄙薄章句，竞尚经典要义以济世。

南北朝讲疏、义疏之学兴盛，分疏义理，剖发精奥，识记成书，篇幅繁重。读之即使可了无余义，研习却不免费时延日，骤然披寻，难得要旨，遂有“大义”之作。梁武帝雄才博学，既有诸多“讲疏”“义疏”之作，又撮其要旨为“大义”多种，如《周易大义》《尚书大义》《毛诗大义》《礼记大义》。[2]就某种角度论，六朝之“大义”著作，系针对繁复之义疏而将经典要旨作简要概括而另行，目的是使学者能便捷掌握经旨谛义。“大义”因“义疏”之繁重而产生，有明显的实用意义。

清代乾嘉崇尚朴学，考证经义，不避繁琐，儒家经典，多有新疏，然皆崇尚汉学，篇帙浩繁。道咸以还，今文经学崛起，汉宋兼采呼声随之。蔚芝先生少从王祖畬受性理之学，复入南菁书院从黄以周受训诂义理合一之学。虽不废考据，而处风雨鸡鸣之世，慨然以拯救人心、图强中国为己任。他曾大声疾呼欲以人道、人伦、人格、人心救国，[3]舍孔孟之学而无他途，故其一生于《论》《孟》两书用力最深。既欲以《论》《孟》救世，使世人有理可依，有路可循，必将其精义揭橥方可。且清末民初政局鼎革，中西文化激荡，新旧思想冲突，废经倒孔，精神失所依凭，道德一堕千丈，又一次重演“夫子殁而微言绝，七十子卒而大义乖”新局。此时要想揭示孔孟思想旨要，必须直截了当，不汲汲于辨析细微末节之是非，无容作繁琐异同之考

---

〔1〕《晋书·李充传》载充有《周易旨》六篇，《通志艺文略》有李颙《周易卦象数旨》六卷，《隋志》有王述之《春秋旨通》十卷，《两唐志》有李颙《尚书要略》二卷，环济《丧服要略》一卷，《七录》载刘逵《丧服要记》二卷，贺循《丧服要记》十卷。

〔2〕牟润孙谓梁武帝“《尚书大义》《毛诗大义》《礼记大义》疑即三书讲疏之约本”。见牟润孙，《论儒释两家之讲经与义疏》，中华书局2009年，第139页。

〔3〕参唐文治，《废孔为亡国之兆论》，《茹经堂文集三编》卷一，《民国丛书》第五编第95册，第1页。

证。于是遥承汉儒经世思想，将自己一系列经学著作径直标举“大义”一名，自有其深远之学术历史意义与深切之社会现实意义。处此蜩螗沸羹、神州晦暝之际，“大义”一词，既有直抉奥义、标举简约之意，复寓醒世惊心、凛然不拔之志。其苦心孤诣、意匠独运，不可不先表揭于此，俾供读先生之书者体味。

三、《论语大义》成书过程

蔚芝先生七岁读《论语》，二十岁前埋首性理之学，于二程与朱子及阳明等书烂熟于胸。可以说，他是真正汲取了传统儒家文化精华作为正能量，落实到自己的立身处世之中，故其出处语默，体现出儒家修齐治平与经世济民水乳交融之人格。然至光绪末年，西风劲煽，社会风气急转，“唯恐经书一日不废”呼声渐高。晚清政府对此深表忧虑，下令“中小学堂宜重读经，以存圣教”。此后读经废经，反复无常，民国肇建，明令初等小学废止读经。时先生正在邮传部上海高等实业学堂任上，将实业学堂改名南洋大学，忙于学校之建制调整和经费之申请落实。偶因经费问题赴京与交通部总长面商，见“京师气象，腐败已极”。[1]回沪之后，有友人来告，谓“近今学校，罢去读经，如向者户诵之《论语》亦无人复读，而朱注尤苦精深，盍加节录，以便初学乎”。友人所以将此事属之先生，是以其于《论语》一书独有心得之故。先生当时无意之中“漫应之”，继而思之，虽节录朱注，未免弇陋，然在废经不读之社会中毕竟可以启蒙传道，于是节取朱注，并附自己所撰《大义》二十篇。此书名“《论语》新读本”，[2]系作为“国学启蒙之一”的读物，然虽云启蒙读物，却是有为

〔1〕 唐文治，《茹经先生自订年谱正续编》，《近代中国史料丛刊三编》第9辑，台北文海出版社1986年，第67页。

〔2〕 按，《茹经先生自订年谱正续编》将此事系于民国二年，记云：“冬，编《论语大义》成。采用朱注，别下己意为小注，取简单以便初学。又探先圣经义作《大义》二十篇（此后删改数次乃成定本）。”《近代中国史料丛刊三编》第9辑，台北文海出版社1986年，第69页。

为之，其自序云：

> 世界何为而险巇丕塞至于此极乎？人心何为而欺诈迷缪至于此极乎？四书五经束之高阁而不屑读，旧道德扫除殆尽，而于新道德亦茫乎无所知，为人之道当如何，鲜有能道之者，此淘汰道德之过也。[1]

读此可见先生所以著此读本，主要是废经之后，旧道德被破坏而新道德未能建立，世人立身处世，失所依凭，导致人心欺诈迷谬，社会诚信荡然。作为理学陶冶镕铸之著者，面对江河日下之清季世局，认为“天下之存亡，实士大夫心之存亡为之，亦即士大夫气之存亡为之也”[2]，坚信“《论语》实有可以致太平者”，自会以孔孟精神所支撑、驱使，挺身担当道义，故《新读本》之撰作，确有挽救人心、恢复道德、维系社会的涵义。《读本》正文大字，注文双行小字，天头标注难字直音和声调，其形式脱胎于清代四书五经读本。每篇后所附之《大义》，却是蔚芝先生“贯串群言，发明道要”之心得。至于其注释，大多是取朱熹《论语集注》而“删其繁复，补以古注”，“参以鄙意”的地方不多。此为作者有关《论语》之第一本著作，先由门人沈炳焘在长沙排印，复有上海徐家汇工业专门学校铅印本，其读者应是上海交大前身交通部上海工业专门学校之学生。

1920年，蔚芝先生应施肇曾之请，出掌无锡国学专修馆，先仍以此读本教授甲乙班诸生，既而“深病其略，爰复下己意加以润色”，是为修订本，其读者是无锡国专之学生。然自废除读经条例施行起，成立孔教会、打孔家店之声浪波波相续，1919年“五四”之后，《论

---

〔1〕 唐文治，《论语新读本序》，按，“国学启蒙”本出版年月不详，另有上海徐家汇工业专门学校铅印本，为1915年出版。

〔2〕 唐文治，《重印文文山先生集序》，《茹经堂文集》卷四，《民国丛书》第五编第94册，第15页a。按此文作于1909年，适值民元前夜。

语》在国民中之影响早已今非昔比。作为笃信孔学，深受理学熏陶之先生，对面道德沦丧、军阀割据之社会，自然在思索救国家、拯人心之良方。而《论语》并非仅如批判者所举“三年之丧”“天下有道则庶人不议”“学而优则仕”之类，更有修身蓄德、安邦治国之功用在。故仅就略加润饰旧稿，已不足适应新形势下之教育。遂于1923年新生入学前，取其昔所研习、所崇尚之先儒范本，重加注解。《大义定本序》云：

> 重绎旧稿，觉朱注与诸家参杂，犹有未安，乃复取汪武曹《四书大全》、陆清献《松阳讲义》、李文贞《论语札记》、黄薇香先生《论语后案》、刘楚桢先生《论语正义》诸书，精以采之，简以达之，鄙意所及，加愚案以申明之。[1]

此次修订，几近于另起炉灶，经此一番重大改动，已与前此读本面目迥异，适值施肇曾请刻《十三经读本》，《论语》选择朱熹集注，因将《论语大义》附刻于其后。此为第三次修订定本，时在1924年，此后即以《定本》流传学林。

《读本》与《定本》之所同者，是皆有二十篇《大义》附于各篇之后，其不同处在于注释，不仅有繁简之差，甚至有文字完全不同者。

如《颜渊》第一条“克己复礼为仁”，《读本》注文九十余字，《定本》则有二百二十八字，紧接“非礼勿视”一段，《读本》用二百多字加以注释，不可谓不详，而《定本》则用三百八十字诠释，更

---

〔1〕 唐文治，《论语大义定本跋》，《十三经读本·论语读本》后附。先生之所以参考汪、陆、李、黄诸书，其在《十三经提纲·论语·授受》中有说，云：“学者须知朱注最得圣人之意，精深广大，无义不赅。至此外之发明义理者，以汪武曹《论语大全》为最，次则陆清献《松阳讲义》，切于修身，至有关系。其贯串训诂者，如近儒潘氏《论语古注集笺》、刘氏《论语正义》，多采用马郑古注，而《正义》尤为闳博。先太夫子黄薇香先生《论语后案》，折衷汉宋，精义坚深，读《论语》者皆当参考也。”此处无李光地《札记》而提及潘维城《集笺》，要其相去不远，皆蔚芝先生以为所当参考者。

为详尽。“仲弓问仁”一节，《读本》仅四十六字，而《定本》有一百八十四字。更主要的是内容已颇多改易。如《里仁》第一节：“子曰：里仁为美，择不处仁，焉得知。”《读本》在天头标注：“处，上声。焉，于虔反。知，去声。”下注云：

> 里有仁厚之俗为美。择里而不居美地，则失是非之本心，岂得为知。此篇概言心体也。

此注基本是朱熹《集注》文字，只是将朱熹之直音反切移至天头。朱注“择里而不居于是焉”，改“于是焉”为“美地”；朱注“则失其是非之本心”，删去“其”字；朱注“而不得为知矣”，移易为“岂得为知”。末加“此篇概言心体也”总结。此即所谓“删其繁复”，偶有“参以鄙意”之处。至《定本》则大为改观：

> 里仁有出于本然之美，有出于师儒讲学提倡之功。美者，质朴敦厚之风是也。择不处仁，有因天资昏昧者，有因习俗浮薄者。孟子曰：“仁，天之尊爵也，人之安宅也。”不处仁，则其人贱且危矣。“焉得知”亦有二义，迷缪而不知所择，是因不知而不仁也，不处仁而失其是非之本心，是因不仁而不知也。此篇概言心学，常兼处境而言，而首章尤为人心风俗之本。

分析里仁有本然与人为之美，择不处仁也有先天后天之别。由先天后天之别回归本心而言，则分因不知而不仁与因不仁而不知两类。将人处仁不处仁之主客观因素分析清楚，由个人推之群体，则处仁与否，可以观人心风俗。短短数语，将《里仁》一章之人心、境地、风俗全盘呈现。

《大义》二十篇本为“俾学者于读经之法，学圣之方”而作，撰成于1913年冬，附于《读本》各篇之后，但在修订过程中，亦不断有所增益修改。如《为政篇大义》,《读本》原文“知之为知之，不知为不知，不欺之学也”,《定本》改作“知之为知之，不知为不知，知类之学也。穷理而后能明决”。《八佾篇大义》,《读本》原文“礼乐与人心相为维系者也，人心坏而礼乐衰，礼乐废而人心亡”,《定本》改作“礼乐与人心相为维系者也。人心作礼乐，礼乐感人心，人心正而礼乐兴，人心变而礼乐坏，而世道不可复问矣”。《子路篇大义》,《定本》于篇末“如是而乃为政治中之善人也”句后补：

> 是故有教而民皆可为兵，无教而民皆被戕于兵，自残自杀，其祸胡所底止。有圣人作，教其民，先教其兵，而后天下可得而治。

时当国力孱弱，频受外侮之形势下，借孔子“善人教民七年，亦可以即戎矣”和“以不教民战，是谓弃之”二语而发挥之。蔚芝先生所谓教，是以孝悌忠信为本，以武备为辅。能战者必须先有教，“用不教之民以战，必有败亡之祸”。又《季氏篇大义》之末,《定本》缀一段文字，专考《论语》称“子”和“孔子”之通例，又补充伐颛臾和其他数章之剩义。由此可见，先生于《大义》二十篇文字，一直在不断修订中。

四、《论语大义定本》内容探微

由《论语新读本》到《论语大义定本》，是从节录朱注到取先儒精华自为之注的转变。《定本》所取以汪、陆、李、刘、黄诸家之说为主。汪武曹名份，长洲人，清康熙四十三年进士。其《增订四书集注大全》三十六卷，系康熙刻本。[1] 以其增订朱注，可以取用。陆陇

〔1〕 汪书见《江苏艺文志·苏州卷》第1册，江苏人民出版社1996年，第767页。是书流传不多。

其《松阳讲义》和李光地《论语札记》，皆纯正之朱学名著，黄式三为蔚芝先生老师黄以周之父，《论语后案》是继刘宝楠《论语正义》之后的力作。先生十七岁时从王紫翔治性理之学，即受命读汪武曹《四书大全》、陆清献《三鱼堂集》等。[1]朱子《集注》本是理学必读课本，先生撰《读本》时，已有贯通心得。至此更取清以还订补朱注名著和考证力作，融会诸说，结合时局，独抒心得，诚可谓取精而用宏，词切而意深。以下聊就《定本》内容作一归纳。

（一）兼采众说，独抒己见

作者一生服膺朱注，《定本》又从《读本》脱胎而出，故笺注多引朱熹《集注》，恒称"朱注"，其他则标"程子曰""叶氏曰""胡氏（安国）曰""胡氏（炳文）曰""蔡氏曰""陆氏曰""李氏曰""黄氏曰""刘氏曰"等，以资区别。其中程子、胡安国转引于《朱注》，叶氏转引于胡炳文《四书通》，胡炳文有《四书通》，蔡清有《四书蒙引》，皆自序开列外之书，可见其兼采众说之一斑。汪、陆、李之书，羽翼朱学，为理学正统，是其重要征引者，就中尤以陆氏为多。若刘宝楠《正义》，乃汉学家言，蔚芝本师黄以周对刘书不无微词。同门孙雄尝作《论语郑注集释》，与黄先生讨论而论及刘书。黄云"刘楚桢作《论语正义》，采辑古说，不拾唐以后之人言，此自命为汉学者也，于义理之精微罕有所得，即训诂考据亦多疏失"，因而告诫孙雄，"今作《郑注集释》，幸慎择之，不为刘氏书所汩也"。[2]然《定本》中仍多采辑刘书以为笺释，《子罕》"子欲居九夷"一章，引刘宝楠说为"君子居之"之君子指箕子而非孔子自称，谓"其说极新"，可见先生崇师说而又不为师说所囿。相反，即使是太老师说，也不一定遵从。

[1] 唐文治，《王紫翔先生文评手迹跋》，《茹经堂文集三编》卷五，《民国丛书》第五编第95册，第25页a。

[2] 黄以周，《儆季文钞》卷三《与孙君培书》，《清代诗文集汇编》第708册，上海古籍出版社2010年，第492—494页。

《子罕》之“罕”，黄式三《论语后案》借为轩，训为显豁。[1]先生早年曾信其说，[2]至此则谓“说似迂曲”，引《史记》文而曰“罕字自当训少为是”。该书在引述众说之后，往往加“愚案”申述己意，或肯定，或否定，或补充，或发挥，期使将经典原意表而出之。其中不乏独抒己见者。如《子罕》“颜渊喟然叹曰：仰之弥高，钻之弥坚，瞻之在前，忽焉在后”一句，既高且坚，忽前忽后，究为何物，诸家皆未有说。先生独出新意作解云：“盖道不过中庸而已。颜子初学时，觉中庸之道难能，致知力行，总觉未能适合，故有此叹。非恍惚之象也。”[3]初学中庸，难以把握，如此作解，新颖贴切。至于前儒经说之是非，书中亦多有判别，尤其是旧注或成说已产生一定影响，有必要肃清，则于笺注之后予以指正。《八佾》：“夏礼吾能言之，杞不足征也。”注云：“征，证也。……夫子学二代礼乐，欲斟酌损益删定之，以为后世法，而文献不足，虽能言之，究无征验，故不得以其说著之于篇。”文意明晰。后云“旧注训征为成，谓杞、宋无贤君，故不足以成礼，与本经语意未合”。按，所谓旧注即包咸说，何晏《集解》引包说云：“征，成也。……杞、宋之君不足以成也。”与经义扞格不合。《学而》：“父在观其志，父没观其行，三年无改于父之道，可谓孝矣。”先生引汪武曹说后又云：“先儒谓改父之道，所行虽善，亦不得为孝，恐失经旨。”按此所谓先儒，实则朱熹以下如赵顺孙等皆有此意，不便明指，遂统称“先儒”而正之于后。又如《子张》：“博学而笃志，切问而近思，仁在其中矣。”自来多将博学、笃志、切问、近思四者并列，皆不解释“仁在其中”一句，即为何博学而笃志，切

[1] 黄式三，《论语后案》卷九，见《续修四库全书》经部第155册，上海古籍出版社2002年，第503页上。

[2] 唐文治，《南菁书院日记》乙酉年三月初五日记“罕”训为显豁云云，皆《论语后案》之说，盖当时读其书以为新颖而记之也。见《唐文治文选》，上海交通大学出版社2005年，第5页。

[3] 按，陆陇其在《松阳讲义》卷二“天下国家可均也章”谈及颜子忽焉前后系引中庸之难能，先生将之坐实此章。

问而近思，仁会包含其中？蔚芝先生云：

> 仁，人心也。博学而笃志，则所学反于约，而能课诸心矣。切问而近思，所问求之近，而不舍其心矣。诚能如此，则心不外驰，而所存者渐熟，是求放心之基也，故曰仁在其中。进乎此，则心不违仁矣。[1]

学、志、问、思皆离不开人之心，博学仍需返约，思问都必须切近自身人心，不作汗漫之想、河汉之言，就是收其放心，亦即将心收在腔子内，乃能近仁而不违仁。

（二）用心入微，贯通首尾

《论语》自朱熹之后，历经理学家之穷究精微，各自立说，要想提出贴切新意，已不容易。先生沉潜覃思，贯通经典，明于势，审于理，往往能于众说之中更进一层。如《雍也》："樊迟问知。子曰：'务民之义，敬鬼神而远之，可谓知矣。'问仁。曰：'仁者先难而后获，可谓仁矣。'"先生先总结前人于此有浅言、深言二说：浅言之者谓知者不惑于祸福，仁者不计较功利也；深言之者谓知以所知言，故不惑而达于天人之理；仁以所存言，故无所为而为，而合乎天地之心。他认为"二说皆是而未协于中"，于是申说云："窃谓务民之义者行而宜之，穷理之学也；敬鬼神而远之，所谓未能事人，焉能事鬼也。先难者，克己之学，夫子以克伐怨欲不行为难，《易传》：损先难而后易，谓惩忿窒欲之难也；后获者，复礼之效，视听言动悉合乎礼，喜怒哀乐皆得其中也。"[2]以经解经，圆融无碍，非深于思、熟于

[1] 唐文治，《论语大义》卷十九，《十三经读本》第5册，台北新文丰出版公司1980年，第2955页下。
[2] 唐文治，《论语大义》卷六，《十三经读本》第5册，台北新文丰出版公司1980年，第2842页上。

经者所不能也。先儒各自立说，有时互相扞格矛盾，至有误解孔子本意者，此则须立足于仁而审于文理，方能得其确解。《泰伯》“民可使由之，不可使知之”一句，寥寥十字，解者纷纭。先生从文法切入，先设三问：“所谓由之、知之者何？使由之、使知之者何？所以可使由、不可使知之者何？”层次分明。而后释云：“盖由之、知之者，道也。使由之、使知之者，上也。所以不可使知之者，非特道也，即事理之始终本末，苟知其偏而不知其全，则徒滋议论而政治为之掣肘矣。”将由之、知之、不可使知之三个递进层次做出明白解释。至于有人诋讥此句是愚民政策，他举《尚书·盘庚》“不匿厥指”、《诗·小雅·节南山》“俾民不迷”谓据，反诘云：“圣人岂不欲使民知哉？其不能使知之者，理也、势也。”分析夫子语言之层次，审度社会民众之层次，使两者获得较为一致而合理的解释。在深切体味经义前提下，更将《论语》前后贯穿作解。《学而》末章“子曰：不患人之不己知，患不知人也”，先生谓此章与首章末节及《尧曰》篇末节均相应，意尤重在末句。首章末节乃“人不知而不愠，不亦君子乎”，《尧曰》篇末节为“不知言，无以知人也”。皆论知人与不为人所知之事。先生从政治与学术两方面分析：就政治而言，“盖知人为穷理之学，若为政而不知人，则无以辨善恶邪正之分，而好恶流于乖僻，是政治中之患”。就学术而言，“若为学而不知人，则无以辨诐淫邪遁之失，而趋向入于歧途，是学术中之患”。从而总结出，“故知人之学，为圣门先务之急”。最后又引《曲礼》知人者当“爱而知其恶，憎而知其善”作结，意味深长。

（三）天道人事，消息相通

蔚芝先生二十一岁入南菁书院，即师从黄以周学《易》，次年，作《易丰配主夷主义》，此后二年，多写《易》义论文。1909 年执掌上海高等实业学堂，取程《传》等授诸生。1924 年，讲《易》于无锡国专，时正著《定本》，他认为：“人生天地间，要必维持当世之德行功业，俾不至于消灭，此孔子传天易、地易、人易、鬼易之义也。”[1]故《定本》中多援《易》义作解。《子罕》“子罕言利与命与仁”，先生谓：“《诗》、《书》、礼为夫子所雅言，利、命、仁为夫子所罕言。三者皆《易》之精蕴也。利者，义之和，如所谓以美利利天下。不言所利，利居贞是也。命者，穷理尽性之学，如所谓‘穷理尽性以至于命’‘顺性命之理’等是也。仁者，长人之本，如所谓‘仁以行之’‘何以守位曰仁’‘立人之道曰仁与义’等皆是也。《易》义精微，故其言不可得而闻。”[2]同篇“子在川上曰：逝者如斯夫，不舍昼夜”，先生解曰：“日往月来，月往日来，寒往暑来，暑往寒来，此天体之不息也。憧憧往来，朋从尔思，同归殊途，一致百虑，此心体之不息也。四时行，百物生，人生呼吸与天地之阖辟相应，此道体之不息也。”不言《易》而皆用卦爻辞及《易传》语解。孔子确实是面对川流而叹息，诸家也多泥于川流而解，唯朱熹拈出道体本然一辞，而先生更进而析出心体、天体，合为道体，立意高超，譬喻明晰。心体所以可与天体合，是至诚可以配天，而一旦人欲间之，则不免有息。孟子承孔子之意而发挥说：“原泉混混，不舍昼夜，盈科而后进，放乎四海，有本者如是，是之取尔。”先生补充云：“无本则涸，涸为息之大者，此初学者之大患也。”复引《易·坎象传》“君子以常德行”而云“观水者取之，学道者取之”，是观水取鉴，非仅修业，直至进德学道，所包甚大。

其所以每每以《易》为解，是以“《易》之为书，天道之显，性命之藏，圣功之钥，阴阳动静幽明之故，礼乐之精微，鬼神之屈伸，仁义之大用，治乱吉凶生死之数，莫不悉备”[3]，而《论语》之为书，有“穷天德圣功之奥，修己治人之原”[4]，虽皆散化万形，而终极则相

---

[1] 唐文治，《周易消息大义》，华东师范大学出版社 2012 年，第 7 页。

[2] 唐文治，《论语大义》卷九，《十三经读本》第 5 册，台北新文丰出版公司 1980 年，第 2863 页上。

[3] 唐文治，《周易消息大义自叙附记》，《周易消息大义》，华东师大出版社 2012 年，第 3 页。

[4] 唐文治，《论语大义定本跋》，《十三经读本》第 5 册，第 2966 页下，台北新文丰出版公司 1980 年。

通相辅，故以互见圣功之奥。

（四）道德人心，攸关政治

“政治”一词出于《尚书·毕命》，义为政事得以治理，而“政治学”则专指研究以国家为中心的各种政治现象和政治关系。先生无论从政与办学，皆以兴国强国为终生追求之目标，故往往借夫子之言或师弟对答之语抒发其政治主张。《为政》第一章云：“为政以德，譬如北辰居其所，而众星共之。”先生谓“此政治统一之说也”，即“统一国民心理，宗旨在思无邪，所以正民心也”。[1]此所谓“德”，即《皋陶谟》之“九德”，《洪范》之“三德”，举《大学》“君子先慎乎德，有德此有人，有人此有土”而云：“盖政治之统一，不徒统一乎土地，要在统一乎人心。德者，统一人心之具也。”政治与道德密不可分，“合则治，分则乱，治则盛，乱则衰，治则存，乱则亡”。[2]其释“道之以德，齐之以礼”为王道也，“道之以政，齐之以刑”为霸术也。王霸之分，即在导德齐礼与导政齐刑之别。王霸之政，虽形式上仍能统治民众，而民心则已分为有耻与无耻两类，循此而往，结果可想而知。于是紧接而言“故欲治民之心理者，必先治己之心理”，治心进德，其于统治者而言，即为政以德。天地之大德，散化为各种德目，然其最高境界即是中庸之德。《雍也》：“子曰：中庸之为德也，其至矣乎，民鲜久矣。”此孔子叹中庸至德之语，先生将之与世道人性及政治相联系而言曰：“世衰道微，人之性情皆有所偏，或失之柔弱，或过于激烈，道不明而国不治，故夫子叹之。然曰民鲜久矣，则正欲反于中庸之教，陶淑民德而归之大道也。”[3]《颜渊》“子张问政，子曰：居之无倦，行之以忠。”先生首先将从政治事与人之心行相联系，“无倦者，心之贞也，恒固之精神

---

〔1〕唐文治，《论语分类大纲》，《唐蔚芝先生演讲录初集》，上海交通大学出版处1939年，第5页a。

〔2〕唐文治，《政治道德论》，《茹经堂文集六编》卷一，《民国丛书》第五编第95册，第6页。

〔3〕唐文治，《论语大义》卷六，《十三经读本》第5册，台北新文丰出版公司1980年，第2843页下。

也。以忠，行之实也，有实心而后行实政也”。唯人之贞固，可以行政之实事。他强调“在上者必使政治与心理息息相依，久之则至诚而无息矣”。[1]为政者自身之心理道德与政之治乱密切相关。晚清鼎革之后，内忧外患，尤其武昌起义后，南北分裂，在上者不守官箴，无关民瘼，故民生日蹙，许多学校纷纷停课散学。而即就当时上海高等工业实业学校之经济而言，迫使身为校长的先生上章教育部缕陈艰窘，[2]甚至因学校经费困难而自请支半薪，[3]以维持学校生存。缘此，其在《颜渊》“季康子问政于孔子，孔子对曰：‘政者，正也。子帅以正，孰敢不正’”下引《盐铁论》“民乱反之政，政乱反之身，身正而天下定”来印证夫子之说，并针对现实而引伸曰：“然则身者，所以帅民之准，而家国天下之主宰也。此义盖晦于后世久矣！”[4]现实时政无限弊端，寄于一声感叹之中，使人怅惘，使人沉思。十六年后，先生在交通大学演讲，犹念念于此篇，云：“《颜渊篇》注重在仁，而仲弓问仁，古本做问政，以下历记子贡、子张、齐景公问政。而尤痛切者，季康子问政三章，所以警告执政者至矣。”[5]身正，而后天下正，乃千古不移之政治箴言。

（五）修齐治平，终极关怀

作为一位经理学熏陶、从晚清走出来的士大夫，渴望改变积弱积贫之国家，挽回道德瓦解之时局，其心情可以想见。然修齐治平，起始于修，修身之要，无过于“克己”。故其在《颜渊》“克己复礼为仁”一章下有精湛之阐释。此章前人所解多有不同。前一“己”字，朱熹谓“身之私欲也”，本书推阐之云：“克己‘己’字，与下文

---

〔1〕 唐文治，《论语大义》卷十二，《十三经读本》第5册，台北新文丰出版公司1980年，第2894页下。

〔2〕 唐文治，《致教育部总次长函缕陈经费艰窘》《缕折本校之中小学不应停办》，见西安交通大学档案，《唐文治教育文选》，西安交通大学出版社1995年，第97—104页。

〔3〕 唐文治，《因经费困难请续支半薪函》，见西安交通大学档案，《唐文治教育文选》，西安交通大学出版社1995年，第106—107页。

〔4〕 唐文治，《十三经读本》第5册，台北新文丰出版公司1980年，第2894页下。

〔5〕 唐文治，《论语分类大纲》，《唐蔚芝先生演讲录初集》，上海交通大学出版处1939年，第5页a。

‘己’字不同，克己者，克有我之私。”礼，朱熹谓“天理之节文也”，本书云：“礼字是浑言之礼，与孟子偏言恭俭辞让不同，盖本于天叙天秩，如《诗》所谓物则是也。”此二字解释从朱熹而更简洁明了。“天下归仁”，朱熹云是“天下之人皆与其仁，极言其效之甚速而至大也”。本书则谓：“天下归仁，仍（引按，应为‘乃’）言其功，非言其效，谓天下之仁皆归之也。”朱熹云“与其仁”即许其仁，而先生谓此乃言其功，言天下之仁皆归之，其胸襟更大，修齐治平之为政涵义更加凸显。此种解释，根源于先生对人类私欲难克与时局覆水难收之深刻认识。多年以后，他在《克己为治平之本论》中进一步发挥了此一思想：“‘己’之害极深，‘己’之祸最烈。伏于无形之中，刻于骨髓之内，鲜有知其受病之繇者。”他赞同朱熹、焦循对“克己复礼”之解释，但以为所释“于己之害、己之祸，克己之学与治平之道所以息息相通者，犹未能畅发而无遗也”。提出克己与治平相通之观念，即是克己、复礼、归仁，亦即修齐治平之同义异辞。他进而阐发：

> 自古生人之大患，在乎知有己而不知有人。堕于血气心知之偏，于是乎尊己而卑人，益己而损人，利己而害人，专己而杀人。至于害人杀人，人心由是不平，而天下棼然大乱而不可遏矣。人之言曰：“予无乐乎为君，唯其言而莫予违也。”予者，己也。纣之言曰：“我生不有命在天！”我者，己也。呜呼，己之害岂不深，己之祸岂不烈哉！圣人知治平之本，端在仁恕，是以立毋我之训，严克己之欲。善则归人，过则归己；利则归人，害则归己；己欲立而立人，己欲达而达人，己所不欲，勿施于人。以责人之心责己，以恕己之心恕人；先人而后己，不先己而后人。平一心以平天下人之心，而天下于焉大治。[1]

---

〔1〕唐文治，《克己为治平之本论》，《茹经堂文集三编》卷一，《民国丛书》第五编第95册，第3页b。

修身内容原不只克己一项，而在与治平相连之直线上，克去私欲就显得尤为重要。克己复礼，就是克去私心，遏制私欲，回归到事物本然之理，即回归到公理，升华到公心，才有治平可言。私心与公心，不仅是修身齐家之权舆，更是治国平天下之权舆。“盖心之公私，判于隐微而不系乎形迹。出其公心以为政，虽专制而天下亦服，挟其私心以为政，虽共和而天下益乱。人人怀私心，则人人皆专制也；人人皆专制，何如一人之专制也。”[1]先生从倡议立宪，到期待共和，一再失望之后，沉思其弊，洞察心之公私是其关键，故于克去私欲，复归公理，亦即克己复礼归仁之为政因果有深刻认识。抑不仅此，其于《子路》篇子曰“君子和而不同，小人同而不和”下云：“《春秋左氏传》晏子论和同之义，谓五味五声，唯不同而后能和，若小人则如以水济水，无是非可否，则终之于不和而已。后世党见分歧，人心之乖戾益深，风俗之嚣张日甚，安得圣人一正之。”无论立宪、共和、政党，都是形式，其本要还是归结为人心。于《宪问》“子曰：骥不称其力，称其德也”下云：“士君子处末世，岂可以尚才力乎？曰称其德，见用人者当以德为提倡也。”德才亦为政之所关键，然在德才不可兼备之前提下，仍当以德为先，因为德近仁而才远仁。仁统贯于修齐治平，也就是克己复礼归仁。人到治平阶段，仁就是爱人，亦即爱民。爱民之道，首在于长民者之节用，他认为：“惟节用而后能爱人，否则滥费搜括，日以害人为事，岂能爱人？”处外敌入侵、国事日非之年代，犹大声疾呼：“居今之世，民力竭矣，民情怨矣，民心离叛矣，长民者亦动其恻隐之心乎？”[2]此时先生虽退居讲学，于修齐治平，犹念兹在兹，显示出一种忧国忧民的儒者本色。

---

〔1〕 唐文治，《政本审气论》，《茹经堂文集三编》卷二，《民国丛书》第五编第95册，第3页a。

〔2〕 唐文治，《论语分类大纲·本政篇摘要》，《唐蔚芝先生演讲录初集》，上海交通大学出版处1939年，第5页b。

五、《大义》对《论语》谛义之抉发

二十篇《大义》仿秦汉传记形式，于每篇章节之内容，或撮其要，或发其隐，或引其义，或畅其旨，立足于读书涵养，修身立品，处事为人，从政治国等，予以高屋建瓴，提要钩玄之阐释。其在《学而篇大义》中率先揭示读《论语》之方法，谓“凡读《论语》之法，有苦思力索而始得之者，有浅近而易晓者，至于平易近人，亲切有味，则《学而》一篇尤宜三复也”。何以《学而》一篇须三复，因为“圣人教人最要之宗旨，读书与立品宜合为一，故先儒谓读《论语》，每读一篇，人品宜高一格，若书自书，我自我，终其身与书隔阂，犹之不读书矣。今学者玩时习之教，其亦知反诸身而体诸于心乎”。[1]是读《论语》须从时习始，而后反诸身，体诸心，人品自会不断提高。若身书两隔，如临渊羡鱼，隔岸观火，则永无进德之阶。

《大义》二十篇，对《论语》之体式、隐义多有阐发，兹就其独特之见者略述如下：

（一）揭示章节前后排列之内在脉络

先生认为，《论语》各篇章节，看似独立，而其意蕴则脉络连贯，若补出其背景，则衔接通畅，一气而下。如《八佾》一篇二十六节，朱熹曾说“通前篇末两章，皆论礼乐之事”[2]，先生推阐朱说云：“礼乐与人心相为维系者也，人心作礼乐，礼乐感人心，人心正而礼乐兴，人心变而礼乐坏，而世道不可复问矣。”以此观之，二十六节所说无一非礼。《论语》为七十子后学纂集夫子言论，汇辑而成，各章之联系，少有论者。先生持此观点，人必有异见，遂乃于《季氏篇大义》中先设问云：“子言《论语》每章篇次皆有意义，如贯索然，今如《季氏》篇诸章多

〔1〕 唐文治，《学而篇大义》，《论语大义》卷一，《十三经读本》第5册，台北新文丰出版公司1980年，第2808页上。
〔2〕 朱熹，《论语集注》卷二，《四书章句集注》，中华书局1983年，第61页。

不伦，则又何说？”先生先引司马迁作《六国表》言陪臣执政引起国乱世变，总结出“春秋之变为战国，陪臣执政者阶之厉也”，认为“《季氏》一篇，痛鲁之所以弱也，记者之意盖深远矣。孔子发明‘有国有家者，不患寡而患不均，不患贫而患不安’，终之曰：‘季孙之忧，不在颛臾，而在萧墙之内。’痛乎其言也”。立足于此，则“益者三友，损者三友”等章皆与垂戒鲁国世家弟子有关。乃至最后“学《诗》学礼”和“邦君之妻称谓”二章，看似无关，先生解前章云：“虽孔子之家训，亦隐为卿大夫家而发，盖搢绅子弟不学《诗》，无以言，而鄙陋空疏之习生矣；不学礼无以立，而傲慢僿野之习生矣。是故《诗》与礼二者，万世搢绅士之家教也。”鲁国世家弟子当鉴。解后章云：“春秋之世，彝伦渎乱，不独晋骊姬、卫南子之属为国之玷，即如鲁之文姜、穆姜，实皆败家弱国之基。曰夫人，曰君夫人，尊之之辞也。曰小童、曰寡小君，自谦之辞也。阳为大而阴为小，正其名，所以定其分也。夫妇为人伦之始，内政废而家国衰矣。”夫子提倡正名，名正而后分定，而后文姜、穆姜之作为、行径与鲁国盛衰之关系由之凸显，否则在《论语》中插入一节仪礼性称谓，殊觉无为。先生对此发明颇为自信，曾云：“若拙编《大义》，则发明连章以类排比之义，颇多精思而得之者，令学者如游名山，如览大川，又如游五都之市，珍宝毕陈，应接不暇，窃望后之人勿以轻心、躁心读之也。”[1]若覃研精思，深切领会其意旨，则可得《论语》前后脉络而悟七十子后学纂辑之意。

（二）揭明篇次意义与篇章旨要

《论语》二十篇，篇与篇相次意义，皇侃曾有所探究，[2]后邢昺

〔1〕唐文治，《十三经提纲·论语》，民国施氏醒园刊本，第2页b。

〔2〕皇侃在《论语义疏》于《八佾》篇题下云：“所以次前者，言政之所裁，裁于斯滥，故《八佾》次《为政》。”《公冶长》篇题下云：“所以次前者，言公冶虽在枉滥缧绁，而为圣师证明。若不近仁则曲直难辨，故《公冶》次《里仁》也。”见皇侃著、高尚榘点校，《论语义疏》，中华书局2013年，第47、97页。

于每篇篇题下皆牵合前后相连之意义，[1]有些未必有必然联系。先生于此不甚强调，或偶一承旧说，而诠释更为精到。《为政》所以在《学而》之后，《大义》引子产之说："吾闻学而后入政，未闻以政学也。"先生云："故有学问而后有政治，若不学而从政，譬犹操刀而使割，其自伤以伤民也多矣。是故《学而》之后，次以《为政》。"然其重点在于各篇之篇旨。如《公冶长》一篇，皇侃谓"此篇明时无明君，贤人获罪者也"，就公冶长被系缧绁而言，似亦无违。蔚芝先生则观照整篇前后，认为此篇即是群弟子之传赞。司马迁在列传之后系以数语，以论断其人或善或否，或贤或不肖之行实，班固特撰《古今人表》，品题群伦，分判高下，皆为后世宗法，视为创作，实则其体例即仿自《公冶长》一篇。经此点破，群弟子之形象毕露，"赐之为瑚琏也，雍之仁而不佞也，开之未敢自信也，由之无所取材也，由、求、赤之不知其仁也，赐之何敢望回也，宰予之言不副行也，申枨之未得为刚也"等等。而《雍也》文字，亦"承《公冶长》一篇，故又历记诸弟子之事"。前后相连，犹如弟子年表。又《里仁》一篇，自皇侃在"吾道一以贯之"章下注"门人"为曾子弟子，遂有《里仁》后半篇为曾子弟子所记之说。先生谓"不独后半篇为然，要皆出于曾子弟子之手"。为此而设三证，以《大学》及《大戴礼记》中《曾子》十篇文字互勘，使人信然不疑。从而括其要云"前半篇为求仁之要，后半篇为学道之基"，一篇旨要，八字该摄。

（三）借《论语》以寄感慨、明心志

蔚芝先生光绪十八年进士及第，步入仕途，正值欧风东渐，清廷飘摇。已而鼎革动荡，官场混乱，人心不古，世风日下。作为一位深受传统思想熏习、历经程朱理学陶铸、满怀经世济民理想的士大夫而

〔1〕 邢昺，《论语正义》卷三《八佾》篇题下云："前篇论为政，为政之善，莫善礼乐。……故此篇论礼乐得失也。"他卷篇题下皆有类此之解。

言，所视所感与所思所求差异太大，其内心之迷茫与痛苦本可想见，于是借《大义》而抒愤懑，挞小人，明心志，寓理想。《微子篇大义》云：“呜呼，士大夫生当世，何为降其志而辱其身乎？言中伦，行中虑，养我气以全我节，犹之可也。若夫言不中伦，行不中虑，斯已而已矣，岂不悲哉！”处众人皆醉，举世浑浊之世，希冀养气全节，不免降志辱身。但对小人，须时时提防，“《阳货》一篇，痛人心风俗之迁流也。世路艰难，人心日险，君子欲无忤于小人，而又不失为君子，惟有以浑然漠然不知不识者处之，而后能免于祸。孔子之待阳货，可谓万世法者也”。[1]无忤于小人，是为通畅顺利地施展抱负，实现理想。但理想之实现，抱负之施展，并非容易。伟如孔子，犹有“大道之行，与三代之英，丘未之逮也，而有志焉”之叹。于是慨然而云：“孔子之叹，盖叹鲁也。乃叹鲁而不能兴鲁，思周公而不能兴周公之礼乐，神游于唐虞之朝，梦见乎大同之治，独抱无可无不可之志以终，后之人读其书，悲其世，及行迷之未远，独穷困乎此时。”[2]处纷乱浊世，不能兴鲁兴礼乐，古圣今贤，遭际相同。而追怀向往，无时或已，“人心衰，世风薄，圣人则以忠厚笃实之道教人，并以笃实之学教人。三代之时，人心无私而无所诈伪，无欺而无所计较，浑浑穆穆，何其盛也。吾读《泰伯》一篇而深有味焉”。[3]三代世风敦厚纯朴，是孔子以后儒家意识中之理想社会，而追怀之意图，自然在揭露、鞭挞世风薄、人心衰，荆棘诈伪丛生之现实。现实固可揭露、鞭挞，更需要改变，所以感叹“耕田凿井之风，既渺不可追矣，惟望后来者上而君相，下而儒生，皆无忘忠厚笃实之至意，其犹可挽回世运哉！其犹可挽回世运哉”。如果仅就字面理解，谓其怀想耕田凿井之三代，未免迂腐，然其

〔1〕唐文治，《阳货篇大义》，《论语大义》卷十七，《十三经读本》第5册，台北新文丰出版公司1980年，第2947页下。
〔2〕唐文治，《微子篇大义》，《论语大义》卷十八，《十三经读本》第5册，台北新文丰出版公司1980年，第2954页下。
〔3〕唐文治，《泰伯篇大义》，《论语大义》卷八，《十三经读本》第5册，台北新文丰出版公司1980年，第2861页上。

自谓“吾学孔子而不可得，乃所愿如古之柳下惠，殆可取则焉”。[1]柳下惠三黜，降志辱身，但言行必中伦虑。先生出仕任职，多遭掣肘，然仍百折不回，竭力经营。其时正出长高等实业学校，上任伊始，即擘画宏图，整顿旧规，建置电机、航海新兴学科，实现育英才、强弱国之梦。既而退掌无锡国专，仍孜孜于继道统，正人心，树道德，接学脉为务，虽双目失明，犹身体力行，未肯稍息。由此足可体味其希望上至君相，下至儒生，共同来挽回世运之真与诚。

六、《论语大义》文章学方法与实践

乾嘉道咸虽重经史学术考证，而桐城古文义法仍如教外别传，不绝如缕。至曾国藩而下，张裕钊、吴汝纶皆精于此道。蔚芝先生年十五中秀才，十六入州学，学作古文辞，意气张狂。以古文十首呈请乃师王紫翔，王为分析人品与文章之关系，谓“凡文之博大昌明者，必其人之光明磊落者也；文之精深坚卓者，必其人之忠厚笃实者也；至尖新险巧，则人必刻薄；违戾怪僻，则人必傲很”，由此得出，“文虽艺术，而人品学问皆寓其中”。并勉励蔚芝学为文先从立品始，然后涵泳四子、六经，出入《史》《汉》及诸子百家，果能如此，“不患不为天下第一等人，亦不患不为天下第一等文”。[2]王氏此番教导，蔚芝先生终身服膺而践履之。

数十年后，蔚芝出长上海高等实业学校，编《古文大义》《古人论文大义》《国文阴阳刚柔大义》三书，以为“国文关系国粹，而人品学问皆括其中”[3]，仍以王氏文章、人品为衡鉴。而对《论语》之

〔1〕唐文治，《微子篇大义》，《论语大义》卷十八，《十三经读本》第5册，台北新文丰出版公司1980年，第2954页下。

〔2〕唐文治，《王紫翔先生文评手迹跋》，《茹经堂文集三编》卷五，《民国丛书》第五编第95册，第25页a。

〔3〕唐文治，《国文大义·论文之根源》，王水照主编《历代文话》，复旦大学出版社2007年，第8195页。

篇章结构之揭橥，对吾人研习《论语》深有启发。如谓“《论语》《孟子》中亦多情至之文，如‘回也视予犹父’一节，‘长沮桀溺’一章，孟子‘去齐尹士语人’一章是也”。[1] 又云：“经书中之至简者，以《论语》为独一无二，而《孝哉闵子骞》一章尤为《论语》中之独一无二。近世之学批牍电稿者，宜从此入手。”在列举之篇目中，将《论语》“子路问政章”与之并列。[2] 时正编著《论语读本》前后。及退掌无锡国专，编《国文经纬贯通大义》一书，适重新笺注《论语》，对《论语》有更深之认识与体味，故云：“《论语》二十篇，都凡数百章，篇法章法无一同者，经纬之变化也。”[3] 又云：“先儒谓《史记》文线索难寻，文治谓《论语》线索更为难寻，若求而得之，则怡然理顺矣。”[4] 先生虽未一一剖析，而高悬锦囊，开示来学。后之学者，分析《论语》略记之法，有略记对语、问语、答语，略记事实、言论，及记言、记事或相配合，或有侧重，展示出《论语》章法之变化。[5]

最能显示先生在《论语》文章学上精进独到者，当推二十篇《论语大义》。先生二十岁肆力古文辞，已卓有所成，而立之后又问学于桐城吴汝纶，饫闻湘乡曾国藩《古文四象》之阴阳刚柔说，一洗理学之气，[6] 为文更臻妙境。又十年，作《大义》二十篇，就中数篇，足以侔拟古人，为乃师王紫翔击节赞赏，谓《乡党、微子大义》两篇“情见乎词，殆所谓伤心人别有怀抱”也。[7] 后先生编《国文经纬贯通大义》，并收录《大义》数篇而从古文辞文法视角予以评述。兹转

[1] 唐文治，《国文大义·论文之情》，《历代文话》，复旦大学出版社 2007 年，第 8198 页。

[2] 唐文治，《国文大义·论文之繁简》，《历代文话》，复旦大学出版社 2007 年，第 8207 页。

[3] 唐文治，《国文经纬贯通大义序》，《历代文话》，复旦大学出版社 2007 年，第 8241 页。

[4] 唐文治，《论语述而篇大义》，《论语大义》卷七，《十三经读本》第 5 册，台北新文丰出版公司 1980 年，第 2854 页下。

[5] 参见周厚埙，《论语略记法》，台湾振台出版社 1975 年。

[6] 唐文治《桐城吴挚甫先生文评手迹跋》一文载吴氏谓先生之文“理学气太重”，先生心折气教。《茹经堂文集三编》卷五，《民国丛书》第五编第 95 册，第 24 页 b。

[7] 唐文治，《王紫翔先生文评手迹跋》，《茹经堂文集三编》卷五，《民国丛书》第五编第 95 册，第 25 页 b。

录其文而论之于下：

乡党篇大义

嘻吁，世皆机也。机杀惰而生少也，物就生以避杀，而人常就杀以避生者，物能见有形之网，而人不能见无形之网也。子曰：凤鸟不至。有子曰：凤凰之于飞鸟，接舆歌曰：凤兮凤兮。孔子，凤也，何为乎言雉哉？我知之矣。《卫风》之诗曰："雄雉于飞，泄泄其羽（泄泄，舒缓貌）。"《王风》之诗曰："有兔爰爰，雉离于罗（爰爰，缓意。离，罹也。罗，网也）。"雉易入网罗者也。而山梁之雌雉，能不陷于杀机，何也？审于机而善自藏也。孔子赞之曰："时哉时哉。"此非孔子自赞，记者更无庸赞一辞也，而不得谓非赞辞也。《乡党篇》记孔子之居乡居朝、为摈出使，衣服饮食以逮辞受取与、居常处变、造次颠沛，无一不合于中道，而不入春秋时之网罗者，圣人之善韬晦也，故不言凤而言雉，不独言雉而言雌雉，且不独言雌雉而先引起之曰"色斯举矣"，翔而后集。喻圣人之审于机也。老子曰："知其雄，守其雌，为天下豁（引按，乃'溪'字之误）。"忍而默之，露斯为灭矣。噫吁，德辉莫下（《楚辞》"凤凰翔于千仞兮，览德辉而下之"），吾安适矣；羽毛既丰，行自惜矣。凤兮凤兮，不可谏而犹可追矣；雉兮雉兮，吾见其举而不见其集矣。

熟读《乡党》一篇，复再洛诵此文，恍然穿越时空，亲随夫子饮食起居、颠沛流离。揭示世乱之际，杀机四伏，人但见有形之网，而不能见无形之网，慨然有感于夫子处春秋乱世，善自韬晦，竟能不罹罗网。最后借"色斯举矣，翔而后集"一章，感叹"雉兮雉兮，吾见其举而不见其集矣"，既有寓于不见夫子下集拯救民瘼，亦感圣人之远去而无法接闻，更慨身处世乱而不能安邦定国。意益于情，情见乎辞，情辞交融，浑然无今古彼此。蔚芝先生认为，“凡论人宜即学其人之文。如论荀宜学荀子之文，论庄屈宜学庄子、屈子之文”，而自评此文云：“《乡党篇》是化工文字，此篇亦是化工文字。遥情胜慨，均入于静敛，莫之为而为，方足当一神字。”〔1〕故将此文归入“练气归神法”。以化工之神，三复其文，乃可得其三昧。

先生又将《雍也篇大义》归入“一唱三叹法”，《微子篇大义》归入“奇峰突起法”，并将警句施以圈点，兹摘录数段如下：

> 呜呼，道之不行也，吾知之矣，道之不明也，吾知之矣。中庸之为德也，民鲜久矣，然而圣人救世之心愈不容已也。……君子不能行其道而小人乃得行其道也。孔子不得行博施济众之道，而人乃借博施济众之说以行其道也。呜呼，道也道也，既难免于今之世，乃独慕乎古之人，读《雍也》一篇，而徒伤心于道也道也，何传道之竟鲜其人，何莫由斯道也。（《雍也篇大义》）

此以“道”为中心之词，以君子不能行其道而小人乃得行其道，反复称说，非唯一唱三叹，抑亦一转再折，感叹无穷，寄意亦无穷。先生自评云：“此文虽不敢比拟古人，而一唱三叹之致，或有契乎圣心。至于操纵离合之法，回环往复之神，务望学者熟读而深思之。”〔2〕又如：

> 天风浪浪，海山苍苍，独不得与太师、少师击磬诸人鼓琴于高山流水、别有天地之闲，其知音益复寡矣。回忆周家初造，忠厚开基，人才鳞萃，菁莪造士，四方为纲，呜呼，何其盛也。昔者孔子与于蜡宾出游于观上，喟然叹曰：“大道之行也，与三

〔1〕 唐文治，《国文经纬贯通大义》卷八，《历代文话》，复旦大学出版社 2007 年，第 8368 页。
〔2〕 唐文治，《国文经纬贯通大义》卷二，《历代文话》，复旦大学出版社 2007 年，第 8272 页。

代之英，丘未之逮也，而有志焉。”孔子之叹，盖叹鲁也。乃叹鲁而不能兴鲁，思周公而不能兴周公之礼乐，神游于唐虞之朝，梦见乎大同之治，独抱无可无不可之志以终，后之人读其书，悲其世，及行迷之未远，独穷困乎此时。以为天下皆浊，何必与之清，众人皆醉，何必与之醒。吾学孔子而不可得，乃所愿如古之柳下惠，殆可取则焉。君子曰：惜哉，降其志，辱其身矣，言中伦，行中虑，其斯而已矣。

文意上是对《微子》各章作提要钩玄之解，而文字则如行云流水，一气呵成，了无转折顿挫之感。先生自评云：“《微子》一篇，本有烟波无尽之概。此文以‘天风浪浪’一段作‘奇峰突起法’，旋接以‘昔者孔子与于蜡宾’推开，另作一峰，结处神回气合，俯仰身世，无限痛泪。自‘天风浪浪’以下十数行，一笔挥洒，其气不断。”〔1〕

二十篇《论语大义》本是对《论语》二十篇四五百章内容依次作解，连贯成文。各章文字本自独立，虽偶有联系，却多不连续。要将多不连续之章节内容连贯成文，本属难能。而今读其华章，不仅无滞涩断续之感，而有说书者将首尾完具故事娓娓道来之音，此非才大气盛笔粗者所不能。先生在《论文之气》中有养气、练气、运气之说，〔2〕可见其于此用功之深。抑不仅此，上引章节文字，岂仅寻常叙述文字？一唱三叹，辗转曲折，忽而奇峰突起，已而行云流水，此又非精于桐城义法和深得古文辞三昧者所能驱遣表达。抑不仅此，作为一名饱读《诗》《书》礼义，怀抱经世济民，希冀拯救社会、人心之士大夫，有感于夫子之道不行于时，而救世之心愈不容已，面对废经之后，道德沦丧，人心不古，世风浇薄，情动于衷肠，声发之肺腑，宣之于口，则为中正之言，笔之于纸，即成至情之文。复养以浩然之

---

〔1〕 唐文治，《国文经纬贯通大义》卷一，《历代文话》，复旦大学出版社 2007 年，第 8262 页。
〔2〕 唐文治，《论文之气》，《国文大义》卷上，《历代文话》，复旦大学出版社 2007 年，第 8197 页。

气，充以正直之志，所以成千古不朽奇文。

七、结语

《论语》一书，字不过一万有余，而人生修齐治平无所不包。自东汉熹平镌之于石，何晏总孔安国以下数家撰《集解》之后，为上自卿相、下至士大夫必读之书；迨及朱熹《集注》悬为科举功令，更为士庶学子所诵习，历七八百年而不衰。民国肇兴，科举制度罢而废经之令下，一时间《论语》成为文人嘲弄对象。蔚芝先生出于正人心、挽世风、固道德、匡社稷之至意，先节取《朱注》以成《论语新读本》，继又荟萃汪武曹、陆陇其、李光地、刘宝楠及黄式三注家之精义，著成《论语大义定本》二十卷。在努力正确理解孔子及七十子后学原意之基础上，重在揭示《论语》中修齐治平之谛义。面对当时人心昏昧、世局纷乱，更孜孜于求治求兴，“为天地立心，为生民立命，为万世开太平”，寓志于文字，寄意于言外，拳拳心意，历百年而犹可心领神会。尤其《大义》二十篇，更是绍继桐城古文余绪，发挥经义，再铸宏辞，与本注互相发明。20世纪上半叶，蔚芝先生与马一浮先生所著两种《论语大义》，从不同的形式，对《论语》一书做出了不可磨灭的贡献。

本文原刊于《经学文献研究集刊》第16辑

唐文治《十三经读本》论略

陈国安　茆　萌[1]

我国晚近坚守文脉者颇多。太仓名士唐文治便是其中一员。唐氏出身书香寒门，曾历任清代户部主事、商部左侍郎等。丁忧后，他掌校上海实业学堂十四年。1920年唐先生以“学风不靖”为由，解职回锡，并于年底与施肇曾等共同创办了无锡国学专修馆。他陶铸群伦，敢为人先，秉持经世致用、知行合一的“人格教育”，是为我国一代教育大家。其时，“新道德既茫无所知，而旧道德则扫地殆尽”，唐先生秉持“正人心，救人命”的道义，在完成教育事业的同时，亦成为我国经学文脉的坚守者和推广者，精研经学，著作等身，有《茹经堂文集》等存世，在主校上海实业学堂期间，因“苦无国文教授善本”而编著《国文大义》等教材，在无锡国学专修馆时，集众人之力编成《十三经读本》。读本编著历经六年，汇集唐氏所选十三经善本、昔人评点和唐文治所撰提纲。经学向来艰涩难读，唐氏力采其“注之简当者”，抉其微言，以期读者“如亲聆古人之诏语，无复向者艰涩不通之患”。读本于1923年编成，其时中国正风雨飘摇，因而文本不仅坚守了文脉，更以“拯斯道之厄”的旨意承担着坚守国脉的使命。

一、溯源：《十三经读本》与南菁书院

书院作为中国古代一种传统的教育组织方式，在学术发展和学术

---

〔1〕 作者单位：苏州大学文学院。

传承方面均发挥了十分重要的作用。嘉庆道光以降，清朝国力不逮，承担传统经学传承重任的书院，在更为复杂的社会背景中寻求传统经学的出路，担承文脉乃至国脉责任。“时务方兴，而儒者左矣”，时运艰亟时，江苏学政黄体芳为了招揽贤士、传承儒经之道并“务为反经以求其实”号召并在江阴创建了南菁书院。南菁二字取自朱熹“南方之学得其菁华者”。书院始于光绪八年，成于九年六月，主校的先后有黄体芳、张文虎、黄元同等。唐文治于1885年赴书院应试，取得超等入学。三年的书院生涯不仅让唐氏在儒理之学上更加精进，也直接影响了其日后主校办学的决策。

主校黄体芳尝言：“使来学者不忘其初，而袷祀汉儒郑公及朱子于后堂，使各学其所近，而不限以一先生之言。……人才之兴无非为国家者，先圣先贤诚知夫国家须才之事日新无穷，而不能尽有以待之，故惟是充其本原，而强乎其不可变之道，以待无穷之变。……且古之人以弦歌之身，一旦出而绥天下，彼非幸天者也。彼通乎一经，则存乎三代圣人之心；而操乎一艺，则忘乎天下众人之利心。”[1]在南菁书院中，经学的传统和传承是核心。“文学溯薪传，礼仪表茅莼”，在黄氏看来，儒经之道在当时不仅能揽才、兴邦，还能应对世道“无穷之变”。因此在张文虎因足疾退隐之后，黄体芳延请“滨海力学，穷经菲史”经学浙东学派代表人物黄以周主校，以巩固南菁这一经学重镇的地位。唐文治于书院沉浸三年之久，除了在周、程、张、朱诸家集中沉潜反复外，还在黄元同先生门中初得汉学各经家之法。唐氏著有《南菁书院日记》一册详录书院三载的日用言动。在“比年官京师，目击世道人心”之后，唐先生有言“凡学问之道，当务其大者远者，处今之世，为今之学，明忠孝之大旨，辨义利之根源其体也。究民生之利病，裕经世之大猷其用也”。其中这经世之学的道义，便是由南菁三年求学感慨而来的，此般感慨也成为日后编著《十三经读

〔1〕 黄体芳，《黄体芳集》，上海社会科学院出版社2004年，第114页。

本》的重要缘由之一。而这经世的道义也恰是南菁书院一直推崇的传统。

除了治学的传统，南菁书院的课业设置和“专课通省经、古”的治学内容，对唐文治自此之后的治学影响很大。钱师仲联回忆：“年轻时在无锡国专学习时，唐文治校长的治校方法，有不少就是从他的母校南菁书院借鉴来的。”[1]据黄体芳载：“礼致训诂、辞章兼通之儒以为之师，而征求各行省官刻书籍以庋乎其中。……日有读书行事之记，月有经史杂著之课，每岁一甄别而进退之，以至于今三年矣。”书院设经学、古学，内课生二十人，分“训、诂、词、章”四斋，每斋十人。书院的最大特点便是“课生主要以自学为主，院长指导为副，所以，南菁书院始终只有讲学的活动，而没有现在学校上课的形式”[2]。书院设藏书楼，“吾苏文献几可取征于此”。学生“春诵夏弦，读书露坐，讨论经史疑义，滔滔辩论。得一新知，相与欢笑以为乐。不炫异而矜奇，惟实事以求是”。[3]同时，书院院长指导学生的重要方法之一就是学以致用，让学生整理校对自己的研究成果，书院学生孙同康晚年回忆：“《礼书通故》一书，为元同师一生精力所萃。付刊时，余与善余及唐君蔚芝、章君琴若均任参订之事。”[4]除整理之外，书院还鼓励学生搜集资料，研究课题，唐文治回忆黄以周晚年精力不逮之时，“爰命南菁讲舍诸生广为搜罗，复得若干，乃加注焉”[5]。此外，黄体芳捐廉为倡，得三万三千串钱以为课生膏火。据此纵观唐氏所创无锡国学专修馆，无论是学校建制还是治学方法，课程设置还是课业内容均基本与南菁书院同。

在这其中，南菁书院的编刻著述传统影响着唐文治。据考，南菁

〔1〕 钱仲联，《钱仲联学述》，浙江人民出版社 1999 年。
〔2〕 赵统，《试述江阴南菁书院的治学特点》，《南京晓庄学院学报》2005 年第 2 期。
〔3〕 唐文治，《章君琴若墓志铭》，《茹经堂文集二编》卷八。
〔4〕 孙雄，《丹徒陈善余徵君庆年逝世，赋七律四首哭之》，《旧京诗存》卷一。
〔5〕 唐文治，《黄元同先生学案》，《茹经堂文集》卷二。

书院编刻的著述分为两类，一类为学生学习成果的论文集，另一为编刻前代贤儒著述。主校黄以周分别在光绪十五年和二十年，两次甄选南菁书院优秀文章，编成《南菁讲舍文集》和《南菁文钞二集》各六卷。其中，唐文治有《读〈汤誓〉》《汲黯论》等八篇文章入选《南菁讲舍文集》。唐氏在无锡国学专修馆时，也编有《无锡国学专修馆文集》，几与南菁书院同。而南菁汇刻先贤丛书自光绪二十年夏始。时王先谦掌校并奏准在书院设局，汇刻《皇清经解续编》，"又命苏州书局助刊二百四十卷，共计二百零九种，一千四百三十卷"。[1] 南菁书院包括唐文治在内的很多在读学生都参与了书稿校注的工作。该书收录清代学者训释的著作，检视并校注这些内容对南菁学子来说本来就是一种治学的锻炼。唐氏《年谱》载："王益吾先生《皇清经解续编》成，余曾任校书之役，交半价，得书全部。"南菁书院参与汇刻的经历对唐文治影响至深。就其日后主持《十三经读本》编汇来看，所采方法与南菁时基本相同。无锡国学专修馆在读学生也基本都参与了校注工作。由上我们发现，唐文治的治学取向、教育决策和方法与南菁书院几乎一脉相承。读经、解经不仅占据了他治学的大部分时间，这种传统也由此深深根植于唐氏心中。因此在时势飘摇之时，唐氏毅然坚守传统"经世致用"，选择编刻《十三经读本》。这一文脉溯源可作读本编选之重要缘由。

二、《十三经读本》的成书背景、体例、内容

《十三经读本》编纂自1918年始。其时，时势混乱，战祸频起。国内提倡民主科学，反对封建的声音日盛。在持见者中，也不乏很多学者提倡"废经"之说。此时，唐文治已在工科学堂内主校并推崇国

---

[1] 胡适，《关于江阴南菁书院的史料》，《胡适全集》第二十卷，安徽教育出版社2003年，第327页。

文教育数十载。在这样的背景下，面对世界之劫运，以及日渐出现的推崇经学的阻力，他力言："废经而礼法乖，废经而孝悌廉耻亡，人且无异于禽兽。嗟乎！斯道之天下，其将澌灭矣乎！于是正其本者则曰：反经。挽其流者则曰：治经。"又因"近时吾国学生皆畏惧读经，苦其难矣"，选择编选《十三经读本》以供普及，拯斯道之厄。

读本逾时五年编成。而在这以前，唐文治"爰搜罗《十三经》善本及文法评点之书，已十余年矣"[1]。1918年冬，唐文治亲自撰写《十三经提纲》置于所选各经前，供读者通读用。及至1921年，春秋三传、《论语》、《孝经》、《孟子》等诸卷成。当时唐先生已离开上海实业学堂，创办了无锡国学专修馆，其与资助创办专修馆的施肇曾商议将《十三经读本》付梓。又一年，全本刊印完竣。1924年，唐纂《论语大义》成，又补附刻于读本后。读本以唐氏历年收集的十三经善本为主，"自宋谢叠山先生，至国朝曾文正止，凡二十余家，颇为详备"，冠以提纲，"附刻先儒说经世鲜传本之书，而以评点文法作为札记"，由无锡国学专修馆陆蓬士、陆景周、徐天劬等分校完成，生王蘧常、唐兰等亦参与校稿工作。读本前有陈宝琛、印光法师、唐文治和施肇曾序，凡例和总目。从版本的择选到成书的过程和方法，颇有南菁书院的遗风。

虽然《十三经读本》在渊源上溯本南菁书院编刻传统，在编刻方式上与书院操作方式类同，但其在内容上却与书院所集截然不同，颇具特点。有研究者指出经学教育从原本的按书讲学到编写教科书，"展现了时人在迎合西学的同时，努力在新式学堂教育体系内将固有学术进一步妥善安置的尝试"[2]。当我们将《十三经读本》定义为一部经学教科书时，便可发现其在很多方面虽然溯源南菁，但已经体现了新时代的教材特点。从编撰宗旨来看，"《十三经》所发明之道，乃格

〔1〕 唐文治著、文明国编，《唐文治自述》，安徽文艺出版社2013年，第76页。
〔2〕 朱贞，《晚清经学教科书的编写与审定》，载《学术研究》2014年第3期。

致诚正修齐治平之道”[1]，读本以“治经”为人之本、事之道，但其却具有更明确的现实意义，即直接对抗“废经”的风潮。从文本定位上来看，读本可定义为教材，而南菁书院所辑均为可供经学研究的大部头丛书。从内容上看，所收内容为唐文治累年搜罗筛选而来，所选内容带有其个人偏好，但也让读本本身独具唐氏风格。从编撰体例上来看，读本在卷本设计前设《十三经提纲》，提纲不仅可以作读本教材的导读，亦可以单独拿来作普及读本用，大大增强了这部经学教材的可读性，规避了一些经学艰涩的部分。

民主科学进入我国学界视野后，经学融入现代学堂、课堂一度陷入困境。《十三经读本》作为一部国学专修馆的教材，为经学融入学堂呈现了一种可能性。唐文治择选并褪去了一些经学的艰刻面貌，用大义微言为经学重新走进现代人视野铺了条路。唐文治在读本中以经论当下，以经重立人心，以经再救人命。较于同期其他教材，《十三经读本》不仅论经，还探讨了当世、当国之命脉延续的问题。

三、《十三经读本》的成书意义

唐文治自南菁书院始，深受经学传统训练与影响；逮至其创立无锡国学专修学校，完成《十三经读本》的编纂，唐文治始终希图恢复经学在学术体系中的传统地位。和当时相当数量的知识分子一样，唐文治认为经学非但不是时代进步、历史发展的阻碍，反而是在新形势下保存民族性和文化根基的重要途径，其编纂《十三经读本》的重要意义也就在于此。

《十三经读本》之意义在于传承经学，且文本呈现简言奥义。

清代以前，虽各代治国理念、思想潮流不同，但对于经学的重视却从未改变；经学的存废问题，从来都不是一个需要讨论的课题。然

〔1〕 印光法师，《增广印光法师文钞》，九州出版社 2012 年，第 376 页。

而清末民初，世界形势大变，西学成为年轻学子眼中救国救民的不二法门，此时，经学传承对于中国传统知识分子来说，就是一个不得不讨论的问题了。

唐文治对当时的情势洞若观火，因而他在《十三经读本序》中开宗明义："然而秦时之书焚于有形，而今时之书则焚于无形；秦时之儒坑于可见，而今世之儒则坑于不可见。"[1]此言不可谓不严厉。也正是在这样的思考和形势下，本着知识分子对于学术传承的责任感，唐文治意识到，编纂一部注解齐全、便于查阅的十三经读本之必须。后人常将唐文治的《十三经读本》与阮元刻《十三经注疏》相比较，《十三经读本》不仅补全了《十三经注疏》注释仅止于宋的缺憾，同时更加考虑初学者的阅读水平和学习需要。唐文治论其成书过程，尝言："搜集十三经善本，采其注之简当者，芟其解之破碎而繁芜者，抉其微言，标其大义，撰为提纲，附于诸经简末。复集昔人评点，自钟、孙以逮方、刘、姚、曾诸名家，参以五色之笔，阅十数年而成书。"[2]唐文治更是为年轻的读书人提供读经之法："十三经权舆，只有本文熟读而精思焉，循序而渐进焉，虚心而涵泳、切己而体察焉，则圣道之奥，不烦多言而解矣。夫然道与文一，胡精粗之可分。"[3]

唐文治深知，经学之传承在于后继有人；因而不仅要让年轻人有读经的需要和动力，同时也要为他们提供读经的材料和方法。唯有年轻人去粗取精、去伪存真，方能得其大义。《十三经读本》从书面上保存了经学古籍和各家注释，从使用上也培养了致力于经学的年轻学者，因而之于经学传承而言，可谓善莫大焉。

《十三经读本》之意义还在于其落脚在匡正世风，教化民智。

"人心之害孰为之？废经为之也！废经而仁义塞，废经而礼法乖，废经而孝悌廉耻亡，人且无异于禽兽。"此振聋发聩之言，乃是唐文

〔1〕 王桐荪等选注，《唐文治文选》，上海交通大学出版社 2005 年，第 212 页。
〔2〕 同上书，第 213 页。
〔3〕 同上。

治对于时局世风的慨叹和痛斥。诚如上文所言，时人对此现象多有痛心疾首之感。严复曾在演讲中苦口相告："然则我辈生为中国人民，不可荒经蔑古，固不待深言而可知。盖不独教化道德，中国之所以为中国者，以经为之本原。"〔1〕章太炎更是精辟分析时人心态："所谓今日一切顽固之弊，反赖读经以救者，何也？曰：有知识之顽固者，泥古不化之谓也；有情志之顽固者，则在别树阶级，不与齐民同群，声音颜色，拒人于千里之外也。"〔2〕

在主张西学之人看来，大声疾呼经学不可废的这些士大夫，大抵是因循守旧之人，断不能适应时代之变化、知识之变革。但如唐文治这样一生致力于经学的学者，深知经学贯通古今、不受时代条件拘束的普适性，并为片面强调西学优于经学之人的急功近利而深感忧虑。唐文治多次称主张废经之人"无良"也许言重，但其对世界化浪潮中，中国国民性和文化根基可能丧失的忧虑，确实有其深刻性。

《十三经读本》之所以从"读本"性质出发，充分考虑初学者的阅读需要和知识水平，即是出于这样的社会责任感和文化使命感。"夫欲救世、先救人，欲救人、先救心，欲救心、先读经，欲读经，先知经之所以为经。"〔3〕《十三经读本》编纂目的的内在逻辑是清晰的。

唐文治在时代变革中，并没有选择做一个居庙堂之上、书房之中的学者，而是充分发挥其所学以启迪民智、匡正世风。《十三经读本》虽然是一部经学著作，是一部经文汇编，但唐文治却将受众尽可能地拓展，他想"救世""救人""救心"。这是他从南菁书院走出时，那些经世的思想、经学为本的理念带给他的思考；从这个意义上来讲，从南菁书院到唐文治是一种传承，而从《皇清经解续编》到《十三经读本》更是一种发扬光大。《十三经读本》的出发点自经学始，但其落脚点却是在整个时代之上。

---

〔1〕严复，《读经当积极提倡》，王拭主编，《严复集》，中华书局1986年。
〔2〕章太炎，《国学十八篇》，中国华侨出版社2013年，第320页。
〔3〕王桐荪等选注，《唐文治文选》，上海交通大学出版社2005年，第213页。

论祭为四本说的积成

顾　涛[1]

一、引言

祭礼地位之重，自不待多言，“国之大事，在祀与戎”（《左传·成公十三年》）、“礼有五经，莫重于祭”（《礼记·祭统》）诸说，均耳熟能详，历来礼家引录者多矣。

唐孔颖达《礼记正义》又植入新蕴，孔疏于“莫重于祭”句下云：“此一节明祭祀于礼中最重，唯贤者能尽祭义。凡祭为礼之本，礼为人之本。”[2]提出“祭为礼之本”，无疑乃唐以来之新说，与《礼记》本有之“忠信，礼之本也”（《礼器》）、“昏礼者，礼之本也”（《昏义》）大异。孔说为宋以来礼学家所接受，李觏在《礼论》中即有明确论述：“神者，人之本也，不可以不事也，于是为之禘尝郊社，山川中溜，以修祭祀。……此礼之大本也。”[3]直至清初王夫之撰《礼记章句》，已全然不顾书中本有的“礼之本”说，而云《祭义》等三篇，“乃以礼莫重于祭祀，故不与《冠义》诸篇同附《记》末”，而予以前置，船山的心目中，“祭以合幽明，亲本始，故尤重焉”，[4]冠、昏、乡、射诸礼，均难望其项背。

---

〔1〕作者单位：清华大学人文学院。

〔2〕孔颖达，《礼记注疏》卷四十九，《十三经注疏》影印本，中华书局1980年，第1602页下。

〔3〕李觏，《礼论七篇·第一》，《李觏集》卷二，中华书局1981年，第6—7页。

〔4〕王夫之，《礼记章句》卷二十四《祭义》、卷二十五《祭统》，《船山全书》第4册，岳麓书社2011年，第1101、1145页。

直至清末民初，学者参诸西学之宗教论，于祭礼之地位尤有拔高，如刘师培《古政原始论》即做出如下论断："古代礼制悉该于祭礼之中，舍祭礼而外，固无所谓礼制也。""上古五礼之中仅有祭礼，若冠礼、昏礼、丧礼，悉为祭礼所该。"职是之故，在刘氏看来，"观《礼记》四十九篇，言祭之书最多"，〔1〕这自然是刘氏的新发现。若谓刘说略嫌冒进，那么数年后梁启超的认识则渐趋于持平，其于《志三代宗教礼学》中有云："诸礼之中，惟祭尤重。盖礼之所以能范围群伦，实植本于宗教思想，故祭礼又为诸礼总持焉。"〔2〕梁氏之所谓"为诸礼总持"，即其后文所说的"祭礼所以为诸礼之枢也"，称之为"枢"，与刘氏称之为"该（赅）"实质上仍是一回事，较之于一千二百多年前的"祭为礼之本"说，仍不过是适度推进。这一推进，来源于以西方宗教作为参照，梁氏以"人与神与天相接之礼"为祭礼，其所得出的结论与其时西方来华传教士的观察，正可谓不谋而合。试看英国伦敦会传教士麦高温（John MacGowan，1835—1922）晚年得出的结论："在中国，如果要寻找影响着中国各个阶层的、唯一决定性的精神力量，我们能找到的最终答案就是祖先崇拜。没有什么其他的信仰能取代祖先崇拜的地位。"〔3〕麦氏所谓的祖先崇拜，指的就是祭祖。

可见学术史的脉络是清晰的，由《礼记》的"莫重于祭"，到孔颖达的"祭为礼之本"，推进了实质性的一步，此后直至梁启超的"祭礼植本"，前行的步幅实属有限。不想梁氏殁后不到五年，唐文治《礼记大义》问世，对祭礼的推崇竟又一次大大推进了一步，其中

---

〔1〕刘师培，《古政原始论》"礼俗原始论第十"，见《刘申叔遗书》，江苏古籍出版社1997年，第678—679页。

〔2〕梁启超，《志三代宗教礼学》，《饮冰室合集》专集之四十九，第9册，中华书局1989年，第9页。

〔3〕〔英〕麦高温著、张程译，《多面中国人》（*Men and Manners of Modern China*），黄山书社2011年，第62页。按：麦氏1860年来华，此书最初完整出版于1909年，其时麦氏已75岁，在中国生活已五十年。此书中译本有好几种，张译本语言较为流畅，故采录之。

《祭义篇大义》云：

> 人生伦纪中必读之书，曰《孝经》，曰《祭义》。……文治读是篇，未尝不反复而呜咽也。今约举其精义，共有数端，曰性本，曰道本，曰教本，曰治本。[1]

在唐先生看来，人之性情、天道人道、教化育人、国家治理，在内涵上均将归本于祭礼，此即所谓“祭为四本”说。由“祭为礼之本”到“祭为四本”，范围与内涵均已大大扩充，祭礼的地位几臻极致。

可惜，唐先生此说，在学术界至今尚未引起重视。追问其缘由，恐怕与唐先生提出此说的时代背景颇有关联。其时已在30年代中叶，旋即战乱连连直至新中国成立，后又运动频仍，直至改革开放。80年代的情形如何？请看美国学者邓尔麟（Jerry P. Dennerline）到中国来所描摹的如下画面：“在无锡水乡，几乎所有的宗教痕迹都消失了。灶王神龛、祖宗祠堂、佛庙寺院和列帝道观统统销声匿迹。火葬代替了土葬，坟地被平为耕地。华、钱两大家族宋代的祖墓被挖开填平。”唐先生所生活的江南水乡可以作为全国的代表。因此邓先生断言，此后虽然仍会有蜡烛香火，“有一点却是清楚的，那就是，用繁缛的礼节仪典隆重拜祖的时代已然过去”。[2]邓说至今三十年，像一张大网般罩住了所有的中国人：祭礼究竟应该作为传统文化的裹脚布而永远地被斩尽涤绝呢，还是有可能死灰复燃，重又回到中国人的日常生活中来？唐先生“祭为四本”说的重新检讨，看来具有了浓厚的现实意义。

本文将从我自身的经历出发，在梳理、体悟唐先生生平的基础上，对唐说如何积成，及其现代化的可能性，做出自己独特的推阐。

---

〔1〕 唐文治，《礼记大义》卷二《祭义篇大义》，无锡国学专修学校1934年，第36页。按：着重号为原刊本故有。
〔2〕 邓尔麟著、蓝桦译，《钱穆与七房桥世界》，社会科学文献出版社1998年，第129页。

二、识唐

唐文治在我心中生根发芽，孕育出新知，有一个相当长的过程。

我家旧宅位于无锡蠡园乡长桥村高车渡（今已拆迁）。所谓长桥，亦称宝界桥，位于太湖伸入无锡的内湖（蠡湖）最窄处，是当年城区通往鼋头渚景区的必经通道。桥南百米左右即茹经堂之所在，背枕宝界山（琴山），而桥北数百米即至我家。小时候几乎每天一早从家跑步，经长桥，十多分钟便路过茹经堂，然后一路至鼋头渚而返。当年望着陆定一所书“茹经堂”三字，总觉得其间主人定非泛辈。到中学以后方闻唐文治其名，假期经过，益增敬仰之情。当时的长桥只有一座小桥，每次有车经过，颇觉桥身在晃动，1994 年宽阔的新桥方始建成，两年后我便至南京上大学去了。待大学以后读到《茹经年谱》，于 1935 年（乙亥）七十一岁下记曰：“十二月初十日，茹经堂行落成开幕礼。”于 1936 年（丙子）七十二岁下又记曰：“五月放假后，偕内子赴茹经堂避暑。依山临水，兼有长桥之势，风景极佳。”[1] 如何能掩得住激动之情，多年的情结一时破解，这一所在原来是由唐文治门人胡粹士、张贡九等人发起，为庆祝上海交大老校长七十寿辰而募款建造的纪念性别墅。

读到《茹经年谱》，已是 2004 年的暑假了，此时唐文治在我心中第一次发酵。此年我获台湾陆委会中华发展基金会资助，得赴高雄师范大学经学研究所短期访问，当年高师大经学所甫建伊始，蒙首任黄忠天所长热情接待，我的台岛之行获得了诸多便利。正在那时，我第一次系统接触到唐文治编著的《十三经读本》（1924 年施肇曾醒园刊印本）以及《茹经先生自订年谱正续编》等相关著述。回想起来，当时是不折不扣的身在宝岛，心系故乡，内心世界第一次被推扩到无锡

[1] 唐文治著、唐庆诒补，《茹经先生自订年谱正续编》，《近代中国史料丛刊三编》第 9 辑，第 119、120 页。按：下文凡引此谱均依此本，为避繁琐起见，仅随文夹注页码，不再一一出注。

国专当年曾发生过的一幕幕、一课课。正是这一次经历，激活了我童少时期的点点积聚，确立了我矢志经学、读通五经的决心。

当我留意到《茹经年谱》在1884年二十岁下记曰："读《周礼》《仪礼》《尔雅》，始从事经学。"反复揣摩，细思唐先生何以从此三经入手，从事于经学。当由《十三经提纲》检录得如下一段，方始大悟：

> 礼者，天命秩序之原，民彝物则之要，人心世道惟斯为大。《记》曰："以旧坊为无所用而坏之者，必有水败；以旧礼为无所用而去之者，必有乱患。"凡坏国丧家亡人，必先去其礼。……数千年历史，国之治乱皆视乎礼之兴废。

职是之故，唐先生明确提出："文治窃尝谓，读经自学礼始。"〔1〕并且将"治经之要，尤在学礼"明确写入《无锡国学专修馆学规》中，〔2〕这是由他亲身经历提炼得出。这一教诲，确定了我此后专攻的学术方向。自2004年秋回到南京，我即开始系统攻读《仪礼》，一面从经注而下，一面遍辑《清经解》及《清经解续编》相关著述溯游而上，至2007年夏完成博士学位论文《〈仪礼〉汉本异文构成分析》，采用的基本方法仍是清儒以语言文字通经的路数，也正是秉承了唐先生以《尔雅》与二礼并列的用心。

攻博期间三年读经之路，使我与当年刊刻《续经解》的南菁书院结下了不解之缘。业师李开先生知我心意，待我北上清华以后，竟慨然寄赠《清经解、清经解续编》新影印本一套十三巨册。〔3〕不管今后

---

〔1〕唐文治，《十三经提纲》卷五《仪礼》，《十三经读本》，施肇曾醒园1924年刻本，第2、3页。

〔2〕唐文治，《无锡国学专修馆学规》，《茹经堂文集》卷二，《民国丛书》第五编第94册，第26页。

〔3〕阮元、王先谦编，《清经解、清经解续编》，凤凰出版社2005年。按：此前我在撰写博士论文期间，频繁到图书馆翻览、复印的是1988年上海书店影印本，因未能购置，阅读甚为不便。

治学重心如何迁移，此终究是我学术绵延之地基所在，先生意在使我不忘本。

唐文治在我心中的二度发酵，导源于澳门大学邓国光的两篇新作。2009 年，我北上清华，随彭林先生推动礼学研究，因留意到当年无锡国专与清华国学院关系深远，我们即在《中国经学》第 9 辑设立经学名家唐文治专栏，邀得邓国光的长篇论作《唐文治经学研究》（近四万字），邓先生在文末总结说："在唐文治'读经救国'的儒学大原则下，'礼'这一概念自然成为其经世的梁柱。"〔1〕此所揭橥的，正是唐先生经学之主干，抓住此，唐先生所有著作可纲举目张。邓先生此文，让我意识到自己此前的研究，已然偏离了唐学的路向。2011 年，清华大学成立中国礼学研究中心，随即主办首届礼学国际学术研讨会，邓先生提交又一篇力作《唐文治礼学及其〈礼记大义〉初探》（逾 3 万字），此文初步勾勒出了"唐先生的经世礼学"，在邓先生看来，"唐先生《礼记大义》经世礼学的主张，彰显中国礼学的深度关怀与学理的高度"。〔2〕此说刺中我的心扉，逼迫着我进行学术大换血。

2011 年，是我学术研究遇到巨大困境的一年，那就是如何才能使礼学的传统发挥出经世的价值，从而突破文献考证这一清儒所创造过辉煌的单一路数。在首届礼学国际学术研讨会上，澳大利亚学者黄宇和（John Y. Wong）即当面质问我这个问题，此后他又写成专文，直言不讳地指出这次会议："稍微美中不足的，正是没有把理论结合实际。笔者为之担忧的是，若来者皆如是，则恐怕礼学很快就脱离实际，该中心未来的命运堪虞。"〔3〕这一境遇，催使我回头深入研读唐先生的名著《礼记大义》。唐先生这部书，正是他从浸淫于南菁书院以

〔1〕邓国光，《唐文治经学研究——20 世纪前期朱子学视野下的经义诠释与重构》，见《中国经学》第 9 辑，广西师范大学出版社 2012 年，第 38 页。

〔2〕邓国光，《唐文治礼学及其〈礼记大义〉初探》，收入《礼乐中国——首届礼学国际学术研讨会论文集》，上海书店出版社 2013 年。

〔3〕黄宇和，《孙中山的礼学渊源与实践》，载《中国经学》第 11 辑，广西师范大学出版社 2013 年，第 199 页。

黄以周为代表的礼制考证一路，走向现代礼意发掘的经世之路的代表作，书成之年，唐先生七十岁。从1884年二十岁起从事经学，唐先生用半个世纪的人生历程，铸成了这一学术精品。当今的礼学，欲走通经世之路，唐先生此书可作为再出发的起点。幸好清华大学库存本库正藏有无锡国学专修学校丛书之二的《礼记大义》1934年刊印本，可谓天赐我者。

据邓国光所条理的唐先生礼学著作简表，唐先生虽自十二岁即始读《礼记》，此后不断有论作问世，然正式开始着手编著《礼记大义》，是在其六十三岁任教于无锡国专之后。在此书的序言中，唐先生劈头即揭出如下三条：一、“国体何以立，礼而已矣”；二、“国性何以善，礼而已矣”；三、“天叙天秩、人纲人纪何以定，礼而已矣”。[1]可见，其晚年有意将毕生之学术归宿于礼。就礼学的具体内容而言，在《茹经年谱》1927年（丁卯）六十三岁下已明确记载：“初编《礼记大义》，从《祭义》篇始。”（94页）可见唐先生对祭礼的情有独钟。直至本书卷二的《祭礼篇大义》中，唐先生竟直抒其浓烈的情感，作出“祭为四本”的明确界定。由当时的社会现实看，唐先生观察所及，若祭礼之义废，性、道、教、治四者之本均被拔动，根基一失，社会弊病也便随之而起：“盖近年以来人心日坏，罔利营私，无恶不作，侮慢圣贤，荒道败德，以致菑害并至，虽有善者，亦无如之何矣！”（105页）这是1931年（辛未）唐先生六十七岁说的话，此年正月，“余编《礼记大义》数篇，示诸生”，九月就说出如上的话，其间的关联不言自喻。

由以上条理可知，由祭礼而礼学，由礼学入经学，由经义达救世，是唐文治学术的主线，唐先生的学术以经学为宗，欲通其经学，必先通其礼学，欲通其礼学，就绕不开他的“祭为四本”说。若看不透祭礼在中国文化中的地位，自然也便找不到传统现代化的路径，礼学经世云云，终属一纸空言。我所遇到的关隘，也就是邓尔麟的无

---

〔1〕 唐文治，《礼记大义·自序》，无锡国学专修学校1934年，第1页。

奈，其实唐先生早就意识到了。

三、四本

《礼记大义》共计四卷，只是对《礼记》各篇总述要点，提炼篇章之间的脉络，详细的论证与分析阙如。“祭为四本”说亦然，唐先生只是提出观点，就四者之间的关联略事介绍，其思路如何形成一度成为我的困惑。新近面世的林庆彰主编《民国时期经学丛书》第3辑八册，影印有唐文治《茹经堂新著》一种，竟填补了这一缺环。

丛书称《新著》所据底本为民国间作者自印本，但未标年月。书中收录大义类作品七篇，其中《周易》讲义一篇，《礼记》讲义六篇，其一即为《礼记祭义篇大义》。与《礼记大义》所收录者对照可知，《新著》在此篇末总结的“大义”，与《礼记大义》全部相同，此前则为经文的讲注，共计三十三页，是《礼记大义》所未见者。此部分的体例是逐段顶格照录经文，每段后低一格作讲解，先录郑注，隔一圈再录宋以来儒者之言，隔一圈则以“文治按”抒发己见。我初步认为，此六篇《礼记》讲义，恐怕即是《茹经年谱》1931年所称“余编《礼记大义》数篇，示诸生”者。至1934年2月，“《礼记大义》整理完竣”，其中的《祭义》篇正是移录自前之所成者，按体例省去经注解读，仅是截取了最后的总结之言。

下面我即据此本简要分辟“祭为四本”说的主要推理思路。

首先，是为“性本”。立论的基点在于：“无非以孝子之天性感通祖考、父母之志意。苟孝子之天性永久相传而不泯，即祖考、父母之志意可以永久相传而长存；不则天性泯、志意灭，即其家道亦从此绝矣。”[1] 主要涵摄《祭义》篇前四章。子女于春秋之际随雨露、霜露而

〔1〕 此段主要参见唐文治，《茹经堂新著·礼记祭义篇》第一至四章，《民国时期经学丛书》第3辑第8册，台湾文听阁图书有限公司2009年，第81—84页。

生怵惕、凄怆之心，感时怀念逝去的父母，“推吾亲在时，体念其寒暖之心”，“此祭礼所由起也”，此已故之父母与子女之间保持联系的第一步。进而斋戒追思，思其“居处，笑语，志意，所乐，所嗜”，“五者吾亲之习惯也”，进而行祭，使思念之情落诸杯盘器皿之物、举手投足之容的行动实处，其旨在“动其良心”，唐先生说若“不能动其良心者，非人也”。从这一根性上讲，《祭统》篇“祭者非物自外至者也，自中出生于心也，心怵而奉之以礼，是故惟贤者能尽祭之义”便是由此生发出来，唐先生抓住“心怵”这一机轴，称其为“仁人孝子之良心也，下文云诚信忠敬，皆心怵之目”，同理，行祭时“奉之以物，道之以礼，安之以乐，参之以时，皆奉之以礼之目也”。[1]祭礼之所先讲究的，便是中出于心与外至之物相映相合；若寻不着这一动心，良心未起，行祭时之仪、之物便是呆板的形式。

在这一返归良心的过程中，“祖考之精神，必赖子孙之精神而后聚”，此即“家道”之所建立。祭祖礼所奠定的，是人伦关系之起端，首于父母、子女间见之，也就是梁漱溟所说的：“家人父子，是其天然基本关系，故伦理首重家庭。父母总是最先有的，再则有兄弟姊妹。既长，则有夫妇，有子女，而宗族戚党亦即由此而生。”[2]由父子进而确立家道，由家道进而可扩充到社会其他各层关系，故《礼记·祭统》称“祭有十伦”。基于这一视角，唐先生认为《祭统》篇首先确立的“礼有五经，莫重于祭”的所指，不当如郑玄注，将“五经”解释为吉、凶、宾、军、嘉五礼，而应该解读成“父子、兄弟、夫妇、君臣、朋友五品”，由此可与此后之所谓“夫祭有十伦焉”相连属——“见事鬼神之道焉，见君臣之义焉，见父子之伦焉，见贵贱之等焉，见亲疏之杀焉，见爵赏之施焉，见夫妇之别焉，见政事之均焉，见长幼之序焉，见上下之际焉”。所谓“祭有十伦”，非指其并列

---

〔1〕 唐文治，《礼记大义》卷三《祭统篇大义》，无锡国学专修学校 1934 年，第 2 页。
〔2〕 梁漱溟，《中国文化要义》第五章“中国是伦理本位的社会”，上海人民出版社 2011 年，第 78 页。

的组构，而是绵延的推扩，在伦理双方彼此对待关系的相似性上，十伦与父子之间相一致，相贯通，也就是梁漱溟所说的："随一个人年龄和生活之开展，而渐有其四面八方若近若远数不尽的关系。是关系，皆是伦理；伦理始于家庭，而不止于家庭。"〔1〕而所有这些社会关系，其机轴之端则在父子一伦，此一伦未立，社会关系的十伦均无从立。祭礼之报本反始，此之谓也。

其二，是为"道本"。立论的基点在于："人之形气秉之于天地，受之于父母而生之，全而归之，战战兢兢，终身不敢毁伤，此之谓要道。"而守道之法，"君子以慎独之功敛之，……而至诚无息之功在是矣"。〔2〕主要涵摄《祭义》篇第五至八章。所谓"不敢毁伤"，在一手一足的背后主要的所指是"事亲之义，弗辱为大"，所谓"弗辱"，在于"君子推其敬养、敬享之心，以至于终身无不敬，而后能终身弗辱也"。从生前的敬养到死后的敬享，辱与不辱，如何才能避免"入庙门而先无地以自容"，绝大的空间是在内心世界的无愧，着力在"诚之至也，精神志意之所聚也"；绝大的难处是在日复一日以至终身无愧，唐先生引方苞说"惟其平日如此，所以临尸而不怍"，敏锐地意识到"方氏以平日言，尤为精核"。由此同样可以扩充，由不毁伤肢体为孝，从而一层层往外，也就是曾子说的："居处不庄，非孝也；事君不忠，非孝也；莅官不敬，非孝也；朋友不信，非孝也；战陈无勇，非孝也。五者不遂，灾及于亲，敢不敬乎？"换一个角度，对父母从能养，到敬，到安，到卒，终未辱及父母，那么同样，"父母既没，慎行其身，不遗父母恶名，可谓能终矣"，祭礼便成为敬亲的延续，从生前贯穿至身后，形成一贯的人道。

理解了这一点，便不难明白祭天、祀地，与享先祖其实并无二

〔1〕梁漱溟，《中国文化要义》第五章"中国是伦理本位的社会"，上海人民出版社 2011 年，第 78—79 页。

〔2〕此段主要参见唐文治，《茹经堂新著·礼记祭义篇》第五至八章，《民国时期经学丛书》第 3 辑第 8 册，台湾文听阁图书有限公司 2009 年，第 85—89 页。

致，也就是唐先生在《天地机论》中所说的："事父孝，故事天明，事母孝，故事地察，神明彰矣。此言圣人穷理尽性、格物致知，精密无间，以此精一之心，对越上帝，推此心使万民各得其所，此乃洗心之学。"[1]由此也便理解了祭礼的本意："祭之道，精神而已。"祭礼的一切"礼义容止之节，……盖精神有所注也"，此祭之道，亦即人伦之道，与天道、地道无不合。《祭义》推崇文王之祭，强调的便是"祀之忠"，唐先生说"忠字最亲切，《内则》曰'以其饮食忠养之'，祀之忠犹是养之忠也"。何谓忠？朱熹《论语集注》："尽己之谓忠。"[2]唐先生释曰："夫忠之一字，解者专指事君而言，实则范围甚广，……其指归不外尽己之心。天下万事之败坏皆出于不诚不敬，而因以不忠，诚、敬者，忠之大本也。"[3]恰恰是在行祭之时，并非实对父母，亦无旁人观摩，面对这一"非真境也，乃想象之境也"，一切乃更为依托于内心的至诚、至敬，也便更能唤起内心的本真，这正是祭礼洗心之所指，正所谓："祭礼，所以启发人之孝思，事死如事生，事亡如事存，夫微之显，诚之不可掩者，莫大乎是，所以养民之忠厚者，莫大乎是。"[4]用梁漱溟的话说，便是："具体的礼乐，直接作用于身体，作用于血气；人的心理情致随之顿然变化于不觉，而理性乃油然现前，其效最大最神。"[5]唐、梁之间可互证者，实夥。

其三，是为"教本"。立论的基点在于："原始而要其终，实即报本而反乎始，以神道设教而天下服矣。合鬼与神，教之至也，此教之本于幽者也。"[6]主要涵摄《祭义》篇第九至十二章。唐先生认为治世

〔1〕 唐文治，《天地机论》，《茹经堂文集三编》卷一，《民国丛书》第五编第95册，第5页。

〔2〕《论语·学而》《里仁》篇朱熹均有此注，参见《四书章句集注》，中华书局1983年，第48、72页。

〔3〕 唐文治，《八德诠释》，《茹经堂文集三编》卷一，《民国丛书》第五编第95册，第24页。

〔4〕 唐文治，《礼治法治论一》，《茹经堂文集三编》卷二，《民国丛书》第五编第95册，第6页。

〔5〕 梁漱溟，《中国文化要义》第五章"中国是伦理本位的社会"，上海人民出版社2011年，第106页。

〔6〕 此段主要参见唐文治，《茹经堂新著·礼记祭义篇》第九至十二章，《民国时期经学丛书》第3辑第8册，台湾文听阁图书有限公司2009年，第90—92页。

必以检束身心、砥砺品性为根基，而教人学问又以立孝为第一要事，此不难理解，难点在于教孝之本在祭，也就是《论语大义》所谓的以“祭礼教民”：“圣门立教，首重人伦，而孝弟，人伦之本也。慎终追远，孝之本也。”[1]无祭，便无以体孝道，人伦之教便落诸空言。这便是唐先生着意阐述的“神道设教”，“教之本于幽者”，是祭为四本面对现代科学体系最不易解释之处。

此旨恐怕正是唐先生受时势所激，在与西方基督教进行深入对比之后方始得出。其实“打从基督教与中国文化相遇以降，祭祖问题一直成为双方争议的焦点，迄今未有止息”，[2]近年来，我因兴趣日移于《圣经》，不想竟又一次一头扎进这座大山的包围，几被压得更加透不过气来，于是深深地感受到唐先生当年内心所经历的痛苦。在西方基督教的强势冲击下，参照系转成了西方宗教，偶像崇拜、迷信之说扑面而来，不经意间席卷了知识界，唐先生终而至于得出祭礼作为中国的礼教，足以代表中国宗教的结论，喊出了孔子为大宗教家的呼声，其利弊得失是值得今天重新细细思量的。

其四，是为“治本”。立论的基点在于：“吾有以事吾亲，而使天下皆有以事其亲，吾有以养吾亲，而使天下皆有以养其亲，乐自顺此生，刑自反此作，至孝近乎王，至弟近乎霸，胥于是乎出焉。”[3]主要涵摄《祭义》篇第十三至二十章。此段主旨在“扩充”二字，“一则见孝弟之道，当扩充之于事功，一则见王霸之业，必当本于孝弟而论”。唐先生指出：“惟天子兼君、师之职，故所以立之、教之者，必属之于天子者，以示天下之模范也，错之天下，无所不行。盖朝廷者，人心风俗所由始也。”故一国之中，天子于祭礼尤堪重任。这也就是《天命论》劈头即高呼的“救亿兆人之心，必先救一二人之心，

---

〔1〕唐文治，《论语大义》，上海交通大学出版社 2016 年，第 11、21 页。

〔2〕邢福增、梁家麟，《中国祭祖问题》，香港建道神学院 1997 年，第 3 页。

〔3〕此段主要参见唐文治，《茹经堂新著·礼记祭义篇》第十三至二十章，《民国时期经学丛书》第 3 辑第 8 册，台湾文听阁图书有限公司 2009 年，第 93—96 页。

执政者是也”之缘由。

另一方面，将祭礼作为治本，更旨在打通士人修齐治平之途。为此，唐先生撰有《政治学大义》一书，此书序言中指出：“夫政治者，以心术为权与者也。……是故心术正，则政治清明纯粹，而天下蒙其福；心术偏，则政治颠倒错乱，而天下被其毒，无古今无中外，其道一也。”[1]传统的政治，含义颇为广泛，依孙中山的解释便是：“政治两字的意思，浅而言之，政就是众人之事，治就是管理，管理众人的事，便是政治。”[2]那么从齐到治、平全在范围之内，指凡一切民事之治理，即所谓经世。依《论语·为政》之习称“为政以德”，即治理民事本于人之德性，唐先生则更将德性归诸心术。心术，是祭为治本的一以贯之的通道，此道打通，祭礼洗心的意义也便彰显出来。唐先生倡导的行祭，旨趣正在于以礼学经世，此由《无锡国学专修馆学规》可以洞见：“凡士人通经学、理学而能通于政治者，谓之有用，谓之通人，不能达于政治者，谓之无用，谓之迂士。”[3]可见，唐先生所主张的祭礼，是以“达于政治”为出口的，非囿于祭仪条文之矩镬。

由祭祀，而及性理学，而及伦理学，而及教育学，而及政治学，祭为四本说可以贯通于唐先生所有著述之中，而成为其立论之机轴。将所有这一切理念付诸行祭这一看得见摸得着的实事，“以实心行实政，非托之空言也”[4]，此又是唐先生区别于其他礼学家的卓著之处。这是有鉴于社会之深弊，“凡为治者最忌空言而不求实事，为学者亦切忌空言而不求实事，空言之为害于天下久矣”，[5]而至唐先生晚年痛

---

〔1〕 唐文治，《政治学大义序》，《茹经堂文集》卷四，《民国丛书》第五编第 94 册，第 13 页。

〔2〕 孙中山，《民权主义第一讲》，《孙中山全集》第 9 册，中华书局 1981 年，第 254—255 页。

〔3〕 唐文治，《无锡国学专修馆学规》，《茹经堂文集》卷二，《民国丛书》第五编第 94 册，第 28 页。

〔4〕 唐文治，《茹经堂新著·礼记祭义篇》，《民国时期经学丛书》第 3 辑第 8 册，台湾文听阁图书有限公司 2009 年，第 109 页。

〔5〕 唐文治，《驳学校不祀孔子议》，《茹经堂文集二编》卷二，《民国丛书》第五编第 94 册，第 4 页。

定思痛之后做出的重大学理转变。

四、礼教

唐文治晚年提出研读《礼记》从《祭义》篇开始，不能不说是由时势所激成，这是最容易从唐著中感知的。

首先，《礼记大义》的《自序》便暴露了唐先生彼时的心迹。《自序》开篇即称："国体何以立？礼而已矣。礼者，体也。'相鼠有体，人而无礼，不死何俟。'国而无礼，是戕国也。……有礼则安，无礼则危，此中外之常经，古今之国鉴也。"问题当再分为两面，一方面从历史上看，自周公、孔子至高堂生、郑玄，"大昌礼教"，又自孔颖达、朱子，一路考察至清代《钦定礼记义疏》，唐先生相信"礼教盛，则民气靖而国强"；另一方面，对于有说者认为的"古道不宜于今，其礼当废"，唐先生力斥"因礼制之不同，并欲举《礼经》而废之，误哉误哉"，"礼根于天性，……乃欲拂人之性而扫除之，误哉误哉"。[1]两个"误哉误哉"，同样有历史的依据，唐云：

> 凡坏国丧家亡人必先去其礼，自老子以礼为忠信之薄，而战国启争杀之端，自晋人以礼岂为我辈而设，而六朝肇夷狄之祸。上下数千年历史，国之治乱皆视乎礼之兴废。……迄于近世而讳言礼，呜呼，人无异于禽兽矣。[2]

战国、六朝、近世，在唐先生心目中是三个"国而无礼""无礼则危"的时代，以古讽今，我们自可深知这两个"误哉误哉"，乃是由晚清以来"反礼教"之时局所激成，故邓国光说"唐先生坚持'礼教'兴

---

〔1〕 唐文治，《礼记大义·自序》，无锡国学专修学校 1934 年，第 1—2 页。

〔2〕 唐文治，《十三经提纲》卷五《仪礼》，《十三经读本》，台北新文丰出版公司 1980 年，第 49 页。

国，虽千万人吾往矣的精神，当时无匹”[1]，可谓得之。

其次，唐先生主张的礼教兴国，是在中西文化冲撞下孕育而成。在《无锡国学专修馆学规》最后一条“挽救世风”中即已指出：“今日吾国是何等景象？外人方讥我为无礼义、无教化之国，痛心曷已！”[2]“无礼义、无教化”，即“无礼教”，是唐先生之痛心疾首者，要知中国向来以礼义之邦著称于世，视外族蛮夷为未开化，如今情势竟逆转过来。痛心之余，更让人无法忍受的是：外人凭什么讥中国“无礼教”？唐先生必然做出深刻的自省。在《茹经堂新著》本《礼记祭义篇大义》的开头，唐先生有一小段前言，先录孔颖达所引郑玄《三礼目录》，之后以“文治按”透露出他近年来反思的结果：

> 近人于中国行祭祀礼，则斥之曰迷信，于西人作纪念，则尊之曰纪念式。呜呼，抑何迷信西人，而忍忘祖考乎？揆诸本心，毋乃傎乎。当令其熟读此篇，以激发其良知。[3]

这一段话，可与前数年唐先生六十岁时在《天地机论》中所云互参：“郊天之典，护日之俗，祭祀先之礼，皆近世所唾骂笑讥，以为迷信者也。”[4]也可与唐先生五十八岁在《礼治法治论》中所云互参：“难者又曰：新学破除迷信，祭祀之礼，迷信之大者，且远祖不相识，感情何有，废之为宜。呜呼，此又何说也！”[5]可见唐先生晚年所受的激发，来自于西方文化，尤其是基督教传入中国后，所带来的“迷信

---

〔1〕邓国光，《唐文治礼学及其〈礼记大义〉初探》，收入《礼乐中国——首届礼学国际学术研讨会论文集》，第472页。

〔2〕唐文治，《无锡国学专修馆学规》，《茹经堂文集》卷二，《民国丛书》第五编第94册，第33页。

〔3〕唐文治，《茹经堂新著·礼记祭义篇》，《民国时期经学丛书》第3辑第8册，台湾文听阁图书有限公司2009年，第81页。

〔4〕唐文治，《天地机论》，《茹经堂文集三编》卷一，《民国丛书》第五编第95册，第5页。

〔5〕唐文治，《礼治法治论一》，《茹经堂文集三编》卷二，《民国丛书》第五编第95册，第5页。

论”这一必然的激烈冲突。

从基督教的立场来看，中国文化中唯有祭祖足以与之在宗教性上抗衡，因此，“基督新教传教士在叩敲中国大门伊始，便不能不面对这种中国人普遍沿习的行为”，并且极为敏感地发现“其中与基督教信仰相冲突之处”。就当时普遍的情况来看，“认为祭祖毫无疑问是中国人拜偶像的表现，抑且是狡猾的行为，因为这种恶行，乃依附在孝亲的美善之中”，是很多传教士都持有的根深蒂固的思想。[1]试想，当年为孙中山施洗的喜嘉理牧师（Rev. Charles Robert Hager），听到孙中山成亲时拜了祖先，气愤异常，且一直耿耿于怀，最终竟撺掇得孙中山父亲、兄长与他决裂，[2]可见这种不可调和的文化冲突，强劲到何等程度。由于西方知识、信念的进入与传播，最先受到冲击的便是这种形式表现上的大相异，斥之为偶像、迷信已逐渐在中国知识界蔓延开来。处在这一浪潮中的唐文治，恰恰敏感地意识到，祭礼所代表的，正是中国文化传统之根，其间所蕴含的礼意足以构成中国人思想之魂，如果祭礼被斥为迷信，此根一拔，那么中国成为“无礼义、无教化之国”，便为期不远了。

再次，将西方基督教作为参照系，唐先生确定礼教为中国的宗教，甚至将孔子作为中国的宗教主。早在《驳学校不祀孔子议》一文中表现得已相当清晰。此文旨在驳斥民国教育部之言孔子非宗教家，故不应行拜祭之说，唐先生曰：

> 孔子非宗教家，西人之言也，且非西人之公言，一二人之私言也。庸讵知西人以神道为宗教，而吾孔子未尝不以神道设教，如“精气为物，游魂为变”“惟皇上帝，阴骘下民”“天厌之，天厌之”“获罪于天，无所祷也”之类，四书五经中不胜枚

---

〔1〕 参见邢福增、梁家麟，《中国祭祖问题》，香港建道神学院 1997 年，第 7—8 页。
〔2〕 参见黄宇和，《三十岁前的孙中山》第五章，生活·读书·新知三联书店 2012 年。

举。……盖孔孟深知吾国中人以上之材，始可以言理而不言数，言人而不言神，若中人以下之材，则不得不藉鬼神气数之说，使之震慑其心，然后能去恶而为善。向使孔学而非宗教，何以时时言天，然则孔子固不自命为宗教，而谓为五洲之大宗教家可也。……西人之所谓宗教，专指弃伦常、信虚无言之也，中国之所谓宗教，兼指讲伦常、议仪、制度、考文言之也。[1]

自表而言，若以西方基督教之形式论，被贴上“迷信”的标签，必定会走到“废释奠，废文庙，废经典，古礼古乐荡然无存”[2]的局面。放弃这一表象的浅层对比，自里抉发，唐先生悟得“藉鬼神气数之说，使之震慑其心”，即“教之本于幽者”，即“以神道设教而天下服”，此乃作为礼教的“祭”之莫大意义所在。在这个意义上，礼教方可与基督教相抗衡，从而构成中西文化的大分水岭。不明白这一点，自然会“以为中国无宗教”，道教、佛教自不足与基督教相抗，“因无宗教而谓我为野蛮之国”，均是西方中心论者肢解中国文化所致。

充分发掘礼教在宗教性上的特质，是此后唐先生特别用心之处，六十岁以后的《天命论》三篇、《天地机论》、《知觉篇》、《读经志疑序》等文可视为代表作。唐先生是在系统考察了伊尹、周公、孔子、子思直至孟子等先哲，乃至宋元明诸大儒的思想之后，归纳出祭祀在整个古礼系统中的地位：

秩宗典礼，祀事孔明，法施于民则祀之，以死勤事则祀之，以劳定国则祀之。《礼运》一篇，大同盛轨，穆然丕显，命降于社之谓殽地，降于祖庙之谓仁义，降于山川之谓兴作，降于五祀之谓制度，临上质旁，如在左右，备哉灿烂，式礼莫愆。圣

[1] 唐文治，《驳学校不祀孔子议》，《茹经堂文集二编》卷二，《民国丛书》第五编第94册，第1—2页。
[2] 同上书，第4页。

人报本追远，以神道设教，非迷信也。

而就祭礼对于民众的意义，唐先生归纳说：

> 道民畏天命，敬鬼神，俾本心常有所兢惕，良知常有所警觉，而又时动其春露秋霜，本天本祖之至性，乃不敢作孽，而从罪恶岂臆造而强致哉？……近世以来，扫除天命之说，侮慢圣贤，人心无忌惮，而洪水方割，怀山襄陵矣。扫除鬼神之说，昏齐肆祀，人伦无纲纪，而五行汩陈，外患交哄矣。〔1〕

借助祭礼，唐先生找到了天命、鬼神与人心之间的通道，即古人所谓的天人感应，其称之为“机”，或作“几”，并专门写有《治心在研几论》，〔2〕这正是近世以来被斥为迷信者。唐先生正是认为天命与人心之间的通道中断了，他说：“吾欲救亿兆人之心，必先救一二人之心，执政者是也。……惟一二人能敬天命，而后能正其心，以正天下，吾特论天命以救人心。”〔3〕敬天命之“几学”与人伦之孝道相融，《祭义》篇中宰我的话“合鬼与神，教之至也”，在唐先生心中产生出了巨大的活力。

唐先生在此基础上，为力反西人“以孔子为非宗教家，盖欲灭吾国教以推行其本国之教”，也就是麦高温所说的传教士“把中国的圣人从未讲过的话带进他们的思想，在这些思想中，一个新帝国即将出现”，〔4〕故逼得唐先生转而主张孔子为宗教家：“孔子赞《周易》，察幽明之故，与鬼神之情状，其言曰‘获罪于天，无所祷’，又曰‘丘之祷久矣’，盖其所谓祷者，在于通神明之德，其为大宗教家，尚何异

---

〔1〕唐文治，《读经志疑序》，《茹经堂文集三编》卷五，《民国丛书》第五编第95册，第7页。
〔2〕唐文治，《治心在研几论》，《茹经堂文集三编》卷五，《民国丛书》第五编第95册。
〔3〕唐文治，《天命论上》，《茹经堂文集》卷一，《民国丛书》第五编第94册，第1页。
〔4〕〔英〕麦高温著、张程译，《多面中国人》，黄山书社2011年，第231页。

议！”[1]《驳学校不祀孔子议》全文便在论证“孔子非宗教家”之说行不通。不过，唐先生此说虽用心良苦，但恐因其刻意比附而终将贻人口实。比如在半个多世纪后，世易时移，钱穆同样以西方基督教为参照系推论中国宗教，同样认为“中国之礼，即中国之宗教”，“中国人所信在天，在上帝，在各自之祖宗”，至此应该说大体与唐先生暗合；然钱先生断言“中国有宗教，而无教主，为之主者，即天，即上帝，即列祖列宗”，[2]则较唐先生归宗于孔子来得平和。

唐先生晚年是抱着“《礼记》，万世之书也”的信念，在“俗可变，法可变，而礼之意不可变”[3]的原则指导下，逐篇发掘礼典之蕴意。而迫于西方文化冲击的时局，首当其冲的便是选择了从《礼记·祭义》开始。在逐句梳理《祭义》篇经义的过程中，唐先生提出了“祭为四本”的重要学说，这一学说足以与基督教的上帝信仰相抗衡，深入的研究尚有待跟进。

五、洗心

祭礼洗心，是贯穿“祭为四本”说的主干，此说系由唐文治毕生之实践淬炼而成，是在实事的磨砺中催生，非徒文本阅读者所能得出。今略事举证如下。

其一端之显著者，是唐先生六十岁丧父的亲身经历加深了他对祭礼的直接认识，此恐怕正是促成唐先生“编《礼记大义》，从《祭义》篇始”的直接动因。今从《茹经年谱》中截取相关段落条列如下：

1920年五十六岁，此年唐父病重，唐先生决意辞职归锡。《年谱》所云可见唐先生之内心经历：

---

〔1〕 唐文治，《天地机论》，《茹经堂文集四编》卷三，《民国丛书》第五编第95册，第6页。

〔2〕 钱穆，《略论中国宗教》，《现代中国学术论衡》，生活·读书·新知三联书店2005年，第11页。

〔3〕 唐文治，《礼记大义·自序》，无锡国学专修学校1934年，第5页。

> 自八月始，吾父饮食不进，精神委顿，余甚为惶急。……自上年学潮后，学风愈觉不靖。余因吾父老病，目疾日深，已先辞工业专门学校职数次，而交通部长迄不允。至十月初三日，余遂决计解职回锡。盖函电交驰，至此凡十次矣。部中派员来留，本校同人来请留者络绎于道，均坚拒之。（79页）

当学者们在费心寻求唐先生辞去校长职务是否别有隐情时，有意无意地忽视了“吾父老病”对唐先生内心触动之深，其实1907年唐先生坚辞北京实业学校监督，愿意南下担任上海高等实业学堂（后南洋大学）监督，同样是“因念吾父年老，思乡綦切，因允就职”（59页）。

1924年六十岁，此年年末唐父病逝，半年前有一预兆。《年谱》详录如下：

> 五月，与诸同志集赀刻同乡沈即山先生文集。……余为《书后》一首，颇呜咽，呈诸吾父，竟为心伤落泪。乃大惊，急彻去。呜呼，孰知其为不祥之兆耶？
>
> 十二月十四日夜三鼓，忽闻吾父痰哮声，急起视。曰：“无妨，适起，觅火不得耳。”至十五日早，尚食鸡子二枚；旋即病，饮食不进。即请锡医邓君星伯诊治，云老年重伤风，宜谨慎。余因春夏以来，吾父已有神思恍惚，不能记忆之症，心知其危。十七日发快邮，促内子等归。乃十八日火车已断，手足无措……而吾父气喘痰涌病日亟，迭延王君子柳、华君实甫诊治，无效。二十二日，内子等在上海始觅得小轮回，而吾父于二十四日巳刻已弃不孝而长逝矣。二十三夜，尚问庆诒等归否？呜呼，痛哉！午后，内子等始抵家，嚎哭欲绝。……痛哉！痛哉！检视箧中，得遗嘱数页，乃本年二月中所书。命不作佛事，不刻文集，不题像赞，不述哀启。其后托沈生健生装裱成册页，以示子孙。（87—90页）

其情其景记得如此详悉，非直露心迹者不可为。

1925年六十一岁，此年三月唐父棺柩回乡，唐先生“作《蔚蒿哭》诗四十九首，痛心之至；旋又作《续蔚蒿哭》诗十一首”（91页）。1926年六十二岁，此年正月距唐父去世已期年，行入葬礼；十二月，二周年，行大祥祭。《年谱》又详记之曰：

> 正月初五日，率内子、庆诒、庆增、庆永等赴沪。坐汽车赴浏河，为吾父营葬。时连日阴雨。初七日，悬棺入窆，天适大晴。浏河亲友送葬者，二十余人。……初七、初八两夜，均至三鼓始卧，感激之至。初九午前圆珠，一切工程与葬吾母同。……午刻，痛哭别墓。……初十日，赴澛漕省墓。十一日回无锡，作《再续蔚蒿哭》诗十二首。（92—93页）
>
> 十二月二十四日，吾父丧已大祥矣。追思甲子年弥留时之苦，痛彻于心。作《三续蔚蒿哭》诗二十八首。（94页）

1927年六十三岁，此年二月，距唐父去世已二十六个月，三年之丧毕，行释服礼。正是在此年正月，唐先生决意“初编《礼记大义》，从《祭义》篇始”。《年谱》云：

> 正月，编《蔚蒿哀》二卷。（94页）
>
> 二月二十四日，行释服礼，白驹过隙，哀痛弥深，尽情一哭。（95页）

1929年六十五岁，距唐父去世四年，唐先生因扫墓竟大病一场。《年谱》记云：

> 正月十二日，赴浏河。十三日，扫墓，瞻拜松楸，怆然陨涕。

正月二十日，行开院礼，余因病，未能往。病中作《太仓蟹簖记》。思亲不置，病十余日，始瘳。（99页）

1931年六十七岁，此年正月《年谱》记“余编《礼记大义》数篇，示诸生”，二月清明，又回乡扫墓，《年谱》未记，然唐先生作有《清明扫墓记》一文，于祭祖之礼意有深切直观之体会：

是日清明令节，方向午有祭于家者，有祭于野者，老者、少者、男者、女者、独者、众者、偯者、啼者、呜咽者，哭声断续而不绝也，乃愀然叹曰：吾乡民德之厚有如是哉，岂非乡先贤讲学之效欤？抑发于本心之良知欤？藉令并是而扫除之，则孝弟之性灭，人道沦于禽兽矣。[1]

1934年七十岁，此年唐先生为避亲友祝寿，又一次回浏河扫墓，此年距唐父去世整十年，其思亲之情未尝稍有淡化。《年谱》记云：

十月十六日为余生日。因思程子有言，人子于父母殁后，生日当倍增痛，岂宜张筵作寿？余恐亲友来祝，爰于是日赴浏河扫墓。（116页）

正是在此年二月，“《礼记大义》整理完竣”。此书的撰作，与唐先生丧父的亲身经历息息相伴。在三年之丧告毕的当口，唐先生决意编修此书，若说是一桩巧合，那是无法取信于人的。在丧祭的经历中，唐先生做出了编修此书的决定，在即将行禫祭释服，从而转向常祭之时，唐先生决定编修此书从《祭义》篇开始。此后的七年，伴随着唐先生四时祭父母的，便是这部《礼记大义》的完成。这部书是唐先生

〔1〕 唐文治，《清明扫墓记》，《茹经堂文集三编》卷六，《民国丛书》第五编第95册，第6页。

心祭的见证，是唐先生内心的孝思之情直接流露最为真切的一部著作，也是唐先生洗心实践的生动映射。

其又一端之显著者，是唐先生从《易》道之精微的长期体认中凝聚而来。其直接的证据，就是唐先生所惯以使用的“神道设教”“洗心”，均出自《易传》。前者见于《观》卦的彖传：“圣人以神道设教，而天下服矣。”后者见于《系辞上》：“圣人以此洗心，退藏于密，吉凶与民同患。”在《祭义》“孝子将祭，虑事不可以不豫”一章，唐先生更有如下之按语：“文治按《易·豫》卦大象传曰：‘先王以作乐崇德，殷荐之上帝，以配祖考。’凡事豫则立，而于祭祀时为尤要。虑事而不豫者，不孝也。”[1]可见用《易》卦卦象进行思维，已成为唐先生的习惯。

唐先生对自己研《易》的心路历程，晚年曾有一段较为完备的归结。《茹经年谱》1934年七十岁下自叙：“二月，《礼记大义》整理完竣。又修改《周易消息大义》，加入《读易反身录》一卷并应读书目表，一并交冯生振心校正付印。”（114页）可见二书同时完成于1934年，此年初唐先生在完成《周易消息大义》，写完《自叙》（署时在癸酉季冬月，即1933年末）后又写有一段附记，回忆自己一生研《易》的经历云：

> 光绪乙酉，文治年二十一，受《易》于定海黄元同先生之门。先生《易》学专家，著有《十翼后录》八十卷，汉宋兼采。每谈《易》义，口讲指画，孳孳不倦。文治爰拟撰《周易大义》，仅成数卦，旋橐笔津沽，游宦京师，遂中辍。己酉，年四十五，讲《易》于上海南洋大学。诸生科学繁重，义取显明，仅采程传与项平甫先生《周易玩辞》、杨诚斋先生《易传》，编

〔1〕唐文治，《茹经堂新著·礼记祭义篇》，《民国时期经学丛书》第3辑第8册，台湾文听阁图书有限公司2009年，第90页。

辑教授，亦未能成书。甲子，年六十，讲《易》于无锡国学专修馆。复博考汉宋诸家之说，间下己意，其有未明者，辄与友人吴县曹君叔彦往复讨论，获益非鲜。编成《消息大义》三卷，并附《学易反身录》一卷，盖已三易稿矣。荏苒数十年，所造仅止于此，深用疚恨。[1]

核诸《茹经年谱》，与此处回忆大致相合而稍有出入。其一，受《易》于黄以周，《年谱》系于1886年二十二岁："初治《易》，先读惠氏、张氏、焦氏诸书，继请业于黄师。……思作《周易集解疏》，不果。因拟别作《周易》兼采汉宋诸家之说，始属稿焉。"（12页）此处云在乙酉年（1885），此年唐先生甫入南菁书院，尚未正式从黄以周读《易》。其二，此后直至四十五岁，亦非完全"中辍"，《年谱》1894年三十岁下云："余因国祸家难，抑郁无聊，时读《易》以自遣。"（22页）此句极堪重要，适可见唐先生之心境，由外在时局之挤迫，从而经由《易》学寻求内心的宁静。在南洋大学"拟编《周易大义》"，并与曹元弼"互相质证"，《年谱》则系于1914年五十岁下（69页），此处云在己酉（1909），其时唐先生至南洋大学甫两年，因上课之需，在编《国文大义》，而非《周易大义》。且此年起所编成者，即《十三经提纲》卷一的《周易》部分，此处所谓"亦未能成书"，则指没有达到写成专著的程度。其三，讲《易》于无锡国专，《年谱》系于1923年五十九岁（85页），非此处所云的"甲子年六十岁"，而始"编《周易十二辟卦消息大义》"，是在1929年六十五岁（100页），直至1934年七十岁方修改完成，历时六年。其四，在书成之后，唐先生仍不断体悟，温故知新，《年谱》在1943年七十九岁下又云："孙君煜峰等仍来听讲，每星期二节。余为编《读易入门》，接讲《周易

〔1〕 唐文治，《周易消息大义》自叙，《民国时期经学丛书》第3辑第10册，台湾文听阁图书有限公司2009年。

消息大义》。其中《学易反身录》于修己治人之道最为切近，不可不熟读也。”（137页）可见，自二十二岁“初治《易》”，到七十九岁仍反复讲授，《易》学贯穿了唐先生学术生涯的始终，虽在国难当头，四处奔波之际亦未停息。

这一经历，铸就了唐先生对《周易》经传做出如下的深刻评论：

> 《易》以为书，天道之显，性命之藏，圣功之钥，阴阳动静幽明之故，礼乐之精微，鬼神之屈伸，仁义之大用，治乱吉凶生死之数，莫不悉备，所以“开物而成务”“崇德而广业”。由正心，修身，达于治国，平天下，要旨归于实用，故曰“精义入神，以致用也”。[1]

这一认识，在唐先生著作的很多地方均可找到类似表述，如《十三经提纲》卷一有一篇《学易大旨》，其中有说：“文治尝即理以求《易》，以为《易》者，心学之书也，其大义备于乾、坤，而始于复。……孔子于冬至之时见天地之善心，而教人以养心，孟子于平旦之时验天地之善气，而教人以养心，其义一也，故曰‘圣人以此洗心’。”[2]将《易》视作“心学之书”，从性命、天道，到人道、涵养，直到治国、平天下，无不可于此经中求得，在唐先生心目中，“《易》者，性理、政治合一之书也，惟治《易》而后能治天下”，[3]又落脚于“君子教育，心术为先”，故“君子教育权与于《易》”，所谓洗心，“洗者，涤也，君子之所以畏天命也”。[4]可以说，治《易》以洗心，构成了唐

〔1〕 唐文治，《周易消息大义》自叙，《民国时期经学丛书》第3辑第10册，台湾文听阁图书有限公司2009年。

〔2〕 唐文治，《十三经提纲》卷一《周易》，《十三经读本》，台北新文丰出版公司1980年，第1页。

〔3〕 唐文治，《性理救世书》卷一“论性理学为政治之本”，1937年刊印本，第5页。

〔4〕 唐文治，《论周易君子教育》，《茹经堂文集四编》卷四，《民国丛书》第五编第95册，第85—86页。

文治学术的一条红线。

正是这一经历，推动唐先生寻找到了祭礼的本根意义。在《祭义》篇“宰我问鬼神之名”一章，唐先生的按语道出了两者之间的密切关联：

> 文治按《易传》曰“圣人以神道设教，而天下服矣”，《中庸》曰“鬼神之为德，其盛矣乎”，即此章之义。一阴一阳之谓道，继之者，善也，成之者，性也，人道之始也。精气为物，游魂为变，是故知鬼神之情状，人道之终也。魂者气也，阳之属也。魄者质也，阴之属也。人秉天气地质以生，故日用行习之间莫非魂魄用事。圣人因人之气质而为之礼，因人道以通神道，而天地、山川、社稷、宗庙之祭祀于是乎起。〔1〕

由此可知，因祭而可通达于鬼神，进而魂魄，进而气质，进而人道，由此启迪至诚、至敬、至忠之心。这是在日用行习之间不知不觉培养起来的，百姓无需知其所以然，而向善之心筑起。这是中国人的信仰所在，流淌在民生日用的日复一日、年复一年、代复一代中，在唐先生看来，“人生当世，无日无时不在六十四卦三百八十四爻之中，即无日无时不在‘吉凶悔吝’之中”。〔2〕因此，唐先生把祭礼看作中国的宗教，孕育的母体是在《易经》。其论孔子为大宗教家，正是因为“孔子赞《周易》，察幽明之故与鬼神之情状”，又论五经曰：“《易》言‘自天佑之’，言‘洗心’，言‘斋戒’，言‘顺天命’，诸经中均含有宗教性质。故居中国而言教育，断不可分教育、宗教为二，《左传》一书，言因果尤伙。若必欲分教育、宗教为二，势

---

〔1〕 唐文治，《茹经堂新著·礼记祭义篇》，《民国时期经学丛书》第3辑第8册，台湾文听阁图书有限公司2009年，第97—98页。

〔2〕 唐文治，《十三经提纲》卷一《周易》，《十三经读本》，台北新文丰出版公司1980年，第1页。

不举孔氏之书及一切中国经籍及名儒著作尽废去之不止。”[1]中国经籍中宗教性的发现，是唐先生经学成就的重要方面，其有专文发明《周易》《洪范》《孟子》《礼记》诸经中所蕴的精、气、魂、魄、神五大元素。[2]就生平经历来看，西方基督教的冲击自然是促成的重要一面，唐先生长年以来在人生历练中对《易》道的体认，恐怕更是必不可少的思想基础。没有辗转南北，在实干中磨砺的内心经历，断然不可能有对《易》道有如此深刻的理解，也便断然寻找不到祭礼洗心这一根干。

六、经世

我之所以钟情于唐文治，当然与我年少时对茹经堂的情感有关，但更重要的，还是时处中西思想交汇浪潮中的唐先生，其所思所想更有可能冲破我的心结。在梳理完唐先生的“祭为四本”说之后，重新面对邓尔麟当年所描绘的文化裂痕，要回答的是我们究竟该如何面对古礼的现代化。拜祭的仪节，祖宗的牌位，乃至祭天、祀地、享先贤，唐先生难道真的教导我们，要一步步走回那“用繁缛的礼节仪典隆重拜祖的时代”吗？

让我们再来看唐先生的经历。1920年五十六岁，是唐先生人生发生重大转折的一年。此年交通部组并上海四校而为交通大学，唐先生力辞校长一职，回到无锡，并在年末接受施肇曾的发起，开办无锡国学专修馆。办学的宗旨，在《茹经年谱》中有明确交待：

> 爰宣布讲学宗旨，略谓吾国情势，日益危殆，百姓困苦已极。此时为学，必当以“正人心，救民命”为惟一主旨，务望

---

〔1〕 唐文治，《驳学校不祀孔子议》双行小注，《茹经堂文集二编》卷二，《民国丛书》第五编第94册，第3页。

〔2〕 唐文治，《精气魂魄神为五宝论》，《茹经堂文集四编》卷三，《民国丛书》第五编第95册。

> 诸生勉为圣贤豪杰。其次，亦当为乡党自好之士，预贮地方自治之才，惟冀有如罗忠节、曾文正、胡文忠其人者，出于其间，他日救吾国、救吾民，是区区平日之志愿也。（79—80页）

“正人心，救民命”，被确立为国专办学的“惟一主旨”，“救吾国、救吾民”，是唐先生的毕生志愿。掌校国专十多年，至1935年七十一岁，《性理学发微》编成，及至两年后刊行，易名为《性理救世书》，这大概是唐先生最后一部重要著作，竟直接以“救世”二字命名，所谓救世，也就是邓国光所概括的以礼学经世。书中对于祭礼的复兴，有一段明确的说明：

> 礼，时为大，顺次之。为政者必齐民以礼。礼也者，理之不可易者也。《仪礼》十七篇，冠、昏、丧、祭皆因人心之固有，因情而立文，非强致也。[1]

虽内心如此之急迫，唐先生却坚决不予采用“强致”恢复祭仪的做法，而是提出以性理学的讲求，为正人心、化风俗之本。唐先生的路数无疑是从四本之中的“性本”为发端，可以想见如果依着四本的思路，将由性情逐渐用力于人道、教化，乃至政治。只不过，唐先生已逐渐认识到，性情的培育是后续三者的本中之本，我们看他在《茹经年谱》1925年六十一岁的自述：“盖余向主道德教育，迨阅历世变，始悟性情教育为尤急。”（92页）这一转变至关紧要，给予我们的启示是，与其在祭仪的恢复上枉费气力，不如在四本上下功夫，与其在道德教育的口号上枉费气力，不如从这四本之本的性情濡染上下功夫。只是性情的感化是一项重大课题，亟待研究与实践的展开。

〔1〕唐文治，《性理救世书》卷一“论性理学为政治之本”，1937年刊印本，第7页。

以上是从礼学经世的出发点上来讲。若从其归宿来讲，那么四本的终结是在政治、是在为民，《无锡国学专修馆学规》“不能达于政治者，谓之无用，谓之迂士”，可以作为今之研治礼学者之标杆。此处的政治，自然是传统的国事治理，政府管理不过属其一端，在《政治学大义》的自序中，唐先生对其宽泛的外延有简要的铺叙：

> 士不通经，不足致用。是故行己有耻，使于四方，不辱君命，外交学之本也。生之者众，食之者寡，百姓足，君孰与不足，财政学之本也。临财无苟得，临难无苟免，出入相友，守望相助，军政学之本也。大畏民志用其义刑义杀，如得其情，哀矜勿喜，刑政学之本也。或以德进，或以事举，尊贤使能，重尚廉朴，选举法之本也。谨庠序之教，申孝弟之义，博学于文，约之以礼，教育法之本也。善事利器，日新月异，惟公惟平，勿诈勿欺，工政、商政学之本也。[1]

唐先生视域中的政治学，外交、财政、军政、刑政、选举、教育、工政、商政无所不包，国家大事之荦荦大者，均可成为通经之士致用的出口，选择当然因人禀赋而异。只是，若不进入这些领域，停驻在经籍文本上，沉溺于饤饾考辨抑或形上思辨，便将落入唐先生所谓的“迂士”之窠，而与唐先生之经学大相异趣。

再从唐先生本人的经历，更可得到显著的证明。1884年二十岁，唐先生甫入南菁书院，“谒见黄漱兰师，谆谆然训以有用之学”（10页），然此时“有用之学”并未在唐先生心中扎根。至二十八岁后至北京应考，得翁同龢、沈曾植二位的提携，南菁书院所学方始发酵而升华。1896年三十二岁，“阅各国条约事务各书，并评点《万国公法》及曾惠敏、黎莼斋诸家文集，自是于经世之学，亦粗得门径矣”。并

〔1〕 唐文治，《政治学大义序》，《茹经堂文集》卷四，《民国丛书》第五编第94册，第14页。

且考取总理各国事务衙门章京第二名，“时翁师掌总理衙门，先期见沈子培师，询问各部人才。子培师首以余对，翁师颔之，曰：‘唐某学问、性情、品行，无一不佳。’余闻言，愧无以对知己也。”（24页）经翁同龢等人的激活之后，唐先生走上了学术经世的道路，此后开启政界生涯凡十年，于外交、财政、商务等领域均卓有建树，读其游历英、美、法、比、日五国的《英轺日记》，便可见一斑。

1907年职掌上海高等实业学堂以后，其重要的建树均在实业。据《茹经年谱》所载，1909年，“夏，设立电机专科，请美国人谢而屯为科长。中国学校之有电机，自此始”（62页）。[1] 1910年，“夏，在实业学校对门购定房屋，设立商船驾驶科，请英国毕业生夏君应庚名孙鹏为科长”（63页）。[2] 1913年，“夏，建造电机试验厂”（69页）。1916年，“七月，添设铁路管理专科。于是专科凡三，粗具大学规模矣”（72页）。[3] 唐先生的回忆可能在时间上未必全然精准，但电机、航海、铁路管理三大学科在中国高等教育中的开辟，均成型于唐先生之手，是没有问题的，交大工科的底色是由唐先生著成。没有这一番人生，也便没有唐先生的经学，在这个意义上，我们才有可能说“论民国期间的经学，不能绕过唐文治”，此绝“非徒以文献研究为尚的文字工夫”，亦非“‘夷经为史’的经学史研究”所可匹及。[4]

更可从唐先生培养自己三个儿子的实践来印证。三个儿子均受过良好的经典教育，今由唐庆增所著《中国经济思想史》即可见一斑，此书断非国学根底欠佳者所能写得出。至为关键的，是唐先生对

---

〔1〕查证王宗光主编、欧七斤编著《上海交通大学史》第二卷《创建近代工科大学（1905—1921）》，上海交通大学出版社2011年，第9、50页。电机专科的创设时间是在1908年8月，非《年谱》所记1909年夏。

〔2〕查证欧七斤，《上海交通大学史》第二卷《创建近代工科大学（1905—1921）》，第13、68页，航海专科的创设时间是在1909年8月，非《年谱》所记1910年夏。

〔3〕查证欧七斤，《上海交通大学史》第二卷《创建近代工科大学（1905—1921）》，第30、75页，铁路管理科的创设时间是在1918年3月，非《年谱》所记1916年7月。

〔4〕邓国光，《唐文治经学研究——20世纪前期朱子学视野下的经义诠释与重构》，《中国经学》第9辑，第6页。

他们的培育绝未受限于所谓国学。检《茹经年谱》可知，大儿子唐庆诒，1914年8月，“赴美国比洛欧大学肄业”（70页），比洛欧大学，即哥伦比亚大学，至1920年夏由其来书，知“庆诒去年学外交科毕业，得硕士学位，尚未得博士，深为可惜”（78页），此后曾被外交部派任华盛顿会议秘书。三子唐庆增，1920年8月，“赴美国比洛欧大学肄业，学经济学（后改入米希根大学）”（78页），至1925年6月，“三儿庆增在美国哈佛大学毕业，得经济科硕士学位”（91页），此后成为一代经济学家。小儿唐庆永，1928年夏，“在光华大学毕业。七月十一日，赴美入西雅图华盛顿大学，旋转入中美奥海州立大学肄业，学经济科”（98页），至1930年7月，“由美国回，庆永在美奥海州立大学毕业，得经济科硕士学位。继入哥伦比亚研究院，继续半年。因金价日益昂贵，美金一元约中国洋四元以外；而在美用度，每月需金洋九十元，不得已令其回国”（102页），留学未能大成，唐先生愧疚之情可见。甚至是大儿媳俞庆棠，1919年8月，“赴美留学，偕其兄颂华名庆尧来辞行。内子送别，为之黯然。余特电达庆诒，命其照料”（76页），俞氏回国后，亦成为一位杰出的社会教育家。中西交融，在唐先生的视域中是如此地顺理成章，唐先生的经学是国际化的，是没有边界的，唯有如此，才谈得上经世，才谈得上救国。

从性情的发端到归宿于政治，祭为四本说作为以礼学经世的根干，唐先生的实践经历给出了路径与趋向上大开大合的回答。这是一番绝大的事业，至于在今天的中国如何铺实，如何细化，则需要当代的经学研究和经典教育者继续开拓。纠缠于祭礼仪节之恢复者，却是与唐先生的路向南辕北辙了。

初稿成于2015年10月，后续有修订，
定稿于2016年2月，记于圆明园东墙外

从学术经历看唐文治的哲学思想形态特征

赵金刚[1]

唐文治是近现代著名的政治家、教育家、思想家，也是南菁书院的代表人物。由于唐文治长期从事教育事业，担任过邮传部上海高等实业学堂（上海交通大学前身）监督、无锡国学高等专修学校校长，他的教育思想一直为研究者所重视。然而，唐先生之贡献却不特在教育，他的政治思想、哲学思想也十分有特色，而这些一直未被以往研究者过多关注。本文尝试从唐文治从学经历及相关著作出发，尝试"描述"唐文治先生的哲学思想形态。我们会发现，唐文治先生的哲学思想实以易为宗，而融汇汉宋、熔冶朱王，于传统之学术无门户之见，而能汲取各家之长，并从当时中国之实际情况出发，以"正人心，救民命"[2]为其学术的根本目的。

本文的叙述以时间为主轴，但又不特如此，希望能以唐文治先生生命中的一些特殊事件为引子，带出对其思想形态特色的叙述。

一、接受性理学

唐先生思想形态的形成与其从学经历有密切关系。唐文治先生出生于太仓，太仓是理学家陆世仪的家乡，太仓临近无锡、苏州，而明清两代两地产生了一批思想家，如顾宪成、高攀龙、顾炎武，有所谓

---

〔1〕 作者单位：中国社会科学院哲学研究所。

〔2〕 唐文治著、文明国编，《唐文治自述》，安徽文艺出版社 2013 年，第 74 页。

"太昆先哲"之说[1]，这样的学术环境对唐文治的思想形成有着重要影响，从唐文治的著作中可以看到这些乡贤对他的影响。唐文治对"性理学"的接受，就与太仓昆山的学术环境有密切关系。

唐文治六岁开始从父学习，逐步研习《孝经》《论语》《孟子》等儒家经典。[2]在学习过程中逐步开始接触"性理学"，尤其是朱子学。这一方面与他的父亲唐受祺及其故乡太仓的学术环境有关，另一方面也与他授业恩师王紫翔的学术倾向有关。

《性理救世书》卷三载：

> 文治十五岁时，先大夫授以《御纂性理精义》，命先读朱子《读书法》与《总论为学之方》，其时已微有会悟。逮年十七岁，受业于先师王文贞公之门，命专治性理学。[3]

唐受祺以朱子学作为唐文治的学术启蒙，并让唐文治从王紫翔学习，而王紫翔熟悉陆陇其、李二曲等人著述，留心"濂洛关闽之学"，在唐文治看来"学问造程朱之室"[4]。在王紫翔的指导之下，唐文治进一步研习朱子学著作。《自述》"清光绪八年 十八岁"条载："分日读《朱子小学》《近思录》《性理精义》《学蔀通辨》《程氏读书分年日程》等，兼抄《王学质疑》《明辨录》细读之，觉醰醰有味。读《孟子》，乃更有心得。爰摘录'大全'诸先儒说，并录王师笔记，作《读孟札记》，理学乃日进。"[5]这一时期，唐文治研习的都是朱子学基础文献，

---

[1] 唐文治表甥俞凤宾曾辑《太昆先哲遗书》，收入陆世仪、诸士俨、钱敬堂等人著述，唐文治为之作《太昆先哲遗书序》。事见《唐文治自述》，第89页。此序中唐文治提到的太昆名人有王锡爵、顾鼎臣、顾炎武、徐乾学、沈起元、陆世仪、陈瑚、江士韶、盛敬（以上四人即所谓"太仓四先生"）、朱柏庐、归有光、王世贞、张溥、吴伟业、汪学金、毕沅、彭兆荪，见《茹经堂文集三编》卷五，《民国丛书》第五编第95册。

[2] 参唐文治著、文明国编，《唐文治自述》，安徽文艺出版社2013年，第8—9页。

[3] 转引自唐文治著、乐爱国点校，《紫阳学术发微》，华东师范大学出版社2014年，第2页。并参《唐文治自述》，安徽文艺出版社2013年，第11页。

[4] 唐文治，《王文贞先生学案》，《茹经堂文集三编》卷一，《民国丛书》第五编第95册。

[5] 唐文治著、文明国编，《唐文治自述》，安徽文艺出版社2013年，第12页。

这些文献对唐文治早期的学术性格影响较大。这里需要指出的是《王学质疑》为清代学者张烈所作，此书于阳明学门户之见甚深，全面攻击阳明学。[1]王紫翔本人接触理学的过程中，《王学质疑》也发挥着重要作用。在这一时期，至少在表面立场上，唐文治是“宗朱”的[2]。但在这一“宗朱”立场背后，也有些潜流需要我们注意。首先是对《孟子》的研读，唐文治十分重视《孟子》，而《孟子》一书影响了唐文治对于心性、政治的看法。《孟子》中对“性情”的一些看法，影响了唐文治日后的一些学术选择。其次，受家乡学术环境和唐受祺的学术态度影响，唐文治在这一时期，已经接触到了陆世仪的思想。《思辨录劄记·续思辨录题词》：

> 吾乡陆尊道先生，隐居讲学，体用兼备，余幼时读其文，服膺其为人，顾于《思辨录》未尝细读也。[3]

陆世仪对唐文治的影响在太仓先哲中最大。我们需要特别注意陆世仪的学术倾向，即“在清初朱子学当中，陆世仪于朱陆异同问题主调停态度”[4]，也就是在哲学上，陆世仪对心学的“排斥”要较一些朱子学者弱得多。关于陆世仪的思想，陈来先生指出：

> 他在开始志学时曾经历过类似王阳明的悟道，体验到人心与天相通，人皆有此心此理，他称这个体悟为“识仁”。但后来发现，如果要依靠这个体悟去达到圣贤，其结果反而愈离愈远，所以说这只是起手处，不是究竟处。他后来认识到，人虽皆有

---

〔1〕参陆宝千，《清代思想史》第三章第二节，华东师范大学出版社 2009 年，第 125、139 页。

〔2〕唐文治对朱子学的接触以及评价可以参看《朱子大义序》，《茹经堂文集》卷四，《民国丛书》第五编第 94 册。

〔3〕唐文治著、陆远编，《大家国学·唐文治卷》，天津人民出版社 2008 年，第 208 页。

〔4〕杨菁，《朱泽沄的朱子学》，载杨晋龙主编，《清代扬州学术》，台北“中研院”中国文哲研究所 2005 年，第 119 页。

此心，但必须有治心之法，才能逐渐接近圣贤之域，这个“心法”就是“敬”，或“敬天”，他称这个认识为“识敬”。所以他后来说“予起手初得力一仁字，后来又得力敬字、天字”(《思辨录辑要》卷二)。从此以“居敬穷理”为宗旨逐步建立了自己的思想体系。[1]

也就是从个人生命历程上来看，陆世仪接受了王学的一些内容，其朱子学立场主要在于对“敬”的接受，在功夫上强调“敬”的作用。唐文治日后对朱子学的强调，在“敬”的功夫上也表现得较为明显。

陆宝千先生在《清代思想史》中指出：

吾人所应注意者，康熙时代民间之朱学，大体为“王学化”之朱学，即彼等心目中之朱学，乃自“王学透镜”中所讲之朱学，非朱学之真也。[2]

这里陆宝千就以陆世仪为例来讨论朱学的王学化。姑且不论陆氏所讲“非朱学之真”是否得当，他所说的“王学透镜”值得我们注意。陆宝千指出，民间的朱学之所以称得上是朱学，主要由于重视“敬”，但他认为“以‘敬’字贞定良知而不致流荡，虽以宗朱为名，实为王学化之朱学，非朱学之本来面目”[3]。陆宝千还指出民间朱学注重经世，这也是陆世仪思想的特色[4]。对陆世仪的研习，影响了唐文治对朱子学的接受，对唐文治重视“经世”也有重要影响。

1894年，唐文治受沈曾植提示，开始细读陆世仪著作。《思辨录劄记·续思辨录题词》言：

---

〔1〕 陈来，《中国近世思想史研究》，商务印书馆2003年，第256页，

〔2〕 陆宝千，《清代思想史》第三章第二节，华东师范大学出版社2009年，第144页

〔3〕 同上书，第147页。

〔4〕 同上书，第148页。

> 甲午岁，东人构衅，亟思研究兵学，吾师沈子培先生告之曰："子盍读《思辨录》乎，其论兵学一卷，他书所不能逮也。"余乃细读之，始知其于天文、地理、河渠、兵刑、礼乐、政治、文艺无所不包，可谓学贯天人，夐绝当世，乃叹向之所见者小矣。[1]

唐文治细读陆世仪的初衷是为了研究兵学，但读过之后，则进一步了解了陆世仪学问的全体。当时中国内外危机加重，唐文治十分重视经世之学，陆世仪的精神气质与唐文治多有默契之处。而在紧接着的1895年，唐文治的父亲"辑太仓陆桴亭先生遗书告成"，民国二十二年四月，唐文治本人又重印《陆桴亭遗书》，陆世仪的著作也因唐氏父子的整理而得到流传。[2]

二、汉宋兼采：南菁书院的影响

唐文治早年接受性理学的情况大致如上。唐文治的思想中不仅有宋学（性理学）的一面，还有汉学的一面，而其接受汉学直接与在南菁书院的求学有关。

唐文治于1885年入南菁书院学习，直至1889年赴京参加礼部试，前后历时五年[3]，期间跟从黄以周、王先谦等经学大师学习，汉学上受二人影响较大。由于赴南菁书院之前，唐文治接受了大量的理学教育，这点使他有别于南菁书院其他学生[4]，而此也引起了黄以周的注意，《自述》言：

---

〔1〕 唐文治著、陆远编，《大家国学·唐文治卷》，天津人民出版社2008年，第208页。
〔2〕 参《唐文治自述》，安徽文艺出版社2013年，第26、101页。
〔3〕 说参陆阳，《唐文治年谱》，上海三联书店2013年，第21页。
〔4〕 例如，唐文治在南菁书院学习期间结识曹元弼，成为挚友，而曹元弼"精于易、礼诸学，笃守郑君家法"（《唐文治自述》，第15页），唐文治虽然在很多地方也采取郑玄的说法，但未像曹元弼一样"笃守"。

（黄元同）闻余讲宋儒之学，甚喜。语余曰："顾亭林先生有言，经学即理学，理学即经学，不可歧而为二。圣门之教，先博后约，子其勉之。"复教余训诂义理合一之旨。先假余陈北溪先生"字义"，余钞读之，逾月而毕。又示余所著《经义通故》（后改名《经训比谊》），余亦摘其精要者钞录之。又于藏书楼纵览诸书，自是于经学、小学亦粗得门径矣。[1]

此段，黄以周对唐文治好理学的态度其实颇为微妙。黄氏父子主张"汉宋兼采"，对于宋学并不排斥，但仍以汉学为主。唐文治喜宋儒之说，在黄以周看来并非不可接受。但是我们看，黄以周首先以顾炎武"经学即理学，理学即经学"之语告诫唐文治"不可歧为二"，实际上是希望唐文治不要偏于理学而忽视经学。再则，顾炎武此语却是偏向于"经学"一面，含有顾炎武对他所理解的性理学（包括程朱与陆王）的批评，他所讲的理学也是讲经学的理学。在这一背景下我们再看黄以周所言，其实其态度也就较为明确，他指示唐文治"先博后约"，也是针对清学所认为的理学之弊而发，即防止心性义理之学堕入所谓"禅学"。黄以周还是希望唐文治能从"训诂"而明"义理"，此"博"更为明确的则是指"礼学"。示之《北溪字义》或许可以看成暗示唐文治理学当中也讲究训诂求字义，而示之《经训比谊》（即《经训比义》）则态度更加明确，此书黄以周言："欲挽汉宋学之流弊，其惟礼学乎？或云'礼为忠信之薄'，是言一出而周衰；或云'礼岂为我辈设'，是言一出而晋乱。学术不明，而治术敝。"[2]黄以周还是希望唐文治能沿着这一路数前进，而不至于有所谓宋学之流弊。

唐文治亦能了解黄以周的苦心，在南菁书院学习期间，他逐步了解汉学，在经学上也颇为用心，尤其是参与了王先谦主持的《皇清经

〔1〕 唐文治著、文明国编，《唐文治自述》，安徽文艺出版社2013年，第15页。
〔2〕 黄以周，《经训比义》。

解续编》的编纂。但是，唐文治并未沿着黄以周的路数前行，他对宋学还是颇多关注，其作《陆象山言先立乎其大辨》《宋明诸儒说主一辨》即可以看作其宋学兴趣的延续。但也可以看到，这种兴趣中也多了几分对峙宋学流弊的味道，《陆象山言先立乎其大辨》直接认为陆象山之说同于禅学而异于孟子[1]，而《宋明诸儒说主一辨》颇得黄以周欣赏，其关键就在于强调“敬”，而反对“静”，对阳明、甘泉等人的心学讲法颇有批评[2]。

在这一时期，唐文治对易学的兴趣开始萌发。我们可以看到，唐文治于经学不似黄氏父子以礼学为中心，唐文治自己的思想诠释中，《周易》占有核心地位，这一特点一方面与宋学的义理阐释十分接近，宋学的形而上学建构多与《周易》有直接关系，而另一方面，则又吸收了汉学的成果，尤其吸收了黄氏父子的研究。唐文治选择经学，由于其宋学取向，加上当时汉宋兼采的背景，他更多地选择了易学，而易学对唐文治整个思想的建构又十分重要，从哲学的角度来说，对《周易》的解释构成了其阐发思想的重要文本。

光绪十二年唐文治接着赴南菁书院学习，此年“初治《易》”[3]，并得到黄以周的指导，认为应“贯通汉宋，自成一家”，并将自己所著易学著作借给唐文治阅读。唐文治注《易》的兴趣渐渐产生，从此有关易学的著述不断，直到民国二十三年出版其易学成熟著作《周易消息大义》[4]。

唐文治成熟的易学思想可谓是“汉宋兼采”，并用易学贯通其对其他思想的阐释。例如在《紫阳学术发微》中解释朱子“已发未发

---

〔1〕 唐文治，《茹经堂文集》卷三，《民国丛书》第五编第94册。

〔2〕 同上。

〔3〕 唐文治著、文明国编，《唐文治自述》，安徽文艺出版社2013年，第16页。

〔4〕 参《唐文治自述》，安徽文艺出版社2013年，第104页。关于唐文治研究易学的基本经历，可以参照高峰的《整理弁言》，见唐文治，《周易消息大义》，华东师范大学出版社2012年。需要指出的是，唐文治所编的《十三经读本·周易读本》除了编入朱子《周易本义》，还专门编入黄以周《周易故训订》，见《十三经读本》第1册，台北新文丰出版公司1980年。

说”时，唐文治认为其精义本于《周易·复卦》，并专门有《朱子已发未发精义本于〈复卦〉说》一文，认为“已发未发之旨，若广而求之，则流行于日用事物之间，即普遍于六十四卦之内；若反而求之于心，不若专玩复卦，简而易知，约而易行也”〔1〕。在《阳明学术发微》中，唐文治为阳明学术辩护，认为其通于经学。而阳明所通之经，在他看来首先是《周易》。

此种贯通汉宋，一个重要的观点则是将易学与心性学连接在一起，认为“心性之学，孔子仅于晚年论《易》中及之”〔2〕，讲“文治尝即理以求《易》，以为《易者》，心学之书也，其大义备于《乾》《坤》，而始于《复》”〔3〕，他用《周易》的“消息”作为人心变化的根据，如讲“操存，阳者，息也；舍亡，阴也，消也”〔4〕，唐文治重视《复》卦意义正在于此。当然，也需要指出，唐文治理解的心学并非陆王心学，而是广义的“心性学”，他的“心学”可以视作“心性学”的统称。

以上，我们可以看到，唐文治在南菁书院时期接受的经学，尤其是易学，对他后来的哲学思想建构意义十分重大。但同时我们还需要指出，唐文治接受汉学，但又站在义理学的立场上，对训诂之学有所反思。《读思辨录劄记》言：

> 余沉溺于训故者数年，自卫守好古之训，其实只泥古耳。读先生此言，不觉心目俱开，志气大奋。〔5〕

唐文治重视训诂，但反对泥古，他通过训诂，还是要追求后面

〔1〕 唐文治著、乐爱国点校，《紫阳学术发微》，华东师范大学出版社 2014 年，第 58 页。
〔2〕 高峰，《整理弁言》，见唐文治《周易消息大义》，华东师范大学出版社 2012 年，第 4 页。
〔3〕 唐文治，《十三经提纲》，华东师范大学出版社 2015 年，第 1 页。
〔4〕 唐文治，《自叙》，见《周易消息大义》，华东师范大学出版社 2012 年，第 1 页。
〔5〕 唐文治著、陆远编，《大家国学·唐文治卷》，天津人民出版社 2008 年，第 209 页。

的大义。

《续思辨录》言：

> 乾嘉诸老多诋宋儒以意说经，不知宋儒非以意说经，所以不墨守故训者，乃因圣经之言而反之于身也。即如《易·乾卦》“九二，见龙在田，利见大人”，周公之意，未尝及言行也。而孔子释之曰：“庸言之信，庸行之谨，闲邪存其诚，善世而不伐，德博而化。”《中孚》“九二，鸣鹤在阴，其子和之，我有好爵，吾与尔靡之”，周公之意，亦未尝及言行也。而孔子释之曰：“君子居其室，出其言善，则千里之外应之，况其迩者乎？居其室，出其言不善，则千里之外违之，况其迩者乎？身加乎民，行发乎迩见乎远，言行君子之枢机，枢机之发，荣辱之主也。言行君子之所以动天地，可不慎乎。”可见孔子释经，所言必事之反之于身。若程朱之说经，真得圣门家法者也。[1]

唐文治多为宋儒之经学辩护（如《紫阳学术发微》为朱子经学辩护），在他看来，宋儒解经恰是遵守“圣门家法”，而不墨守成规，后儒可以发挥出先儒没有讲出的道理，孔子即是如此。可以说唐文治此种态度应是受朱子“三圣易”说法的影响，与朱子对于《周易》以及圣人阐发的态度一致。[2]

三、熔冶朱王

在南菁书院学习期间，唐文治基本上不太接受陆王心学，这一方

[1] 唐文治著、陆远编，《大家国学·唐文治卷》，天津人民出版社 2008 年，第 212—213 页。

[2] 在朱子看来，伏羲、文王、周公、孔子所面对的历史境遇不一样，在不同的情况下，对《易》做出了不同形式的阐发，如伏羲仅画了卦，而文王、周公定以吉凶，孔子则讲出其中的义理。参《周易五赞·述旨》，《十三经读本》第 1 册，台北新文丰出版公司 1980 年，第 89 页。

面与他之前接受的朱子学教育有关，另一方面也与黄以周等人的态度有关。但正如我们前文指出的，唐文治接受朱子学主要通过陆世仪，加上他对《孟子》的偏爱，其实他思想中已经潜藏了一些心学要素，只是还没有表现出来。唐文治在日后的为学中，对心学，尤其是王阳明学术逐渐开始接受。

南菁书院时期之后，唐文治最重要的老师当属沈曾植，光绪十八年，唐文治受业于沈曾植门下。光绪二十三年，受沈曾植提点，唐文治进一步阅读高攀龙的著作，并做相关校勘工作，作《高子外集序》[1]。其中《高子外集序下》专门为高攀龙所讲的“主静”“静坐说”辩护，认为“静”的功夫不能缺少，并调和“静”与“敬”的关系，在唐文治看来“众人者，多欲者也，多欲故只能学静而人心不至于日肆”[2]，静的功夫对于一般人克服欲望来说不能少。此文引陆陇其对王阳明和高攀龙的评价，而专为高攀龙辩护，而对阳明则无专门辩护。但此文对于“静”的态度也与南菁书院时期有些许变化。

民国三年，唐文治开始编《孟子大义》，“采用朱注”，但“发挥新义”，关注“察识扩充”等问题，而注意“警觉良知”，唐文治由孟子而关注“良知”问题。民国五年，唐文治编《大学大义》成，“用郑注本，参以朱注及刘蕺山”[3]，郑注本也就是所谓《大学古本》，而阳明即用此本对峙朱子学。此外，刘蕺山虽然纠正王学之流弊，但颇尊阳明学。此书虽“参以朱注”，但十分突出“知”以言“良知”，对诚意十分重视，而对朱子《大学》“格物”之解释不取。这就有了接受阳明的可能，因为阳明对《大学》的解释也重视“诚意”，并由“致知”综合《孟子》“良知”而进一步言“致良知”。

民国六年夏，唐文治“编《先儒静坐集说》一卷。自李延平先生

〔1〕 参《唐文治自述》，安徽文艺出版社 2013 年，第 27 页。又参《高子外集序上》，《茹经堂文集》卷四，《民国丛书》第五编第 94 册。

〔2〕 唐文治，《高子外集序下》，《茹经堂文集》卷四，《民国丛书》第五编第 94 册。

〔3〕 唐文治著、文明国编，《唐文治自述》，安徽文艺出版社 2013 年，第 68 页。

始，至李二曲先生止，其中尤以高忠宪公静坐说最精密”[1]。这又可以视作对静坐的进一步阐发。唐文治对高攀龙的重视可见一斑。而高攀龙的思想其实颇为微妙，高攀龙尊程朱，但亦是侧重于心性修养，按照黄宗羲所说，高攀龙的某些学说其实只是为了自别于阳明，很多地方可以说与阳明颇为一致[2]。可以说，高攀龙的很多思想在实质上是“折衷朱王”的，很多地方兼采阳明致知之义。[3]对高攀龙的接受可以看做是唐文治接受阳明的又一个契机[4]。

另一个契机则发生在唐文治对朱止泉（朱泽沄）的接受上，而接受朱止泉本身就与唐文治接受朱子学的取向有密切关系。

民国十二年，由于编辑《朱子全集校释》之机缘，唐文治从学生宝应刘翰臣那里得到了王懋竑、朱泽沄关于朱子的注释文献。后吴宝凌赠送唐文治《朱止泉先生文集》四册，唐文治“细读之，见朱止泉先生论朱子于己丑岁后，专用力于‘涵养须用敬，讲学则在致知’二语，因之精义入神。阳明编晚年定论固非，然谓朱子胶于万物而不知涵养者亦非也。乃知止泉先生于朱子之学，终身服膺，寝馈更胜于白田；且编有《朱子圣学考略》及《朱子分类文选》二书，尤为精密无伦”[5]。我们可以看到，唐文治对朱止泉评价极高，认为其超过王懋竑，而止泉之妙处，在他看来主要就在于对朱子“涵养说”的发挥。

唐文治如此接受朱止泉，并作此评价并非偶然，与之前他对高攀龙的接受关系密切。朱泽沄“其用心更在于阐发朱子生平尊德性最切要、最精透之旨”，“有系统地阐发朱子学中尊德性之教，力辩以朱子学为道问学之失”。[6]朱泽沄宗朱与王懋竑颇不同。而对顾宪

---

〔1〕唐文治著、文明国编，《唐文治自述》，安徽文艺出版社 2013 年，第 69 页。

〔2〕参黄宗羲，《明儒学案·忠宪高景逸先生攀龙》。

〔3〕参李卓，《折衷朱王，去短合长——高攀龙格物思想平议》，《江海学刊》2014 年第 5 期。

〔4〕在易学上，唐文治对高攀龙也颇为推崇，参《周易孔义序》，《茹经堂文集》卷四，《民国丛书》第五编第 94 册。

〔5〕唐文治著、文明国编，《唐文治自述》，安徽文艺出版社 2013 年，第 80 页。

〔6〕杨菁，《朱泽沄的朱子学》，《清代扬州学术》，台北“中研院”中国文哲研究所 2005 年，第 120—121 页。

成、高攀龙等“主静立极”之旨较为推崇，“朱泽沄亦提及主静的工夫，认为学者不从静下手，断无入理”[1]。王懋竑颇不同意朱止泉主静、未发之说，而这些则被唐文治接受下来。唐文治之后所编写的《紫阳学术发微》基本上采用了朱止泉的说法，甚至认为朱止泉“上契朱子之心传”[2]，对其推尊尤盛。其通过止泉，而更加向内理解朱子，特重视“涵养”“尊德性”一面，这些为其学术的进一步转换，留下了空间。

民国十三年，唐文治作《重刻朱止泉先生朱子圣学考略序》，其间言自己学术经历：

> 文治少年有志程朱之学，年十七读陈清澜先生《学蔀通辨》，知阳明先生《传习录》之非，十八岁以后读《朱子大全》并陆稼书先生《读朱随笔》、吴竹如先生《评朱子记语》，爱其剖析之精，然反而求之朱子之书，若涉大水，其无津涯。偶称述之，不过为口耳讲贯之助，未尝得躬行实践之方也。中年服官荏苒，无进德。岁在癸亥，年五十九矣，讲学于无锡国学专修馆，及门诸子编辑《朱文公集校释》，乃始闻宝应朱止泉先生有《朱子圣学考略》一书，亟求之，则闻其家仅存二帙，刻本钞本各有一。爰乞金坛冯梦花同年转假刻本读之，然后知止泉先生真得朱子之心传者也……[3]

在唐文治看来，自己真正理解朱子，并不在早年之阅读研习，而在接触朱止泉之后。此文还谈到阳明对朱子的理解，他讲：

---

〔1〕 杨菁，《朱泽沄的朱子学》，《清代扬州学术》，台北“中研院”中国文哲研究所 2005 年，第 141—142 页。
〔2〕 唐文治著、乐爱国点校，《紫阳学术发微》，华东师范大学出版社 2014 年，第 313 页。
〔3〕 唐文治，《重刻朱止泉先生朱子圣学考略序》，《茹经堂文集》卷四，《民国丛书》第五编第 94 册。

专求朱学于实者，固当以此书药之；而求朱学于虚如阳明先生者，又恶能有所借口乎？[1]

在他看来，阳明是求朱学于虚，虚强调心性之学，实侧重辞章训诂。此时的唐文治，基本上认为阳明对朱子学的误解主要在于认为朱子少尊德性一面，而如果像朱止泉这样系统阐释了朱子学，就不会有阳明的误解。这种用虚实理解朱子学与阳明学的思路，一直贯穿到《阳明学术发微》[2]。

民国十六年，唐文治编《紫阳学术发微》，我们可以看到，此书对朱子之阐释特重“已发未发”之问题，强调朱子“尊德性”的面向，言“涵养须用敬”颇多，强调朱子言仁，但基本上很少谈“格物”的问题。此书专门讨论朱子之经学，书中数次反对以所谓的汉学考据轻视朱子学，有兼采汉宋之特点。更为微妙的是，此书专门有《〈朱子晚年定论〉发微》一卷，专门涉及阳明之《朱子晚年定论》，其卷首按语言：

窃以为阳明之论朱子，不考其平生为学次第，举其《集注》《或问》《语类》之说，一扫而空之，仍不免卤莽灭裂之病。然其所引朱子晚年涵养之说在己丑以后者，亦未可遽以为之失而概废之。……文治窃谓：读先儒书，当先辨其是非。其言而是者，虽出于中年，未尝不可以笃信之；其言而非也，虽出于晚年，亦当慎思、明辨，知其或有为而发也。《晚年定论》确有中年而误以为晚者，有中年而其言是者，有晚年有为而发者。然亦确有晚年专主于涵养者。[3]

---

〔1〕唐文治，《重刻朱止泉先生朱子圣学考略序》，《茹经堂文集》卷四，《民国丛书》第五编第94册。

〔2〕参唐文治，《阳明学术发微》卷一，茹经堂铅印本，第12页，所引施邦曜语。

〔3〕唐文治著、乐爱国点校，《紫阳学术发微》，华东师范大学出版社2014年，第261页。

其实我们可以发现，唐文治已经先为朱子学的倾向定了一个是非，即朱子学有很强的“涵养”“尊德性”的讲法，并且这些问题十分重要，因此不能因为有些文献早晚不同，而否定朱子学涵养的面向，阳明虽有鲁莽灭裂之病，但不能否认阳明对于朱子强调涵养材料的指出。这一态度已经十分微妙，可以说背后潜藏着某种“会通朱王”的味道。[1]

在敬与静的问题上，唐文治也很独特。《紫阳学术发微》引陆陇其之语，陆陇其不喜言“静”，专门主敬，而唐文治言“静”较多，认为对于“主静”不可以偏废，不可以一概扫除。这就与很多主张朱子学，强调“敬”而反对“静”的态度颇为不同了，也与唐文治早年的态度有了些许差别。

更进一步的是在民国十九年，唐文治开始辑《阳明学术发微》。《自述》言：

> 自明季讲学之风，流弊日甚，于是王学为世所诟病。实则阳明乃贤智之过，其倡致良知之说，实足救近世人心。日本服膺王学，国以骎强。余特发明其学，都凡七卷；其中四大问题及阳明学通于经学二卷，颇为精审。较之二十年以前，喜辟阳明，自觉心平而气和矣。[2]

这里对于阳明学的态度，唐文治自己已经指出，与二十年前大为不同，他没有指出不同的转变内在的机缘是什么，只是从外在提到了阳明学受日本重视，日本因而国强。如果通过我们前面的分析，我们可以从思想的内在接受上做出一定的解释，即唐文治所接触的学术，无论是高攀龙还是朱止泉，都已经有了很强的内在化倾向，而这些也

---

〔1〕《紫阳学术发微》已经出现引用高攀龙思想的地方，此点也值得注意。

〔2〕 唐文治著、文明国编，《唐文治自述》，安徽文艺出版社 2013 年，第 93 页。

影响了他对朱子学的接受。再加上唐文治一贯重视“救人心”，那么此时他对阳明态度的转化是十分自然的。

《阳明学术发微》同样汉宋兼采，前文已经指出，他专门用易学去讲阳明学通于经学，当然其他经典也多有涉及，认为“阳明学贯通经学变化神明”。同时，该书还专门从汉学的角度去谈阳明改用《大学古本》的问题，认为此“实与汉唐诸儒合”〔1〕。同时，此书还专门论及“心即理与性即理浑言未尝不同”，从人伦之理的角度，会通朱子学与阳明学的哲学基础，而在此问题当中，高攀龙再度登场。该书卷五、卷六则专论“阳明学通于朱子学”，认为两家殊途同归，而特别强调“涵养”。

唐文治对阳明态度的转化，从学术经历上来看，并不是突然的。同样在此年，《紫阳学术发微》也最终完成。可以说唐文治通过此两书最终形成了“熔冶朱王，汉宋兼采”的学术特点。到唐文治七十岁时，讲学已专门讲王龙溪、钱绪山、王心斋，对心学他有进一步的吸收〔2〕。民国二十八年，值抗战之际，唐文治又专门讲“王阳明先生‘致良知’及‘知行合一’之学，可以正心救国”〔3〕，其对阳明学态度于此可见。

四、结语——立言宗旨：孔学救国

上文我们可以看到，唐文治先生强调阳明学的一个重要立足点在于“正心救国”，而这可以说是贯穿其一生的“立言宗旨”。纵观唐文治先生的学术生命，其观点前后有所变化，但其“孔学救国”的主张则始终不变。“正人心，救民命”可以说是他在那个时代为学的一大主旨，而唐先生本人的经历，亦可以说是此主张的反映，无论是创

〔1〕 唐文治，《阳明学术发微》，第32页。
〔2〕 唐文治著、文明国编，《唐文治自述》，安徽文艺出版社2013年，第105页。
〔3〕 同上书，第119页。

办交大之工科，还是无锡国专之讲学，抑或赈济乡里，都是以此为目标。其学虽有所变，但实际上却是围绕此点而寻找思想资源。唐文治先生于阳明学如此，于朱子学亦如此，认为“吾辈今日惟有以提倡理学、尊崇人范为救世之标准”[1]，认为朱子学是救世之良药[2]。前文我们也可以看到，唐文治先生进一步了解陆世仪的一个契机是为了时局而想要研究“兵学”，背后依旧是“救国”之动机。

《续思辨录》一段话颇能体现唐文治先生为学与此一宗旨的关系：

> 《周易》上下通则为泰，上下隔则为否，故当世人心学术之通与不通，实与气运相维系。方今天下士大夫蔽锢极矣，吾辈诚能砥德砺行，明体达用（以理学为体，以经济为用），裕修齐治平之业而一以贯之，有以化士人门户之私，而祛其诐谣邪遁之习，如此而裁成辅相，固可渐措于治平，即使吾道不能大昌，而世有孝弟忠信之人，少留天地之和气，大兵之后，或可得硕果以绵延一线，此区区勉人为理学之苦心也。[3]

易学是唐文治哲学的根底，研究易学实际上是为了探寻变化人心的根据，找到学术与人心的关系。唐文治先生讲“明体达用”，其一生为学、办学、为政可以说体现了“中体西用”的思想，而其学术的变化，则是为了更好地探明这一“体”，唐先生的苦心可以说是我们在研究其学术变化的同时所必须要体味的。

---

〔1〕 唐文治，《无锡国学专修馆学规》，见陆远编，《大家国学·唐文治卷》，天津人民出版社 2008 年，第 264 页。

〔2〕 关于唐文治“理学救国论”，参看乐爱国，《民国时期唐文治的理学救国论》，《福建日报》2014 年 12 月 5 日第 11 版。

〔3〕 唐文治著、陆远编，《大家国学·唐文治卷》，天津人民出版社 2008 年，第 213 页。

“理学为体，经济为用”

唐文治政治思想述论

周　萍[1]

一、入学南菁，菁华续传——唐文治经世思想源流

唐文治在入学南菁书院前，跟随精悉紫阳、姚江、桐城、阳湖之学的王紫翔先生学习，此时唐先生将万法之理融入经世之中的思想就已经初露端倪。入学南菁书院后，跟随黄以周老师学习礼学、易学，体悟礼是复良知之具，人心的慎独、恭敬皆出于礼之约束，将礼与理相合，得“礼为人治之大源”，为其后得出“理学为体，经济为用”的思想奠定了基础。

唐文治接续王紫翔老师推崇通极天人、开物成务也皆存于理中的宋学奥义，以天理对气质之性的指导转化作用言理学指导人性向善，人心善则国运盛。可见，唐先生在其理学思想中，立足于天理这一根基，将“人心”与治国摆在救世的前沿；桐城派国文阴阳刚柔之说以文气、文情指向人情、人性，以养浩然之气指向人心修养。王紫翔先生发挥桐城派的这一思想，以“天下第一等人，作天下第一等文”的观念激励唐先生作文立品。欲作“天下第一等文”必须从洗心入手，扫除人心中的嗜利浮躁之气，并以作有为之文为宗旨；欲做“天下第一等人”，除了敬天治心，还要从经典中学习周公孔孟心怀天下之至情，并将文中的精神作文传续。从而，将我之精神与古人之精神接洽无间，并凭借古人之精神发挥我之精神。

---

〔1〕 作者单位：中国社会科学院研究生院。

唐文治入学南菁书院后，在黄元同老师“经学即理学”的指导下，研读贯通汉宋的易学和礼学注疏经典。唐先生从其中体会到“天秩有礼”，“学者惟能知天命而后放心，可收视听言动悉合乎礼”[1]，礼为人伦、吉凶祸福、庆赏刑罚的规则；礼是复良知之具，人心的慎独、恭敬皆出于礼之约束之情；礼外在表现为具体的条文，条文可随时代而变，但是其中所含的节制、崇敬之意却万世不更，这也启示行政者不可拘泥于礼文；如若崇洋媚外以废礼专用法，就背离了以礼为政合乎天命的中国传统情义之道，只会扰乱天下，加重中国颓败之势；礼以传情，各种具体的礼不仅可以加强民族的自律，还能涵养民族的忠厚、孝悌等情感；礼贯穿于人伦日用之间，是人日常生活的指导；中国历千年而不灭，礼是大功臣，中国的历史、掌故、人情、风化中无不渗透着礼[2]。可见，礼实为之“人治之大源”，这种援礼入理的思想为唐文治熔铸中体提供了思想方法。

南菁书院继承了阮元创办的诂经精舍的学术遗风，其创办者黄体芳曾掌教诂经精舍，其以诂经精舍作为模板建造南菁书院，并将诂经精舍的专注经学研究转向经学和宋学相合的教育模式。南菁书院创建时的中国相较诂经精舍初创时，经历了鸦片战争、第二次鸦片战争等外敌入侵，此时洋务运动的发展也至尾声，国人对西学的了解和认识更成熟，南菁书院开设的自然科学课程比诂经精舍更具现实性和实在性，经学的学习所具“救亡图存”的色彩更重。南菁书院是黄体芳、黄以周、王先谦、缪荃孙等一代言官名士的政治学术思想传播之地，也是曹元弼、唐文治、章际治、张锡恭、吴稚晖等下一辈才俊的政治学术思想培养之地。唐文治从入学南菁书院到入职江西司，深

---

〔1〕 唐文治，《天命论下——论义理气数之殊并辟异端之说而归之实》，《茹经堂文集》，《近代中国史料丛刊续编》第4辑，台北文海出版社1974年。

〔2〕 唐文治，《礼治法治论》，陆远编，《大家国学·唐文治卷》，天津人民出版社2008年，第177页。《礼治法治论》：“本于天，起于人，通乎古今，贯乎中外，达乎幽明，行乎日用，该乎历史、掌故、人情、风化。天地一日不坠，国家一日不亡，则礼一日不废。”

得政治名流翁同龢、沈曾植、王先谦等人的器重。他们作为受过传统儒家教育的政治家，义无反顾地坚持儒家伦理纲常在中国的正统地位，其政治立场也都以此为基础。对待维新变法，他们接受康梁学习西学来拯救国家危亡，也表现出对西学的开放态度。但当康梁非正统的西学思想试图霸占正统思想地位时，王先谦严厉斥责梁启超等人的维新活动是出于不知"忠孝节义为何事"的伤风败俗，更是无法接受立宪一事。唐文治在甲午战争失败后上《请挽大局以维国运折》，以中国与日本对抗到底的要求，上疏提出中国当务并久行之事——"一曰宜正人心，别流品""二曰宜务刚断，严赏罚""三曰宜奖气节，去阘冗""四曰宜正官常，破资格""五曰宜拔真才，变科目""六曰宜改武科，用火器""七曰宜联邦交，简使臣""八曰宜塞漏卮，节浮费"〔1〕，这八项措施的提出皆应翁同龢、沈曾植、王先谦维护儒家伦理纲常，以此从人心出发拯救陷入危机的伦理道德。唐先生围绕这一重心提出改革科举、选拔人才、惩治贪腐、学习西方器物等主张，俨然是对他们所提出的伦理道德问题、学风问题、科举问题的应答，而且这一上疏获"翁师激赏之，手自抄出数条"〔2〕，"沈子培师及京中诸友，均传诵此文"〔3〕。虽然甲午战败后，他们在生不逢时中隐退，但是唐先生其后的政治人生接续了他们维护儒家道德纲常的使命。

二、今日之患，患在人心——唐文治熔铸中体

甲午战争到维新时期是唐文治思想的转折期，这一转折是他思考洋务运动并未给国家的积贫积弱带来改观，甚至又一次带来了甲午战败的原因，发现国家真正的病因是表现为人心陷入利欲的中国传统文

---

〔1〕 唐文治，《茹经堂奏疏》，《近代中国史料丛刊初编》第6辑，台北文海出版社1974年，第23—45页。

〔2〕 唐文治，《唐文治自述》，安徽文艺出版社2013年，第25页。

〔3〕 同上。

化根基的松动。他基于此种认识，重新解读程朱学和阳明学，并从阳明学中寻找“正人心”的修养方法，将其融入天理之中，为中国的未来建立起更牢固的思想根基。

1896年，唐文治在《上沈子培先生书》中对“今日之法”提出批评，认为今日之法无法做到变今日之人心，这也是为什么十余年来中国努力试图通过变法改变国家现状，收到的结果却是“愈变愈坏”。唐先生所言的近十余年来的变法主要指洋务运动。洋务开办随着日本甲午侵华逐渐接近尾声，虽然李鸿章、曾国藩、左宗棠等名绅大臣为了国家的富强积极学习西方机器制造技术、发展海陆军事、培养留学生等，但是仅对中国积深之病投以“不寒不热之剂”[1]，断不能救国，“不寒不热之剂”即是唐先生对洋务运动的界定。唐先生清醒地意识到仅像洋务派不顾“中国之优柔”，机械嫁接西方的军事装备、工业技术等，只是“新其貌，而不新其心”，不仅不能真正学习到西方精神的精华，反而加速中国内部的动荡并威胁士绅地位。此时，唐先生将变法的重心放到中体上，领悟到是中体内部弊病造成国家向外学习几无效果。他从而将眼光放到理学与人心上，认为国家兴衰跟理学的实践直接相关，并且只有理学发展兴盛，人心才能纯固；反之，理学衰弱，国家疲敝。

唐文治将人心之祸归结为趋利避义，并以孔孟义利谈人心之病。“君子喻于义，小人喻于利”，君子小人所志不同，便有义利之分。唐先生吸收程朱思想以释义，“本我心以裁制万事，所谓处物为义也”[2]，仁为人心之德，义则是人心中处事为宜之道，利即人欲。但是唐先生认为孟子言义利并不是绝对的取义弃利，仁义也是利的一

---

〔1〕 唐文治，《茹经堂奏疏》，《近代中国史料丛刊初编》第6辑，台北文海出版社1974年，第51页。《茹经堂奏疏·请挽大局以维国运折》：“今中国之积弱非一朝一夕之故，苟非举宿昔之弊一切扫除，而更张之则万不足以固邦本而御外患。譬诸羸弱之夫，病势侵入于膏肓，用以视之，无能为也。辄投以不寒不热之剂，而病乃日甚而不可救。今者中国之痼疾可谓深矣，在廷诸臣张皇补苴，可谓熟视之而无能为矣。”

〔2〕 唐文治，《孟子大义》，吴江施肇曾醒园影印本1924年，第15页。

种，是“大公至正”之利，即义利。而所要抛弃的利是一种心中只有“我”的私利。所谓公利即为政者以怀爱人之心“省刑罚”“薄赋敛”“制民之产”，百姓以爱人之心尊君爱亲；而私利则是为政者只顾个人安乐富贵，不顾百姓危困饥寒。由于人心相通，在上者追求己利，下者仿效，整个国家便陷入逐利的怪圈中。1894年，唐先生在“万言疏”中就分析了中国当时积贫积弱的原因：1. 朝堂内，腐败盛行，搜刮民膏、克扣军饷[1]；2. 国家赏罚力度不够，造成朝廷官官勾结、尾大不掉；3. 官不胜职[2]；4. 水师学堂、武备学堂名不副实[3]。这些恰说明了国人的嗜利。唐先生取朱子对义利的解释，义出于“天理之公”，欲出于“物我之私”，“循天理，则不求利，而自无不利；循人欲，则求利未得，而害已随之”[4]。人生于天，人心中生来禀赋仁德，但是由于欲望的牵制造成心中衡量是非的天秤发生倾斜，才有求利之害。所以，要复归人心之德需从“存天理，灭人欲”的功夫入手。因此，要改变此种现状必须变法，变法的目标是“正人心”。实质是以理学为主，存天理，救人心；以理学为用，于人心疲敝之时，实践“致良知”之法，找回人心中失落的尊君、亲上、孝悌的固有情感；但是工业、经济等在理学中缺乏实际假借之处，则以圣贤之道、爱国之心学习西学。如此，变法成为一种民族文化内在的“致良知”和外来西方文化的融释。可见，他所强调的这种“中体西用”是以渐

---

〔1〕 唐文治，《茹经堂奏疏》，《近代中国史料丛刊初编》第6辑，台北文海出版社1974年，第21页。《茹经堂奏疏·请挽大局以维国运折》：“今廉耻道丧、贿赂公行，文官则朘削民膏以供人之欲，武官则克扣军饷以快己之私，虎视狼贪，无所顾忌。”

〔2〕 同上书，第59页。《茹经堂奏疏·请挽大局以维国运折》：“臣尝环顾在廷诸臣，无论显晦，约有两端：其一则罢软凡庸之徒，退食自公、唯唯诺诺，搜剔于簿书之中，矫饰于文辞应对之际，偶有一事关系于国家之安危者，则却而诿之于他人，盖其意不过幸保禄位而已。”

〔3〕 同上书，第38页。《茹经堂奏疏·请挽大局以维国运折》：“皇上未尝不深谋远虑，设立水师学堂、武备学堂。所以，造就人才者用意，不可谓不至。然或至于虚縻帑款并无成效者，盖以其非功名之正途，则就之者少。而督抚中又鲜留心时务之才，则亦不堪措意于此也。”

〔4〕 唐文治，《孟子大义》，吴江施肇曾醒园影印本1924年，第16页。

进修证中体为重点，为学习西学提供一个适宜的着落点。[1]

对现实“人心之病”的思考，加上发现日本将阳明良知学作为立国思想，使唐文治重新思考程朱学和阳明学，并将程朱学和阳明学加以调和，唐先生以良知的普遍性言其知觉的重要性，流露出知觉的体用关系及知觉统一于实践的扩充良知思想，并将其纳入理学。他回归孔孟重新寻找“良知”和“人心”的解读，认为“从心所欲”“心不违仁”解释最为精当，而孟子以“生而知之”之良知为性善之道德预设，为“心”提供了具体的解释。唐先生避开阳明的本体之心，将“心”视为针对救世而言的阳明的良知。他将“良知”分为十类：“德性之良知”“闻见之良知”“好恶之良知”“事物以往之良知”“临事警觉之良知”“事物未来之良知”“深沉涵养之良知”“历练精密之良知”“为学知类之良知”“良知昏昧之由”[2]；唐先生从生生之道解释人“不学而能”“不虑而知”。人禀气生之初为中和之气，所以，人生之初都具有赤子之良知良能，良知良能是人所共有的具有判断是非好恶能力的道德同理心，救世本是良知的道德自觉，这种普遍的道德自觉还表现为人心拯救人心的道德传递。因此，“救天下之人心”赋予人存在的意义。但是，人生之后，喜怒哀乐已发，气质往往就发生了变化（借程朱理学气质之性言）。所以，要通过变化气质回归人心中的天理。这也是为什么唐先生强调养浩然之气，以养浩然之气驱除人心中的邪气，找回人心中失落的仁义礼智等的道德情感；唐先生以良知之见知、闻知说明良知本身就是一种知觉作用，而且是一种含有

〔1〕 唐文治，《上沈子培先生书》，陆远编，《大家国学·唐文治卷》，天津人民出版社2008年，第295页。《上沈子培先生书》：“故先生尝谓昔日之患，患在学术，今日之患，患在人心。人心之祸，苟非得圣贤之士，有以正其本原，窃恐天下大势，如江河之日下，庠序之林，皆将为庸恶猥琐诐淫邪遁之徒，熏蒸而失其本性。而论者且谓变法乃可以洗心，不知今日之法，万不足以变今日之人心。且正心以变法，士皆明于尊君亲上之义，实事以求是，则法自可随心而变。若欲变法以正心，以我中国之优柔，断不能尽如欧洲诸国之法。徒使人心日趋于桀黠。譬诸食马肝以希长生，饮鸩酒以为甘醴，求之愈亟，死亡愈速。故十余年来，何尝不言变法，而法卒愈变而愈坏者，此其故盖可知也。”

〔2〕 唐文治，《阳明学术发微》，茹经堂铅印本，第2页。

道德内容的知觉作用。圣人有“从心所欲，不逾矩”的“一心之神化”[1]和“应世之神化”，即寂然不动的以诚而化和先知先觉的开物成务，此“精义入神以致用也”。正是道德内容和知觉的互动能够感受到整个社会的混乱，它又能应时而动，指导社会人的行动，学习西方即是对现时的一种知觉行动。所以，国家的存亡系于良知的觉醒。唐先生在此将致良知与道问学相统一，将良知更加现实化。只有了然人生之至理，才能更加清楚所做之事应处的位置，这是良知指导下人生脉络的清晰化。因此，只有渐进治疗中国人心之病，并搭配基于中国传统基础的西学学习，国家的复兴才有希望。

三、求之愈亟，死亡愈速——唐文治批判康梁维新偏离中体

唐文治视洋务运动为对治中国问题的“不寒不热之剂”，而维新运动则是急于求成而偏离中体的死亡之法。

《马关条约》的签订，激起了国内有识之士要求变法的呼声，朝中大臣纷纷建言献策[2]，唐先生作为江苏举人怀着满腔愤懑主动请拟《呈都察院请代奏拒签辱国条约》[3]，此稿与梁启超所拟的广东、湖南稿，陈衍代拟的福建稿三足鼎立。这说明唐先生与康梁就反对议和的问题产生共鸣，但是唐先生是否真正支持维新变法，唐先生所说的不能变人心的“今日之法”是否也影射康梁所宣传的变法？他对康梁维新一事在提及康梁维新的著述中表明了自己的态度，如1899年《与

〔1〕唐文治,《精义入神，开物成务》,《茹经堂文集四编》,《近代中国史料丛刊续编》第4辑，台北文海出版社1974年。

〔2〕军机章京、户部员外郎陈炽上《请一意振作变法自强呈》(《上清帝万言书》)，广西按察使胡燏棻上《因时变法力图自强条陈善后事宜折》，南书房翰林张百熙上《和议虽成应急图自强并陈管见折》等。唐先生作为无锡、太仓地区的举人代表亲自起草《上察院呈》，反对马关议和。

〔3〕唐文治著、文明国编,《唐文治自述》，安徽文艺出版社2013年，第25页。《唐文治自述》:“三月，李少荃相国名鸿章，赴日本马关议和。日人要挟高丽国自主，割台湾与日本；并索偿兵费二万万。同乡公车汪君仲虎等，谋上书力争之，余为代拟‘上察院呈’。然当事者以时机日迫，莫可如何，和议遂成。”

友人书》中提到的“只以用非其人，全局决裂”[1]，《唐文治自述》中谈李端棻、张荫桓、张元济被革职“岂不冤哉”[2]，《记和硕庆亲王》中只言康梁等被举用时“踔厉风发，满员皆侧目”[3]，《近六十年来国政记》中“言维新者，景附云从，意气张甚”[4]等。笔者认为，唐先生对康梁变法持同情态度，但是，他认为戊戌维新是拥有爱国热情的知识分子在没有参透理学对于国家命运的意义之下，为变法而背离儒家学术正统，又对西方的自由宪政并未有清晰认识的一场失败的变法尝试。这种盲目为国家强大而学习的急功近利的变法，势必招致失败。唐先生之所以具有如此看法，来自他对中国问题的判断：

一、唐文治一生都坚定扮演着儒家传统的卫道士角色，“正人心、救民命”是他坚定捍卫的生命宗旨。为便于论证此观点，笔者将唐先生的人生划分为四个阶段：第一个阶段是1892年入仕之前，此一时期是唐先生基于儒家经典学习的科考准备期，这一时期他直接迎接了道咸以降的第三次清代学术转型[5]，从跟随王紫翔老师理学入门到在南菁书院求学，主要接受“经学即理学”的汉宋兼采教育，奠定了他理学盛衰关乎国运的思想基础；第二阶段是1892年到1898年，此一时期唐先生在痛失台湾、割地赔款的爱国热情激发下及康梁维新失败的前提下，明确要求修证中学、学习西学以渐进变法，虽然变法的策略仅

---

〔1〕唐文治，《茹经堂文集》，《近代中国史料丛刊续编》第4辑，台北文海出版社1974年。《与友人书》：“去年圣上力求变法，专志维新，只以用非其人，全局决裂。于是，不学无术之徒乘间抵隙、臆决唱声，方欲尽裁天下之书院，尽撤天下之学堂，藉以涂饰生民之耳目。”

〔2〕唐文治著、文明国编，《唐文治自述》，安徽文艺出版社2013年，第29页。《唐文治自述》：“维时波及者，为李苾园师、张樵野侍郎、文芸阁学士等。李张均革职发遣，文则逃匿未获，而张菊生亦因上疏言事革职，岂不冤哉。”

〔3〕唐文治，《茹经堂文集》，《近代中国史料丛刊续编》第4辑，台北文海出版社1974年。《记和硕庆亲王》：“戊戌六月，擢用康有为、梁启超、杨锐、刘光弟、林旭、谭嗣同等为京卿，踔厉风发，满员皆侧目。”

〔4〕唐文治，《近六十年来国政记》，陆远编，《大家国学·唐文治卷》，天津人民出版社2008年，第249页。《近六十年来国政记》：“皇帝闻其名，特旨授康有为京堂，梁启超举人，随时召见，宠礼有加。复擢中书杨锐、刘光第、林旭、谭嗣同为京堂，在军机处行走。复有御史宋伯鲁、杨深秀等为之声援。言维新者，景附云从，意气张甚。”

〔5〕王国维将整个清朝学术思潮变迁划分为三个阶段，“国初一变也，乾嘉一变也，道咸以降一变也”。这也基本代表了学术界对清代学术变迁的一致性观点。

涉及举才用人、反腐倡廉、保民练团等建设性提议，但开启了他作为士大夫的政治思考；第三阶段是1900年到1910年清末新政时期，这一时期唐先生的主要经历是出使日、英、法、美、比等国及任职商部着手农业、矿务、铁路、学校等具体实践性改革，但仍是基于中国国情的选择性西学学习。唐先生《英轺日记》中访外考各国政治、学术、律令典章、商务和工艺的主要目的及对印度“智力俱困”的分析[1]印证了此次改革仍是建立在传统正人心、启发民智的基础上；第四阶段是1911年以后，唐先生积极响应辛亥革命，参与了列名要求清帝退位、剪辫等活动，但是在南洋大学堂的教育工作中仍然进行着《论语》《孟子》《大学》《中庸》等传统国学经典教材的编纂工作，无锡国学专修馆的开办等“教育救国”的作为更加印证了其对传统的笃定。

二、戊戌维新触犯了唐文治作为传统文人的保守底线。张之洞、王先谦、沈曾植、张謇、唐文治等皆在甲午战败后就表达了变法的要求，他们欣赏康梁出于同样的爱国情怀的“保国、保种”变法主张，但是通过效仿基督教用孔子纪年的做法触犯了他们作为士大夫的政治底线，也触犯了他们作为传统文人代表忠于学术正统的思想传统。唐先生虽然一生都在捍卫和发扬儒家传统，但是其著述中并未透露将孔子等圣人变成教主来策划政治的思想。唐先生虽然主张学习西学，但秉承中国圣贤的坚决反对西教入国思想，认为西教传入只会离乱人心，此与“正人心”背道而驰。[2]可见其对“孔教”持一种不敢苟同的态度。而且，唐先生在1898年《谨殚竭血诚以维国脉折》《请停止

〔1〕载振，《英轺日记》，民族出版社2010年，第60页。《英轺日记》：“人与人之相处，国与国之相际，力焉而已。力相角于外，而智以为之干。智者所以济力之穷要，以仲吾力而自强也。今印度之人，无贵贱、无穷达，咸闭聪塞明而莫自觉，是智困也。因循惰偷，凡事束缚而永弗能自拔，是力困也。智力俱困，而犹熙熙然相安于无事，是心死也，如印度者可以鉴矣。”

〔2〕同上书，第33页。《英轺日记》：“盖教务根源肇自墨氏，读《尚同》《明鬼》诸篇，迹象昭然已可概见。……我中国圣贤久已辞而辟之欧西传教士，辄欲以此危言，聒而与中国士夫语怐愗者，因以致疑狡黠者，转相讬足，辞人心之日漓而天下之所以多故也。昔班孟坚论诸子皆六经之支与流裔，庸讵知学问之道径涂贵博宗旨，宜严家导理。”

搜括之政片》《谨陈管见以固人心折》等上疏中，都是以上下通情以凝聚民力、停止搜刮百姓以同心同德，通过“正人心”“求人才”“简使臣”“通洋情”“办民团”“务农田”等途径入手，杜绝操切之政。

三、唐文治认为变法不能急于求成，而康梁变法以及光绪帝支持康梁变法实属急功近利[1]。就康有为的性格，唐先生在《题先师沈子培先生手迹后》评价其“自命为圣人”，唐师沈曾植评其“气质之偏，而启之以中和”并劝其“勿言国事”。可见，康有为这种性格也为激进的改革埋下了伏笔。后来他在清末新政时提及的发展经济必须基于农业[2]，就表明他看清洋务派从工业上悬空嫁接西法无法实现中国作为农业国真正的经济发展。同理，维新派变法虽然在制定具体策略及制度学习上相对洋务运动有高明之处，但是他们的激进思想高估了以农业立国的专制国家的承受能力。撇开当时朝廷内部派系矛盾纷争，康梁的变法中掺杂着对中国传统文明及典章制度的过分怀疑，忽略其基于当时中国国情的有效性和合理性的考虑，直接转向短时间内对西方政治、经济、教育体制的照搬[3]。且当时康梁所理解的民权、自由并非是西方文化中所诠释的真正面貌，其合种、通教等说法又背离儒家传统。关于民权、自由的问题，唐先生基于中国儒家传统，在《英轺日记》中做出了分析，他认为西方人从佛教中变通出平等思想，又从平等中推出自由，但是却无往不生活在尊亲爱戴之中，西法实质上

---

〔1〕唐文治，《茹经堂文集》，《近代中国史料丛刊续编》第4辑，台北文海出版社1974年。《记和硕庆亲王》：“皇上纯孝恪敬，无丝毫失德。顾性喜西学，求治过急，内臣庸腐阘冗者流颇怀自危，日谄构于太后之前，而两宫于是间隔矣。”

〔2〕王桐荪、胡邦彦、冯俊森等选注，《唐文治文选》，上海交通大学出版社2005年，第62页。《议覆张振勋条陈商务折》：“不知商之本在工，工之本又在于农，何者？盖商必有其为商之品物，无工则无以为商也；工必有其为工之质料，无工则无以为工也。故欲求商务之兴盛，在先求工业之精进也；欲求工业之精进，在先求农事之振新。”

〔3〕翦伯赞、郑天挺主编，《中国通史参考资料·近代通史下册》，中华书局1980年，第37页。梁启超，《上清帝第二书》：“伏念国朝法度，因沿明制，数百年矣。物久则废，器久则坏，法久则弊……窃以为今之为治，当以开创之势治天下，不当以守成之势治天下；当以列国并立之势治天下，不当以一统垂裳治天下。盖开创则更新百度，守成则率由旧章；列国并立则争雄角智，一统垂裳则拱手无为。言率由而外变相迫，必至不守不成；言无为而诸夷交争，必至四分五裂……窃以为皇上筹自强之策，计万世之安，非变通旧法，无以为治。”

已经内在规定了“一人为主，其亚为奉命”[1]。所以，康梁希图通过维新把中国传统之城摧毁重建的主张会造成政治、经济、军事、教育秩序的混乱，这也是唐先生为什么在《与友人书》中言“不学无术之徒乘间抵隙，臆决唱声，方欲尽裁天下之书院，尽撤天下之学堂，藉以涂饰生民之耳目”，“乘间隙”就是指康梁等人的变法。

四、虽然唐先生作为江苏举人在甲午战败后拟稿反对议和，但只能说明唐先生作为还未真正踏入政治圈的血性年轻文人不忍看国家割地赔款，而后来唐先生真正看到了国家的衰弱后，甚至亲自参与了《辛丑条约》的制定。所以，不能将反对马关议和这种爱国情怀的爆发简单界定为对维新派的支持；《唐先生年谱自述》中所提到的维新失败后涉及人员处理“岂不冤哉”的记录只是唐先生对变法者希求国家富强，奈何没有走上适合中国国情的变革正途，反而自身难保的一种同情性理解，也无法证明唐先生就是维新派支持者。

四、开物成务，实践躬行——唐文治基于中学的西学实践

唐文治虽然指出洋务运动和维新变法改革为不能改变中国当时状况的“不寒不热之剂”，但并不反对学习西学。唐文治在1894年上奏的《请挽大局以维国运折》中就直截了当地指出变法是当务之急，并明确表明态度“欲世之明世变则不可不习西法”。

就《唐文治自述》中记载，唐文治中年时读曾国藩、左宗棠、胡林翼等人年谱，颇受感发，慨然有建功立业之志[2]。唐先生此处说的

---

〔1〕 载振，《英轺日记》，民族出版社2010年，第74—78页。《英轺日记》：“西例事无巨细，必以一人为之主，其亚为者奉命而已。其法如此，故其行事无诿无争。余因思平等之说，始于佛氏，而欧西之民或变其名曰：平等，又从而推阐之谓之自由……圣人思有以平天下之争，故为之礼节以范围之，为之少长贵贱之名以统率之，凡此者所以尊万事之权而息天下之争也……西人讲平等权贵自由，不知欧洲之人颇以尊亲爱戴为心。”

〔2〕 唐文治著、文明国编，《唐文治自述》，安徽文艺出版社2013年，第3页。《唐文治自述》年谱题辞：“中年读罗罗山、胡润芝、曾涤生、左季高诸先生年谱，志气发扬，更慨然以建功立业为事。”

中年大约在1901年与1902年他分别去日、英、美、比等回国后。两次出国游访让唐先生深刻认识到中国与他国的差距，他国重视发展实业也给了唐先生救亡图存的方向，更重要的是唐先生回国后，皆因劳绩被奏保升职，更得朝廷重用，获得了实现志向的能力。从唐先生这一段时间前后的考卷和奏疏也可以看出来：以其1903年游历外国归来的时间为分野，此前唐先生除了上万言疏稿未获采纳，抄写《洋事纂要》之外，其科考卷与南菁书院所作文均只与经史有关。而1903年5月，参加“试差”考，题为《国有六职，论学堂以贮才致用，应如何预防流弊策》；参加经济特科的入职考试时，写了《〈大戴礼〉“保，保其身体；傅，傅之德义；师，导之教训”，与近世各国学校德育、体育、教育同义论》《桓宽言：外国之物内流，而利不外泄，则国用民给。今欲异物内流，而利不外泄，其道何由策？》等文，这些都直接显示了唐先生以中国传统思想为基学习西学西法的思考。

清末新政十年，是唐文治在政治上逐渐攀升直至黄金阶段的时期，也是切实实践具体改革措施的时期。在这一时期的开端，唐先生亲见知交前辈袁昶、徐用仪因主张与八国联军议和保国而招罪被杀，但是清廷仍没有改变议和的结局；在就职总理衙门时，他得以参与《辛丑条约》制定文件整理的工作，有机会清楚认识国家的积弱及议和的不可避免。因此，他一改马关议和时的激进，评价辛丑以后国家十年的和平，实为庆亲王奕劻和李鸿章之“力”[1]，所谓的“力”即奕劻和李鸿章全权办理辛丑议和，后筹划并推行新政；唐先生直接抨击清流党不明是非、不知大体，表明了其支持新政的态度。此与张之洞针对维新派和顽固派“两线作战”的理念不谋而合[2]。清末新政给

〔1〕 唐文治，《茹经堂文集》，《近代中国史料丛刊续编》第4辑，台北文海出版社1974年。《记和硕庆亲王》：“盖自辛丑以后，犹得享十年太平之福音，皆王与李伯相之力也。”

〔2〕 张之洞、何启、胡礼垣，《劝学篇·劝学篇书后》，冯天瑜、肖川评注，湖北人民出版社2002年，第23页。《劝学篇》：“旧者因噎废食，新者歧多而亡羊，旧者不知通，新者不知本。不知通则无应敌制变之本，不知本则有菲薄名教之心。”

原本就有变法思想的唐先生一个实践的机会，自此，唐先生凭借其在清廷权力的扩大，从偏重中体“正人心”的意见性建言转向基于“中体”、偏向适宜中体的西学的选择性学习，切实迈入发展农业、创办公司、建立商会、开办学校、建设路矿等实际性工作中。

（一）商政思想

唐文治最初表现其商政思想是在代载振所作的《议覆张振勋条陈商务折》中，奏疏透露其国家富强之术始于开物成务的观点，以农工路矿商业的发展作为开物成务的实践之基，还传达了其要求建立商部统筹全国一切商务事宜的要求，也谋划改变中国传统的“不重商务”“士、农、工、商各自为谋”的国情。唐先生着手商部建设，继续洋务派发展与军事相关的军备制造、铁路修建、矿务发展及创办学堂等的保惠司、通艺司，还设置平均司“专司开垦农务、蚕桑、山利、水利、树艺、畜牧一切生殖之事”，并设置会计司。以《声明商部办事权限折》约束商部供职人员的行为。以此为开端，唐先生致力于国家工农商教全面发展的尝试展开，此后《奖励公司章程》《商会简明章程》《商律》等条例的出台，填补了商部发展的细节，增加了商部发展规划的可实施性。并试图以设立农工路矿公司的形式，借此整治农工路矿中存在的官责不明、贪污蠹蚀、业务空白等问题。只是这一举动触动了袁世凯等地方掌权大臣的利益，仅其尤其重视的路权矿务，商部对铁路路线等事宜调查和整顿一项就阻截了铁路大臣谋取不正当利益的道路，造成与袁世凯等铁路大臣关系恶化[1]。

唐文治此间频繁与当时的实业新秀张謇及掌控了轮船、电报、矿

---

〔1〕 唐文治，《茹经堂奏疏》，《近代中国史料丛刊初编》第6辑，台北文海出版社1974年，第3页。《茹经堂奏疏》：“君尤注重路政，以京汉、京榆两路，国家负债兴筑，而司事者侵渔蠹蚀，积弊甚深。派员密查，力图整饬。管路大臣直督袁世凯不谓然，奏参商部，侵越权限。君抗疏力争，不少迁就。”

物和纺织四大主要洋务企业的盛宣怀联系，如：1904 年，唐先生拟定《定立商勋折》，试图通过给商人加官晋爵以鼓励经济发展，授予张謇商部一等顾问官的官衔，并邀请张謇到北京兴办工商事，给予张謇官方承认；视盛宣怀为发展洋务的导师，屡屡写信请教农工矿务的发展问题，还在盛宣怀主持的汉阳铁厂等订购钢轨等钢铁材料作为修筑铁路的材料。与张謇、盛宣怀的交往，不仅可以借鉴创办实业的经验，还帮助唐先生联系起官商及民商两个群体。但是，唐先生虽然为了推行具体商部工作据理力争，但统治中心掌权者并未对其奏疏做出积极回应，其奏疏仅有《请设立商会折》得到了回应，他试图通过朝廷认可使奏疏变成有执行力的明文规定的希望落空；其靠山载振被革职；地方掌权大臣又为了维护自身利益百般阻挠，种种阻力造成其商部规划并未真正推行。

（二）立宪思想

在两次出洋经历中，唐文治目睹与中国近代化过程类似的日本率先立宪而取得政治、经济、文化发展，而又面对清末新政在商政、教育等领域并未起太大波澜的结果，他先后上《请改定官制折》《请立宪折》，表达效仿日本的立宪思想，并从中国古代礼学思想中寻找支持立宪的思想，力求这一变革给中国带来大转变。

在《英轺日记》中，唐文治已经对宪法做出了界定："宪法者实即中国春秋之书、尊王之旨，卑高以陈，贵贱以位，明此义，则名位秩然，横议邪说不禁自绝。"[1] 其界定直接显露出儒家"君君，臣臣，父父，子子"的思想；"考之于古周礼，乡大夫州长党正闾胥各掌其教治，若国大询于众庶，则各帅其乡之众寡而致于朝，政体无有古于此者，亦无有便于此者。而国初大儒陆世仪著《治乡三约》，言治乡之法宜立约正三人、约副三人以周治一乡之事，外国宪法与之隐然同

〔1〕 载振，《英轺日记》，民族出版社 2010 年，第 22 页。

符。今日臣等请立宪政体固非仅取法于外人，实亦遵行乎旧典况。”[1]以上，唐文治从中国古代礼制中寻找宪法来源，将其与中国古代乡制做类比，以乡三官之制类比政府、议院、法衙分别执掌行政、立法、司法的权力分配；“宪法自由之说指民人应得应守之权利义务而言，然非谓民人可以上侵主权也。盖天下有无国之民，无无民之国，民为邦本，故视民宜贵，我中国经传中固已详言之矣。”[2]此是唐先生从中国儒家传统的贵民思想言民作为国家细胞的重要性，但贵民又本于儒家纲常。所以，宪法下的民之自由仍然是纲常伦理支配下的自由，宪法之立，仍是立于中体；他详细列举了立宪政体“永固邦本”“权集政府”“固结民心”“收回主权”“因应外交”的优势。可见，唐先生立宪法之请是站在维护政府统治的角度，为国家寻找转机。

（三）唐文治新政思想与张之洞思想比较

虽然唐文治一生站在维护国家生命的至高点上进行实业救国、教育救国，作为政界高官的唐先生在清末新政时期的种种作为，与国家要臣张之洞站在了同一条战线上，但又与张之洞稍有不同。唐先生自幼对曾国藩、左宗棠、张之洞等朝中要员崇拜之至，其在1894年上奏的《请挽大局以维国运折》针对军务“置经略，专责任”的建议中就推崇张之洞、刘坤一之威重，宜统驭诸军[3]。在任职商部时所上奏折与具体行动实践，几乎未出刘坤一、张之洞所奏“江楚会奏变法三折”[4]的策略范围，而这些新政策略是唐先生经过出洋考察得出的，

---

〔1〕唐文治，《茹经堂奏疏》，《近代中国史料丛刊初编》第6辑，台北文海出版社1974年，第237—238页。

〔2〕载振，《英轺日记》，民族出版社2010年，第367页。

〔3〕唐文治，《茹经堂奏疏》，《近代中国史料丛刊初编》第6辑，台北文海出版社1974年，第49页。《请挽大局以维国运折》："臣窃谓如两江总督刘坤一、湖广总督张之洞俱威重可用，若夫好为大言、专务虚骄之气而不驾驭将帅者，此则于事既无实济，必有败。"

〔4〕刘坤一、张之洞于1901年应慈禧改革上谕，召请张謇、沈曾植、汤寿潜等谋划，上奏“江楚会奏变法三折”，系统提出教育改革、政治变通整顿、兼采西法等改革策略，成为新政改革的蓝本。虽然1901年4月成立了以庆亲王为首的新政督办政务处，但是新政的主要操纵者是两江总督刘坤一、湖广总督张之洞和直隶总督袁世凯。

这说明“江楚会奏变法三折”比较符合中国国情：张之洞屡屡强调“中国以农立国”，张唐皆主张基于农业、着重发展工业、摒弃轻商传统，以农业为基础才是适合当时中国的农工商发展规划[1]，并通过学习西方农官管农、农学育农、农技推广等对中国传统小农经济进行改良；发展工业主要通过设工艺学堂，并引进西方的实业人才作教习，唐先生还在职务范围内就张之洞提出的在各省开办农工商矿务学堂以培养实业人才的诉求做进一步的努力，其在1904年的《奏办实业学堂折》中指出只有创办实用学堂培养专门人才是发展商务的关键[2]，后便有京师高等实业学堂开办，南洋公学改名上海高等实业学堂划归商部，办路矿学堂等；但是张之洞认为自创办洋务以来，国人乐观地模仿西方商务以求“敌欧美各国”是一种错误认知，中国的富强只能依靠发展手工业，工业发达，商业才能兴盛。而唐先生在意识到商业的发展赖于工业的前提下，仍然积极努力地通过办商会、订立商勋、集商股等方式推进商业的发展；在《议覆张振勋条陈商务折》与《请设立勘矿总公司以保主权折》中可见唐先生就如何保住矿务主权问题与张之洞、刘坤一做出了同方向的思考，并支持张之洞所言研究各国矿务章程，酌量修改中国矿务章程[3]，以保中国矿务主权。对于立宪问题，唐先生虽主张立宪，但由于载振被弹劾暴露国家的改革被朝廷内部权力纷争牵制，唐先生怀着失望以念父思乡辞职[4]，可后来立宪

---

〔1〕《江楚会奏三折》：“富国足民之道，以出土货为要义，无农以为之本，则工无所施，商无所运。”“中国以农立国，盖以中国土地广大，气候温和，远胜欧洲，于农最宜。”

〔2〕《奏办实业学堂折》：“中国不少聪明之士，只以风气未开，机器制造等事大率延用洋人，而中国人才益形乏绝。今欲振才能精求实学，应先设立学堂下手，学堂之设，以考求实用能夺西人所长为主。”

〔3〕唐文治，《茹经堂奏疏》，《近代中国史料丛刊初编》第6辑，台北文海出版社1974年，第108页。《议覆张振勋条陈商务折》：“上谕矿政为今之急务，刘坤一、张之洞电奏应采取各国矿章详加参酌妥议，章程所见甚是。著该督等将各国办理矿务情形悉心采择、妥议章程等因，钦此。查此项章程张之洞尚未议定，应请敕下该督迅速妥议覆奏，以便遵行。”

〔4〕唐文治著、文明国编，《唐文治自述》，安徽文艺出版社2013年，第56页。《唐文治自述》：“五月，载尚书为人参劾，怏怏辞职。奉旨以溥仲鲁尚书名珽代之，亦宗室也。论者谓农工商部一蹶不振矣。是时立宪并未实行，大局岌岌可危，南皮张香涛制军名之洞，项城袁慰亭制军名世凯，皆入赞军机。余叹曰：国力尽矣。”

改革造成地方权力过于强大，仍未走出失败的结局；最重要的是，张唐以上共通性观念都基于中国经史学之“明人伦”，因为学习西方而放弃中国传承千年的礼法为他们所不容，这也说明清末新政依然是“中体西用”思想的延续。

五、因时而动，坚守传统——唐文治革新延旧

(一) 因时而革

清末新政中办实业、兴教育、求立宪的努力并未让唐先生得到自己所预想的国家复兴局面，反而对时局产生了绝望感，他毅然离开政界投身学校教育，担任上海实业学堂监督，试图凭借教育治疗人心之病。这期间，辛亥革命爆发，唐先生以“保全皇室，不得不出于此”之心接受伍廷芳、庄思缄等人的邀请列名求皇帝退位。可见，唐先生是做了极大的思想斗争才在清朝统治和民国建立之间选了民国，虽然他还无法完全割舍儒家伦理道德与传统统治的血脉联系，但是他深知旧统治已经无法阻挡革命的脚步，革命或许会给国家带来新的面貌。并发“人才不用，国运尽矣”之叹，响应民国建立，将学校由学堂更名大学，自身职务变成校长，并以剪辫响应新风气[1]。这一举动招致他的老师王紫翔、沈曾植、沈曾桐等传统文人的不满，但是俄国革命中，国王被杀之举，也为请求皇帝退位的绝大多数出于国家长远命运考虑的士人正名，更加验证了唐先生以国家长存的动机指导自己的所想所做。

(二) 新与旧

辛亥革命后唐文治仍然一如既往地为坚守中学、救民命、保国家

---

〔1〕 唐文治著、文明国编，《唐文治自述》，安徽文艺出版社 2013 年，第 62 页。《唐文治自述》：“庄思缄来，出示伍廷芳等电稿，请求皇上逊位，邀余列名，余叹曰：人才不用，国运尽矣。欲保全皇室，不得不出于此，遂附名焉。后王师深咎余，以为不应列名。沈子封师亦深以为非，见于辞色。后数月，俄国革命，俄王尼可来不从，为国人枪毙。孤臣耿耿之心，当可白于天下后世矣！”

而努力。随着改革所带来的新文化、新思想的涌入，唐先生带着“新道德既茫无所知，而旧道德则扫地殆尽”的忧虑，直面陈独秀、李大钊、鲁迅等对传统道德纲常的绝对性排斥，“特发明中国文化之本原大声疾呼”。

一、文化论。就文教而言：“盖文化者，有文而后有化。今之新文化其文固安在乎，焉得而有化。其不能持久者，何足怪哉！”[1]唐文治此言意谓文化因其教化作用而长存，而新文化无砥砺人品之文，更何谈其化，无文无化只不过是僵死的文字而已。而尧舜禹汤文武之所以能大治天下，是其“文思安安”[2]“睿哲文明”[3]“文命敷于四海”[4]“以文治是为吾国文化之权舆”[5]等以文载道、以文施政，造就国人之“温柔敦厚”“疏通知远”“广博易良”“洁净精微”“恭俭庄敬”。但春秋战国时期，虽然有诸子百家文化，国家之乱却并未化解，原因为仅有能将文德化育天下而奔走的圣人，但缺少文与政治的结合，文德终究没有逃脱被埋没的命运。但是，文是圣贤为化民而作，如若连经典都被废除，国家就真正失去了希望；就文理而言：“国家政治所以有条而不紊者，惟在于文理而已矣。”[6]文不是空洞的文字组合，而是圣人广大精微之理的载体。废经即废除圣人文教之理，风俗人心必然江河日下。总之，唐先生将白话文视为“戕贼本国之文化者”，是时人没有正确理解新旧的结果，新旧不是中国时间线上的先后，而是就中西文化差异而言，但是不能直接定性西方文化就是精华，中国传统价值就是糟粕[7]，而是在传承中华文化精华的基础上，吸收西方科

[1] 唐文治著、陆远编，《大家国学·唐文治卷》，天津人民出版社2008年，第193页。
[2] 史臣赞尧之辞。
[3] 史臣赞舜之辞。
[4] 史臣赞禹之辞。
[5] 孔子赞文王之辞。
[6] 唐文治著、陆远编，《大家国学·唐文治卷》，天津人民出版社2008年，第194页。
[7] 同上书。《学校论》：“今之所谓新旧者，非指古今之异代而言，乃指中外的异俗而言。然则旧者而是不得强以为非也，其非亦不得故以为是也；新者而非不得强以为是也，其是亦不得故以为非也。”

学精华。经中蕴含着政治、伦理、理财、教育、兵事、外交之道，只有读经才是救国之道。[1]

二、学校论。“欲救天下人，先救学校；欲救学生，先救人心。”[2]唐文治有感于当时学校已经逐渐失去古代学校“教以礼义，养其德行，培之以盛德，括之以大业”的功能，从根本出发提出学校教育的五个重点——“明人伦”“读经书”“习礼乐”“定志趣”“重国文”。人伦是儒家思想的根基，十三经集中了儒家义理，儒家教育礼乐与诗书相配合，志学是圣贤一生所向，以国文为文化载体，这五个重点直接传递出唐先生的儒教思想，以儒学和儒术培养现世儒生。他还提出将家庭教育、社会教育和政治教育作为学校教育的平行教育，这使得其儒教思想与现实相结合，具有时代意义。

南菁书院的学习经历为唐文治入职上海实业学堂和创建无锡国学专修馆提供了学校建设、教学方式、课程设置的经验。担任上海实业学堂校长时，唐先生响应时代学习西学的呼声，规划开设与工农商部发展方向相合的铁路专科、电机专科、商船驾驶科等，但是在学校的办学宗旨中加入“保存国粹，启发民智，振民气，以全校蔚成高尚人格”的主张，以此与工科教育相平衡，将国文作为专门预科中的重要一门亲授，主张“国家之强弱，人类之存灭，其唯一根源端在文野之判”，因为发展科学而丢失国文，实在是国家的大损失[3]。唐先生强烈反对以白话文代替国文，以白话与文字不相和、

---

〔1〕 唐文治，《茹经堂文集》，《近代中国史料丛刊续编》第4辑，台北文海出版社1974年。《读经救国论序》：“经者，万世是非之标准，即人心是非之标准也……经者常道也，知常则明，明常道则辨是非。”

〔2〕 唐文治著、陆远编，《大家国学·唐文治卷》，天津人民出版社2008年，第188页。

〔3〕 唐文治，《高等学堂国文讲义》（未出版），1913年著成。《高等学堂国文讲义》：“国家之强弱，人类之存灭，其唯一根源端在文野之判……自西学东渐，恂愗之士，颖异标新，以为从事科学，我国文字即可置之无足轻重之数……用是十余年来各处学校国文一科，大都摭拾陈腐，日就肤浅，苟长此因循，我国固有之国粹行将荡焉无存，再历十余年将求一能文者而不可得。……科学之进步尚不可知，而先淘汰本国之文化，深可痛也！本校长有鉴于斯，爰就本校国文一课特加注意。并于公余之暇，辑有高等国文讲义全部，首论国文大义，次及古人论文……而就本校行之数年，固已略著成效。”

国语没有固定标准、原本统一的文字被割裂、文字割裂带来语言精神的丧失、破坏本国文化和秩序等原因说明白话文取代国文必带来“败坏吾民之心，骚扰吾民地方之风纪”[1]等。而国文大义深刻之至，其中饱含天地清明之浩然之气；文情之至，透露真性情；国文尽人性、尽物性；文高志高，经中之理精深。国文的这些生命意义只有在注入国家政治、学术、外交法律、农工商实业的未来掌舵者——学生的生命中，才能爆发出极大的济世价值[2]。所以，唐先生尤其重视学生的国文学习，从作文的繁简之道（佳文无所谓繁简，但文必由繁至简）、奇正变化（奇即“恢诡之趣”，正即“方严之象”。行文不拘泥于法，奇正归于至当即可）、文声诵读（文章之道，盛于声，和声方可言盛）、文色（观人文之色化成天下，文章始终宜贯穿津润、怪丽、绚烂、平淡、白贲无色，忌杂凑、涂附、晦暗、庸俗）、文味（酸甜苦辣五味宜因题而施，宜实不宜虚）、文神（神尚实，体物而不遗）、文之戒律（以恭敬戒轻心怠心，以节嗜欲戒昏气矜气。论古人戒毁誉失实，针伪砭俗）出发，教习学生研读经典、书慨然之作，从而塑造学生“立诚”“有恒”“有耻”“尚志”“爱敬”“尊师”“公德”“勤俭”“游息”等气节品质。唯此，方可作天下第一等文，为天下第一等人。

六、结语

唐文治生于晚清，早年接受中国传统私塾教育，青年时代又进入南菁书院学习，出洋的经历更造就了他兼具传统儒家道德思想和西方自然科学、工业技术和新式教育思想。身处晚清近代中国遭受外来侵略、国内纷争，志士仁人为了救中国努力寻求强大国家的策略的境地

---

〔1〕 唐文治著、陆远编，《大家国学·唐文治卷》，天津人民出版社 2008 年，第 191 页。

〔2〕 同上书，第 216 页。《国文大义》：“文之神贵能精骛八极，文之气贵能周流六虚，文之才贵能涵盖九区，文之情贵能感孚万汇。”

中，在官场又经历二十多年的淘洗，唐先生对中国的政治形式有比较深刻的认识，并形成了一套具有个人特色的伴随着国家政治经济制度的转型顺势发生着变化的政治思想。

唐文治入仕之前的生活经历为他新经学思想的形成和政治建树培植了肥沃的土壤。他生于太仓这一人文荟萃之地，而太仓民风淳朴、多出圣贤，自幼受太仓名士钱大昕、陆世仪、陆陇其等思想的影响，《廿二史考异》《潜研堂文集》《思辨录》《治乡三约》《困勉录》《三鱼堂文集》等著作的研读，使得唐文治幼时头脑中便有了为学和治国的初步轮廓。加之唐家长辈对唐先生在自身的道德修养上严格要求，孝悌、勤俭、忠信等道德思想便已扎根于他的思想和行动中，成为其以后教育学生的思想素材；求学南菁书院的经历是唐先生人生中的重中之重。在南菁书院求学期间，也是唐先生走进张之洞学圈的关键时期。在此，他接受儒学大家黄以周、王先谦、缪荃孙、沈曾植等的教诲，坚定了"经学即理学"的汉宋兼采学术传统，并专门学习易、礼、文章学、政治学等，打牢了义理学和训诂学的学术基础。

唐文治从政后，作为一个有着救国热血的青年，对国家遭受侵略满怀愤懑，一直心怀国家强大起来给敌人重重一击的念头。他理性思考清政府惨败的原因，承认西方在政治、经济等方面较当时中国的优越之处。他站在以国家强大为最终目标的出发点上，不仅个人学习西方的语言文化、政治制度、经济模式，还强烈建议将洋务学习作为国家的政策性任务。尤其是到清末新政时期，一直兢兢业业的唐文治成为商务重臣，有了一定的号令权。他将自己的商政、宪政、废科举、建新式学堂等思想变成上疏的形式呈报给统治者，其中发展农业、开矿修路等得到了回应，实业开办在张謇、盛宣怀等洋务积极分子的帮助下也取得了一定的成效，但最终没有掀起大的波澜。面对这种情势，唐先生将视角转向培养专门人才的工科教育，希望通过专门人才的培养架构起中国洋务产业的发展框架。他参考西方学校教育中关于科学技术专业学习的开展，在大学教育中设立电机、轮船、邮政等工科专业。在后来无锡国专的开办中，他也将西方的历史、哲学等文化知识纳入中国学子的学习范围，为开阔中国学子的眼界做出了极大的贡献。

唐文治意识到清政府或将垮塌于朝夕之间，在革命党举起革命大旗时，他加入劝清皇帝下台的行列，选择用这种方式继续维护清政府统治。在民国建立之后，他继续坚持立宪的呼声，并与革命派产生了更多的交集。1923年，他编成《政治学大义》这一专门的政治教材，浓缩了他对中国政治建设的思考。唐先生基于儒家思想就是帝王政治的判断，以“正人心，救民命”为宗旨，以源于孟子的“不忍人之政”为其政治思想基础，将经典义理学和训诂学作为论证手段，从传统儒家的天命、易理、礼教、良知中择取思想精华，倡导孝治天下、礼治天下、解救人心等。但是，他反对康梁在百日维新时期为了救国，急功近利地扭曲中国思想根底的行为。他认为虽然当时西方在发展上有些地方领先中国，但是西方的自治、选举等优势性治理方式其实在中国古代早就存在，只是因为人心不古，把中国的优良传统忘却了而已，并且他也找到了具体的论证依据。以儒家传统道德为中心，并本着学习西方的谦恭思想，唐先生在其《政治学大义》中有条理地重申了他原本就已经思考过的中国政治思想问题，提出了“礼治法治论”“地方自治论”“选举论”“财政论”“兵政论”“文化论”“学校论”七个方面的具体思考，为后人讲习中国政治思想提供了参考，也为国家的政治建设提供了具体方向。

在政治活动中，唐文治的学术思想也得到丰富。他先是在清末新政时期一改在《宋明诸儒主一之辨》中批判阳明心学认心为理的态度，对良知进行分类，将其上升为治人心之病的济世要道。借此，将天理、物理、人理、仁理、政理、易理、礼理、文理、心理、西理等诸多学问调和成经世致用的理学；唐先生在任职上海实业学堂时就开始了对经学的梳理，他接续经学博士将中国丰富的经典化繁为简、留取精简要义的工作，凭借其深厚的训诂学和义理学基础，著成一套涵盖义理学、训诂学、文章学思想的“大义”“读本”体论著。结合经世需求，阐释其敬天尊贤、以《易》和“孝”治心、礼治法治等具体的政治思想；唐先生早年受王紫翔的影响，对学校教育中的文章学教育格外重视。他通过分析国文传承经典的重要性、文品与人品的关系，要求学子认真对待文章学，反对抛却古文音韵和精神的白话文。

唐文治在学术成长和政治变迁中体味中学和西学的意义所在，坚持中华民族成长精神动力来自绵延于中国几千年的中国传统文化之中，而文化不局限于儒家传统意义的仁义道德，还涵盖促使传统文化丰富的文言训诂、性理文学、文调文思等学问；并以包容的心态看待从先秦走到近代的理学思想，最终整合了儒家在不同时代的思想特色，调和成建立在“天人合一”基础上的训诂、义理、辞章为一体的汉宋兼采学术思想。以此为根基，纠合开放的心态正视西方的政治、经济、文化特色。在其整个政治生涯中，唐先生怀抱济世救国的决心，将这两种心态双管齐下，演绎了一个从中国传统读书家庭走出来的学子，从带着长辫投身为大清的繁荣而奋斗到剪掉发辫为国家的兴衰而奔走的老人的学术和政治涵容的一生。笼统地说，唐文治的学术思想开启其政治思考，其政治思考又镶嵌在其学术成长中，从学术土壤中寻找政治出路；其学术思想受政治仕途经历的感情体验而重新思考前进的方向。

总之，本文对唐文治交游及思想进行了研究，一方面通过追溯明清以来的政治、学术、思想的历史，充分理解晚清思想界的历史纵深，另一方面则通过唐文治本人及其思想渊源的整理，透视晚清思想界的复杂维度，为理解唐文治所代表的学术思想路向找到一个准确的时代坐标；对唐文治学术思想的研究，一方面可以深入认识近代经学发展的新趋向及其特质，另一方面则可以更深入地理解作为同治一代之殿军的唐文治中体西用思想的深刻内涵。本文通过对唐文治学术思想的挖掘与整理，在一定程度上填补了当前学术界关于唐文治研究的空白，对于全面认识近代学术思想史具有一定的意义。

胡玉缙《续修四库全书总目提要》修撰考述

以日本外务省档案为中心

华　喆[1]

胡玉缙（1859—1940），清末民国重要学者，早年曾于上海求志书院从俞樾游，后转入南菁书院读书，为礼学大家黄以周高弟，晚年历任北京大学、北京高等师范学校等教席。胡玉缙在当时民国诸老辈学者中，名望甚高，叶景葵认为他“精于四当，邃于笺经”，“真不凡才也”[2]。然而胡氏生前著述颇丰，但刊行者寥寥，后来学者对胡氏成就了解不多。建国以后，王欣夫据胡氏遗稿，先后整理出版《许庼学林》（中华书局1958年）和《四库全书总目提要补正》（中华书局1964年）。2002年，吴格将胡氏《四库未收书提要续编》《许庼经籍题跋》《续修四库全书总目提要·礼类稿》三部分稿件，合编为《续四库提要三种》一书，由上海书店出版社出版。依靠王、吴两位先生的不懈努力，胡玉缙才重新为当代学者重视，研究日渐增多。但是有关胡氏生平，我们今天仍然知之不多，所能利用的传记，仅有王欣夫《吴县胡先生传略》与桥川时雄《京华耆旧传·胡绥庵》两种。两篇传记详略侧重均有不同。桥川《京华耆旧传》撰于1927年，对胡氏早年经历记载较详而不及此后[3]。王欣夫《传略》同样对胡玉缙在20世纪30年代的活动语焉不详，仅称“及日寇入犯，时先生将八十，痛

[1] 作者单位：北京师范大学古籍与传统文化研究院。

[2] 引自王欣夫，《蛾术轩箧存善本书录》“许庼遗集十六卷”，上海古籍出版社2002年，第1393、1394页。

[3] 桥川时雄编，《文字同盟》第一号《京华耆旧传·胡绥庵》，1927年。

心国事，遂浩然而归”[1]。通过《续四库提要三种》可知，胡氏在20世纪30年代曾经参与日人《续修四库全书总目提要·礼类》编纂，王欣夫《传略》却对此只字不提。胡氏一生成果，与四库之学关系尤大，参与《续修提要》编纂更是胡氏晚年最为重要的学术活动，不应当被学者忽略。现在日本方面已将当年有关“东方文化事业总委员会”及《续修提要》的外务省档案在网络上公开，笔者2009年访日时，蒙乔秀岩先生告知其中有关于胡玉缙参与《续修提要》的一些记录，读后深感此事意义不同寻常，不仅有助于补充胡氏传记资料之不足，还可以让我们对胡氏为人为学有更加深刻的认识。现根据日本外务省有关档案史料，对胡氏参与《续修提要》有关活动进行考察，以期复原这段历史的本来面目。

一、日本外务省藏《续修四库全书总目提要》档案史料

《续修四库全书总目提要》是在日本“东方文化事业总委员会”主持下进行的一个重大人文研究项目。所谓“东方文化事业总委员会”，是在20世纪20年代日本国会决定退还庚子赔款，支持对华文化事业的背景之下成立的文化机构。这一机构隶属于日本外务省文化事业部，集合了当时日本最为优秀的汉学学者，以及中国的一些遗老学者。东方文化事业总委员会在北平、东京、京都三地成立人文科学研究所，在上海成立自然科学研究所[2]，以共同推进相关领域研究为目标，全部经费均由庚款提供。1927年，北平人文科学研究所在大甜水井胡同九号（今王府井百货以南）成立，确定以《续修四库全书总目提要》为主要研究事项，预备在《提要》撰写完毕之后，进行《四库全书》的续修工作。然而1928年5月济南惨案发生之后，中方委员全体请辞，

---

〔1〕 王欣夫，《吴县胡先生传略》，载胡玉缙，《许庼学林》，中华书局1958年，第3、4页。

〔2〕 以上四处研究所又统称“东方文化学院”，其中东京、京都两处研究所后来并入东京大学与京都大学，为今天东洋文化研究所与人文科学研究所之前身。

《提要》等项目也曾受到影响，但在桥川时雄的积极运作之下，至 1931 年，《提要》修撰拟目工作大体完成。1931 年 7 月，《续修提要》撰写项目正式启动，此后持续至 1945 年 7 月，仍有作者在继续提交稿件。日本投降之后，1945 年 10 月，中华民国政府委派沈兼士为代表，负责接受东方文化事业总委员会及其图书馆，由桥川时雄登记图书及全部财产，将《提要》稿件交付中华民国教育部。1949 年解放之后，《提要》稿件遂归中科院图书馆，总计二百一十九函，三万三千余篇[1]。

长期以来，有关《续修提要》及北平人文科学研究所的在京档案材料都在中科院图书馆保存，并未对外公布。国内学者对这一时期的具体情况所知有限，仅能通过罗琳、王亮的研究了解其大致梗概而已。幸而日本方面率先在网上公布了外务省有关档案材料，终于使我们能够对这段历史有比较完整的认识。

日本外务省档案目前可以通过日本国立公文书馆的亚细亚历史资料中心网页（http://www.jacar.go.jp）进行阅览与检索。亚细亚历史资料中心建立于 2001 年，包含国立公文书馆、外务省外交史料馆等四个部门的档案、文书史料。其中外务省外交史料馆所收史料，是自明治时期到昭和战前，前后约八十余年的外交档案材料。在外务省外交史料馆的“外务省记录”中，有“H 门东方文化事业”。这一门之内的档案史料，均与当时日本外务省文化事业部负责的对华文化事业有关。其中相当一部分与东方文化事业总委员会、北平人文科学研究所以及《续修提要》项目关系密切。该门共分八个子类，其中“3 类委员会事业”子项“1 项总委员会”[2]，是关于东方文化事业总委员会的

---

〔1〕罗琳，《续修四库全书总目提要稿本》影印本前言，《续修四库全书总目提要》（稿本）第 1 册，齐鲁书社 1996 年，第 1—12 页。王亮，《〈续修四库全书总目提要〉研究》，复旦大学 2004 年博士论文。

〔2〕由于外务省外交史料馆外务省记录门类复杂，以下所引各项档案文件，均将文件所属门类进行简化标注。如“H 门东方文化事业，3 类总委员会事业，1 项总委员会事业”标注作“H.3.1”，以“( )”方式标注于文件标题之后。同时为避免繁琐，已经注明出处的档案文件，再次出注时只列出文件名。

相关文件，包括该委员会的机构组成、人事变动以及会议纪要等等，可以从中探知中方人员的大体情况。至于“6类演讲、视察及助成”子项“2项助成”中，第54、55份，即“东方文化学院关系杂件/续修四库全书编纂事务关系”共两卷，则与《续修提要》编纂直接相关。这些内容目前均可在亚细亚历史资料中心网页阅览，对于我们今后的深入研究，有莫大帮助。

二、胡玉缙与《续修提要》的前期准备工作

自1927年北平人文科学研究所创建之初，胡玉缙就被日方礼聘为研究员，参与北平研究所的工作。在1928年3月，《续修提要》项目启动之初，胡玉缙就已经着手进行《续修四库》的拟目等事〔1〕。从北平研究所与外务省的往来信件来看，此时胡玉缙对于《续修提要》编纂一事，态度非常积极，不仅不断提交书目，而且在1929年11月，还撰写《续修提要刍议》一文。这是一篇关于《提要》编纂的纲领性文字〔2〕，针对《提要》稿件的分配、分类、工作进度、著录体例、书籍借还期限等具体环节，胡玉缙都提出了自己的设想。北平研究所将这篇文章寄送日本外务省，并通过外务省转呈狩野直喜与服部宇之吉，也充分说明日方对胡玉缙此文的重视。桥川时雄在回忆录中甚至认为，1931年至1932年间，《续修四库全书》目录的编辑方法有了根本性的改变，并且重新设计了研究体制，这些实际上都是胡玉缙首先提出的〔3〕。由此可见胡玉缙的《刍议》在《续修提要》工作启动初期，确实发挥了很大作用。

---

〔1〕“東方文化学院関係雑件/続修四庫全書編纂事務関係（H.6.2）第一卷第1件続修四庫全書ニ関スル件昭和三年中”，第40页。

〔2〕“東方文化学院関係雑件/続修四庫全書編纂事務関係（H.6.2）第一卷第2件続修四庫全書ニ関スル件昭和四年中”，第46—48页。

〔3〕今村与志雄，《桥川时雄诗文与回忆·桥川时雄回忆录》，汲古书院2006年，第309页。

大概正是由于胡玉缙在《刍议》一文中表现出来的热情，以及对《续修提要》编纂的成熟构想，我们现在可以看到，在1931年2月东方文化事业总委员会的档案中有一份“胡、江两研究员渡日”的来往文件。其中有日方在北平委员濑川浅之进写给日本外务省文化事业部长坪上贞二的一封信，信中提出计划邀请江瀚、胡玉缙二位研究员赴日与服部宇之吉就《续修提要》的撰写进行当面讨论，希望文化事业部予以经费支持，“于阳春三月，樱花烂漫之时来本邦观光，与服部博士面商今后研究事业如何进行”〔1〕。信中特别提到江、胡二位均为七十有余之老翁，故此委托桥川时雄陪伴同行。以下濑川与坪上在往来信件中，详细商讨落实此次赴日旅费、住宿、行程等事，甚至还包括赏樱等活动安排。关于江瀚、胡玉缙这次日本之行，我们在外务省档案中还可以看到1931年4月的“支那硕儒江瀚、胡玉缙宫内省图书寮、内阁文库、足利学校参观”文件。其中包括一份二人在日行程表如下：

江、胡氏滞京日程（案）

四月十四日火曜着京

十五日水曜（服部博士会谈）

十六日木曜宫内省图书寮、内阁文库

十七日金曜博物馆、展览会、动物园（东方文化学院主催上野精养轩晚餐会）

十八日土曜静嘉堂文库

十九日日曜

二十日月曜午后观樱会

二十一日火曜足利文库、日光行（一泊）

二十二日水曜日光发归京

〔1〕“総委員会関係雑件（H.3.1）第一卷第18件胡、江両研究員渡日昭和六年二月”，第2页。

二十三日木曜帝国大学

二十四日金曜东洋文库、上野帝国图书馆（外务省主催红叶馆晚餐会）

二十五日土曜

二十六日日曜孔子祭典（斯文学会主催午餐）

二十七日月曜

二十八日火曜日华古今绘画展览会开会

二十九水曜（天长节）[1]

除此以外，档案中还有外务省次官永井松三发给宫内省次官关屋贞三郎、内阁文库记录课长岛田昌势的信件，均系为江、胡二人申请参观许可信函[2]。从日方接待的种种布置来看，外务省文化事业部对江瀚、胡玉缙来访安排甚为周到，可见日方对此事颇为看重。当然胡玉缙与江瀚的实际行程与此稍有出入，据桥川时雄本人的回忆，他陪同江、胡两位先至京都与狩野直喜见面，然后又前往东京，会见服部宇之吉[3]。这实际上是《续修提要》项目启动之后，中日双方主要负责人的首次会晤。至同年 7 月，《提要》即进入撰写阶段，所以此次会晤，所讨论者一定是有关《提要》撰写的具体细节，可惜今天限于材料，其中详细内容已不得而知。

关于胡玉缙 1931 年 4 月赴日一事，王欣夫《许庼经籍题跋》中曾经写到“绥之先生两渡东瀛，曾窥其对我文化侵略之隐”[4]。所谓“两渡东瀛”，第一次是指胡玉缙 1904 年曾前往日本考察，此次经历，

---

〔1〕“在本邦留学生本邦見学旅行関係雑件 / 便宜供与関係 / 通関、拝観、観覧関係（H.6.1）第 12 件支那碩儒江瀚胡玉縉宮内省図書寮内閣文庫足利学校参観昭和六年四月”，第 6 页。

〔2〕“在本邦留学生本邦見学旅行関係雑件 / 便宜供与関係 / 通関、拝観、観覧関係（H.6.1）第 12 件支那碩儒江瀚胡玉縉宮内省図書寮内閣文庫足利学校参観昭和六年四月”，第 11、12 页。

〔3〕今村与志雄，《桥川时雄诗文与回忆·桥川时雄回忆录》，汲古书院 2006 年，第 306 页。

〔4〕王欣夫，《蛾术轩箧存善本书录》，上海古籍出版社 2002 年，第 1250 页。

胡氏著有《甲辰东游日记》，1904年11月由日本并木活版所出版。第二次即是1931年4月之行。胡氏两次造访日本，时间前后相差二十余年，日本的国家形象与政治氛围已经大不相同。胡玉缙首次访日时，正是日俄战争全面爆发前夜，东亚地区的人们普遍对明治日本抱有好感。胡氏日记中对于日本也并无恶言。到了1931年4月，日本已经由明治时期标榜的文明开化，走向军国主义。此时的日中关系也处于紧张阶段，尽管日方对胡玉缙招待礼貌周到，但从后来胡氏的一些举动来看，我相信胡玉缙的二度日本之行，绝不会是一次完全愉快的旅程。王欣夫称胡"曾窥其对我文化侵略之隐"，大概就是胡玉缙基于自己第二次访日留下的印象。尽管此次访日，旨在商讨中方学者参与《续修提要》项目的细节，胡玉缙对于此事也投入了许多心力，但日本侵华的野心使这一合作从开始就弥漫着政治意味，也就注定了胡玉缙日后与日方的合作不会一帆风顺。

三、胡玉缙的《续修提要》撰写

江瀚、胡玉缙在1931年4月访日，与狩野直喜、服部宇之吉会面商定细节之后，《续修提要》写作正式启动。根据罗琳为《续修提要》影印本所撰前言可知，在拟目环节，胡玉缙曾负责经部与子部的书目拟定工作。撰写工作开始后，他与柯劭忞、江瀚、王式通、杨钟羲、伦明六人也是最早的执笔人。但从日本方面的档案来看，最早执笔的六人地位、待遇并不均等。胡玉缙与柯劭忞、江瀚、王式通四人早在1927年即已加入北平人文科学研究所，成为北平研究所的研究员。据日人1931年6月《嘱托员及研究员报告》可知，胡玉缙等四人的待遇是每月百元，每篇《提要》稿三十元[1]。伦明与杨钟羲不属于研究所聘用的研究员，没有每月百元的固定收入，仅有《提要》稿

---

〔1〕"総委員会関係雑件（H.3.1）第一巻第23件嘱託員及研究員報告昭和六年六月"，第2页。

费而已[1]。而且杨钟羲与伦明虽然在1931年6月一同被北平研究所招聘，但伦明在1931年主要负责搜访图书和补订书目等工作，具体负责《提要》稿的写作，是到1932年4月以后才开始的[2]。吴格先生在东洋文库发现的《〈续修四库全书总目提要〉编纂资料》中，也明确记录伦明第一批稿件的交稿时间是在1932年5月21日[3]。在此之前，日方1932年3月的《续修提要》稿件统计表中只有其他五人，并无伦明在内[4]。也就是说，在《续修提要》撰写之初，实际撰稿人仅有柯、江、王、胡、杨五人而已。

胡玉缙在《续修提要》最初的五位撰稿人中，是最为特殊的一位。胡氏在1929年，曾经提交《续修提要刍议》一文，其中对提要写作提出这样的想法：

> 一、各员撰拟提要，月须若干篇，应定一标准。前闻得狩野君言月须十篇，缙意以集部统论大概，殊少考证，固可十篇。若经、史之卷帙多而考订须详者，似不能以十篇为断。否则必疏也。至少亦当有五篇，否则势不至穷年累世不止。果能如此，闻得须添研究员若干。姑以三十人计，每人月五篇，十年则三十人当有一万八千篇，亦以近就绪。其间所撰提要可用与否，固由各总裁定夺。不用者应否在月须若干篇之内，又勤敏者月须若干篇之外多撰若干篇，应否于年终统计，另贴薪津，亦须由各总裁商定发表。盖此本卖文性质，非乾隆时官撰比也。[5]

〔1〕“総委員会関係雑件（H.3.1）第一卷第21件楊鐘義、倫明招聘昭和六年六月”，第4页。
〔2〕“東方文化学院関係雑件／続修四庫全書編纂事務関係（H.6.2）第一卷第12件続修四庫全書ニ関スル件昭和七年中”，第13页。
〔3〕吴格，《日本东洋文库藏〈续修四库全书总目提要〉编纂资料》，张伯伟主编，《域外汉籍研究集刊》第3辑，中华书局2007年，第371—403页。又可参照大连图书馆网站提供的吴格《东洋文库藏〈续修四库全书总目提要〉资料随录》一文。
〔4〕“続修四庫全書ニ関スル件昭和七年中”，第22页。
〔5〕“続修四庫全書ニ関スル件昭和四年中”，第47页。

此时胡氏对提要撰写一事态度较为积极，提出每月不得少于五篇的工作量目标。然而到 1931 年 7 月实际工作启动之后，胡氏的工作进程又大大落后于 1929 年时的预期。

1931 年 9 月，北平研究所将 7 月已收到的三十五篇样稿（本为三十六篇，后取消柯劭忞《周易略例注》提要一篇）寄给狩野直喜与服部宇之吉〔1〕。我们可以看到由濑川浅之进发给文化事业部坪上贞二的统计表，分别为柯劭忞九篇（后取消一篇）、江瀚十篇、王式通十篇、杨钟羲七篇，其中并无胡玉缙稿件〔2〕。1931 年 9 月 2 日，濑川浅之进向坪上贞二汇报工作，在报告中提到，8 月北平研究所又收到提要共四十七篇，而胡玉缙两月以来未成一篇。胡氏辩解称“三礼类”系最为重要之著作提要，理应慎重从事，出于自身责任感与名誉之重，与其他人想法不同，所以才进展缓慢。《提要》撰写工作开始已有两月，然而仍在专注思考，大概本月可以着手撰写云云〔3〕。

从此事结果来看，濑川对于胡玉缙 9 月即能开始撰写《提要》的期待，未免有些过于乐观。根据吴格先生看到的编纂资料，胡玉缙的第一批稿件交稿时间为 1931 年 12 月 21 日。日方档案中亦有 1932 年 3 月《续修库书提要分纂篇数表》，其中“胡玉缙分纂表”中记录，1931 年 12 月，胡氏仅提交《提要》稿六篇，至 1932 年 3 月，胡氏共提交《提要》稿十二篇。其他四人则为柯劭忞八十五篇，江瀚一百七十篇，杨钟羲一百三十四篇，王式通三十六篇〔4〕。王式通之所以完成数量较少，是因为王氏在 1931 年 11 月已经病逝，他最后一部分稿件的提交时间是在 1931 年 9 月，仅有三个月的工作量而已〔5〕。也就是说，胡玉缙的工作进度根本无法与其他四人相比。实际上从 1931

〔1〕“東方文化学院関係雜件／続修四庫全書編纂事務関係（H.6.2）第一卷第 6 件続修四庫全書ニ関スル件昭和六年中”，第 81、82 页。
〔2〕“続修四庫全書ニ関スル件昭和六年中”，第 68、69 页。
〔3〕“続修四庫全書ニ関スル件昭和六年中”，第 79 页。
〔4〕“続修四庫全書ニ関スル件昭和七年中”，第 22 页。
〔5〕“総委員会関係雜件（H.3.1）第一卷第 26 件研究嘱託王式通死亡昭和六年十月”，第 2 页。

年9月开始，日方就已经意识到胡玉缙的《提要》撰写会是一个老大难问题。按照原定计划，胡玉缙应当负责《续修提要》的“经部·礼类”，下含“周礼”“仪礼”“礼记”“三礼总义”四个子类，意在发挥胡氏在礼学方面的研究专长，并考虑日后把“乐类”也交由胡氏负责。然而他们却没想到胡玉缙动笔竟然如此迟慢，以致濑川浅之进在1932年5月递交给坪上贞二的报告中写到，现已将“礼记”子类调整给伦明负责，胡氏十个月间仅完成十二篇提要，再加上“乐类”恐怕更加困难，唯有另择“乐类”负责人才是[1]。

胡玉缙为什么会写得如此之慢？这恐怕与胡玉缙本人的学术路径与学术态度有很大关系。胡玉缙本人的重要著作之一，就是《四库全书总目提要补正》。他既然有为纪昀《提要》补正的经验，自然明白提要写作既是读书人入门之津梁，同时也为后学树立了攻击的靶的。从他个人的学术体验出发，肯定不希望在提要中出现太多问题，贻人口实，所以在提要写作时势必要举轻若重，不敢有丝毫轻忽。翻看《续修四库全书总目提要》稿本的影印本就会明白，胡氏的提要撰写，在整部《续修提要》中态度最为认真，学术质量也最高。仅就篇幅而言，《续修提要》写作有专门的笺纸，绝大部分学者的提要篇幅，短者两到三页，长者亦不过六七页。胡玉缙所写提要，很少有三四页内即告完工的，有些更是长达十余页。举例而言，《玉函山房辑佚书》中所辑范宣《礼记范氏音》，仅有佚文十二条，不过百字上下。胡玉缙从中择取七条，引他书十余种互证发明，竟成洋洋洒洒数百字[2]。又如《玉函山房辑佚书》中所辑任预《礼论条牒》，佚文不过两条，分别引自《周礼》贾疏及《礼记》孔疏。胡玉缙尽管认为任预之论“殆无足取，以其为刘宋人说，聊备一家而已”，却也没有草草敷衍了

〔1〕“続修四庫全書ニ関スル件昭和七年中”，第29页。按：“乐类”提要后多由江瀚、商鸿逵完成。
〔2〕胡玉缙，《续四库提要三种·续修四库全书总目提要礼类稿》，上海书店2002年，第806—808页。

事，而是一一进行详细考订，并且对马国翰的辑佚文字做出订正[1]，可见用力之专。至于如吴廷华《周礼疑义》《仪礼疑义》《礼记疑义》三种，因为只有张金吾诒经堂钞本传世，为学者罕见之书，胡玉缙更是不惜篇幅笔墨，尽可能将其内容、特点、错讹等在提要中进行巨细无遗的介绍。这样认真负责的态度，在《续修提要》的修撰中是很少见的。胡玉缙撰写提要时，《续修提要》项目刚刚启动，正是待遇最好的一段时期，每篇提要的稿酬均为三十元，在当时可以说是令人瞠目的"天价"。以顾颉刚为例，他1931年7月被燕京大学历史系聘为教授，月薪三百六十元[2]，不过是十二篇《续修提要》之数。对胡玉缙这样水平的学者来说，一个月完成一定数量的提要写作，根本不是问题，且有一笔数额不菲的收入。可他却根本不在意收入多少，反而把学术质量放在首位，不能不令人叹服。

胡玉缙之慢，正与江瀚之快形成鲜明对比。江瀚是民国初年的文化名流。他在袁世凯时期做过袁氏的参政员参政，1927年为奉系主办的京师大学校文科学长，次年又任北平故宫博物院理事，与胡玉缙同为北平研究所第一批聘用研究员[3]。江瀚在最初参与《续修提要》撰写的五人当中，是完成稿件数量最多的一个。我们根据1932年4月胡玉缙与江瀚的《提要》分纂表整理对照如下：

胡玉缙1931年12月交稿7篇，1932年2月交稿2篇，3月交稿3篇。

江瀚1931年7月交稿10篇，8月交稿12篇，9月交稿14篇，10月交稿20篇，11月交稿20篇，12月交稿24篇，1932

[1] 胡玉缙，《续四库提要三种·续修四库全书总目提要礼类稿》，上海书店2002年，第808、809页。

[2] 顾颉刚，《顾颉刚日记》"1931年7月10日"，台北联经出版社2007年，第544页。

[3] "支那碩儒江瀚胡玉縉宮内省図書寮内閣文庫足利学校参観昭和六年四月"，第3页。

年1月交稿25篇，2月22篇，3月23篇。[1]

《分纂表》只记录到1932年3月，此后江瀚4月交稿二十三篇，5月二十四篇，6月二十三篇[2]。如果不是后来有每月限交十五篇的要求，江瀚想必还会将每月交稿二十篇以上的势头保持下去。据吴格先生统计，江瀚所撰提要现存七百四十二篇，东洋文库藏“交稿记录”显示，江瀚最后一次交稿时间为1935年12月12日。据日方档案，江瀚死于1935年12月17日[3]。也就是说，一直到生命的最后阶段，江瀚仍然在坚持撰写提要。比之于江瀚，胡玉缙最后完成了多少呢？现存胡玉缙的提要稿件共八十五篇，他最后一次交稿时间在1935年7月19日。两人均为1927年即加入北平研究所的元老学者，一同访日，为提要撰写的前期工作出过大力，又一起撰写至1935年，而江瀚的产出量却是胡玉缙的近九倍之多。但在如此巨大的产出量反差背后，我们不得不承认，江瀚稿件的学术质量要远逊于胡玉缙。

在日方档案中还抄录有1932年6月7日江瀚、胡玉缙书信二通，从中也可以看出两人对于《续修提要》撰写态度的不同。江瀚信全文如下：

芝如我兄鉴：[4]

昨接研究会函，具悉种切。撙节经费，原无不可。但“存目”虽较著录为轻，而编撰提要，用心则一。且每篇字数往往有多于著录者，仅获半价，似未得平。至此项章程，似当从七月起实行。本月提要已有二十三种，特先寄览。弟所撰经部书，诗、群经总义所余无多，俟觅得遗书，再行补纂。兹拟暂置子

---

〔1〕“続修四庫全書ニ関スル件昭和七年中”，第23、24页。
〔2〕此据《续修四库全书总目提要》影印本江瀚稿本统计。
〔3〕“総委員会関係雑件（H.3.1）第二卷第5件嘱託江瀚死去ニ関スル件”。
〔4〕此处“芝如”疑为东方文化学院庶务会计邓萃芬。

部，先撰经部《尔雅》、《说文》、小学类，已函请桥川先生转商服部博士矣。余容晤罄，此颂时祺。

六月七日江瀚白[1]

从江瀚信中可知，日方似乎在6月6日出台规定，《续修提要》中归入“存目”一类的稿件，稿费应较“著录”之类折半计算，即每篇十五元。这是因为东方文化事业总委员会本来提出的构想是编纂《续修四库全书》，《续修提要》实际上是《续修四库全书》的先行子项目，故此在策划书目时就已经作了“著录”与“存目”的设定。如果“存目”稿酬折半的话，江瀚收入将要锐减，故此信中有“似未得平”之语。

胡玉缙同样也在6月7日发出一信，但胡氏所关注的内容与江瀚大为不同。该信全文如下：

昨晚归寓，展诵来函，具经稔悉。提要一事，如仿周氏《郑堂读书记》例摘录序跋，加以空语，虽日作两三篇亦自易易。若欲详论其得失，则苟遇书之繁重，即十日作一篇，亦有难言者。此惟明提要体例者知之。弟为道德计，为名誉计，未敢草率也。今限每月合著录、存目二者须十五篇，此在高材者优为之，弟愧不能允。且月可得四百圆左右，必有闻风兴起者。弟将从旁以速观其成也。请自本月起告辞，所有一切，概不领受，借书两种，尚有欲摘钞未毕者，容缓奉还不误。专此，布复，即希

文化会研究所公鉴

弟胡玉缙手复（六月七日）[2]

---

〔1〕“続修四庫全書ニ関スル件昭和七年中”，第49页。
〔2〕“続修四庫全書ニ関スル件昭和七年中”，第54页。

胡玉缙同样也接到了北平研究所6月6日来信，然而他所愤愤不平者，在于“今限每月合著录、存目二者须十五篇”的要求。由于在档案中无法看到6月6日来信，现在通过江、胡两通书信，我们可以推测此信的内容，大概是对参与《续修提要》写作的柯、江、胡、杨、伦五人提出了工作量的要求。基本工作量定为每月十五篇，其中“存目”之稿酬折半计算。这一规定引起江瀚、胡玉缙的不同反应。从后续情况来看，胡玉缙大概是有些反应过度，我们不知道北平研究所原信用语如何，但是每月十五篇应该是对交稿上限的规定，而非下限。也就是说，这一规定是针对江瀚做出的，并不是要故意与胡玉缙为难，不知为何引起了胡玉缙的误会。档案中还有桥川时雄1932年7月13日致濑川浅之进信，里面谈到关于每月十五篇的规定时，桥川表示已与胡玉缙取得理解。而对江瀚、伦明二人，桥川认为他们有借此事赚钱之嫌，感到为此二人有执行这一规定的必要[1]。由此可见，日方人员已对江瀚、伦明提要稿件量高质平的现象有所微词，故此设定十五篇的上限，希望两人不要再动辄每月二十余篇地交稿，能够稍微放慢速度，提高质量。从实际效果上来看，江瀚自1932年7月之后，每月严格按照十五篇交稿，即使1933年5月他因时局紧张而赴天津避乱，也并未停止提要撰写。胡玉缙每月交稿数量虽然不明，但据东洋文库所藏“编纂资料”中胡玉缙的交稿记录，他大概还是维持在每次交稿两三篇，可谓依然故我。

四、胡玉缙的辞职风波

据吴格先生所见胡氏交稿记录，胡玉缙交稿截止于1935年7月。如果仔细分析他交稿的频次，我们可以注意到，从1931年12月至1933年3月，胡玉缙交稿较为规律，大体上保持每月一交。但在

---

〔1〕“続修四庫全書ニ関スル件昭和七年中”，第52页。

1933 年 3 月 21 日交稿之后，胡氏一度中断《提要》稿件的提交，再次交稿已是 1933 年 7 月，此后又按月交稿至 1934 年初，不久即频次愈少[1]。那么在 1933 年间到底发生了什么，造成胡玉缙交稿的一度中断呢？现在考查外务省档案，我们知道，1933 年 5 月，胡玉缙因对日本侵略行为感到异常愤慨，向北平研究所提出辞职，引起日方重视。关于这一事件，在日方档案中有专门的“胡玉縉研究嘱託辞退ノ件”[2]，从中可以窥见此事大体经过。

1933 年 1 月 3 日，日军攻陷山海关，时称“山海关占夺事件”。当月 11 日，桥川时雄致信坪上贞二，说明北平人心惶惶，故宫博物院及北京大学图书馆均已做出应急预案，随时准备撤走重要文物及善本[3]。此时华北地区局面颇为紧张，日军以山海关为桥头堡，进击热河，至 3 月 4 日占领承德，开始向长城沿线移动，分几路试图从喜峰口、古北口、冷口等关隘南下。宋哲元率领二十九军与日军在长城喜峰口一带接战，至 4 月迫使日军退走。但古北口等处战况均不利，致使 5 月中旬密云失守，日军已至北平郊区。

在这种状况之下，北平学者反应不一。大概在 5 月 15 日之前不久，江瀚逃往天津避难，而胡玉缙则愤然向日方提出辞职[4]。5 月 21 日，桥川时雄专门就胡玉缙辞职一事给坪上贞二写了报告，提到胡玉缙辞职的公开理由是健康状况不佳，无法撰写提要稿件，但桥川从胡氏同乡汪荣宝处探听得知，胡氏其实是出于对时局的愤慨，故而提出辞职[5]。桥川报告中最后一段话非常值得玩味，他表示此前曾接到指示，胡玉缙所承担的“三礼”提要可委托吴承仕继续进行，但目前时

[1] 吴格，《东洋文库藏〈续修四库全书总目提要〉资料随录》。
[2] “東方文化学院関係雑件／続修四庫全書編纂事務関係（H.6.2）第一卷第 14 件胡玉縉研究嘱託辞退ノ件”。
[3] “総委員会関係雑件（H.3.1）第一卷第 35 件時局ニ対シ研究所及人員ノ措置昭和八年一月”，第 2 页。
[4] “胡玉縉研究嘱託辞退ノ件”，第 2 页。
[5] “胡玉縉研究嘱託辞退ノ件”，第 3 页。

局紧张，北平各大学都在做转移准备，吴氏会否接受尚属未知。鉴于桥川与胡玉缙私交很好，我怀疑这段话是桥川对胡的偏袒，意在暗示坪上应当对胡氏进行挽留。坪上作为文化事业部长，大概也觉得此事颇难处理，故此在6月3日分别致信狩野直喜和服部宇之吉，请他们提出意见。今天这份档案中还保留有狩野直喜6月8日的复信原件。狩野信中表示，胡氏对于时局表示愤慨，但目前“日支交涉停战协定”已经签订（按：即1933年5月31日中日双方签订的塘沽协定，中日达成形式上的停战，等于承认了日本对热河及东北三省的实际占有），假如胡氏仍有不满，那也无法可想。但狩野同时指出，从他所见诸人提要来看，胡玉缙堪称学者良心，下笔细密，令狩野敬服，如果能够说服胡玉缙改变主意，才是最好的选择〔1〕。虽然档案中并没有服部宇之吉的复信，但从事后坪上致桥川信来看，服部与狩野的意见一致。东京、京都两大掌门人的影响力自然不可小觑，坪上终于拿定了主意。6月16日，他致信桥川时雄，表示目前日中关系渐渐好转，建议劝说胡玉缙留任〔2〕。7月8日，桥川再次报告坪上，告知慰留胡玉缙成功，坪上将此消息转达服部、狩野，至此胡玉缙的辞职风波才算告一段落〔3〕。正是因为这场风波，我们才会看到胡玉缙的交稿记录在1933年3月至7月间出现一个空档期。

王欣夫在《吴县胡先生传略》中称胡玉缙1936年“痛心国事，遂浩然而归”，从这份档案来看，其实他在1933年就萌此志，只是到1936年终于忍无可忍而已。按照王欣夫的说法，胡玉缙并不是一个闭门读书，不问世事的孤僻学者，“亦最喜留心时事”〔4〕。我们在前面也已经提到，胡玉缙很可能早在1931年访日之后即对日本有所不满，这种不满恐怕随着时局变化，在胡氏心中是不断升级的。事实上，参

〔1〕“胡玉縉研究嘱託辞退ノ件”，第6页。
〔2〕“胡玉縉研究嘱託辞退ノ件”，第7页。
〔3〕“胡玉縉研究嘱託辞退ノ件”，第8、9页。
〔4〕王欣夫，《蛾术轩箧存善本书录》“京师大学堂教事录不分卷”，第594页。

与日方《续修四库全书总目提要》编纂，当时诸老辈学者无不承受着巨大的舆论压力。1931年3月27日的《时事新报》就曾针对日本庚款退还问题，发表了措辞严厉的评论文章，认为柯劭忞等人是“老朽昏庸寡廉鲜耻之徒，以‘嘱托’为名，为日本人作伥”〔1〕。在这样的外界压力之下，配合以日军步步紧逼的政治态势，胡玉缙撰写提要时，内心的学术责任感与政治良知斗争之激烈，可想而知。我倾向于将胡玉缙1933年的辞职风波看作胡氏郁积已久的一次爆发。尽管在日中停战的和平表象之下，日方成功挽留胡氏，但随着日本全面侵华的步骤不断加紧，胡玉缙与北平研究所分道扬镳，也只是时间问题了。

以上我们通过日本外务省档案史料，了解到胡玉缙在20世纪30年代参与撰修《续修四库全书总目提要》时，与东方文化事业总委员会、北平人文科学研究所发生的种种纠葛，补充了王欣夫所作胡玉缙传记资料之不足。我们应当注意，胡玉缙在20世纪30年代的学术活动，在他一生之中占有重要地位，其意义不可低估，王欣夫没有理由对此一无所知。之所以王欣夫传中对这段经历避而不谈，一定与《续修提要》为日方主持有关。正是由于20世纪30年代以后中日关系的急转直下，以及日后中国政局的复杂变化，胡玉缙作为参与《续修四库全书总目提要》修撰的当事人之一，对于这段经历没有留下回忆文字，而王欣夫不得已之下，在《传略》中也只好只字不提。这在《续修提要》的诸多参与者中并非个案，而是较为普遍的现象。于是《续修提要》就变成了被当事人及后来者有意忽略的记忆空白，可以说是一段被遮蔽的历史。然而我们今天再来阅读这些档案史料时，假如放下国家和民族情结，应当对当年参与东方文化事业总委员会等事业的中国学者持有同情之理解。正如王树枏在1926年为东方文化事业总委员会写的《提议》中所说，“吾国近日文化窳坏，已达极点。凡士

〔1〕《协议日本庚款退还办法》，《时事新报》1931年3月27日第二版。

大夫之有学识者，无不有挽回补救之心。惟丁兹时局，国家无从容宽裕之力，绌于势之无可如何。今幸日本以庚款还中国，大兴文化事业，规模宏远，财力富厚。值此绝好机会，两国人士携手同心，共襄斯举”[1]。当时参与者如王树枏、柯劭忞、王照、王式通、贾恩绂等人无不是前清遗老。这些遗老适逢民国之世，新学对于旧学冲击强烈，自然会兴起“文化寙坏，已达极点”之叹。此时日人以庚款投入《续修四库》及《提要》等研究，如柯劭忞、江瀚、胡玉缙等，自然会视此为舍己其谁的重要事业，而奋身其中。这些遗老学者未必对民国有怎样的感情，《续修提要》正好又为他们提供了一展所长的机会，所以我并不认为他们参与《续修提要》撰写的这段历史，有何不可与人言之处。胡玉缙在1933年的愤然辞职，更凸显出这位“支那老儒”的凛凛风骨与民族气节。以上诸事，王欣夫或有细节不知，抑或不便在胡玉缙传中明言，今天借助这些文献材料，不仅可以再现这段历史，更希望凭借此文，能够让胡玉缙的学者风范不要一直埋没在日本的档案故纸之中。

〔1〕“総委員会関係雑件 / 総委員会組織成立経過関係（H.3.1）第4件分割4”，第92页。

金天翮创编之晚清乐歌集考

李　静[1]

中国有着非常深厚的乐教传统，“礼乐政刑，其极一也，所以同民心而出治道也”（《礼记·乐记》）。然而，“吾国古时，音乐如此之盛，而后世竟失其传。纯粹之古歌、乐府，竟为小曲、弹词所夺；古雅之琴瑟，竟为琵琶、胡琴所夺”[2]，所以在鸦片战争前后，中国乐界已然是“伶官去鲁，雅乐久亡，靡音艳曲，贻害风俗”[3]的境况。

在近代西风东渐的时代背景下，西方的音乐与教育体系东传到中国，逐渐受到士林的重视。西洋音乐因此被当作现代文明的一部分，用来改造中国旧有的音乐和发展中国的新乐教。学习西方音乐，逐渐成为社会性新文化思潮的重要组成部分，“音乐”因而成为参与建设现代中国的重要角色。

南菁学人旧学深厚，又能得风气之先，改革教育，参与新学。所以，南菁学人中，如童斐、侯鸿鉴、蒋维乔、金天翮、田其田、叶玉森诸君，多有参与近代音乐改良以及学堂乐歌之创作者。

前年暑假，笔者有幸从吴江图书馆找到了寻觅已久的出版于晚清的三册乐歌集，它们分别是出版于光绪三十一年二月的《国民唱歌·第二集》、出版于光绪三十二年六月的《新中国唱歌集·初编》，以及该年八月的《新中国唱歌集·二编》。这三册歌集均未著录于《中

〔1〕作者单位：北京航空航天大学人文与社会科学高等研究院。

〔2〕竹庄（蒋维乔），《论音乐之关系》，载《女子世界》第8期，1904年8月。

〔3〕李宝巽，《新编唱歌集·叙言》（1906年），见张静蔚编选、校点，《中国近代音乐史料汇编（1840—1919）》，人民音乐出版社1998年，第154页。

国近现代音乐史参考资料》第一编“旧民主主义革命时期中国音乐书目·初辑”、《中国音乐书谱志》，以及张静蔚汇编的《搜索历史·附录：学堂乐歌曲目索引》。更为难得的是，这三册歌集均为近代思想家、教育家、诗文大家金天翮所编写。这对研究近代学堂乐歌创作与晚清思想文化之间的关系，具有非常重要的意义。

一、金天翮简介[1]

金松岑（1874—1947），原名天翮，号壮游、鹤望、天放楼主人等，笔名中最著名者为金一、爱自由者，江苏吴江同里镇人。十三岁时，师事顾询愚，习诗文六载，成诸生。后厌弃科举帖括，开始钻研经史名家著作及舆地、兵谋、水利等经世之学。甲午战后，金氏“痛政府之不足图存”，与陈去病等人组织“雪耻学会”，意图维新救国。1903年春，蔡元培在沪创办“爱国学社”，金松岑间出上海，与“爱国学社”诸君游。邹容出版《革命军》曾得其襄助。“《苏报》案”发，章太炎与邹容入狱，金松岑多方奔走营救。及邹容被害，金氏撰《哀邹容》以祭之。其时，金松岑认为清廷势力尚大，欲谋光复，非扩大革命力量不能成功，于是返回故里，继续从事著述、兴办学校、培养人才。民国元年，金松岑当选为江苏省议会议员，1923年出任吴江县教育局局长，凡两载。1932年，他与陈衍等组织中国国学会，邀章太炎到苏州讲学。抗日战争爆发后，他困居苏州。1938年春，应聘上海光华大学中文系教授。太平洋战争爆发后，上海租界被日军占领，金松岑遂折返苏州濂溪坊，闭门著述，寄情诗歌。1947年1月病逝于苏州。

早在1902年，金松岑就与薛凤昌等人依托“同川书院”，创办

〔1〕 本部分内容参考了钱太初，《先师金松岑先生事略》，见吴江市教育工会编，《一代宗师金松岑》，2002年，及杨友仁，《金松岑先生行年与著作简谱》，见《女界钟》之附录四，上海古籍出版社2003年。

了“自治学社”与“理化音乐传习所”，传授新文化。“苏报”案后再回故乡，金氏改“自治学社”为“同川两等小学”，并创办“明华女校”，“吴江之有学校，自先生始”。在他创办的学校中许多曾经受他教诲的学生已成长为各界杰出英才，如费孝通[1]、柳亚子、潘光旦、王佩诤、王大隆、金国宝、严宝礼、王绍鏊、蒋吟秋、范烟桥等，金氏的学识和气节，在其学生身上得到了发扬和光大。

金松岑一生著述颇丰，其早期著述，以笔为戈，鼓吹革命，代表作品有1903年9月出版的《女界钟》，署名“爱自由者金一”。该书提倡男女平权，是推动近代女性解放的重要著作。11月，他以清政府驻俄大使洪文卿为主角，以赛金花为配角，创作的一部讲述清政府五十年外交政治的小说《孽海花》，开始在江苏留日学生会主办的《江苏》杂志第8期连载。后金氏自谓“以小说非余所喜”，创作六回乃辍笔。此后，曾朴得其同意，续作此小说，其六十回目，乃二人共同商定。此小说后经鲁迅《中国小说史略》列为“晚清四大谴责小说”而享誉不断。1903年12月，他翻译的《三十三年落花梦》亦出版。该书原作者为日人宫崎寅藏。前半部叙述其人三十三年中思想之变化，后半部则述说其人赞助孙中山之革命运动，因得孙中山为之序。

此外，金氏一直与近代报人交往密切，《女子世界》《小说林》等杂志之主笔丁祖荫（初我）、曾朴、蒋维乔等人均为金氏好友，几种期刊亦得金氏助笔。他还曾与薛公侠创办《理学杂志》，提倡科学，前后共出版七册。

金松岑一生博览群书，性好游历，其诗与文名满天下。章太炎曾评价：“其意气风发，为豪杰之文，其格上取季汉，下兼南北隋唐，而不主一格。诗尤杰出，先生亦以诗自负。”其主要著述还有《天放楼诗集》（正、续、季集）、《天放楼文言》（正、续、遗集）、《词林撷

---

[1] 参见费孝通《拜师记》，载吴江市教育工会编，《一代宗师金松岑》，2002年，第5页。

隽》、《鹤望中年政论》、《孤根集》、《皖志列传稿》、《摩哈默德传》、《日俄战争本末记》、《自由血》、《妒之花》（翻译）等。

二、现存之三册歌集

近代学堂乐歌巨大的宣传鼓动作用曾吸引大批有识之士参与创作，如张之洞、康有为、章太炎、梁启超、胡君复、王文君等。金松岑之乐歌创作亦属此例。据钱太初记述，在金松岑创办的学校中，“除文史外，重数理及唱歌”。据此也许可以推断，金氏所编之乐歌集应为其实际使用过的学校音乐教科书。

现将三册尚存的稀见乐歌集介绍如下：

（一）《国民唱歌·第二集》

开本尺寸长19厘米，宽13厘米，平装，七十页。乐歌歌谱均为单音乐歌，简谱。曲调和歌词均未注明出处。光绪三十一年二月初版

图一 《国民唱歌·第二集》

发行。版权页题署，著者：金一。发行所：上海棋盘街，小说林。定价：大洋三角。

由于该书乃“第二集”，故前无“序言”“凡例”等表明作者编创意图的文字，实为可惜。然乐歌之后，附录了一篇《中国音乐改良说》，根据内容可知，该文即为“匪石”（名世宜，号倦鹤）于1903年发表在《浙江潮》第6期上的文章[1]。文中作者简略地梳理了中国音乐的历史，认为“孔子者，音乐改良之大家也”。不过，经过几千年的流传，“古乐今乐二者，皆无所取焉”：

> 故吾对于音乐改良问题，而不得不出一改弦更张之辞，则曰：西乐哉！西乐哉！西乐之为用也，常能鼓吹国民进取之思想，而又造国民合同一致之志意。

匪石首倡“音乐改良”之说，不但指明了近代音乐改良的方向——向西方音乐学习，更指出了施行近代音乐改良背后的社会意义与启蒙意义——“鼓吹国民进取之思想”以及“造国民合同一致之志意”[2]。金氏将这篇文章收录于此，大概是因为“于我心有戚戚焉”，所以通过此文亦可见其“改良音乐”之志意。

《国民唱歌·第二集》中收乐歌二十二首：《祝自由神》、《国旗》、《陆军》、《海战》、《祈战死》、《从军乐》、《杀敌快》、《凯旋》、《汉高帝大风歌》、《黄河远上》（附“秦时明月”一首）、《岳武穆满江红词》、《摆仑叹希腊之歌》、《哀印度》、《吊埃及》、《虚无党》、《自由结婚》、《哀祖国》、《太平洋》、《国民大纪念歌》、《大汉纪念歌》、《鸦片烟》、《缠脚》。

另：《国民唱歌集》考订

根据目前的材料可知，晚清出版的乐歌集中很有可能存在两种名

---

〔1〕 该文收录于张静蔚选编，《中国近代音乐史料（1840—1919）》，人民音乐出版社1998年。

〔2〕 关于该文之价值与意义，可参见张静蔚，《中国近代音乐史的珍贵文献——纪念〈中国音乐改良说〉发表100周年》，载《音乐研究》2003年第3期。

为“国民唱歌”的作品，一为曾志忞编，一为金松岑（金一）编。

曾志忞编《国民唱歌集》线索：光绪三十二年五月初一日三版的曾志忞编《唱歌教授法》书后广告《上海曾志忞编音乐书目》中载：《国民唱歌集》已经印制三版，简装，二角五分。

另，晚清留日学生所办之杂志《醒狮》第4期（1906年4月24日）上有一页《曾志忞音乐书之用法》的广告：

> 四版 《教育唱歌集》
> 再版 《国民唱歌集》
> 再版 《唱歌教授法》
> 再版 《乐典大意》
> 再版 《风琴习练法》

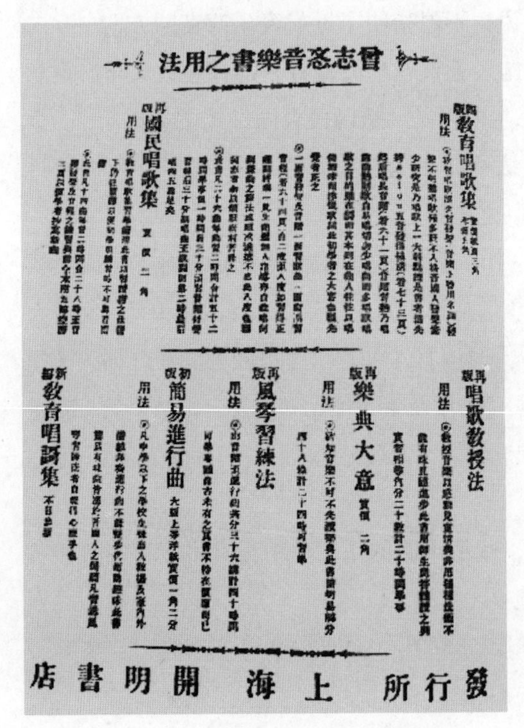

图二 《曾志忞音乐书之用法》的广告

初版 《简易进行曲》

新编 《教育唱歌集》（不日出版）

根据这两份广告可知，1906年前后，曾志忞曾编辑过一册《国民唱歌集》，由东京中国留学生总会、上海开明书店发行，且至少印制了三版。

金松岑编《国民唱歌》：金松岑所编之《国民唱歌》，现因《第二集》尚存，所以也可以推知其曾经存在过。而且晚清报刊中也有许多此书的线索。例如，陈去病、汪笑侬于光绪三十年九月在上海创办了一份以提倡“戏曲改良”为宗旨的刊物《二十世纪大舞台》，原定月出二册，因其鲜明的革命倾向，刊行两期后即被清政府查禁。在该刊第2期上，曾登载过一则广告：

本社廣告

本社出版書籍

清秘史◎有嬀血胤箸◎定價金五角

漢族陸沈叢書◎有嬀血胤輯◎定價四角

傑箸 明季王船山黃梨洲顧亭林三大家正氣集 定價金八角

新排警戲 瓜種蘭因 汪笑儂箸 定價金五十文

東京國民報彙編 日本留學生箸 定價金六角

本社待刊書籍

煩惱絲（一名辮髮史）垂虹亭長箸

血淚花 寰鏡廬主人譯箸

一綫天 寰鏡廬主人譯箸

桃花扇演義 寰鏡廬主人箸

淡宮月 靜極思動庵箸

泣銅駝 靜極思動庵箸

國民唱歌 著者最重尚武精神及愛國思想通計各題如祝自由神汽球汽車航海自由車汽船賽馬招國魂國旗哀印度吊埃及奴痛亡國從軍樂殺敵快海軍陸軍娘子軍國民大紀念日俄大海戰法國革命美國獨立思祖國等歌計譜四十餘歌百餘首音節雄壯半得之東西舊譜半爲自製誠中國唱歌中空前絕後之作也（明年正月出版）

理想小說 千年後之世界出版 書爲日本小說家押川春浪箸吳門天笑生譯以高尚之理想寫慘惡社會之墮落以發見光明世界大旨以（物質文明愈進化則精神文明愈退化）爲主義思想深邃趣味濃郁凡物理心理倫理學之精微及宗教社會世界之觀念莫不應有盡有誠爲將來世界之大問題爲現在世界之大活劇也譯者文學久著學界同認吾知是種小說出而其影響於今日社會必有迥非尋常說部所可比者矣全書六萬餘言洋裝一厚冊寄售處各大書坊

图三 《国民唱歌》的广告

本社广告·国民唱歌

著者最重尚武精神及爱国思想。通计各题，如《祝自由神》《汽球》《汽车》《航海》《自由车》《赛船》《赛马》《招国魂》《国旗》《哀印度》《吊埃及》《奴痛》《亡国（恨）》《从军乐》《杀敌快》《海军》《陆军》《娘子军》《国民大纪念》《日俄大海战》《法国革命》《美国独立》《思祖国》等歌，计谱四十余，歌百余首。音节雄壮，半得之东西旧谱，半为自制。诚中国唱歌中空前绝后之作也（明年正月出版）。

广告中的乐歌作品《祝自由神》和《汽车》在该期被完整刊出，署名“爱自由者”。而“爱自由者”即为金松岑的笔名。故可知此则广告向读者推介的是金松岑所编创之《国民唱歌》，且计划的出版日期为光绪三十一年正月。现存《二集》之出版日期为“光绪三十一年二月”，与此条材料正好相合。

将现存之《国民唱歌·第二集》与《二十世纪大舞台》广告中所收乐歌对照，可以发现，二者重合者只有：《祝自由神》《国旗》《陆军》《从军乐》《杀敌快》《哀印度》《吊埃及》《国民大纪念歌》八首。

由此我们可以推知，那本至今未见可能亡佚的金一编《国民唱歌·初集》中所收乐歌，应该包括《汽球》《汽车》《航海》《自由车》《赛船》《赛马》《招国魂》《奴痛》《亡国（恨）》《海军》《娘子军》《日俄大海战》《法国革命》《美国独立》《思祖国》这十五首乐歌作品。其中《汽球》《汽车》《航海》《赛马》《招国魂》《奴痛》《亡国（恨）》《海军》《娘子军》九首作品，于现存之《新中国唱歌集·初编》和《二编》中存在着同题之作，概亦可从中略见《国民唱歌·初集》之风采。

（二）《新中国唱歌集·初编》与《二编》

也许正是因为和曾志忞的乐歌集书名撞车，所以《国民唱歌》出

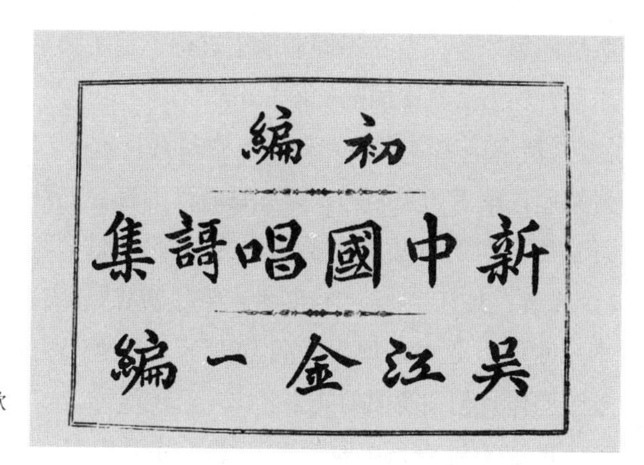

图四 《新中国唱歌集·初编》

(79) 二十世紀大舞臺

歌謠

祝自由神 $\frac{4}{4}$ S調

|1 1 5 5|6 6 5 —|4 4 3 3|2 2 1 0|

(其一)自由自由 天之神 共和世界 萬象新

(其二)歐洲白種 [illegible] [illegible] [illegible]

(其三)和風甘露 百花香 世界人種 [illegible]

(其四)二十世紀 [illegible] [illegible] [illegible]

|5 5 4 4|3 3 2 —|5 5 4 4|3 3 2 0|

愛自由者

(其一)[illegible] [illegible] [illegible] [illegible]

(其二)[illegible] [illegible] [illegible] [illegible]

(其三)[illegible] [illegible] [illegible] [illegible]

(其四)崑崙山頂 [illegible] [illegible] [illegible]

图五 《祝自由神》的歌谱

版后的第二年，金松岑即对歌集进行了重新编定，并加入了新创作的乐歌，题为《新中国唱歌集》出版。

《新中国唱歌集》，“初编”内封存，八十八页，光绪三十二年六月初版；笔者所见之“二编”封面已不存，一百页，光绪三十二年八月初版。两册歌集中，歌谱均为单音乐歌，简谱。版权页上均注明“编辑者：吴江金一”“校阅者：常熟初我”“发行所：小说林社”。开本尺寸均为宽18.6厘米，高13厘米。两册书中均无“序言”“凡例”等说明作者创编意图的文字。

现存《初编》中收乐歌三十八首（其中十三首为金一作词，另《国民大纪念》为金一增润）:《祝自由神》、《历史歌》、《长城》、《踏青》、《慈乌夜啼》、《燕》、《蚕》、《黄菊花》、《物理图》、《八音琴》、《电灯》、《电车》、《汽车》、《轻汽球》、《航海》、《蜡人院》、《寒山寺》、《岳阳楼》、《庐山高》、《边风》、《终军请缨》、《祈战死》、《出军歌》、《出征》、《凯旋》、《欢送征兵》、《野操》、《国民大纪念》、《中国地理》、《秋思》、《织锦女》、《明妃》、《黄鹤楼》、《日本不忍池晚游》、《黄河远上》(附《秦时明月》)、《喝火令》、《清平调》、《易水践荆卿》。

《二编》收乐歌四十首（其中十五首为金一作词）:《黄帝》《国旗》《赛马》《纪念塔》《女青年》《娘子军》《奴痛》《招国魂》《亡国恨》《舍身报国》《征兵》《怀帝乡》《战辽东》《哀印度》《吊埃及》《法兰西马赛革命歌》《摆仑叹希腊》《大操》《陆军》《中国海军》《古行军》《出军》《雪中行军》《凯旋》《练兵》《哀祖国》《大风歌》《大汉纪念歌》《太平洋》《扬子江》《黄河》《大国民》《演孔》《爱国歌》《英文字母》《笑》《幼稚园上学歌》《女学生入学歌》《暑假》《终业式》。

另：金一编《新中国唱歌集·三编》考辑[1]

据《月月小说》1907年第4号上广告第4页，《小说林宏文馆发

〔1〕《中国音乐书谱志》曾著录了此册歌集（未著录前二编），言其存于北京图书馆（现国家图书馆），然笔者去国图查阅，未见此书。

行之书目表》，其中有“《新中国唱歌初集》(原名《国民唱歌》)，二角半；《新中国唱歌二集》，二角半；《新中国唱歌三集》，一角半”的内容。

另据金本中《百年同川旧事》一文称：“一九〇四（应为‘六’，笔者注）年，即光绪三十二年，苏州小说林社出版了他（即金松岑，笔者注）编的《新中国唱歌集》，这应是他为自治学社、音乐传习所所编的教材。据广告，原计划出四集，结果只出了三集。可能是书名的关系，当时即被列为禁书，无法广为流传，至今更难见到。”〔1〕可惜该文作者并未说明“据广告，原计划出四集，结果只出了三集”的资料根据，然料想不是杜撰之语。因此可知，《新中国唱歌集》原计划出四册，但实际出版了三册，可惜“第三编”至今未能被研究者寻获。

将《二十世纪大舞台》广告中所收乐歌标题，以及现存之《国民唱歌·第二集》中的乐歌，与现存两册《新中国唱歌集》中的乐歌进行对勘，未被收录进现存之两册《新中国唱歌集》中的乐歌作品有：《自由车》《赛船》《从军乐》《杀敌快》《日俄大海战》《法国革命》《美国独立》《思祖国》《海战》《岳武穆满江红词》《虚无党》《自由结婚》《鸦片烟》《缠脚》这十四首作品。而这些作品很可能出现在《三集》中。

三、金天翮编乐歌集考辑

根据以上材料可知，松岑先生所编乐歌集有《国民唱歌·初集》《国民唱歌·第二集》《新中国唱歌集·初编》《新中国唱歌集·二编》《新中国唱歌集·三编》五册。但这还不是先生所编乐歌集之全部。

晚清杂志《女子世界》第10期（原刊未标出版日期，推测为1904

〔1〕 该文收入吴江市教育工会编，《一代宗师金松岑》，第65页。

年）封底广告："金一编撰书 女子唱歌《娘子军》定价三角。"前文已说明，金氏一直致力于推动近代的女性解放，与《女子世界》主编丁初我关系密切（《新中国唱歌集》即为"常熟初我"校阅），其于1903年9月出版之《女界钟》，为近代提倡男女平权，推动女性解放的重要著作。且《二十世纪大舞台》之广告中以及《新中国唱歌集·二编》中已有《娘子军》乐歌，但所有现存歌集中关于女性的作品只有《女青年》《娘子军》《缠脚》《女学生入学歌》四首。因此，由其立场可以推测，金氏断不会舍弃极具宣传鼓动功能的"乐歌"来为女性解放摇旗呐喊，故其曾特为女性编辑过一册"女子唱歌《娘子军》"不亦宜哉！

另外，《女子世界》第8期（1904年）封底广告："学校唱歌《军魂集》：裒录汉唐迄今激越雄壮之从军诗三百首，使蒙小学生唱之，亦足以振起尚武精神。《钦定学堂章程》于唱歌一门，以吟诗当之。若此集者，非吾国民之好模哉！定价三角。寄售处：小说林、镜今书局。"广告中虽未明言该歌集的编撰者是谁，但是笔者怀疑此乐歌集亦为金松岑所编。

首先，金松岑在办学之初就一直特别注意培养学生的"尚武"精神（详下）。《国民唱歌·第二集》书后有一则广告："《军人谈》，金一著，近刊。"其所编辑之《军人谈》，久未查获，虽不知其内容，但是金氏非常注重培养近代国民的"尚武"精神，据此可得明证。另外，近代"尚武""军国民主义"的思想风潮在以"救亡"为主旨的表象之下，一直蕴藏着"反清"的志意。前已提及，甲午战后，有识之士已经认识到清政府之不足以图存，故群起而倡"革命"，金氏亦不例外。《新中国唱歌集·二编》以《黄帝》开篇，歌词第一段即为："赫赫我祖名轩辕，降自昆仑山。北逐獯鬻南苗蛮，驰驱戎马间。扫除异族定主权，以贻我子孙。嗟我子孙无忘无忘乃祖之荣光。"黄帝为"炎黄子孙（汉族）"之始祖，《黄帝》歌非常隐晦地表达了提倡"种族革命""驱除鞑虏，恢复中华"的意图。因此，注重音乐宣传功效的金松岑顺着编写《军人谈》的思路，再单独编创一册提倡"军国民主义”的《军魂集》，似乎也是情理之中的事情。

其次，在金氏现存之三册歌集中，“裒录汉唐迄今激越雄壮之从军诗”者多有所见，如古人作品之《汉高帝大风歌》、《黄河远上》（王之涣）、《秦时明月》（王昌龄）、《古行军》（李颀，首句“白日登山望烽火”）、《岳武穆满江红词》、《明妃》（杜甫，首句“群山万壑赴荆门”）、《喝火令》等。当时人之作品则有《海战》（曾志忞）、《出军歌》、《日本不忍池晚游》（黄遵宪）、《边风》（朱纬军）、《战辽东》（华振）、《雪中行军》、《练兵》（辛汉）、《出征》（沪学会）、《凯旋》（南洋公学）、《野操》（湖北师范）、《易水践荆卿》（横滨大同学校）、《中国海军》（兴复海军社）等。金氏自己创作的有《黄菊花》《航海》《终军请缨》《祈战死》等篇。以上各题，共计二十九篇之多。在乐歌的准备上，金氏亦有编辑《军魂集》的可能。

再次，广告中“《钦定学堂章程》于唱歌一门，以吟诗当之”，所指为张之洞主持制定的《奏定学堂章程》（史称“癸卯学制”）中论及音乐课时的相关条款，“惟中国古乐雅音，失传已久，此时学堂音乐一门，只可暂从缓设”。不过，为了使“乐教”不致有所缺失，古典文化修养深厚的张之洞还是想出了替代的办法，那就是在中国文学这门功课内，“兼令诵读有益德性风化之古诗歌，以代外国学堂之唱歌音乐”。具体的“中小学堂读古诗歌法”如下：

> 外国中小学堂，皆有唱歌音乐一门功课，本古人弦歌学道之意。惟中国雅乐久微，势难仿照。然考王文成《训蒙教约》，以歌诗为涵养之方，学中每日轮班歌诗。吕新吾《社学要略》，每日遇童子倦怠之时，歌诗一章，择浅近能感发者令歌之。今师其意，以读有益风化之古诗列入功课。……皆有合于古人诗言志，律和声之旨，即可通于外国学堂唱歌作乐，和性忘劳之用。[1]

〔1〕 舒新城编，《中国近代教育史资料》中册，第420—677页，人民教育出版社1981年。

金松岑博极群书，以其诗文大家的身份推测，张之洞之“以歌诗代唱歌”的方式，亦应为其所认同。

而且，以金氏与丁初我之密切关系，亦存在《女子世界》为其宣传的可能。至于《女子世界》广告中为何不提编者姓名，笔者猜测是为了保护金氏免受清政府之迫害。前已提及,《新中国唱歌集》曾被清政府列为禁书。而充满“尚武”而“革命”的歌词，如《满江红》之“壮志饥餐胡虏肉，笑谈渴饮匈奴血”，再如其所作之“痛矣哉，千重万重压制来，痛矣哉，生生世世为奴才。我奴本是神明胄，胡为奔走作牛后”(《奴痛》)、“西风吹来兮愁煞人，哀我中原兮亡国民”(《亡国恨》) 等，无疑会为其带来杀身之祸。

如果笔者以上推测不错的话，则目前可知的金松岑曾编辑的乐歌集就有七（八？）册之多，它们分别是：

《国民唱歌·初集》(1905)
《国民唱歌·第二集》(1905)
《新中国唱歌集·初编》(1906)
《新中国唱歌集·二编》(1906)
《新中国唱歌集·三编》(1906)
《新中国唱歌集·四编》(计划中，但未出，1906)
女子唱歌《娘子军》(1904？)
学校唱歌《军魂集》(1904？)

如此多的乐歌集出自一人之手，研究近代音乐的学者却对松岑先生的贡献茫然无知，实在可惜！

四、乐歌题材及歌词创作

松岑先生非为专业的音乐家，本身并不以音乐为生。因此，与梁启超、康有为、杨度等许多近代文人参与乐歌创作一样，其所作乐歌多采用现成曲调，而用力处均在歌词部分。所以，笔者将集中对这三册乐歌集中的歌词进行分析。

翻看三册歌集，乐歌内容非常丰富，其中的重要主题大致有“尚武”“痛时事（旧山河）”“新世界”“女性”等几类，下面一一介绍：

（一）尚武与军国民歌曲

中国在甲午战争中的失利，使近代的有识之士将学习目光从西洋转向了东洋。戊戌变法失败后，逃亡或留学到日本的国人，作为战败一方的国民，对日本举国“尚武”“崇军”的风气既“惊”且“羡”。他们认为日本能立国维新，战胜我国及俄国，“果以是也”[1]。与“尚武”精神相配合，日本军歌的创作与使用也蔚为大观，并在中日甲午和日俄乙未战争期间——作为“军需品”——起到了非常大的作用。蔡锷因此在《军国民篇》中愤然指责我国音乐“自秦汉以至今日，皆郑声也，靡靡之音，哀怨之气，弥满国内，乌得有刚毅沉雄之国民也哉”[2]。音乐淫靡开始被认为是导致国家文弱，缺乏“尚武”精神的主要原因之一。这种观点一经蔡锷提出，就得到梁启超的大声附和：“中国人无尚武精神，其原因甚多，而音乐靡曼亦其一端，此近世识者所同道也。”[3]从此，以“尚武”的音乐，尤其是军歌来培养国人成为“尚武”之“军国民”的观点，在晚清大行其道[4]。

受此影响，金松岑先生亦慨然加入了培养“军国民”的行列。在一首题为《今怀》的诗中，他对自己的心路历程有过这样的概括：

---

〔1〕 梁启超，《中国魂安在乎》，载《清议报》第33册，1899年。

〔2〕 载《新民丛报》创刊号，1902年2月8日。

〔3〕 梁启超，《饮冰室诗话》，载《新民丛报》第26号，1903年2月26日。

〔4〕 关于近代尚武精神的提出与近代乐歌创作的关系，参见李静，《从“朝廷鹰犬”到“国家柱石”——浅析晚清的三部军歌》，载《文史知识》2007年第10期和《“从军乐”与“祈战死”——中国近代“尚武”精神的提出与乐歌创作》，载《文史知识》2011年第8期。

支那有一士，独立三十春。十五好词赋，二十穷典坟。少更多事代，南疆战血腥。中历忧患界，东海飞琼尘。健者振臂呼，慨然起合群。大开国耻会，诞育军国民。[1]

他所创办的同川公学，其立校宗旨也明确提出了“尚武”的主张：

君不见我校教育第一宗旨先拿定，庄严法律，养成人格，鼓吹道德成新人。共和精神，纪念讲台，日夜暮鼓晨钟声，使我学生人人爱国，个个尚武有精神。(《同川校歌》)[2]

另据钱太初的回忆：“且先生亲自衣军装，佩指挥刀，以兵法部勒子弟。”[3]因此，在其所编创之乐歌集中大力宣扬“尚武”“军国民”就成为题中应有之义。

现存三册歌集中，以“尚武”“军国民”为题材的作品甚多，除了第三节中所举之“裒录汉唐迄今激越雄壮之从军诗”外，歌集中明确标注为“金一”作词的乐歌，就有《终军请缨》《祈战死》《凯旋》《欢送征兵》《陆军》这五首。其中最为著名的乐歌是《祈战死》：

（其一）我有宝刀真利市，快活沙场死。短衣匹马出都门，喇叭铜鼓声。赴战地，临大敌，战袍的的（滴滴？）胡儿血。自问生平，博得容（荣？）名，头颅一掷轻！

（其二）阿娘牵衣向儿语，吾今不恋汝。爱妻结发劝夫行，慷慨送一程。搴敌旗，斩敌将，战死荣名出人上。军不凯旋，入国何颜，偷生要几年！

（其三）阳春三月莺花烂，祀我战死鬼。公园铜像巍巍尊，

[1] 《今怀》，载《江苏》第4期，1903年。
[2] 参见金本中，《百年同川旧事》，载吴江市教育工会编，《一代宗师金松岑》，第65页。
[3] 钱太初，《先师金松岑先生事略》，载吴江市教育工会编，《一代宗师金松岑》，第6页。

指点军人魂。千人山，万人海，羽林孤儿好模范。模范如何，去矣哥哥，毋忘祖国哪！

“祈战死”三字在中国近代颇为流行，这主要源于梁启超一篇流布海内的文章《祈战死》[1]。正如安德森在《想象的共同体》中指出的：“‘民族’在人们心中诱发的感情，主要是一种无私而尊贵的自我牺牲。”[2]因而，“祈战死”正是在民族主义风起云涌之时最为极端化的表达。而金松岑的作品无疑实践了梁启超试图以“尚武”精神改造中国诗歌，进而改造国民性的想法。

金松岑所作《祈战死》是目前所见同题作品中最早、也是影响最为广泛的一首。1910年毕业于同川公学的范烟桥先生，于四十多年后，在《辛亥革命前吴江三诗人》一文中曾深情地回忆过这首歌：“他（指松岑先生，笔者注）还出过一本《新中国唱歌集》，我至今还记得‘龙宫宝藏血犹腥，太平洋居然号太平’的激越呼声和‘阿娘牵衣向儿语，吾今不恋汝。爱妻结发劝夫行，慷慨送一程。搴敌旗，斩敌将，战死荣名出人上。军不凯旋，入国何颜，偷生要几年’的《祈战死》的歌。”[3]受金氏这首作品的影响，此后以“祈战死”为主题的乐歌创作不绝如缕[4]，《义勇军进行曲》——“把我们的血肉，筑成我们新的长城”——使这一主题达到了它的最高峰。

对“慷慨赴死”的赞颂古已有之，骆宾王《于易水送人一绝》正是此中翘楚。虽然古往今来的“慷慨赴死”都有一种“壮士发冲冠”的豪迈，但是古代壮士身后“水犹寒”的苍莽，却已经被近代的“公园铜像巍巍尊，指点军人魂”与众人景仰之“羽林孤儿好模范”的热

〔1〕关于近代以“祈战死”为主题的乐歌创作，参见李静，《“从军乐”与“祈战死”——中国近代“尚武”精神的提出与乐歌创作》，载《文史知识》2011年第8期。

〔2〕〔美〕安德森，《导读》，《想象的共同体》，上海人民出版社2005年，第12页。

〔3〕转引自金本中，《百年同川旧事》。

〔4〕如《表情体操教科书》（1907）、《共和国民唱歌集》（1912）、《军国民教育唱歌集》（1913）等乐歌书中均有同题作品。

烈所取代。从个人行为到国家模范，其中所蕴含的社会文化变迁与社会心理转型不可谓不大。

（二）旧山河（痛时事）与新世界

1910年6月5日，一位署名“痴季”的作者，在《大公报》上发表了一组以“望江南·仿吴梅村江南好体得长安乐十七阕”为题的词作。最后一首为：“长安乐，西向笑呵呵。极乐竞夸新世界，多愁独对旧山河，慷慨发悲歌。”其中“新世界”与“旧山河”对举，体现出诗人的心理观照。而“乐”与“新世界”相连，“愁”与“旧山河”相关，则更进一步表明作者面对时局复杂的内心情感。其实，近代每一个有良知的国人，无不是处在“极乐竞夸新世界，多愁独对旧山河”的双重体验之中。一方面是对“旧山河”深深的眷恋与哀叹，另一方面则是对“新世界”无限的憧憬与赞美。而且，两者还有互相加强的趋势：正是因为看到“旧山河”的衰败，才更加向往“新世界”的美好；正是以“新世界”为参照，“旧山河”才更显落魄。一种“过渡时代”特有的文化氛围就这样呈现在读者眼前。

金松岑先生是近代的诗文大家，所以这三册歌集中留存有许多颇具文人色彩的歌词创作。这些作品大致可以分为两个主题，即面对旧山河之慷慨悲歌与展望新世界之欢欣鼓舞。

近代中国的“衰世”之感一直是近代艺术集中表述的主题。从龚自珍开始，诗人们就在不断咏叹着一个“暮色沉沉”的中国：“凭君且莫登高望，忽忽中原暮霭生”[1]，“华亭鹤唳感神州，举目河山处处愁”[2]。在经历了一系列内忧外患之后，晚清社会的崩溃已经表面化。这成为近代艺术创作中“乱世之音怨以怒，亡国之音哀以思”的主要来源。

---

〔1〕 龚自珍，《杂诗·己卯自春徂夏》，见《龚自珍全集》，上海古籍出版社1999年。
〔2〕 古黄乾斋氏稿，《杭州秋兴四首》其二，见《大公报》1910年10月12日。

在这三册乐歌集中，慷慨悲歌之作多集中在《新中国唱歌集·二编》中，如《奴痛》《招国魂》《亡国恨》《哀印度》《吊埃及》等。作者在歌词中寄寓了面对破碎山河时的深深悲伤：

亡国恨

（其一）西风吹来兮愁煞人，哀哉中原兮亡国民。胡骑宵来兮尘满城，朝令纳产兮暮签兵。彗星北指兮天柱西倾，夕阳无语兮青山哭声。我辈惨剧兮有谁闻，呜呼哀哉兮亡国民。

（其二）西风吹来兮愁煞人，谁家白旗兮张顺民。洋兵宵来兮尘不惊，侧闻宫车兮面缚迎。洋场清道兮红顶翠翎，洋酋高宴兮丝声竹声。我辈惨剧兮有谁闻，呜呼哀哉兮亡国民。

联想到印度、埃及，与我同为文明古国，但是却纷纷臣服于西方帝国的铁蹄之下，金松岑不免有兔死狐悲之叹：

哀印度

舍卫大城乞食回，我佛今何在？三千年布金祇树成荒秽，酋长相噬。葡、荷、英、法来，国破家何在。到如今英酋岁犒，银钱糖果各一枚。国民心死已成灰，洋场上，但见红头鬼。

在哀挽"旧世界"的同时，金松岑也不断地在乐歌中呼唤一个"新中国"的到来。而一个"新世界"的实现必然需要以"知识"的更新、"思想"的更新、"道德"的更新为基础。在金氏现存的三册歌集中，这类主题的乐歌也有许多，如《物理图》《八音琴》《电灯》《电车》《汽车》《轻汽球》《航海》《蜡人院》《祝自由神》《自由结婚》等。这些乐歌对"物质文明""新道德"与"新风尚"做出了由衷的赞颂：

大千世界黑沉沉，煌煌电气灯。空球熔白热，清如水月圆如镜，照得街衢明细，公园楼阁显玲珑。是何神妙，尽你万支蜡烛光难并。道是电流通过，铂丝异样火花明。(《电灯》)

自由自由天之神！共和世界万景新！庄严丈六高入云！云车风马来时巡！嗟哉奴隶之黑狱！愿照太阳光一轮！(《祝自由神》)

改造出新中国要自新人起！莫对着皇天后土，仆仆空行礼。记当初指环交换，拣着生平最敬最爱的学堂知己。任你美妙花枝、氤氲香盒，怎比得爱情神圣涵天地！(《自由结婚》)[1]

这些赞颂新事物、新思想、新道德的乐歌，是清末民初音乐文化最具代表性的作品。如《自由结婚》不仅在《女子世界》上刊出过，而且在实际的新式婚礼上还使用过[2]，在晚清影响甚大。这些歌曲通过对新事物的礼赞，暗含了一种对新的生活方式、新的知识结构、新的文明的渴望。金松岑先生正是利用乐歌宣传鼓动的巨大力量，发出了那个时代对一个"新中国"的呼唤！

(三) 女性歌曲

前文已经提到，金松岑先生是近代女性解放的提倡者。他于1903年创作出版的《女界钟》是近代宣传女性解放最为重要的作品之一，并为其赢得了"中国女界之卢骚(即卢梭，笔者注)"[3]的美誉。《女界钟》凡十节，主要内容包括：对妇女生活的控诉、提倡男女平等、力主婚姻自由、倡导女子教育及参政等。这些内容成为此后女子乐歌所集中歌咏的主题。

---

〔1〕《自由结婚》，载《女子世界》第11期，1905年4月，原刊未署名。

〔2〕参见《婚礼一新》，载《女子世界》第2年第6期，1907年7月。资料线索为夏师晓虹提供，特此致谢！

〔3〕林宗素，《〈女界钟〉叙》，见金天翮，《女界钟》，上海古籍出版社2003年。

1904年，金氏于江苏同里创办了明华女学，并规定“唱歌”为该校之必修科，且从周一至周六，每日下午两点至两点半固定授课[1]，可见金松岑在推动女性教育的过程中，尤为重视音乐的教育功能。虽然，金氏特为女性创作的乐歌集《娘子军》笔者至今还未获睹，但是我们可以通过下面这首现存于《新中国唱歌集·二编》中的歌曲，略窥其女性音乐教育之崖略：

二十世纪女学生，美哉新国民。校旗妩媚东风轻，喜见开学辰。展师联队整衣巾，入学去，重行行。

脂奁粉盝次第抛，伏案抽丹豪。修身伦理从师教，吟味开心苗。爱国救世宗旨高，入学好，女同胞。

缇萦木兰真可儿，班昭我所师。罗兰若安梦见之，批茶相与期。东西女杰益驾驰，愿巾帼，凌须眉。

天仪地球万国图，一日三摩挲。理化更兼博物科，唱歌音韵和。女儿花发文明多，新世界，女中华。

紫裙窣地芳草香，戏入运动场。秋千架设球网张，皓腕次第攘。斯巴达魂今来飨，活泼地，女学堂。

鱼更三跃灯花红，退习勤课功。明朝休沐归家同，姊妹相随踪。立志愿作女英雄，不入学，可怜虫。

近代女性解放有一些重要的主题：“放足”彰显了近代女性对身体自由的渴望；而“受教育权”则是近代女性追求精神自由的集中体现。金松岑对女子接受教育，以为强国之基本策略，极为推崇。他曾在《女界钟》里批评“女子无才便是德”的说法为“不祥之言也，是二百兆男子化身祖龙，袭愚民坑儒之手段，以毒世者也”，并认为解

〔1〕《明华女学章程》，载《女子世界》第2期，1904年2月。

救女子奴隶之地位的方法“惟教育”[1]也。因此，他所作的这首乐歌以轻快、活泼的笔调，全面展望了新时代的女学生从身体到心灵的全面解放。正是基于这种解放，女性“立志愿作女英雄”“美哉新国民”的形象才能真正地在现实中产生出来。而在催化这种“新人格”的过程中，“唱歌音韵和”的巨大艺术影响力不容小觑。

以上，笔者以三册稀见的乐歌集为中心，简单介绍了金松岑先生的音乐创作。柳亚子先生曾生动地回忆过松岑先生教授音乐课时的情形：

> 天放为人非常倔强，他是极深度的近视眼，但不肯戴眼镜。上起音乐课来，自己弹风琴，我们笑他常常和黑白键子接吻呢。[2]

也许现存之《国民唱歌·第二集》封面的那个音乐教师形象就是以金松岑本人为模板的吧。

虽然从单纯的“专业音乐”角度来看，金松岑的这些乐歌作品是非常不成熟且艺术性不强的创作（这在晚清民初是非常普遍的现象。有些研究者因这些乐歌大部分采用转自日本的曲调而将之目为“二手货”），但是，如果我们将“音乐”视为一种“文化”，将之放回那个时代，并更多地关注其歌词部分，就可以看出这些作品在那个时代的活跃与生动。这些乐歌正因其“不成熟”，才可能如此深度地参与近代中国的文化建设，并为今天的读者呈现出如此巨大的历史容量。如果单从一种“后设”的历史眼光，或一种“壁垒森严的专业视角”来

---

〔1〕 金天翮，《女界钟》，上海古籍出版社 2003 年，第 6 页、第 36—37 页。

〔2〕 柳亚子，《五十七年》，见《（柳亚子文集）自传·年谱·日记》，上海人民出版社 1986 年，第 174 页。转引自夏晓虹，《晚清女报中的乐歌》，载《中山大学学报（社科版）》，2008 年第 2 期。

考量近代的音乐，研究者就会与最为丰富的历史擦肩而过，从而无法体验其中的精神内核。

金松岑是近代著名的爱国人士、思想家、教育家、诗人。他的才情，他的抱负，他的情感，在这些乐歌作品中集中体现了出来。这三册歌集出版的时代，光绪皇帝还在幽闭之中，改革无望，瓜分日迫，民国还是遥远的期盼，新中国更无从设想。然而，正是在这样的历史昏昧、不知前路的时代，松岑先生仍然以极大的热情，发出了对“新中国”的呼唤。翻阅这些一百多年前的乐歌，隔着那么多的颠沛流离，隔着那么多的战火波折，笔者仍然感受到一颗滚烫的赤子之心！

从书院治经到学堂读经

孙雄与近代中国学术转型

陆　胤[1]

近代中国文教或学术史的一大变局，在于教学场合的更替：从以往学程不定、教法各异、地域差别明显、需求功能多样化的官私书院和各种基层书塾，逐渐转型为全国学制统一、教科书教学法日益划一的新式大中小学体系。这一过程并非干净利落的以旧换新，而是伴随着新旧之间的拉锯和互相转化。与清季以来整体上被负面化的"私塾"相比，五四一代的新文化人较能同情他们想象中学风自由的书院传统，特别是清代中期以降以经史之学为主要修习对象的"经古书院"，被看作是近代研究机构的先驱。创建于光绪八年的南菁书院，凭借其体制完备、师资整齐、治学专精等特点，更以其院生在近代学术史、政治史上的影响力，成为此中代表。[2]

不过，这种立足现代学术研究立场发掘书院价值的思路，或许会对历史情境中人的多样诉求有所遮蔽。南菁书院的时代语境，已大异于阮元创建诂经精舍、学海堂经古体制之时。"清流"砥柱黄体芳外放江苏学政，创建经古书院，本意在培养"起于坛席之间，而瑰乎立盖世之功，如曾文正、左文襄其人者"。[3]光绪戊戌前后，由书院到

---

〔1〕 作者单位：北京大学高等人文研究院。

〔2〕 胡适，《书院制史略》(1923)："古时的书院与现今教育界所倡的'道尔顿制'精神大概相同。……要知我国书院的程度，足可以比外国的大学研究院。譬如南菁书院，他所出版的书籍，等于外国博士所作的论文。书院之废，实在是吾中国一大不幸事，一千年来学者自动的研究精神，将不复现于今日。"见柳芳、季维龙整理，《胡适全集》第二十卷，安徽教育出版社2003年，第111页。

〔3〕 黄体芳，《南菁书院记》，见俞天舒编，《黄体芳集》卷四，上海社会科学院出版社2008年，第145页。

学堂，由经学史学入经济，在书院学堂化、课艺时务化的同时，南菁院生经历着艰难的学术变轨和人生抉择。自清季学制改革到五四新文化运动，始终活动在学术文教界的孙雄，即为其中一例。

孙雄（1866—1935），本名同康，字君培，又字师郑，号郑斋，室名有郑学斋、师郑堂、用夏斋、眉韵楼、诗史阁、味辛斋等，又号朴庵、禹斋，晚号铸翁。江苏苏州府昭文县（今属常熟市）人。光绪十二至十三年肄业南菁书院，十九年中顺天乡试第二名，次年甲午恩科会试中式，简翰林院庶吉士，二十四年散馆授吏部文选司主事；光绪三十年入袁世凯北洋幕府，先后任北洋客籍学堂汉文正教员及监督等职；宣统元年京师大学堂试办分科大学，任文科大学监督，赴日考察。民元暂任北大史学讲师，1913年引去，从此蛰居北京。著有《论语郑注集释》《道咸同光四朝诗史》《读经救国论》及诗文集多种。[1]

曾主掌过京师大学堂文科的孙雄，或许早已为学术史遗忘。些许的痕迹，则不过鲁迅杂文中对《读经救国论》那句不点名的揶揄。[2]实则这位南菁出身的老名士，当清季改革之际，也曾现身舆论界，抒发其经济主张。而在南菁经生队中，孙雄又以结交公卿著称，晚清重

〔1〕查孙雄著作，至少有以下三十二种：《师郑堂读经札记》（南菁在院期间稿本，含日记）、《论语郑注集释》（南菁在院期间稿本）、《师郑堂集》（一名《郑斋汉学文编》，1891、1908）、《师郑堂律赋》（1893）、《师郑堂骈体文存》（1895）、《用夏斋刍议杂著》（戊戌前后稿本）、《师郑堂杂文》（清末稿本）、《郑学斋近体诗》（稿本）、《眉韵楼诗》（1904）、《郑斋刍论》（师郑所著书之六，1907前后）、《郑斋类稿》（师郑所著书之七，1907前后）、《北洋客籍学堂识小录》（1907）、《师郑堂中国文学讲义》（一名《九流学派略说》，1908）、《眉韵楼诗话》（1908—1911）、《道咸同光四朝诗史一斑录》（又名《道咸同光所见诗》，1908—1911油印本，刻本改题《道咸同光四朝诗史》，1911）、《眉韵楼诗话续编》（1910）、《四朝诗史题辞汇录》（1911）、《同光骈文正轨》（1911）、《诗史阁诗话》（1915—1916前后）、《郑斋感逝诗》（1918）、《郑斋寿言存稿》（1919）、《忧吁集》（1919）、《读经救国论》（1919初版，1927修订）、《名贤生日诗》（附《名人生日表》，1921、1927）、《郑学斋文存甲集》（1921序）、《落叶集》（1924—1926）、《诗史阁壬癸诗存》（1924序）、《诗史阁丛刊》（含《禹斋文存》《禹斋骈文》等，1927）、《旧京集》（含《旧京诗存》《旧京文存》，1931）、《郑斋五十以后杂稿》（1915以后稿本）、《清诗综》（民国间钞本）、《孙雄先生遗诗集》（1936）。此外，孙氏尚编有数种诗社唱和集、题咏集等，并在报刊上发表若干诗文，均不计入。

〔2〕鲁迅，《十四年的“读经”》（1925），收入《华盖集》，见《鲁迅全集》第三卷，人民文学出版社2005年，第137页。

臣如翁同龢、李文田、张之洞、袁世凯等，皆与其有所交集，使得他始终能够接近文教变革的中枢。从南菁时代的“治经”到清末民初的“读经”，中间隔着参与新式学堂的经验。在近代学科和学制的冲击之下，南菁书院所传“经古”之学本身的功能和含义，也在不断的抗拒和调适之中。[1]

一、“引而不发”的经生生涯

将近四十年后，孙雄为南菁同学章际治撰墓表，忆及院生中最称“高第弟子”的张锡恭、陈庆年、唐文治、章际治四人，分梳其中汉、宋两种路数：

> 自定海黄元同先生主讲南菁书院，江左俊彦，亲炙门墙，达材成德，不乏其人，而以娄县张闻远孝廉锡恭、丹徒陈善馀明经庆年、太仓唐蔚芝侍郎文治、江阴章琴若太史际治四君，尤为高第弟子，若七十子之有颜、闵焉。元同先生之学覃精《三礼》，兼苞汉宋，门弟子学焉，而各得其性之所近。闻远、善馀于汉学致力至深；蔚芝、琴若初亦治汉学，而践履笃实，希圣希贤，尤与宋五子为近。[2]

---

〔1〕目前学界几乎没有针对孙雄其人的专门研究，仅有个别论文从文学史角度讨论孙氏所编《道咸同光四朝诗史》，或发掘孙氏在晚清率先使用钢版油印术的事迹。参见蒋寅，《孙雄与〈道咸同光四朝诗史〉》，载《古典文学知识》2013年第6期；苏晓君，《油印嚆矢——记孙雄清末的一套油印本书》，载《中国典籍与文化》2009年第2期。俞寿沧有《常熟孙吏部传》，述其生平殊简略，载卞晓萱、唐文叔编，《辛亥人物碑传集》，凤凰出版社2011年，第628—630页；钱基博，《现代中国文学史》有小传附“孙德谦”条下，叙述稍详，并论及其诗歌骈文，见《现代中国文学史》，岳麓书社1986年，第135—138页。另赵统的《南菁书院志》第九章“南菁书院历年学友录”亦有“孙同康”条目，上海书店出版社2015年，第496—497页。

〔2〕孙雄，《清故翰林院编修章君琴若墓表》(甲子)，《旧京文存》(辛未孟夏《旧京集》铅印本)，第9页a(卷页，下同)。

与此前诂经精舍、学海堂等经古书院合祀许、郑不同，南菁书院自落成之日起，即并祀郑玄、朱熹木主，兼综汉宋，标榜“吾党未容分两派”[1]。但院中高材生最终还是有所偏向，而近于宋学者“初亦治汉学”，可见汉学仍是底色。唯在光绪初年雅废夷侵之时讲“汉学”，不仅与乾嘉时代戴震、江藩等专跟“宋学”作对之“汉学”不同，即便此后陈澧等之比附调和，南菁学者也未必轻许。光绪十年黄以周继张文虎之后到院履职，撰《南菁书院立主议》，对于晚近调停汉宋“两通之”（如陈澧《汉儒通义》之汉宋互证）和“两分之”（如吴中惠氏之“六经尊服郑，百行法程朱”，黄以周所谓“训诂宗汉，理义宗宋，分为两戒”）两种思路都保持距离，强调于二者取长补短，“此古所谓实事求是之学，与调停正相反”。[2]亦即要避免汉训诂、宋义理等类型化的归纳，将汉儒、宋儒之经学各视为客观的研究对象。

中国国家图书馆藏有《师郑堂读经札记》稿本一册，附订孙雄入院初期日记。[3]据该日记所录，光绪十二年三月廿三日，孙雄“进院下榻章字斋内，即行谒见院长”。黄以周谕以“经学当以《说文》入手，而《说文》当以段氏、王氏为宗”（三月廿七日），又命校对《公

[1] 孙雄，《郑斋感逝诗·瑞安黄漱兰侍郎师体芳》其二，附注：“书院中建藏书楼，祀汉高密郑公、宋新安朱子，师（黄体芳）自为楹帖云：‘东西汉，南北宋，儒林道学（“道学”二字，一本作“文苑”，似误），集大成于二先生，宣圣室中人，吾党未容分两派；十三经，廿四史，诸子百家，萃总目之万余种，文宗江上阁，斯楼应许附千秋。’”见《郑斋感逝诗》（戊辰铅印本，出版地不明）甲集卷一，第15页b至第16页a。

[2] 黄以周，《南菁书院立主议》，《儆季文钞》六，《清代诗文集汇编》第708册（影印光绪二十年江阴南菁讲舍《儆季杂著》刻本），上海古籍出版社2011年，第544页下。

[3] 国立北平图书馆旧藏《师郑堂读经札记》稿本一册，分为札记和日记两部，日记部分又分为孙雄日记（含致黄以周函一通及黄氏手批复书）和另一人（疑为陈庆年）的《行事读书之日记》两种。札记部分为素纸行书；两种日记则为楷书并用下书口署“南菁书院”的红栏长方格双行稿纸写成，半页十三行，行二十五字。孙雄日记部分钤有“昭文孙氏同康读过”印。所录读书札记，既有统于《师郑堂读经札记》和《师郑堂丛钞》等名下的短札笔记，也有《书祖甲考》、《说文解字叙与汉志异同考》、《尚书人名考叙目》、《鞗革解》、《月令记耕籍推数与国语文异何以通之》、《泽宫射宫学宫异同解》、《援庙桷动于甍说》、《策问》、《生霸死霸解》（誊清稿）、《汉律令始末》、《诞邻解》、《释后司》、《释子去》等单篇论文。其中《鞗革解》《月令记耕籍推数与国语文异何以通之》以下数篇，实为光绪十三、十四年南菁经古课题，根据孙雄日记所附与黄以周信（黄氏复信署戊子五月朔），光绪十四年孙雄虽已离院，却仍在应南菁课题，并呈黄以周求教。

羊义疏》，赐读所著《儆季文钞》（三月卅日）；于礼学，则告以“欲读《仪礼》，必先读《礼经释例》，方耐〔乃〕明其体例，敖继公《仪礼集说》亦读《仪礼》者不可少之书”（四月十一日）。入院之初，孙雄所读书包括《说文》《汉书》《尔雅正义》《尔雅义疏》等，曾有意以《文选》《华严经》校订《说文》异文，很快进入考据学的门庭（五月十五日）。但与此同时，他也仍在日夜揣摩《钦定本朝四书文》，时而应礼延书院官课，既赚取膏火，也为科举做准备。

同其他南菁驻院生一样，孙雄每月朔、望日要到郑、朱神位前行礼，每月初三日为经学课期，十八日为古学课期。经、古课艺逐渐占据了修业时间，使其不得不搁置向来擅长的时文。七月廿八日孙雄日记有云：“自到书院，于时文一道，几置之不问。同院诸君亦无有作时文者。犹忆始来时曾读时文，院中某君有戏我者曰：‘住此经古书院而读时文，不如不住之为愈也。’当时余颇不以其言为然。因某君系高才生，故亦唯唯而已。然至今思之，实有不暇为时文者。某君特故为是高论，一若不屑为者，此实乃不暇为耳。爰于忙里偷闲，拈一舜发于畎亩之中两节题，茶顷而成，即录呈陶巽行师。”

尽管难免时文积习，孙雄肄业南菁之始仍颇得师友磋磨之乐。他初居章字斋，继而移居词字斋，与曹元忠（夔一）同舍，“相与纵谈，谓著书宜在早岁”，以阮元、孙星衍相期（四月三十日）；又“艳羡”章际治（琴若）能购书（五月廿六日），书院附近的“千顷堂”书肆，是藏书楼之外，南菁诸生的又一流连之地。[1]而与孙雄议论最相契者，则为唐文治。六月初二日“晚间同蔚芝纵谈今古，颇恨相见之晚”，

〔1〕据孙雄日记，（光绪十二年）六月初一日“午后同蔚芝（唐文治）、剑秋（赵椿年）至千顷堂购《骈疋训纂》《东都事略》《南宋书》《一切经音义》《小尔雅疏证》《汉艺文志考证》《国语三君注》《开有益斋读书志》《魏鹤山文钞》《七十家赋钞》共十种，计洋八元”，当晚“灯下同夔一（曹元忠）阅《一切经音义》”；初五日“晚同蔚芝至书坊购《文心雕龙》《小学句沉》《左通补释》各一部。灯下读《文心雕龙·原道、征圣》二篇”；初十日“晚同子绶（陈汝恭，陈立之子）至千顷堂购《古文辞类纂》《骈体文钞》《大云山房文集》”。可见其时购书之频繁与读书之热情。

初七日唐文治将课卷和所著《慎独子集》交付“嘱为审定”，孙雄遂在日记中论其学术：“蔚芝有志于圣贤之学，其于理欲之界，义利之辨，剖之甚明，所言颇多益我，诚直谅之友也。康于宋学未得门径，此后拟将程朱之书细心玩索，事事返躬自问，以期稍有进益云尔。”

此前，孙雄曾与同舍的曹元忠“以性情相契，约为兄弟”；后又觉跟唐文治、赵椿年二人“年相若，志相得，性情相同，所学似不相合，而实足以相成”，遂“约为同谱兄弟，非以供征逐也，亦相期岁寒之意也”（六月十二日）。孙雄的朋友圈能兼容治“礼学”的曹元忠与讲“理学”的唐文治，堪为南菁汉宋兼综的学风增一注脚。唯“所学似不相合”一语，则是仍留有地步。孙雄治学的立脚地实为汉学考据。他早年曾受业于俞樾，被许为能绍述乾嘉学派；[1]而自名“同康”，自号“师郑”“郑堂”“郑学斋”的行为，更是南菁经生队中的流行（如曹元弼字师郑、王仁俊字捍郑等），体现出经学上明确的佞郑立场。唯其对于“郑学”群经阐释体系的认识，在师从黄以周的时期，有一个深化的过程。

孙雄晚年被称为黄以周“入室弟子”，不仅曾预《礼书通故》一书校订[2]，在院期间更于《毛诗》《三礼》《论语》有所撰述。[3]后来成书者，仅见北京大学图书馆藏《论语郑注集释》稿本十卷。[4]据光绪十三年五月孙雄自序，他“自去岁三月肄业澄江讲舍，幸得名师指

---

〔1〕 俞樾，《赠言》，《师郑堂集》卷首，光绪辛卯季冬聚珍版。

〔2〕 孙雄，《丹徒陈善馀徵君（庆年）逝世赋七律四首哭之》：“论语知新稽后案，礼书通故悟微言。”自注：“《论语后案》为定海黄薇香（式三）先生所撰，《礼书通故》一书为元同师一生精力所萃。付刊时余与善馀及唐君蔚芝、章君琴若均任参订之事。”见《旧京诗存》卷一，第 11 页 a，辛未孟夏《旧京集》铅印本。

〔3〕 史鼐，《郑学斋文存甲集序》，《郑学斋文存甲集》卷首，民国十年序刻本，出版地不明。

〔4〕 北京大学图书馆藏《论语郑注集释》稿本十卷，以下书口署“昭文孙氏丛书”的红格稿纸订为二册，半页九行，行二十字。卷首除“强圉大渊献皋月”（光绪十三年五月）孙雄所撰自序外，还有孙雄早年业师姚福均，同乡张瑛、曾朴手书序文三篇，黄以周手书《与孙君培论论语郑注书》一通（贴有红笺“定海黄元同师赐书”；用下书口署“甬东黄氏丛书”红格稿纸写成，半页九行，行二十字），王先谦手书评语二页（贴有红笺“长沙王益吾先生评”）。书尾附录《郑论语叙佚文附后》《论语郑注阙疑一卷》。全书卷首有“诗史阁”印，似为晚年加盖；自序后有“孙郑斋”印，正文卷一、卷六卷首钤有“师郑”“同康私印”。

示，益友讨论”，认识到“治经当以郑氏为宗”，爰于日课之余撰著此书。一年之间两易其稿：最初仅拟摘录郑注佚文，得四百余条，后又据臧礼堂、陈鳣、马国翰、宋翔凤诸人辑本校正，取清儒发明郑义之说，“广录旧闻，博求通语，缺者补之，讹者驳之；辞有未晰者，复详说焉；义有可疑者，必备参焉”，最终采用“集释”的方式来成书。然而，这部孙雄本人自负甚盛的“著作”，虽有姚福均、张瑛、曾朴等乡贤的一致赞誉，却未能得到南菁诸师的垂青。

该稿本中贴有不少批条，指摘失误，语气直接：或谓其“语太武断”，或疑其引书用《论语正义》等二手材料。[1]黄以周手书《与孙君培论论语郑注书》则批评孙雄此书过信刘宝楠《论语正义》：“已成十五书中，一一引用刘氏说，奉以为圭臬，甚至刘氏谬驳郑注，亦以为其语详尽，而不敢发一言以判郑注，是何好之深也？”[2]要之孙书确有此弊，卷尾附录《论语郑注阙疑》一卷，下按语云：“刘楚桢《论语正义》荟萃周秦以来儒先诸说，旁搜博考，罔有阙遗，即以郑注而论，亦得十之七八，其未及收者仅十之二三焉。”——对刘书推崇备至。然而，在黄以周看来，采辑古说而不拾唐以后人言的刘宝楠辈，不过是“自命为汉学者”，其“于义理之精微罕有所得，即训诂考据，亦多疏失”；即便刘氏在很多地方貌似申郑之“训”，却未必能得郑“义”。孙雄此书过录后人诠释之“郑义”既详，辑补郑注佚文亦多，理应更进一步，在疏明“先乎郑注之说而为郑注所本”的同时，采入“郑义之见《诗》《礼》注者，或泛说，或有关于本经”。黄以周并举其父黄式三所著《论语后案》，作为贯通群经郑义的示范。[3]

---

〔1〕孙雄，《论语郑注集释》上册卷四第10页“子钓而不纲”条批语：“王（引之）氏岂不知纲制者，语太武断。”下册卷八第12页“饿于首阳之下”条引《太平寰宇记》批语：“《寰宇记》下失引某道或卷数，此条若从《正义》中钞出，恐如上善口夸毗也之注不知何本者。”

〔2〕黄以周，《与孙君培论论语郑注书》，《论语郑注集释》稿本卷首。按，此信后收入《黄以周文集》，文字略有删改，见《与孙君培书》，《儆季文钞》三，《清代诗文集汇编》第708册，第492页下至第494页下。

〔3〕据前揭《师郑堂读经札记》所附孙雄日记，早在初入院的光绪十二年四月廿八日，孙雄就曾到藏书楼将黄式三《论语后案》一书借至斋中读之。

孙雄另有《论语子罕言子所雅言解》一篇，以黄式三《后案》驳刘宝楠《正义》，发挥孔圣兼备义理、考据二途的观点，应是受到“儆居学派”启发的成果。[1]

孙雄早年治《三礼》《毛诗》，虽无专书传世，却有部分篇章存于后来成书的《师郑堂集》（又名《郑斋汉学文编》）中，内有数篇收入《南菁讲舍文集》，颇能体现经过黄以周启牖的“郑学”要义。如《方领曲领解》文后附黄以周批语：“说方曲字形，得未曾有，可谓冰雪聪明。”[2]三十余年后孙雄对此仍念念不忘。[3]又如卷一《诗郑笺释例》发明郑玄易毛、申毛、补毛及引用经制、群经互证、详略互见等例，被认为是“自来学者所未详”[4]；而《郑笺多感伤时事之说》，则在陈澧《东塾读书记》所举三处之外，刺取《郑笺》能够体现时事之处，所关注者已不止于经训：

> 凡如此类，忠君爱国之意，悲天悯人之心，溢于言表，而又皆以疏明诗意，无溢出于经文之外者。此郑君之学所以质实深醇，为千古经师也。后世治经者多宗郑氏学，然俱专攻其声音训诂，而置经济于不问，遂使訾謷者有所藉口，谓汉学家皆迂疏寡效。取郑笺而读之，当有爽然自失者矣。[5]

孙雄在此揭发郑学在“声音训诂”之外的“经济”侧面，应是受近世“訾謷汉学者”的刺激所致，实是为汉学辩护。更重要的是，孙氏注意到郑君的“经济”都是以疏明经义的方式展开，并无“溢出经文之

---

〔1〕见《师郑堂集》卷三，第13页a至第16页b。
〔2〕见《师郑堂集》卷二，第22页a。按，《方领曲领解》为光绪十三年二月南菁书院经学课题。
〔3〕孙雄，《郑斋感逝诗·定海黄元同师以周》其一：“礼书通诂〔故〕等身高，垂老钻研不惮劳。方领深衣亲指示，经文注义析秋毫。”见《郑斋感逝诗》甲集卷二，第12页a。
〔4〕张舜徽，《清人文集别录》卷二十四，华中师范大学出版社2004年，第598页。
〔5〕见《师郑堂集》卷一，第32页。

外者”，这也正是“汉学家”的“经济”与空谈理学或高谈经世者的区别之处。针对视汉学为“详训诂略理义”的流行观点，黄以周反复提示以“郑学”集其大成的汉儒著述亦有得于义理之精，不过其立言方式是“徇经立训，意达而止，于去取同异之故，不自深剖，令读者自领之”，有别于宋儒“反复推究，语不嫌详”，而成为一种“引而不发”之道。[1] 此处孙雄对《郑笺》“经济”侧面的揭示，正是贯彻师说，发挥郑注经义学“引而不发”的妙处。

由此可知，孙雄早年在南菁治经，大概以《说文》《论语》为入手，却曾一度陷于刘宝楠等“自命为汉学者”的窠臼，以采辑古说佚文，发挥乾嘉吴派“求古”式汉学为主要功夫。[2] 直到黄以周启发他“训”“义”并举，凭借郑注“引而不发”之例，打破训诂考据与理义经济的门户之见，才真正领悟并深化其“师郑”宗旨。而他在院期间并治《论语》《毛诗》《三礼》，有可能是在黄以周的指引下，为了贯通“郑义”，领略郑玄所揭示的群经阐释体系而采取的路线。

孙雄在南菁求学时，正值王先谦以学政驻节江阴，曾受王氏知遇选为“斋长”，参与校勘《续皇清经解》之役，洞悉其书目增删的始末。[3]《论语郑注集释》前有王先谦手书批语云：“命意甚好，条理亦秩然可观。惟参汇众说，遇可折衷可引申处，更须推阐尽致，则工夫

---

〔1〕黄以周，《示诸生书》，《儆季文钞》四，《清代诗文集汇编》第708册，第504页下至第505页上。此是就汉儒著述整体言之，又专就郑注言之，《南菁书院立主议》有云：“郑君康成所注书多散逸，其《诗》笺、《礼》注之存者，只释训诂、详考据，而义理之精，引而不发，望学者寻绎而自得之。此汉师注例然也。”见《儆季文钞》六，第544页上。

〔2〕王鸣盛，《古经解钩沉序》：“间与东原（戴震）从容语：子之学于定宇（惠栋）何如？东原曰：不同，定宇求古，吾求是。嘻！东原虽自命不同，究之求古即所以求是，舍古无是者也。”见《西庄始存稿》卷二十四，《续修四库全书》第1434册（影印乾隆三十年刻本），上海古籍出版社2001年，第316页上。

〔3〕孙雄，《郑斋感逝诗·长沙王益吾祭酒师先谦》其一，诗注：“丙戌、丁亥吴郡岁科试，余所作制义、律赋及说经之文均为师所激赏。每试辄冠其曹。时余方肄业南菁书院。师于按试余闲命至衙斋侍坐，时时商榷文字，指示途径，又令校勘《续经解》诸书。余之粗知学问，实由师启之也。”见《郑斋感逝诗》甲集卷一，第18页a。关于参与《续皇清经解》校勘的始末，又可参见孙雄，《王刻续学海堂经解书后》，《用夏斋刍议》卷五，《用夏斋刍议杂著》稿本第3册。

既臻笃实，义理愈益贯通，方是君子为己之道。否则规模虽具，精义未充，纵号成书，仍然不为己有。近今学者多有此弊端，不可不知也……”同样是要求孙雄从考据功夫的表面深入一层，或折中，或引申，打通义理，成就为己之学。

由此可知，义理考核之辨始终为孙雄治经面临的核心问题，“郑学”的精义也是通过对这一问题的辩证而层层展开。孙雄曾拟定重修《四库全书》的条例，获得缪荃孙“原原本本，无一空谈”的美誉。[1]他赞同纪昀《四库全书》原编“凡例”所述说经义理本于训诂、论史褒贬出于事迹的观点，对方东树、孙鼎臣等“訾謷实学者”表示不屑；即便纪昀持平汉宋的表面功夫，孙雄仍嫌“意在调停”，强调“为学必当以汉儒为本”。这种不调停的态度，也可看作来自黄以周“实事求是，莫作调人”的训诲。唯孙氏似乎又在“抨弹宋学”方面走得太远，有悖于“引而不发”之道，随即招来黄以周的劝说。而孙雄在复信中对黄以周的回应也颇为聪明。他引段玉裁的话，将“考核”作为“学问之全体”，不仅汉学擅长的“读书”要“考核”，宋儒所讲的“身心性命伦理族类之间”也需要“考核”，且以后者为主，前者为辅。这样表面上是兼顾身心性命之学的地位，实则将汉儒强调的“考核”泛化成了一切学问的方法。[2]

然而，孙雄通过在南菁治经而强化的“郑学”立场，可能压抑了另外一些经验。比如他从唐文治等人身上所得的理学，从王先谦那里所领会的古文，以及在院期间耿耿于怀的时文。孙雄的家世偏重科名，其父孙宝书则倾倒于曾国藩的经济之学：“最服湘乡曾文正公。

〔1〕 孙雄，《拟重修四库全书条例》，《师郑堂集》卷四，第1页a。

〔2〕 孙雄，《上黄元同师书》，《师郑堂集》卷六，第23页a至第24页a。黄以周的劝说似乎发挥了作用，在后来撰写的《王刻续学海堂经解书后》中，孙雄便认为方东树、孙鼎臣等的“訾謷汉学”之论，“亦由汉学家有以激之”，似不以阮元门户之见为然，转而推崇王先谦《续编》融汇汉宋乃至纳入古文家经说的做法。但孙雄又在此《书后》末加了一条附记，指出“汇刊经解，自宜以汉学为宗，阮书体例究胜于王，孙鼎臣、方东树之言，未免过当”。虽就“经解”体例言，仍可知其好尚所在。见前揭《用夏斋刍议杂著》稿本第3册。

凡公之书札奏议烂熟于胸中，家书家训尤能背诵。尝于无事时召子女及两媳环列杂坐，取文正公所云‘考宝早扫、书蔬鱼猪’八字之义，反覆宣讲，必达其意而后已。”[1]其实，孙雄天赋的一大部分正是经古书院不太涉及的科举时文和黄以周本人并不擅长的辞章，而从小濡染曾国藩式的经世诉求，也在此后内外形势的刺激下，越来越从经生的“引而不发”，转变为文士的“不得不发”。

二、“由经学史学入经济”

离开南菁书院后，孙雄先是在光绪十四年应江南乡试不第；[2]继而浪游京师，拜入同乡高官翁同龢门下。光绪十八、十九年之间，正值翁同龢等“清流南党”势力上升的时期，孙雄先后结交王懿荣、张孝谦、费念慈、曾孟朴、沈鹏等名流；[3]因喜作骈文，与京城老名士李慈铭过从尤密。[4]光绪十八年，借由翁同龢的引荐，孙雄进入李文田顺天学政幕；[5]李氏擅长蒙元史地，孙雄与之“证古史之对音，论骈文之异体”，相从甚欢。[6]癸巳恩科顺天乡试，翁同龢任正考官，拔孙雄为第二名。次年孙雄连捷会试，翁同龢在闱前评其所为制艺：“时文中有一种票姚之气，才人也，他日必有一番经济在。”[7]无意中

---

〔1〕孙雄，《先考增奉直大夫步青府君家传》，《用夏斋刍议杂著》稿本第5册。

〔2〕此次江南乡试正考官为李文田，孙雄“因卷有过激语”而未中试。详孙雄，《挽顺德李仲约侍郎师》，《郑斋类稿》，清末商城张巽之刊石印本，第19页b至第20页a；钱基博，《现代中国文学史》，岳麓书社1986年，第137页。

〔3〕孙雄与王懿荣订交，实是光绪壬辰、癸巳间通过李文田介绍。光绪二十年孙雄入翰林院，王懿荣为教习，遂执贽为弟子。见孙雄，《庚子殉难五词臣死事记略》，《旧京文存》卷三，辛未孟夏《旧京集》铅印本，第20页a。

〔4〕孙雄，《骈文例言五则》：“癸巳年冬留京，居翁叔平师邸第，与李越缦师时相过从。越缦师索观骈文，因检行箧，录此数篇以应。师为之点定，推为正宗。”见《师郑堂骈文》卷首光绪丁未刻本。

〔5〕《翁同龢日记》光绪十八年六月廿八日、七月初二日、十二月十一日条下，见翁万戈编、翁以钧校订，《翁同龢日记》第六卷，中西书局2012年，第2579、2585、2620页。

〔6〕孙雄，《与翁师汉书》，《师郑堂骈文》卷下，光绪丁未刻本，第9页a。

〔7〕孙雄，《郑斋感逝诗·同邑翁叔平相国同龢》其一，《郑斋感逝诗》甲集卷一，第1页b。

指示了孙雄人生变轨的方向。

如果此后孙雄能在翁同龢庇护下长其翰林词官的清秘生涯，或可成为又一李慈铭式的博雅名士。然而，国运的骤变与身世的浮沉相交织，却使他逐渐走上黄以周等南菁经师未必认同的“趋时”之路。[1]甲午中日战事起，在京应试举人“公车上书”，继而有“强学会”之设。而在此前，孙雄已离京返乡，不期遭遇父丧。这段居乡服丧的经历，让他暂时远离了京城名士圈子，却借助地理之便，与以上海为中心的维新舆论发生交涉。早在甲午七月出京以前，孙雄就跟汪康年等趋新士人有所交往。光绪二十二年前后，孙雄致函汪康年，拟向《时务报》投稿。信中提到自己“自居忧后，家况奇窘，所处殆非人境，以致百事俱废，昔年所作考据辞章，付之九霄云外，惟略治时务，以备他日铅刀之用”。[2]

光绪二十二至二十四年间，孙雄撰写了不少投合报章论调的政论文，见录于燕京大学图书馆旧藏题为《用夏斋刍议杂著》的稿本六册：第一册为存目、文稿、笔记；第二、三册为《用夏斋刍议》四卷，较为整齐；第四至六册内容庞杂，包括诗稿、应酬文字、吏部及北洋幕府公文等。册中有费念慈眉批，主要涉及编集体例，如提到“散体寿文似应删入别集，此编皆有用之言，不当孱入应酬文字”。[3]最初设计《刍论》《杂著》分别收录政论与学术文。不过稿本第二、三两册最终呈现为《用夏斋刍论》四卷，不再严格区分，而是补充了戊戌年回应变法所作的《变科举余议》《广西书议》等篇。前者就光绪二十四年五月张之洞、陈宝箴条奏之科举新章提出商榷[4]，后者则

〔1〕黄以周，《与人书》，《儆季文钞》四，《清代诗文集汇编》第708册，第505页下至506页上。据孙雄日记，光绪十二年三月三十日，黄以周“赐读所著文集，内有答友人书论时字之义”。然则在肄业南菁之初，孙雄已熟悉其师主张“济时”而非“趋时”的观念。

〔2〕《孙同康致汪康年》一、二，《汪康年师友书札》，上海古籍出版社1986年，第1427—1429页。

〔3〕孙雄，《吴粤生年伯镜沆六十双寿序》，《用夏斋刍议杂著》稿本第5册。

〔4〕《变科举余议》原题《变科举议》，原稿署“戊戌八月”，改稿作“戊戌六月”。在此文中，孙雄虽大体认可张、陈所奏方案，但提出“试官”难得的问题。应对之道，则是“十年之内，宜停乡会试，使已仕未仕，皆究心于新学”；此外，更提出三年乡会试之制暂改为六年、召回现有学政重新分派、废优贡而定拔贡制度等建议。见《用夏斋刍议》卷一，《用夏斋刍议杂著》稿本第2册。

是回应马建忠、梁启超、张之洞等人的译书论。孙雄此一时期政论征引梁启超文字尤多且广。不过，相对于康梁派“附会孔子改制以言变法”的激进思路，他更愿意贴近张之洞、陈宝箴等督抚“历验世务欲借镜西国以变神州旧法者”的稳健立场。[1]

即便是在此期为数不多的学术文字当中，孙雄的经世意向也愈发显豁。如自序早年所著《荀子校释》一书，提到“八龄时诵十三经毕，家大人即治以《荀子》，谓荀子志在复礼，三致意于一篇之中，其书宜升为经，与《孟子》并列”，后师从俞樾、王先谦，更于《荀子》校勘有所心得。但其雄心，却不止于此：“非徒钩稽名物，胪举训故，将以阐孙卿之绝学，广孔门之正传。”[2]另一方面，早年的经生生涯又使其经济议论呈现出与时论有所距离的“书生气”，正如“用夏斋”题目所示，此期孙雄仍对恢张儒教甚至用夏变夷保有一定信心。针对《马关条约》缔结后“中俄密约”传闻而撰的《结俄拒日驳议》(原题《预防俄患私议》)一篇，在所列各种“俄患”之中，就有“俄国崇尚中国学问”一条，将道听途说而来的诸如俄人延中国名儒讲学、圣彼得堡盛建孔子庙等传说当真。[3]此篇孙雄曾投给汪康年，欲在《时务报》上发表，当然未能成功。[4]

光绪二十二年八月初一发刊的《时务报》第四册，刊出署名为“昭文孙同康来稿”的《各省宜建翘材馆议》。这篇撰于“乙未十二月”的文字是孙雄向《时务报》多次投稿当中唯一被录用的篇章，主张在督抚驻地建“翘材馆”，储备“明体”“达用”两类人才。值得注意的是，孙雄的构想建立在对督抚重要性的认识之上：“督抚受天子命，作牧方隅，其爵秩虽与京朝之尚书、侍郎相等，然尚书、侍郎苟

---

〔1〕关于“戊戌变法不同之二源”，参见陈寅恪，《读吴其昌撰梁启超传书后》，载《寒柳堂集》，上海古籍出版社1980年，第148—150页。

〔2〕孙雄，《荀子校释自序》，《用夏斋刍议》卷四，《用夏斋刍议杂著》稿本第3册。

〔3〕孙雄，《预防俄患私议》，《用夏斋刍议杂著》稿本第1册；《结俄拒日驳议》(丙申二月)，《用夏斋刍议》卷三，《用夏斋刍议杂著》稿本第3册。

〔4〕《孙同康致汪康年》一，《汪康年师友书札》，上海古籍出版社1986年，第1427页。

不任军机，不兼总理衙门之职，则其闲散无异乎外省之教谕、训导，寻行数墨，画诺署名而外，无他事焉。若督抚则虽如云贵之偏省，而军政民命巨细之事，每日无虑数十百端，非大开幕府，广辟宾僚，无以为治。”[1]观乎此，更能理解为何在撰作此文的两个月以前，孙雄全然不顾翁同龢与张之洞的宿怨，贸然向张之洞方面上书献策。

光绪二十至二十一年间，张之洞调署两江总督，活跃于江浙一带的昔日南菁高才生，如陈庆年、曹元弼、姚锡光等纷纷折入其幕府。孙雄在此时有意接近张之洞，或亦受到同门诸子去向的感染。其向张之洞所上之方策，收入《用夏斋刍议杂著》第三册，原本有大量涂改：如旧题《上南皮张孝达制军师书》旋改为《上南皮张孝达制军救时八议》；对张之洞的称呼，也由原稿的“吾师”统改为“阁下”。最大的变化，则是孙雄提出的“救时八议”，原为：清君侧、固民心、严军政、肃官方、作士气、裁厘卡、编教民、开利源；改稿则将主张翦除“二李邪党”（李鸿章、李莲英）的“清君侧”一项删去，在函末另增“设官报”一项。内提到“报馆之有益国事，近人类能言之”，则至少已是光绪二十二年七月《时务报》刊出梁启超《论报馆有益于国事》等文之后的补充了。[2]

该函较全面论述了孙雄在受到甲午战败刺激后酝酿的变法主张，其中有与张之洞颇为契合之一点，即《劝学篇》所论“政”与“学”的相互维系。为了抓住张之洞的兴奋点，孙雄在上书中提到“作士

[1] 孙雄，《建翘材馆议》（乙未十二月），《用夏斋刍议》卷二，《用夏斋刍议杂著》稿本第2册。

[2] 这些文字改动，或可看出此后孙雄对张之洞由期待而失望的心理过程。与此同时，他对李鸿章态度变化更值得玩味，上张之洞书的改稿删去了“清君侧”等激烈言辞，也隐去了批评“当今言时务者”等针对李鸿章的内容。而在此后的诗文中，孙雄反而要为李鸿章主持公论：“合肥相国处万难之势，膺至巨之任，致负天下重谤，然平心论之，中兴诸将帅之以武功起家，而能办理交涉，协和远人，周旋危难之间，折冲樽俎之下如公者，殆罕其匹。……或议公不先从开学堂培人才入手，不知中朝士夫方腾楚咻……公虽欲于三十年前开学堂培人才，其得请与否，不俟智者而决矣。”与其上张之洞书底稿的观点正相反对。见孙雄《读时蓬仙观察（庆莱）挽李文忠公诗意有未惬作此三律以申公论（有引）》，《眉韵楼诗》卷二，光绪甲辰京师刻本，第1页a至第3页a。

气”，首要之务就是设立书院：

> 吾师行部所至，首以振兴书院为务，粤〔广〕雅、两湖沾溉宏远，三江彦秀引领而望。窃谓今之言时务者，必曰宜广设水师武备学堂，不知**由经学史学入经济者，其经济成就远大，不以经史为根柢，西学必无足观**。今宜将各省大小书院因时改制，小变其式，以经史词章时务制造，计日分课，按月程功，炼扶世翼教之鸿才，革摘句寻章之陋习。

孙雄批评“当今言时务者”只知水师、武备，取与张之洞振兴书院的努力相对照，直指三十年来李鸿章等仅从军事、制造、路矿等“器物”层面办洋务的缺失。继而提出“由经学史学入经济者，其经济成就远大，不以经史为根柢，西学必无足观”，则显然是在套用张之洞《书目答问》中“以经学史学兼经济者，其经济成就远大”的论调。[1]而在改定稿中，孙雄更将该原则具化为仿照两湖规制在金陵设立“三江书院”的建议：调取两江所辖江苏、安徽、江西三省高材生，“甄别取列高等者肄业其中，中学如经史、舆地、掌故、天算各项，西学如声、光、化、电、制造、开矿各项，分门别类，亦设小教习，由大教习稽查”。

变通书院的同时，科举改革也要随之跟进。戊戌期间，张之洞先后在《劝学篇》及与陈宝箴会奏的科举新章中，发布“三场互易”的方案。而在三年前孙雄的上书里，就已建议调动科目场次：“首场试策五道，并问本朝掌故、当世时务切于实用者；次场分中学、西学为两门（底稿作‘分考据、辞章为两门’），亦分子目若干，如书院之例，听人自占，各试五题三场；三场则如今之首场，以存旧制。”虽

〔1〕张之洞，《国朝著述诸家姓名略》，《书目答问》四，见苑书义、孙华峰、李秉新主编，《张之洞全集》第12册，河北人民出版社1998年，第9976页。

与后来张、陈会奏科举新章“中学经济——西学经济——四书文”的格局在细部上稍有不同（且孙雄仍主张保留时文、试贴诗），思路却大体相似，而早年书院应课的经验，仍在其中发挥了作用。[1]

孙雄晚年曾有诗云：“文字渊源契瀣沆，平生知己数翁、张。”[2]然而，光绪二十一年孙雄对张之洞的干谒未见大效，二者真正产生交集，要等到光宣之交张之洞进京入枢并管理学部之时。戊戌年翰林院散馆，孙雄被分发为吏部主事，继续京官生涯。其试水“经济时务”的努力，似乎遭到了挫折。至光绪三十年三月丁母忧回籍，袁世凯邀其入幕办学，孙雄的经济抱负才在他既熟悉又陌生的“学务”领域得到施展的机会。[3]

三、六艺九流新教法

光绪三十一年，袁世凯在天津创办北洋客籍学堂，主要招收顺天、直隶两地随宦子弟入学，幕府宾僚子弟得主官允许，亦可送考。自三十一年九月至三十三年正月，共招考四次，先后录取英文、法文甲乙级四班学生，包括袁世凯子袁克文、侄袁克暄等均在其中。师资方面，该堂前两任监督为蔡儒楷、罗惇曧，孙雄自创办时即被聘为汉文正教习，光绪三十二年十二月继任监督。[4]

当时报章记载，孙雄接任监督后，北洋客籍学堂气象一新。其

[1] 前揭《上南皮张孝达制军救时八议》。又据此信改稿最后补充的内容，孙雄之接洽张之洞，是出于李慈铭生前的建议，李氏且为之作书介绍。这一记述，似有违于光绪初年“翰林清流”崛起以后李慈铭对张之洞一贯排斥的态度，谨录其原文以待考证：“附上李越缦侍御师一函，师已作古。去年七月，同康乞假出都，越缦师置酒饯行，值东事方起，言及湘淮军暮气已深，海军亦虚有其表，恐不可用，辄为太息泣下；又言今日督抚中有血性有经济者，惟我公一人，特为作函先容。”

[2] 孙雄，《自题感逝诗稿七律四首》其三，附《郑斋感逝诗自序》，前揭《郑斋感逝诗》甲集，卷首。

[3] 《直隶总督袁奏留客籍学堂教员请援例免扣资奉片》，《北洋客籍学堂识小录》（光绪戊申三月铅印第二版），“奏牍录要”，第1页a。

[4] 孙雄，《光绪丁未正月十六日北洋客籍学堂开学演说稿》。

在管理上的创造，包括订立“班长学长规则”和“勤学立品分数细章”；面对清末新学堂普遍存在的风纪问题，孙雄独能反躬自问，谓“堂中有一人不能感化，即是吾之过失”。[1]孙雄之所以能顺利完成从翰林京官到学堂监督的身份转换，至少在他自己看来，从幼年庭训到南菁求学时期所积累的旧学资源洵为关键：

> 不佞束发授书，谨守庭训，彼时尚无学堂之设。先府君在里授徒，横经环侍，凡十有二三人。小子抱书隅坐，每日课程，约计亦六七时间。听讲、口诵、写作，各有定晷，而先府君所讲解，于经学之源流，史汉之文义，尤为加详。追忆三十年前亲承提命，常觉自晨至暮，汲汲温寻，无片刻之暇焉。殆弱冠以后，至江阴南菁书院应试，以论天子五门三门之异同，为长沙王祭酒师所激赏，优给月饩，谕令驻院肄业，且充斋长，院中本多高材生，分斋授学，其规制与今之学堂相类，惟无外国文字耳。今日堂内之学长班长，即彼时之斋长也。不佞于旧学粗谙门径，得力于此院者居多。定海黄师湛深经术，昕夕启诱，登坛指授者，口讲指画而忘疲，执经询问者，唇沫手胝而不倦。故凡列门墙，咸有成就，以视今之抗颜为人师者，粗涉藩篱，循章敷衍，遂使受其教者如嚼蜡之无真味，其优绌之相去，岂徒鸡与凤之比乎？[2]

在孙雄心目中，家塾、书院、学堂的经验皆可贯通，而旧式家庭教育的耳濡目染，书院师儒的自具心得、昕夕启诱，反有胜于新学堂教习的照本宣科。孙雄虽自谦对于“近世学校管理良法及教育心理学素无研究”，却凭借在南菁被王先谦拔为“斋长”经历，体会到书院“分

[1] 南方报，《纪北洋客籍学堂近事》，《四川学报》丁未第5册，“选报”栏，光绪三十三年五月。
[2] 孙雄，《北洋客籍学堂识小录叙》，《北洋客籍学堂识小录》卷首，光绪戊申三月铅印第二版。

斋授学”与近代学校分班管理有近似之处。实则此种院生自治制度，尚可追溯到阮元创立广州学海堂时确立的“学长制”。唯学海堂“学长”之上无山长，为完全自治；南菁则“斋长”之上有院长、监院的统筹，又斋长兼管斋舍管理等杂务，所得膏火亦较为优厚。[1]孙雄受此启发，主张由学生投票公举学长、班长，在监督和学生之间充当中介，订立“学长班长详细规则”。[2]

教学方面，从北洋客籍学堂按英文、法文分班的情形可推知，该堂主要侧重于西学特别是语言文字方面的训练，“在堂诸生资禀稍胜、根柢稍厚者，多并日劳神，以治洋文”。[3]孙雄长期担任汉文正教习，所讲授国文、经学、伦理等中学内容，并非学堂教授的重点；且这些科目名为“中学”，实质上却是新学制下有定时定程的科目，不同于此前以课艺、校勘、圈点为核心的书院教学，遂使得教授法的问题日益突出。光绪三十二年，孙雄在《北洋官报》首刊《论中小学堂修身读经二科教授之法》，可见他对中学内容在西式学堂中的教授法改造早有准备。[4]

按照癸卯学制的设计，“修身伦理”和“读经讲经”均为中小学堂基础课程，二者内容不无重叠。其中，“修身”一科昉自日本学制的“伦理科”，本为西学科目；癸卯学制则以中国道德伦常折中之，采用朱子《小学》、刘宗周《人谱》、《孝经》、《四书》、古诗歌、陈宏

---

〔1〕关于南菁书院“分斋研习”的制度，参见赵统《南菁书院志》，上海书店出版社2015年，第188—193页。

〔2〕《监督孙详定学长班长详细规则文并批》（光绪三十三年二月十六日），《北洋客籍学堂识小录》，第6页，光绪戊申三月铅印第二版。

〔3〕孙雄，《北洋客籍学堂识小录叙》篇末“又识”，《北洋客籍学堂识小录》卷首，光绪戊申三月铅印第二版。

〔4〕孙雄，《论中小学堂修身读经二科教授之法》，载《郑斋刍论》，光绪末石印本，第1—3页。该文原载《北洋官报》，后转载于《教育杂志（直隶）》（第2年第1期，光绪三十二年二月初一日，“教授管理”栏）、《广益丛报》（第4年第11期，光绪三十二年闰四月初十日）等刊。根据宣统三年闰六月孙雄在“中央教育会”的演说自述：“本员十年以前，当学部未开，各省初兴学的时候，已经研究这个道理，作过一篇论说，题目叫作《论中小学堂修身读经教授之法》”，此文似应作于光绪二十七年前后；但从该文所举《学务纲要》《东西洋伦理学史》等文件来看，即便此前已有初稿，最终成文至少已应在光绪二十九年十一月以后。

谋《五种遗规》等为材料，由小学堂的“随时约束以和平之规矩”至中学堂的“示以一身与家族、朋类、国家、世界之关系”，实为中西合璧。〔1〕孙雄本此提出修身教科书分为内外篇的原则：“宜采四子五经中关于人伦道德之精理名言，辑为一编，名曰内编；又取《东西洋伦理学史》，删繁辑要，名曰外编。我国周秦诸子及程朱陆王学派，亦宜撮其大概，附载简端。”〔2〕

不同于移自外来典范的“修身伦理”，癸卯学制占用中小学堂大量学时的“读经讲经”，完全是中国本土的创造。需要注意的是，清末乃至民初守成者所提倡的“学堂读经”，既非旧式学塾经训诵读的延续，更不同于南菁等经古书院的“专门治经”，而是在外来政学压力和自身国族意识萌发的背景下，为凝聚近代国家认同而发明的一套教养模式。癸卯学制所附《学务纲要》就声称“外国学堂有宗教一门，中国之经书即是中国之宗教”，已是在西洋宗教视野下重新看待中国经书，其宗旨是养成“爱国爱类之心”。诸如“博考古今之疏解、研究精深之义蕴”等专门内容，统归大学堂经学专科研究；中小学堂“读经”的宗旨，则是要在西学横流的时代“定其心性、正其本源”，其课程、课时、教授法的设计，处处体现着西学压力，时时在防备“妨碍西学”的指责。〔3〕概括言之，南菁等经古书院传习的清代经学主流，以探讨六书七音的“小学”为入门，以疑古辨伪为突破口，多处理经典内部的文本阐释问题；而清末民初的“学堂读经”风潮，却是顶着来自经学外部的质疑，努力回应经书作为一个整体（或“文化

〔1〕张之洞、张百熙、荣庆，《奏定初等小学堂章程》《奏定高等小学堂章程》《奏定中学堂章程》，见《中国近代教育史资料汇编·学制演变》，上海教育出版社2007年，第303、306、317、320、328页。关于晚清修身/伦理学科的建立，参见黄兴涛、曾建立，《清末新式学堂的伦理教育与伦理教科书探论——兼论现代伦理学学科在中国的兴起》，《清史研究》2008年第1期。

〔2〕见前揭《论中小学堂修身读经二科教授之法》，以下征引该文不再出注。孙雄此处提到的“东西洋伦理学史”，实为木村鹰太郎（1870—1931）所著《东洋西洋伦理学史》（东京博文馆“帝国百科全书”之一，1898年），在清末有范迪吉、蔡元培等多个译本。

〔3〕张之洞、张百熙、荣庆，《奏定学务纲要》，《中国近代教育史资料汇编·学制演变》，上海教育出版社2007年，第498—499页。

象征”）式微的危机。问题的焦点，已不在经学内部的细枝末节，而是经书整体的保存延续；其难点则是如何“简要”，在最短时间内使人获得中学之“体”，又不致妨碍西学大“用”的发挥。

孙雄的《论中小学堂修身读经二科教授之法》一文，亦旨在解决此一难题。论及“经学”与“读经”的参差，他指出：“经学一门至为浩博，即将十三经之全文录为一通，已耗日月，况堂中钟点晷刻均有一定，断不能顾此失彼。则非删烦存要，断不能为学堂课本，固灼然无疑者也。”删节经书以编辑经学课本的提议，始于戊戌时期梁启超在译书局编辑“功课书”，欲“删削诸经，以就康学”，当时遭到管学大臣孙家鼐的严辞抨击。孙氏曾上折沥陈：“经书断不可编辑，仍以列圣所钦定者为定本，即未经钦定而旧列学官者，亦概不准妄行增减一字，以示尊经之意。此外史学诸书，前人编辑颇多善本，可以择用，无庸急于编纂。惟有西学各书，应令编译局迅速编译。”[1]孙家鼐的提议代表了当时朝廷学政主导者较为乐观的期许，即新学仍以西学为主，固有经史之学自可原封不动地自外于新制度。殊不知所谓“西学”自有无所不包的体系门类，对于同样自成体系的“中学”，只有连根拔起：若非如“史学”“文学”那般适应于近代学科范型而对接（成为近代国族构建要素之“国史”“国文”），则只能如经学那样，沦为整个新学社会的对立面而日益萎缩。清末新学制的建立、科举的改章与停废，更加剧了这个过程。故从光绪二十四年至三十一年，短短七年时间内，当初孙家鼐貌似开通的议论已为陈迹。孙雄就说：“吾国旧习，素以改窜经典为非圣无法，俗儒目光如豆，甚至诋为得罪名教；推其心，几将圣贤经训等诸佛号道咒，尊之反以亵之。以故好名之士，鲜肯从事于兹，以冒不韪者。此亦至可痛之事也”。而在经书整体废置的危机之下，经书本身的完整性就不得不作出牺牲了：“蒙

〔1〕 孙家鼐，《奏筹备大学堂大概情形折》（光绪二十四年六月廿二日），《中国近代教育史资料汇编·戊戌时期教育》，上海教育出版社 2007 年增补本，第 241 页。

岂不知删经之近于僭妄乎？然宁冒僭妄之名，删节以保圣贤之粹义，不忍废置高阁，以贻荒经之诮也。”

具体的删经方案，孙雄引李叔同为知音，主张推广“删窜之法”，也就是“删其文辞，存其精义，窜其文辞，易以浅语”。而其大要则在于“存义”，编辑名为《十三经大义》的经学教科书。早在戊戌维新期间，张之洞推出《劝学篇》，其中《守约》一篇罗列学堂中学守约之法，已强调“经学通大义”的原则，并提示“学堂说经之书，不必章释句解，亦不必录本经全文”的凡例，显与孙家鼐“经书断不可编辑”的保守主张相区别。[1]后来张之洞主导癸卯学制读经课程，主要强调读经讲经的进度和方法，于教科书付诸阙如。孙雄则坚持中学、小学、蒙学均须编定《十三经大义》，“宁从其略，不可不使知大概”：小学以下，字数较少，每星期一课；中学教材最详，“凡经传纲领总义及经师授受源流，须撮其要旨，以次发明，全编约三十课，多至四十课为限”。

在“大义”的统领之下，细化到每一经的编排，孙雄此一时期的主张较为趋新，颇注意与外来新学科、新概念的整合。首先，他指出《孝经》为古伦理学、《论语》为古修身学（可知在其心目中“伦理”与“修身”的涵义还不太一样）[2]，《尔雅》则为周公所作，孔子、子夏所修的“三代词典”。清末来自日本的“新名词”流行一时，孙雄主张《尔雅》草木鸟兽诸篇去其不经见者，余下内容作为内编，而以汪荣宝、叶澜所编《新尔雅》（1903）节本为外编，以纳入“科学名辞”。按《汉志》所揭“小学”本义及癸卯学制的规定，《孝经》《论

---

〔1〕张之洞，《劝学篇·守约》，《张之洞全集》第12册，河北人民出版社1998年，第9725—9732页。

〔2〕黄兴涛、曾建立指出：“修身”“伦理”二词系清末从日本引进，二者均为Ethics的对应译语。光绪二十八年十月，张之洞上奏《筹定学堂规模次第兴办折》，建议小学设“修身”课，中学设“伦理”课，高等学校设“道德学”，奠定了清末修身伦理课程的名称格局；此外，晚清人还有“修身偏重私德，伦理偏重公德”，“修身”偏重道德实践，“伦理”较重实践讲授等印象。参见前揭《清末新式学堂的伦理教育与伦理教科书探论——兼论现代伦理学学科在中国的兴起》，《清史研究》2008年第1期。

语》《尔雅》三书宜在初等、高等小学堂内全读。至中学堂则《易》、《书》、《诗》、《春秋》三传、《三礼》、《中庸》、《孟子》都应编辑删节本而读之:《易》和《中庸》为“古哲学书之祖”,《诗》为古诗文集而有唱歌之用,《书》为“考古史之滥觞”,《春秋》三传为“外交史之滥觞”,《孟子》七篇,则“于政治哲学大有发明”。表面上看,孙雄似乎是要在哲学、史学、考古学、外交学等近代西方学科划分引导下,重新编排十三经的知识体系;而将《书》《春秋》视为古史和外交史,同意刘知几《史通》列二者入“史传六家”,更是混淆了经与史的分野。与癸卯学制排斥《公羊》《穀梁》的趋向有所不同,孙雄强调“《公羊》《穀梁》亦断断不可废置”,建议将刘逢禄《箴膏肓评》《发墨守评》等发挥“非常异议可怪之论”的著作与顾栋高《春秋大事表》一起采入经学课本。《三礼》继三传之后,可将孙诒让《周官政要》与学制所列《周礼节训》合讲,而《仪礼》《礼记》亦须时时引伸触类,“俾借古事以申今情,温旧典以明新政,似于用世尤便”。可见,除了融入西式学科的姿态,“用世”仍为学堂读经的重要诉求。

然而,在经学教科书的体式问题上,孙雄的立场又较主张编定“问答体教科书”的李叔同更为稳健。早在光绪二十二、二十三年之交,梁启超发布《变法通议·幼学》篇,抨击旧式书塾的记诵教法,主张编订七种教科书,其中就有“问答书”一类。[1]李叔同的方案自是承梁氏议论而来。孙雄虽也认识到新学堂、新学制“已革背诵之旧习,而欲验学生之解悟与否,不能不用问答以发明之”,但他却从客籍学堂的教学实践和“与京津各教员之学有根柢者”的讨论中,体会到经传材料“意义艰深、条理烦碎”,教、学两方面都难以在问答仓促之间统合大意。较之南洋公学出身的李叔同,作为南菁书院旧经生的孙雄,显然对“吾国经籍”与“各国科学”的根本差别更为敏感:

---

〔1〕 梁启超,《论学校五(变法通议三之五 幼学)》,见《时务报》第16、18册,光绪二十二年十二月初一日、二十三年正月廿一日。

窃谓吾国经籍，有断不能改为问答体者，此其原因难以缕述，然亦不得不约言之，以释群疑。盖各国科学均由浅入深，且其事均可分条询对，非若我国圣经贤传，合古今内外参伍繁变，靡所不包，不可枝枝节节，挟蠡测筳撞之识，以绘画麟凤，藻刻山河。此国粹之所以可珍，而非可为浅见尽闻者道也。吾侪含生负气之伦，幸列神明之胄，奈何视等弁髦，甘为数典忘祖之籍父乎？倘或囿拘虚之见，全改为问答体，以课学生，势必精蕴无存，土苴相袭，道坠于地，文丧在天。痛乎，悲哉！抱遗经者能毋反袂而泣欤？〔1〕

按照孙雄的区分，“各国科学”（此处“科学”当指西洋近代分科之学）的特点是由浅入深、循序渐进，有条理可供问答；中国“圣经贤传”则错综繁变，无所不包，只可在整体上领会，难于在枝节上认知。要之，晚清趋新学人眼里中国固有经史之学汗漫芜杂而难以适应新式教科的缺点，在孙雄看来正是“国粹之所以可珍”。所以，他既不属于章太炎、刘师培等将六经打散为历史文献的思路，也未必认同当时教育界将读经科目逐步纳入“修身伦理”羽翼之下的努力。〔2〕而与此同时，这种对于十三经整体性、繁复性的正面体认，又必须适应新学制的学程等级和“从速订纂”的时代要求。所以孙雄最后的方案，唯有删节与问答相结合：在《十三经大义》与各经删节本之外，“又取经义之纠葛者，及节本之不可网罗者，每种别编问答若干条，附刊于后，随时讲解试验以收效果”。

孙雄的读经新法既难回到旧式书塾和经古书院所授经学的本来面目，又不甘心完全沦为新式教学法的附庸。其关于十三经对应于伦理、哲学、政治、历史等近代学科的说法，很可能不过是为在新学制

〔1〕孙雄，《论中小学堂修身读经二科教授之法》，《郑斋刍论》，光绪末石印本，第3页a。

〔2〕参见毕苑，《经学教育的淡出与近代知识体系的转移：以修身和国语教科书为中心的分析》，载《人文杂志》2007年第2期。

下继续读经进行辩护的说辞而已。出于对坊间教科书的不信任，孙雄在北洋客籍学堂的各种讲义均为自编，内有《师郑堂经学讲义》一种尚未得见。传播较广者，则为《师郑堂中国文学讲义》，从中亦可旁证其教学思路的变化。

光绪三十一年十月至三十三年五月，孙雄在北洋客籍学堂讲授“中国文学源流”课程三学期，编有讲义逾百课。不过他所谓“文学”，包括了“九流学派略说”“古今文体条论”“选录周秦汉魏及名家诗文”三部分。今仅存讲义第一部分二十课，故其“文学”讲义的主体却是在讲诸子学，按照《汉书·艺文志》所录九流分篇略说之，“虽以阐述古义为主，而时贤绪论，亦多采录，且取证近事，兼论时局”。[1]实则孙雄此讲义对于“时贤绪论”何止“采录”而已，直是抄撮成书。作为学堂讲义固然无可厚非，其挪用时人著作的情形，略如下表所示：

课次	材源	援引内容
第一课　述学卮言上篇（论今日宜讲诸子之学以辅翼孔教）	蛤笑：《述学卮言上（论今日宜讲诸子之学以辅翌孔学　本社撰稿）》，载《东方杂志》第3年第11期，“社说”栏，光绪三十二年十月二十五日	全文移录
第二课　论孔子六艺之学得之史官	刘光汉（师培）：《孔学真论》，《国粹学报》第17期，“学篇”栏，光绪三十二年闰四月二十日	节录
第三课　论孔子兼通九流术数之学	刘光汉（师培）：《孔学真论》，《国粹学报》第17期，“学篇”栏，光绪三十二年闰四月二十日	节录
第六课　道家略说下	陈黻宸：《老墨之学说》，载《政艺通报》第3年第20号附录《湖海青灯集》，光绪三十年十一月朔日	论老子“哀者胜矣”之解释
	王舟瑶：《京师大学堂中国通史讲义》之学术史部分，光绪二十八年	论魏晋老庄之祸

〔1〕孙雄，《师郑堂中国文学讲义叙目》，《师郑堂中国文学讲义》卷首，光绪戊申五月铅印本。

续表

课次	材源	援引内容
第七课　法家略说	“近世横阳氏《上古文明史》”，实即横阳翼天氏（曾鲲化）:《中国历史》，东京：东新译社，1903年版	引其推崇韩非子之论
第八课　名家略说	严复译《穆勒名学》引论第五节“论名学所以统诸学之理”，金粟斋光绪三十一年木刻初版本	作为附录
第九课　墨家略说一	“癸卯某旬报之说”，实指梁启超《论中国学术思想变迁之大势》第三章“全盛时代”第二节“论诸家之派别”，载《新民丛报》第4—5号，“学术”栏，光绪二十八年【壬寅而非癸卯】(1902）二月十五日、三月一日	引其周秦诸子学术以孔老墨为三大宗；孔学分六派，老学分五派，墨学分六派；孔、老分雄于南北，墨学居南北之中等说
第十课　墨家略说二	王舟瑶:《京师大学堂中国通史讲义》之学术史部分，京师大学堂光绪末铅印本	分条节录王舟瑶所述墨学与西政西学相合
第十二课　墨家略说四	“东儒某氏所言”，似为梁启超:《保教非所以尊孔论》，载《新民丛报》第2号，光绪二十八年正月十五日	引证“孔子实为大教育家，而非宗教家”
	“近人诸子学说略”，实指章太炎:《诸子学说略【原报如此，应作“略说”】》墨家部分，载《国粹学报》第21期，光绪三十二年八月二十日	引其论墨子非命正以成立宗教
第十三课　墨家略说五	魏源:《学篇一》,《古微堂内集》卷一	引魏源左袒墨子非乐之说，不以为然
	“浙人某氏之说”，即章太炎:《诸子学说略》墨家部分，载《国粹学报》第21期，光绪三十二年八月二十日	诋墨子非乐
	？友人论音乐与政学之关系	乐为升平世之现象
	陈黻宸:《京师大学堂中国史讲义》“老墨之学”，光绪二十八年左右	节录
第十五课　纵横家略说下	王舟瑶:《京师大学堂中国通史讲义》，京师大学堂光绪末铅印本	谓鬼谷子之学绝无哲理
	刘师培:《周末学术史序·文章学史序》,《国粹学报》第5期，光绪三十一年五月二十日	引其比较墨家与纵横家之言
	林传甲:《中国文学史》第九篇“周秦诸子文体”十三“鬼谷子创交涉之文体”，京师大学堂光绪三十年国文讲义	附录其论鬼谷子创交涉文体

续表

课次	材源	援引内容
第十六课　农家略说上	王舟瑶：《京师大学堂中国通史讲义》，京师大学堂光绪末铅印本	驳其商鞅农战愚民之说
第十八课　杂家略说	高诱《吕氏春秋》《淮南子》两序	
	梁曜北《论吕氏春秋命名之旨》	附录
第十九课　述学卮言下篇	蛤笑：《述学卮言下（论今日宜讲诸子之学以辅翌孔学　本社撰稿）》，载《东方杂志》第4年第4期，“社说”栏，光绪三十三年四月二十五日	全文移录
第二十课　论史记之宗旨在于表章六艺发明九流	陆绍明：《史家宗旨不同论》，载《国粹学报》第17期，“史篇”栏，光绪三十二年闰四月二十日。	引其八书上承六艺，列传人物皆九流专家之说

览此可知，孙雄对于晚清梁启超、章太炎、刘师培、陈黻宸、王舟瑶、林传甲等人的诸子学研究多有涉猎，尤能注意他们在西洋新史学（尤其是文明史）和哲学观念启发下所得各种新说。在全部讲义二十课中，“墨家略说”独占五课，道家、纵横家、农家各占二课次之，儒家仅分得半课。受梁启超论周秦学术南北分宗及墨学分派之说的影响，孙雄推崇“墨子所传兼爱、游侠、名理三派最切用于今之时势”，以墨家为宗教立国之代表，修正其早先论中国当以黄帝、周公、孔子三圣为国魂的观点。[1]讲义中关于儒学的内容，更可反证其经学观的变化。如其引刘师培《孔学真论》，指出孔子六艺之学得之史官，不仅为儒家，更兼通九流术数之学。这一观点实已包含晚清学人对六经的全新解读。在孙雄自撰的《儒家略说》部分，即指出“尼山之学通六艺而包九流，非区区儒家所能限”，故尊经尊孔不一定要尊儒。

《师郑堂中国文学讲义》的文体论、诗文选两部分未见成书，二者大概分别以林传甲的《中国文学史》和潘博的《高等国文读本》为

〔1〕 孙雄，《师郑堂中国文学讲义》，第九课“墨家略说”一、第十二课“墨家略说”四，光绪戊申五月铅印本，第20、25页。又参见《论中国当以黄帝周公孔子三圣为国魂》，《教育杂志（直隶）》第1年第21期，光绪三十一年十二月。

范本。[1]光绪三十二年七月，孙雄曾在留学生刊物《寰球中国学生报》上发表《国文讲义余谈》，略可窥见其文学教育的见解。在此文中，孙雄指出“讽咏诵读不可废弃”，旧日选本以姚鼐《古文辞类篹》和曾国藩《经史百家杂钞》最有义法，故拟自该年秋季学期起，将学堂国文钟点匀出一半以讽诵古文，其余仍论历代文体：“譬之养生，论文体如冬饮汤夏饮水也，讽诵古文则犹谷食也；譬之从政，论文体犹译书报以开民智也，讽诵古文则犹兴工商以培实业、广设轮电路矿以蕲富国裕民也。两者交相为益，而其巨细不侔。”[2]

除了在北洋客籍学堂担任国文、经学、伦理等课，孙雄还曾兼任北洋师范学堂经学教员和北洋女子师范学堂的历史教员。[3]他虽受到新学科体系和教学方法的刺激，努力适应学堂体制，却仍期待保留经学之繁复整体与辞章之讽咏诵读。然而，在新学堂西文西学日益占主导的条件下，读经与国文课业实已是“损之又损”，无法与南菁时代的经古课艺相提并论。孙雄曾慨叹“吾生总角之年，所谓家弦户诵之书，今日为后生理而董之，䌷绎而讲贯之，已有舌咋于前，目笑于后者矣”。清季最后“黄金十年”知识体系和概念工具的遽变，使得六艺九流之学在学问世界中迅速被当作一个整体而边缘化、陌生化。当年发誓绝不复为考据辞章的孙雄，此时也不得不重操旧业，转而“痛

〔1〕孙雄，《师郑堂中国文学讲义叙目》：“近世学校国文选本，多推崇桐城吴氏。不佞窃谓挚老文学，洵为百余年来之巨手，而所选古文读本，评论既略，抉择亦疏，不足为后生津导，远逊潘氏所选五册。惟潘氏选文不选诗，亦是一失，六经固多有韵，昭明《文选》兼列诗、骚，允为千古标准，又况有韵为文，无韵为笔之说，曾读《文心雕龙》者，咸知此义也。”见《师郑堂中国文学讲义》卷首，光绪戊申五月铅印本。

〔2〕孙雄对于论文体与讽诵古文交相为益处的说法，实受到曾国藩“看读写作”之论的启发。参见《北洋客籍学堂成绩选粹叙例》，载《四川教育官报》己酉第1册，宣统元年正月。

〔3〕孙雄，《郑斋感逝诗·项城袁大总统》其五：“余于光绪甲辰、乙巳间，蒙袁公奏调北洋办理学务，历充北洋客籍学堂汉文正教员及师范学堂经学教员。”同书《宜兴周道如女士祇》：“女士系北洋女子师范学堂第一班毕业生。是堂由项城袁公创办，奏派傅沅叔太史增湘为监督，沅叔延余讲授历史。……余主北洋女子师范讲席时，曾于课暇为诸女士讲《周南》《召南》各诗大义，节采《毛传》、《郑笺》及朱子《集传》之说，编成简明讲义二卷。”见《郑斋感逝诗》乙集卷一，第2页、第19页a至第20页a。

沧海之横流，悼斯文之将丧”。[1]

四、经科存废

也许是得益于管理北洋客籍学堂时期积累的声誉，当光、宣之交京师大学堂筹办分科大学时，本来年辈、资历、学术声望都不太够的孙雄，却与柯劭忞、罗振玉等知名学者、教育家一起，被遴选为分科大学监督，执掌京师大学堂下属文科大学。[2]按照光绪二十九年十一月《奏定大学堂章程》的设计，京师大学堂模仿日本东京帝国大学学制而加以变通，分为经学、政法、文学、医学、格致、农、工、商八科，其中经学科（包括理学在内）在文学科之外，为中国所特创；文学科大学原拟下设中国史学、外国史学、中外地理、中国文学及英、法、俄、德、日本文学共九门。但至宣统二年二月实际开办时，仅设中国文学、中国史学二门。[3]

癸卯学制的经学、中国文学课程为张之洞手定。按照孙雄日后的回忆，其得以就任文科大学监督，也是出自张之洞的奏派。[4]张氏当时正以军机大臣管理学部，对于分科大学各种事务多所参画。孙雄有诗记其事：

[1] 孙雄，《师郑堂中国文学讲义叙目》，《师郑堂中国文学讲义》卷首，光绪戊申五月铅印本。

[2] 学部《奏遴员派充分科大学监督折》（宣统元年闰二月二十五日），载《学部官报》第84期，宣统元年三月初一日。

[3] 按：开办分科大学之议，始于光绪三十一年前后，该年十一月初九日《学务大臣奏请设分科大学折》本拟先办政法、文学、格致、工科四科。至光绪三十四年七月二十日，学部《奏请设分科大学折》，则又强调八科“门目均属紧要，缺一即不完备”。当年十月初四日，大学堂总监督刘廷琛《为开办分科大学致学部呈文》，确立先设五科十门的方针，文科大学先办中国文学、中国史学二门。至宣统元年十一月廿九日学部上奏《筹办京师分科大学并现办大概情形折》，复确定除医学科缓办之外，其余七科同时开办，文科大学先开中国文学、外国文学二门，但实际开设的仍是中国文学、中国史学二门。见北京大学校史研究室编《北京大学史料》第一卷，北京大学出版社1993年，第197—202页。

[4] 孙雄，《诗史阁图记》提到：“宣统元年己酉，南皮张文襄公创办京师分科大学，奏派余为文科大学监督。”见《旧京文存》卷二，辛未孟夏《旧京集》铅印本，第9页a。

鼓箧先征国子师，燕郊市骏荷殊知。深心苦语培桢干，每忆良宵谳坐时。（原注：公创办京师分科大学时，于枢廷退直以后，招往作夜谈，商量规制，筹备师资，娓娓不倦。又辄抚膺太息，谓兴学十余年，所得皆皮毛，绝少缓急可倚之士。）[1]

其时孙雄与张之洞交往甚密，“论学谭艺，篝灯忘倦”；张之洞且为孙雄浏览《道咸同光四朝诗史》原稿，“商榷选事，订正良多”。[2]光绪三十四年至宣统元年间，张之洞以其生命的最后精力参与筹办分科大学，力排众议，开办经学科，而其他各科亦须兼习《四书》《大学衍义》《大学衍义补》节本等内容。孙雄还提到，张之洞之所以将文科与其素所主张的经科一体重视，在于二者均为“国学所系”。[3]本来文科大学并不包含经学内容，但经科与文科面临的危机却息息相通。特别是在宣统元年八月张之洞辞世后，学部和京师大学堂内的趋新势力日益高涨，变通学制、废止读经之议甚嚣尘上，经科存废成了孙雄越来越关注的问题。

宣统三年六月至闰六月间，学部召开为期一月的“中央教育会”，期以统合京外教育资源，提出并解决与宪政相关的兴学议案。[4]但其中军国民教育与废除小学堂读经讲经课程两案，却引来教育界各种势力的激烈争夺，后者引发的新旧对立尤为尖锐。在会上，胡家祺等三十九人提交“初等小学不设读经讲经科”一案，侯鸿鉴、黄炎培等附议经书太古不合儿童心理，谷钟秀进而提案“将高、初两等小学及中学均删去读经讲经科目，并入修身教科书讲授”，旋即招来孙雄、林传甲、徐炯、陈宝泉（代表严修）、汪康年、程树德、姚永朴等从各自

〔1〕孙雄，《张文襄公生日诗（戊午八月初三日为张文襄公生日，独游龙树寺，登新构之抱冰堂瞻拜遗像感赋）》其三，《诗史阁壬癸诗存》卷六，民国十三年序刻本，第19页a。

〔2〕孙雄，《诗史阁图记》，《旧京文存》卷二，辛未孟夏《旧京集》铅印本，第9页a。

〔3〕孙雄，《读经救国论》卷四，第2页a。

〔4〕关于学部开设“中央教育会”的缘起和经过，关晓红早有专题探讨，参见其所著《晚清学部研究》，广东教育出版社1999年，第436—468页。

角度表示反对。[1]当时报章记载会上争执场面火爆，守旧者形同小丑：“林传甲登台演说此项功课万不可废，历叙日本、俄国、西洋均研究中国经书，中国竟废去，是废经畔孔，是丧失国粹。语涉题外，经各会员请简单发言。林犹大声急呼，痛苦流涕，击案顿足，经一句钟之久。众斥责之，林犹不止，会场秩序大乱。”[2]身为文科大学监督的孙雄，在争论中更不甘寂寞，“时而奋臂大呼，时而裂眦狂吼，时而叱人起立，时而从袖中摸出上谕，信口宣读”，被报章时评称为“无理取闹之雄”；会场连日纷扰“大类戏场，而孙雄尤武场中之头等角色”。[3]

彼时报章对守旧者多方诋诃，对趋新者则极尽推崇，孙雄在发言中指出“主张废弃读经的人，多是读过经的，不过要发出趋时的议论，博那报纸上的赞美”。[4]趋新舆论对于孙雄、林传甲等主张保存经科的理路，更少有同情的理解。在中央教育会十六次开会期间，孙雄就座位简单发言二十余次，登台发言三次，分别针对军国民教育、初等小学堂废止读经讲经课程、高等小学堂及中学堂变通读经讲经三案发表意见。孙雄所编《道咸同光四朝诗史》刻本乙编卷首，录有《中央教育会三次登台发言纪实》，系根据会场速记生所记发言原话稍加修饰而成，或可从中了解其被报章扭曲或割裂的观点。

闰六月十五日，孙雄针对谷钟秀提出的“将高、初两等小学及中学均删去读经讲经科目并入修身教科书讲授”一案，在中央教育会登台演讲。他指出谷案“名为归并，实在是废弃”；针对胡家祺等所主读经“不合儿童心理”之说，则强调“小学教科书固要求合于儿童心

〔1〕关于此次中央教育会上的读经争论，廖梅根据《刍言报》所刊会场速记录有初步讨论，参见其所撰《清末民初儒学传授途径的现代化及其中止》，载《复旦学报·社会科学版》2002年第6期。

〔2〕《中央教育会第十四次大会纪》，《申报》宣统三年闰六月廿二日。

〔3〕《时评·孙雄》，《申报》宣统三年闰六月廿四日。又据宣统三年闰六月廿二日《申报》所刊《中央教育会第十四次大会纪》，胡家祺等提出“小学不设读经讲经”一案，最终获八十一票赞成、五十四票反对。

〔4〕孙雄，《中央教育会三次登台发言纪实》，载《道咸同光四朝诗史》乙编卷首，《续修四库全书》第1628册影印宣统三年刻本，上海古籍出版社，第540页。

理，然亦不可过于迁就”。孙雄此时的读经观较数年前更为保守，不仅质疑将经学融入其他学科的有效性，更转而修改早曾经主张过的“删经”说：“至于中学、高等小学将各经节读节讲，未尝不可，但断不可删经，总要使学生知道全部经书分篇分章大概情形，及其大段道理。本员……做过一篇论说，叫做《论中小学堂修身读经教授之法》……也是主张删节经文编辑教科书的。后来自己屡经研究，试将经书一二种以意删节，方知兹事断办不到。”至于“删经”为何办不到，以及“删经”与孙雄尚可容忍的“节读节讲”有何区别，孙雄尝试运用人体作譬喻来说明：

> 总之，各经可以节读节讲，断不可删。譬如一个人，五官百体具备，不妨单用手来写字，或是单用眼来看书，断不可于用手、用眼时，将他项不用的五官百体任意割去。这是最浅鲜的譬喻。[1]

虽然对能否“删经”的看法有所游移，孙雄此论仍是继承了《论中小学堂修身读经教授之法》篇尾讨论“吾国经籍”与“各国科学”异同的理路，亦即：经学自身是一个不可分割的有机体系，每一经义是这一复杂体系在具体环境下的运用，不可能离开体系而有独立运用的段落。在陆费逵、谷钟秀等主张废经科者眼中，经书不过是材料，可以按照近代学科的要求重新拆分、组装，以获得在近代学术体系中的位置：“精义格言，人人所当服膺，则采入修身课本，一也；治平要道，为国者所当力行，则法科大学及专门法政学堂编入讲义，二也；文章古雅，可资风诵，则选入国文读本，三也；事实制度，古史所证，则讲习历史，用为参考，四也。”[2]——经学材料可散入修身、法政、国文、历史等学堂教

〔1〕孙雄，《中央教育会三次登台发言纪实》，《道咸同光四朝诗史》乙编影印本，第540页下。
〔2〕陆费逵，《论中央教育会》，载《教育杂志》（商务）第3卷第8号，宣统三年八月初十日。

科继续发挥作用。但在南菁出身而通晓郑玄训义阐释系统的孙雄看来，二千余年的经学自具体系，并非近世“汉学”末流所呈现的破碎饾饤之学，既不能因其段落枝节的不合时代而否定其全体大用，更不能将其拆卸重组来适应外来的知识体系。真正应该做的，是如癸卯学制那样，使经学与修身、国文、历史等并列为一独立学科；若仅视之为填充外来学科的材料，则经学本身的生命力就已终结了。

换言之，孙雄此时的经学教育观，已跨过戊戌前后的经济议论和北洋幕府时期对旧学问新教法的探索，直接其在南菁书院通过黄以周获得的“郑学”群经贯通之义。而这种回归经学全体的趋向，在他早几年的教育论说中已有所呈现。此外，孙雄还建议在癸卯学制规定的《孝经》《论语》二种之外，小学堂须添读《尔雅·释亲》篇和《大戴礼记·夏小正》篇二种；声称自己曾在家中和京津友人家塾所附设幼稚园中为六七岁儿童每日讲授此二种书，远胜坊间小学教科书所讲的“姊姊妹妹、小猫小狗”。其对于学堂教育和新编教科书的鄙夷溢于言表。

然而，孙雄自身在学术上的回归，却根本与清季整个教育界的激进化趋势处在相反的方向。方此之时，他越来越能同情张之洞晚境的凄凉，也日益叹服张氏临终斤斤于经科存废的远见：

> 梁亡鱼烂载春秋，经训谁将古义搜。
> 金鉴千秋怀圣相，陆沈一月陷神州。
> 啁啾相吊悲群燕，梁栋难支困万牛。
> 我媿遗山修野史，露钞雪纂蕴萲忧。[1]

中央教育会的争执暂息后不到两个月，武昌起事的炮声已传至京国。孙雄在此困境下重刊《道咸同光四朝诗史》，自比元好问《中州集》、

〔1〕 孙雄，《自题诗史乙集七律二首》其一，附《道咸同光四朝诗史》（影印本）乙编卷首第358页下。

钱谦益《列朝诗集》之纂；对于清社之屋，则归咎于废止经科及纵容新军。迨清帝逊位，京师大学堂改为北京大学，孙雄遂辞文科监督之职。北大校长严复旋即废止经科、重组文科，仍“徇文科同学之请”，聘孙雄为史学讲师。等到民国二年四月京师大学堂文科旧生毕业，严复亦他适，孙雄不得不离开北大，开始他晚年蛰居著述的生涯。[1]

初刊于1919年，并于1927年订正再版的《读经救国论》，两次出版分别对应着新文化运动的崛起和北伐威胁的逼近。虽然文化上的方向不同，但其“救国”的诉求，却和时代主流相当合拍。与清末争论经科存废的形势稍有不同，当初的废止读经论者一般还承认经书多少有点价值，只是需要接受改造或重组，去其“不合时宜”的部分，以适应近代学科体系和教育制度。而民元以降的数年之间，由于尊孔读经被各种政治势力利用，经学在新知识界的形象急速负面化；学术界的另一种思路，则是要使经书成为客观研究的对象（即“经学史”）。与这两种趋势相对照，孙雄的《读经救国论》却有着强烈的“用世”企图：“窃谓今日种种诡异之学说，变乱之祸征，求之群经中，靡不有驳正之论、挽救之方，不啻烛照数计而龟卜焉。”[2]

该书按政治、伦理、理财、教育、兵事、外交六个主题分为六卷，分别摘录经籍相关段落，附录古今人的阐释发挥。所引近人经说，包括黄式三、张之洞、唐文治、姚永概、江瀚甚至康有为。可知在新学后进“诡僻偏激之论”威胁下，诸如汉宋、今古、儒林与文苑的学派辨别已经不再重要。[3]然而，守旧阵营的一体化亦带来经学本身空洞化的危险。着眼于“救国”时趋的读经论，所采取的方式既近乎割裂经文，所选内容又偏向理学与经世之学。孙雄并没有像其他南菁同学曹元弼、张锡恭、胡玉缙那样，在鼎革以后仍专注于经学著述，而是将较多精力投注在诗社唱和与结交遗老。其读经论亦未见有

[1] 史鼐，《郑学斋文存甲集序》，载《郑学斋文存》甲集，卷首。
[2] 孙雄，《读经救国论自序》，载《读经救国论》（丁卯仲夏修正再版铅印本），卷首。
[3] 参见《温故知新为千古教育准绳》，《读经救国论》卷四，第25页b。

甚新意，反而离“郑学”的本来面目越来越远。

《读经救国论》卷四“教育”论“孔门四科之教”，再次回应经科存废的问题。孙雄指出东西各国大学采分科教士之法，实是孔门四科遗意；又回顾清末张之洞在大学堂设立经科的深心，认为当今办学要务在重设经科，可仿胡安定分斋治事之法，分立“经义”与“治事”二科。[1]他还曾设想在大学重建经科并设立讲座制度的具体办法：“今日亟宜复经科旧制，或于文科内立经学系，设教授三人、讲师二人。《三礼》为我国博大精深之学科，《周易》为通贯三才之秘籍，《四书》为修齐诚正之训条：分为三座。《尚书》、三传与《诗经》《尔雅》各为一座。”[2]读此可知孙雄在经学教育问题仍颇具雄心。在与章士钊的通信中，孙雄曾自述有就东北大学经学教席的机会，杨荫榆亦欲聘其担当北京女子师范大学国文系主任，但都未能成行。[3]

直至1927年夏，在北伐军节节逼近的形势下，张作霖控制北京政府，任命曾肄业京师大学堂文科的孙雄弟子刘哲为教育总长，孙雄终于迎来了生命中最后一次介入学堂读经的机会。刘哲将北大与北京八所国立大学合并为“京师大学”，自任校长，颇有恢复清末京师大学堂规模的气焰。他原欲任命孙雄为史学、文学二系主任，遭到孙氏固辞，唯建议“恢复经科旧制”。刘哲遂“议于文科内增设经学系讲座，先立《毛诗》《三礼》诸门”。[4]然而次年6月，国民革命军近北京，京师大学宣告解散，北大旋即复校。孙雄恢复大学经科的理想终究未能施行。

2015年9月5日写于京西恩济庄对槐居

[1] 孙雄，《孔门四科之教》，《读经救国论》卷四，第2页a至第3页a。
[2] 孙雄，《兴学难五古六首》其二，《旧京诗存》卷五，辛卯孟夏铅印本，第18页a。
[3] 《孙师郑致章士钊函》，附见《章士钊全集》，文汇出版社1999年，第273—274页。
[4] 孙雄，《刘敬舆总长五十寿序》，《旧京文存》卷八，辛未孟夏《旧京集》铅印本，第7页a至第8页b。